합격까지 박문각
합격 노하우가 다르다!

한용호
손해평가사

1차 | 기본서

1과목 상법(보험편) **2과목** 농어업재해보험법령 **3과목** 재배학 및 원예작물학

한용호 편저 | 이영복 감수   동영상강의 www.pmg.co.kr

박문각

박문각 손해평가사

지금 이 교재를 보고 계시는 독자 여러분 중에서 그 누구도 보험상품과 무관한 사람은 없을 것입니다. 보험은 다수의 동질적 위험을 결합하여 불확실 상황을 확실한 상황으로 전환하는 사회적 제도로, 보험을 통해 보험사고로 인한 경제적 손실을 단기간에 원상회복하거나 최소화할 수 있습니다.

그러한 사고 중 자연재해로 발생하는 사고의 경우에는 그 피해규모가 크기 때문에 농가 등이 감당해야 할 경제적 손실도 막대합니다. 지금까지는 이러한 손해를 자력으로 해결하거나 정부의 계획성 없는 재정지출로 해결했기 때문에 그 손실에 대한 원상회복이 제대로 이루어지지 못했습니다. 그러나 이제는 농작물재해보험 및 가축재해보험제도가 이 같은 문제를 해결하는 데 중요한 역할을 하게 되었습니다.

손해평가사는 농작물재해보험 및 가축재해보험과 관련된 전문적인 업무를 수행합니다. 즉, 농어업재해로 인하여 발생하는 농작물, 임산물, 가축 및 농업용 시설물의 피해사실을 확인하고, 보험가액 및 손해액을 평가하는 전문인입니다. 한편 정부와 지자체는 농작물재해보험 및 가축재해보험에 대한 보험료지원을 통해 농가에게 사실상 재정지원을 하고 있습니다. 이는 WTO체제하에서도 국제적 분쟁 없이 농가를 지원할 수 있는 훌륭한 수단이 되고 있습니다.

앞으로 손해평가사의 전문적인 업무에 대한 수요는 더욱 늘어날 것으로 보입니다. 최근 5년 단위로 발표되는 기본계획에 따르면 보험인수과정에서 손해평가사가 그와 관련된 업무에도 참여하게 될 것으로 보여 현재보다 더 많은 수입도 예상할 수 있습니다. 또한 보다 전문화된 손해평가사의 업무를 위해 수년 내에 손해평가사 자격시험 관련 내용에도 변화가 있을 것으로 예측됩니다.

현재 손해평가사 자격시험 응시자 연령 중 40대와 50대가 가장 많은 것을 보면 손해평가사가 인생 2모작을 위한 자격증이라는 말이 무색하지 않습니다. 늦었다고 생각할 때가 가장 빠를 때라는 말을 되새기면서 오늘이 남은 인생 중에서 가장 젊었을 때라는 사실도 생각해봅니다.

이 교재는 손해평가사 자격시험을 준비하는 수험생 여러분의 인생에서 어쩌면 가장 중요한 미래의 시간이 낭비되지 않을 수 있도록 저자의 오랜 경험과 달관적 판단을 기초로 집필되었습니다. 아무쪼록 이 교재가 수험생들께 합격을 위한 디딤돌이 될 수 있기를 바랍니다.

그리고 이 책이 출간되기까지 마치 자신의 원고처럼 꼼꼼하게 검토해 주시고 큰 노력을 아끼지 않으신 출판부 김태희 차장님을 비롯한 여러 직원들께 감사의 마음을 전합니다.

편저자 한용호

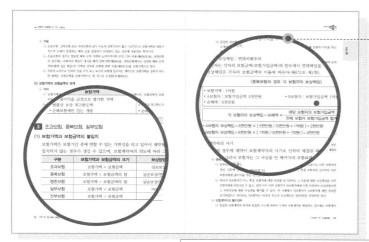

Point 1

기출분석을 통해 엄선된 꼭 알아야 할 주요핵심만 보기 좋게 정리하여 집중적 학습으로 실전대비의 효율성 극대화

Point 2

다양한 그림자료로 이해도를 높이고 쉽게 암기할 수 있도록 도와주며 실전에서 고난도 문제까지 해결 가능

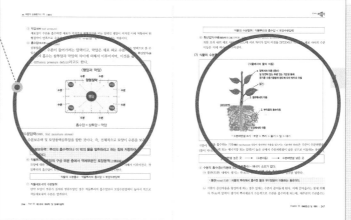

Point 3

문장 속에 개념 및 내용설명 첨부하여 읽으면서 자연스럽게 용어 이해

Point 4

<더 알아보기>와 용어설명으로 보충학습을 통한 폭넓은 이해력 향상에 도움

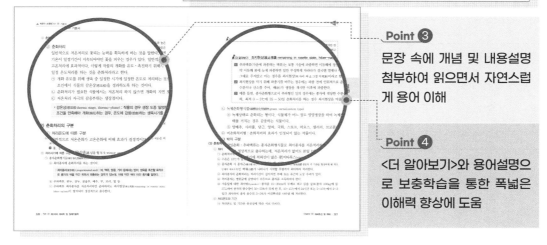

1 손해평가사란

농업재해보험의 손해평가를 전문적으로 수행하는 자로서 자연재해·병충해·화재 등 농업재해로 인한 보험금 지급사유 발생 시 신속하고 공정하게 그 피해사실을 확인하고 손해액을 평가하는 일을 수행한다.

2 손해평가사의 수행직무

농업재해보험의 손해평가사는 공정하고 객관적인 농업재해보험의 손해평가를 하기 위해 피해사실의 확인, 보험가액 및 손해액의 평가, 그 밖의 손해평가에 필요한 사항에 대한 업무를 수행한다.

3 시험응시자격

제한 없음

※ 단, 부정한 방법으로 시험에 응시하거나 시험에서 부정한 행위를 하여 시험의 정지·무효 처분이 있은 날부터 2년이 지나지 아니하거나, 손해평가사의 자격이 취소된 날부터 2년이 지나지 아니한 자는 응시할 수 없다(농어업재해보험법 제11조의4 제4항).

4 시험실시기관 및 소관부처

구분	담당기관
시험실시기관	한국산업인력공단(http://www.q-net.or.kr/site/loss)
소관부처	농림축산식품부(재해보험정책과)
운용기관	농업정책보험금융원(보험2부)

5 시험과목 및 시험시간

구분	시험과목	문항 수	시험시간	시험방법
제1차 시험	1. 「상법」 보험편 2. 농어업재해보험법령(「농어업재해보험법」, 「농어업재해보험법 시행령」 및 농림축산식품부 장관이 고시하는 손해평가 요령을 말함) 3. 농학개론 중 재배학 및 원예작물학	과목별 25문항 (총 75문항)	90분	객관식 (4지 택일형)
제2차 시험	1. 농작물재해보험 및 가축재해보험의 이론과 실무 2. 농작물재해보험 및 가축재해보험 손해평가의 이론과 실무	과목별 10문항	120분	주관식 (단답형, 서술형)

※ 기활용된 문제, 기출문제 등도 변형·활용되어 출제될 수 있음

※ 답안 작성 기준

• 제1차 시험의 답안은 시험시행일에 시행되고 있는 관련 법령 등을 기준으로 작성

• 제2차 시험의 답안은 농업정책보험금융원에서 등재하는 「농업재해보험·손해평가의 이론과 실무」를 기준으로 작성

　「농업재해보험·손해평가의 이론과 실무」는 농업정책보험금융원 홈페이지(자료실-손해평가사 자료실)에서 확인 가능

6 합격기준

구분	합격결정기준
제1차 시험	매 과목 100점을 만점으로 하여 매 과목 40점 이상과 전 과목 평균 60점 이상을 득점한 사람을 합격자로 결정
제2차 시험	매 과목 100점을 만점으로 하여 매 과목 40점 이상과 전 과목 평균 60점 이상을 득점한 사람을 합격자로 결정

CONTENTS
이 책의 차례

PART 03 제3과목 재배학 및 원예작물학

✱ 상법의 체계와 출제영역

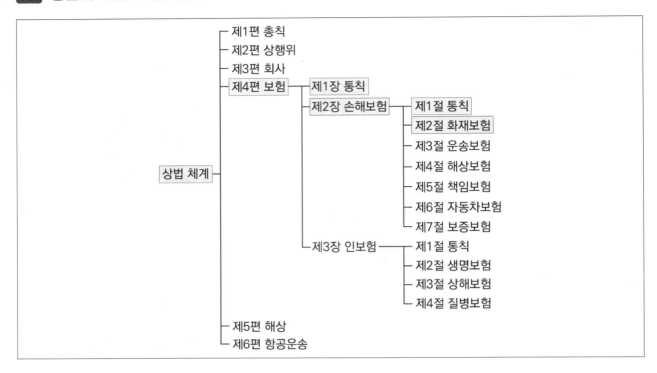

손해평가사 상법(보험편)의 출제 영역

손해평가사 1차 1과목은 상법의 영역 중에서 보험 편에 국한된다. 그러나 현실적으로 손해평가사는 농작물 등의 손해평가와 관련된 업무를 수행하므로 실제 출제되는 영역은 통칙과 손해보험(통칙과 화재보험)이다. 앞으로 이러한 추세는 계속될 것으로 보인다.

CHAPTER 01 통칙

제1절 보험의 의의와 원칙

1 보험의 정의와 특성

(1) 보험의 정의

① 보험(保險 insurance)은 위험관리의 한 방법으로 자신의 위험을 제3자에게 전가하는 제도이다.

② 보험이란 위험 결합으로 불확실성을 확실성으로 전환시키는 사회적 시설을 말한다.

    ㉠ 보험은 다수의 동질적인 위험을 한 곳에 모으는 위험 결합 행위(pooling)를 통해 가계나 기업이 우연적인 사고 발생으로 입게 되는 실제 손실(actual loss)을 다수의 동질적 위험의 결합으로 얻게 되는 평균손실(average loss)로 대체하는 것이다.

    ㉡ 보험은 다수가 모여 보험료를 각출하여 공동재산을 조성하고, 우연적으로 사고가 발생한 경우 손실을 입은 자에게 일정한 방법으로 보험금을 지급하는 제도(수단)라고 정의할 수 있다.

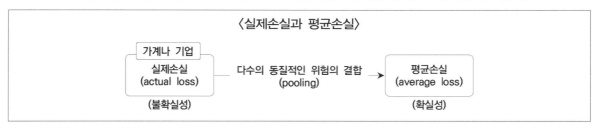

(2) 보험의 목적

① 경제적 관점에서 보험의 목적

    재무적 손실에 대한 불확실성 즉, 위험의 감소(reduction of risk)이며, 그것을 달성하기 위하여 위험 전가(transfer of risk) 및 위험 결합(pooling or combination of risk)을 이용한다.

② 사회적 관점에서 보험의 목적

    사회의 구성원에게 발생한 손실을 다수인이 부담하는 것을 목적으로 하며, 손실의 분담(sharing of loss)을 가능케 하는 것은 다수인으로부터 기금을 형성하는 것이다.

③ 법적인 관점에서 보험의 목적

    보험자와 피보험자 또는 계약자 사이에 맺어진 재무적 손실의 보전(indemnity of financial loss)을 목적으로 하는 법적 계약이다.

④ 수리적 관점에서 보험의 목적

    확률이론과 통계적 기법을 바탕으로 미래의 손실을 예측하여 배분하는 수리적 제도이다.

(3) 보험의 특성

① 예기치 못한 손실의 집단화

계약자나 피보험자의 고의적인 손실은 보상하지 않아야 하며 계약자나 피보험자의 입장에서 전혀 예상할 수 없었던 고의적이지 않은 불의의 손실을 모두 보상한다. 손실의 집단화(the pooling of fortuitous losses)란 손실을 한데 모음으로써 개별위험을 손실집단으로 전환시키는 것을 의미한다.

위험을 집단화하기 전에는 각자가 개별위험에 대해 책임을 져야 하지만 손실을 집단화함으로써 개별적 위험의 의미는 퇴색하고 개인이 부담해야 하는 실제 손실은 위험집단의 평균손실로 대체된다.

손실을 집단화할 때 중요한 것은 발생 빈도와 평균손실의 규모 면에서 동종의 손실이거나 그와 비슷한 것이어야 한다.

이질적인 손실을 집단화하게 되면 보험료 책정이나 보상 측면에서 동일한 기준을 적용하는 과정에서 많은 문제가 발생하게 된다.

② 위험 분담

위험의 집단화는 다른 측면에서 보면 위험을 서로 나누어 부담하는 위험 분담(risk sharing)이 된다. 위험 분산은 개별적으로 부담하기 힘든 손실을 나누어 분담함으로써 손실로부터의 회복을 보다 용이하게 한다. 이러한 상호부조 관계가 당사자 간의 자율적인 시장거래를 통해 달성된다는 점이 보험의 주요한 특징이다.

③ 위험 전가

보험은 계약에 의한 위험의 전가(risk transfer)이다. 계약을 통해 재정적으로 능력이 취약한 개인이나 조직이 재정적인 능력이 큰 보험자에게 개인의 위험을 전가하는 것이다. 특히 빈도는 적지만 규모가 커서 스스로 부담하기 어려운 위험을 보험자에게 전가함으로써 개인이나 기업이 위험에 대해 보다 효과적으로 대응할 수 있게 해주는 장치이다.

④ 실제 손실에 대한 보상

보험자가 보상하는 손실 보상(indemnification)은 실제로 발생한 손실을 원상회복하거나 교체할 수 있는 금액으로 한정되며 보험 보상을 통해 이익을 보는 경우는 없다. 실제 손실에 대한 보상(實損補償)은 중요한 보험의 원칙 중 하나로 발생손실만큼만 보상을 받게 되면 보험사기 행위와 같은 도덕적 해이를 줄일 수 있다.

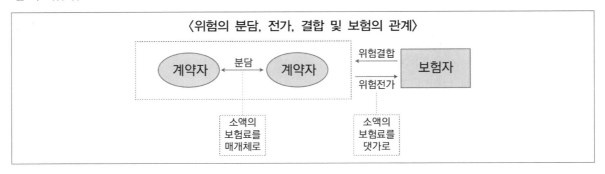
〈위험의 분담, 전가, 결합 및 보험의 관계〉

⑤ 대수의 법칙 또는 평균의 법칙

대수의 법칙(the law of large numbers)은 표본이 클수록 결과가 점점 예측된 확률에 가까워진다는 통계학적 정리이다. 즉, 표본의 수가 늘어날수록 실험 횟수를 보다 많이 거칠수록 결과값은 예측된 값으로 수렴하는 현상을 대수의 법칙 또는 평균의 법칙(the law of averages)이라고 한다. 계약자가 많아질수록 보험자는 보다 정확하게 손실을 예측할 수 있다.

2 보험의 성립 조건

(1) 동질적 위험의 다수 존재

① 동질적 위험

동질적 위험이란 발생의 빈도와 피해 규모가 같거나 유사한 위험을 의미한다. 특성이 같거나 유사한 위험끼리 결합되어야 동일한 보험료(체계)가 적용되어도 형평성을 유지할 수 있기 때문이다.

② 다수

동질적 위험이 다수 존재해야 한다는 것은 손실 예측이 정확해지기 위해서는 대수의 법칙이 적용될 수 있을 정도로 사례가 많아야 하는데, 이를 위해서는 계약자가 많을수록 좋다.

③ 독립적

이러한 동질적 위험이 각각 독립적이어야 한다. 독립적이라는 것은 하나의 손실 발생이 다른 손실 발생과 무관하다는 것을 의미한다.

(2) 손실의 우연적 발생

① 보험이 가능하려면 손실이 인위적이거나 의도적이지 않고, 누구도 예기치 못하도록 순수하게 우연적으로 발생한 것이어야 한다.

② 계약자의 고의나 사기 의도가 개입될 여지가 없는 통제 불가능한 위험만이 보험화가 가능하다.

(3) 한정적 손실

① 보험이 가능하기 위해서는 피해 원인과 발생 시간, 장소 및 피해 정도 등을 명확하게 판별하고 측정할 수 있는 위험이어야 한다.

② 피해 원인과 피해 장소 및 범위, 그리고 피해 규모 등을 정확하게 판단하기 어려우면 정확한 손실 예측이 어렵고 이에 따라 보험료 계산이 불가능하기 때문에 보험으로 인수하기 어렵다.

(4) 비재난적 손실

① 손실 규모가 지나치게 크지 않아야 한다. 손실이 재난적일 만큼 막대하다면 보험자가 감당하기 어려워 파산하게 되고 결국 대다수 계약자가 보장을 받을 수 없는 상황으로 전개될 수 있다.

② 보험자가 안정적으로 보험을 운영하기 위해서는 감당할 만한 수준의 위험을 인수해야 한다.

(5) 확률적으로 계산 가능한 손실

① 보험으로 가능하기 위해서는 손실 발생 가능성, 즉 손실발생확률을 추정할 수 있는 위험이어야 한다.

② 장차 발생할 손실의 빈도나 규모를 예측할 수 없으면 보험료 계산이 어렵다. 정확하지 않은 예측을 토대로 보험 설계 시 보험을 지속적으로 운영하기 어려우며, 결국 보험을 중단하게 되는 상황도 벌어진다.

(6) 경제적으로 부담 가능한 보험료

① 확률적으로 보험료 계산이 가능하더라도 산출되는 보험료 수준이 너무 높아 보험 가입대상자들에게 부담으로 작용하면 보험을 가입할 수 없어 보험으로 유지되기 어렵다.

② 보험이 가능한 위험이 되기 위해서는 그 위험이 발생하는 빈도와 손실 규모로 인한 손실이 종적(시간적) 및 횡적(계약자 간)으로 분산 가능한 수준이어야 한다.

제2절 | 보험의 기능

1 보험의 순기능

(1) 손실 회복

보험의 일차적 기능은 손실이 발생하였을 경우 계약자에게 보험금을 지급함으로써 단기간에 경제적 손실을 원상회복하거나 최소화한다.

(2) 불안 감소

개인이나 기업은 언제 어떻게 발생할지 불확실한 위험에 보험으로 대비함으로써 불안감을 해소시켜 안심하고 경제활동을 할 수 있다.

(3) 신용력 증대

보험은 예기치 않은 대규모 위험이 닥치더라도 일정 수준까지는 복구할 수 있는 보호 장치이기 때문에 계약자의 신용력을 높여준다.

(4) 투자 재원 마련

다수의 소액 계약자로부터 납부된 보험료로 거액의 자금이 형성되면 자금을 필요로 하는 기업 등에게 제공하여 경제성장에도 기여할 수 있고 보험자 입장에서는 이에 따른 수익을 통해 보험사업을 보다 안정적으로 운용할 수 있게 된다.

(5) 자원의 효율적 이용 기여

보험을 통해 예상되는 손실 위험을 해소할 수 있다면 투자자 입장에서는 유한한 자원을 보다 효율적으로 활용하게 된다.

(6) 안전(위험 대비) 의식 고양

① 보험에 가입한다는 것은 이미 위험에 대비할 필요성을 인지하고 있다고 볼 수 있다.

② 일정한 요건을 갖추어야 보험 가입이 가능하게 하거나 보험료 부담을 줄이기 위해 각종 위험 발생에 스스로 대비하는 노력을 하도록 한다.

2 보험의 역기능

(1) 사업비용의 발생

보험사업을 유지하기 위해서는 불가피하게 비용이 초래된다. 사회 전체로 보면 기회비용이라고 할 수 있다.

(2) 보험사기의 증가

보험금을 받기 위한 보험사기는 이에 따른 추가적 비용을 다수의 선의의 계약자의 부담으로 전가하며 보험사업의 정상적 운영을 어렵게 하여 극단적인 경우에는 보험 자체가 사라지는 결과를 초래할 수도 있다.

(3) 손실 과장으로 인한 사회적 비용 초래

① 보험에 가입한 손실이 발생할 경우 손실의 크기를 부풀려 보험금 청구 규모를 늘리려는 경향은 보험금이 과잉 지급되는 결과를 초래하기도 한다.

② 보험금 과잉 청구는 보험의 정상적인 운영에 지장을 초래하며, 사회적으로도 불필요한 비용을 발생시킨다.

3 역선택 및 도덕적 해이

보험자가 계약자에 대한 정보를 완전히 파악하지 못하고 계약자는 자신의 정보를 보험자에게 제대로 알려주지 않는 정보 비대칭(asymmetric information)이 발생하면 역선택(adverse selection)과 도덕적 해이(moral hazard)가 발생한다.

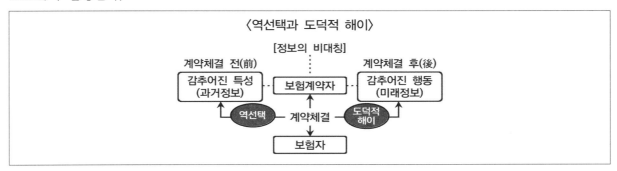

(1) 역선택

보험자는 보험에 가입하려는 계약자의 위험을 정확하게 파악하고 측정할 수 있어야 손실을 정확히 예측할 수 있어 적정한 보험료를 책정·부과할 수 있다.

계약자 또는 피보험자가 보험자보다 더 많은 정보를 가지고 있는 상태에서 보험자가 계약자의 위험 특성을 제대로 파악하지 못하면 계약자 측에서 손실 발생 가능성이 커 자신에게 이득이 되는 보험을 선택하여 계약을 하게 되면 이를 '역선택'이라고 한다.

(2) 도덕적 해이

도덕적 해이는 어느 한 쪽이 보험계약을 충실히 이행하지 않아 발생되는 문제로서 계약자 또는 피보험자가 고의나 과실로 보험사고의 발생 가능성을 높이거나 손해액을 확대하려는 성향을 의미한다.
보험에 가입한 후 평소의 관리를 소홀히 한다거나 손실이 발생할 경우 경감하려는 노력을 하지 않으며 심한 경우에는 이를 방치하거나 손실의 규모를 키우는 경우 등이 이에 해당한다.

(3) 역선택과 도덕적 해이의 비교

① 유사점
  ㉠ 역선택과 도덕적 해이는 실손을 보상하는 계약의 경우에는 거의 발생하지 않는다.
  ㉡ 보험가액에 비해 보험금액의 비율이 클수록 발생 가능성이 높다.
  ㉢ 역선택이나 도덕적 해이를 야기한 당사자에게는 이익이 귀착되는 반면, 그 피해는 보험자와 다수의 선의의 계약자들에게 돌아가며 결국 보험사업의 정상적 운영에 악영향을 미친다.

② 차이점
  ㉠ 역선택 : 계약 체결 전(前)에 예측한 위험보다 높은 위험(집단)이 가입하여 사고 발생률을 증가시킨다.
  ㉡ 도덕적 해이 : 계약 체결 후(後)에 고의나 인위적 행동으로 사고 발생률을 높아지게 한다.

제3절 보험의 분류

1 상법상 분류

(1) 손해보험

보험자가 보험계약에서 정한 보험사고가 발생하여 피보험자의 재산상의 손해가 발생하면 그 손해액을 산정하여 보험금을 지급하는 보험이라고 할 수 있다. 상법에서는 화재, 운송, 해상, 책임, 자동차 그리고 보증보험 등으로 구분하고 있다.

(2) 인보험

보험자가 보험계약에서 정한 사람의 생명과 신체에 관한 보험사고가 발생하는 경우 보험금액 또는 기타 급여를 지급하는 보험이라고 할 수 있다. 이는 생명보험, 상해보험 그리고 질병보험으로 구분할 수 있다.

2 운영목적에 따른 분류

(1) 영리보험

보험의 인수를 영업으로 하는 보험자가 영리를 목적으로 보험을 인수하고 위험단체의 주체가 되는 보험이다. 그 주체는 금융위원회의 허가를 받은 주식회사 등이 된다.

(2) 상호보험

동종의 위험에 관련된 다수인이 스스로 위험단체를 구성하고 이 단체가 보험사업의 주체가 되는 보험이다. 상법에서 보험편의 규정은 그 성질에 반하지 아니하는 범위에서 상호보험(相互保險), 공제(共濟), 그 밖에 이에 준하는 계약에 준용한다(제664조).

3 보험금 지급방법에 따른 구분

(1) 부정액보험

보험자가 지급하는 보험금은 보험가입금액의 한도 내에서 실제 발생한 손해액을 산정하여 정하는 보험이다. 손해보험에서 대부분 적용되는 형태이다.

(2) 정액보험

보험자가 지급하는 보험금은 피보험자의 손해액의 크기와 상관없이 보험계약을 통해 정해진 일정금액을 지급하는 보험이다.

4 원보험과 재보험

(1) 의의

보험은 위험을 분담하는 관계에 따라 원보험과 재보험으로 구분된다. 재보험이란 보험회사를 위한 보험이며 보험회사는 계약자들로부터 인수한 위험을 독자적으로 감당하기 어려울 때 자신이 인수한 보험계약상 책임의 전부 또는 일부를 다른 보험자에게 넘겨 다시 보험에 가입하는 것을 말한다. 그리고 이러한 재보험의 원인이 된 최초의 보험을 원보험 또는 원수보험이라 한다.

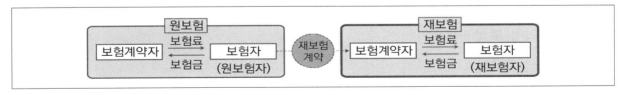

(2) 책임보험, 손해보험, 기업보험

재보험은 (원보험)계약자와는 무관하게 (원보험)보험자와 재보험자 사이에 체결되는 새로운 계약이므로 원보험의 성질이 무엇이든 상관없이 (원보험)보험자의 보험금지급채무를 담보하는 '책임보험'의 성격을 가지는 '손해보험'이며 '기업보험'에 해당한다.

(3) 불이익변경금지원칙 적용배제

재보험은 기업보험이므로 원보험과는 달리 보험계약자 등의 불이익변경금지원칙은 적용되지 않는다.

(4) 공동보험은 아님

한편 재보험은 둘 이상의 보험자가 동일한 보험목적을 함께 인수하는 '공동보험'과는 구별된다.

5 개별보험 · 집단보험 · 총괄보험

(1) 개별보험

각각의 물건 또는 사람을 보험의 목적으로 하는 보험계약을 말한다.

(2) 집단보험(집합보험 · 단체보험)

여러 물건 또는 사람을 집단으로 하여 1개의 보험계약을 체결하는 것을 말한다. 집합된 '물건'을 일괄하여 보험의 목적으로 하는 경우는 집합보험(제686조)이라고 하며, 집합된 여러 '사람'을 일괄하여 보험의 목적으로 하는 경우는 단체보험(제735조의3)이라고 한다.

(3) 총괄보험

집합된 물건을 일괄하여 보험의 목적으로 한 때에는 그 목적에 속한 물건이 보험기간 중에 수시로 교체된 경우에도 보험사고의 발생 시에 현존한 물건은 보험의 목적에 포함된 것으로 한다(제687조).

제4절 보험계약의 개요

1 보험계약의 의의

보험계약은 당사자 일방이 약정한 보험료를 지급하고 재산 또는 생명이나 신체에 불확정한 사고가 발생할 경우에 상대방이 일정한 보험금이나 그 밖의 급여를 지급할 것을 약정함으로써 효력이 생긴다(제638조).

2 보험계약의 특성[법적 성격]

(1) 불요식 낙성계약성

보험계약은 정해진 요식행위를 필요로 하지 않고 계약자의 청약과 보험자의 승낙이라는 당사자 쌍방 간의 의사 합치만으로 성립하여 불요식 · 낙성계약이다.

> ∘ 불요식(不要式) : 특별한 요식행위를 요구하지 않는다.
> ∘ 낙성(諾成) : 당사자 간의 청약과 승낙으로 계약이 이루어진다.

(2) 유상계약성

보험계약은 계약자의 보험료 지급과 보험자의 보험금 지급을 약속하는 유상계약(有償契約)이다.

(3) 쌍무계약성

보험자인 보험회사의 보상 의무와 계약자의 보험료 납부 의무가 대가(對價) 관계에 있으므로 쌍무계약(雙務契約)이다.

(4) 상행위성

보험계약은 상행위이며(제46조) 영업행위이다.

> 영업으로 하는 행위(보험 등)를 상행위라 한다. 그러나 오로지 임금을 받을 목적으로 물건을 제조하거나 노무에 종사하는 자의 행위는 그러하지 아니하다(제46조).

(5) 부합계약성

보험계약은 동질(同質)의 많은 계약을 간편하고 신속하게 처리하기 위해 계약조건을 미리 정형화(定型化)하고 있어 부합계약(附合契約)에 속한다.

> ○ 부합계약(附合契約) : 당사자 일방이 만들어 놓은 계약조건에 상대방 당사자는 그대로 따르는 계약을 말한다. 보험계약의 부합계약성으로 인해 '약관'이 존재하게 된다.

(6) 최고선의성

보험계약에 있어 보험자는 사고의 발생 위험을 직접 관리할 수 없기 때문에 도덕적 해이의 야기 가능성이 큰 계약이다. 따라서 신의성실의 원칙이 무엇보다도 중요시되고 있다.

> 〈보험계약의 선의계약성을 전제로 한 상법의 규정〉
> ① 고지의무 위반으로 인한 계약해지(제651조)
> ② 위험변경증가의 통지와 계약해지(제652조)
> ③ 보험계약자 등의 고의나 중과실로 인한 위험증가와 계약해지(제653조)
> ④ 보험자의 면책사유(제659조)
> ⑤ 보험계약의 목적(제668조)
> ⑥ 초과보험(제669조)
> ⑦ 중복보험(제672조)
> ⑧ 손해방지의무(제680조)

(7) 계속계약성

보험계약은 한 때 한 번만의 법률행위가 아니고 일정 기간에 걸쳐 당사자 간에 권리의무 관계를 존속시키는 법률행위이다.

제5절 **보험계약의 요소**

1 **보험계약의 관계자**

보험계약의 관계자란 보험계약의 직접 당사자와 보험계약에 이해관계를 가지는 제3자를 말한다. 보험계약의 직접 당사자는 보험자와 보험계약자이며 보험계약에 이해관계를 가지는 제3자는 피보험자와 보험수익자이다.

(1) 보험자

① 개념
  ㉠ 보험계약의 대상이 되는 위험을 인수하고 보험사고가 발생할 경우에 보험금을 지급할 의무를 부담하는 자로서 보험회사를 말한다.
  ㉡ 보험의 인수는 상행위에 해당하며 보험의 인수를 영업으로 하는 보험자는 상법상 상인에 해당한다.

② 수인의 보험자
  ㉠ 공동보험
    보험의 목적 등이 고가인 경우 수인의 보험자가 하나의 보험계약에서 공동으로 그 위험을 인수하는 경우를 공동보험이라 한다.
  ㉡ 병존보험과 중복보험
    ⓐ 병존보험 : 보험가액 범위 안에서 보험계약자가 수인의 보험자와 개별적으로 보험계약을 체결하며 각 보험자는 자기가 인수한 부분에 대해서만 보험계약을 체결하고 책임을 진다.
    ⓑ 중복보험 : 동일한 보험계약의 목적과 동일한 사고에 관하여 수개의 보험계약이 동시에 또는 순차로 체결된 경우에 그 보험금액의 총액이 보험가액을 초과한 때에는 보험자는 각자의 보험금액의 한도에서 연대책임을 진다. 이 경우에는 각 보험자의 보상책임은 각자의 보험금액의 비율에 따른다(제672조).

> ◦ 연대책임(連帶責任) : 두 사람 이상이 함께 지는 책임을 말한다.

(2) 보험계약자

① 보험계약자는 보험자의 상대방으로서 자기명의로 보험자와 보험계약을 체결하고 보험료지급의무를 1차적으로 부담하는 자이며 보험자와는 달리 보험계약자가 되기 위한 자격은 따로 없다.
② 보험계약자는 자기를 위해 보험계약을 체결할 수도 있고 타인을 위해 보험계약을 체결할 수도 있다.
③ 하나의 보험계약에 대해 수인이 보험계약자가 될 수도 있으며 그 중 1인, 수인 또는 전원에게 상행위로 되는 때에는 각 보험계약자는 연대하여 보험료납입의무를 부담한다.
④ 대리인에 의해 보험계약을 체결할 수도 있으며 이 경우 본인이 보험계약자가 되며 대리인이 안 사유는 그 본인이 안 것과 동일한 것으로 한다(제646조).

(3) 피보험자

① 손해보험의 피보험자

　㉠ 의의

　　손해보험에서 피보험자는 피보험이익의 귀속주체로서 보험사고 발생 시 보험자에게 보험금을 청구할 수 있는 자이다. 보험계약자와 피보험자가 동일하면 자기를 위한 손해보험, 다르면 타인을 위한 손해보험이라 한다.

　㉡ 타인을 위한 손해보험에서 피보험자의 지위

　　ⓐ 보험계약자와 피보험자가 다른 타인을 위한 손해보험에서 피보험자는 보험계약의 당사자가 아니므로 보험계약의 취소권이나 해지권 등 보험계약의 당사자로서의 권리와 의무가 없으며 원칙적으로 보험료지급의무도 부담하지 않는다.

　　ⓑ 그러나 '고지의무'(제651조)나 '위험변경증가의 통지의무'(제652조)를 부담하며 타인을 위한 보험계약에서 보험계약자가 파산을 하거나 보험료의 지급 지체가 있는 경우에 그 타인으로서 피보험자가 권리를 포기하지 않는 한 피보험자도 보험료를 지급할 의무가 있다(제639조 제3항).

　　ⓒ 그리고 보험계약의 전부 또는 일부가 무효인 경우에 보험계약자와 피보험자가 선의이며 중대한 과실이 없는 경우 보험자에 대해 보험료의 전부 또는 일부의 반환을 청구할 수 있다(제648조).

② 인보험의 피보험자

　㉠ 의의

　　인보험에서 피보험자는 생명과 신체에 관하여 보험에 붙여진 사람으로서 그 성질상 자연인에 한한다. 피보험자는 1인일 수도 있고 단체보험과 같이 수인일 수도 있다.

　㉡ 인보험에서 피보험자의 지위

　　ⓐ 인보험에서 피보험자는 '보험의 목적'에 불과하며 보험계약에 의한 권리를 취득하지는 못하지만 고지의무 또는 위험변경 증가에 대한 통지의무 등을 부담한다.

　　ⓑ 보험계약의 사행계약적 성격에 따른 도박적 요소를 차단하기 위해 타인의 사망을 보험사고로 하는 보험계약은 보험계약 체결 시 그 타인의 서면에 의한 동의를 사전에 받아야 하고(제731조), 15세 미만자, 심신상실자 또는 심신박약자의 사망을 보험사고로 하는 보험계약은 이들의 서면동의의 유무에 관계없이 절대적으로 무효로 하고 있다(제732조).

(4) 보험수익자

① 보험수익자는 생명보험 등의 인보험계약에서 보험사고가 발생한 경우 또는 만기가 도래한 경우에 보험금 지급청구권을 가지는 자이다.

② 보험계약자와 보험수익자가 동일하면 자기를 위한 인보험, 다르면 타인을 위한 인보험이라 한다. 타인을 위한 인보험의 경우 보험계약자는 보험수익자를 지정하거나 변경할 수 있다. 다만 타인의 사망을 보험사고로 하는 경우 피보험자의 동의를 얻어서 보험수익자를 지정 또는 변경할 수 있다(제733조).

③ 보험수익자는 보험계약의 당사자가 아니므로 원칙적으로 보험료지급의무가 없다. 그러나 타인을 위한

인보험계약에서 보험계약자가 파산을 하거나 보험료의 지급지체가 있는 경우에 그 타인에 해당되는 보험수익자가 권리를 포기하지 않는 한 보험수익자도 보험료지급의무를 부담한다.

> ㉠ 자기를 위한 보험계약 : 보험계약자＝피보험자 · 보험수익자
> ㉡ 타인을 위한 보험계약 : 보험계약자 ≠ 피보험자 · 보험수익자

(5) 보험자의 보조자

① 보험대리상(보험대리점)

㉠ '일정한 보험자'를 위하여 상시 계속적으로 그 영업부류에 속하는 보험계약의 체결을 대리(체약대리점)하거나 중개(중개대리점)하는 독립된 상인이다.

㉡ 보험계약의 체결을 대리하는 것을 영업으로 하는 독립된 상인을 체약대리상이라 하고, 보험계약의 체결을 중개하는 것을 영업으로 하는 독립된 상인을 중개대리상이라 한다. 개인과 법인을 구분하여 금융위원회에 등록하여야 한다.

㉢ '불특정 다수의 보험자'를 위해 보조하는 보험중개사와 구별된다.

㉣ 보험자는 보험대리상의 권한 중 일부를 제한할 수 있다. 다만, 보험자는 그러한 권한 제한을 이유로 선의의 보험계약자에게 대항하지 못한다(제646조의2 제2항).

㉤ 피보험자나 보험수익자가 보험료를 지급하거나 보험계약에 관한 의사표시를 할 의무가 있는 경우에는 보험대리상의 권한과 그 제한의 내용을 그 피보험자나 보험수익자에게도 적용한다(제646조의2 제4항).

> **〈보험대리상 등의 권한(제646조의2 제1항)〉**
> ⓐ 보험계약자로부터 보험료를 수령할 수 있는 권한
> ⓑ 보험자가 작성한 보험증권을 보험계약자에게 교부할 수 있는 권한
> ⓒ 보험계약자로부터 청약, 고지, 통지, 해지, 취소 등 보험계약에 관한 의사표시를 수령할 수 있는 권한
> ⓓ 보험계약자에게 보험계약의 체결, 변경, 해지 등 보험계약에 관한 의사표시를 할 수 있는 권한

② 보험설계사

㉠ 보험대리상이 아니면서 '특정한 보험자'를 위하여 계속적으로 보험계약의 체결을 중개하는 자이다(제646조의2 제3항).

㉡ 피용자(被傭者)의 신분으로 보험자를 위해 보험계약의 체결을 중개한다는 점에서 독립된 상인으로서 보험계약의 체결을 대리하거나 중개하는 보험대리상(보험대리점)과 다르다.

> ∘ 피용자(被傭者) : 노동 계약에 의해 임금을 받고 노동에 종사하는 사람을 말한다.

㉢ 의사표시권 및 의사표시수령권은 인정되지 않으며, 보험증권교부권 및 보험료수령권은 인정되나 보험료수령권의 경우에는 보험자가 작성한 영수증을 보험계약자에게 교부하는 경우에 한해서 인정한다.

③ 보험중개사

중개대리점이 특정한 보험자를 위해 중개하는 것과 달리 보험중개사는 독립적으로 '불특정 다수의 보험자'와 '보험계약자' 사이의 보험계약의 체결을 중개하는 자이다.

④ 보험의

인보험의 보조자로서 피보험자에 대한 신체 및 건강상태를 검사하여 위험측정자료를 파악하고 이에 대한 의학적 전문지식을 통해 그 결과를 보험자에게 제공하여 보험자가 위험을 인수할 것인지 결정하는 데 도움을 주는 의사를 말한다.

2 보험의 목적

(1) 의의

① 보험의 목적이란 보험사고 발생의 객체가 되는 특정한 재산이나 물건, 사람의 생명・신체를 말한다. 손해보험의 경우에는 재산이나 물건을 말하며 인보험의 경우에는 보험에 붙여진 피보험자를 말한다.
② 보험계약 체결 시 보험의 목적을 구체적으로 정함으로써 보험료 산정의 기초로 삼을 수 있으며, 보험사고 발생에 따른 보험자가 보상할 책임을 명확히 하여 분쟁을 예방할 필요가 있다.
③ 이러한 '보험의 목적'은 '보험계약의 목적'(제668조)과는 구별된다.

(2) 구분

① 손해보험
  ㉠ 주택, 상가, 운송물, 선박, 기계 등과 같은 구체적인 물건은 물론 무체물(채권)과 피보험자의 책임도 포함된다.
  ㉡ 집합된 물건을 일괄하여 보험의 목적으로 한 때에는 피보험자의 가족과 사용인의 물건도 보험의 목적에 포함된다(제686조 집합보험).
  ㉢ 집합된 물건을 일괄하여 보험의 목적으로 한 때에는 그 목적에 속한 물건이 보험기간 중에 수시로 교체된 경우에도 보험사고의 발생 시에 현존한 물건은 보험의 목적에 포함된다(제687조 집합보험 중에서 총괄보험).

② 인보험

사람의 생명 또는 신체를 보험의 목적으로 한다.

3 보험사고

(1) 의의

보험사고란 보험계약으로 담보하기로 한 피보험자의 재산 또는 생명이나 신체에 불확정적으로 발생가능한 특정한 사고를 의미한다.

(2) 요건

① 불확정성(우연성)

불확정성은 보험사고 '발생여부'와 그 '시기' 및 '정도'를 확정할 수 없는 경우를 말한다.
발생여부와 그 시기 및 정도 중 어느 하나만이라도 불확정적이면 해당된다. 그 판단의 시기는 '보험계약 당시'를 기준으로 한다.

② 발생가능성

보험계약 당시에 보험사고가 이미 발생하였거나 또는 발생할 수 없는 것인 때에는 그 계약은 무효로 한다. 그러나 당사자 쌍방과 피보험자가 이를 알지 못한 때에는 그러하지 아니하다(제644조). 즉, 보험사고가 계약 전에 이미 객관적으로 확정된 경우라면 그 계약은 무효로 한다.

③ 특정성

보험사고는 그 범위가 특정되어야 한다. 보험계약 체결 시 보험사고의 범위를 구체적으로 특정하여 분쟁을 방지할 필요성이 있다.

(3) 보험사고발생의 통지의무

보험계약자 또는 피보험자나 보험수익자는 보험사고의 발생을 안 때에는 지체 없이 보험자에게 그 통지를 발송하여야 한다(제657조). 보험자는 보험사고의 통지를 받으면 보험금지급 책임이 발생한다.

4 보험료

보험계약에 따라 보험자가 보험을 인수하는 대가로서 보험계약자가 보험자에게 지급하는 금액을 말한다.

5 보험기간과 보험계약기간 및 보험료기간

(1) 보험기간(보장기간, 책임기간, 위험기간)

① 보험자의 책임이 시작되어 종료될 때까지의 기간을 말한다.
② 따라서 그 보험기간의 이전이나 이후에 생긴 보험사고에 대하여 보험자는 보험금지급책임을 지지 않는다.
③ 보험자의 책임은 당사자 간에 다른 약정이 없으면 최초의 보험료의 지급을 받은 때로부터 개시한다(제656조).
④ 보험계약은 그 계약 전의 어느 시기를 보험기간의 시기로 할 수 있다(제643조). 즉, 소급보험이 가능하다.

(2) 보험계약기간

보험계약이 성립해서 소멸할 때까지의 기간을 의미하며 보험기간과 같을 수도 있고 다를 수도 있다.
① 예정보험

[보험기간 < 보험계약기간]

암보험 등의 일정한 보험자의 면책기간을 설정하는 질병보험처럼 보험기간이 보험계약 이후 특정 기간이 지난 시점부터 개시되는 경우가 이에 해당한다.

② 소급보험

[보험기간 > 보험계약기간]

과거 대항해시대에 정보통신기술이 발달하지 않아 이미 발생하였을지도 모르는 해상보험사고를 알 수 없는 경우에 이를 보호받기 위해 사용되었으나, 최근에는 거의 사용되지 않는다. 상법에서는 보험계약은 그 계약 전의 어느 시기를 보험기간의 시기로 할 수 있다(제643조)고 정하여 소급보험을 인정하고 있다.

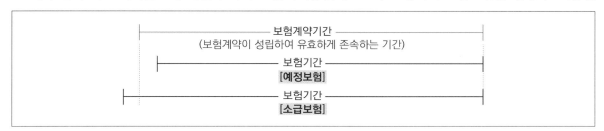

(3) 보험료기간(위험측정기간)

보험료기간이란 일정한 기간을 단위로 그 기간에 발생하는 보험사고를 통계적으로 조사하여 그 손해율을 측정하여 보험료산출의 기초가 되는 경우 그 단위기간을 말한다. 위험측정기간이라고도 한다.

6 피보험이익[보험계약의 목적]

(1) 의의

피보험이익이란 보험에 붙여진 '보험의 목적'에 대하여 보험사고가 발생함으로써, 피보험자가 손해를 입은 경우 그 피보험자가 지니는 '경제상의 이해관계'를 말한다. 보험목적물에 보험사고가 발생하면 계약자가 '경제적 손실'을 입게 될 때 '피보험이익'이 있다고 한다.

(2) 적용

① 상법에서는 보험계약은 '금전'으로 산정할 수 있는 이익에 한하여 보험계약의 목적으로 할 수 있다(제668조)고 정하고 있으며 '피보험이익'을 '보험계약의 목적'이라고 칭하고 있다.

② 피보험이익이 존재해야 보험에 가입할 수 있으며, 피보험이익이 없으면 보험에 가입할 수 없다.

7 보험가액, 보험금액 및 보험금

(1) 보험가액

보험가액이란 손해보험에서 '피보험이익'을 '금전'으로 평가한 가액으로써 보험자가 지급하여야 할 법률상 최고한도액을 말한다.

(2) 보험금액(보험가입금액)

보험금액(보험가입금액)이란 보험사고가 발생한 때 보험자가 피보험자 등에게 지급할 계약상의 최고한도액을 말한다.

① 손해보험에서 보험금액(보험가입금액)

계약 당사자가 약정한 보험가액의 한도 내에서 손해보상책임의 최고한도액을 말한다.

② 생명보험과 같은 정액보험에서 보험금액(보험가입금액)

계약 당사자 간에 약정한 일정 금액을 말한다.

(3) 보험금

보험금이란 보험사고 발생한 때 보험금액(보험가입금액)의 범위 내에서 보험자가 현실적으로 지급하는 금액을 말한다.

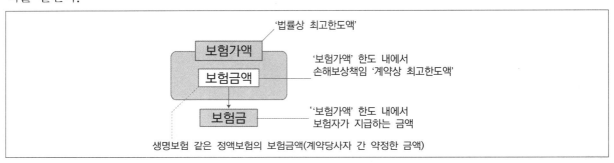

제6절 보험계약의 체결

1 보험계약의 성립

제638조(보험계약의 의의)
보험계약은 당사자 일방이 약정한 보험료를 지급하고 재산 또는 생명이나 신체에 불확정한 사고가 발생할 경우에 상대방이 일정한 보험금이나 그 밖의 급여를 지급할 것을 약정함으로써 효력이 생긴다.

제638조의2(보험계약의 성립)
① 보험자가 보험계약자로부터 보험계약의 청약과 함께 보험료 상당액의 전부 또는 일부의 지급을 받은 때에는 다른 약정이 없으면 30일 내에 그 상대방에 대하여 낙부의 통지를 발송하여야 한다. 그러나 인보험계약의 피보험자가 신체검사를 받아야 하는 경우에는 그 기간은 신체검사를 받은 날부터 기산한다.
② 보험자가 제1항의 규정에 의한 기간 내에 낙부의 통지를 해태한 때에는 승낙한 것으로 본다.
③ 보험자가 보험계약자로부터 보험계약의 청약과 함께 보험료 상당액의 전부 또는 일부를 받은 경우에 그 청약

> 을 승낙하기 전에 보험계약에서 정한 보험사고가 생긴 때에는 그 청약을 거절할 사유가 없는 한 보험자는 보험계약상의 책임을 진다. 그러나 인보험계약의 피보험자가 신체검사를 받아야 하는 경우에 그 검사를 받지 아니한 때에는 그러하지 아니하다.

보험계약은 보험계약자의 '청약'에 대해 보험자의 '승낙'으로 '성립'한다.

> 청약(보험계약자) ⇨ 승낙(보험자) ⇨ 성립(보험계약)

(1) 보험계약의 청약

① 보험계약의 청약은 보험계약의 청약자가 보험자에 대해 일정한 보험계약을 체결할 것을 목적으로 하는 일방적 의사표시이다.

② 보험계약은 불요식 계약으로서 청약의 방법은 구두든 서면이든 무관하지만, 실무상 청약서에 일정한 사항을 기재하여 청약을 하도록 하고 있다. 그리고 청약하였다고 하여 보험계약이 성립된 것은 아니다.

(2) 보험계약의 승낙

① 승낙의 통지

보험자가 보험계약자로부터 보험계약의 청약과 함께 보험료 상당액의 전부 또는 일부의 지급을 받은 때에는 다른 약정이 없으면 30일 내에 그 상대방에 대하여 낙부의 통지를 발송하여야 한다.

그러나 인보험계약의 피보험자가 신체검사를 받아야 하는 경우에는 그 기간은 신체검사를 받은 날부터 기산한다(제638조의2 제1항).

② 승낙의 통지에 대한 발신주의

승낙의 통지에 대해 상법은 '발신주의'를 채택하고 있다. 예를 들어 30일째 되는 날 거절의 통지를 발송을 하여 31일째 통지가 도달하는 경우에도 그 거절의 통지는 유효하다.

> ◦ 발신주의(發信主義) : 의사표시(意思表示)가 상대방에게 발신된 때(서신을 우체통에 넣은 때, 종이에 기록하여 전보국의 창구에 의뢰한 때 등)에 그 효력이 발생한다는 입법태도이다. 통지주의(通知主義)라고도 하며, 의사표시가 외형적 존재를 가지고 표의자(表意者)의 지배를 떠나서 상대방에게 발신된 때에 효력이 발생한다는 주의로 도달주의(到達主義) 내지 수취주의(受取主義)와 대립된다. 민법상 상대방 있는 의사표시의 효력 발생은 원칙적으로 도달주의에 의하지만(민법 제111조), 발신주의는 신속을 필요로 하는 거래에 적합하며, 다수인에게 동일한 내용의 의사표시를 하여야 할 경우에 그 의사표시의 효력발생을 획일적으로 할 수 있는 장점이 있다. 격지자간(隔地者間)의 계약에서 청약(請約)에 대한 승낙(承諾)의 통지(제531조) 등에서는 예외적으로 발신주의를 취하고 있다.

③ 낙부의 통지를 해태에 따른 승낙의 의제

보험자가 낙부통지의 규정에 의한 기간 내에 낙부의 통지를 해태한 때에는 승낙한 것으로 본다(제638조의2 제2항).

〈다른 약정이 있으면 허용되는 것〉

제638조의2(보험계약의 성립)
① 보험자가 보험계약자로부터 보험계약의 청약과 함께 보험료 상당액의 전부 또는 일부의 지급을 받은 때에는 다른 약정이 없으면 30일 내에 그 상대방에 대하여 낙부의 통지를 발송하여야 한다.

제649조(사고발생 전의 임의해지)
① 보험사고가 발생하기 전에는 보험계약자는 언제든지 계약의 전부 또는 일부를 해지할 수 있다.
③ 제1항의 경우에는 보험계약자는 당사자 간에 다른 약정이 없으면 미경과보험료의 반환을 청구할 수 있다.

제650조(보험료의 지급과 지체의 효과)
① 보험계약자는 계약체결 후 지체 없이 보험료의 전부 또는 제1회 보험료를 지급하여야 하며, 보험계약자가 이를 지급하지 아니하는 경우에는 다른 약정이 없는 한 계약성립 후 2월이 경과하면 그 계약은 해제된 것으로 본다.

제656조(보험료의 지급과 보험자의 책임개시)
보험자의 책임은 당사자 간에 다른 약정이 없으면 최초의 보험료의 지급을 받은 때로부터 개시한다.

제660조(전쟁위험 등으로 인한 면책)
보험사고가 전쟁 기타의 변란으로 인하여 생긴 때에는 당사자 간에 다른 약정이 없으면 보험자는 보험금액을 지급할 책임이 없다.

제667조(상실이익 등의 불산입)
보험사고로 인하여 상실된 피보험자가 얻을 이익이나 보수는 당사자 간에 다른 약정이 없으면 보험자가 보상할 손해액에 산입하지 아니한다.

제674조(일부보험)
보험가액의 일부를 보험에 붙인 경우에는 보험자는 보험금액의 보험가액에 대한 비율에 따라 보상할 책임을 진다. 그러나 당사자 간에 다른 약정이 있는 때에는 보험자는 보험금액의 한도 내에서 그 손해를 보상할 책임을 진다.

제676조(손해액의 산정기준)
① 보험자가 보상할 손해액은 그 손해가 발생한 때와 곳의 가액에 의하여 산정한다. 그러나 당사자 간에 다른 약정이 있는 때에는 그 신품가액에 의하여 손해액을 산정할 수 있다.

---

(3) 승낙 전 사고에 대한 보험계약자의 보호

① 의의

보험자가 보험계약자로부터 보험계약의 청약과 함께 보험료 상당액의 전부 또는 일부를 받은 경우에 그 청약을 승낙하기 전에 보험계약에서 정한 보험사고가 생긴 때에는 그 청약을 거절할 사유가 없는 한 보험자는 보험계약상의 책임을 진다.

그러나 인보험계약의 피보험자가 신체검사를 받아야 하는 경우에 그 검사를 받지 아니한 때에는 그러하지 아니하다(제638조의2 제3항).

② 제도의 취지

원칙적으로 보험계약자가 보험계약의 청약과 함께 보험료 상당액의 전부 또는 일부의 지급을 하였으나 30일 내에 낙부의 통지의 발송이 없는 경우 보험계약은 성립하지 않는다.

그러나 보험계약자는 이미 보험료를 지급하였으므로 승낙일까지 보험자가 위험을 인수하지 않은 기간 동안 보험계약에서 정한 보험사고가 생긴 때에는 그 청약을 거절할 사유가 없는 한 보험자는 보험계약 상의 책임을 지게 하여 보험계약자를 보호하기 위한 제도이다(제638조의2 제3항).

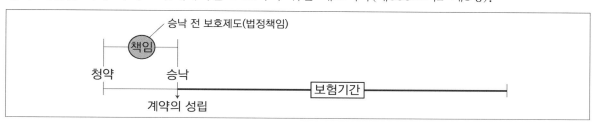

③ 적용요건

㉠ 청약 시 보험료상당액의 전부 또는 일부의 납입

㉡ 청약 후 승낙 전 보험사고

따라서 보험계약자가 청약하기 전이나 청약의 의사를 철회한 이후에 발생한 사고인 경우에는 설령 보험자가 보험료를 반환하기 전이라도 승낙 전 보호제도를 적용하지 아니한다.

㉢ 청약을 거절할 만한 사유의 부존재

> ※ **청약을 거절할 사유**(대판 2008.11.27, 2008다40847)
> ⓐ 청약을 거절할 사유란 보험계약의 청약이 이루어진 바로 그 종류의 보험에 관하여 해당 보험회사 가 마련하고 있는 객관적인 보험인수 기준에 의하면 인수할 수 없는 위험상태 또는 사정이 있는 것으로서 통상 피보험자가 보험약관에서 정한 적격 피보험체가 아닌 경우를 말하고, 이러한 청약 을 거절할 사유의 존재에 대한 증명책임은 보험자에게 있다.
> ⓑ 이른바 승낙 전 보험사고에 대하여 보험계약의 청약을 거절할 사유가 없어서 보험자의 보험계약상 의 책임이 인정되면, 그 사고발생사실을 보험자에게 고지하지 아니하였다는 사정은 청약을 거절할 사유가 될 수 없고, 보험계약 당시 보험사고가 이미 발생하였다는 이유로 상법 제644조에 의하여 보험계약이 무효로 된다고 볼 수도 없다.

(4) 청약의 철회

∘ 철회(撤回) : 법률상에서 의사표시를 한 자가 장차 그 의사표시의 '효력이 발생하기 전'에 소멸시키는 일방적 의사표시를 말한다.

보험계약자는 청약을 한 날 또는 제1회 보험료를 납입한 날로부터 약관에서 정한 기일 내에 아무런 불이 익 없이 보험계약의 청약을 철회할 수 있다.

2 보험약관

> **제638조의3(보험약관의 교부·설명 의무)**
> ① 보험자는 보험계약을 체결할 때에 보험계약자에게 보험약관을 교부하고 그 약관의 중요한 내용을 설명하여야 한다.
> ② 보험자가 제1항을 위반한 경우 보험계약자는 보험계약이 성립한 날부터 3개월 이내에 그 계약을 취소할 수 있다.

(1) 보험약관

① 보험약관의 의미
  ⊙ 보험약관은 보험자와 계약자 또는 피보험자 간에 계약의 무효, 보상을 받을 수 없는 경우 등 여러 가지 보험계약의 권리와 의무에 관한 사항들이 적혀 있다.
  ⊙ 보험자가 미리 정한 보험계약의 내용에 반대의 의사표시가 없는 한 계약 당사자 쌍방을 구속하는 보험계약상의 법원으로써 중요한 의미를 가진다.
  ⊙ 판례에 따르면 보험약관이 계약 당사자에 대하여 구속력을 가지는 것은 보험계약 당사자 사이에서 계약내용에 포함시키기로 합의하였기 때문이다.

② 보험약관의 유형
  보험약관은 보통보험약관과 특별보험약관으로 구분된다.
  ⊙ 보통보험약관 : 보험자가 일반적인 보험계약의 내용을 미리 정형적으로 정하여 놓은 약관이다.
  ⊙ 특별보험약관 : 보통보험약관을 보충, 변경 또는 배제하기 위한 보험약관을 특별보험약관이라고 한다. 특별보험약관이 보통보험약관에 우선하여 적용되나 특약조항을 이용하여 법에서 금지하는 내용을 가능케 할 수는 없다.

③ 보험약관의 존재 이유
  보험이라는 금융서비스의 성격상 다수의 계약자를 상대로 보험계약을 체결해야 한다. 따라서 그 내용을 정형화하는 '기술성'과 보험단체 구성원을 개별적으로 다루지 않고 '단체성'을 갖추어 통일성 결여로 발생하는 다양한 법적 시비를 억제할 수 있다.

④ 보통보험약관의 효력
  ⊙ 보험약관의 구속력
    보통보험약관은 반대의 의사표시가 없는 한 당사자가 그 약관의 내용을 이해하고 그 약관에 따를 의사의 유무를 불문하고 약관의 내용이 합리적이라면 보험계약의 체결과 동시에 당사자를 구속하게 된다. 구속력을 인정하는 것은 보험계약 당사자 사이에서 계약내용에 포함시키기로 합의하였기 때문이다.
  ⊙ 허가를 받지 않는 보험약관의 사법상의 효력
    금융위원회의 허가를 받지 아니한 보통보험약관에 의하여 보험계약이 체결된 경우라 할지라도 사법상의 효력을 인정하는 것은 타당하다.

하지만 허가를 받지 않은 약관을 사용한 보험자는 보험업법상의 제재를 받는 것은 당연하고, 또 금융위원회의 허가를 받지 아니하고 자신의 일방적인 이익을 도모하거나 공익에 어긋나는 약관을 사용한 때에는 그 효력은 인정되지 않는다.

⑤ 보통보험약관의 해석

㉠ 기본원칙

ⓐ 당사자의 개별적인 해석보다는 용어의 표현이 모호하지 아니한 평이하고 통상적인 일반적인 뜻을 받아들이고 이행되는 용례에 따라 풀이해야 한다.

ⓑ 법률의 일반 해석 원칙에 따라 보험계약의 '기술성과 단체성'을 고려하여 '합리적'으로 해석해야 한다.

ⓒ 보험계약의 성질과 관련하여 '신의성실의 원칙'에 따라 공정하게 해석되어야 하며, 계약자에 따라 다르게 해석되어서는 안 된다.

ⓓ 보험 약관상의 인쇄 조항(printed)과 수기 조항(hand written) 간에 충돌이 발생하는 경우 수기 조항이 우선한다.

㉡ 작성자 불이익의 원칙

보험약관의 내용이 모호한 경우 즉, 하나의 규정이 객관적으로 여러 가지 뜻으로 풀이되는 경우나 해석상 의문이 있는 경우 보험자에게는 엄격·불리하게, 계약자에게는 유리하게 풀이해야 한다는 원칙을 말한다.

> ※ **보험약관의 해석에 있어 작성자 불이익의 원칙**(대판 2018.7.24, 2017다256828)
> 보험약관은 신의성실의 원칙에 따라 해당 약관의 목적과 취지를 고려하여 공정하고 합리적으로 해석하되, 개개 계약 당사자가 기도한 목적이나 의사를 참작하지 않고, 평균적 고객의 이해가능성을 기준으로 보험단체 전체의 이해관계를 고려하여 객관적·획일적으로 해석하여야 한다. 위와 같은 해석을 거친 후에도 약관 조항이 객관적으로 다의적으로 해석되고, 그 각각의 해석이 합리성이 있는 등 당해 약관의 뜻이 명백하지 아니한 경우에는 고객에게 유리하게 해석하여야 한다.

(2) 보험약관의 교부·설명 의무

① 이행의 주체

보험약관의 교부·설명의무자는 보험자이며, 실거래에서는 보험설계사, 보험대리상(보험대리점) 등을 통해서 보험모집이 이루어지는 경우에는 이들이 보험자를 대신하게 된다.

② 이행의 상대방

그 상대방은 반드시 보험계약자에 국한되는 것은 아니며, 보험계약자의 대리인과 보험계약을 체결하는 경우에는 그 대리인에게 보험약관을 설명함으로써 족하다(대판 2001.7.27, 2001다23973).

③ 이행의 시기

보험자는 보험계약을 체결할 때에 보험계약자에게 보험약관을 교부하고 그 약관의 중요한 내용을 설명하여야 한다(제638조의3 제1항).

④ 중요한 내용

보험료와 그 지급방법, 보험금액, 보험기간, 특히 보험자의 책임개시 시기를 정한 경우에는 그 시기, 보험사고의 내용, 보험계약의 해지사유 또는 보험자의 면책사유 등을 들 수 있을 것이다. 그러나 약관에 없는 사항이라면 비록 보험 계약상 중요한 내용일지라도 이를 설명할 의무는 없다.

〈보험자의 설명의무가 면제되는 경우〉

㉠ 보험계약을 갱신하는 경우에 보험약관이 기존의 약관과 동일한 경우, 보험계약자나 그 대리인이 보험약관의 내용을 충분히 잘 알고 있는 경우(대판 2014.7.24, 2013다217108)

㉡ 보험약관에 정하고 있는 사항이 거래상 일반적이고 공통된 것이어서 보험계약자가 별도의 설명을 듣지 않더라도 충분히 예상할 수 있는 사항(대판 2010.3.25, 2009다91316・91323)

㉢ 설명의무의 이행 여부가 보험계약의 체결 여부에 영향을 미치지 않는 경우(대판 2005.10.7, 2005다28808)

㉣ 법령에 정하여진 것을 되풀이하거나 부연하는 데 불과한 경우(대판 2014.7.24, 2013다217108)

---

⑤ 방법

보험약관을 교부하거나 설명하는 방법에 대해서는 특별히 정한 것은 없으므로 구두나 전화 우편 등 그 밖의 다른 매체를 이용하는 것도 가능하다.

(3) 교부・설명의무 위반의 효과

① 보험자가 보험계약을 체결할 때에 보험계약자에게 보험약관을 교부하고 그 약관의 중요한 내용을 설명할 의무를 위반한 경우 보험계약자는 보험계약이 성립한 날부터 3개월 이내에 그 계약을 취소할 수 있다(제638조의3 제2항).

② 여기서 3개월의 기간은 어떤 사건이 일어난 후로 기간이 지남으로써 권리가 소멸되는 제척기간이며 이 취소권은 보험계약자에 주어진 권리일 뿐이지 의무는 아니다.

> ◦ 제척기간(除斥期間) : 어떤 권리에 대해 법률상으로 정해진 존속기간이다. 제척기간이나 소멸시효를 정하는 것은 당사자의 권리 유무에 기한을 정함으로써 법질서를 조속히 안정시키는 데 목적이 있다. 일정한 기간 안에 권리를 행사하지 않으면 해당 권리가 소멸된다는 점에서는 소멸시효와 비슷한 개념이다. 그러나 제척기간은 소멸시효와는 달리 정지・중단이 없고 소송에서 그 이익을 원용(援用 어떤 사실을 다른 곳에서 인용하여 법률상 자기에게 유리하게 주장 또는 항변하는 일)할 필요가 없다. 소멸시효는 법률에서 그것을 명시하고 있지만 제척기간은 명시되지 않은 경우도 있으며, 법조문에 기한을 언급하면서 소멸시효가 명시되지 않은 경우라면 제척기간으로 해석된다.

③ 보험계약자가 보험계약을 취소하지 않았다고 하더라도 보험자의 설명의무 위반의 법률효과가 소멸되

어 그 하자가 치유되는 것은 아니다(대판 1996.4.12, 96다4893). 따라서 3개월이 지나더라도 다시 약관의 규제에 관한 법률을 적용하여 설명되지 않은 약관조항의 효력을 다툴 수 있다.

④ 보험계약자가 그 보험계약을 취소한 때에는 처음부터 그 계약은 무효가 되며(민법 제141조), 보험계약자와 피보험자가 선의이며 중대한 과실이 없는 때에는 보험자에 대하여 보험료의 전부 또는 일부의 반환을 청구할 수 있다(제648조).

(4) 실효약관과 해지예고부최고 약관

① **실효약관**(失效約款)

실효약관이란 약정기간 내에 보험료를 지급하지 않으면 보험자의 특별한 의사표시가 없더라도 당연히 계약의 효력이 없어지고, 보험계약자의 계약상의 권리를 상실하여 실효된다는 뜻의 약관이다. 제650조 제2항의 규정에 따라 상당한 기간을 정하여 보험계약자에게 최고하고 그 기간 내에 지급되지 아니한 때에는 그 계약을 해지할 수 있으므로 최고와 해지의 통지가 결여된 것으로서 최근 판례에서는 무효로 판시하고 있다.

② **해지예고부최고 약관**

이는 실효약관과는 달리 일정기간을 정하여 최고하고 그 기간 끝나면 계약이 해지됨을 함께 예고하는 경우로서 최고는 하되 해지통지를 따로 하지 않을 것임을 예고하는 경우이다. 최근 판례에서는 약관 효력을 인정하고 있다.

3 타인을 위한 보험

제639조(타인을 위한 보험)
① 보험계약자는 위임을 받거나 위임을 받지 아니하고 특정 또는 불특정의 타인을 위하여 보험계약을 체결할 수 있다. 그러나 손해보험계약의 경우에 그 타인의 위임이 없는 때에는 보험계약자는 이를 보험자에게 고지하여야 하고, 그 고지가 없는 때에는 타인이 그 보험계약이 체결된 사실을 알지 못하였다는 사유로 보험자에게 대항하지 못한다.
② 제1항의 경우에는 그 타인은 당연히 그 계약의 이익을 받는다. 그러나 손해보험계약의 경우에 보험계약자가 그 타인에게 보험사고의 발생으로 생긴 손해의 배상을 한 때에는 보험계약자는 그 타인의 권리를 해하지 아니하는 범위 안에서 보험자에게 보험금액의 지급을 청구할 수 있다.
③ 제1항의 경우에는 보험계약자는 보험자에 대하여 보험료를 지급할 의무가 있다. 그러나 보험계약자가 파산선고를 받거나 보험료의 지급을 지체한 때에는 그 타인이 그 권리를 포기하지 아니하는 한 그 타인도 보험료를 지급할 의무가 있다.

(1) 타인을 위한 보험계약의 의의

① 보험계약자가 특정 또는 불특정의 타인의 이익을 위하여 자기명의로 체결한 보험계약을 말한다. 여기서 타인이란 보험계약상의 이익을 받을 자로서 손해보험에서는 피보험자, 인보험에서는 보험수익자를 말한다.

② 보험계약자가 타인의 이익을 위하여 '자기명의'로 체결한 보험계약이므로 '타인의 명의'로 대리인의 자격에서 체결하는 것이 아니다.

(2) 성립요건

① 타인을 위한다는 의사표시

㉠ 보험계약 당사자 사이에 타인을 위한 보험계약이라는 의사표시의 합의가 있어야 한다. 이에 따라 타인은 피보험이익의 주체로서 피보험자가 된다.

㉡ 타인을 위한다는 의사표시는 반드시 명시적이어야 하는 것은 아니므로 묵시적인 경우도 인정된다. 만약 타인을 위한 보험계약이라는 의사표시의 합의가 없거나 불분명한 경우에는 자기를 위한 보험계약으로 추정한다.

㉢ 민법상의 제3자를 위한 계약의 경우 제3자의 수익의 의사표시를 필요로 하지만 타인을 위한 보험계약의 경우는 그 타인의 수익의 의사표시가 필요하지 않고 그 타인은 당연히 그 계약의 이익을 받는다.

㉣ 다만 타인을 위한 보험계약의 당사자는 보험계약자와 보험자이므로 보험계약체결에 대한 다툼이 있는 경우 보험계약자와 보험자를 기준으로 한다.

② 타인의 특정 여부

타인의 위임 여부와 상관없으며 반드시 타인이 구체적으로 명시되어야 하는 것은 아니다. 보험사고 발생 시에 피보험이익의 주체로 인정되는 자(손해보험) 또는 생명보험계약의 경우 보험계약자나 피보험자의 상속인의 지위에 있게 되는 자를 타인으로 하는 것처럼 불특정 타인을 위한 보험계약도 유효하다(제639조 제1항).

③ 타인의 위임 여부

보험계약자는 위임을 받거나 위임을 받지 아니하고 특정 또는 불특정의 타인을 위하여 보험계약을 체결할 수 있다(제639조 제1항).

㉠ 타인의 위임이 있는 경우

보험계약자는 피보험자나 보험수익자로 지정되는 자의 위임에 따라 이들을 위한 보험계약을 체결할 수 있다.

㉡ 타인의 위임이 없는 경우

ⓐ 그러나 '손해보험'계약의 경우에 그 타인의 위임이 없는 때에는 보험계약자는 이를 보험자에게 고지하여야 한다(제639조 제1항 단서).

ⓑ 고지의 경우 보험자의 주의를 환기시켜 도박위험을 방지하게 하거나 피보험자가 자기에게 부과되는 고지의무, 통지의무, 손해방지의무 등을 이행할 수 있도록 하기 위함이다.

ⓒ 그러나 그 고지가 없는 때에는 타인이 그 보험계약이 체결된 사실을 알지 못하였다는 사유로 보험자에게 대항하지 못한다(제639조 제1항 단서). 즉, 손해보험의 피보험자가 보험계약이 체결된 사실을 알지 못하여 고지의무나 통지의무를 이행하지 못하여 보험자가 보험계약을 해지하더라도 이에 대항하지 못한다.

(3) 타인을 위한 보험계약의 효과

① 보험계약자의 지위

　㉠ 권리

　　ⓐ 보험금액 지급청구권(제639조 제2항 단서)

> 타인을 위한 보험계약이므로 원칙적으로 보험계약자는 보험금액 지급청구권을 가지지 못한다. 그러나 손해보험계약의 경우에 보험계약자가 그 타인에게 보험사고의 발생으로 생긴 손해의 배상을 한 때에는 보험계약자는 그 타인의 권리를 해하지 아니하는 범위 안에서 보험자에게 보험금액의 지급을 청구할 수 있다.

　　ⓑ 보험증권교부청구권(제640조)

　　ⓒ 보험료감액청구권(제647조)

　　ⓓ 보험료반환청구권(제648조)

　　ⓔ 보험계약해지권(제649조 제1항 단서)

> 원칙적으로 보험사고가 발생하기 전에는 보험계약자는 언제든지 계약의 전부 또는 일부를 해지할 수 있다. 그러나 타인을 위한 보험계약의 경우에는 보험계약자는 그 타인의 동의를 얻지 아니하거나 보험증권을 소지하지 아니하면 그 계약을 해지하지 못한다.

　㉡ 의무

　　보험계약자로서의 다음과 같은 의무를 부담한다.

　　ⓐ 보험료지급의무(제639조)

　　ⓑ 고지의무(제651조)

　　ⓒ 위험변경·증가의 통지의무(제652조)

　　ⓓ 위험유지의무(보험계약자 등의 고의나 중과실로 인한 위험증가 금지)(제653조)

　　ⓔ 보험사고발생의 통지의무(제657조)

　　ⓕ 손해보험에서 손해방지경감의무(제680조)

② 피보험자·보험수익자의 지위

　㉠ 권리

　　보험계약자의 타인(피보험자·보험수익자)을 위한 보험이므로 그 타인은 수익의 의사표시가 없더라도 당연히 그 계약의 이익을 받는다(제639조).

　㉡ 의무

　　ⓐ 보험계약자가 파산선고를 받거나 보험료의 지급을 지체한 때에는 그 타인(피보험자·보험수익자)이 그 권리를 포기하지 아니하는 한 그 타인도 보험료를 지급할 의무가 있다(제639조 제3항 단서).

　　ⓑ 그 타인(피보험자·보험수익자)은 고지의무, 보험사고발생 통지의무, 위험유지의무, 손해방지의무 등을 부담한다.

4 보험증권

제640조(보험증권의 교부)
① 보험자는 보험계약이 성립한 때에는 지체 없이 보험증권을 작성하여 보험계약자에게 교부하여야 한다. 그러나 보험계약자가 보험료의 전부 또는 최초의 보험료를 지급하지 아니한 때에는 그러하지 아니하다.
② 기존의 보험계약을 연장하거나 변경한 경우에는 보험자는 그 보험증권에 그 사실을 기재함으로써 보험증권의 교부에 갈음할 수 있다.

제641조(증권에 관한 이의약관의 효력)
보험계약의 당사자는 보험증권의 교부가 있은 날로부터 일정한 기간 내에 한하여 그 증권내용의 정부에 관한 이의를 할 수 있음을 약정할 수 있다. 이 기간은 1월을 내리지 못한다.

제642조(증권의 재교부청구)
보험증권을 멸실 또는 현저하게 훼손한 때에는 보험계약자는 보험자에 대하여 증권의 재교부를 청구할 수 있다. 그 증권작성의 비용은 보험계약자의 부담으로 한다.

(1) 보험증권의 의미

① 보험계약 체결에 있어서 그 계약이 성립되었음과 그 계약의 내용을 증명하기 위해 보험자가 작성하여 기명, 날인 후 계약자에게 교부하는 증서이다.
② 보험자는 보험계약이 성립한 때에는 지체 없이 보험증권을 작성하여 보험계약자에게 교부하여야 한다. 그러나 보험계약자가 보험료의 전부 또는 최초의 보험료를 지급하지 아니한 때에는 그러하지 아니하다(제640조).

(2) 보험증권의 특성

보험증권은 보험계약 성립의 증거로서 보험계약이 성립한 때 계약자에게 교부한다. 보험증권은 유가증권이 아니라 단지 증거증권으로서 배서나 인도에 의해 양도된다.

보험증권은 보험자가 사전에 작성해 놓고 보험계약 체결의 사실을 인정하는 것이기 때문에 이를 분실하더라도 보험계약의 효력에는 어떤 영향도 미치지 않는다.

(3) 보험증권(손해보험증권)의 내용

손해보험증권에는 다음의 사항을 기재하고 보험자가 기명날인 또는 서명하여야 한다(제666조).

① 보험의 목적
② 보험사고의 성질
③ 보험금액
④ 보험료와 그 지급방법
⑤ 보험기간을 정한 때에는 그 시기와 종기
⑥ 무효와 실권의 사유

⑦ 보험계약자의 주소와 성명 또는 상호
⑦의 2 피보험자의 주소, 성명 또는 상호
⑧ 보험계약의 연월일
⑨ 보험증권의 작성지와 그 작성년월일

(4) 보험증권의 법적 성격

① 요식증권성

보험증권에 일정 사항(제666조)을 기재해야 한다는 의미에서 요식증권의 성격을 갖는다.

② 증거증권성

㉠ 보험증권은 보험계약의 성립을 증명하기 위해 보험자가 발행하는 증거(證據)증권이다.

㉡ 계약자가 이의 없이 보험증권을 수령하는 경우 그 기재가 보험관계의 성립 및 내용에 대해 사실상의 추정력을 갖게 되지만, 그러나 그 자체가 계약서는 아니다.

③ 면책증권성

㉠ 보험증권은 보험자가 보험금 등의 급여 지급에 있어 제시자의 자격유무를 조사할 권리는 있으나 의무는 없는 면책(免責)증권이다.

㉡ 그 결과 보험자는 보험증권을 제시한 사람에 대해 악의 또는 중대한 과실이 없이 보험금 등을 지급한 때에는 그가 비록 권리자가 아니더라도 그 책임을 면한다.

④ 상환증권성

실무적으로 보험자는 보험증권과 상환(相換)으로 보험금 등을 지급하고 있으므로 일반적으로 상환증권의 성격을 갖는다.

⑤ 유가증권성

㉠ 운송보험, 적하보험 등 일부 보험의 경우에 보험증권은 유가증권(사법상 재산권을 표시한 증권)의 성격을 지닌다.

㉡ 생명보험과 화재보험 등과 같은 일반손해보험의 경우 보험증권의 유가증권성을 인정하지 않는다. 이를 인정하는 것은 실익이 없으며 이를 인정하면 도덕적 해이와 같은 폐해가 발생할 수 있다.

(5) 보험증권의 교부

① 보험자는 보험계약이 성립한 때에는 지체 없이 보험증권을 작성하여 보험계약자에게 교부하여야 한다. 그러나 보험계약자가 보험료의 전부 또는 최초의 보험료를 지급하지 아니한 때에는 그러하지 아니하다(제640조 제1항).

② 기존의 보험계약을 연장하거나 변경한 경우에는 보험자는 그 보험증권에 그 사실을 기재함으로써 보험증권의 교부에 갈음할 수 있다(제640조 제2항).

③ 보험증권의 교부의무 위반에 대한 규제의 규정이 없으며 증권교부의무를 위반하더라도 보험계약의 성립이나 그 효력에는 영향을 미치지 않는다.

(6) 보험증권의 재교부

보험증권을 멸실 또는 현저하게 훼손한 때에는 보험계약자는 보험자에 대하여 증권의 재교부를 청구할수 있다. 그 증권작성의 비용은 보험계약자의 부담으로 한다(제642조).

(7) 보험증권에 관한 이의약관의 효력

① 보험계약의 당사자는 보험증권의 교부가 있은 날로부터 일정한 기간 내에 한하여 그 증권내용의 정부에 관한 이의를 할 수 있음을 약정할 수 있다. 이 기간은 1월을 내리지 못한다(제641조).

② 이의제기할 수 있는 기간을 지나치게 짧게 하여 보험계약자에게 불이익이 작용하지 못하도록 '1월을 내리지 못한다'라고 규정하여 이의를 제기할 수 있는 기간을 1개월 미만으로 정할 수 없도록 하였다.

〈보험증권과 보험약관의 비교〉

구분	보험증권(제640조)	보험약관(제638조의3)
내용	㉠ 계약의 성립요건이 아님 ㉡ 보험자만 기명날인 또는 서명	보험자 : 보험계약 체결할 때에 보험계약자에게 보험약관을 교부하고 그 약관의 중요한 내용 설명하여야 함 * 체결 후(×), 피보험자(×), 보험수익자(×)
교부 위반 효과	㉠ 규정 없음 ㉡ 교부 없더라도 계약 성립·효력 영향 없음	보험계약자 : 보험계약이 성립한 날부터 3개월 이내에 계약을 취소할 수 있음

5 소급보험과 보험사고의 객관적 확정성

제643조(소급보험)
보험계약은 그 계약 전의 어느 시기를 보험기간의 시기로 할 수 있다.

제644조(보험사고의 객관적 확정의 효과)
보험계약 당시에 보험사고가 이미 발생하였거나 또는 발생할 수 없는 것인 때에는 그 계약은 무효로 한다. 그러나 당사자 쌍방과 피보험자가 이를 알지 못한 때에는 그러하지 아니하다.

(1) 소급보험

소급보험이란 계약 당사자의 합의에 의하여 보험계약 체결 전의 특정 시점부터 보험자의 책임이 개시되기로 정한 보험을 말한다. 이를 과거보험이라고도 한다. 따라서 보험기간(보장기간)이 보험계약기간보다 보험계약 체결 전부터 시작하는 특징을 갖게 되어 보험기간(보장기간)은 보험계약기간보다 길어질 수 있다.

(2) 보험사고의 객관적 확정의 효과

① 상법은 보험계약 당시에 보험사고가 이미 발생하였거나 또는 발생할 수 없는 것인 때에는 그 계약은

무효로 한다. 그러나 당사자 쌍방과 피보험자가 이를 알지 못한 때에는 그러하지 아니하다고 정하고 있다(제644조).

② 따라서 당사자 쌍방(보험계약자와 보험자)과 피보험자가 보험사고가 이미 발생하였거나 또는 발생할 수 없는 것임을 알지 못한 주관적 불확정성에 있는 경우에는 그 보험계약은 유효하게 된다.

③ 그러나 당사자 쌍방(보험계약자와 보험자)과 피보험자 그 누구 하나라도 보험계약의 체결 시 보험사고가 이미 발생하였거나 또는 발생할 수 없는 것임을 안 경우에는 그 계약은 무효라는 규정이다.

〈소급보험과 승낙 전 보험계약자 보호제도의 비교〉

소급보험	승낙 전 보험계약자 보호제도
당사자의 합의에 의하여 보험계약 체결 전의 특정 시점부터 보험자의 책임이 개시되기로 정한 보험(약정책임)	보험자가 보험계약자로부터 보험계약의 청약과 함께 보험료 상당액의 전부 또는 일부를 받은 경우에 그 청약을 승낙하기 전에 보험계약에서 정한 보험사고가 생긴 때에는 그 청약을 거절할 사유가 없는 한 보험자는 보험계약상의 책임을 짐(법정책임)
보험계약이 성립된 후 과거로 소급하여 청약일 이전의 사고에 대한 책임	청약일 이후의 보험계약의 성립(승낙) 전 단계에 사고에 대한 책임
주로 해상보험이나 운송보험 등에서 적용함	모든 보험에서 적용함

6 대리인과 보험대리상

제646조(대리인이 안 것의 효과)
대리인에 의하여 보험계약을 체결한 경우에 대리인이 안 사유는 그 본인이 안 것과 동일한 것으로 한다.

제646조의2(보험대리상 등의 권한)
① 보험대리상은 다음 각 호의 권한이 있다.
  1. 보험계약자로부터 보험료를 수령할 수 있는 권한
  2. 보험자가 작성한 보험증권을 보험계약자에게 교부할 수 있는 권한
  3. 보험계약자로부터 청약, 고지, 통지, 해지, 취소 등 보험계약에 관한 의사표시를 수령할 수 있는 권한
  4. 보험계약자에게 보험계약의 체결, 변경, 해지 등 보험계약에 관한 의사표시를 할 수 있는 권한
② 제1항에도 불구하고 보험자는 보험대리상의 제1항 각 호의 권한 중 일부를 제한할 수 있다. 다만, 보험자는 그러한 권한 제한을 이유로 선의의 보험계약자에게 대항하지 못한다.
③ 보험대리상이 아니면서 특정한 보험자를 위하여 계속적으로 보험계약의 체결을 중개하는 자(보험설계사)는 제1항 제1호(보험료를 수령할 수 있는 권한 : 보험자가 작성한 영수증을 보험계약자에게 교부하는 경우만 해당한다) 및 제2호의 권한(보험자가 작성한 보험증권을 보험계약자에게 교부할 수 있는 권한)이 있다.
④ 피보험자나 보험수익자가 보험료를 지급하거나 보험계약에 관한 의사표시를 할 의무가 있는 경우에는 제1항부터 제3항까지의 규정을 그 피보험자나 보험수익자에게도 적용한다.

(1) 대리인

① 의의

본인이 부여한 권한을 대리할 수 있는 지위에 있는 자를 대리인이라고 한다.

② 대리행위의 효력

대리인이 그 권한 내에서 본인을 위한 것임을 표시한 의사표시는 직접 본인에게 대하여 효력이 생긴다. 이는 대리인에게 대한 제3자의 의사표시에 준용한다(민법 제114조).

③ 대리인이 안 것의 효과

대리인에 의하여 보험계약을 체결한 경우에 대리인이 안 사유는 그 본인이 안 것과 동일한 것으로 한다(제646조).

④ 대리권의 소멸사유

대리권은 다음의 어느 하나에 해당하는 사유가 있으면 소멸된다(민법 제127조).

ㄱ 본인의 사망

ㄴ 대리인의 사망, 성년후견의 개시 또는 파산

(2) 보험대리상(보험대리점)

① 의의

'일정한 보험자'를 위하여 상시 계속적으로 그 영업부류에 속하는 보험계약의 체결을 대리(체약대리점)하거나 중개(중개대리점)하는 독립된 상인이다.

② 보험대리상의 권한

보험대리상은 다음의 권한이 있다(제646조의2).

ㄱ 보험계약자로부터 보험료를 수령할 수 있는 권한

ㄴ 보험자가 작성한 보험증권을 보험계약자에게 교부할 수 있는 권한

ㄷ 보험계약자로부터 청약, 고지, 통지, 해지, 취소 등 보험계약에 관한 의사표시를 수령할 수 있는 권한

ㄹ 보험계약자에게 보험계약의 체결, 변경, 해지 등 보험계약에 관한 의사표시를 할 수 있는 권한

③ 보험대리상의 권한 제한

보험자는 보험대리상의 권한 중 일부를 제한할 수 있다. 다만, 보험자는 그러한 권한 제한을 이유로 선의의 보험계약자에게 대항하지 못한다(제646조의2 제2항).

(3) 보험설계사

① 의의

보험대리상이 아니면서 특정한 보험자를 위하여 계속적으로 보험계약의 체결을 중개하는 자이다.

② 보험설계사의 권한

보험료를 수령할 수 있는 권한은 보험자가 작성한 영수증을 보험계약자에게 교부하는 경우만 인정되나 보험설계사는 보험자가 작성한 보험증권을 보험계약자에게 교부할 수 있는 권한이 있다.

〈보험대리상과 보험설계사의 권한 비교〉

구분	보험료 수령권	보험증권 교부권	의사 표시권	의사표시 수령권	체약 대리권
보험대리상	○	○	○	○	○
보험설계사	△	○	×	×	×

※ 보험수익자가 등장하는 경우

㉠ 제646조의2(보험대리상 등의 권한) : 피보험자나 보험수익자가 보험료를 지급하거나 보험계약에 관한 의사표시를 할 의무가 있는 경우 그 피보험자나 보험수익자에게도 적용

㉡ 제653조(보험계약자 등의 고의나 중과실로 인한 위험증가와 계약해지) : 보험계약자, 피보험자 또는 보험수익자의 고의 또는 중대한 과실

㉢ 제657조(보험사고발생의 통지의무) : 보험계약자 또는 피보험자나 보험수익자

㉣ 제658조(보험금액의 지급) : 피보험자 또는 보험수익자

㉤ 제659조(보험자의 면책사유) : 보험계약자 또는 피보험자나 보험수익자의 고의 또는 중대한 과실

㉥ 제663조(보험계약자 등의 불이익변경금지) : 보험계약자 또는 피보험자나 보험수익자의 불이익

제7절 보험료

제647조(특별위험의 소멸로 인한 보험료의 감액청구)

보험계약의 당사자가 특별한 위험을 예기하여 보험료의 액을 정한 경우에 보험기간 중 그 예기한 위험이 소멸한 때에는 보험계약자는 그 후의 보험료의 감액을 청구할 수 있다.

제648조(보험계약의 무효로 인한 보험료반환청구)

보험계약의 전부 또는 일부가 무효인 경우에 보험계약자와 피보험자가 선의이며 중대한 과실이 없는 때에는 보험자에 대하여 보험료의 전부 또는 일부의 반환을 청구할 수 있다. 보험계약자와 보험수익자가 선의이며 중대한 과실이 없는 때에도 같다.

제649조(사고발생 전의 임의해지)

① 보험사고가 발생하기 전에는 보험계약자는 언제든지 계약의 전부 또는 일부를 해지할 수 있다. 그러나 제639조(타인을 위한 보험)의 보험계약의 경우에는 보험계약자는 그 타인의 동의를 얻지 아니하거나 보험증권을 소지하지 아니하면 그 계약을 해지하지 못한다.

② 보험사고의 발생으로 보험자가 보험금액을 지급한 때에도 보험금액이 감액되지 아니하는 보험의 경우에는 보험계약자는 그 사고발생 후에도 보험계약을 해지할 수 있다.

③ 제1항의 경우에는 보험계약자는 당사자 간에 다른 약정이 없으면 미경과보험료의 반환을 청구할 수 있다.

> **제650조(보험료의 지급과 지체의 효과)**
> ① 보험계약자는 계약체결 후 지체 없이 보험료의 전부 또는 제1회 보험료를 지급하여야 하며, 보험계약자가 이를 지급하지 아니하는 경우에는 다른 약정이 없는 한 계약성립 후 2월이 경과하면 그 계약은 해제된 것으로 본다.
> ② 계속보험료가 약정한 시기에 지급되지 아니한 때에는 보험자는 상당한 기간을 정하여 보험계약자에게 최고하고 그 기간 내에 지급되지 아니한 때에는 그 계약을 해지할 수 있다.
> ③ 특정한 타인을 위한 보험의 경우에 보험계약자가 보험료의 지급을 지체한 때에는 보험자는 그 타인에게도 상당한 기간을 정하여 보험료의 지급을 최고한 후가 아니면 그 계약을 해제 또는 해지하지 못한다.

1 개요

(1) 의의

① 개념

보험료란 보험계약에 따라 보험자가 보험을 인수하는 대가로서 보험계약자가 보험자에게 지급하는 금액을 말한다.

② 보험료의 구성

영업보험료는 순보험료와 부가보험료를 더하여 산출한다. 순보험료는 지급보험금의 재원이 되는 보험료이며 부가보험료는 보험회사의 경비 등으로 사용되는 보험료이다.

영업보험료 = 순보험료 + 부가보험료

---

(2) 보험료의 지급

① 지급의무자

㉠ 보험료의 지급의무는 자기를 위한 보험이거나 타인을 위한 보험의 경우에도 1차적으로 보험계약자가 지게 된다.

㉡ 그러나 타인을 위한 보험계약의 경우에는 보험계약자가 파산선고를 받거나 보험료의 지급을 지체한 때에는 그 타인이 그 권리를 포기하지 아니하는 한 그 타인도 보험료를 지급할 의무가 있다(제639조).

㉢ 만약 하나의 보험계약에 대해 수인이 보험계약자가 될 때는 각 보험계약자는 연대하여 보험료 납부의무를 부담한다.

② 지급시기

보험계약자는 계약체결 후 지체 없이 보험료의 전부 또는 제1회 보험료를 지급하여야 하며, 보험계약자가 이를 지급하지 아니하는 경우에는 다른 약정이 없는 한 계약성립 후 2월이 경과하면 그 계약은 해제된 것으로 본다(제650조 제1항).

③ 보험료 지급방법

보험료 납입은 보험 가입 시 일시납(1회 납)을 하거나 분할하여 납입할 수 있으며 현금, 즉시이체, 신용카드 결제의 방법으로 납부하며 신용카드 납부 시 할부 납부가 가능하다.

④ 보험료지급 지체의 효과

㉠ 보험계약자는 계약체결 후 지체 없이 보험료의 전부 또는 제1회 보험료를 지급하여야 하며, 보험계약자가 이를 지급하지 아니하는 경우에는 다른 약정이 없는 한 계약성립 후 2월이 경과하면 그 계약은 해제된 것으로 본다(제650조 제1항).

㉡ 계속보험료가 약정한 시기에 지급되지 아니한 때에는 보험자는 상당한 기간을 정하여 보험계약자에게 최고(催告)하고 그 기간 내에 지급되지 아니한 때에는 그 계약을 해지할 수 있다(제650조 제2항).

> ◦ 최고(催告) : 상대방에 대하여 일정한 행위를 할 것을 요구하는 통지로서 그 성질은 상대방 있는 일방적 의사의 통지이다. 최고가 규정되어 있는 경우에는 일정한 효과가 부여된다. 최고는 의무자에 대하여 의무의 이행을 최고하는 경우와 권리자에 대하여 권리의 행사 또는 신고를 최고하는 경우 두 가지로 나눌 수 있다.

㉢ 특정한 타인을 위한 보험의 경우에 보험계약자가 보험료의 지급을 지체한 때에는 보험자는 그 타인에게도 상당한 기간을 정하여 보험료의 지급을 최고한 후가 아니면 그 계약을 해제 또는 해지하지 못한다(제650조 제3항).

㉣ 보험자는 보험계약이 성립한 때에는 지체 없이 보험증권을 작성하여 보험계약자에게 교부하여야 한다. 그러나 보험계약자가 보험료의 전부 또는 최초의 보험료를 지급하지 아니한 때에는 그러하지 아니하다(제640조 제1항).

㉤ 보험자가 손해를 보상할 경우에 보험료의 지급을 받지 아니한 잔액이 있으면 그 지급기일이 도래하지 아니한 때라도 보상할 금액에서 이를 공제할 수 있다(제677조).

(3) 보험료의 수령

① 보험료는 보험자 또는 그 보험대리상에게 지급하여야 한다.

② '보험대리상'은 보험계약자로부터 보험료를 수령할 수 있는 권한이 있다. 하지만 보험대리상이 아니면서 특정한 보험자를 위하여 계속적으로 보험계약의 체결을 중개하는 자에 해당하는 '보험설계사'는 보험자가 작성한 영수증을 보험계약자에게 교부하는 경우에만 보험계약자로부터 보험료를 수령할 수 있는 권한이 인정된다(제646조의2).

③ 보험자의 보험료청구권은 2년간 행사하지 아니하면 시효의 완성으로 소멸한다(제662조).

2 보험료의 감액청구

(1) 특별위험의 소멸로 인한 보험료의 감액청구

① 보험계약의 당사자가 특별한 위험을 예기하여 보험료의 액을 정한 경우에 보험기간 중 그 예기한 위험

이 소멸한 때에는 보험계약자는 그 후의 보험료의 감액을 청구할 수 있다(제647조).

② 특별한 위험 소멸의 예 : 종군기자가 전쟁터에서 직면할 위험을 담보로 하는 생명보험에 가입하였으나 전쟁이 끝나는 등의 사유로 위험이 소멸하는 경우가 이에 해당한다.

(2) 초과보험으로 인한 보험료의 감액청구

보험금액이 '보험계약의 목적'의 가액(보험가액)을 현저하게 초과한 때에는 보험자 또는 보험계약자는 보험료와 보험금액의 감액을 청구할 수 있다. 그러나 보험료의 감액은 장래에 대하여서만 그 효력이 있다(제669조).

3 보험료의 반환청구

(1) 보험계약의 무효로 인한 보험료 반환청구

① 보험계약의 전부 또는 일부가 무효인 경우에 보험계약자와 피보험자가 선의이며 중대한 과실이 없는 때에는 보험자에 대하여 보험료의 전부 또는 일부의 반환을 청구할 수 있다. 보험계약자와 보험수익자가 선의이며 중대한 과실이 없는 때에도 같다(제648조).

② 보험계약자와 피보험자 또는 보험수익자가 악의이거나 또는 중대한 과실로 인해 보험계약의 전부 또는 일부가 무효인 경우에는 보험료의 반환을 청구하지 못한다.

(2) 보험사고 발생 전 계약을 임의해지 한 경우(제649조)

① 보험사고가 발생하기 전에는 보험계약자는 언제든지 계약의 전부 또는 일부를 해지할 수 있다. 그러나 타인을 위한 보험계약의 경우에는 보험계약자는 그 타인의 동의를 얻지 아니하거나 보험증권을 소지하지 아니하면 그 계약을 해지하지 못한다.

② 보험사고의 발생으로 보험자가 보험금액을 지급한 때에도 보험금액이 감액되지 아니하는 보험(책임보험 등)의 경우에는 보험계약자는 그 사고발생 후에도 보험계약을 해지할 수 있다.

③ 보험사고가 발생하기 전에는 보험계약자는 언제든지 계약의 전부 또는 일부를 해지할 수 있으며 보험계약자는 당사자 간에 다른 약정이 없으면 미경과보험료의 반환을 청구할 수 있다.

(3) 보험료반환 청구권의 소멸시효

보험료 또는 적립금의 반환청구권은 3년간 행사하지 아니하면 시효의 완성으로 소멸한다(제662조).

4 보험계약의 부활

> **제650조의2(보험계약의 부활)**
> 제650조 제2항에 따라 보험계약이 해지되고 해지환급금이 지급되지 아니한 경우에 보험계약자는 일정한 기간 내에 연체보험료에 약정이자를 붙여 보험자에게 지급하고 그 계약의 부활을 청구할 수 있다. 제638조의2의 규정은 이 경우에 준용한다.

(1) 의의

① 보험계약의 부활이란 제2회 이후의 계속보험료가 약정한 시기에 지급되지 아니하여 보험자에 의해 해지된 경우 해당 보험계약을 종전과 동일한 내용의 보험계약으로 회복시키는 것을 말한다.

② 계속보험료가 약정한 시기에 지급되지 아니한 때 보험자는 상당한 기간을 정하여 보험계약자에게 최고하고 그 기간 내에 지급되지 아니하여 보험계약이 해지되고 해지환급금이 지급되지 아니한 경우에 보험계약자는 일정한 기간 내에 연체보험료에 약정이자를 붙여 보험자에게 지급하고 그 계약의 부활을 청구할 수 있다(제650조의2).

③ 보험계약의 성립(제638조의2)의 규정은 이 경우에 준용한다.

(2) 제도의 취지

보험계약자 측면에서는 해지환급금을 받는 것은 납입한 보험료 총액에 비해 금액면에서 손해가 될 수 있으며, 보험자 측면에서는 기존의 고객을 타 보험회사에 뺏길 염려가 있기 때문이다. 따라서 양 당사자에게 이익을 줄 수 있다고 보는 것이 이 제도의 취지이다.

(3) 보험계약 부활의 요건

① '계속보험료'가 약정한 시기에 지급되지 아니하여 계약이 해지되었어야 한다.

　㉠ 따라서 계속보험료가 아닌 최초 보험료의 지체는 보험자의 책임이 개시되지 않는 것으로서 이에 해당하지 않는다.

　㉡ 계속보험료의 부지급이 아닌 고지의무 위반 등으로 보험계약이 해지된 경우에는 이에 해당하지 않는다.

② 보험자가 보험계약자에게 '해지환급금'을 지급하지 않았어야 한다.

③ 보험계약자가 일정기간 내에(부활 청구기간) '부활을 청구'해야 한다.

④ 보험계약자가 보험자에게 '연체보험료'와 이에 대한 '약정이자'를 지급해야 한다.

⑤ 보험자가 보험계약자의 부활청구에 대하여 '승낙'을 하여야 한다.

(4) 보험계약 부활의 효과

① 보험계약 부활은 보험계약의 성립(제638조의2)의 규정을 준용한다.

② 보험자가 보험계약자로부터 보험계약의 부활 청구와 함께 연체보험료 및 약정이자를 지급받은 때에는 다른 약정이 없으면 30일 내에 그 상대방에 대하여 낙부의 통지를 발송하여야 한다. 그러나 인보험계약의 피보험자가 신체검사를 받아야 하는 경우에는 그 기간은 신체검사를 받은 날부터 기산한다.

③ 보험자가 기간 내에 낙부의 통지를 해태한 때에는 승낙한 것으로 본다.

④ 보험자가 보험계약자로부터 보험계약의 부활 청구와 함께 연체보험료 및 약정이자를 지급받은 때에는 그 보험계약의 부활 청구를 승낙하기 전에 보험계약에서 정한 보험사고가 생긴 때에는 그 청구를 거절할 사유가 없는 한 보험자는 보험계약상의 책임을 진다. 그러나 인보험계약의 피보험자가 신체검사를 받아야 하는 경우에 그 검사를 받지 아니한 때에는 그러하지 아니하다.

⑤ 보험계약의 부활은 종전과 동일한 내용의 보험계약으로 마치 새로운 계약체결처럼 보험계약자는 부활청구 시 고지의무(제651조)를 이행하여야 하고, 보험자는 연체보험료 및 약정이자를 받은 때로부터 책임이 개시된다(제656조).

⑥ 단, 종전의 계약이 해지된 이후부터 계약이 부활되기 전까지의 기간에 발생한 보험사고는 보험자가 책임을 지지 않는다.

제8절 보험계약의 무효와 소멸

1 보험계약의 무효

> ○ 무효(無效) : 법률행위가 법률요건을 결하였기 때문에 당사자가 의도한 법률상의 효과가 절대로 발생하지 않는 것을 말한다. 사법상(私法上) 무효는 당사자가 의욕한 법률행위의 효력이 처음부터 전혀 발생하지 않으며, 특정인의 주장을 필요로 하지 않고, 시간의 경과에 의하여도 효력에 변동이 없다.
> ○ 취소(取消) : 일단 유효하게 성립한 법률행위의 효력을 어떤 일정한 이유에서 소급하여 소멸(무효)시키는 의사표시를 말한다.

(1) 보험사고의 객관적 확정의 효과

보험계약 당시에 보험사고가 이미 발생하였거나 또는 발생할 수 없는 것인 때에는 그 계약은 무효로 한다. 그러나 당사자 쌍방과 피보험자가 이를 알지 못한 때에는 그러하지 아니하다(제644조).

(2) 보험계약자의 사기로 인하여 체결된 보험계약

초과보험과 또는 중복보험에서 보험금액이 보험계약의 목적의 가액을 현저하게 초과한 때에 그 계약이 보험계약자의 사기(詐欺)로 인하여 체결된 때에는 그 계약은 무효로 한다. 그러나 보험자는 그 사실을 안 때까지의 보험료를 청구할 수 있다(제669조 제4항, 제672조 제3항).

> ○ 사기(詐欺) : 사람을 속여 착오를 일으키게 하여, 일정한 의사표시나 처분행위를 하게 하는 일이다. 민법상 사기에 의한 의사표시는 취소할 수 있고, 불법행위로서 손해배상을 청구할 수도 있다. 형법상으로는 사기로 인하여 재물이나 재산상의 이득을 얻거나, 제3자로 하여금 얻게 하면 사기죄가 성립한다.

(3) 보험약관의 교부·설명 의무 위반에 따른 보험계약의 취소

보험자는 보험계약을 체결할 때에 보험계약자에게 보험약관을 교부하고 그 약관의 중요한 내용을 설명하여야 한다. 보험자가 이를 위반한 경우 보험계약자는 보험계약이 성립한 날부터 3개월 이내에 그 계약을 취소할 수 있다(제638조의3 제2항). 계약이 취소되면 소급하여 그 계약은 무효가 된다.

(4) 보험계약자 등에게 불이익한 보험계약 변경금지 위반

① 「상법」 보험편의 규정은 가계보험에 있어서 당사자 간의 특약으로 보험계약자 또는 피보험자나 보험수익자의 불이익으로 변경하지 못하도록 하고 있다. 그러나 재보험 및 해상보험 기타 이와 유사한 보험의 경우에는 그러하지 아니하다(제663조).

② 「상법」 보험편 규정은 상대적 강행법규의 성질을 가지며 보험계약자 등에게 불이익하게 변경된 계약은 그 범위 내에서 무효가 되나 가계보험이 아닌 기업 간의 계약인 재보험 및 해상보험 기타 이와 유사한 보험의 경우에는 이를 적용하지 않는다. 한편 보험계약자 등에게 이익이 되게 변경된 계약은 유효하다.

2 보험계약의 소멸

° 소멸(消滅) : 계약 당사자 간의 계약관계가 종료되는 것을 뜻한다. 따라서 보험계약의 소멸은 보험계약자와 보험자 간에 체결되었던 보험계약에 따른 제반의 권리와 의무관계가 종료되는 것을 말하며 보험사고발생, 계약의 만료, 목적의 멸실, 보험자의 파산, 해지, 해제 등을 그 원인으로 한다.

(1) 보험사고의 발생

① 보험계약에서 정한 보험사고가 보험기간 중에 발생하면 보험자는 보험금지급책임을 부담하게 되며 보험계약은 그 목적이 달성되어 소멸하게 된다.

② 다만 일부손해가 발생하여 보험금액의 일부만을 지급한 경우에는 나머지 보험금액의 한도 내에서 보험기간 동안 보험계약의 존속을 인정할 수 있으며, 책임보험이나 상해보험의 경우 보험기간 내에 사고건수에 대한 제한이 없으므로 보험금이 지급되었다고 할지라도 그 보험계약은 유지된다.

(2) 보험기간의 만료

보험자는 보험기간 내에 보험계약에서 정한 보험사고에 대해서만 보험금 지급책임을 부담하므로 보험기간이 만료되면 보험계약은 당연히 소멸한다.

(3) 보험목적의 멸실

① 절대적 멸실(보험사고 이외의 원인으로 멸실)
보험계약에서 정한 보험사고 이외의 원인으로 멸실되는 경우를 말하며, 화재보험의 목적이 된 건물이 홍수로 멸실되는 경우를 그 예로 들 수 있다.

② 상대적 멸실(보험목적의 양도에 따른 멸실)
피보험자가 보험의 목적을 양도한 때에는 양수인은 보험계약상의 권리와 의무를 승계한 것으로 추정한다(제679조 제1항).

(4) 보험자의 파산

보험자가 파산의 선고를 받은 때에는 보험계약자는 계약을 해지할 수 있다. 그러나 해지하지 아니한 보험계약은 파산선고 후 3월을 경과한 때에는 그 효력을 잃는다(제654조).

(5) 보험계약의 해제

> ◦ 계약의 해제 : 유효하게 성립된 계약을 당사자 일방의 의사표시에 의하여 소급하여 계약을 처음부터 존재하지 않았던 것과 같은 효과를 생기게 하는 것을 말한다.
> ◦ 계약의 해지 : 당사자 일방의 의사표시에 의하여 계약의 효력을 장래에 향하여 소멸하게 하는 것을 말한다.

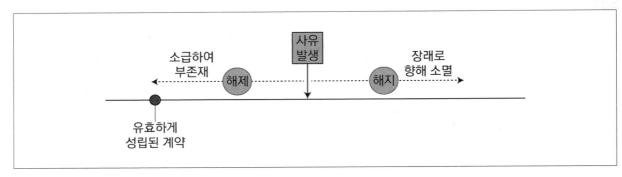

보험계약자는 계약체결 후 지체 없이 보험료의 전부 또는 제1회 보험료를 지급하여야 하며, 보험계약자가 이를 지급하지 아니하는 경우에는 다른 약정이 없는 한 계약성립 후 2월이 경과하면 그 계약은 해제된 것으로 본다(제650조). 이에 따라 소급하여 이 계약은 존재하지 않은 것으로 보아 소멸한다.

(6) 보험계약의 해지

① 보험계약자의 계약해지

보험사고가 발생하기 전에는 보험계약자는 언제든지 계약의 전부 또는 일부를 해지할 수 있다(제649조 제1항).

② 보험자의 계약해지

보험계약자가 아닌 보험자는 계약의 임의 해지를 할 수 없다. 하지만 보험계약자의 보험료지급의무의 위반(제639조), 고지의무 위반(제651조), 위험변경·증가의 통지의무 위반(제652조), 위험유지의무(보험계약자 등의 고의나 중과실로 인한 위험증가 금지) 위반(제653조) 등을 원인으로 하여 계약을 해지할 수 있다.

제9절 보험계약의 해지

1 보험계약자의 임의해지

> **제649조(사고발생 전의 임의해지)**
> ① 보험사고가 발생하기 전에는 보험계약자는 언제든지 계약의 전부 또는 일부를 해지할 수 있다. 그러나 제639조의 보험계약(타인을 위한 보험계약)의 경우에는 보험계약자는 그 타인의 동의를 얻지 아니하거나 보험증권을 소지하지 아니하면 그 계약을 해지하지 못한다.
> ② 보험사고의 발생으로 보험자가 보험금액을 지급한 때에도 보험금액이 감액되지 아니하는 보험의 경우에는 보험계약자는 그 사고발생 후에도 보험계약을 해지할 수 있다.
> ③ 제1항의 경우에는 보험계약자는 당사자 간에 다른 약정이 없으면 미경과보험료의 반환을 청구할 수 있다.

(1) 보험사고 발생 전의 임의해지

① 해지권자

보험계약의 임의해지는 보험자가 아닌 '보험계약자'에게 주어지는 권리이다.

② 내용

　㉠ 보험사고가 발생하기 전에는 보험계약자는 언제든지 계약의 전부 또는 일부를 해지할 수 있다. 그러나 타인을 위한 보험계약의 경우에는 보험계약자는 그 타인의 동의를 얻지 아니하거나 보험증권을 소지하지 아니하면 그 계약을 해지하지 못한다(제649조 제1항).

　㉡ 보험사고 발생 전에 보험계약을 해지한 경우 보험계약자는 당사자 간에 다른 약정이 없으면 미경과보험료의 반환을 청구할 수 있다(제649조 제3항).

(2) 보험사고 발생 후의 임의해지

보험사고의 발생으로 보험자가 보험금액을 지급한 때에도 보험금액이 감액되지 아니하는 보험의 경우(책임보험 등)에는 보험계약자는 그 사고발생 후에도 보험계약을 해지할 수 있다(제649조 제2항).

2 고지의무 위반으로 인한 계약해지

> **제651조(고지의무 위반으로 인한 계약해지)**
> 보험계약 당시에 보험계약자 또는 피보험자가 고의 또는 중대한 과실로 인하여 중요한 사항을 고지하지 아니하거나 부실의 고지를 한 때에는 보험자는 그 사실을 안 날로부터 1월 내에, 계약을 체결한 날로부터 3년 내에 한하여 계약을 해지할 수 있다. 그러나 보험자가 계약 당시에 그 사실을 알았거나 중대한 과실로 인하여 알지 못한 때에는 그러하지 아니하다.

제651조의2(서면에 의한 질문의 효력)
보험자가 서면으로 질문한 사항은 중요한 사항으로 추정한다.

(1) 의의

① 보험계약 당시에 보험계약자 또는 피보험자가 '고의 또는 중대한 과실'로 인하여 '중요한 사항'을 고지하지 아니하거나 부실 고지를 하지 아니할 의무를 말한다(제651조).

② 여기서 고지의무는 보험계약 성립 시에 요구되는 의무인 것에 비해, 이후 살펴보게 될 위험변경증가의 통지의무(제652조), 보험사고발생의 통지의무(제657조) 등은 보험계약 체결 이후에 요구되는 의무라는 점에서 차이가 있다.

(2) 존재이유

보험자는 보험계약자의 협력이 없는 경우 스스로 모든 사항을 조사·수집할 수 없으며, 보험자는 보험단체의 보험사고에 대한 보험금지급에 대한 반대급부인 보험료를 산출하는 데 있어서 위험측정을 가급적 정확하게 할 필요가 있기 때문이다. 이는 보험계약상 특유한 제도라고 볼 수 있다.

(3) 법적 성질

① 고지의무는 보험계약의 효력을 발생할 수 있도록 하는 전제조건이며 법정의무이다.

② 그러나 보험계약자 또는 피보험자에게 주어지는 '직접의무'(이행이 강제되거나 불이행에 따른 손해배상을 해야 하는 의무)가 아닌 '간접의무'(의무위반에 따른 법률상의 효과로서 계약해지 등 일정한 불이익을 받게 되는 의무)에 해당한다.

③ 따라서 보험자는 고지의무의 이행을 강제하거나 또 불이행에 대하여 손해배상을 청구할 수 있는 것은 아니며 고지의무 위반에 따른 보험계약을 해지할 수 있을 뿐이다.

(4) 고지의무의 내용

① 고지의무자
보험계약자와 피보험자, 또는 그 대리인(대리인에 의하여 체결되는 경우)이 고지의 의무를 진다.

② 고지 수령권자
보험자, 대리인(보험대리상에 의해 체결되는 경우), 보험의(인보험의 경우)가 고지 수령권자가 된다.

③ 고지의 시기
  ㉠ 청약 시부터 청약에 대한 승낙이 이루어져 계약이 성립할 때까지 이행하여야 한다.
  ㉡ 고지의무 위반 여부는 보험계약 성립 시를 기준으로 하여 판단하여야 한다(대판 2012.8.23, 2010다78135·78142).
  ㉢ 보험계약이 부활되는 경우에도 보험계약이 실효된 시점부터 새롭게 발생한 중요한 사실이 있는 경우 이를 고지하여야 한다.

④ 고지사항(중요한 사항)

  ㉠ 고지의무에 있어서 '중요한 사항'이란 보험자가 위험을 측정하여 보험의 인수여부 및 보험료 산정의 표준이 되는 사항으로 객관적으로 보험자가 그 사실을 안다면 그 계약을 체결하지 않든가 적어도 동일한 조건으로는 계약을 체결하지 않으리라고 생각되는 사항을 말한다(대판 2011.4.14, 2009 다103349 · 103356).

  ㉡ 고지의무자의 고의 또는 중대한 과실로 인하여 중요한 사항을 고지하지 아니하거나 부실의 고지를 한 경우 고지의무자의 고의 · 중과실에 대한 입증책임은 보험자에게 있다.

⑤ 질문표

  ㉠ 보험자가 서면으로 질문한 사항은 중요한 사항으로 추정한다(제651조의2).

  ㉡ 서면으로 질문한 사항을 불고지하거나 부실고지한 경우 그 질문한 사항이 중요한 사항이 아니라는 것을 보험계약자와 피보험자가 입증하지 못한 경우 고지의무 위반에 해당한다.

  ㉢ 서면에 기재되지 않은 사항에 대한 불고지는 원칙적으로 고지의무 위반으로 해석되지 않지만 보험계약자가 알고 있고 그 사실이 보험사고 발생에 영향을 줄 수 있다고 인식한 경우에는 고지의무 대상이 될 수 있다.

  ㉣ 서면에 기재되지 않은 사항은 일단 중요한 사항으로 추정되지 않으므로 사실상 중요한 사항이라는 입증책임은 보험자에게 있다.

⑥ 고지 방법

  고지의 방법에는 아무런 제한이 없으며 서면, 구두, 이메일, 명시적 · 묵시적 방법 모두 가능하다. 실무적으로는 질문표가 널리 이용된다.

(5) 고지의무 위반의 효과

① 보험자의 해지권의 발생

  ㉠ 보험자는 고지의무 위반의 사실을 안 날로부터 1월 내에, 계약을 체결한 날로부터 3년 내에 한하여 계약을 해지할 수 있다(제651조).

  ㉡ 고지의무 위반이 있다고 하여 보험계약이 무효가 되는 것은 아니며, 보험자는 반드시 보험계약을 해지해야 되는 것은 아니므로 해지할 때까지 보험료를 청구할 수 있으며 이미 수령한 보험료를 반환할 필요가 없다.

② 보험자의 해지권의 행사

> ◦ 형성권(形成權) : 권리자의 일방적 의사표시에 의하여 법률관계의 발생 · 변경 · 소멸 등의 변동을 발생시키는 권리를 의미한다.

  ㉠ 보험자의 보험계약의 해지권은 형성권이므로 보험계약자나 그 대리인에게 일방적 의사표시로 하면 된다. 보험계약의 당사자가 아닌 피보험자나 보험수익자에게 행한 해지의 의사표시는 효력이 인정되지 않는다. 만약 보험계약자가 사망한 경우에는 보험계약자의 상속인에게 하여야 한다.

    ⓛ 보험사고 발생 대상의 일부에 대해서만 고지의무 위반 등으로 계약의 해지사유가 있는 경우, 나머지 부분에 대해 보험자가 나머지 부분만으로는 동일한 조건으로 보험계약을 체결하지 않았으리라는 사정이 있는 경우에만 보험계약의 전부를 해지할 수 있다. 고지의무 위반을 한 일부와 나머지 부분이 불가분의 관계에 있다고 보기 때문이다.

③ 해지의 효과
    ㉠ 보험사고 발생 전 해지
        ⓐ 해지 통지가 도달한 날로부터 장래에 향하여 계약의 효력은 상실된다.
        ⓑ 보험자는 보험계약의 해지 이전에 이미 받은 보험료는 반환할 필요가 없고, 해지 때까지의 미수보험료를 청구할 수 있다.
    ㉡ 보험사고 발생 후 해지
        ⓐ 고지의무를 위반한 사실이 보험사고 발생에 영향을 미치지 아니한 경우 : 이럴 때 보험자는 보험금을 지급해야 하는데 이에 대한 입증책임은 보험계약자에게 있다.
        ⓑ 고지의무를 위반한 사실이 보험사고 발생에 영향을 미친 경우 : 경과한 보험료기간에 대한 보험료를 반환할 필요가 없으며, 또한 보험금액을 지급할 책임이 없고 이미 지급한 보험금의 반환을 청구할 수 있다.

④ 해지권의 제한
    ㉠ 보험자가 고지의무 위반 사실을 안 날로부터 1월 내에, 계약을 체결한 날로부터 3년 내에 한하여 계약을 해지할 수 있다(제651조).
        이는 어떤 사건이 일어난 후로 기간이 지남으로써 권리가 소멸되는 제척기간에 해당하며 안 날로부터 1월이 경과하거나, 계약을 체결한 날로부터 3년이 경과한 경우에는 보험계약의 해지권을 행사할 수 없다.
    ㉡ 그러나 보험자가 계약 당시에 그 사실을 알았거나 중대한 과실로 인하여 알지 못한 때에는 보험계약의 해지권을 행사할 수 없다(제651조).

3 위험변경증가의 통지와 계약해지

제652조(위험변경증가의 통지와 계약해지)
① 보험기간 중에 보험계약자 또는 피보험자가 사고발생의 위험이 현저하게 변경 또는 증가된 사실을 안 때에는 지체 없이 보험자에게 통지하여야 한다. 이를 해태한 때에는 보험자는 그 사실을 안 날로부터 1월 내에 한하여 계약을 해지할 수 있다.
② 보험자가 제1항의 위험변경증가의 통지를 받은 때에는 1월 내에 보험료의 증액을 청구하거나 계약을 해지할 수 있다.

---

(1) 의의

① 보험기간 중에 보험계약자 또는 피보험자가 사고발생의 위험이 현저하게 변경 또는 증가된 사실을 안
   때에는 지체 없이 보험자에게 통지하여야 한다. 이를 해태한 때에는 보험자는 그 사실을 안 날로부터
   1월 내에 한하여 계약을 해지할 수 있다(제652조).

② 그러나 보험자가 이러한 사실을 이미 알고 있는 때에는 보험계약자 또는 피보험자는 이를 통지할 필요
   가 없다.

(2) 존재이유

보험료는 위험을 측정하여 보험사고발생의 개연율에 따라 산정한다. 따라서 보험료를 산출하는 데에 영
향을 미치는 위험의 변동을 보험자에게 알림으로써 계약을 유효하게 유지하거나 해지하도록 하고 있다.

(3) 위험변경증가의 요건

① 보험기간 중에 생긴 것이어야 한다.

② 위험변경·증가가 현저한 것이어야 한다.
   사고발생의 위험이 현저하게 변경 또는 증가된 사실이란 그 변경 또는 증가된 위험이 보험계약의 체결
   당시에 존재하고 있었다면 보험자가 보험계약을 체결하지 않았거나 적어도 그 보험료로는 보험을 인수
   하지 않았을 것으로 인정되는 사실을 말한다(대판 1998.11.27, 98다32564).

③ 객관적 위험의 변경·증가이어야 한다.
   즉, 보험계약자 또는 피보험자의 행위로 말미암은 것이 아니어야 한다. 화재보험에 가입한 공장 옆에
   대형 유류 저장시설 등이 들어선 경우를 예로 들 수 있겠다.

④ 보험계약자 또는 피보험자가 그 위험의 현저한 변경이나 증가의 사실을 알았어야 한다.

(4) 법적효과

① 통지의무를 이행하지 않은 경우
   ㉠ 보험자는 그 사실을 안 날로부터 1월 내에 한하여 계약을 '해지'할 수 있다(제652조 제1항). 그 사
      실을 안 날로부터 1월이 경과하면 보험자가 증가된 위험을 이전과 동일한 조건으로 인수한 것으로
      본다.
   ㉡ 보험사고가 발생한 후라도 통지의무를 이행하지 않은 경우로 보험자가 이에 따라 계약을 해지하였
      을 때에는 보험금을 지급할 책임이 없고 이미 지급한 보험금의 반환을 청구할 수 있다(제655조).

② 통지의무를 이행한 경우
   보험자가 위험변경·증가의 통지를 받은 때에는 1월 내에 보험료의 '증액'을 청구하거나 계약을 '해지'
   할 수 있다(제652조 제2항).

4 보험계약자 등의 고의나 중과실로 인한 위험증가와 계약해지

> **제653조(보험계약자 등의 고의나 중과실로 인한 위험증가와 계약해지)**
> 보험기간 중에 보험계약자, 피보험자 또는 보험수익자의 고의 또는 중대한 과실로 인하여 사고발생의 위험이 현저하게 변경 또는 증가된 때에는 보험자는 그 사실을 안 날부터 1월 내에 보험료의 증액을 청구하거나 계약을 해지할 수 있다.

(1) 의의

① 보험기간 중에 보험계약자, 피보험자 또는 보험수익자의 고의 또는 중대한 과실로 인하여 사고발생의 위험이 현저하게 변경 또는 증가된 때에는 보험자는 그 사실을 안 날부터 1월 내에 보험료의 '증액'을 청구하거나 계약을 '해지'할 수 있다(제653조). '위험의 유지의무'라고도 한다.

② 객관적인 위험과 관련된 위험변경증가의 통지의무와 다르게 주관적인 위험과 관련되므로 '보험수익자'도 이 의무를 부담하게 된다.

③ 객관적인 위험과 관련된 위험변경증가의 통지의무와 다르게 주관적인 위험과 관련되므로 통지의 의무는 없다. 보험계약자, 피보험자 또는 보험수익자가 고의 또는 중대한 과실로 사고발생의 위험을 현저하게 변경 또는 증가시킨 당사자이므로 이러한 사실을 통지할 것이라고 기대할 수 없기 때문이다.

(2) 위험변경·증가의 요건

① 보험기간 중에 생긴 것이어야 한다.

② 위험변경·증가가 현저한 것이어야 한다.
사고발생의 위험이 현저하게 변경 또는 증가된 사실이란 그 변경 또는 증가된 위험이 보험계약의 체결 당시에 존재하고 있었다면 보험자가 보험계약을 체결하지 않았거나 적어도 그 보험료로는 보험을 인수하지 않았을 것으로 인정되는 사실을 말한다(대판 1998.11.27, 98다32564).

③ 주관적 위험의 변경·증가이어야 한다.
보험계약자, 피보험자 또는 보험수익자의 고의 또는 중대한 과실로 인한 것이어야 한다.

(3) 의무위반의 효과

① 보험자는 그 사실을 안 날부터 1월 내에 보험료의 '증액'을 청구하거나 계약을 '해지'할 수 있다(제653조).

② 보험사고가 발생한 후라도 보험자가 이에 따라 계약을 해지하였을 때에는 보험금을 지급할 책임이 없고 이미 지급한 보험금의 반환을 청구할 수 있다(제655조).

③ 위험의 현저한 변경이나 증가된 사실과 보험사고 발생과의 사이에 인과관계가 부존재한다는 점에 관한 주장·입증 책임은 보험계약자 측에 있다(대판 1997.9.5, 95다25268).

(4) 위험변경증가의 통지의무와 위험유지의무의 비교

이 둘은 보험계약 체결 후의 의무라는 점과 위험의 변경·증가와 관련이 있다는 점에서 유사하지만 다음과 같은 차이점이 있다.

구분	위험변경증가의 통지의무	위험유지의무
발생 원인	• 객관적 위험의 증가 • 보험계약자 또는 피보험자의 책임 없는 사유에 의한 위험의 변경 또는 증가된 경우	• 주관적 위험의 증가 • 보험계약자, 피보험자 또는 보험수익자가 고의 또는 중대한 과실로 사고발생의 위험을 현저하게 변경 또는 증가된 경우
의무	통지의무	유지의무 (통지의무 해당 없음)
의무자	보험계약자·피보험자	보험계약자·피보험자·보험수익자
위반 효과	• 통지의무 이행 : 1월 내에 보험료의 '증액'청구 또는 계약해지' 가능 • 통지의무 불이행 : 그 사실을 안 날로부터 1월 내에 계약'해지' 가능	그 사실을 안 날부터 1월 내에 보험료의 '증액'청구 또는 계약'해지' 가능

5 보험자의 파산선고와 계약해지

> **제654조(보험자의 파산선고와 계약해지)**
> ① 보험자가 파산의 선고를 받은 때에는 보험계약자는 계약을 해지할 수 있다.
> ② 제1항의 규정에 의하여 해지하지 아니한 보험계약은 파산선고 후 3월을 경과한 때에는 그 효력을 잃는다.

(1) 보험자의 파산

① 보험자가 파산의 선고를 받은 때에는 보험계약자는 계약을 해지할 수 있으며(제654조 제1항), 보험계약자가 계약을 해지하지 않더라도 보험계약은 보험자의 파산선고 후 3월이 경과한 때에는 그 효력을 잃는다(제654조 제2항).

② 그러나 실제에 있어서는 보험자가 파산의 선고를 받은 때 「보험업법」에서 보험계약의 포괄적 이전 등의 제도를 마련하여 보험계약자를 보호하고 있다. 따라서 보험계약자는 계약을 해지할 실익은 없다.

(2) 보험계약자의 파산

① 자기를 위한 보험계약

보험계약자가 파산선고를 받았을 때에 대한 「상법」상 규정이 없다.

② 타인을 위한 보험계약

㉠ 타인을 위한 보험의 경우에는 보험계약자는 보험자에 대하여 보험료를 지급할 의무가 있다. 그러나 보험계약자가 파산선고를 받거나 보험료의 지급을 지체한 때에는 그 타인이 그 권리를 포기하지 아니하는 한 그 타인도 보험료를 지급할 의무가 있다(제639조).

ⓛ 특정한 타인을 위한 보험의 경우에 보험계약자가 보험료의 지급을 지체한 때에는 보험자는 그 타인에게도 상당한 기간을 정하여 보험료의 지급을 최고한 후가 아니면 그 계약을 해제 또는 해지하지 못한다(제650조).

제10절 보험금 및 보험자의 면책

제655조(계약해지와 보험금청구권)

보험사고가 발생한 후라도 보험자가 제650조(보험료의 지급과 지체의 효과), 제651조(고지의무 위반으로 인한 계약해지), 제652조(위험변경증가의 통지와 계약해지) 및 제653조(보험계약자 등의 고의나 중과실로 인한 위험증가와 계약해지)에 따라 계약을 해지하였을 때에는 보험금을 지급할 책임이 없고 이미 지급한 보험금의 반환을 청구할 수 있다. 다만, 고지의무(告知義務)를 위반한 사실 또는 위험이 현저하게 변경되거나 증가된 사실이 보험사고 발생에 영향을 미치지 아니하였음이 증명된 경우에는 보험금을 지급할 책임이 있다.

제656조(보험료의 지급과 보험자의 책임개시)

보험자의 책임은 당사자 간에 다른 약정이 없으면 최초의 보험료의 지급을 받은 때로부터 개시한다.

제657조(보험사고발생의 통지의무)

① 보험계약자 또는 피보험자나 보험수익자는 보험사고의 발생을 안 때에는 지체 없이 보험자에게 그 통지를 발송하여야 한다.

② 보험계약자 또는 피보험자나 보험수익자가 제1항의 통지의무를 해태함으로 인하여 손해가 증가된 때에는 보험자는 그 증가된 손해를 보상할 책임이 없다.

제658조(보험금액의 지급)

보험자는 보험금액의 지급에 관하여 약정기간이 있는 경우에는 그 기간 내에 약정기간이 없는 경우에는 제657조 제1항의 통지를 받은 후 지체 없이 지급할 보험금액을 정하고 그 정하여진 날부터 10일 내에 피보험자 또는 보험수익자에게 보험금액을 지급하여야 한다.

제659조(보험자의 면책사유)

① 보험사고가 보험계약자 또는 피보험자나 보험수익자의 고의 또는 중대한 과실로 인하여 생긴 때에는 보험자는 보험금액을 지급할 책임이 없다.

② 삭제〈1991.12.31.〉

제660조(전쟁위험 등으로 인한 면책)

보험사고가 전쟁 기타의 변란으로 인하여 생긴 때에는 당사자 간에 다른 약정이 없으면 보험자는 보험금액을 지급할 책임이 없다.

1 보험금

(1) 의의

보험금이란 보험사고 발생한 때 보험금액(보험가입금액)의 범위 내에서 보험자가 현실적으로 지급하는 금액을 말한다.

(2) 청구권자

보험사고가 발생할 경우 보험자에게 보험금을 청구할 수 있는 자는 손해보험의 경우는 피보험자이며 생명보험의 경우는 보험수익자이다(제658조). 만약 피보험자나 보험수익자가 사망하는 경우 그 상속인 청구권자가 된다.

(3) 보험금 지급책임 발생요건

① 보험기간 중에 보험계약에서 정한 보험사고가 발생하고 이로 인한 손해에 대해 피보험자가 보험자에게 보험금을 청구하는 경우 발생한다.

② 보험자의 책임은 당사자 간에 다른 약정이 없으면 최초의 보험료의 지급을 받은 때로부터 개시한다(제656조). 따라서 보험사고가 보험기간 내에 발생하였다고 하더라도 보험료를 지급하기 전이라면 보험자는 보험금을 지급할 책임이 없다.

③ 보험사고는 보험기간 중에 발생하였으나 그 손해는 보험기간이 지나서 발생하였다고 하더라도 보험사고가 보험기간 중에 발생하였으므로 보험자는 보험금을 지급할 책임이 있다.

④ 보험계약 당시에 보험사고가 이미 발생하였거나 또는 발생할 수 없는 것인 때에는 그 계약은 무효로 하지만 당사자 쌍방과 피보험자가 이를 알지 못한 때에는 보험자는 보험금을 지급할 책임이 있다(제644조).

(4) 이행방식

보험사고가 발생할 경우 보험자는 일정한 보험금이나 그 밖의 급여를 지급할 수 있다(제638조).

(5) 지급시기

보험자는 보험금액의 지급에 관하여 약정기간이 있는 경우에는 그 기간 내에 약정기간이 없는 경우에는 보험사고발생 통지를 받은 후 지체 없이 지급할 보험금액을 정하고 그 정하여진 날부터 10일 내에 피보험자 또는 보험수익자에게 보험금액을 지급하여야 한다(제658조).

(6) 보험금청구권의 소멸시효

보험금청구권은 3년간 행사하지 않으면 시효의 완성으로 소멸한다(제662조).

2 보험자의 면책

(1) 계약해지에 따른 면책

보험사고가 발생한 후라도 보험료의 지급의 지체, 고지의무 위반, 위험변경·증가의 통지의무 위반 및 보험계약자 등의 고의나 중과실로 인한 위험증가에 따라 보험자가 계약을 해지하였을 때에는 보험금을 지급할 책임이 없고 이미 지급한 보험금의 반환을 청구할 수 있다(제655조).

다만, 고지의무(告知義務)를 위반한 사실 또는 위험이 현저하게 변경되거나 증가된 사실이 보험사고 발생에 영향을 미치지 아니하였음이 증명된 경우에는 보험금을 지급할 책임이 있다(제655조 단서).

(2) 전쟁위험 등으로 인한 면책

① 보험사고가 전쟁 기타의 변란으로 인하여 생긴 때에는 당사자 간에 다른 약정이 없으면 보험자는 보험금액을 지급할 책임이 없다(제660조).

② 그러나 당사자 간에 다른 약정을 통해 전쟁 기타의 변란의 위험을 인수하는 경우 그 계약에 따라 보험금액을 지급할 책임이 있을 수 있다.

(3) 보험사고발생 통지의무 해태로 증가된 손해의 면책

① 보험계약자 또는 피보험자(손해보험)나 보험수익자(인보험)는 보험사고의 발생을 안 때에는 지체 없이 보험자에게 그 통지를 발송하여야 한다. 통지의무를 해태함으로 인하여 손해가 증가된 때에는 보험자는 그 증가된 손해를 보상할 책임이 없다(제657조).

② 통지의 방법에는 제한이 없다.

③ 보험계약자 또는 피보험자(손해보험)나 보험수익자(인보험)가 보험사고의 발생을 알지 못한 때에는 통지의무를 부담하지 않는다. 또한 보험자가 이미 보험사고의 안 때에도 통지의무가 없다.

④ 그러나 통지의무자가 보험사고 발생에 대한 통지를 하지 않았다고 하여 보험자가 보험지급책임을 전부 면하는 것은 아니며 계약의 해지권도 인정되지 않는다.

(4) 보험의 목적에 따른 면책

① 보험의 목적의 성질, 하자 또는 자연소모로 인한 손해는 보험자가 이를 보상할 책임이 없다(제678조).

② 보험의 목적의 성질(차량의 녹이나 부식, 농산물의 부패, 자연발화 등), 하자(적하나 운송보험에서 포장의 불비나 결함) 또는 자연소모(통상적인 사용 또는 시간의 경과에 따라 자연적으로 생기는 손해)로 인하여 생긴 손해는 보험사고로 인한 것이 아니라, 그 목적물에 필연적으로 발생할 수 있는 손해이므로 보험자의 면책을 인정하는 것이다.

(5) 배제약정의 효력

당사자 간에 보험계약자의 고의 또는 중대한 과실에 대해서도 이를 배제하고 보험자가 보험금 지급의 책임을 부담하기로 한 경우, 중대한 과실로 인한 보험사고에 대한 보험금지급의 특약은 보험자의 책임을 확장하는 것으로서 신의성실의 원칙과 공익에 반하지 않는 한 그 효력이 인정되지만, 고의로 인한 보험사고 대한 보험금지급의 특약은 범죄를 조장할 수 있으므로 무효에 해당한다.

제11절 재보험 및 소멸시효 등

> **제661조(재보험)**
> 보험자는 보험사고로 인하여 부담할 책임에 대하여 다른 보험자와 재보험계약을 체결할 수 있다. 이 재보험계약은 원보험계약의 효력에 영향을 미치지 아니한다.
>
> **제662조(소멸시효)**
> 보험금청구권은 3년간, 보험료 또는 적립금의 반환청구권은 3년간, 보험료청구권은 2년간 행사하지 아니하면 시효의 완성으로 소멸한다.
>
> **제663조(보험계약자 등의 불이익변경금지)**
> 이 편의 규정은 당사자 간의 특약으로 보험계약자 또는 피보험자나 보험수익자의 불이익으로 변경하지 못한다. 그러나 재보험 및 해상보험 기타 이와 유사한 보험의 경우에는 그러하지 아니하다.
>
> **제664조(상호보험, 공제 등에의 준용)**
> 이 편(編)의 규정은 그 성질에 반하지 아니하는 범위에서 상호보험(相互保險), 공제(共濟), 그 밖에 이에 준하는 계약에 준용한다.

1 재보험

> **제661조(재보험)**
> 보험자는 보험사고로 인하여 부담할 책임에 대하여 다른 보험자와 재보험계약을 체결할 수 있다. 이 재보험계약은 원보험계약의 효력에 영향을 미치지 아니한다.

(1) 재보험의 의의

① 재보험이란 보험자(원보험자)가 보험계약자와 계약을 체결하여 인수한 보험의 일부 또는 전부를 다른 보험자(재보험자)에게 넘기는 것이다.

② 원보험자가 인수한 위험을 또 다른 보험자(재보험자)에게 분산함으로써 보험자 간에 위험을 줄이는 보험으로서 보험자를 위한 보험이라고 볼 수 있다.

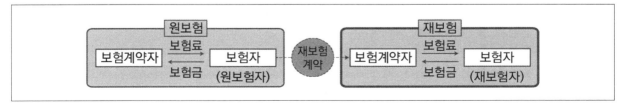

(2) 재보험의 특성

① 재보험계약의 독립성

㉠ 보험자는 보험사고로 인하여 부담할 책임에 대하여 다른 보험자와 재보험계약을 체결할 수 있다. 이 재보험계약은 원보험계약의 효력에 영향을 미치지 않는다(제661조). 이것은 원보험계약과 재보험계약이 법률적으로 독립된 별개의 계약임을 명시한 것이다.

㉡ 따라서 원보험과 재보험은 법률적으로 독립된 별개의 계약이므로 재보험자는 원보험의 보험계약자에게 재보험료의 지급을 청구할 수 없고, 원보험의 보험계약자도 재보험자에게 직접 재보험료를 지급할 의무는 없다.

㉢ 다만 원보험의 보험계약자가 원보험료를 지급하지 않아서 원보험자가 재보험료를 지급하지 않으면 재보험자는 원보험자의 보험료청구권을 대위행사 할 수 있다고 본다(민법 제404조 채권자대위권 규정 적용).

② 재보험계약의 성질

재보험계약은 책임보험의 일종으로서 손해보험계약에 속한다. 따라서 원보험이 손해보험인 경우뿐만 아니라 원보험이 인보험인 경우라고 할지라도 재보험계약은 손해보험이 된다.

③ 상법상 책임보험 관련 규정의 준용

상법상 책임보험에 관한 규정(상법 제4편 제2장 제5절)은 재보험계약에 준용된다(제726조).

(3) 재보험의 기능

① 위험 분산

재보험의 기능은 위험 분산이라는 데서 찾을 수 있다. 이를 세분하면 양적 분산, 질적 분산, 장소적 분산 등으로 나누어 볼 수 있다.

㉠ 양적 분산

재보험은 원보험자가 인수한 위험의 전부 또는 일부를 분산시킴으로써 한 보험자로서는 부담할 수 없는 커다란 위험을 인수할 수 있도록 하는데, 이것이 위험의 양적 분산 기능이다.

㉡ 질적 분산

원보험자가 특히 위험률이 높은 보험 종목의 위험을 인수한 경우 이를 재보험으로 분산시켜 원보험자의 재정적 곤란을 구제할 수 있도록 하는데, 이것이 위험의 질적 분산 기능이다.

㉢ 장소적 분산

원보험자가 장소적으로 편재한 다수의 위험을 인수한 경우, 이를 공간적으로 분산시킬 수 있도록 하는데, 이것은 위험의 장소적 분산 기능이다.

② 원보험자의 인수 능력의 확대로 마케팅 능력 강화

원보험자의 인수 능력(capacity)의 확대로 마케팅 능력을 강화하는 기능을 한다. 원보험자는 재보험을 통하여 재보험이 없는 경우 인수할 수 있는 금액보다 훨씬 더 큰 금액의 보험을 인수(대규모 리스크에 대한 인수 능력 제공)할 수 있게 된다.

③ 경영의 안정화

실적의 안정화 및 대형 재해로부터 보호해 주는 등 원보험사업의 경영 안정성(재난적 손실로부터 원보험사업자 보호)을 꾀할 수 있다. 즉, 예기치 못한 자연재해 및 대형 재해의 발생 등으로 인한 보험영업 실적의 급격한 변동은 보험사업의 안정성을 저해하게 된다. 재보험은 이러한 각종 대형 위험 등 거액의 위험으로부터 실적의 안정화를 지켜주므로 보험자의 경영 안정성에 큰 도움을 준다.

④ 신규 보험상품의 개발 촉진

재보험은 신규 보험상품의 개발을 원활하게 해주는 기능을 한다. 원보험자가 신상품을 개발하여 판매하고자 할 때 손해율 추정 등이 불안하여 신상품 판매 후 전액 보유하기에는 불안한 경우가 많다. 이 경우 정확한 경험통계가 작성되는 수년 동안 재보험자가 재보험사업에 참여함으로써 원보험자의 상품 개발을 지원하는 기능을 하고 있다.

2 보험계약자 등의 불이익변경금지

> **제663조(보험계약자 등의 불이익변경금지)**
> 이 편의 규정은 당사자 간의 특약으로 보험계약자 또는 피보험자나 보험수익자의 불이익으로 변경하지 못한다. 그러나 재보험 및 해상보험 기타 이와 유사한 보험의 경우에는 그러하지 아니하다.

(1) 의의

① 상법 보험편의 규정은 당사자 간의 특약으로 보험계약자 또는 피보험자나 보험수익자의 불이익으로 변경하지 못한다(제663조).

② 이 규정은 상대적 강행규정으로서, 만약 보험약관에 상법 보험편의 규정보다 보험계약자 또는 피보험자나 보험수익자에게 불리한 규정을 두는 경우 그 규정은 무효가 된다.

(2) 근거와 적용

① 이 원칙은 보험자와 서로 대등한 경제적 지위에서 계약조건을 정할 수 없는 경제적 약자인 보험계약자 등의 이익을 보호하기 위해 강행규정을 두어 사적자치의 원칙에 제한을 두는 규정이다.

② 그러나 재보험 및 해상보험 기타 이와 유사한 보험의 경우에는 그러하지 아니하다(제663조). 즉, 보험계약자가 보험자와 보험에 관한 지식, 교섭력, 경제적 지위에서 서로 대등하게 계약조건을 정하는 기업보험의 체결에 있어서는 이러한 불이익변경금지 원칙은 적용되지 않는다.

③ 보험계약자 등에게 불이익하게 변경된 보험약관의 경우 그 범위 내에서 무효가 되지만 계약전체가 무효가 되는 것은 아니므로 불리하게 변경된 규정은 그 적용이 배제되면서 보험계약법의 내용이 적용되게 된다.

④ 그리고 당사자 간의 특약으로 보험계약자 등에게 불이익하게 내용이 변경된 경우를 인정하지 않는 것이지, 반대로 보험계약자 등에게 유리하게 내용이 변경된 경우라면 이는 유효하게 적용된다.

3 소멸시효 등

> **제662조(소멸시효)**
> 보험금청구권은 3년간, 보험료 또는 적립금의 반환청구권은 3년간, 보험료청구권은 2년간 행사하지 아니하면 시효의 완성으로 소멸한다.

(1) 보험계약과 관련된 소멸시효

구분		기간
보험계약자 측	보험금청구권, 보험료반환청구권, 적립금반환청구권	3년
보험자	보험료청구권	2년

(2) 보험계약에서 증액 또는 해지, 취소 등 기간 정리

구분	기간
약관 교부·설명의무 위반 (제638조의3)	보험계약자는 보험계약이 성립한 날부터 '3개월' 이내에 그 계약을 '취소'할 수 있다.
고지의무 위반 (제651조)	보험자는 그 사실을 안 날로부터 '1월' 내에, 계약을 체결한 날로부터 '3년' 내에 한하여 계약을 '해지'할 수 있다.
위험변경·증가 통지의무 위반 (제652조)	• 통지하지 않은 경우 : 보험자는 그 사실을 안 날로부터 '1월' 내에 한하여 계약을 '해지'할 수 있다. • 통지를 받은 경우 : '1월' 내에 보험료의 '증액'을 청구하거나 계약을 '해지'할 수 있다.
보험계약자 등의 고의나 중과실로 인한 위험증가 (제653조)	보험자는 그 사실을 안 날부터 '1월' 내에 보험료의 '증액'을 청구하거나 계약을 '해지'할 수 있다.
보험자 파산 (제654조)	해지하지 아니한 보험계약은 파산선고 후 '3월'을 경과한 때에는 그 '효력'을 잃는다.

4 상호보험, 공제 등에의 준용

> **제664조(상호보험, 공제 등에의 준용)**
> 이 편(編)의 규정은 그 성질에 반하지 아니하는 범위에서 상호보험(相互保險), 공제(共濟), 그 밖에 이에 준하는 계약에 준용한다.

상호보험, 공제 등도 보험의 일종으로서 그 성질에 반하지 않는 범위에서 상법의 보험편 규정을 준용한다.

CHAPTER 02 손해보험

제1절 통칙

> **제665조(손해보험자의 책임)**
> 손해보험계약의 보험자는 보험사고로 인하여 생길 피보험자의 재산상의 손해를 보상할 책임이 있다.
>
> **제666조(손해보험증권)**
> 손해보험증권에는 다음의 사항을 기재하고 보험자가 기명날인 또는 서명하여야 한다.
> 1. 보험의 목적
> 2. 보험사고의 성질
> 3. 보험금액
> 4. 보험료와 그 지급방법
> 5. 보험기간을 정한 때에는 그 시기와 종기
> 6. 무효와 실권의 사유
> 7. 보험계약자의 주소와 성명 또는 상호
> 7의2. 피보험자의 주소, 성명 또는 상호
> 8. 보험계약의 연월일
> 9. 보험증권의 작성지와 그 작성년월일
>
> **제667조(상실이익 등의 불산입)**
> 보험사고로 인하여 상실된 피보험자가 얻을 이익이나 보수는 당사자 간에 다른 약정이 없으면 보험자가 보상할 손해액에 산입하지 아니한다.
>
> **제675조(사고발생 후의 목적멸실과 보상책임)**
> 보험의 목적에 관하여 보험자가 부담할 손해가 생긴 경우에는 그 후 그 목적이 보험자가 부담하지 아니하는 보험사고의 발생으로 인하여 멸실된 때에도 보험자는 이미 생긴 손해를 보상할 책임을 면하지 못한다.

1 의의

손해보험은 보험사고 발생 시 손해가 생기면 생긴 만큼 손해액을 산정하여 보험금을 지급하는 보험이라고 할 수 있다.

2 보상책임

(1) 손해보험자의 책임

손해보험은 피보험자의 재산에 직접 생긴 손해 또는 다른 사람에게 입힌 손해를 배상함으로써 발생하는 피보험자의 재산상의 손해를 보상해주는 보험이다. 손해보험계약의 보험자는 보험사고로 인하여 생길 피보험자의 재산상의 손해를 보상할 책임이 있다(제665조).

> 보험계약은 당사자 일방이 약정한 보험료를 지급하고 재산 또는 생명이나 신체에 불확정한 사고가 발생할 경우에 상대방이 일정한 보험금이나 그 밖의 급여를 지급할 것을 약정함으로써 효력이 생긴다(제638조).

(2) 상실이익 등의 불산입

보험사고로 인하여 상실된 피보험자가 얻을 이익이나 보수는 당사자 간에 다른 약정이 없으면 보험자가 보상할 손해액에 산입하지 아니한다(제667조). 예를 들어 화재보험계약의 목적인 상가건물이 화재로 소실되어 보험자가 보상할 손해액에는 상가가 가져다줄 상실된 임대료수입 등의 영업이익이나 보수는 '이익보험' 등의 다른 약정이 없는 경우 산입되지 않는다.

(3) 사고발생 후의 목적멸실과 보상책임

보험의 목적에 관하여 보험자가 부담할 손해가 생긴 경우에는 그 후 그 목적이 보험자가 부담하지 아니하는 보험사고의 발생으로 인하여 멸실된 때에도 보험자는 이미 생긴 손해를 보상할 책임을 면하지 못한다(제675조). 예를 들어 화재보험의 목적인 건물이 보험자가 부담하는 손해인 화재로 일부 훼손되었으나, 이후 지진으로 건물이 전부 멸실되었다고 할지라도 보험자는 지진이 나기 전에 발생한 화재로 인한 손해를 보상할 책임을 진다.

3 손해보험의 원리

(1) 위험의 분담

① 보험은 소액의 보험료를 매개체로 하여 큰 위험을 나누어 가짐으로써 경제적 불안으로부터 해방되어 안심하고 생활할 수 있도록 해주는 제도이다.

② 보험은 「1인은 만인을 위하여, 만인은 1인을 위하여」 서로 위험을 분담하는 제도이다.

(2) 위험 대량의 원칙

① 위험 대량의 원칙은 수학이나 통계학에서 적용되는 대수의 법칙을 보험에 응용한 것이다.

② 보험이 성립하기 위해서는 '일정 기간' 중 위험집단에서 발생할 '사고의 확률'과 사고에 의해 발생할 '손해의 크기'를 파악할 수 있어야 한다.

③ 보험에 있어서 사고 발생 확률이 잘 적용되어 합리적 경영이 이루어지려면 '위험이 대량으로 모여서 하나의 위험단체를 구성해야 한다'는 것이다.

(3) 급부·반대급부 균등의 원칙

① 위험집단 구성원 '각자가 부담하는 보험료(급부)'는 '지급보험금'에 '사고 발생의 확률'을 곱한 금액(반대급부)과 같다.

② 1만 명이 1억원짜리(땅값을 뺀 건물값만) 집을 한 채씩 가지고 있고 평균적으로 1년에 한 채씩 화재가 나서 소실된다고 할 때 각자가 1만원씩 내서 1억원을 모아 두었다가 불이 난 집에 건네주기로 가정하는 경우 다음과 같다.

보험료(1만원) = 지급보험금(1억원) × 사고 발생 확률(1/1만)

(4) 수지상등의 원칙

① 보험자가 받은 '보험료(수(收))'가 지급한 '보험금(지(支))'보다 부족하거나 또는 반대로 지나치게 많아서는 안 된다. 즉, 보험자가 받아들이는 수입 보험료 총액과 사고 시 지급하는 지급보험금 총액이 같아져야 한다는 것이 수지상등의 원칙이다.

> ∘ 수(收) : 계약자가 납부하는 보험료 외에 자금운용수익, 이자 및 기타 수입 등이 포함된다.
> ∘ 지(支) : 지급보험금 외에 인건비, 사업 운영비, 광고비 등 다양한 지출항목이 포함된다.

② 「수지상등의 원칙」이 '계약자 전체 관점'에서 본 보험 수리적 원칙인데 반하여 「급부·반대급부 균등의 원칙」은 '계약자 개개인의 관점'에서 본 원칙이라 할 수 있다.

수입 보험료 합계 = 지출 보험금의 합계
계약자 수 × 보험료 = 사고 발생 건수 × 평균 지급보험금

(5) 이득 금지의 원칙

① 손해보험의 가입 목적은 손해의 보상에 있으므로 피보험자는 보험사고 발생 시 실제로 입은 손해만을 보상받아야 하며, 그 이상의 보상을 받아서는 안 된다.
② 보험에 의해 부당한 이득을 얻는 경우 이를 위해 인위적인 사고를 유발할 요인이 될 수 있고 공공질서나 미풍양속을 해칠 우려가 있어 「보험에 의해 이득을 보아서는 안 된다」는 이득 금지의 원칙이 손해보험의 대원칙으로 적용되고 있다.
③ 이를 위해 초과보험, 중복보험, 보험자대위 등에 관한 규정이 있다.

4 손해보험계약의 법적 특성

이전 학습을 통해 살펴본 바와 같이 불요식 낙성계약성, 유상계약성, 쌍무계약성, 상행위성, 부합계약성, 최고 선의성 및 계속계약성 등의 일반적인 보험계약의 특성을 가지게 된다.

5 보험계약의 법적 원칙

(1) 실손보상의 원칙

보험은 실제 손실을 보상하여 손해를 복구하는 것으로 충분하며, 이득까지 보장하는 것은 지나치다는 것

으로서 보험의 기본인 '이득금지 원칙'과 일맥상통한다.

〈실손보상 원칙의 예외〉

기평가계약, 대체비용보험 및 생명보험이 있다.

① **기평가계약(valued policy)**

전손(全損)이 발생한 경우 미리 약정한 금액을 지급하기로 한 계약이다. 골동품 등 손실 발생 시점에서 손실의 현재가치를 산정할 수 없는 경우 계약자와 보험자가 합의한 금액으로 계약을 하게 된다.

② **대체비용보험(replacement cost insurance)**

손실지급액을 결정할 때 감가상각을 고려하지 않는 보험으로서 손실이 발생한 경우 새것으로 교체할 수밖에 없는 물건이나 감가상각을 따지는 것이 아무 의미도 없는 경우 대체비용보험이 적용된다.

③ **생명보험(life insurance)**

인간의 사망이나 부상의 경우 실제 손실이 얼마나 되는지 측정할 방법이 없고 인간의 생명에 감가상각의 개념을 적용할 방법이 없기 때문이다. 생명보험의 경우 미리 약정한 금액으로 보험계약을 체결하고 보험사고가 발생하면 약정한 금액을 보험금으로 지급받는다.

---

(2) 보험자대위의 원칙

보험사고 발생 시 피보험자가 보험의 목적에 관하여 아직 '잔존물'을 가지고 있거나 또는 제3자에 대하여 '손해배상청구권'을 취득하는 경우가 있다. 이런 경우 보험자가 이에 개의치 않고 보험금을 지급한다면 오히려 피보험자에게 이중의 이득을 주는 결과가 된다. 따라서 상법은 보험자가 피보험자에게 보험금을 지급한 때에는 일정한 요건 아래 계약자 또는 피보험자가 가지는 권리가 보험자에게 이전되는 것으로 하고 있는데 이를 '보험자대위'라 한다.

〈보험자대위의 상법규정〉

① **보험목적에 관한 보험대위 – 목적물대위(잔존물대위)**

보험의 목적의 '전부'가 멸실한 경우에 보험금액의 '전부'를 지급한 보험자는 그 목적에 대한 피보험자의 권리를 취득한다. 그러나 보험가액의 일부를 보험에 붙인 경우에는 보험자가 취득할 권리는 보험금액의 보험가액에 대한 비율에 따라 이를 정한다(제681조).

② **제3자에 대한 보험대위 – 청구권대위**

손해가 제3자의 행위로 인하여 발생한 경우에 보험금을 지급한 보험자는 그 지급한 금액의 한도에서 그 제3자에 대한 보험계약자 또는 피보험자의 권리를 취득한다. 다만, 보험자가 보상할 보험금의 일부를 지급한 경우에는 피보험자의 권리를 침해하지 아니하는 범위에서 그 권리를 행사할 수 있다(제682조).

③ **보험자대위의 원칙의 3가지 목적**

㉠ 피보험자가 동일한 손실에 대해 책임이 있는 제3자와 보험자로부터 이중보상을 받아 이익을 얻는 것을 방지하는 목적이 있다.

㉡ 보험자가 보험자대위권을 행사하게 함으로써 과실이 있는 제3자에게 손실 발생의 책임을 묻는 효과가 있다.

㉢ 보험자대위권은 계약자나 피보험자의 책임 없는 손실로 인해 보험료가 인상되는 것을 방지한다.

---

(3) 피보험이익의 원칙

① 피보험이익은 계약자가 보험목적물에 대해 가지는 '경제적 이해관계'를 의미한다.

② 즉, 계약자가 보험목적물에 보험사고가 발생하면 '경제적 손실'을 입게 될 때 '피보험이익'이 있다고 한다.

(4) 최대선의의 원칙

보험은 대상으로 하는 내용이 '미래지향적'이며 '우연적'인 특성이 있기 때문에 당사자 쌍방은 모든 사실에 대해 매우 높은 '정직성'과 '선의 또는 신의성실'이 요구되는데 이를 최대선의(신의성실)의 원칙(principle of utmost good faith)이라고 한다.

〈고지, 은폐 및 담보 등의 원리에 의한 최대선의의 유지〉

① 고지(또는 진술)

계약자가 보험계약이 체결되기 전에 보험자가 요구하는 사항에 대해 사실 및 의견을 제시하고 이를 토대로 계약의 가부 및 보험료를 결정한다. 진술한 내용이 사실과 달라 보험자가 계약 전에 알았다면 보험계약을 체결하지 않거나 다른 계약조건으로 체결되었을 정도라면 '허위진술'에 해당해 보험자의 선택에 의해 계약이 해제될 수 있다. 계약자가 고의가 아닌 실수 또는 착오에 의해 사실과 다른 내용을 진술할 수도 있으나 그 효과는 허위진술과 동일하다.

상법(제651조)에서는 '보험계약 당시에 계약자 또는 피보험자가 고의 또는 중대한 과실로 인하여 중요한 사항을 고지하지 아니하거나 부실의 고지를 한 때에는 보험자는 그 사실을 안 날로부터 1월 내에, 계약을 체결한 날로부터 3년 내에 한하여 계약을 해지할 수 있다. 그러나 보험자가 계약 당시에 그 사실을 알았거나 중대한 과실로 인하여 알지 못한 때에는 그러하지 아니하다.'라고 규정하여 계약자가 고지의무를 위반하면 보험계약이 해지될 수 있음을 규정하고 있다.

② 은폐(의식적 불고지)

은폐(의식적 불고지)는 계약자가 보험계약 시에 보험자에게 중대한 사실을 고지하지 않고 의도적이거나 무의식적으로 숨기는 것을 말하며, 법적인 효과는 기본적으로 '고지의무 위반'과 동일하나 보험의 종류에 따라 차이가 있다. 중대한 사실은 보험계약 체결에 영향을 줄 수 있는 사항을 말한다.

③ 담보(보증)

담보(보증)는 보험계약의 일부로서 '피보험자가 진술한 사실이나 약속'을 의미하며 어떤 특정한 사실의 존재, 특정한 조건의 이행, 보험목적물에 영향을 미치는 특정한 상황의 존재 등이 될 수 있다. 담보는 '보험계약의 성립과 효력'을 '유지'하기 위하여 계약자가 준수해야 하는 '조건'이다.

담보는 고지(진술)와 달리 계약자가 보험자에게 약속한 보험계약상의 조건이기 때문에 위반하게 되면 중요성의 정도에 관계없이 보험자는 보험계약을 해제 또는 해지할 수 있다.

제2절 | 손해보험계약의 요소

제668조(보험계약의 목적)

보험계약은 금전으로 산정할 수 있는 이익에 한하여 보험계약의 목적으로 할 수 있다.

제669조(초과보험)

① 보험금액이 보험계약의 목적의 가액을 현저하게 초과한 때에는 보험자 또는 보험계약자는 보험료와 보험금액의 감액을 청구할 수 있다. 그러나 보험료의 감액은 장래에 대하여서만 그 효력이 있다.

② 제1항의 가액은 계약 당시의 가액에 의하여 정한다.

③ 보험가액이 보험기간 중에 현저하게 감소된 때에도 제1항과 같다.

④ 제1항의 경우에 계약이 보험계약자의 사기로 인하여 체결된 때에는 그 계약은 무효로 한다. 그러나 보험자는 그 사실을 안 때까지의 보험료를 청구할 수 있다.

제670조(기평가보험)

당사자 간에 보험가액을 정한 때에는 그 가액은 사고발생 시의 가액으로 정한 것으로 추정한다. 그러나 그 가액이 사고발생 시의 가액을 현저하게 초과할 때에는 사고발생 시의 가액을 보험가액으로 한다.

제671조(미평가보험)

당사자 간에 보험가액을 정하지 아니한 때에는 사고발생 시의 가액을 보험가액으로 한다.

제672조(중복보험)

① 동일한 보험계약의 목적과 동일한 사고에 관하여 수개의 보험계약이 동시에 또는 순차로 체결된 경우에 그 보험금액의 총액이 보험가액을 초과한 때에는 보험자는 각자의 보험금액의 한도에서 연대책임을 진다. 이 경우에는 각 보험자의 보상책임은 각자의 보험금액의 비율에 따른다.

② 동일한 보험계약의 목적과 동일한 사고에 관하여 수개의 보험계약을 체결하는 경우에는 보험계약자는 각 보험자에 대하여 각 보험계약의 내용을 통지하여야 한다.

③ 제669조 제4항의 규정은 제1항의 보험계약에 준용한다.

제673조(중복보험과 보험자 1인에 대한 권리포기)

제672조의 규정에 의한 수개의 보험계약을 체결한 경우에 보험자 1인에 대한 권리의 포기는 다른 보험자의 권리의무에 영향을 미치지 아니한다.

제674조(일부보험)

보험가액의 일부를 보험에 붙인 경우에는 보험자는 보험금액의 보험가액에 대한 비율에 따라 보상할 책임을 진다. 그러나 당사자 간에 다른 약정이 있는 때에는 보험자는 보험금액의 한도 내에서 그 손해를 보상할 책임을 진다.

1 보험계약의 목적(피보험이익)

> **제668조(보험계약의 목적)**
> 보험계약은 금전으로 산정할 수 있는 이익에 한하여 보험계약의 목적으로 할 수 있다.

(1) 피보험이익(보험계약의 목적)

① 의의

   ⊙ 피보험이익은 계약자가 보험에 붙여진 보험의 목적에 대하여 보험사고가 발생함으로써 보험목적물에 대해 가지는 '경제적 이해관계'를 의미한다. 즉, 계약자가 보험목적물에 보험사고가 발생하면 '경제적 손실'을 입게 될 때 '피보험이익'이 있다고 한다.

   ⓛ 피보험이익이 존재해야 보험에 가입할 수 있으며, 피보험이익이 없으면 보험에 가입할 수 없다.

② 피보험이익의 원칙의 3가지 목적

   ⊙ 피보험이익은 도박을 방지하는 데 필수적이다.

   피보험이익이 적용되지 않는다면 전혀 관련이 없는 주택이나 제3자에게 화재보험이나 생명보험을 들어놓고 화재가 발생하거나 일찍 사망하기를 바라는 도박적 성격이 강하기 때문에 사회 질서를 해치는 결과를 초래할 수 있다.

   ⓛ 피보험이익은 도덕적 해이를 감소시킨다.

   보험사고로 경제적 손실을 입는 것이 명확한데 고의로 사고를 일으킬 계약자는 없을 것이다.

   ⓒ 피보험이익은 계약자의 손실 규모와 같으므로 손실의 크기를 측정하게 해준다.

   즉, 보험자는 보험사고 시 계약자의 손실을 보상할 책임이 있는데, 보상금액의 크기는 피보험이익의 가격(보험가액)을 기준으로 산정한다.

③ 보험의 목적과의 관계

   ⊙ '보험의 목적'이 보험계약의 대상인 재화 등을 말한다면, '보험계약의 목적'(피보험이익)은 보험의 목적에 대한 경제적 이해관계를 의미한다.

   ⓛ 그리고 동일한 '보험의 목적'일지라도 경제적인 이해관계에 따라 다수의 '보험계약의 목적'(피보험이익)이 있을 수 있다. 이에 따라 '보험계약의 목적'(피보험이익)이 다르다면 동일한 '보험의 목적'일지라도 별개의 보험계약이 체결될 수 있다. 예를 들면 동일한 주택에 대하여 소유자, 담보권자인 은행 또는 임차인을 피보험자로 하는 화재보험에 가입한 경우 이러한 화재보험계약들은 서로 다른 계약이다.

(2) 피보험이익의 요건(경제성, 적법성, 확정성)

① 경제적 이익

   ⊙ 피보험이익은 금전으로 산정할 수 있는 것이어야 한다(제668조). 따라서 객관적으로 그 가치를 금전적으로 산정할 수 없는 개인적, 정신적, 감정적 이익은 피보험이익이 될 수 없다.

ⓛ 금전으로 산정할 수 있는 이익이면 족하고 반드시 법률상의 원리이어야 하는 것은 아니다(대판 1988.2.9, 86다카2933·2934·2935).

ⓒ 보험사고로 인하여 상실된 피보험자가 얻을 이익이나 보수는 당사자 간에 다른 약정이 없으면 보험자가 보상할 손해액에 산입하지 않지만(제667조), 다른 약정(특약)으로 상실된 피보험자가 얻을 이익이나 보수를 피보험이익으로 하는 보험계약은 가능하다.

② **적법한 이익**

피보험이익은 법의 보호를 받을 수 있는 적법한 이익이어야 한다. 따라서 법률상 금지되거나 선량한 풍속이나 기타 사회질서에 반하는 이익(도박, 밀수, 절도 등)은 피보험이익이 될 수 없다.

③ **확정적 이익**

㉠ 피보험이익은 계약체결 당시 보험계약의 목적(피보험이익)의 주체, 보험의 목적, 양자의 관계 등 그 존재 및 소속 등이 객관적으로 확정되어 있거나, 보험계약체결 당시에 현존하거나, 확정되어 있지 않더라도 적어도 보험사고가 발생할 때까지는 확정될 수 있어야 한다(대판 1989.8.8, 87다카 929).

㉡ 보험사고가 발생할 때까지 보험계약의 목적(피보험이익)을 확정할 수 있으면 장래의 이익, 조건부 이익 등도 보험계약의 목적(피보험이익)으로 할 수 있다.

㉢ 따라서 집합된 물건을 일괄하여 보험의 목적으로 한 때에는 그 목적에 속한 물건이 보험기간 중에 수시로 교체된 경우에도 보험사고의 발생 시에 현존한 물건은 보험의 목적에 포함된 것으로 한다(제687조 총괄보험).

2 보험가액

(1) 의의

① 보험가액이란 손해보험에서 보험계약의 목적(피보험이익)을 금전으로 평가한 가액으로써 보험자가 지급하여야 할 법률상 최고한도액을 말한다.

② 보험가액은 언제나 일정한 것이 아니며 수시로 변동할 수 있으며, 인보험에서는 적용하지 않으며 손해보험에만 존재하는 개념이다.

③ 보험가액은 손해액 산정의 기초가 되는 법률상 최고한도액이므로 초과보험, 중복보험, 일부보험을 판정하기 위한 그 기준이 된다.

(2) 기평가보험

> **제670조(기평가보험)**
> 당사자 간에 보험가액을 정한 때에는 그 가액은 사고발생 시의 가액으로 정한 것으로 추정한다. 그러나 그 가액이 사고발생 시의 가액을 현저하게 초과할 때에는 사고발생 시의 가액을 보험가액으로 한다.

① 의의
  ㉠ 원칙적으로 보험자가 보상할 손해액은 그 손해가 발생한 때와 곳의 가액에 의하여 산정한다(제676조).
  ㉡ 그러나 기평가보험은 보험계약 체결 시에 계약 당사자 사이에 피보험이익의 가액(보험가액)에 대해 미리 협정을 한 보험이다.
  ㉢ 상법은 보험사고 발생 시 피보험이익의 평가에 대한 분쟁을 방지하고 보험가액산정에 소요되는 시간과 경비를 절약하기 위해 기평가보험제도를 인정하고 있다.

② 적용
  ㉠ 당사자 간에 보험가액을 정한 때에는 그 가액은 사고발생 시의 가액으로 정한 것으로 추정한다 (제670조).
  ㉡ 그러나 그 가액(협정보험가액)이 사고발생 시의 가액을 현저하게 초과할 때에는 사고발생 시의 가액을 보험가액으로 한다(제670조 단서).
  ㉢ 그 가액(협정보험가액)이 사고발생 시의 가액을 현저하게 초과하는지에 대한 판단은 거래의 통념이나 사회의 통념에 따른다.
  ㉣ 기평가보험에 있어서 협정보험가액에 대한 합의는 구체적으로 명시되어야 하므로 손해보험증권에 기재하여야 한다. 화재보험증권에는 손해보험증권에 게기한 사항 외에 보험가액을 정한 때에는 그 가액을 기재하여야 한다(제685조 제3호).

(3) 미평가보험

> **제671조(미평가보험)**
> 당사자 간에 보험가액을 정하지 아니한 때에는 사고발생 시의 가액을 보험가액으로 한다.

① 의의
  ㉠ 미평가보험이란 보험계약 체결 당시 계약 당사자 간에 보험가액을 정하지 아니한 보험을 말한다.
  ㉡ 보험의 목적의 시세가 변동하는 경우가 일반적이라고 본다면 보험계약 체결 당시에 당사자 간에 보험가액을 정하지 아니한 미평가보험이 원칙적으로 실손보상의 원칙에 부합된다.

② 미평가보험에서의 보험가액
  보험계약 체결 당시에 당사자 간에 보험가액을 정하지 아니한 때에는 사고발생 시의 가액을 보험가액으로 한다(제671조).

(4) 보험가액 불변경주의

① 의의
  ㉠ 비교적 보험기간이 짧고 시간적으로 보험가액의 변동이 적으며 손해가 발생하는 때와 곳을 결정하기 어려운 보험의 경우에 적용한다.
  ㉡ 이에 따라 보험가액의 평가가 용이한 시점에서의 보험가액을 전 보험기간에 걸치는 고정적인 보험가액으로 정하는 것을 말한다.

② 적용

   ㉠ 운송보험, 선박보험 또는 적하보험과 같이 비교적 보험기간이 짧고 시간적으로 보험가액의 변동이 적으며 손해가 발생하는 때와 곳을 결정하기 어려움이 있는 경우에 적용되는 특칙이다.

   ㉡ 운송보험의 경우는 발송한 때와 곳의 가액과 도착지까지의 운임 기타 비용(제689조)을, 선박보험의 경우에는 보험자의 책임이 개시될 때의 선박가액(제696)을, 적하보험에서는 선적한 때와 곳의 적하(배에 실은 화물)의 가액과 선적과 보험에 관한 비용(제697조)을 보험가액으로 한다.

   ㉢ 적하의 도착으로 인하여 얻을 이익 또는 보수의 보험에 있어서는 계약으로 보험가액을 정하지 아니한 때에는 보험금액을 보험가액으로 한 것으로 추정한다(제698조).

(5) 보험가액과 보험금액의 관계

① 의의

   ㉠ '보험가액'은 피보험이익을 금전으로 평가한 금액으로서 법률상 최고한도액이며, '보험금액'은 보험자가 보험사고로 인해 피보험자에게 약정한 계약상의 최고한도액을 의미한다.

   ㉡ 따라서 보험자가 보상할 손해액으로서 지급되는 '보험금'은 '보험가액'에 의하여 법률상 최고한도가 정하여지고 약정한 계약상의 '보험금액'에 의하여 그 범위가 제한된다.

② 비교

보험가액	보험금액
• 피보험이익을 금전으로 평가한 가액 • 법률상 보상 최고한도액 • 손해보험에만 있는 개념	• 보험사고 발생 시 보험자가 지급할 금액 • 계약상 보상 최고한도액 • 손해보험과 인보험의 공통된 개념

3 초과보험, 중복보험, 일부보험

(1) 보험가액과 보험금액의 불일치

보험가액은 보험기간 중에 변할 수 있는 가변성을 띠고 있어서 계약체결 시에 당사자가 정한 보험금액과 일치하지 않는 경우가 생길 수 있으며, 보험계약자의 의도에 따라 그 차이가 발생할 수도 있다.

구분	보험가액과 보험금액의 크기	보상방법	보상한도
초과보험	보험가액 < 보험금액	실손보상	보험가액
중복보험	보험가액 < 보험금액의 합	실손보상(연대비례)	보험금액
병존보험	보험가액 = 보험금액의 합	실손보상(연대비례)	보험금액
일부보험	보험가액 > 보험금액	비례보상	보험금액
전부보험	보험가액 = 보험금액	실손보상	보험금액

(2) 초과보험

> **제669조(초과보험)**
> ① 보험금액이 보험계약의 목적의 가액을 현저하게 초과한 때에는 보험자 또는 보험계약자는 보험료와 보험금액의 감액을 청구할 수 있다. 그러나 보험료의 감액은 장래에 대하여서만 그 효력이 있다.
> ② 제1항의 가액은 계약 당시의 가액에 의하여 정한다.
> ③ 보험가액이 보험기간 중에 현저하게 감소된 때에도 제1항과 같다.
> ④ 제1항의 경우에 계약이 보험계약자의 사기로 인하여 체결된 때에는 그 계약은 무효로 한다. 그러나 보험자는 그 사실을 안 때까지의 보험료를 청구할 수 있다.

① 의의
- ㉠ 초과보험이란 보험금액이 보험가액(보험계약의 목적의 가액)을 현저하게 초과하는 보험을 말한다(제669조 제1항). 초과보험에 해당하는지를 판단하는 보험가액은 '계약 당시의 가액'에 의하여 정한다(제669조 제2항).
- ㉡ 경제상황의 변동에 따라 보험가액이 보험기간 중에 현저하게 감소된 때에도 초과보험이 될 수 있다(제669조 제3항). 이때에는 초과보험에 해당하는지를 판단하는 보험가액은 보험가액이 보험기간 중에 '현저하게 감소한 가액'에 의하여 정한다.

② 성립요건
- ㉠ 현저한 초과
  보험금액이 보험가액(보험계약의 목적의 가액)을 현저하게 초과하여야 한다(제669조 제1항). 이때 '현저하게 초과'하는지의 판단은 사회통념상 정상가액을 월등하게 초과하는지에 따른다.
- ㉡ 보험계약자의 사기가 아닐 것
  초과보험의 계약이 보험계약자의 사기로 인하여 체결된 때에는 그 계약은 무효로 한다. 그러나 보험자는 그 사실을 안 때까지의 보험료를 청구할 수 있다(제669조 제4항).

③ 효과
- ㉠ 보험자 또는 보험계약자는 보험료와 보험금액의 감액을 청구할 수 있다. 그러나 보험료의 감액은 보험료 불가분의 원칙에 따라 이미 경과한 과거의 보험료는 감액하지 않으며 장래에 대하여서만 그 효력이 있다(제669조 제1항).
- ㉡ 보험자가 보험사고의 발생 후에 손해사정과정에서 당해 보험계약이 초과보험이라는 사실을 비로소 알게 된 경우에도, 그 초과부분의 보험료를 소급하여 반환할 의무는 없으며 그 보험료기간에 대한 보험료는 그대로 청구할 수 있다. 이것은 보험가액이 보험기간 중에 현저하게 감소하여 초과보험이 된 경우에도 같다(제669조 제3항).
- ㉢ 초과보험이 보험계약자의 사기로 인하여 체결된 때에는 그 계약은 무효로 한다. 초과부분뿐만 아니라 계약의 전체를 무효로 한다. 따라서 보험사고가 발생하더라도 보험자는 보험금지급 책임을 부담

하지 않으며 그 사실을 안 때까지의 보험료를 청구할 수 있다(제669조 제4항).

　ⓒ 초과보험이라는 사유를 들어 보험가액을 한도로 보험금의 제한 또는 보험계약의 무효를 주장하는 경우, 그 입증책임은 무효를 주장하는 보험자가 부담한다(대판 1999.4.23, 99다8599).

(3) 중복보험

> **제672조(중복보험)**
> ① 동일한 보험계약의 목적과 동일한 사고에 관하여 수개의 보험계약이 동시에 또는 순차로 체결된 경우에 그 보험금액의 총액이 보험가액을 초과한 때에는 보험자는 각자의 보험금액의 한도에서 연대책임을 진다. 이 경우에는 각 보험자의 보상책임은 각자의 보험금액의 비율에 따른다.
> ② 동일한 보험계약의 목적과 동일한 사고에 관하여 수개의 보험계약을 체결하는 경우에는 보험계약자는 각 보험자에 대하여 각 보험계약의 내용을 통지하여야 한다.
> ③ 제669조 제4항의 규정은 제1항의 보험계약에 준용한다.
>
> **제673조(중복보험과 보험자 1인에 대한 권리포기)**
> 제672조의 규정에 의한 수개의 보험계약을 체결한 경우에 보험자 1인에 대한 권리의 포기는 다른 보험자의 권리의무에 영향을 미치지 아니한다.

① 의의

　'동일한 보험계약의 목적'과 '동일한 사고'에 관하여 '수개의 보험계약'이 '수인의 보험자'와 동시에 또는 순차로 체결된 경우에 그 '보험금액의 총액'이 '보험가액'을 초과한 경우로서 초과보험의 특수한 형태로 초과중복보험이라고도 한다.

② 중복보험의 성립요건

　㉠ 동일한 보험계약의 목적(피보험이익)

　　동일한 '보험의 목적'일지라도 동일한 '보험계약의 목적'(피보험이익)이 다르면 중복보험의 문제는 발생하지 않는다. 예를 들어 동일한 자동차에 대해 소유자가 가입한 자동차보험과 주차장사업자가 파손·도난손해를 대비하기 위해 가입한 배상책임보험은 '보험계약의 목적'(피보험이익)이 서로 다르므로 두 보험은 중복보험에 해당되지 않는다.

　㉡ 동일한 보험사고

　　보험자가 담보하는 보험사고가 다르면 중복보험의 문제는 발생하지 않는다. 예를 들어 동일 주택에 대해 화재보험과 풍수해보험에 가입한 경우 두 보험은 중복보험에 해당되지 않는다.

　㉢ 수인의 보험자와 수개의 보험계약

　　수인의 보험자와 수개의 보험계약을 체결하여야 하므로 동일한 보험자와 수개의 보험계약을 체결하는 경우 이는 중복보험이 아닌 단순한 초과보험에 해당한다.

　㉣ 보험기간의 동일 또는 중복

　　보험기간이 동일 또는 중복되지 않는다면 중복 보상의 문제가 발생하지 않는다.

ⓜ 동일한 피보험자(판례)

　　　　수개의 보험계약의 보험계약자가 동일인일 필요는 없으며 보험사고로 인해 보험의 이익을 받는 피보험자가 동일인이면 중복보험의 문제가 발생한다.

　　　ⓗ 보험금액 합계액이 보험가액을 초과할 것

　　　　수개의 보험금액 총액이 단지 보험가액을 초과한 경우라면 중복보험이며, 그 정도가 현저히 초과해야 하는 것은 아니다.

③ 효과

　　ⓖ 보험자의 보상책임 : 연대비례주의

　　　각 보험자는 각자의 보험금액(보험가입금액)의 한도에서 연대책임을 지며 이 경우에는 각 보험자의 보상책임은 각자의 보험금액의 비율에 따른다(제672조 제1항).

> **〈중복보험의 경우 각 보험자의 보상책임〉**
>
> • 보험가액 : 1억원
> • A보험자 : 보험가입금액 5천만원　　　　　　• B보험자 : 보험가입금액 1억원
> • 손해액 : 6천만원
>
> 각 보험자의 보상책임 = 손해액 × $\dfrac{\text{해당 보험자의 보험가입금액}}{\text{전체 보험자 보험가입금액 합계}}$
>
> • A보험자 보상책임 = 6천만원 × [5천만원 / (5천만원 + 1억원)] = 2천만원
> • B보험자 보상책임 = 6천만원 × [1억원 / (5천만원 + 1억원)] = 4천만원

　　ⓛ 보험계약자의 사기

　　　중복보험의 경우에 계약이 보험계약자의 사기로 인하여 체결된 때에는 수개의 보험계약은 전부 무효로 한다. 그러나 보험자는 그 사실을 안 때까지의 보험료를 청구할 수 있다(제672조 : 제669조 제4항의 규정 준용).

④ 중복보험과 보험자 1인에 대한 권리포기

　　ⓖ 중복보험에 따른 수개의 보험계약을 체결한 경우에 보험자 1인에 대한 권리포기는 다른 보험자의 권리, 의무에 영향을 미치지 아니한다(제673조). 이는 피보험자가 특정 보험자와 공모하여 다른 보험자에게 불이익을 주는 경우를 방지한다.

　　ⓛ 따라서 피보험자가 어느 특정 보험자에 대한 권리를 포기하여도 그 부분에 대한 보상책임을 다른 보험자에게 부담시킬 수 없고, 만약 이미 다른 보험자가 피보험자에게 이를 부담하여 보상하였다면 그 부담부분에 대한 구상권을 행사할 수 있다. 위 사례에서 피보험자가 A보험자에 대한 권리를 포기하였다고 하더라도 B보험자는 여전히 자신의 보상책임인 4천만원만 부담하면 된다.

⑤ 보험계약자의 통지의무

　　ⓖ 동일한 보험계약의 목적과 동일한 사고에 관하여 수개의 보험계약을 체결하는 경우에는 보험계약

자는 각 보험자에 대하여 각 보험계약의 내용을 통지하여야 한다(제672조 제2항).

ⓒ 동일한 보험계약의 목적과 동일한 사고에 관하여 수개의 보험계약을 체결하는 경우라면 중복보험이 되거나 병존보험(보험금액의 총액이 보험가액과 같은 경우를 말한다)이 될 수도 있지만, 보험계약자는 각 보험자에 대하여 각 보험계약의 내용을 통지하도록 하고 있다. 병존보험도 보험기간 중에 보험목적의 가격하락으로 인해 중복보험으로 바뀔 수 있으므로 통지의무를 부여하고 있다.

ⓒ 통지해야 할 보험계약의 내용은 각 보험자의 성명과 보험금액을 의미한다.

(4) 일부보험

> **제674조(일부보험)**
> 보험가액의 일부를 보험에 붙인 경우에는 보험자는 보험금액의 보험가액에 대한 비율에 따라 보상할 책임을 진다. 그러나 당사자 간에 다른 약정이 있는 때에는 보험자는 보험금액의 한도 내에서 그 손해를 보상할 책임을 진다.

① 의의

ⓐ 일부보험이란 보험금액이 보험가액(보험계약의 목적의 가액)에 미달하는 보험을 말한다. 즉, 보험가액의 일부를 보험에 붙인 보험으로서 전부보험의 상대적 개념이다.

ⓑ 일부보험은 보험료를 절감하기 위하여 의식적으로 체결(의식적 일부보험)하는 경우도 있고, 보험계약이 체결된 이후 물가가 상승하여 보험가액이 인상되거나 보험계약 체결 시에는 저평가되었다가 이후 정상적인 가액으로 평가되어 발생(자연적 일부보험)하기도 한다.

② 요건

ⓐ 보험금액이 보험가액에 미달한 경우이어야 한다.

ⓑ 이때 보험가액의 산정은 당사자 간에 보험가액을 정한 '기평가보험'의 경우는 그 가액(협정보험가액)은 사고발생 시의 가액으로 정한 것으로 추정하나 그 가액이 사고발생 시의 가액을 현저하게 초과할 때에는 사고발생 시의 가액을 보험가액으로 하며(제670조), 당사자 간에 보험가액을 정하지 아니한 '미평가보험'의 경우에는 사고발생 시의 가액을 보험가액으로 한다(제671조).

③ 보험자의 보상책임

ⓐ 원칙(비례부담)
보험자는 보험금액(보험가입금액)의 보험가액에 대한 비율에 따라 보상할 책임을 진다(제674조). 예를 들면 아래와 같다.

> **〈일부보험의 경우 보험자의 보상책임〉**
>
> • 보험가액 : 1억원
> • 보험가입금액 : 5천만원
> • 손해액(전손인 경우) : 1억원　　　• 손해액(분손인 경우) : 4천만원

$$\text{보험자의 보상책임} = \text{손해액} \times \frac{\text{보험금액}}{\text{보험가액}}$$

- 전손인 경우(손해액 1억원) : 보험자 보상책임 = 1억원 × (5천만원/1억원) = 5천만원
- 분손인 경우(손해액 4천만원) : 보험자 보상책임 = 4천만원 × (5천만원/1억원) = 2천만원

ⓛ 예외(실손보상)

당사자 간에 다른 약정이 있는 때에는 보험자는 보험금액의 한도 내에서 '그 손해'를 보상할 책임을 진다(제674조). 이는 실제 손해액 전부를 보상한다고 하여 보통 실손보상이라고도 한다. 다만 보상하는 금액은 보험금액(보험가입금액)을 초과할 수 없다. 위의 사례를 기준으로 한다면 다음과 같다.

- 전손인 경우(손해액 1억원) : 보험자 보상책임 = 보험가입금액 5천만원 한도 = 5천만원
- 분손인 경우(손해액 4천만원) : 보험자 보상책임 = 실제 손해액 4천만원

4 손해액

제675조(사고발생 후의 목적멸실과 보상책임)
보험의 목적에 관하여 보험자가 부담할 손해가 생긴 경우에는 그 후 그 목적이 보험자가 부담하지 아니하는 보험사고의 발생으로 인하여 멸실된 때에도 보험자는 이미 생긴 손해를 보상할 책임을 면하지 못한다.

제676조(손해액의 산정기준)
① 보험자가 보상할 손해액은 그 손해가 발생한 때와 곳의 가액에 의하여 산정한다. 그러나 당사자 간에 다른 약정이 있는 때에는 그 신품가액에 의하여 손해액을 산정할 수 있다.
② 제1항의 손해액의 산정에 관한 비용은 보험자의 부담으로 한다.

제677조(보험료체납과 보상액의 공제)
보험자가 손해를 보상할 경우에 보험료의 지급을 받지 아니한 잔액이 있으면 그 지급기일이 도래하지 아니한 때라도 보상할 금액에서 이를 공제할 수 있다.

제678조(보험자의 면책사유)
보험의 목적의 성질, 하자 또는 자연소모로 인한 손해는 보험자가 이를 보상할 책임이 없다.

(1) 손해액의 산정기준

① 보험자가 보상할 손해액은 그 '손해가 발생한 때와 곳의 가액'(보험가액)에 의하여 산정한다(제676조 제1항). 다만 기평가보험의 경우에는 협정된 보험가액이 그 사고발생 시의 가액을 현저하게 초과하지 않는 한 '협정보험가액'을 기초로 손해액을 산정한다(제670조).

② 그러나 당사자 간에 다른 약정(신가보험)이 있는 때에는 그 신품가액(재조달가액)에 의하여 손해액을 산정할 수 있다(제676조 제1항 단서).

③ 손해액의 산정에 관한 비용은 보험자의 부담으로 한다(제676조 제2항).

(2) 사고발생 후의 목적멸실과 보상책임

보험의 목적에 관하여 보험자가 부담할 손해가 생긴 경우에는 그 후 그 목적이 보험자가 부담하지 아니하는 보험사고의 발생으로 인하여 멸실된 때에도 보험자는 이미 생긴 손해를 보상할 책임을 면하지 못한다(제675조).

(3) 보험료체납과 보상액의 공제

① 보험자가 손해를 보상할 경우에 보험료의 지급을 받지 아니한 잔액이 있으면 그 지급기일이 도래하지 아니한 때라도 보상할 금액에서 이를 공제할 수 있다(제677조).

② 보험자가 보험료기간 중에 보험사고 발생에 대한 손해를 보상하였으므로 해당 보험료기간에 해당하는 보험료에 대한 권리를 보험자가 가지게 된다.

(4) 보험의 목적에 따른 면책

① 보험의 목적의 성질, 하자 또는 자연소모로 인한 손해는 보험자가 이를 보상할 책임이 없다(제678조).

② 보험의 목적의 성질(차량의 녹이나 부식, 농산물의 부패, 자연발화 등), 하자(적하나 운송보험에서 포장의 불비나 결함) 또는 자연소모(통상적인 사용 또는 시간의 경과에 따라 자연적으로 생기는 손해)로 인하여 생긴 손해는 보험사고로 인한 것이 아니라, 그 목적물에 필연적으로 발생할 수 있는 손해이므로 보험자의 면책을 인정하는 것이다.

5 보험목적의 양도

제679조(보험목적의 양도)
① 피보험자가 보험의 목적을 양도한 때에는 양수인은 보험계약상의 권리와 의무를 승계한 것으로 추정한다.
② 제1항의 경우에 보험의 목적의 양도인 또는 양수인은 보험자에 대하여 지체 없이 그 사실을 통지하여야 한다.

(1) 의의

① 보험목적의 양도란 손해보험계약에서 피보험자가 보험의 목적물을 개별적인 의사표시에 의해 타인에게 양도하는 것을 말한다.

② 보험목적의 양도는 매매나 증여 등의 개별적인 의사표시에 의한 양도라는 점에서 보험목적과 계약상의 권리와 의무가 포괄적으로 승계되는 '상속이나 합병'과 구별되며 채권양도인 '보험금청구권'의 양도와는 구별된다.

(2) 권리의 승계 추정의 취지

보험의 목적이 피보험자에 의해 양도되면 이론적으로 피보험자가 가지는 목적물에 대한 피보험이익이 소멸하므로 보험계약의 효력은 상실하게 된다. 이에 따라 보험계약자가 지급한 보험료는 그 의미가 없게 되며 양수인은 새로운 보험계약을 체결할 때까지 일시적으로 무보험상태에 놓이게 될 수 있다. 따라서 피보험자가 보험의 목적을 양도한 때에는 양수인은 보험계약상의 권리와 의무를 승계한 것으로 추정한다 (제679조). 그리고 이는 임의규정으로서 당사자 간의 약정에 의해 그 적용을 배제할 수도 있다.

(3) 요건

① 유효한 보험계약의 존재

　㉠ 보험의 목적이 양도되는 당시에 양도인과 보험자 사이에 유효한 보험계약이 존재하고 있어야 한다.

　㉡ 보험자가 이미 해지권이나 면책권을 가지고 있는 경우라면 보험의 목적이 양도되더라도 양수인은 보험계약상의 권리와 의무를 승계한 것으로 추정되므로 보험자는 양수인에 대해 여전히 해지권이나 면책권이 인정된다.

② 특정되고 개별화된 물건

　㉠ 보험의 목적은 동산이나 부동산 등 유체물과 유가증권 등 무체재산권도 포함하는데 특정되고 개별화된 물건이어야 한다.

　㉡ 양도의 목적은 특정되고 개별화된 물건이어야 하므로 특정되지 않은 집합보험에서 물건 일부만을 양도할 때는 해당되지 않는다.

　㉢ 물건을 그 대상으로 하기 때문에 일정한 지위를 담보하는 전문직업인 책임보험은 그 지위가 양도되어도 해당되지 않는다.

③ 보험목적의 물권적 이전

　㉠ 보험목적의 양도란 유·무상을 불문하고 물권적 양도를 뜻하므로 인도 또는 등기를 통해 보험목적의 소유권이 이전되어야 한다. 따라서 채권계약만으로 부족하며 목적물의 임대나 담보권설정은 보험의 목적의 양도계약이 아니다.

　㉡ 양도담보, 영업양도에 의하거나 강제집행의 결과 경락인에게 보험의 목적이 귀속된 경우에는 보험의 목적의 양도에 준하여 보험계약관계의 이전이 추정된다.

(4) 양도의 효과

① 보험계약의 권리와 의무의 승계 추정

　㉠ 피보험자가 보험의 목적을 양도한 때에는 양수인은 보험계약상의 권리와 의무를 승계한 것으로 추정한다(제679조 제1항). 따라서 보험목적의 양수인에게 보험승계의 의사가 없다는 것이 증명된 경우에는 번복된다(대판 1997.11.11, 97다35375).

　㉡ 양수인은 보험계약상의 권리와 의무를 승계하므로 양수인은 보험금청구권, 보험료반환청구권, 보

험계약해지권 등을 보유하며, 보험료지급의무, 보험사고발생 시 통지, 위험변경·증가의 통지의무, 손해방지·경감의무 등을 부담한다.

② 양도의 통지의무

㉠ 보험의 목적의 양도인 또는 양수인은 보험자에 대하여 지체 없이 그 사실을 통지하여야 한다(제679조).

㉡ 보험목적의 양도인 또는 양수인이 보험자에 대하여 지체 없이 그 사실을 통지한 경우에는, 보험자는 피보험자의 변경으로 인한 위험의 증감에 따라 보험료를 증액하거나 감액할 수 있고 또 계약을 해지할 수 있다(제652조 제2항).

6 손해방지·경감의무

> **제680조(손해방지의무)**
> ① 보험계약자와 피보험자는 손해의 방지와 경감을 위하여 노력하여야 한다. 그러나 이를 위하여 필요 또는 유익하였던 비용과 보상액이 보험금액을 초과한 경우라도 보험자가 이를 부담한다.
> ② 삭제〈1991.12.31.〉

(1) 의의

① 손해방지와 경감의 의무란 손해보험계약에서 '보험사고가 발생한 경우' 보험계약자와 피보험자가 손해의 방지와 경감을 위하여 노력하여야 할 의무를 말한다(제680조 전단).

② '보험사고 발생 전'에는 보험계약자와 피보험자가 위험변경·증가의 통지의무와 위험유지의무를 가지고 있으므로, '보험사고가 발생한 때'에는 이에 따른 추가적인 손해의 방지와 손해의 경감을 위하여 노력할 의무를 두고 있다.

(2) 법적 성질

① 보험계약은 우연성에 기초하지만, 보험사고가 발생한 이후의 손해방지와 경감을 위한 노력을 하지 않아 손해가 증가하는 경우는 우연성을 기초로 한다고 볼 수 없고 보험자에 대한 보험계약자와 피보험자의 신의성실의 원칙과 공익성을 고려하여 상법에서 이를 인정하고 있다.

② 이 의무는 보험사고가 발생할 때 부과되는 점에서 보험계약으로 부과되는 의무는 아니다.

(3) 손해방지와 경감의무의 내용

① 의무자

㉠ 손해의 방지와 경감의 의무를 지는 자는 보험계약자와 피보험자이다. 또한 계약자나 피보험자의 대리권이 있는 대리인과 지배인도 손해방지·경감의무를 진다.

㉡ 보험계약자나 피보험자가 다수인 경우에는 각자 이 의무를 지는 것으로 본다.

㉢ 그러나 이 의무는 손해보험에서만 발생하는 의무로서 인보험의 보험수익자는 손해방지·경감의무를 부담하지 아니한다.

      ② 타인을 위한 손해보험계약일지라도 '보험의 목적'을 보험계약자가 점유하고 있는 경우라면 보험계약자에게 이 의무가 인정된다.

② 손해방지와 경감의무의 시기(始期)와 종기(終期)

      ㉠ 시기(始期)

        상법에는 명시적 규정이 없으나, '보험사고가 생긴 때' 또는 '보험사고가 생긴 것을 안 때'라고 해석된다. 보험계약자나 피보험자가 보험사고의 발생을 알지 못한 때에는 의무이행이 불가능하기 때문이다.

      ㉡ 종기(終期)

        보험사고 발생 이후, 더 이상의 손해의 방지와 경감의 필요성이 존재하지 않거나 보험자가 직접 손해의 방지와 경감의 조치를 취할 수 있는 시점까지 존속한다고 볼 수 있다.

③ 손해방지와 경감의무의 범위

      ㉠ 손해의 방지와 경감의 의무는 보험자가 담보하고 있는 보험의 목적에 이미 보험사고가 발생한 때 손해가 확대되지 않도록 방지와 경감을 위한 노력의 이행이다. 따라서 보험사고 발생 전의 보험기간은 손해방지 · 경감의무 존속기간이 아니며, 보험사고의 발생 자체를 방지해야 하는 의무는 아니다.

      ㉡ 보험자가 책임을 지지 않는 손해에 대해서는 의무를 부담하지 않는다. 따라서 보험의 목적이 전손(全損 모두 손실)되는 경우만을 담보하는 보험계약이라면 분손(分損 일부 손실)의 위험만 있는 경우 보험계약자와 피보험자에게 손해의 방지와 경감을 위한 의무는 발생하지 않는다.

④ 의무이행의 방법과 노력의 정도

      ㉠ 보험계약자 등이 만약 보험에 가입하지 않았더라면 자기의 이익을 위해 기울이는 정도의 노력을 말하며 일반적으로 기대되는 방법이면 된다. 즉, 보험계약의 최대선의의 원칙에 따라 그들의 이익을 위하여 할 수 있는 정도의 노력이면 된다고 본다.

      ㉡ 손해의 방지와 경감을 위한 직접적인 것(화재진압행위, 구조활동 등)은 물론이고 간접적인 것(증거나 증인의 확보, 제3자에 대한 청구권 확보 등)도 포함된다.

      ㉢ 이러한 노력으로 반드시 손해방지 및 경감의 효과가 나타나야만 하는 것은 아니다.

      ㉣ 보험사고 발생의 통보를 받은 보험자가 손해의 발생을 막거나 손해의 확대방지 또는 경감을 위하여 보험계약자나 피보험자에게 지시하는 경우, 손해방지 · 경감의무가 보험단체와 공익 보호 측면에서 인정되고 있다는 점에서 허용되는 것으로 보아야 한다.

(4) 의무위반의 효과

① 상법에 명시적인 규정은 없으나, 보험계약자와 피보험자의 고의 또는 중과실에 의해 해당 의무의 위반이 있는 경우 의무위반과 상당한 인과관계가 있는 '증가한 손해'에 대해서 보험자는 손해배상을 청구하거나 또는 상계에 의해 지급할 손해배상액에서 공제할 수 있다. 즉, 보험자의 보험금 지급책임이 면제된다.

② 여기서 '상당한 인과관계가 있는 손해'란 보험계약자와 피보험자가 손해방지와 경감의 의무를 위반하지 않았더라면 방지 또는 경감할 수 있으리라 인정되는 손해를 말한다.

③ 보험계약자나 피보험자의 고의 또는 중과실에 따른 의무위반에 대한 입증책임은 이를 주장하는 보험자가 부담한다.

(5) 손해의 방지와 경감 비용의 보험자 부담

① '손해의 방지와 경감의 비용'이란 보험자가 담보하고 있는 보험사고가 발생한 경우 보험사고 인한 손해의 발생을 방지하거나 손해의 확대를 방지함은 물론 손해를 경감할 목적으로 행한 행위에 필요하였거나 유익하였던 비용을 말한다.

② 손해방지는 보험단체나 공익에 도움이 될 뿐만 아니라 결과적으로 보험자가 보상하는 손해액이 감소되므로 보험자에게도 이익이 된다. 따라서 상법에서는 손해의 방지와 경감의 비용과 보상액이 보험금액을 초과한 경우라도 보험자가 이를 부담하도록 하고 있다(제680조 제1항 단서).

③ 여기서 필요 또는 유익한 비용이란 비용지출 결과 실질적으로 손해의 경감이 있었던 것만을 의미하지는 않고 그 상황에서 손해경감 목적을 가지고 한 타당한 행위에 대한 비용이 포함된다고 본다.

④ 보험사고 발생 시 피보험자의 법률상 책임 여부가 판명되지 않은 상태에서 피보험자가 손해확대 방지를 위한 긴급한 행위를 함으로써 발생한 필요·유익한 비용을 보험자가 부담하여야 한다(대판 1993. 1.12. 91다42777). 즉, 비록 손해배상책임이 최종적으로 인정되지 않아 보험자가 면책된다고 하더라도 이미 소요된 비용은 손해의 방지와 경감의 비용으로 해석되어 보험자는 이를 부담하여야 한다.

⑤ 일부보험인 경우라면 손해의 방지와 경감의 비용에 대한 보험자의 부담은 보험금액의 보험가액에 대한 비율에 따른다.

7 보험자대위

(1) 의의

① 보험자대위란 '보험자'가 보험사고로 인해 '피보험자'에게 보험금을 지급한 때에는 일정한 요건 아래 계약자 또는 피보험자가 가지는 보험의 목적에 대한 권리(잔존물대위) 또는 제3자에 대해 가지는 권리(청구권대위)가 보험자에게 법률상 당연히 이전되는 것을 말한다.

② 보험자대위 중에서 '잔존물대위'는 그 성질상 인보험에는 적용될 수 없으며, '청구권대위'는 인보험에 있어서는 원칙적으로 인정되지 않으나 상해보험계약의 경우에 당사자 간에 다른 약정이 있는 때에는 보험자는 피보험자의 권리를 해하지 아니하는 범위 안에서 그 권리를 대신하여 행사할 수 있도록 하고 있다.

(2) 법적 취지

① 보험사고 발생 시 피보험자가 보험의 목적에 관하여 아직 잔존물을 가지고 있거나 또는 제3자에 대하여 손해배상청구권을 취득하는 경우가 있다. 이런 경우 보험자가 이에 개의치 않고 보험금을 지급한다면 오히려 피보험자에게 이중의 이득을 주는 결과가 된다.

② 제3자에 대해 가지는 권리(청구권대위)의 경우 보험사고에 대한 책임이 있는 제3자가, 피보험자가 보험금을 수령함에 따라 그 책임이 면하게 되는 일이 없도록 하는 목적이 있다.

(3) 법적 성질

① 보험자대위 요건이 충족되는 경우 보험자는 계약자 또는 피보험자가 가지는 보험의 목적에 대한 권리 (잔존물) 또는 제3자에 대해 가지는 권리(청구권)를 법률상 당연히 취득한다.

② 이에 따른 권리이전은 양도 행위가 아니며 당사자의 개별적인 의사표시도 필요 없다.

③ 손해를 초래한 제3자가 고의인지 과실인지를 묻지 않으며, 잔존물대위에 있어서 등기 또는 인도 등 물권변동의 절차도 필요 없으며 청구권대위에 있어서는 지명채권양도의 대항 절차(채무자에 대한 통지나 승낙)도 요구되지 않는다.

(4) 보험목적에 관한 보험대위(잔존물대위)

제681조(보험목적에 관한 보험대위)
보험의 목적의 전부가 멸실한 경우에 보험금액의 전부를 지급한 보험자는 그 목적에 대한 피보험자의 권리를 취득한다. 그러나 보험가액의 일부를 보험에 붙인 경우에는 보험자가 취득할 권리는 보험금액의 보험가액에 대한 비율에 따라 이를 정한다.
---

① 의의

   ㉠ 보험의 목적의 '전부가 멸실'한 경우에 보험금액의 '전부를 지급'한 보험자는 그 목적에 대한 피보험자의 권리를 취득하는데(제681조) 이를 '보험의 목적에 관한 보험자대위' 또는 '잔존물대위'라고 한다.

   ㉡ 그러나 보험가액 일부를 보험에 붙인 '일부보험'의 경우에는 보험자가 취득할 권리는 보험금액의 보험가액에 대한 비율에 따라 이를 정한다(제681조 단서).

② 법적 취지

   거의 전손(全損 전부 멸실)에 해당하는 손해액에서 잔존물 가액을 공제한 것을 보상하는 경우 이를 산정하는 과정이 비경제적이며 빠른 자금회수를 원하는 피보험자의 이익을 보호하기 어렵고, 만약 보험금액과 잔존물까지 피보험자에게 주는 경우라면 부당이득을 주는 셈이 된다. 따라서 보험의 목적이 전손된 것으로 보는 경우 보험자가 보험금액의 전부를 지급하고 잔존물에 대한 권리를 취득하게 한 것이다.

③ 잔존물대위의 요건

   ㉠ 보험목적의 전부멸실(전손)

   ⓐ 보험계약 체결 당시에 보험의 목적이 가지는 경제적 가치가 보험사고로 전손(全損 전부 멸실)된 경우에만 보험자의 잔존물대위가 가능하다.

   ⓑ 전부멸실(전손)이란 보험의 목적이 가지고 있었던 경제적 효용의 전부를 잃는 것을 의미하는 것이지, 반드시 목적물이 물리적으로 완전히 소멸(물리적 전부멸실)되어야 하는 것은 아니다.

   ⓒ 보험의 목적에 분손(分損 일부 손실)이 생길 때에는 실손보상의 원칙에 따라 보험금 지급에 있어서 잔존물의 가치를 공제하게 되므로 잔존물대위가 발생하지 않는다.

   ⓓ 경제적 가치의 소멸이 전손에 가까우면서 당사자 간의 특약으로 보험가액의 4분의 3 또는 5분의 4 이상의 손해를 전손으로 정하는 것은 유효하다.

ⓛ 보험금액의 전부지급
  ⓐ 잔존물에 대한 권리가 보험자에게 이전되는 시기는 보험자가 보험금액의 전부를 지급한 때이다.
  ⓑ 보험금액의 전부지급이란 '보험의 목적에 발생한 손해액'뿐만 아니라 보험자가 부담해야 하는 '손해방지 비용'(제680조)이나 '손해액의 산정에 관한 비용'(제676조 제2항)까지 포함하여 지급한 것을 말한다.
  ⓒ 보험자가 보험계약상의 '보험금액의 일부'만을 지급한 경우에는, 잔존물대위가 불가능하며, 그 지급액에 비례하는 형태로도 피보험자의 권리를 취득할 수 없다.
  ⓓ 피보험자는 보험자로부터 보험금을 지급받기 전에 잔존물을 임의로 처분할 수 있지만, 이 경우 지급할 보험금에서 잔존물의 가액을 공제한 나머지 보험금을 지급받게 된다. 그리고 만약 보험금을 지급받은 후에 처분을 하였다면 보험자는 손해배상을 청구할 수 있다.

④ **잔존물대위의 효과**
  ㉠ 법률상 당연한 권리의 이전
    ⓐ 보험의 목적의 전부가 멸실한 경우 보험자가 보험금액의 전부를 지급한 때, 등기 또는 인도 등 물권변동의 절차 없이 당연히 '보험의 목적'에 대해 가지는 피보험이익에 관한 '모든 권리'가 이전된다.
    ⓑ 취득하는 권리는 잔존물에 대한 소유권으로 한정되는 것은 아니며 경제적으로 이익이 있는 모든 권리를 포함한다.
  ㉡ 일부보험의 경우
    ⓐ 보험의 목적에 '전부가 멸실'한 경우에 '일부보험'인 경우라도 보험계약에 따른 '보험금액의 전부'를 지급한 경우라면 잔존물대위가 인정된다.
    ⓑ 일부보험의 경우 보험자는 보험금액의 보험가액에 대한 비율에 따라 피보험자의 보험의 목적에 대한 권리를 취득하게 된다(제681조 단서). 따라서 이후 보험자와 피보험자는 지분비율에 따라 잔존물을 공유하게 된다.

〈전부보험의 경우 잔존물대위〉

• 보험가액 : 2억원   • 보험금액(보험가입금액) : 2억원

• 보험금액(보험가입금액)의 전부 지급 : 2억원 지급 ⇨ 잔존물대위 인정
• 보험금액(보험가입금액)의 일부 지급 : 1억원 지급 ⇨ 잔존물대위 불인정

〈일부보험의 경우 잔존물대위〉

• 보험가액 : 2억원   • 보험금액(보험가입금액) : 1억원

• 보험금액(보험가입금액)의 전부 지급 : 1억원 지급 ⇨ 잔존물대위 인정
  단, 보험금액(1억원)/보험가액(2억원)의 비율로 인정하여 50% 권리를 취득함
• 보험금액(보험가입금액)의 일부 지급 : 5천만원 지급 ⇨ 잔존물대위 불인정

ⓒ 목적물에 대한 대위권의 포기

보험목적에 관한 보험대위권(잔존물대위권) 취득이 오히려 잔존물 제거의무 등 보험자에게 불이익할 때는 이에 대한 대위권을 포기하고 보험의 목적에 대한 공법상·사법상 부담을 피보험자에게 귀속시킬 수도 있다.

ⓒ 소멸시효

보험의 목적의 전부가 멸실한 경우 보험자가 보험금액의 전부를 지급한 때, 등기 또는 인도 등 물권변동의 절차 없이 '보험의 목적'에 대해 가지는 피보험이익에 관한 '모든 권리'가 보험자에게 당연히 이전되는 법률상 인정되는 효과이다. 따라서 피보험자의 권리의 이전 의사표시도 필요하지 않으며 소멸시효가 존재하지 않는다.

> ◦ 소멸시효(消滅時效) : 권리자가 권리를 행사할 수 있음에도 불구하고 권리를 행사하지 않는 사실상태가 일정기간 계속된 경우에 그 권리의 소멸을 인정하는 제도이다.

(5) 제3자에 대한 보험대위(청구권대위)

> **제682조(제3자에 대한 보험대위)**
> ① 손해가 제3자의 행위로 인하여 발생한 경우에 보험금을 지급한 보험자는 그 지급한 금액의 한도에서 그 제3자에 대한 보험계약자 또는 피보험자의 권리를 취득한다. 다만, 보험자가 보상할 보험금의 일부를 지급한 경우에는 피보험자의 권리를 침해하지 아니하는 범위에서 그 권리를 행사할 수 있다.
> ② 보험계약자나 피보험자의 제1항에 따른 권리가 그와 생계를 같이 하는 가족에 대한 것인 경우 보험자는 그 권리를 취득하지 못한다. 다만, 손해가 그 가족의 고의로 인하여 발생한 경우에는 그러하지 아니하다.

① 의의

손해가 제3자의 행위로 인하여 발생한 경우 보험금을 지급한 보험자는 그 지급한 금액의 한도 내에서 그 제3자에 대한 계약자 또는 피보험자의 권리를 취득하는데 이것을 제3자에 대한 보험자대위라 한다.

② 법적 취지

피보험자의 손해가 제3자의 행위로 인해 발생한 경우, 원칙적으로 피보험자는 '제3자'에 대해 불법행위 또는 채무불이행에 대한 손해배상청구권을 가짐과 동시에 '보험자'를 대상으로 보험금청구권을 가지게 된다. 만약 두 청구권을 피보험자가 중첩적으로 행사하게 되는 경우 실손을 보상하는 손해보험계약의 성질에 반한다. 따라서 보험자가 피보험자에게 보험금을 지급한 경우 '제3자'에 대해 불법행위 또는 채무불이행에 대한 손해배상청구권에 대해서는 보험자대위를 인정하는 제도이다.

③ 청구권대위의 요건

㉠ 제3자의 행위

ⓐ 피보험자의 손해가 제3자의 행위에 의한 것이어야 한다. 여기서 제3자는 보험사고를 일으켜 피보험자에게 손해배상의 의무를 지는 자로서 '보험계약자, 피보험자, 보험자'를 제외한 자이다.

    ⓑ 보험계약자나 피보험자의 제3자에 대한 권리가 그와 생계를 같이 하는 가족에 대한 것인 경우 이는 보험계약자나 피보험자의 범위에 포함되는 자로서 보험자는 그 권리를 취득하지 못한다. 다만, 손해가 그 가족의 고의로 인하여 발생한 경우에는 그러하지 아니하다(제682조 제2항).

  ⓛ 제3자의 행위에 의한 손해발생

    ⓐ 제3자의 행위에 의해 보험사고가 발생하고 이로 인해 '손해'가 발생하여야 한다.

    ⓑ 여기서의 손해는 '전손'과 '분손'을 포함하며 '일부보험'인 경우에도 해당된다.

    ⓒ 제3자의 행위는 '불법행위'는 물론 '적법행위'도 해당된다.

    ⓓ 보험자는 제3자의 고의 또는 과실 등 귀책사유를 입증할 필요가 없이 법률규정에 의해 당연히 손해배상청구권을 취득한다(대판 1995.11.14, 95다33092).

  ⓒ 제3자에 대한 권리의 존재

    보험계약자나 피보험자가 제3자에 대하여 권리를 가지고 있는 경우에 보험자가 대위권을 행사할 수 있다. 보험자는 보험금을 지급함으로써 보험계약자나 피보험자가 제3자에 대해 가지는 불법행위 또는 채무불이행에 의한 손해배상청구권을 당연히 대위하여 취득한다.

  ⓐ 적법한 보험금 지급

    ⓐ 보험자가 지급한 보험금은 당해 보험계약이 유효한 상태에서 적법한 것이어야 한다.

    ⓑ 따라서 면책되는 보험사고이거나 담보하지 않은 손해에 대해 보험금을 지급한 경우, 이는 보험계약을 위반한 부적법한 지급이거나 임의의 지급이므로 보험자대위권은 발생하지 않는다.

④ **청구권대위의 효과**

  ⊙ 법률상 당연한 권리의 이전

    ⓐ 보험금을 지급한 보험자는 그 지급한 금액의 한도에서 그 제3자에 대한 보험계약자 또는 피보험자의 권리를 법률상 당연히 취득한다(제682조).

    ⓑ 취득하는 권리는 보험자가 보험금을 지급함으로써 보험계약자나 피보험자가 제3자에 대해 가지는 불법행위 또는 채무불이행에 의한 손해배상청구권이다.

  ⓛ 보험금액(보험가입금액)의 일부 지급

    보험자가 보상할 보험금의 일부를 지급한 경우에는 피보험자의 권리를 침해하지 아니하는 범위에서 그 권리를 행사할 수 있다(제682조 제1항 단서).

  ⓒ 피보험자의 권리의 처분

    피보험자는 보험자로부터 보험금을 지급받기 전이라면 제3자에게 자유로이 손해배상청구권을 행사할 수 있으며 보험자는 그 한도 내에서 면책되며 이를 대위할 수는 없다. 만약 보험금을 지급받은 경우라면 대위의 효과가 발생한 후이므로 피보험자가 임의로 이를 행사하거나 처분할 수 없게 된다.

제3절 화재보험 및 집합보험

1 화재보험

> **제683조(화재보험자의 책임)**
> 화재보험계약의 보험자는 화재로 인하여 생길 손해를 보상할 책임이 있다.
> **제684조(소방 등의 조치로 인한 손해의 보상)**
> 보험자는 화재의 소방 또는 손해의 감소에 필요한 조치로 인하여 생긴 손해를 보상할 책임이 있다.
> **제685조(화재보험증권)**
> 화재보험증권에는 제666조에 게기한 사항 외에 다음의 사항을 기재하여야 한다.
> 1. 건물을 보험의 목적으로 한 때에는 그 소재지, 구조와 용도
> 2. 동산을 보험의 목적으로 한 때에는 그 존치한 장소의 상태와 용도
> 3. 보험가액을 정한 때에는 그 가액

(1) 의의

보험의 목적에 화재의 발생으로 인해 피보험자에게 발생한 재산상의 손해를 보험자가 보상할 책임이 있는 보험이다.

(2) 화재보험계약의 요소

① 보험사고(화재)

화재보험의 보험사고는 화재이다. 보험사고로서의 화재는 통상의 용법과 다르고, 독립하여 연소하며, 화력에 의한 연소 작용에 의한 것이어야 한다. 단지 여러 가지 위험을 종합적으로 담보하면서 화재로 인한 손해를 포함하는 경우는 화재보험이라고 보지 않는다.

② 보험의 목적

화재보험의 목적은 동산과 부동산을 불문하며 화력의 연소 작용으로 불에 탈 수 있는 유체물이다. 개별적인 것이든 집합된 것이든 불문하며 건물의 경우 등기 유무와 관계없으며 건축 중에 있는 것도 보험의 목적이 될 수 있다.

③ 피보험이익

동일한 보험의 목적이라고 하여도 피보험이익의 귀속 주체가 누구인가에 따라 그 피보험이익은 다를 수 있으며 피보험이익이 다르므로 서로 다른 보험계약이 성립할 수 있다. 예를 들어 같은 건물에 대해 소유자, 담보권자의 피보험이익은 서로 다르다. 이때 화재보험의 목적에 대한 소유자의 피보험이익은 전체가액에 대하여, 그리고 담보권자는 자신이 변제받아야 하는 금액(피담보채권)에 대하여 피보험이익을 갖는다.

④ 화재보험증권

㉠ 다른 보험계약과 마찬가지로 화재보험계약을 체결하는 경우에도 보험자는 보험계약이 성립한 때에는

지체 없이 화재보험증권을 작성하여 보험계약자에게 교부하여야 한다(제640조). 그러나 보험계약자
가 보험료의 전부 또는 최초의 보험료를 지급하지 아니한 때에는 그러하지 아니하다(제640조 단서).

ⓛ 화재보험증권에는 보험증권의 일반 기재사항 외에도 다음 사항을 기재하여야 한다(제685조).

> ⓐ 건물을 보험의 목적으로 한 때에는 그 소재지, 구조와 용도
> ⓑ 동산을 보험의 목적으로 한 때에는 그 존치한 장소의 상태와 용도
> ⓒ 보험가액을 정한 때에는 그 가액

(3) 보험자의 보상책임

① 위험보편의 원칙

화재로 인하여 보험의 목적에 손해가 생긴 때에는 그 화재의 원인이 무엇이든지 상관없이 보험자는
피보험자에게 발생한 모든 손해를 보상할 책임이 있으므로 이를 위험보편의 원칙이라 한다.

따라서 폭발·파열·지진 등으로 인한 직접적인 손해는 화재보험에 의해 담보되지 않지만, 만약 이들
로부터 화재가 발생하여 생긴 손해라면 보험자는 보상할 책임이 있다.

② 손해보상 범위

㉠ 상당한 인과관계의 손해

ⓐ 보험자는 화재와 상당한 인과관계가 있는 모든 손해를 보상하여야 한다.

ⓑ '상당한 인과관계가 있는 손해'란 화재로 인한 직접적인 손해는 물론, 화재의 소방 또는 손해의
감소에 필요한 조치로 인하여 생긴 손해를 포함한다(제684조). 화재의 소방 또는 손해의 감소
에 필요한 조치는 보험계약자나 피보험자의 조치뿐만 아니라 소방관 기타의 자의 행위에 의한
조치도 포함된다.

ⓒ 화재 발생 시 다른 곳으로 대피시켜 놓은 물건이 도난(분실)당한 경우라면 화재사고와 상당한
인과관계를 인정할 수 없으며, 화재로 인한 건물 수리에 지출한 비용과 철거비 및 폐기물처리
비는 상당한 인과관계가 있는 손해에 포함된다고 본다.

㉡ 면책사유

보험사고가 보험계약자 또는 피보험자의 고의 또는 중대한 과실로 인하여 생긴 때에는 보험자는
보험금액을 지급할 책임이 없으며(제659조에서 인보험과 관련된 보험수익자는 여기서 제외됨),
보험사고가 전쟁 기타의 변란으로 인하여 생긴 때에는 당사자 간에 다른 약정이 없으면 보험자는
보험금액을 지급할 책임이 없다(제660조).

2 집합보험

제686조(집합보험의 목적)
집합된 물건을 일괄하여 보험의 목적으로 한 때에는 피보험자의 가족과 사용인의 물건도 보험의 목적에 포함된

것으로 한다. 이 경우에는 그 보험은 그 가족 또는 사용인을 위하여서도 체결한 것으로 본다.

제687조(동전)

집합된 물건을 일괄하여 보험의 목적으로 한 때에는 그 목적에 속한 물건이 보험기간 중에 수시로 교체된 경우에도 보험사고의 발생 시에 현존한 물건은 보험의 목적에 포함된 것으로 한다.

(1) 의의

집합보험이란 개별보험과 대응되는 것으로서 경제적으로 독립한 여러 물건의 집합물을 일괄하여 보험의 목적으로 한 보험을 말한다.

(2) 집합보험의 종류

① 특정보험

운송 중에 있는 화물이나 집안의 가구나 집기처럼 보험의 목적이 특정된 것을 담보하는 보험이다.

② 총괄보험

창고에 들어있는 물건이나 매장에 있는 상품처럼 보험의 목적이 특정되어 있지 아니하고 보험의 목적의 일부 또는 전부가 수시로 교체되는 것을 예정하고 이러한 물건을 일괄하여 담보하는 보험이다.

(3) 집합보험의 보상범위

① 타인을 위한 보험

㉠ 집합된 물건을 일괄하여 보험의 목적으로 한 때에는 피보험자의 가족과 사용인의 물건도 보험의 목적에 포함된 것으로 한다. 이 경우에는 그 보험은 그 가족 또는 사용인을 위하여서도 체결한 것으로 본다(제686조).

㉡ 따라서 집합된 물건을 일괄하여 보험의 목적으로 한 때에는 피보험자의 가족과 사용인을 위하여서도 체결한 것으로 보므로 타인을 위한 보험계약이 된다.

② 총괄보험

㉠ 집합된 물건을 일괄하여 보험의 목적으로 한 때에는 그 목적에 속한 물건이 보험기간 중에 수시로 교체된 경우에도 '보험사고의 발생 시'에 '현존한 물건'은 보험의 목적에 포함된 것으로 한다(제687조).

㉡ 총괄보험은 보험의 목적인 집합된 물건이 수시로 교체되는 것이 예정되어 있으므로 보험계약에서 정한 범위 안에 드는 것으로서 보험사고 발생 시 '현존한 물건'이라면 보험의 목적으로 보아 보험자는 보험사고로 생긴 그 물건에 대한 손해를 보상할 책임을 지게 된다.

(4) 보험목적의 일부에 대해 고지의무 위반이 있는 경우

보험자는 나머지 부분에 대하여도 동일한 조건으로 그 부분만에 대하여 보험계약을 체결하지 않았으리라는 사정이 없는 한 그 고지의무 위반이 있는 물건에 대하여만 보험계약을 해지할 수 있고, 나머지 부분에 대하여는 보험계약의 효력에 영향이 없다고 본다(대판 1999.4.23. 99다8599).

PART

02

제2과목
농어업재해보험법령

CHAPTER 01 농어업재해보험법

제1절 총칙

1 목적

이 법은 농어업재해로 인하여 발생하는 농작물, 임산물, 양식수산물, 가축과 농어업용 시설물의 피해에 따른 손해를 보상하기 위한 농어업재해보험에 관한 사항을 규정함으로써 농어업 경영의 안정과 생산성 향상에 이바지하고 국민경제의 균형 있는 발전에 기여함을 목적으로 한다(제1조).

2 용어의 정의

이 법에서 사용하는 용어의 뜻은 다음과 같다(제2조).

(1) 농어업재해

① 농업재해

농작물·임산물·가축 및 농업용 시설물에 발생하는 자연재해·병충해·조수해(鳥獸害)·질병 또는 화재를 말한다.

② 어업재해

양식수산물 및 어업용 시설물에 발생하는 자연재해·질병 또는 화재를 말한다.

(2) 농어업재해보험

농어업재해보험이란 농어업재해로 발생하는 재산 피해에 따른 손해를 보상하기 위한 보험을 말한다.

(3) 보험가입금액(보험금액)

보험가입금액이란 보험가입자의 재산 피해에 따른 손해가 발생한 경우 보험에서 최대로 보상할 수 있는 한도액으로서 보험가입자와 보험사업자 간에 약정한 금액을 말한다.

(4) 보험료

보험료란 보험가입자와 보험사업자 간의 약정에 따라 보험가입자가 보험사업자에게 내야 하는 금액을 말한다.

(5) 보험금

보험금이란 보험가입자에게 재해로 인한 재산 피해에 따른 손해가 발생한 경우 보험가입자와 보험사업자 간의 약정에 따라 보험사업자가 보험가입자에게 지급하는 금액을 말한다.

(6) 시범사업

시범사업이란 농어업재해보험사업을 전국적으로 실시하기 전에 보험의 효용성 및 보험 실시 가능성 등을 검증하기 위하여 일정 기간 제한된 지역에서 실시하는 보험사업을 말한다.

3 기본계획 및 시행계획의 수립·시행[제2조의2]

(1) 재해보험 발전 기본계획

① 기본계획의 수립·시행

농림축산식품부장관과 해양수산부장관은 농어업재해보험의 활성화를 위하여 '농업재해보험심의회' 또는 '중앙 수산업·어촌정책심의회'의 심의를 거쳐 재해보험 발전 기본계획을 5년마다 수립·시행하여야 한다.

② 기본계획의 내용

기본계획에는 다음의 사항이 포함되어야 한다.

㉠ 재해보험사업의 발전 방향 및 목표
㉡ 재해보험의 종류별 가입률 제고 방안에 관한 사항
㉢ 재해보험의 대상 품목 및 대상 지역에 관한 사항
㉣ 재해보험사업에 대한 지원 및 평가에 관한 사항
㉤ 그 밖에 재해보험 활성화를 위하여 농림축산식품부장관 또는 해양수산부장관이 필요하다고 인정하는 사항

(2) 시행계획의 수립·시행

농림축산식품부장관과 해양수산부장관은 기본계획에 따라 '매년' 재해보험 발전 시행계획을 수립·시행하여야 한다.

(3) 통계자료의 반영

농림축산식품부장관과 해양수산부장관은 기본계획 및 시행계획을 수립하고자 할 경우 지역별, 재해별 통계자료(제26조)를 반영하여야 한다.

(4) 자료 및 정보 제공의 요청

농림축산식품부장관 또는 해양수산부장관은 기본계획 및 시행계획의 수립·시행을 위하여 필요한 경우에는 관계 중앙행정기관의 장, 지방자치단체의 장, 관련 기관·단체의 장에게 관련 자료 및 정보의 제공을 요청할 수 있다. 이 경우 자료 및 정보의 제공을 요청받은 자는 특별한 사유가 없으면 그 요청에 따라야 한다.

(5) 그 밖에 필요한 사항

그 밖에 기본계획 및 시행계획의 수립·시행에 필요한 사항은 대통령령으로 정한다.

4 재해보험 등의 심의[제2조의3]

재해보험 및 농어업재해재보험에 관한 다음의 사항은 '농업재해보험심의회' 또는 '중앙 수산업·어촌정책심의회'의 심의를 거쳐야 한다.

(1) 재해보험에서 보상하는 '재해의 범위'에 관한 사항

(2) 재해보험사업에 대한 '재정지원'에 관한 사항

(3) '손해평가의 방법과 절차'에 관한 사항

(4) 농어업재해재보험사업에 대한 '정부의 책임범위'에 관한 사항

(5) '재보험사업 관련 자금의 수입과 지출의 적정성'에 관한 사항

(6) 그 밖에 '농업재해보험심의회의 위원장' 또는 '중앙 수산업·어촌정책심의회의 위원장'이 재해보험 및 재보험에 관하여 회의에 부치는 사항

5 농업재해보험심의회[제3조]

(1) 설치 및 심의

① 설치

'농업재해보험' 및 '농업재해재보험'에 관한 사항을 심의하기 위하여 농림축산식품부장관 소속으로 '농업재해보험심의회'를 둔다.

② 심의사항

㉠ 재해보험 및 농어업재해재보험에 관한 다음의 사항

ⓐ 재해보험에서 보상하는 '재해의 범위'에 관한 사항

ⓑ 재해보험사업에 대한 '재정지원'에 관한 사항

ⓒ '손해평가의 방법과 절차'에 관한 사항

ⓓ 농어업재해재보험사업에 대한 '정부의 책임범위'에 관한 사항

ⓔ '재보험사업 관련 자금의 수입과 지출의 적정성'에 관한 사항

ⓕ 그 밖에 '농업재해보험심의회의 위원장' 또는 '중앙 수산업·어촌정책심의회의 위원장'이 재해보험 및 재보험에 관하여 회의에 부치는 사항

㉡ 재해보험 목적물의 선정에 관한 사항

㉢ 기본계획의 수립·시행에 관한 사항

㉣ 다른 법령에서 심의회의 심의사항으로 정하고 있는 사항

(2) 심의회의 구성

① 심의회 위원의 구성

㉠ 심의회는 위원장 및 부위원장 각 1명을 포함한 21명 이내의 위원으로 구성한다.

㉡ 즉, 21명 이내의 위원으로 구성되며 이 중에는 위원장 및 부위원장 각 1명이 포함된다.

② **위원장** : 농림축산식품부차관

③ **부위원장** : 위원 중에서 호선(互選 투표로 뽑음)한다.

④ **심의회 위원의 임명과 위촉**

　㉠ 임명 또는 위촉권자 : 농림축산식품부장관

　㉡ 임명 또는 위촉의 대상자 : 심의회의 위원은 다음 어느 하나에 해당하는 사람 중에서 각각 농림축산식품부장관이 임명하거나 위촉하는 사람으로 한다. 이 경우 다음에 해당하는 사람이 각각 1명 이상 포함되어야 한다.

> ⓐ 농림축산식품부장관이 재해보험이나 농업에 관한 학식과 경험이 풍부하다고 인정하는 사람
> ⓑ 농림축산식품부의 재해보험을 담당하는 3급 공무원 또는 고위공무원단에 속하는 공무원
> ⓒ 자연재해 또는 보험 관련 업무를 담당하는 기획재정부 · 행정안전부 · 해양수산부 · 금융위원회 · 산림청의 3급 공무원 또는 고위공무원단에 속하는 공무원
> ⓓ 농림축산업인단체의 대표

> 〈고위공무원단(국가공무원법 제2조의2)〉
> 국가공무원 중 일부 고위직 공무원을 중하위직 공무원과 구별하여 별도로 관리하는 제도로서 국가의 고위공무원을 범정부적 차원에서 효율적으로 인사관리하여 정부의 경쟁력을 높이기 위하여 고위공무원단을 구성한다. 직무의 곤란성과 책임도가 높은 고위공무원단 직위에 임용되어 재직 중이거나 파견 · 휴직 등으로 인사관리되고 있는 일반직공무원, 별정직공무원 및 특정직공무원의 집단이다.

　㉢ 일부 위원의 임기 : 일부 위원의 임기는 '3년'으로 한다(농림축산식품부장관이 재해보험이나 농업에 관한 학식과 경험이 풍부하다고 인정하는 사람에 한한다).

⑤ **위원장과 부위원장의 직무(시행령 제2조)**

　㉠ 위원장의 직무

　　심의회의 위원장은 심의회를 대표하며, 심의회의 업무를 총괄한다.

　㉡ 부위원장의 직무

　　심의회의 부위원장은 위원장을 보좌하며, 위원장이 부득이한 사유로 직무를 수행할 수 없을 때에는 그 직무를 대행한다.

⑥ **회의(시행령 제3조)**

　㉠ 위원장은 심의회의 회의를 소집하며, 그 의장이 된다.

　㉡ 심의회의 회의는 '재적위원 3분의 1 이상의 요구'가 있을 때 또는 '위원장이 필요하다고 인정할 때'에 소집한다.

　㉢ 심의회의 회의는 '재적위원 과반수의 출석'으로 '개의(開議)'하고, '출석위원 과반수의 찬성'으로 '의결(議決)'한다.

◦ 재적위원(在籍委員) : 심의회 명부(名簿)에 이름이 올라와 있는 위원을 말한다.
◦ 과반수(過半數) : 절반이 넘는 수를 말한다.
◦ 개의(開議) : 안건에 대한 토의를 시작하는 것을 말한다.
◦ 의결(議決) : 의논하여 결정하는 것을 말한다.

구분		내용
위원장		• 심의회를 대표하며, 심의회의 업무를 총괄한다. • 심의회의 회의를 소집하며, 그 의장이 된다.
부위원장		위원장을 보좌하며, 위원장이 부득이한 사유로 직무를 수행할 수 없을 때에는 그 직무를 대행한다.
회의	소집	'재적위원 3분의 1 이상의 요구'가 있을 때 또는 '위원장이 필요하다고 인정할 때'에 소집한다.
	의결정족수	'재적위원 과반수의 출석'으로 '개의'하고, '출석위원 과반수의 찬성'으로 '의결'한다.

⑦ 위원의 해촉(시행령 제3조의2)
농림축산식품부장관은 위원이 다음 어느 하나에 해당하는 경우에는 해당 위원을 해촉(解囑)할 수 있다.

㉠ 심신장애로 인하여 직무를 수행할 수 없게 된 경우
㉡ 직무와 관련된 비위사실이 있는 경우
㉢ 직무태만, 품위손상이나 그 밖의 사유로 인하여 위원으로 적합하지 아니하다고 인정되는 경우
㉣ 위원 스스로 직무를 수행하는 것이 곤란하다고 의사를 밝히는 경우

◦ 위촉(委囑) : 어떤 일을 남에게 부탁하여 맡게 하는 것을 말한다.
◦ 해촉(解囑) : 위촉했던 직책이나 자리에서 물러나게 하는 것을 말한다.

(3) 분과위원회

① 설치
심의회는 그 심의 사항을 검토·조정하고, 심의회의 심의를 보조하게 하기 위하여 심의회에 분과위원회를 둔다(제3조 제6항).

② 분과위원회의 구분
㉠ 농작물재해보험분과위원회
㉡ 임산물재해보험분과위원회
㉢ 가축재해보험분과위원회
㉣ 그 밖에 「대통령령」으로 정하는 바에 따라 두는 분과위원회(시행령 제4조)

③ 분과위원회의 업무

분과위원회는 다음 각 호의 구분에 따른 사항을 검토·조정하여 심의회에 보고한다.

　㉠ 농작물재해보험분과위원회

　　제3조 제1항에 따른 심의사항 중 농작물재해보험에 관한 사항

　㉡ 임산물재해보험분과위원회

　　제3조 제1항에 따른 심의사항 중 임산물재해보험에 관한 사항

　㉢ 가축재해보험분과위원회

　　제3조 제1항에 따른 심의사항 중 가축재해보험에 관한 사항

　㉣ 농업인안전보험분과위원회

　　「농어업인의 안전보험 및 안전재해예방에 관한 법률」 제5조에 따른 심의사항 중 농업인안전보험에 관한 사항

④ 분과위원회 위원의 구성

　㉠ 분과위원장 1명을 포함한 9명 이내의 분과위원으로 성별을 고려하여 구성한다.

　㉡ 즉, 9명 이내의 분과위원으로 성별을 고려하여 구성되며 이 중에는 분과위원장 1명이 포함된다.

⑤ 분과위원장 및 분과위원

분과위원장 및 분과위원은 '심의회의 위원' 중에서 전문적인 지식과 경험 등을 고려하여 (심의회) '위원장'이 지명한다.

⑥ 분과위원회의 회의

분과위원회의 회의는 '(심의회)위원장' 또는 '분과위원장'이 필요하다고 인정할 때에 소집한다.

⑦ 운영

구분		내용
분과위원장		• 분과위원회를 대표하며, 분과위원회의 업무를 총괄한다. • 분과위원회의 회의를 소집하며, 그 의장이 된다.
회의	소집	'(심의회)위원장' 또는 '분과위원장'이 필요하다고 인정할 때에 소집한다.
	의결정족수	재적위원 과반수의 출석으로 개의하고, 출석위원 과반수의 찬성으로 의결한다.

(4) 수당 등(시행령 제5조)

① 심의회 또는 분과위원회에 출석한 위원 또는 분과위원에게는 '예산의 범위'에서 수당, 여비 또는 그 밖에 필요한 경비를 지급할 수 있다.

② 다만, '공무원인 위원 또는 분과위원'이 그 '소관 업무'와 직접 관련하여 심의회 또는 분과위원회에 출석한 경우에는 그러하지 아니하다.

(5) 운영세칙(시행령 제6조)

제2조(위원장의 직무), 제3조(회의), 제3조의2(위원의 해촉), 제4조(분과위원회) 및 제5조(수당 등)에서

규정한 사항 외에 '심의회 또는 분과위원회'의 '운영에 필요한 사항'은 '심의회'의 의결을 거쳐 '위원장'이 정한다.

(6) 의견청취

심의회는 제1항 각 호의 사항을 심의하기 위하여 필요한 경우에는 농업재해보험에 관하여 전문지식이 있는 자, 농업인 또는 이해관계자의 의견을 들을 수 있다.

(7) 그 밖의 구성과 운영 등에 필요한 사항

제1항부터 제7항까지에서 규정한 사항 외에 심의회 및 분과위원회의 구성과 운영 등에 필요한 사항은 대통령령으로 정한다.

제2절 재해보험사업

1 재해보험의 종류[제4조]

(1) 재해보험의 종류

재해보험의 종류는 농작물재해보험, 임산물재해보험, 가축재해보험 및 양식수산물재해보험으로 한다.

(2) 관장

① 농림축산식품부장관 : 농작물재해보험, 임산물재해보험 및 가축재해보험과 관련된 사항을 관장한다.
② 해양수산부장관 : 양식수산물재해보험과 관련된 사항을 관장한다.

2 보험목적물[제5조]

(1) 보험목적물

보험목적물은 다음의 구분에 따르되, 그 구체적인 범위는 보험의 효용성 및 보험 실시 가능성 등을 종합적으로 고려하여 농업재해보험심의회 또는 중앙 수산업·어촌정책심의회를 거쳐 농림축산식품부장관 또는 해양수산부장관이 고시한다.

종류	목적물	관장
농작물재해보험	농작물 및 농업용 시설물	농림축산식품부장관
임산물재해보험	임산물 및 임업용 시설물	
가축재해보험	가축 및 축산시설물	
양식수산물재해보험	양식수산물 및 양식시설물	해양수산부장관

(2) 보험목적물에 대한 농림축산식품부 고시

「농어업재해보험법」 제5조에 따라 농업재해보험에서 보상하는 보험목적물의 범위는 다음 표와 같다.

재해보험의 종류	보험목적물
농작물재해보험	사과·배·포도·단감·감귤·복숭아·참다래·자두·감자·콩·양파·고추·옥수수·고구마·마늘·매실·벼·오디·차·느타리버섯·양배추·밀·유자·무화과·메밀·인삼·브로콜리·양송이버섯·새송이버섯·배추·무·파·호박·당근·팥·살구·시금치·보리·귀리·시설봄감자·양상추·시설(수박·딸기·토마토·오이·참외·풋고추·호박·국화·장미·멜론·파프리카·부추·시금치·상추·배추·가지·파·무·백합·카네이션·미나리·쑥갓) *위 농작물의 재배시설(부대시설 포함)
임산물재해보험	떫은감·밤·대추·복분자·표고버섯·오미자·호두 *위 임산물의 재배시설(부대시설 포함)
가축재해보험	소·말·돼지·닭·오리·꿩·메추리·칠면조·사슴·거위·타조·양·벌·토끼·오소리·관상조(觀賞鳥) *위 가축의 축사(부대시설 포함)

* 비고 : 재해보험사업자는 보험의 효용성 및 보험 실시 가능성 등을 종합적으로 고려하여 위의 보험목적물의 범위에서 다양한 보험상품을 운용할 수 있다.
* 재검토기한 : 농림축산식품부장관은 이 고시에 대하여 「훈령·예규 등의 발령 및 관리에 관한 규정」에 따라 2023년 7월 1일 기준으로 매 3년이 되는 시점(매 3년째의 6월 30일까지를 말한다)마다 그 타당성을 검토하여 개선 등의 조치를 하여야 한다.

(3) 보험목적물의 범위 확대

정부는 '보험목적물의 범위'를 '확대'하기 위하여 노력하여야 한다.

3 보상의 범위[제6조]

(1) 보상하는 재해의 범위

재해보험에서 보상하는 재해의 범위는 해당 재해의 '발생 빈도', '피해 정도' 및 '객관적인 손해평가방법' 등을 고려하여 재해보험의 종류별로 대통령령으로 정한다.

재해보험의 종류	보상하는 재해의 범위(시행령 제8조 별표1)
농작물·임산물재해보험	자연재해, 조수해(鳥獸害), 화재 및 보험목적물별로 농림축산식품부장관이 정하여 고시하는 병충해
가축재해보험	자연재해, 화재 및 보험목적물별로 농림축산식품부장관이 정하여 고시하는 질병
양식수산물재해보험	자연재해, 화재 및 보험목적물별로 해양수산부장관이 정하여 고시하는 수산질병

* 비고 : 재해보험사업자는 보험의 효용성 및 보험 실시 가능성 등을 종합적으로 고려하여 위의 대상 재해의 범위에서 다양한 보험상품을 운용할 수 있다.

(2) 보상하는 재해의 범위 확대

정부는 재해보험에서 '보상하는 재해의 범위'를 '확대'하기 위하여 노력하여야 한다.

4 보험가입자[제7조]

(1) 재해보험에 가입할 수 있는 자

재해보험에 가입할 수 있는 자는 농림업, 축산업, 양식수산업에 종사하는 개인 또는 법인으로 하고, 구체적인 보험가입자의 기준은 대통령령으로 정한다(시행령 제9조).

(2) 보험가입자의 기준

보험가입자의 기준은 다음의 구분에 따른다.

① 농작물재해보험 : 보험목적물로서 농림축산식품부장관이 고시하는 농작물을 재배하는 자
② 임산물재해보험 : 보험목적물로서 농림축산식품부장관이 고시하는 임산물을 재배하는 자
③ 가축재해보험 : 보험목적물로서 농림축산식품부장관이 고시하는 가축을 사육하는 자
④ 양식수산물재해보험 : 보험목적물로서 해양수산부장관이 고시하는 양식수산물을 양식하는 자

- 사육(飼育) : 어린 가축이나 짐승이 자라도록 먹이어 기름
- 양식(養殖) : 물고기나 해조, 버섯 따위를 인공적으로 길러서 번식하게 함

5 보험사업자[제8조]

(1) 재해보험사업을 할 수 있는 자

재해보험사업을 할 수 있는 자는 다음과 같다.
① 「수산업협동조합법」에 따른 수산업협동조합중앙회(이하 "수협중앙회"라 한다)
② 「산림조합법」에 따른 산림조합중앙회
③ 「보험업법」에 따른 보험회사

(2) 재해보험사업의 약정체결

재해보험사업을 하려는 자는 농림축산식품부장관 또는 해양수산부장관과 재해보험사업의 약정을 체결하여야 한다(제8조 제2항).
① 약정체결신청서
약정을 체결하려는 자는 약정체결신청서에 다음의 서류를 첨부하여 농림축산식품부장관 또는 해양수산부장관에게 제출하여야 한다(제8조 제3항).

> ⓐ 사업방법서, 보험약관, 보험료 및 책임준비금산출방법서
> ⓒ 그 밖에 대통령령으로 정하는 서류('정관'을 말한다)

② **약정서(약정을 체결하는 데 '필요한 사항')**

재해보험사업의 약정을 체결하는 데 '필요한 사항'은 대통령령으로 정한다.

㉠ 농림축산식품부장관 또는 해양수산부장관은 재해보험사업을 하려는 자와 재해보험사업의 약정을 체결할 때에는 다음의 사항이 포함된 약정서를 작성하여야 한다(시행령 제10조 제2항).

> ⓐ 약정기간에 관한 사항
> ⓑ 재해보험사업의 약정을 체결한 자(이하 "재해보험사업자"라 한다)가 준수하여야 할 사항
> ⓒ 재해보험사업자에 대한 재정지원에 관한 사항
> ⓓ 약정의 변경·해지 등에 관한 사항
> ⓔ 그 밖에 재해보험사업의 운영에 관한 사항

㉡ 약정서 제출을 받은 농림축산식품부장관 또는 해양수산부장관은 「전자정부법」에 따른 행정정보의 공동이용을 통하여 법인 등기사항증명서를 확인하여야 한다(시행령 제10조 제4항).

6 보험료율의 산정[제9조]

(1) 산정권자

농림축산식품부장관 또는 해양수산부장관과 재해보험사업의 약정을 체결한 재해보험사업자

(2) 산정방법

재해보험의 보험료율을 객관적이고 합리적인 통계자료를 기초로 하여 보험목적물별 또는 보상방식별로 산정한다.

(3) 산정단위

'행정구역' 단위 또는 '권역' 단위로 산정하여야 한다.

① **행정구역 단위**

특별시·광역시·도·특별자치도 또는 시(특별자치시와 「제주특별자치도 설치 및 국제자유도시 조성을 위한 특별법」에 따라 설치된 행정시를 포함한다)·군·자치구. 다만, 「보험업법」에 따른 보험료율 산출의 원칙에 부합하는 경우에는 자치구가 아닌 구·읍·면·동 단위로도 보험료율을 산정할 수 있다.

② **권역 단위**

농림축산식품부장관 또는 해양수산부장관이 행정구역 단위와는 따로 구분하여 고시하는 지역 단위를 말한다.

(4) 변경사항의 공고와 의견수렴

① 재해보험사업자는 보험약관안과 보험료율안에 '대통령령으로 정하는 변경이 예정된 경우' 이를 공고하고 필요한 경우 이해관계자의 의견을 수렴하여야 한다.

② '대통령령으로 정하는 변경이 예정된 경우'란 다음의 어느 하나에 해당하는 경우를 말한다(시행령 제11조).
    ㉠ '보험가입자'의 '권리'가 '축소'되거나 '의무'가 '확대'되는 내용으로 보험약관안의 변경이 예정된 경우
    ㉡ '보험상품'을 '폐지'하는 내용으로 보험약관안의 변경이 예정된 경우
    ㉢ 보험상품의 변경으로 기존 보험료율보다 '높은 보험료율'안으로의 변경이 예정된 경우

7 보험모집[제10조]

(1) 재해보험을 모집할 수 있는 자(제10조 제1항)

① 산림조합중앙회와 그 회원조합의 임직원, 수협중앙회와 그 회원조합 및 「수산업협동조합법」에 따라 설립된 수협은행의 임직원

② 「수산업협동조합법」의 공제규약에 따른 공제모집인으로서 수협중앙회장 또는 그 회원조합장이 인정하는 자

③ 「산림조합법」의 공제규정에 따른 공제모집인으로서 산림조합중앙회장이나 그 회원조합장이 인정하는 자

④ 「보험업법」에 따라 보험을 모집할 수 있는 자

(2) 「보험업법」의 준용(제10조 제2항)

① 재해보험의 모집 업무에 종사하는 자가 사용하는 재해보험 안내자료 및 금지행위에 관하여는 「보험업법」 제95조(보험안내자료), 제97조(보험계약의 체결 또는 모집에 관한 금지행위), 제98조(특별이익의 제공 금지) 및 「금융소비자 보호에 관한 법률」 제21조(부당권유행위 금지)를 준용한다.

② 다만, 재해보험사업자가 '수협중앙회', '산림조합중앙회'인 경우에는 「보험업법」 제95조 제1항 제5호(「예금자보호법」에 따른 예금자보호와 관련된 사항에 대한 보험안내자료에 적시)를 준용하지 아니한다.

③ 「농업협동조합법」, 「수산업협동조합법」, 「산림조합법」에 따른 '조합'이 그 '조합원'에게 이 법에 따른 보험상품의 '보험료 일부를 지원'하는 경우에는 「보험업법」 제98조에도 불구하고 해당 보험계약의 체결 또는 모집과 관련한 특별이익의 제공으로 보지 아니한다.

8 사고예방의무 등[제10조의2]

(1) 보험가입자

보험가입자는 재해로 인한 사고의 예방을 위하여 노력하여야 한다(제10조의2 제1항).

(2) 재해보험사업자

재해보험사업자는 사고 예방을 위하여 보험가입자가 납입한 보험료의 일부를 되돌려 줄 수 있다(제10조의2 제2항).

9 손해평가 등(제11조)

(1) 손해평가의 담당

재해보험사업자는 보험목적물에 관한 지식과 경험을 갖춘 사람 또는 그 밖의 관계 전문가를 '손해평가인'으로 위촉하여 손해평가를 담당하게 하거나 '손해평가사' 또는 '손해사정사'에게 손해평가를 담당하게 할 수 있다.

(2) 손해평가 요령

'손해평가인'과 '손해평가사' 및 '손해사정사'는 농림축산식품부장관 또는 해양수산부장관이 정하여 고시하는 '손해평가 요령'에 따라 손해평가를 하여야 한다. 이 경우 '공정하고 객관적'으로 손해평가를 하여야 하며, 고의로 진실을 숨기거나 거짓으로 손해평가를 하여서는 아니 된다.

(3) 교차손해평가(손해평가인 상호 간에 담당지역을 교차하여 평가하는 것)

재해보험사업자는 '공정하고 객관적'인 손해평가를 위하여 동일 시·군·구(자치구를 말한다) 내에서 '교차손해평가'를 수행할 수 있다. 이 경우 교차손해평가의 절차·방법 등에 필요한 사항은 농림축산식품부장관 또는 해양수산부장관이 정한다.

(4) 손해평가 요령의 고시

농림축산식품부장관 또는 해양수산부장관은 '손해평가 요령'을 고시하려면 미리 '금융위원회'와 '협의'하여야 한다.

(5) 손해평가인 자격 요건, 정기교육, 기술·정보의 교환 지원 및 손해평가 실무교육 등

손해평가인으로 위촉될 수 있는 사람의 자격 요건, 정기교육, 기술·정보의 교환 지원 및 손해평가 실무교육 등에 필요한 사항은 '대통령령'으로 정한다.

10 손해평가인

(1) 손해평가인으로 위촉될 수 있는 자격요건(시행령 제12조 별표2)

① 농작물재해보험

> ㉠ 재해보험 대상 농작물을 5년 이상 경작한 경력이 있는 농업인
> ㉡ 공무원으로 농림축산식품부, 농촌진흥청, 통계청 또는 지방자치단체나 그 소속기관에서 농작물재배 분야에 관한 연구·지도, 농산물 품질관리 또는 농업 통계조사 업무를 3년 이상 담당한 경력이 있는 사람
> ㉢ 교원으로 고등학교에서 농작물재배 분야 관련 과목을 5년 이상 교육한 경력이 있는 사람
> ㉣ 조교수 이상으로 「고등교육법」 제2조에 따른 학교에서 농작물재배 관련학을 3년 이상 교육한 경력이 있는 사람

        ⓜ 「보험업법」에 따른 보험회사의 임직원이나 「농업협동조합법」에 따른 중앙회와 조합의 임직원으로 영농 지원 또는 보험·공제 관련 업무를 3년 이상 담당하였거나 손해평가 업무를 2년 이상 담당한 경력이 있는 사람

        ⓗ 「고등교육법」 제2조에 따른 학교에서 농작물재배 관련학을 전공하고 농업전문 연구기관 또는 연구소에서 5년 이상 근무한 학사학위 이상 소지자

        ⓢ 「고등교육법」 제2조에 따른 전문대학에서 보험 관련 학과를 졸업한 사람

        ⓞ 「학점인정 등에 관한 법률」 제8조에 따라 전문대학의 보험 관련 학과 졸업자와 같은 수준 이상의 학력이 있다고 인정받은 사람이나 「고등교육법」 제2조에 따른 학교에서 80학점(보험 관련 과목 학점이 45학점 이상이어야 한다) 이상을 이수한 사람 등 제7호에 해당하는 사람과 같은 수준 이상의 학력이 있다고 인정되는 사람

        ⓩ 「농수산물 품질관리법」에 따른 농산물품질관리사

        ⓕ 재해보험 대상 농작물 분야에서 「국가기술자격법」에 따른 기사 이상의 자격을 소지한 사람

② 임산물재해보험

        ㉠ 재해보험 대상 임산물을 5년 이상 경작한 경력이 있는 임업인

        ㉡ 공무원으로 농림축산식품부, 농촌진흥청, 산림청, 통계청 또는 지방자치단체나 그 소속기관에서 임산물재배 분야에 관한 연구·지도 또는 임업 통계조사 업무를 3년 이상 담당한 경력이 있는 사람

        ㉢ 교원으로 고등학교에서 임산물재배 분야 관련 과목을 5년 이상 교육한 경력이 있는 사람

        ㉣ 조교수 이상으로 「고등교육법」 제2조에 따른 학교에서 임산물재배 관련학을 3년 이상 교육한 경력이 있는 사람

        ㉤ 「보험업법」에 따른 보험회사의 임직원이나 「산림조합법」에 따른 중앙회와 조합의 임직원으로 산림경영 지원 또는 보험·공제 관련 업무를 3년 이상 담당하였거나 손해평가 업무를 2년 이상 담당한 경력이 있는 사람

        ㉥ 「고등교육법」 제2조에 따른 학교에서 임산물재배 관련학을 전공하고 임업전문 연구기관 또는 연구소에서 5년 이상 근무한 학사학위 이상 소지자

        ㉦ 「고등교육법」 제2조에 따른 전문대학에서 보험 관련 학과를 졸업한 사람

        ㉧ 「학점인정 등에 관한 법률」 제8조에 따라 전문대학의 보험 관련 학과 졸업자와 같은 수준 이상의 학력이 있다고 인정받은 사람이나 「고등교육법」 제2조에 따른 학교에서 80학점(보험 관련 과목 학점이 45학점 이상이어야 한다) 이상을 이수한 사람 등 제7호에 해당하는 사람과 같은 수준 이상의 학력이 있다고 인정되는 사람

        ㉨ 재해보험 대상 임산물 분야에서 「국가기술자격법」에 따른 기사 이상의 자격을 소지한 사람

③ 가축재해보험

> ㉠ 재해보험대상 가축을 5년 이상 사육한 경력이 있는 농업인
> ㉡ 공무원으로 농림축산식품부, 농촌진흥청, 통계청 또는 지방자치단체나 그 소속기관에서 가축사육 분야에 관한 연구・지도 또는 가축 통계조사 업무를 3년 이상 담당한 경력이 있는 사람
> ㉢ 교원으로 고등학교에서 가축사육 분야 관련 과목을 5년 이상 교육한 경력이 있는 사람
> ㉣ 조교수 이상으로 「고등교육법」 제2조에 따른 학교에서 가축사육 관련학을 3년 이상 교육한 경력이 있는 사람
> ㉤ 「보험업법」에 따른 보험회사의 임직원이나 「농업협동조합법」에 따른 중앙회와 조합의 임직원으로 영농지원 또는 보험・공제 관련 업무를 3년 이상 담당하였거나 손해평가 업무를 2년 이상 담당한 경력이 있는 사람
> ㉥ 「고등교육법」 제2조에 따른 학교에서 가축사육 관련학을 전공하고 축산전문 연구기관 또는 연구소에서 5년 이상 근무한 학사학위 이상 소지자
> ㉦ 「고등교육법」 제2조에 따른 전문대학에서 보험 관련 학과를 졸업한 사람
> ㉧ 「학점인정 등에 관한 법률」 제8조에 따라 전문대학의 보험 관련 학과 졸업자와 같은 수준 이상의 학력이 있다고 인정받은 사람이나 「고등교육법」 제2조에 따른 학교에서 80학점(보험 관련 과목 학점이 45학점 이상이어야 한다) 이상을 이수한 사람 등 제7호에 해당하는 사람과 같은 수준 이상의 학력이 있다고 인정되는 사람
> ㉨ 「수의사법」에 따른 수의사
> ㉩ 「국가기술자격법」에 따른 축산기사 이상의 자격을 소지한 사람

④ 양식수산물재해보험

> ㉠ 재해보험 대상 양식수산물을 5년 이상 양식한 경력이 있는 어업인
> ㉡ 공무원으로 해양수산부, 국립수산과학원 또는 지방자치단체에서 수산물양식 분야 또는 수산생명의학 분야에 관한 연구 또는 지도업무를 3년 이상 담당한 경력이 있는 사람
> ㉢ 교원으로 수산계 고등학교에서 수산물양식 분야 또는 수산생명의학 분야의 관련 과목을 5년 이상 교육한 경력이 있는 사람
> ㉣ 조교수 이상으로 「고등교육법」 제2조에 따른 학교에서 수산물양식 관련학 또는 수산생명의학 관련학을 3년 이상 교육한 경력이 있는 사람
> ㉤ 「보험업법」에 따른 보험회사의 임직원이나 「수산업협동조합법」에 따른 수산업협동조합중앙회, 수협은행 및 조합의 임직원으로 수산업지원 또는 보험・공제 관련 업무를 3년 이상 담당하였거나 손해평가 업무를 2년 이상 담당한 경력이 있는 사람
> ㉥ 「고등교육법」 제2조에 따른 학교에서 수산물양식 관련학 또는 수산생명의학 관련학을 전공하고 수산전문 연구기관 또는 연구소에서 5년 이상 근무한 학사학위 소지자
> ㉦ 「고등교육법」 제2조에 따른 전문대학에서 보험 관련 학과를 졸업한 사람
> ㉧ 「학점인정 등에 관한 법률」 제8조에 따라 전문대학의 보험 관련 학과 졸업자와 같은 수준 이상의 학력이 있다고 인정받은 사람이나 「고등교육법」 제2조에 따른 학교에서 80학점(보험 관련 과목 학점이 45학점

이상이어야 한다) 이상을 이수한 사람 등 제7호에 해당하는 사람과 같은 수준 이상의 학력이 있다고 인정되는 사람

㊓ 「수산생물질병 관리법」에 따른 수산질병관리사

㊓ 재해보험 대상 양식수산물 분야에서 「국가기술자격법」에 따른 기사 이상의 자격을 소지한 사람

㊀ 「농수산물 품질관리법」에 따른 수산물품질관리사

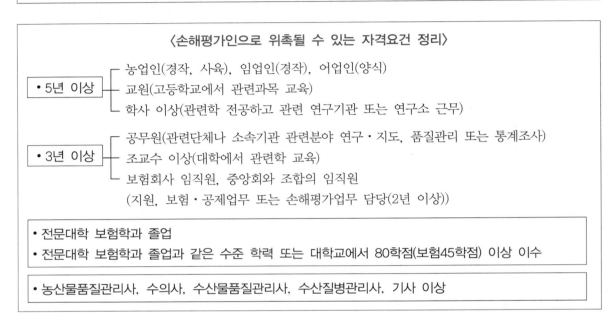

〈손해평가인으로 위촉될 수 있는 자격요건 정리〉

- 5년 이상
  - 농업인(경작, 사육), 임업인(경작), 어업인(양식)
  - 교원(고등학교에서 관련과목 교육)
  - 학사 이상(관련학 전공하고 관련 연구기관 또는 연구소 근무)

- 3년 이상
  - 공무원(관련단체나 소속기관 관련분야 연구・지도, 품질관리 또는 통계조사)
  - 조교수 이상(대학에서 관련학 교육)
  - 보험회사 임직원, 중앙회와 조합의 임직원
    (지원, 보험・공제업무 또는 손해평가업무 담당(2년 이상))

- 전문대학 보험학과 졸업
- 전문대학 보험학과 졸업과 같은 수준 학력 또는 대학교에서 80학점(보험45학점) 이상 이수

- 농산물품질관리사, 수의사, 수산물품질관리사, 수산질병관리사, 기사 이상

(2) 손해평가인의 교육

① 실무교육 실시

재해보험사업자는 손해평가인으로 위촉된 사람에 대하여 보험에 관한 '기초지식', '보험약관 및 손해평가요령 등'에 관한 '실무교육'을 하여야 한다(시행령 제12조 제2항).

② 정기교육의 실시

농림축산식품부장관 또는 해양수산부장관은 '손해평가인'이 '공정하고 객관적'인 손해평가를 수행할 수 있도록 '연 1회 이상' 정기교육을 실시하여야 한다(제11조 제5항).

㉠ 정기교육 포함사항(시행령 제12조 제3항)

> ⓐ 농어업재해보험에 관한 기초지식
> ⓑ 농어업재해보험의 종류별 약관
> ⓒ 손해평가의 절차 및 방법
> ⓓ 그 밖에 손해평가에 필요한 사항으로서 농림축산식품부장관 또는 해양수산부장관이 정하는 사항

ⓛ 교육시간 : '4시간 이상'으로 한다(시행령 제12조 제3항).

ⓒ 정기교육의 운영에 필요한 사항

　이 외에 정기교육의 운영에 필요한 사항은 농림축산식품부장관 또는 해양수산부장관이 정하여 고시한다(시행령 제12조 제4항).

(3) 손해평가인 간 손해평가에 관한 기술 · 정보 교환의 지원

농림축산식품부장관 또는 해양수산부장관은 손해평가인 간의 '손해평가에 관한 기술 · 정보의 교환'을 '지원'할 수 있다.

(4) 손해평가인 자격요건의 타당성 검토

농림축산식품부장관 또는 해양수산부장관은 손해평가인의 자격요건에 대하여 2018년 1월 1일을 기준으로 3년마다(매 3년이 되는 해의 1월 1일 전까지를 말한다) 그 타당성을 검토하여 개선 등의 조치를 하여야 한다(시행령 제22조의4 제1항).

11　손해평가사

(1) 손해평가사 제도 운영(제11조의2)

① 운영권자 : 농림축산식품부장관
② 운영목적 : '공정하고 객관적'인 손해평가를 촉진하기 위하여 운영한다.

(2) 손해평가사의 업무(제11조의3)

손해평가사는 농작물재해보험 및 가축재해보험에 관하여 다음의 업무를 수행한다.

---

① 피해사실의 확인
② 보험가액 및 손해액의 평가
③ 그 밖의 손해평가에 필요한 사항

---

(3) 손해평가 교육(시행령 제12조의8)

농림축산식품부장관은 '손해평가사'의 '손해평가 능력 및 자질 향상'을 위하여 교육을 실시할 수 있다.

(4) 손해평가사 자격시험

① 시험의 실시

ⓐ 농림축산식품부장관의 실시 : 손해평가사가 되려는 사람은 '농림축산식품부장관'이 실시하는 손해평가사 자격시험에 합격하여야 한다(제11조의4 제1항).

ⓑ 시험의 실시 및 관리의 위탁 : 농림축산식품부장관은 손해평가사 자격시험의 실시 및 관리에 관한 업무를 「한국산업인력공단법」에 따른 '한국산업인력공단'에 위탁할 수 있다(제25조의2 제3항).

② 시험의 정지 또는 무효

농림축산식품부장관은 다음 각 호의 어느 하나에 해당하는 사람에 대하여는 그 시험을 정지시키거나 무효로 하고 그 처분 사실을 지체 없이 알려야 한다(제11조의4 제3항).

> ㉠ 부정한 방법으로 시험에 응시한 사람
> ㉡ 시험에서 부정한 행위를 한 사람

③ 시험의 응시자격 제한

다음에 해당하는 사람은 그 처분이 있은 날부터 '2년'이 지나지 아니한 경우 손해평가사 자격시험에 응시하지 못한다(제11조의4 제3항).

> ㉠ 시험의 정지·무효 처분을 받은 사람
> ㉡ 손해평가사 자격이 취소된 사람

④ 손해평가사 자격시험의 실시 등(시행령 제12조의2)

㉠ 시험의 실시

손해평가사 자격시험은 '매년 1회' 실시한다. 다만, 농림축산식품부장관이 손해평가사의 수급(需給)상 필요하다고 인정하는 경우에는 2년마다 실시할 수 있다.

㉡ 시험의 공고

농림축산식품부장관은 손해평가사 자격시험을 실시하려면 다음의 사항을 시험 실시 '90일 전'까지 인터넷 홈페이지 등에 공고해야 한다.

> ⓐ 시험의 일시 및 장소
> ⓑ 시험방법 및 시험과목
> ⓒ 응시원서의 제출방법 및 응시수수료
> ⓓ 합격자 발표의 일시 및 방법
> ⓔ 선발예정인원(농림축산식품부장관이 수급상 필요하다고 인정하여 선발예정인원을 정한 경우만 해당한다)
> ⓕ 그 밖에 시험의 실시에 필요한 사항

㉢ 응시원서

손해평가사 자격시험에 응시하려는 사람은 농림축산식품부장관이 정하여 고시하는 응시원서를 농림축산식품부장관에게 제출하여야 한다.

㉣ 응시수수료

손해평가사 자격시험에 응시하려는 사람은 농림축산식품부장관이 정하여 고시하는 응시수수료를 내야 한다.

ⓜ 응시수수료의 반환

농림축산식품부장관은 다음 어느 하나에 해당하는 경우에는 응시수수료를 다음 구분에 따라 반환하여야 한다.

> ⓐ 수수료를 과오납한 경우 : 과오납한 금액 전부
>
> ⓑ 시험일 20일 전까지 접수를 취소하는 경우 : 납부한 수수료 전부
>
> ⓒ 시험관리기관의 귀책사유로 시험에 응시하지 못하는 경우 : 납부한 수수료 전부
>
> ⓓ 시험일 10일 전까지 접수를 취소하는 경우 : 납부한 수수료의 100분의 60

⑤ 손해평가사 자격시험의 방법(시행령 제12조의3)

　㉠ 손해평가사 자격시험은 제1차 시험과 제2차 시험으로 구분하여 실시한다. 이 경우 제2차 시험은 제1차 시험에 합격한 사람과 제1차 시험을 면제받은 사람을 대상으로 시행한다.

　㉡ 제1차 시험은 선택형으로 출제하는 것을 원칙으로 하되, 단답형 또는 기입형을 병행할 수 있다.

　㉢ 제2차 시험은 서술형으로 출제하는 것을 원칙으로 하되, 단답형 또는 기입형을 병행할 수 있다.

⑥ 손해평가사 자격시험의 과목(시행령 제12조의4)

손해평가사 자격시험의 제1차 시험 과목 및 제2차 시험 과목은 다음과 같다(별표 2의2).

구분	과목
제1차 시험	㉠ 「상법」 보험편 ㉡ 농어업재해보험법령 및 손해평가 요령 ㉢ 농학개론 중 재배학 및 원예작물학
제2차 시험	㉠ 농작물재해보험 및 가축재해보험의 이론과 실무 ㉡ 농작물재해보험 및 가축재해보험 손해평가의 이론과 실무

⑦ 자격시험 과목의 일부 면제

　㉠ '보험목적물 또는 관련 분야에 관한 '전문 지식과 경험'을 갖추었다고 인정되는 '대통령령으로 정하는 기준에 해당하는 사람'에게는 손해평가사 자격시험 '과목의 일부'를 '면제'할 수 있다(제11조의4 제2항).

　㉡ '대통령령으로 정하는 기준에 해당하는 사람'이란 다음 어느 하나에 해당하는 사람을 말한다(시행령 제12조의5). 이에 해당하는 사람에 대해서는 손해평가사 자격시험 중 '제1차 시험'을 '면제'한다(시행령 제12조의5 제2항).

　　ⓐ '손해평가인'으로 위촉된 기간이 '3년 이상'인 사람으로서 손해평가 업무를 수행한 경력이 있는 사람

　　ⓑ 「보험업법」에 따른 손해사정사

　　ⓒ 다음의 기관 또는 법인에서 손해사정 관련 업무에 3년 이상 종사한 경력이 있는 사람

> 가. 「금융위원회의 설치 등에 관한 법률」에 따라 설립된 금융감독원
> 나. 「농업협동조합법」에 따른 농업협동조합중앙회(농협손해보험이 설립되기 전까지의 농업협동조합
> 중앙회)
> 다. 「보험업법」에 따른 허가를 받은 손해보험회사
> 라. 「보험업법」에 따라 설립된 손해보험협회
> 마. 「보험업법」에 따른 손해사정을 업(業)으로 하는 법인
> 바. 「화재로 인한 재해보상과 보험가입에 관한 법률」에 따라 설립된 한국화재보험협회

ⓒ '대통령령으로 정하는 기준에 해당하는 사람'으로서 제1차 시험을 면제받으려는 사람은 농림축산식
품부장관이 정하여 고시하는 면제신청서에 이에 해당하는 사실을 증명하는 서류를 첨부하여 농림
축산식품부장관에게 신청해야 한다.

ⓔ 면제 신청을 받은 농림축산식품부장관은 「전자정부법」에 따른 행정정보의 공동이용을 통하여 신청
인의 고용보험 피보험자격 이력내역서, 국민연금가입자가입증명 또는 건강보험 자격득실확인서를
확인해야 한다. 다만, 신청인이 확인에 동의하지 않는 경우에는 그 서류를 첨부하도록 해야 한다.

ⓜ '제1차 시험에 합격한 사람'에 대해서는 '다음 회'에 한정하여 '제1차 시험'을 '면제'한다.

⑧ 손해평가사 자격시험의 합격기준 등(시행령 제12조의6)

㉠ 제1차 시험(절대평가)

손해평가사 자격시험의 제1차시험 합격자를 결정할 때에는 매 과목 100점을 만점으로 하여 매
과목 40점 이상과 전 과목 평균 60점 이상을 득점한 사람을 합격자로 한다.

㉡ 제2차 시험

ⓐ 원칙(절대평가)

손해평가사 자격시험의 제2차 시험 합격자를 결정할 때에는 매 과목 100점을 만점으로 하여
매 과목 40점 이상과 전 과목 평균 60점 이상을 득점한 사람을 합격자로 한다.

ⓑ 예외(상대평가)

가. 농림축산식품부장관이 손해평가사의 수급상 필요하다고 인정하여 선발예정인원을 공고한
경우에는 매 과목 40점이상을 득점한 사람 중에서 전(全) 과목 총득점이 높은 사람부터
차례로 선발예정인원에 달할 때까지에 해당하는 사람을 합격자로 한다.

나. 합격자를 결정할 때 동점자가 있어 선발예정인원을 초과하는 경우에는 해당 동점자 모두
를 합격자로 한다. 이 경우 동점자의 점수는 소수점 이하 둘째자리(셋째자리 이하 버림)까
지 계산한다.

㉢ 농림축산식품부장관은 손해평가사 자격시험의 최종 합격자가 결정되었을 때에는 이를 인터넷 홈페
이지에 공고하여야 한다.

(5) 손해평가사 자격증의 발급(시행령 제12조의7)

농림축산식품부장관은 손해평가사 자격시험에 합격한 사람에게 농림축산식품부장관이 정하여 고시하는 바에 따라 손해평가사 자격증을 발급하여야 한다.

(6) 손해평가사의 명의와 자격증(제11조의4 제6항, 제7항)

① '손해평가사'는 다른 사람에게 그 명의를 사용하게 하거나 다른 사람에게 그 자격증을 대여해서는 아니 된다.

② '누구든지' 손해평가사의 자격을 취득하지 아니하고 그 명의를 사용하거나 자격증을 대여받아서는 아니 되며, 명의의 사용이나 자격증의 대여를 알선해서도 아니 된다.

(7) 손해평가사의 자격 취소(제11조의5)

① 자격 취소 사유

농림축산식품부장관은 다음 어느 하나에 해당하는 사람에 대하여 손해평가사 자격을 '취소할 수 있다.' 단, ㉠, ㉺에 해당하는 경우에는 자격을 '취소하여야 한다(제11조의5).'

> ㉠ 손해평가사의 자격을 거짓 또는 부정한 방법으로 취득한 사람
> ㉡ 거짓으로 손해평가를 한 사람
> ㉢ 다른 사람에게 손해평가사의 명의를 사용하게 하거나 그 자격증을 대여한 손해평가사
> ㉣ 손해평가사 명의의 사용이나 자격증의 대여를 알선한 사람
> ㉺ 업무정지 기간 중에 손해평가 업무를 수행한 사람

② 청문의 실시

농림축산식품부장관은 손해평가사의 자격을 취소 또는 업무정지에 해당하는 처분을 하려면 '청문'을 하여야 한다(제29조의2).

③ 자격 취소 처분의 세부기준(시행령 별표 2의3)

자격 취소 처분의 세부기준은 대통령령으로 정한다(시행령 제12조의9).

㉠ 일반기준

ⓐ 위반행위의 횟수에 따른 행정처분의 가중된 처분 기준은 최근 3년간 같은 위반행위로 행정처분을 받은 경우에 적용한다. 이 경우 기간의 계산은 위반행위에 대해 행정처분을 받은 날과 그 처분 후에 다시 같은 위반행위를 하여 적발된 날을 기준으로 한다.

ⓑ ⓐ에 따라 가중된 행정처분을 하는 경우 가중처분의 적용 차수는 그 위반행위 전 행정처분 차수(ⓐ에 따른 기간 내에 행정처분이 둘 이상 있었던 경우에는 높은 차수를 말한다)의 다음 차수로 한다.

ⓒ 위반행위가 둘 이상인 경우로서 그에 해당하는 각각의 처분기준이 다른 경우에는 그 중 무거운 처분기준에 따른다.

ⓛ 개별기준

위반행위	처분기준	
	1회 위반	2회 이상 위반
ⓐ 손해평가사의 자격을 거짓 또는 부정한 방법으로 취득한 경우	자격취소	
ⓑ 거짓으로 손해평가를 한 경우	시정명령	자격취소
ⓒ 다른 사람에게 손해평가사의 명의를 사용하게 하거나 그 자격증을 대여한 경우	자격취소	
ⓓ 손해평가사 명의의 사용이나 자격증의 대여를 알선한 경우	자격취소	
ⓔ 업무정지 기간 중에 손해평가 업무를 수행한 경우	자격취소	

(8) 손해평가사의 업무정지(손해평가사의 감독)

① 1년 이내의 기간 업무정지

농림축산식품부장관은 손해평가사가 그 직무를 게을리하거나 직무를 수행하면서 부적절한 행위를 하였다고 인정하면 1년 이내의 기간을 정하여 업무의 정지를 명할 수 있다(제11조의6).

ⓐ 업무의 정지사유

> ⓐ 손해평가사가 그 직무를 게을리한 경우
> ⓑ 손해평가사가 직무를 수행하면서 부적절한 행위를 하였다고 인정하는 경우

ⓛ 업무의 정지기간의 제약

'1년 이내'의 기간을 정하여 업무의 정지를 명할 수 있다.

② 청문의 실시

농림축산식품부장관은 손해평가사의 자격을 취소 또는 업무정지에 해당하는 처분을 하려면 '청문'을 하여야 한다(제29조의2).

③ 업무정지처분의 세부기준(시행령 제12조의10 별표 2의4)

ⓐ 일반기준

  ⓐ 위반행위의 횟수에 따른 행정처분의 가중된 처분 기준은 최근 3년간 같은 위반행위로 행정처분을 받은 경우에 적용한다. 이 경우 기간의 계산은 위반행위에 대해 행정처분을 받은 날과 그 처분 후에 다시 같은 위반행위를 하여 적발된 날을 기준으로 한다.

  ⓑ ⓐ에 따라 가중된 행정처분을 하는 경우 가중처분의 적용 차수는 그 위반행위 전 행정처분 차수(ⓐ에 따른 기간 내에 행정처분이 둘 이상 있었던 경우에는 높은 차수를 말한다)의 다음 차수로 한다.

  ⓒ 위반행위가 둘 이상인 경우로서 그에 해당하는 각각의 처분기준이 다른 경우에는 그 중 가장 무거운 처분기준에 따르고, 가장 무거운 처분기준의 2분의 1까지 그 기간을 늘릴 수 있다.

다만, 기간을 늘리는 경우에도 법 제11조의6 제1항에 따른 업무 정지 기간(1년)의 상한을 넘을 수 없다.

ⓓ 농림축산식품부장관은 다음의 어느 하나에 해당하는 경우에는 개별기준에 따른 처분기준의 2분의 1의 범위에서 그 기간을 줄일 수 있다.

> 가. 위반행위가 사소한 부주의나 오류로 인한 것으로 인정되는 경우
> 나. 위반의 내용·정도가 경미하다고 인정되는 경우
> 다. 위반행위자가 법 위반상태를 바로 정정하거나 시정하여 해소한 경우
> 라. 그 밖에 위반행위의 내용, 정도, 동기 및 결과 등을 고려하여 업무 정지 처분의 기간을 줄일 필요가 있다고 인정되는 경우

ⓛ 개별기준

위반행위	처분기준		
	1회 위반	2회 위반	3회 이상 위반
ⓐ 업무 수행과 관련하여 「개인정보 보호법」, 「신용정보의 이용 및 보호에 관한 법률」 등 정보 보호와 관련된 법령을 위반한 경우	업무정지 6개월	업무정지 1년	업무정지 1년
ⓑ 업무 수행과 관련하여 보험계약자 또는 보험사업자로부터 금품 또는 향응을 제공받은 경우	업무정지 6개월	업무정지 1년	업무정지 1년
ⓒ 자기 또는 자기와 생계를 같이 하는 4촌 이내의 친족(이하 "이해관계자"라 한다)이 가입한 보험계약에 관한 손해평가를 한 경우	업무정지 3개월	업무정지 6개월	업무정지 6개월
ⓓ 자기 또는 이해관계자가 모집한 보험계약에 대해 손해평가를 한 경우	업무정지 3개월	업무정지 6개월	업무정지 6개월
ⓔ 법 제11조 제2항 전단에 따른 손해평가 요령을 준수하지 않고 손해평가를 한 경우	경고	업무정지 1개월	업무정지 3개월
ⓕ 그 밖에 손해평가사가 그 직무를 게을리하거나 직무를 수행하면서 부적절한 행위를 했다고 인정되는 경우	경고	업무정지 1개월	업무정지 3개월

12 그 밖의 제반 사항

(1) 보험금수급전용계좌(제11조의7)

① 보험금 지급

ㄱ 재해보험사업자는 수급권자의 신청이 있는 경우에는 보험금을 수급권자 명의의 지정된 계좌(보험

금수급전용계좌)로 입금하여야 한다. 다만, 정보통신장애나 그 밖에 '대통령령으로 정하는 불가피한 사유'로 보험금을 보험금수급계좌로 이체할 수 없을 때에는 현금 지급 등 대통령령으로 정하는 바에 따라 보험금을 지급할 수 있다.

ⓛ 보험금수급전용계좌의 해당 금융기관은 '이 법에 따른 보험금'만이 보험금수급전용계좌에 '입금'되도록 관리하여야 한다.

ⓒ 보험금수급전용계좌 신청의 방법·절차와 보험금수급전용계좌의 관리에 필요한 사항은 대통령령으로 정한다.

> **〈보험금수급전용계좌의 신청 방법·절차 등(시행령 제12조의11)〉**
>
> ⓐ **보험금수급전용계좌의 신청**
> 보험금을 수급권자 명의의 지정된 계좌(보험금수급전용계좌)로 받으려는 사람은 재해보험사업자가 정하는 보험금 지급청구서에 수급권자 명의의 보험금수급전용계좌를 기재하고, 통장의 사본(계좌번호가 기재된 면을 말한다)을 첨부하여 재해보험사업자에게 제출해야 한다. 보험금수급전용계좌를 변경하는 경우에도 또한 같다.
>
> ⓑ **대통령령으로 정하는 불가피한 사유**
> '대통령령으로 정하는 불가피한 사유'란 보험금수급전용계좌가 개설된 금융기관의 폐업·업무 정지 등으로 정상영업이 불가능한 경우를 말한다.
>
> ⓒ **대통령령으로 정하는 불가피한 사유로 보험금을 보험금수급계좌로 이체할 수 없을 때**
> 수급권자의 '신청'에 따라 '다른 금융기관에 개설된 보험금수급전용계좌'로 이체해야 한다. 다만, 다른 보험금수급전용계좌로도 이체할 수 없는 경우에는 수급권자 본인의 주민등록증 등 신분증명서의 확인을 거쳐 보험금을 직접 '현금'으로 지급할 수 있다.

(2) 수급권의 보호(제12조)

① 재해보험의 보험금을 지급받을 권리는 압류할 수 없다. 다만, 보험목적물이 담보로 제공된 경우에는 그러하지 아니하다. 따라서 보험목적물이 이미 담보로 제공된 경우에는 담보권자는 그 권리를 행사할 수 있다.

> • 압류(押留) : 민사소송의 경우 집행 기관에 의하여 채무자의 특정 재산에 대한 처분이 제한되는 강제 집행을 말한다. 이에 의하여 채무자는 압류 재산에 대한 처분권을 상실하며 처분권은 국가에 이전된다.
> • 담보(擔保) : 맡아서 보증한다는 의미이며, 민법상 채무를 불이행한 때 채무의 변제를 확보하는 수단으로 채권자에게 제공하는 것을 말한다. 유치권, 질권, 저당권 따위의 물적 담보와 보증 채무, 연대 채무 따위의 인적 담보가 있다.

② 지정된 보험금수급전용계좌의 예금 중 대통령령으로 정하는 액수 이하의 금액에 관한 채권은 압류할 수 없다.

구분	액수
㉠ 농작물·임산물·가축 및 양식수산물의 재생산에 직접적으로 소요되는 비용의 보장을 목적으로 보험금수급전용계좌로 입금된 보험금	입금된 보험금 전액
㉡ ㉠ 외의 목적으로 보험금수급전용계좌로 입금된 보험금	입금된 보험금의 2분의 1에 해당하는 액수

〈보험금의 압류 금지(시행령 제12조의12)〉

"대통령령으로 정하는 액수"란 다음 구분에 따른 보험금 액수를 말한다.

(3) 손해평가에 대한 이의신청(제11조의8)

① 재평가 요청

손해평가 결과에 이의가 있는 보험가입자는 재해보험사업자에게 '재평가'를 요청할 수 있으며, 재해보험사업자는 특별한 사정이 없으면 재평가 요청에 따라야 한다.

② 이의신청

재평가를 수행하였음에도 이의가 해결되지 아니하는 경우 보험가입자는 농림축산식품부장관 또는 해양수산부장관이 정하는 기관에 '이의신청'을 할 수 있다.

③ 신청요건, 절차, 방법 등 이의신청 처리에 관한 구체적인 사항

농림축산식품부장관 또는 해양수산부장관이 정하여 고시한다.

(4) 손해평가 재평가 결과에 대한 이의신청 처리에 관한 지침 – 해양수산부고시

제1조(목적)

이 지침은 「농어업재해보험법」 제11조의8 제2항에 따른 이의신청의 접수 및 처리 등에 관하여 필요한 사항을 정함을 목적으로 한다.

제2조(신청 및 접수)

① 보험가입자가 손해평가 재평가 결과에 대한 이의신청을 하려는 경우, 농업정책보험금융원 홈페이지를 통해 이의신청서를 작성하여 제출해야 한다. 이 경우 재평가 결과를 함께 첨부해야 한다.

② 제1항에도 불구하고, 신청인이 방문·우편·팩스 등의 방법으로 이의신청을 하려는 경우 별지 제1호 서식의 신청서에 인적사항, 신청내용 등을 기재하여 농업정책보험금융원에 제출해야 한다.

③ 농업정책보험금융원은 신청인의 신청서에 필요한 내용이 빠진 경우 보완을 요청해야 한다.

제3조(신청내용의 확인)

① 농업정책보험금융원은 이의신청의 공정한 처리를 위하여 신청인 또는 보험사업자에게 이의신청 내용과 관련된 자료 제출, 사실 및 정보에 대한 조회, 의견제출을 요청할 수 있다.

② 농업정책보험금융원은 손해평가를 위한 현장방문을 할 수 있으며, 현장방문 전 신청인에게 미리 연락해야 한다.

③ 농업정책보험금융원은 이의신청에 따른 손해평가를 「농어업재해보험법 시행령」 제13조 제3호 및 「보험업법」 제187조에 따라 손해사정을 업으로 하는 자 또는 제4호의 비영리법인에 위탁할 수 있다.

④ 손해평가를 위해 현장을 방문하는 손해평가 담당자는 해당 목적물을 대상으로 한 이전 손해평가에 참여한 경험이 없어야 한다.

⑤ 손해평가 담당자는 현장방문에 따른 손해평가 결과를 농업정책보험금융원에 제출할 때 현장을 사진으로 촬영하거나 영상으로 녹화한 기록물을 함께 제출해야 한다.

제4조(의견제시)

농업정책보험금융원은 신청인의 신청내용에 상당한 이유가 있다고 인정할 경우 다음 각 호의 사항을 포함하는 의견서를 작성하여 보험사업자에게 전달해야 한다.

1. 신청인의 신청내용
2. 이의신청 내용을 수용할 만한 상당한 이유가 있다고 인정되는 사유
3. 손해평가 결과
4. 손해평가 현장 사진 및 영상 등 기록물
5. 이의신청 내용을 판단하기 위하여 신청인에게 요청한 자료

제5조(이의신청의 처리)

① 보험사업자는 농업정책보험금융원으로부터 통지된 의견서 결과를 수락한 경우 이를 손해평가 결과에 반영해야 한다.

② 보험사업자가 의견서 결과를 수락하지 않은 때에는 그 사유를 농업정책금융원에 제출해야 한다.

③ 보험사업자는 제1항 또는 제2항에 따른 처리 결과를 15일 이내에 농업정책보험금융원에 통지해야 한다.

제6조(처리결과의 통지)

농업정책보험금융원은 제5조 제3항에 따른 반영 결과를 통지받은 날로부터 7일 이내에 신청인에게 별지 제2호 서식에 따라 서면 등의 방식으로 통지해야 한다.

제7조(재검토기한)

「훈령·예규 등의 발령 및 관리에 관한 규정」에 따라 이 고시에 대하여 2023년 7월 1일 기준으로 매 3년이 되는 시점(매 3년째의 6월 30일까지를 말한다)마다 그 타당성을 검토하여 개선 등의 조치를 해야 한다.

(5) 보험목적물의 양도에 따른 권리 및 의무의 승계(제13조)

재해보험가입자가 재해보험에 가입된 '보험목적물'을 '양도'하는 경우 그 양수인은 재해보험계약에 관한 양도인의 권리 및 의무를 '승계'한 것으로 '추정'한다.

(6) 업무 위탁(제14조)

'재해보험사업자'는 재해보험사업을 원활히 수행하기 위하여 필요한 경우에는 보험모집 및 손해평가 등 재해보험 업무의 일부를 대통령령으로 정하는 다음의 자에게 위탁할 수 있다(시행령 제13조).

① 「농업협동조합법」에 따라 설립된 지역농업협동조합·지역축산업협동조합 및 품목별·업종별협동조합
② 「산림조합법」에 따라 설립된 지역산림조합 및 품목별·업종별산림조합
③ 「수산업협동조합법」에 따라 설립된 지구별 수산업협동조합, 업종별 수산업협동조합, 수산물가공 수산업 협동조합 및 수협은행
④ 「보험업법」에 따라 손해사정을 업으로 하는 자
⑤ 농어업재해보험 관련 업무를 수행할 목적으로 「민법」에 따라 농림축산식품부장관 또는 해양수산부장관의 허가를 받아 설립된 비영리법인

(7) 회계 구분(제15조)

재해보험사업자는 재해보험사업의 회계를 다른 회계와 구분하여 회계처리함으로써 손익관계를 명확히 하여야 한다.

(8) 분쟁조정(제17조)

① 재해보험과 관련된 분쟁의 조정(調停)은 「금융소비자 보호에 관한 법률」 제33조부터 제43조까지의 규정에 따른다.
② 양 당사자가 조정안을 수락한 경우 해당 '조정안'은 '재판상 화해'와 동일한 효력을 갖는다(금융소비자 보호에 관한 법률 제39조).

> ◦ 재판상 화해 : 당사자 양쪽이 법원에 서로 주장을 양보하여 소송을 종료시키는 행위이며 이에 따라 당사자의 진술을 화해조서에 기재하면 소송이 종료되며 이 화해조서는 확정판결과 동일한 효력이 생긴다.

(9) 보험업법 등의 적용(제18조)

① 이 법에 따른 재해보험사업에 대하여는 「보험업법」(제104조부터 제107조까지, 제118조 제1항, 제119조, 제120조, 제124조, 제127조, 제128조, 제131조부터 제133조까지, 제134조 제1항, 제136조, 제162조, 제176조 및 제181조 제1항)을 적용한다. 이 경우 "보험회사"는 "보험사업자"로 본다.
② 이 법에 따른 재해보험사업에 대해서는 「금융소비자 보호에 관한 법률」 제45조를 적용한다. 이 경우 "금융상품직접판매업자"는 "보험사업자"로 본다.

(10) 재정지원(제19조)

① 정부의 지원
정부는 예산의 범위에서 '재해보험가입자'가 부담하는 보험료의 일부와 '재해보험사업자'의 재해보험의 운영 및 관리에 필요한 비용(운영비)의 전부 또는 일부를 지원할 수 있다.
② 지방자치단체의 지원
이 경우 지방자치단체는 예산의 범위에서 재해보험가입자가 부담하는 보험료의 일부를 추가로 지원할 수 있다.

기관	지원범위	지원 금액
정부	예산범위	⊙ 재해보험가입자가 부담하는 보험료의 일부 ⓛ 재해보험사업자의 재해보험의 운영 및 관리에 필요한 비용(운영비)의 전부 또는 일부
지자체		재해보험가입자가 부담하는 보험료의 일부(추가지원)

③ 지원 금액 지급

농림축산식품부장관·해양수산부장관 및 지방자치단체의 장은 이에 따른 지원 금액을 재해보험사업자에게 지급하여야 한다.

④ 정부의 중복지원 배제

「풍수해·지진재해보험법」에 따른 풍수해·지진재해보험에 가입한 자가 동일한 보험목적물을 대상으로 재해보험에 가입할 경우에는 정부가 재정지원을 하지 아니한다.

⑤ 보험료와 운영비의 지원 방법 및 지원 절차 등(시행령 제15조)

보험료와 운영비의 지원 방법 및 지원 절차 등에 필요한 사항은 대통령령으로 정한다.

구분	내용
재해보험사업자	농림축산식품부장관 또는 해양수산부장관이 정하는 바에 따라 재해보험 가입현황서나 운영비 사용계획서를 농림축산식품부장관 또는 해양수산부장관에게 제출하여야 한다.
농림축산식품부장관 해양수산부장관	재해보험 가입현황서나 운영비 사용계획서를 제출받은 경우, 보험가입자의 기준 및 재해보험사업자에 대한 재정지원에 관한 사항 등을 확인하여 보험료 또는 운영비의 지원금액을 결정·지급한다.
지방자치단체의 장	보험료의 일부를 추가 지원하려는 경우 재해보험 가입현황서와 보험가입자의 기준 등을 확인하여 보험료의 지원금액을 결정·지급한다.

제3절 재보험사업 및 농어업재해재보험기금

1 재보험사업[제20조]

(1) 재보험사업의 주체

정부는 재해보험에 관한 재보험사업을 할 수 있다(제20조 제1항).

(2) 재보험약정의 체결

농림축산식품부장관 또는 해양수산부장관은 재보험에 가입하려는 재해보험사업자와 다음의 사항이 포함된 재보험약정을 체결하여야 한다(제20조 제2항).

① 재해보험사업자가 정부에 내야 할 보험료(재보험료)에 관한 사항

② 정부가 지급하여야 할 보험금(재보험금)에 관한 사항

③ 그 밖에 재보험수수료 등 재보험 약정에 관한 것으로서 '대통령령으로 정하는 사항'

〈재보험 약정서(시행령 제16조)〉

"대통령령으로 정하는 사항"이란 다음의 사항을 말한다.

ㄱ 재보험수수료에 관한 사항   ㄴ 재보험 약정기간에 관한 사항

ㄷ 재보험 책임범위에 관한 사항   ㄹ 재보험 약정의 변경·해지 등에 관한 사항

ㅁ 재보험금 지급 및 분쟁에 관한 사항   ㅂ 그 밖에 재보험의 운영·관리에 관한 사항

---

(3) 업무의 위탁

농림축산식품부장관은 해양수산부장관과 협의를 거쳐 재보험사업에 관한 업무의 일부를 「농업·농촌 및 식품산업 기본법」에 따라 설립된 '농업정책보험금융원'에 위탁할 수 있다(제20조 제3항).

〈농업정책보험금융원의 설립(농업식품기본법 제63조의2)〉

① 농림축산식품부장관은 제63조 제2항에 따른 농업인 등에게 지원하는 융자금·보조금 등 농업 정책자금의 운용·관리 및 감독업무 등을 효율적으로 추진하기 위하여 농업정책보험금융원(농금원)을 설립한다.

② 농금원은 법인으로 한다.

③ 농금원은 주된 사무소가 있는 곳에서 설립등기를 함으로써 성립한다.

④ 농금원은 다음의 사업을 한다.

    ㄱ 농업 정책자금의 운용·관리 및 감독업무 등

    ㄴ 농어촌구조개선 특별회계 융자금의 운용·관리 업무

    ㄷ 농어업재해재보험기금 및 재보험사업의 관리

    ㄹ 농업재해보험사업의 관리 및 손해평가사 제도의 운영

    ㅁ 농림수산식품투자모태조합 투자관리전문기관의 업무

    ㅂ ㄴ ~ ㅁ까지의 사업과 관련하여 관계 법령에서 정하는 바에 따라 위탁받은 업무

    ㅅ 그 밖에 농림축산식품부장관이 고시로 정하는 사업

⑤ 정부는 예산의 범위에서 농금원의 설립·운영 등에 필요한 경비의 전부 또는 일부를 출연하거나 보조할 수 있다.

⑥ 농금원에 관하여 이 법 또는 「공공기관의 운영에 관한 법률」에서 정한 사항 외에는 「민법」 중 재단법인에 관한 규정을 준용한다.

---

2 재보험기금

(1) 기금의 설치

① 농림축산식품부장관은 해양수산부장관과 협의하여 공동으로 재보험사업에 필요한 재원에 충당하기 위하여 '농어업재해 재보험기금'을 설치한다(제21조).

② 농림축산식품부장관은 해양수산부장관과 협의하여 농어업재해 재보험기금의 수입과 지출을 명확히 하기 위하여 '한국은행'에 기금계정을 설치하여야 한다(시행령 제17조).

(2) 기금의 조성 및 기금의 용도

기금의 조성재원(제22조)	기금의 용도(제23조)
① 재보험료 ② 정부, 정부 외의 자 및 다른 기금으로부터 받은 출연금 ③ 재보험금의 회수 자금 ④ 기금의 운용수익금과 그 밖의 수입금 ⑤ 차입금* ⑥ 「농어촌구조개선 특별회계법」에 따라 농어촌구조개선 특별회계의 농어촌특별세사업계정으로부터 받은 전입금	① 재보험금의 지급 ② 차입금의 원리금 상환 ③ 기금의 관리·운용에 필요한 경비(위탁경비를 포함)의 지출 ④ 그 밖에 농림축산식품부장관이 해양수산부장관과 협의하여 재보험사업을 유지·개선하는 데에 필요하다고 인정하는 경비의 지출

* 차입금 : 농림축산식품부장관은 기금의 운용에 필요하다고 인정되는 경우에는 해양수산부장관과 협의하여 기금의 부담으로 금융기관, 다른 기금 또는 다른 회계로부터 자금을 차입할 수 있다(제22조 제2항).

(3) 기금의 관리·운용

① 기금의 관리·운용의 주체

기금은 '농림축산식품부장관'이 해양수산부장관과 '협의'하여 관리·운용한다(제24조 제1항).

> • 협의(協議)와 합의(合意) : 협의(協議)가 둘 이상의 당사자가 서로 협력하여 의논하는 경우를 의미한다면, 합의(合意)는 둘 이상의 당사자의 의사가 일치하는 경우를 의미한다.

② 기금의 관리·운용에 관한 사무의 위탁

'농림축산식품부장관'은 해양수산부장관과 '협의'를 거쳐 기금의 관리·운용에 관한 사무의 일부를 농업정책보험금융원에 위탁할 수 있다(제24조 제2항).

㉠ 위탁사무

농림축산식품부장관은 해양수산부장관과 협의하여 기금의 관리·운용에 관한 다음의 사무를 농업정책보험금융원에 위탁한다(시행령 제18조 제1항).

> ⓐ 기금의 관리·운용에 관한 회계업무
> ⓑ 재보험료를 납입받는 업무
> ⓒ 재보험금을 지급하는 업무
> ⓓ 여유자금의 운용업무
> ⓔ 그 밖에 기금의 관리·운용에 관하여 농림축산식품부장관이 해양수산부장관과 협의를 거쳐 지정하여 고시하는 업무

ⓛ 회계처리의 구분

기금의 관리·운용을 위탁받은 농업정책보험금융원(기금수탁관리자)은 기금의 관리 및 운용을 명확히 하기 위하여 기금을 다른 회계와 구분하여 회계처리하여야 한다.

      ⓒ 사무처리 경비

사무처리에 드는 경비는 '기금의 부담'으로 한다.

③ 기금의 결산(시행령 제19조)

      ㉠ 기금결산보고서의 제출

기금수탁관리자(농업정책보험금융원)는 회계연도마다 '기금결산보고서'를 작성하여 '다음 회계연도 2월 15일'까지 '농림축산식품부장관' 및 '해양수산부장관'에게 제출하여야 한다.

      ⓛ 기금결산보고서의 검토

'농림축산식품부장관'은 해양수산부장관과 '협의'하여 기금수탁관리자로부터 제출받은 기금결산보고서를 검토한 후 심의회의 심의를 거쳐 '다음 회계연도 2월 말일'까지 "기획재정부장관"에게 제출하여야 한다.

      ⓒ 기금결산보고서의 첨부서류

기금결산보고서에는 다음의 서류를 첨부하여야 한다.

> ⓐ 결산 개요
> ⓑ 수입지출결산
> ⓒ 재무제표
> ⓓ 성과보고서
> ⓔ 그 밖에 결산의 내용을 명확하게 하기 위하여 필요한 서류

④ 여유자금의 운용(시행령 제20조)

'농림축산식품부장관'은 해양수산부장관과 '협의'하여 기금의 여유자금을 다음의 방법으로 운용할 수 있다.

> ㉠ 「은행법」에 따른 은행에의 예치
> ⓛ 국채, 공채 또는 그 밖에 「자본시장과 금융투자업에 관한 법률」에 따른 증권의 매입

(4) 기금의 회계기관

① 담당 공무원의 임명

'농림축산식품부장관'은 해양수산부장관과 '협의'하여 기금의 수입과 지출에 관한 사무를 수행하게 하기 위하여 "소속 공무원" 중에서 '기금수입징수관, 기금재무관, 기금지출관 및 기금출납공무원'을 임명한다(제25조 제1항).

② 담당 임원과 직원의 임명

      ㉠ 농림축산식품부장관은 기금의 관리·운용에 관한 '사무를 위탁'한 경우에는 해양수산부장관과 협의

하여 '농업정책보험금융원'의 '임원' 중에서 기금수입담당임원과 기금지출원인행위담당임원을, 그 '직원' 중에서 기금지출원과 기금출납원을 각각 임명하여야 한다(제25조 제2항 전단).

ⓛ 이 경우 '기금수입담당임원'은 '기금수입징수관'의 업무를, '기금지출원인행위담당임원'은 '기금재무관'의 업무를, '기금지출원'은 '기금지출관'의 업무를, '기금출납원'은 '기금출납공무원'의 업무를 수행한다(제25조 제2항 후단).

구분		업무
농금원의 임원	기금수입담당임원	기금수입징수관의 업무
	기금지출원인행위담당임원	기금재무관의 업무
농금원의 직원	기금지출원	기금지출관의 업무
	기금출납원	기금출납공무원의 업무

제4절 보험사업의 관리

1 농업재해보험사업의 관리[제25조의2]

(1) 농림축산식품부장관 또는 해양수산부장관의 재해보험사업 업무

농림축산식품부장관 또는 해양수산부장관은 재해보험사업을 효율적으로 추진하기 위하여 다음의 업무를 수행한다.

① 재해보험사업의 관리 · 감독
② 재해보험 상품의 연구 및 보급
③ 재해 관련 통계 생산 및 데이터베이스 구축 · 분석
④ 손해평가인력의 육성
⑤ 손해평가기법의 연구 · 개발 및 보급

(2) 농업정책보험금융원에 대한 업무위탁

농림축산식품부장관 또는 해양수산부장관은 다음의 업무를 농업정책보험금융원에 위탁할 수 있다.

① 위 (1)의 ① ~ ⑤ 까지의 업무
② 재해보험사업의 약정 체결 관련 업무
③ 손해평가사 제도 운용 관련 업무
④ 그 밖에 재해보험사업과 관련하여 농림축산식품부장관 또는 해양수산부장관이 위탁하는 업무

(3) 손해평가사 자격시험의 실시 및 관리의 위탁

농림축산식품부장관은 손해평가사 자격시험의 실시 및 관리에 관한 업무를 「한국산업인력공단법」에 따른 '한국산업인력공단'에 위탁할 수 있다.

2 통계의 수집·관리 등

(1) 지역별, 재해별 통계자료 수집·관리(제26조)

① 농림축산식품부장관 또는 해양수산부장관은 보험상품의 운영 및 개발에 필요한 다음 각 호의 지역별, 재해별 통계자료를 수집·관리하여야 하며, 이를 위하여 관계 중앙행정기관 및 지방자치단체의 장에게 필요한 자료를 요청할 수 있다.

> ㉠ 보험대상의 현황
> ㉡ 보험확대 예비품목[제3조(농업재해보험심의회) 제1항 제2호에 따라 선정한 보험목적물 도입예정 품목을 말한다]의 현황
> ㉢ 피해 원인 및 규모
> ㉣ 품목별 재배 또는 양식 면적과 생산량 및 가격
> ㉤ 그 밖에 농림축산식품부장관 또는 해양수산부장관이 필요하다고 인정하는 통계자료

② ①에 따라 자료를 요청받은 경우 관계 중앙행정기관 및 지방자치단체의 장은 특별한 사유가 없으면 요청에 따라야 한다.
③ 농림축산식품부장관 또는 해양수산부장관은 재해보험사업의 건전한 운영을 위하여 재해보험 제도 및 상품 개발 등을 위한 조사·연구, 관련 기술의 개발 및 전문인력 양성 등의 진흥 시책을 마련하여야 한다.
④ 농림축산식품부장관 및 해양수산부장관은 ① 및 ③에 따른 통계의 수집·관리, 조사·연구 등에 관한 업무를 대통령령으로 정하는 자에게 위탁할 수 있다.

(2) 통계의 수집·관리 등에 관한 업무의 위탁(시행령 제21조)

① 농림축산식품부장관 또는 해양수산부장관은 통계의 수집·관리, 조사·연구 등에 관한 업무를 다음의 어느 하나에 해당하는 자에게 위탁할 수 있다.

> ㉠ 「농업협동조합법」에 따른 '농업협동조합중앙회'
> ㉡ 「산림조합법」에 따른 '산림조합중앙회'
> ㉢ 「수산업협동조합법」에 따른 '수산업협동조합중앙회' 및 '수협은행'
> ㉣ 「정부출연연구기관 등의 설립·운영 및 육성에 관한 법률」 제8조에 따라 설립된 '연구기관'
> ㉤ 「보험업법」에 따른 '보험회사', '보험료율산출기관' 또는 '보험계리를 업으로 하는 자'
> ㉥ 「민법」에 따라 농림축산식품부장관 또는 해양수산부장관의 허가를 받아 설립된 '비영리법인'

ⓐ 「공익법인의 설립 · 운영에 관한 법률」에 따라 농림축산식품부장관 또는 해양수산부장관의 허가를 받아
설립된 '공익법인'

ⓑ '농업정책보험금융원'

② 농림축산식품부장관 또는 해양수산부장관은 ①에 따라 업무를 위탁한 때에는 '위탁받은 자' 및 '위탁업
무의 내용' 등을 고시하여야 한다. 현재(2018.1.1.시행) '농업정책보험금융원'이 농업재해보험과 양식
수산물재해보험의 통계 생산 · 관리 수탁관리자로 지정 · 고시되어 있다.

3 시범사업

(1) 시범사업의 협의
재해보험사업자는 신규 보험상품을 도입하려는 경우 등 필요한 경우에는 농림축산식품부장관 또는 해양
수산부장관과 협의하여 시범사업을 할 수 있다(제27조 제1항).

(2) 시범사업의 지원
정부는 시범사업의 원활한 운영을 위하여 필요한 지원을 할 수 있다(제27조 제2항).

(3) 시범사업의 실시
시범사업 실시에 관한 구체적인 사항은 대통령령으로 정한다(제27조 제3항).
① 사업계획서 제출과 협의
재해보험사업자는 시범사업을 하려면 다음 사항이 포함된 '사업계획서'를 농림축산식품부장관 또는 해
양수산부장관에게 제출하고 협의하여야 한다(시행령 제22조 제1항).

ㄱ 대상목적물, 사업지역 및 사업기간에 관한 사항
ㄴ 보험상품에 관한 사항
ㄷ 정부의 재정지원에 관한 사항
ㄹ 그 밖에 농림축산식품부장관 또는 해양수산부장관이 필요하다고 인정하는 사항

② 재해보험사업자는 시범사업이 끝나면 지체 없이 다음 사항이 포함된 '사업결과보고서'를 작성하여 농
림축산식품부장관 또는 해양수산부장관에게 제출하여야 한다(시행령 제22조 제2항).

ㄱ 보험계약사항, 보험금 지급 등 전반적인 사업운영 실적에 관한 사항
ㄴ 사업 운영과정에서 나타난 문제점 및 제도개선에 관한 사항
ㄷ 사업의 중단 · 연장 및 확대 등에 관한 사항

③ 농림축산식품부장관 또는 해양수산부장관은 사업결과보고서를 받으면 그 사업결과를 바탕으로 '신규
보험상품의 도입 가능성 등을 검토 · 평가'하여야 한다(시행령 제22조 제3항).

4 보험가입의 촉진 등

(1) 정부의 지원

정부는 농어업인의 재해대비의식을 고양하고 재해보험의 가입을 촉진하기 위하여 '교육·홍보 및 보험가입자에 대한 정책자금 지원, 신용보증 지원' 등을 할 수 있다(제28조).

(2) 보험가입촉진계획

① 보험가입촉진계획의 수립

'재해보험사업자'는 농어업재해보험 가입 촉진을 위하여 보험가입촉진계획을 '매년 수립'하여 농림축산식품부장관 또는 해양수산부장관에게 제출하여야 한다(제28조의2 제1항).

② 보험가입촉진계획의 내용 및 그 밖에 필요한 사항

보험가입촉진계획의 내용 및 그 밖에 필요한 사항은 대통령령으로 정한다.

ㄱ 보험가입촉진계획의 제출 : 보험가입촉진계획에는 다음의 사항이 포함되어야 한다.

> ⓐ 전년도의 성과분석 및 해당 연도의 사업계획
> ⓑ 해당 연도의 보험상품 운영계획
> ⓒ 농어업재해보험 교육 및 홍보계획
> ⓓ 보험상품의 개선·개발계획
> ⓔ 그 밖에 농어업재해보험 가입 촉진을 위하여 필요한 사항

ㄴ 보험가입촉진계획의 제출 기한 : 재해보험사업자는 보험가입촉진계획을 '해당 연도 1월 31일'까지 농림축산식품부장관 또는 해양수산부장관에게 제출하여야 한다.

5 기타

(1) 보고 등

농림축산식품부장관 또는 해양수산부장관은 재해보험의 건전한 운영과 재해보험가입자의 보호를 위하여 필요하다고 인정되는 경우에는 '재해보험사업자'에게 재해보험사업에 관한 업무 처리 상황을 보고하게 하거나 관계 서류의 제출을 요구할 수 있다(제29조).

(2) 청문

농림축산식품부장관은 다음의 어느 하나에 해당하는 처분을 하려면 청문을 하여야 한다(제29조의2).

> ① 손해평가사의 자격 취소
> ② 손해평가사의 업무 정지

제5절 벌칙 및 과태료

1 벌칙[제30조]

(1) 3년 이하의 징역 또는 3천만원 이하의 벌금

「보험업법」 제98조(특별이익의 제공 금지)에 따른 금품 등을 제공(같은 조 제3호의 경우에는 보험금 지급의 약속을 말한다)한 자 또는 이를 요구하여 받은 보험가입자는 3년 이하의 징역 또는 3천만원 이하의 벌금에 처한다.

> **보험업법 제98조(특별이익의 제공 금지)**
> 보험계약의 체결 또는 모집에 종사하는 자는 그 체결 또는 모집과 관련하여 보험계약자나 피보험자에게 다음의 어느 하나에 해당하는 특별이익을 제공하거나 제공하기로 약속하여서는 아니 된다.
> ① 금품(대통령령으로 정하는 금액을 초과하지 아니하는 금품은 제외한다)
> ② 기초서류에서 정한 사유에 근거하지 아니한 보험료의 할인 또는 수수료의 지급
> ③ 기초서류에서 정한 보험금액보다 많은 보험금액의 지급 약속
> ④ 보험계약자나 피보험자를 위한 보험료의 대납
> ⑤ 보험계약자나 피보험자가 해당 보험회사로부터 받은 대출금에 대한 이자의 대납
> ⑥ 보험료로 받은 수표 또는 어음에 대한 이자 상당액의 대납
> ⑦ 「상법」 제68조에 따른 제3자에 대한 청구권대위행사의 포기

(2) 1년 이하의 징역 또는 1천만원 이하의 벌금

다음의 어느 하나에 해당하는 자는 1년 이하의 징역 또는 1천만원 이하의 벌금에 처한다.

> ① 재해보험을 모집할 수 없는 자가 이를 위반하여 모집을 한 자
> ② 고의로 진실을 숨기거나 거짓으로 손해평가를 한 자
> ③ 다른 사람에게 손해평가사의 명의를 사용하게 하거나 그 자격증을 대여한 자
> ④ 손해평가사가 아닌 자가 손해평가사의 명의를 사용하거나 그 자격증을 대여받은 자 또는 명의의 사용이나 자격증의 대여를 알선한 자

(3) 500만원 이하의 벌금

재해보험사업의 회계를 다른 회계와 구분하지 않고 회계를 처리한 재해보험사업자는 500만원 이하의 벌금에 처한다.

2 양벌규정[제31조]

> ◦ 양벌규정(兩罰規定) : 법인 또는 개인의 업무와 관련하여, 범죄를 저지른 경우에 실제로 범죄 행위를 한 사람은
> 물론 이와 관련 있는 법인 또는 사람에 대해서도 형벌을 과할 것을 정한 규정이다. 행정 단속을 철저히 하기
> 위해 설정된 제도라고 볼 수 있다.

(1) 원칙

법인의 '대표자'나 법인 또는 개인의 '대리인, 사용인, 그 밖의 종업원'이 그 법인 또는 개인의 업무에 관하여 벌칙규정에 따른 위반행위를 하면 그 행위자를 벌하는 외에 그 '법인 또는 개인'에게도 해당 조문의 "벌금"형을 과(科)한다.

(2) 예외

다만, 법인 또는 개인이 그 위반행위를 방지하기 위하여 해당 업무에 관하여 상당한 주의와 감독을 게을리 하지 아니한 경우에는 그러하지 아니하다.

3 과태료[제32조]

(1) 과태료 부과금액, 대상자 및 부과권자

① 1천만원 이하의 과태료(재해보험사업자)

재해보험사업자가 제10조 제2항에서 준용하는 「보험업법」 제95조(보험안내자료)를 위반하여 보험안내를 한 경우에는 1천만원 이하의 과태료를 부과한다.

② 500만원 이하의 과태료(재해보험사업자의 관계자)

재해보험사업자의 '발기인, 설립위원, 임원, 집행간부, 일반간부직원, 파산관재인 및 청산인'이 다음 어느 하나에 해당하면 500만원 이하의 과태료를 부과한다.

> ㉠ 제18조 제1항에서 적용하는 「보험업법」 제120조에 따른 '책임준비금'과 '비상위험준비금'을 계상하지 아니하거나 이를 따로 작성한 장부에 각각 기재하지 아니한 경우
> ㉡ 제18조 제1항에서 적용하는 「보험업법」 제131조 제1항·제2항 및 제4항에 따른 "금융위원회"의 '명령'을 위반한 경우
> ㉢ 제18조 제1항에서 적용하는 「보험업법」 제133조에 따른 "금융위원회"의 '자료 제출 및 검사' 등을 거부·방해 또는 기피한 경우

③ 500만원 이하의 과태료

다음 어느 하나에 해당하는 자에게는 500만원 이하의 과태료를 부과한다.

> ⊙ 제10조 제2항에서 준용하는 「보험업법」 제95조(보험안내자료)를 위반하여 보험안내를 한 자로서 재해보험사업자가 아닌 자
> ⊙ 제10조 제2항에서 준용하는 「보험업법」 제97조 제1항 또는 「금융소비자 보호에 관한 법률」 제21조를 위반하여 보험계약의 체결 또는 모집에 관한 금지행위를 한 자
> ⊙ 제29조(재해보험사업자에게 재해보험사업에 관한 업무 처리 상황을 보고하게 하거나 관계 서류의 제출)에 따른 보고 또는 관계 서류 제출을 하지 아니하거나 보고 또는 관계 서류 제출을 거짓으로 한 자

④ ①, ②의 ⊙ 및 ③에 따른 과태료는 '농림축산식품부장관 또는 해양수산부장관'이, ②의 ⊙ 및 ⊙에 따른 과태료는 '금융위원회'가 '대통령령'으로 정하는 바에 따라 각각 부과·징수한다. 즉, ②의 ⊙ 및 ⊙에 따른 과태료의 경우에만 '금융위원회'가 부과·징수한다.

(2) 과태료의 부과기준(시행령 제23조 별표 3)

① 일반기준
   ⊙ 농림축산식품부장관, 해양수산부장관 또는 금융위원회는 위반행위의 정도, 위반횟수, 위반행위의 동기와 그 결과 등을 고려하여 개별기준에 따른 해당 과태료 금액을 2분의 1의 범위에서 줄이거나 늘릴 수 있다.
   ⊙ 다만, 늘리는 경우에도 (1)의 과태료 금액의 상한을 초과할 수 없다.

② 개별기준

위반행위		과태료
⊙ 재해보험사업자가 제10조 제2항에서 준용하는 「보험업법」 제95조(보험안내자료)를 위반하여 보험안내를 한 경우		1,000만원
⊙ 제10조 제2항에서 준용하는 「보험업법」 제95조(보험안내자료)를 위반하여 보험안내를 한 자로서 재해보험사업자가 아닌 경우		500만원
⊙ 제10조 제2항에서 준용하는 「보험업법」 제97조 제1항 또는 「금융소비자 보호에 관한 법률」 제21조를 위반하여 보험계약의 체결 또는 모집에 관한 금지행위를 한 경우		300만원
재해보험사업자의 발기인, 설립위원, 임원, 집행간부, 일반간부직원, 파산관재인 및 청산인	② 제18조 제1항에서 적용하는 「보험업법」 제120조에 따른 '책임준비금' 또는 '비상위험준비금'을 계상하지 아니하거나 이를 따로 작성한 장부에 각각 기재하지 아니한 경우	500만원
	⑩ 제18조 제1항에서 적용하는 「보험업법」 제131조 제1항·제2항 및 제4항에 따른 '명령'을 위반한 경우	300만원
	⑪ 제18조 제1항에서 적용하는 「보험업법」 제133조에 따른 검사를 거부·방해 또는 기피한 경우	200만원
⑦ 제29조(재해보험사업자에게 재해보험사업에 관한 업무 처리 상황을 보고하게 하거나 관계 서류의 제출)에 따른 보고 또는 관계 서류 제출을 하지 아니하거나 보고 또는 관계 서류 제출을 거짓으로 한 경우		300만원

CHAPTER 02 농업재해보험 손해평가요령(행정규칙)

제1절 목적 및 용어

1 목적

이 요령은 「농어업재해보험법」에 따른 손해평가에 필요한 세부사항을 규정함을 목적으로 한다(제1조).

2 용어의 정의

이 요령에서 사용하는 용어의 정의는 다음과 같다(제2조).

(1) 손해평가

손해평가라 함은 농어업재해에 따른 피해가 발생한 경우 농어업재해보험법에 따라 '손해평가인, 손해평가사 또는 손해사정사'가 그 '피해사실'을 '확인하고 평가'하는 일련의 과정을 말한다.

(2) 손해평가인

손해평가인이라 함은 「농어업재해보험법」과 「농어업재해보험법 시행령」에서 정한 자 중에서 '재해보험사업자'가 '위촉'하여 손해평가업무를 담당하는 자를 말한다.

(3) 손해평가사

손해평가사라 함은 손해평가사 자격시험에 합격한 자를 말한다.

(4) 손해평가보조인

손해평가보조인이라 함은 손해평가 업무를 보조하는 자를 말한다.

(5) 농업재해보험

농업재해보험이란 「농어업재해보험법」에 따른 농작물재해보험, 임산물재해보험 및 가축재해보험을 말한다.

제2절 손해평가 업무

1 손해평가 업무

(1) 수행업무(제3조 제1항)

손해평가 시 손해평가인, 손해평가사, 손해사정사는 다음 각 호의 업무를 수행한다.

> ① 피해사실 확인
> ② 보험가액 및 손해액 평가
> ③ 그 밖에 손해평가에 관하여 필요한 사항

(2) 신분을 확인할 수 있는 서류 제시

손해평가인, 손해평가사, 손해사정사는 (1)의 임무를 수행하기 전에 보험가입자("피보험자"를 포함한다. 이하 동일)에게 손해평가인증, 손해평가사자격증, 손해사정사등록증 등 신분을 확인할 수 있는 서류를 제시하여야 한다(제3조 제2항).

2 손해평가인 위촉

(1) 손해평가인증 발급

재해보험사업자는 손해평가인을 위촉한 경우에는 그 자격을 표시할 수 있는 손해평가인증을 발급하여야 한다(제4조 제1항).

(2) 적정규모의 손해평가인 위촉

재해보험사업자는 피해 발생 시 원활한 손해평가가 이루어지도록 농업재해보험이 실시되는 시·군·자치구별 보험가입자의 수 등을 고려하여 적정 규모의 손해평가인을 위촉할 수 있다(제4조 제2항).

(3) 손해평가보조인의 운용

재해보험사업자 및 재해보험사업자의 손해평가 업무를 위탁받은 자는 손해평가 업무를 원활히 수행하기 위하여 손해평가보조인을 운용할 수 있다(제4조 제3항).

3 손해평가인 실무교육

(1) 재해보험사업자의 실무교육

'재해보험사업자'는 위촉된 손해평가인을 대상으로 농업재해보험에 관한 기초지식, 보험상품 및 약관, 손해평가의 방법 및 절차 등 손해평가에 필요한 '실무교육'을 실시하여야 한다(제5조 제1항).

(2) 소정의 교육비

실무교육 대상자인 손해평가인에 대하여 '재해보험사업자'는 '소정의 교육비'를 지급할 수 있다(제5조 제3항).

4 손해평가인 정기교육

(1) 손해평가인 정기교육의 세부내용

농어업재해보험법에 따른 손해평가인 정기교육의 세부내용은 다음과 같다(제5조의2 제1항).
① 농업재해보험에 관한 기초지식
농어업재해보험법 제정 배경·구성 및 조문별 주요 내용, 농업재해보험 사업현황
② 농업재해보험의 종류별 약관
농업재해보험 상품 주요내용 및 약관 일반 사항
③ 손해평가의 절차 및 방법
농업재해보험 손해평가 개요, 보험목적물별 손해평가 기준 및 피해유형별 보상사례
④ 피해유형별 현지조사표 작성 실습

(2) 소정의 교육비

'재해보험사업자'는 정기교육 대상자에게 '소정의 교육비'를 지급할 수 있다(제5조의2 제2항).

5 손해평가인 위촉의 취소 및 해지 등

(1) 위촉의 취소

재해보험사업자는 손해평가인이 다음 '어느 하나에 해당'하게 되거나 '위촉당시에 해당하는 자이었음이 판명된 때'에는 그 위촉을 취소하여야 한다(제6조 제1항).

---

① 피성년후견인
② 파산선고를 받은 자로서 복권되지 아니한 자
③ 제30조에 의하여 벌금 이상의 형을 선고받고 그 집행이 종료(집행이 종료된 것으로 보는 경우를 포함)되거나 집행이 면제된 날로부터 2년이 경과되지 아니한 자
④ 위촉이 취소된 후 2년이 경과하지 아니한 자
⑤ 거짓 그 밖의 부정한 방법으로 손해평가인으로 위촉된 자
⑥ 업무정지 기간 중에 손해평가업무를 수행한 자

---

(2) 위촉의 해지 또는 업무정지

재해보험사업자는 손해평가인이 다음 어느 하나에 해당하는 때에는 '6개월 이내의 기간'을 정하여 그 업무의 정지를 명하거나 위촉 해지 등을 할 수 있다(제6조 제2항).

> ① 법 및 이 요령의 규정을 위반한 때(공정하고 객관적으로 손해평가를 아니하거나, 고의로 진실을 숨기거나 거짓으로 손해평가를 한 경우)
> ② 법 및 이 요령에 의한 명령이나 처분을 위반한 때
> ③ 업무수행과 관련하여 「개인정보보호법」, 「신용정보의 이용 및 보호에 관한 법률」 등 정보보호와 관련된 법령을 위반한 때

(3) 청문의 실시

① '재해보험사업자'는 위촉을 취소하거나 업무의 정지를 명하고자 하는 때에는 손해평가인에게 '청문'을 실시하여야 한다(제6조 제3항 전단).

② 다만, 손해평가인이 청문에 응하지 아니할 경우에는 '서면'으로 위촉을 취소하거나 업무의 정지를 '통보'할 수 있다(제6조 제3항 후단).

(4) 해촉 또는 업무정지의 서면통지

'재해보험사업자'는 손해평가인을 '해촉'하거나 손해평가인에게 '업무의 정지'를 명한 때에는 '지체 없이' 이유를 기재한 '문서'로 그 뜻을 손해평가인에게 '통지'하여야 한다(제6조 제4항).

(5) 업무정지와 위촉 해지 등의 세부기준(제6조 제5항 별표3)

> ① 일반기준
> ㉠ 위반행위가 둘 이상인 경우로서 각각의 처분기준이 다른 경우에는 그 중 무거운 처분기준을 적용한다. 다만, 각각의 처분기준이 업무정지인 경우에는 무거운 처분기준의 2분의 1까지 가중할 수 있으며, 이 경우 업무정지 기간은 6개월을 초과할 수 없다.
> ㉡ 위반행위의 횟수에 따른 제재조치의 기준은 최근 1년간 같은 위반행위로 제재조치를 받는 경우에 적용한다. 이 경우 제재조치 기준의 적용은 같은 위반행위에 대하여 최초로 제재조치를 한 날과 다시 같은 위반행위로 적발한 날을 기준으로 한다.
> ㉢ 위반행위의 내용으로 보아 고의성이 없거나 특별한 사유가 인정되는 경우에는 그 처분을 업무정지의 경우에는 2분의 1의 범위에서 경감할 수 있고, 위촉해지인 경우에는 업무정지 6개월로, 경고인 경우에는 주의 처분으로 경감할 수 있다.
>
> ② 개별기준

위반행위		처분기준		
		1차	2차	3차
㉠ 법 요령	고의 또는 중대한 과실로 손해평가의 신뢰성을 크게 악화 시킨 경우	위촉해지	–	–
	고의로 진실을 숨기거나 거짓으로 손해평가를 한 경우			

규정 위반	정당한 사유없이 손해평가반 구성을 거부하는 경우			
	현장조사 없이 보험금 산정을 위해 손해평가행위를 한 경우			
	현지조사서를 허위로 작성한 경우			
	검증조사 결과 부당·부실 손해평가로 확인된 경우	경고	업무정지 3개월	위촉해지
	기타 업무수행상 과실로 손해평가의 신뢰성을 약화시킨 경우	주의	경고	업무정지 3개월
ⓛ 법 및 이 요령에 의한 명령이나 처분을 위반한 때		업무정지 6개월	위촉 해지	
ⓒ 업무수행과 관련하여 「개인정보보호법」, 「신용정보의 이용 및 보호에 관한 법률」 등 정보보호와 관련된 법령을 위반한 때		위촉해지		

6 손해사정사 제재의 구체적 기준 마련

'재해보험사업자'는 「보험업법」 제186조에 따른 '손해사정사'가 「농어업재해보험법」 등 관련 규정을 위반한 경우 적정한 제재가 가능하도록 각 제재의 구체적 적용기준을 마련하여 시행하여야 한다(제6조 제6항).

제3절 손해평가반과 손해평가

1 손해평가반 및 교차손해평가

(1) 손해평가반

① 손해평가반 구성

㉠ 재해보험사업자는 손해평가를 하는 경우에는 손해평가반을 구성하고 손해평가반별로 평가일정계획을 수립하여야 한다(제8조 제1항).

㉡ 손해평가반은 다음 어느 하나에 해당하는 자로 구성하며, 5인 이내로 한다(제8조 제2항).

> ⓐ 손해평가인
> ⓑ 손해평가사
> ⓒ 「보험업법」에 따른 손해사정사

② 손해평가반 구성에 배제되는 자

다음 어느 하나에 해당하는 손해평가에 대하여는 해당자를 손해평가반 구성에서 배제하여야 한다(제8조 제3항).

> ㉠ 자기 또는 자기와 생계를 같이 하는 친족(이하 "이해관계자"라 한다)이 가입한 보험계약에 관한 손해평가
> ㉡ 자기 또는 이해관계자가 모집한 보험계약에 관한 손해평가
> ㉢ 직전 손해평가일로부터 30일 이내의 보험가입자 간 상호 손해평가
> ㉣ 자기가 실시한 손해평가에 대한 검증조사 및 재조사

(2) 교차손해평가

① 교차손해평가 대상 선정

'재해보험사업자'는 공정하고 객관적인 손해평가를 위하여 교차손해평가가 필요한 경우 재해보험 가입 규모, 가입분포 등을 고려하여 교차손해평가 대상 시·군·구(자치구를 말한다)를 선정하여야 한다(제8조의2 제1항).

② 지역손해평가인 선발

재해보험사업자는 선정한 '시·군·구(자치구를 말한다) 내'에서 손해평가 경력, 타지역 조사 가능여부 등을 고려하여 교차손해평가를 담당할 '지역손해평가인'을 선발하여야 한다(제8조의2 제2항).

③ 교차손해평가반 구성

교차손해평가를 위해 손해평가반을 구성할 경우에는 '지역손해평가인' 1인 이상이 포함되어야 한다. 다만, 거대재해 발생, 평가인력 부족 등으로 신속한 손해평가가 불가피하다고 판단되는 경우 그러하지 아니할 수 있다(제8조의2 제3항).

2 손해평가실시

(1) 피해사실 확인

① 보험가입자가 보험책임기간 중에 피해발생 통지를 한 때에는 재해보험사업자는 손해평가반으로 하여금 지체 없이 보험목적물의 피해사실을 확인하고 손해평가를 실시하게 하여야 한다(제9조 제1항).

② 손해평가반이 손해평가를 실시할 때에는 재해보험사업자가 해당 보험가입자의 보험계약사항 중 손해평가와 관련된 사항을 손해평가반에게 통보하여야 한다(제9조 제2항).

(2) 현지조사서 배부

① 재해보험사업자는 손해평가반이 실시한 손해평가결과와 손해평가업무를 수행한 손해평가반 구성원을 기록할 수 있도록 '현지조사서'를 마련하여야 한다(제10조 제1항).

② 재해보험사업자는 손해평가를 실시하기 전에 '현지조사서'를 손해평가반에 '배부'하고 손해평가시의 주의사항을 '숙지'시킨 후 손해평가에 임하도록 하여야 한다(제10조 제2항).

(3) 손해평가결과 제출

① '손해평가반'은 '현지조사서'에 손해평가 결과를 정확하게 작성하여 '보험가입자'에게 이를 '설명'한 후 '서명'을 받아 재해보험사업자에게 최종 조사일로부터 7영업일 이내에 제출하여야 한다. (다만, 하우스 등 원예시설과 축사 건물은 7영업일을 초과하여 제출할 수 있다.)(제10조 제3항 전단)

② 또한, 보험가입자가 정당한 사유 없이 서명을 거부하는 경우 손해평가반은 보험가입자에게 손해평가 결과를 통지한 후 '서명없이' 현지조사서를 재해보험사업자에게 제출하여야 한다(제10조 제3항 후단).

(4) 보험가입자의 손해평가 거부

손해평가반은 보험가입자가 정당한 사유없이 손해평가를 거부하여 손해평가를 실시하지 못한 경우에는 "그 피해를 인정할 수 없는 것으로 평가한다"는 사실을 보험가입자에게 '통지'한 후 '현지조사서'를 재해보험사업자에게 '제출'하여야 한다(제10조 제4항).

(5) 재조사

재해보험사업자는 보험가입자가 손해평가반의 손해평가결과에 대하여 '설명' 또는 '통지'를 받은 날로부터 '7일 이내'에 손해평가가 잘못되었음을 증빙하는 서류 또는 사진 등을 제출하는 경우 재해보험사업자는 '다른 손해평가반'으로 하여금 '재조사'를 실시하게 할 수 있다(제10조 제5항).

3 손해평가결과 검증과 재조사

(1) 검증조사

① 재해보험사업자 및 사업관리 위탁기관의 검증조사

'재해보험사업자' 및 농어업재해보험사업의 관리를 위탁받은 기관(현재 농업정책보험금융원)은 손해평가반이 실시한 손해평가결과를 확인하기 위하여 손해평가를 실시한 보험목적물 중에서 일정수를 임의 추출하여 검증조사를 할 수 있다(제11조 제1항).

② 농림축산식품부장관의 지시에 의한 검증조사

'농림축산식품부장관'은 '재해보험사업자'로 하여금 검증조사를 하게 할 수 있으며, 재해보험사업자는 특별한 사유가 없는 한 이에 응하여야 하고, 그 결과를 농림축산식품부장관에게 제출하여야 한다(제11조 제2항).

③ 보험가입자의 검증조사 거부

보험가입자가 정당한 사유없이 '검증조사'를 '거부'하는 경우 검증조사반은 "검증조사가 불가능하여 손해평가 결과를 확인할 수 없다"는 사실을 보험가입자에게 '통지'한 후 검증조사결과를 작성하여 재해보험사업자에게 '제출'하여야 한다(제11조 제4항).

④ 사업관리 위탁기관의 검증조사

사업관리 위탁기관(현재 농업정책보험금융원)이 검증조사를 실시한 경우, 그 결과를 재해보험사업자에게 통보하고 필요에 따라 결과에 대한 조치를 요구할 수 있으며, 재해보험사업자는 특별한 사유가 없는 한 그에 따른 조치를 실시해야 한다.

(2) 재조사

검증조사결과 '현저한 차이'가 발생되어 '재조사가 불가피하다고 판단'될 경우에는 해당 손해평가반이 조사한 전체 보험목적물에 대하여 '재조사'를 할 수 있다(제11조 제3항).

4 손해평가 단위

(1) 보험목적물별 손해평가 단위

보험목적물별 손해평가 단위는 다음과 같다(제12조 제1항).

> ① 농작물 : 농지별
> ② 가축 : 개별가축별(단, 벌은 벌통 단위)
> ③ 농업시설물 : 보험가입 목적물별

(2) 농지의 기준(제12조 제2항)

① '하나의 보험가입금액'에 해당하는 토지로 필지(지번) 등과 관계없이 농작물을 재배하는 하나의 경작지를 말한다.
② 방풍림, 돌담, 도로(농로 제외) 등에 의해 구획된 것 또는 동일한 울타리, 시설 등에 의해 구획된 것을 하나의 농지로 한다.
③ 다만, 경사지에서 보이는 돌담 등으로 구획되어 있는 면적이 극히 작은 것은 동일작업 단위 등으로 정리하여 하나의 농지에 포함할 수 있다.

제4절 농작물 · 가축 · 농업시설물의 보험가액 및 보험금 산정

1 농작물의 보험가액 및 보험금 산정

(1) 농작물에 대한 「보험가액」 산정

농작물에 대한 보험가액 산정은 다음과 같다(제13조).
① 특정위험방식인 인삼의 보험가액
　㉠ '가입면적'에 '보험가입 당시의 단위당 가입가격'을 곱하여 산정한다.

> 가입면적 × 보험가입 당시의 단위당 가입가격

　㉡ 다만, 보험가액에 영향을 미치는 가입면적, 연근 등이 가입당시와 다를 경우 변경할 수 있다.
② 적과전종합위험방식의 보험가액
적과후착과수(달린 열매 수)조사를 통해 산정한 '기준수확량'에 '보험가입 당시의 단위당 가입가격'을 곱하여 산정한다.

> 기준수확량 × 보험가입 당시의 단위당 가입가격

③ 종합위험방식 보험가액

　ⓐ 보험증권에 기재된 보험목적물의 '평년수확량'에 '보험가입 당시의 단위당 가입가격'을 곱하여 산정한다.

> 평년수확량 × 보험가입 당시의 단위당 가입가격

　ⓑ 다만, 보험가액에 영향을 미치는 가입면적, 주수, 수령, 품종 등이 가입당시와 다를 경우 변경할 수 있다.

④ 생산비보장의 보험가액

　ⓐ '작물별'로 '보험가입 당시 정한 보험가액'을 기준으로 산정한다.

> 작물별 보험가입 당시 정한 보험가액 기준

　ⓑ 다만, 보험가액에 영향을 미치는 가입면적 등이 가입당시와 다를 경우 변경할 수 있다.

⑤ 나무손해보장의 보험가액

기재된 보험목적물이 나무인 경우로 '최초 보험사고 발생 시'의 해당 농지 내에 심어져 있는 '과실생산이 가능한 나무 수(피해 나무 수 포함)'에 '보험가입 당시의 나무당 가입가격'을 곱하여 산정한다.

> 과실생산이 가능한 나무 수(피해 나무 수 포함) × 보험가입 당시의 나무당 가입가격

(2) 농작물에 대한 「보험금」 산정

농작물에 대한 보험금 산정 유형은 특정위험방식, 적과전 종합위험 방식 그리고 종합위험방식으로 구분된다.

농작물에 대한 보험금 산정은 다음과 같다. 다만, '보험가액'이 '보험가입금액'보다 적을 경우에는 '보험가액'에 의하며, 기타 세부적인 내용은 재해보험사업자가 작성한 손해평가 업무방법서에 따른다.

> 보험가액 < 보험가입금액 ⇨ 보험가액 : 보험가입금액은 보험가액을 초과할 수 없다.

① 특정위험방식

　ⓐ 보장범위 : 작물특정위험보장(보통약관) - 인삼

　　ⓐ 특정위험(8가지) : 태풍(강풍), 집중호우, 우박, 화재, 폭염, 폭설, 침수, 냉해

　　ⓑ 2회 이상 보험사고 발생 시 지급보험금은 기발생지급보험금을 차감하여 계산한다.

　ⓑ 산정내용

> 보험가입금액 × (피해율* − 자기부담비율)
>
> $$*피해율 = (1- \frac{수확량}{연근별기준수확량}) \times \frac{피해면적}{재배면적}$$

② 적과전 종합위험방식

　㉠ 보장범위

　　ⓐ 착과감소보장 – 사과, 배, 단감, 떫은감

> (착과감소량* – 미보상감수량** – 자기부담감수량***) × 가입가격**** × 보장수준(50%, 70%)*****
>
> * 착과감소량 = 착과감소과실수 × 가입과중
>
> ** 미보상감수량 = 착과감소량 × 미보상비율
>
> *** 자기부담감수량 = 기준수확량 × 자기부담비율(계약자 선택)
>
> **** 가입가격 : 가입할 때 결정한 과실의 kg당 평균가격
>
> ***** 보장수준 : 계약자가 선택한 보장수준
>
> 　• 50% : 임의선택가능
>
> 　• 70% : 3년 연속 누적적과전 손해율이 100% 미만인 경우 선택 가능
>
> ※ 보험금 > 보험가입금액 × (1 – 자기부담비율)
>
> 　⇨ 보험가입금액 × (1 – 자기부담비율)을 보험금으로 함

　　ⓑ 과실손해보장 – 사과, 배, 단감, 떫은감

> (적과종료 이후 누적감수량* – 자기부담감수량**) × 가입가격
>
> * 적과종료 이후 누적감수량 : 보장종료 시점까지 산출된 감수량을 누적한 값
>
> ** 자기부담감수량 = 기준수확량 × 자기부담비율(계약자 선택)

　　ⓒ 나무손해보장 – 사과, 배, 단감, 떫은감

> 보험가입금액 × (피해율* – 자기부담비율(5%))
>
> $*$ 피해율 = $\dfrac{\text{피해주수(고사된 나무)}}{\text{실제결과주수}}$

③ 종합위험방식

　㉠ 해가림시설 – 인삼

　　ⓐ 보험가입금액이 보험가액과 같거나 클 때(보험가입금액 ≧ 보험가액) : 보험가입금액을 한도로 손해액에서 자기부담금을 차감한 금액으로 한다. 보험가입금액이 보험가액보다 클 때(보험가입금액 > 보험가액) 보험가액을 한도로 한다.

> 손해액* – 자기부담금
>
> *손해액 : 그 손해가 생긴 때와 곳에서의 보험가액을 말함

ⓑ 보험가입금액이 보험가액보다 작을 때(보험가입금액 < 보험가액) : 보험가입금액을 한도로 비례보상한다.

> (손해액 – 자기부담금) × (보험가입금액 ÷ 보험가액)

ⓒ 비가림시설 – 포도, 대추, 참다래

> MIN(손해액 – 자기부담금*, 보험가입금액)
>
> * 자기부담금 : 최소자기부담금(30만원)과 최대자기부담금(100만원)을 한도로 보험사고로 인하여 발생한 손해액(비가림시설)의 10%에 해당하는 금액으로 함. 다만, 피복재단독사고는 최소자기부담금(10만원)과 최대 자기부담금(30만원)을 한도로 함

ⓒ 수확감소보장 – 옥수수 외

> 보험가입금액 × (피해율* – 자기부담비율)
>
> ※ 피해율
>   ⓐ 다른 품목[감자와 복숭아(병충해 고려) · 옥수수(따로 규정) 제외한 품목] : 자두, 매실, 살구, 오미자, 밤, 호두, 유자, 감귤(만감류) / 포도, 대추, 참다래 / 벼, 밀, 보리 / 마늘, 양파, 고구마, 양배추, 콩, 팥, 차(茶)
>
>   *피해율 = $\dfrac{\text{평년수확량} - \text{수확량} - \text{미보상감수량}}{\text{평년수확량}}$
>
>   ⓑ 감자(고랭지, 가을, 봄) · 복숭아
>
>   *피해율 = $\dfrac{\{(\text{평년수확량} - \text{수확량} - \text{미보상감수량}) + \text{병충해감수량}^{**}\}}{\text{평년수확량}}$
>
>   **병충해감수량 = 병충해 입은 괴경의 무게 × 손해정도비율 × 인정비율

ⓔ 수확감소보장 – 옥수수

> MIN(보험가입금액, 손해액*) – 자기부담금***
>
> * 손해액 = (피해수확량**–미보상감수량) × 가입가격
> ** 피해수확량 = 피해주수 × 표준중량
> *** 자기부담금 = 보험가입금액 × 자기부담비율

ⓜ 수확량감소 추가보장 – 포도, 복숭아, 감귤(만감류)

> 보험가입금액 × (피해율* × 10%)
>
> *피해율(포도) = $\dfrac{\text{평년수확량} - \text{수확량} - \text{미보상감수량}}{\text{평년수확량}}$

$$*피해율(복숭아) = \frac{\{(평년수확량 - 수확량 - 미보상감수량) + 병충해감수량\}}{평년수확량}$$

ⓑ **나무손해보장** – 복숭아, 자두, 매실, 살구, 유자, 포도, 참다래, 무화과, 감귤(온주밀감, 만감류)

보험가입금액 × (피해율* – 자기부담비율(5%))

$$*피해율 = \frac{피해주수(고사된 나무)}{실제결과주수}$$

ⓢ **이앙・직파 불능보장** – 벼

보험가입금액 × 15%

ⓞ **재이앙・재직파보장** – 벼

보험가입금액 × 25% × 면적피해율*

$$*면적피해율 = \frac{피해면적}{보험가입면적}$$

※ 단, 면적피해율이 10%를 초과하고 재이앙・재직파한 경우 1회 지급

ⓩ **재정식・재파종보장** – 마늘 외

보험가입금액 × 20% × 면적피해율*

$$*면적피해율 = \frac{피해면적}{보험가입면적}$$

※ 단, 면적피해율이 자기부담비율을 초과하고, 재정식・재파종한 경우에 한함

ⓩ **조기파종보장** – 남도종 마늘

보험가입금액 × 35% × 표준출현피해율*

$$*표준출현피해율(10a 기준) = \frac{(30,000 - 출현주수)}{30,000}$$

※ 조기파종 후 재파종보장 : 한지형 마늘 최초 판매개시일 24시 이전에 보상하는 재해로 10a당 출현주수가 30,000주보다 작고, 10월 31일 이전 10a당 30,000주 이상으로 재파종한 경우에 한함

ⓚ **재파종보장** – 마늘

보험가입금액 × 35% × 표준출현피해율*

$$*표준출현피해율(10a\ 기준) = \frac{(30,000 - 출현주수)}{30,000}$$

※ 보상하는 재해로 10a당 출현주수가 30,000주보다 작고, 10a당 30,000주 이상으로 재파종한 경우에 한함

ㅌ **경작불능보장**

ⓐ 사료용 옥수수, 조사료용 벼 외

보험가입금액 × 일정비율(자기부담비율에 따라 비율 상이**)

※ 단, 보상하는 재해로 식물체 피해율이 65%[가루쌀(분질미) 60%] 이상이고, 계약자가 경작불능보험금을 신청한 경우에 한함

$$*식물체\ 피해율 = \frac{식물체가\ 고사한\ 면적}{보험가입면적}$$

**자기부담비율에 따라 적용 비율 상이

자기부담비율별	10%형	15%형	20%형	30%형	40%형
보험가입금액 대비 비율	45%	42%	40%	35%	30%

ⓑ 사료용 옥수수, 조사료용 벼

보험가입금액 × 보장비율 × 경과비율*

※ 단, 보상하는 재해로 식물체 피해율이 65% 이상이고, 계약자가 경작불능보험금을 신청한 경우에 한함

*경과비율은 사고발생일이 속한 월에 따라 다름

월별	5월	6월	7월	8월
벼	80%	85%	90%	100%
옥수수	80%	80%	90%	100%

ㅍ **수확불능보장 – 벼**

보험가입금액 × 일정비율(자기부담비율*에 따라 비율 상이)

※ 단, 보상하는 재해로 제현율이 65%(가루쌀 70%) 미만으로 떨어져 정상벼로서 출하가 불가능하게 되고, 계약자가 수확불능보험금을 신청한 경우에 한함

*자기부담비율에 따라 적용 비율 상이

자기부담비율별	10%형	15%형	20%형	30%형	40%형
보험가입금액 대비 비율	60%	57%	55%	50%	45%

ⓗ 생산비 보장

ⓐ 브로콜리

(잔존보험가입금액* × 경과비율 × 피해율**) – 자기부담금****

*잔존보험가입금액 = 보험가입금액 – 보상액(기 발생 생산비보장보험금 합계액)

피해율 = 면적피해비율* × 작물피해율 × (1 – 미보상비율)

***면적피해비율 = $\dfrac{\text{피해면적}}{\text{재배면적}}$

****자기부담금 = 잔존보험가입금액 × 계약 시 선택한 비율

※ 자기부담비율 : 고추, 브로콜리 – (3% or 5%)

ⓑ 고추(시설 고추 제외)

가. 병충해가 없는 경우

(잔존보험가입금액 × 경과비율 × 피해율) – 자기부담금

나. 병충해가 있는 경우

(잔존보험가입금액* × 경과비율 × 피해율** × 병충해 등급별 인정비율) – 자기부담금****

*잔존보험가입금액 = 보험가입금액 – 보상액(기 발생 생산비보장보험금 합계액)

피해율 = 피해비율* × 손해정도비율 × (1 – 미보상비율)

***피해비율 = $\dfrac{\text{피해면적}}{\text{재배면적}}$

****자기부담금 = 잔존보험가입금액 × 계약 시 선택한 비율

※ 자기부담비율 : 고추, 브로콜리 – (3% or 5%)

ⓒ (고랭지·월동)무(시설 무 제외), 당근, (노지)시금치, 단호박, 배추(고랭지·월동·가을), 파(대파, 쪽파·실파), 양상추, 메밀

보험가입금액 × (피해율* – 자기부담비율)

가. 단호박, 당근, 양상추

*피해율 = 피해비율** × 손해정도비율 × (1 – 미보상비율)

**피해비율 = $\dfrac{\text{피해면적(주수)}}{\text{재배면적(주수)}}$

나. 배추, 무, 파, 시금치

*피해율 = 면적피해율** × 평균손해정도비율 × (1 – 미보상비율)

$$\text{**면적피해율} = \frac{\text{피해면적(주수)}}{\text{재배면적(주수)}}$$

다. 메밀

*피해율 = 면적피해율** × (1 − 미보상비율)

$$\text{**면적피해율} = \frac{\text{피해면적(m}^2)\text{***}}{\text{재배면적(m}^2)}$$

***피해면적 = {(도복(쓰러짐)으로 인한 피해면적 × 70%)} + (도복 이외 피해면적 × 평균 손해정도비율)

ⓓ 시설작물

보상하는 재해로 1사고마다 1동단위로 생산비보장보험금이 10만원을 초과할 때(단, 일부보험일 경우 비례보상 적용)

※ 단, 장미, 부추, 시금치, 파, 무, 쑥갓, 버섯은 별도로 구분하여 산출

가. 딸기, 토마토, 오이, 참외, 풋고추, 파프리카, 호박, 국화, 수박, 멜론, 상추, 가지, 배추, 백합, 카네이션, 미나리

> 피해작물 재배면적 × 피해작물 단위면적당 보장생산비 × 경과비율 × 피해율

나. 장미

• 나무가 죽지 않은 경우

> 장미 재배면적 × 장미 단위면적당 나무생존 시 보장생산비 × 피해율

• 나무가 죽은 경우

> 장미 재배면적 × 장미 단위면적당 나무고사 보장생산비 × 피해율

다. 부추

> 부추 재배면적 × 부추 단위면적당 보장생산비 × 피해율 × 70%

라. 시금치, 파, 무, 쑥갓

> 피해작물 재배면적 × 피해작물 단위면적당 보장생산비 × 경과비율 × 피해율

마. 버섯작물

• 표고버섯(원목재배)

> 재배원목(본)수 × 원목(본)당 보장생산비 × 피해율

• 표고버섯(톱밥배지재배)

> 재배배지(봉)수 × 배지(봉)당 보장생산비 × 경과비율 × 피해율

• 느타리버섯(병재배)

> 재배병수 × 병당 보장생산비 × 경과비율 × 피해율

• 느타리버섯(균상재배)

> 재배면적 × 단위면적당 보장생산비 × 경과비율 × 피해율

• 새송이버섯(병재배)

> 재배병수 × 병당 보장생산비 × 경과비율 × 피해율

• 양송이버섯(균상재배)

> 재배면적 × 단위면적당 보장생산비 × 경과비율 × 피해율

㉑ 농업시설물(원예시설・버섯재배사)・부대시설
　ⓐ 한 사고마다 재조달가액(재조달가액보장 특약 미가입 시 시가) 기준으로 계산한 손해액에서
　　자기부담금을 차감한 금액을 보험가입금액 내에서 보상(단, 수리, 복구를 하지 않은 경우 시
　　가로 손해액 계산)한다.
　ⓑ 재조달가액 : 보험의 목적과 동형, 동질의 신품을 재조달하는 데 소요되는 금액
　　가. 재조달가액 특약 가입 시 재조달가액기준으로 결정한다.
　　나. 재조달가액 보장 특약을 가입하지 않거나, 수리 또는 복구를 하지 않는 경우 경년감가율
　　　을 적용한 시가(감가상각된 금액)로 보상한다.

> 손해액* − 자기부담금
>
> *손해액 : 손해가 생긴 때와 곳에서의 가액에 따라 계산함
> ※ 보험금 산출 방법 : 1사고마다 손해액이 자기부담금을 초과하는 경우 보험가입금액을 한
> 　　도로 손해액에서 자기부담금을 차감하여 계산함

㉔ 과실손해보장
　ⓐ 무화과

> 보험가입금액 × (피해율* − 자기부담비율)
>
> 가. 사고가 7월 31일 이전에 발생한 경우(수확기 이전)

$$*피해율 = \frac{평년수확량 - 수확량 - 미보상감수량}{평년수확량}$$

나. 사고가 8월 1일 이후에 발생한 경우(수확기 이후)

  *피해율 = (1 − 수확전사고 피해율) × 경과비율 × 결과지 피해율

ⓑ 복분자

보험가입금액 × (피해율* − 자기부담비율)

$$*피해율 = \frac{고사결과모지수**}{평년결과모지수}$$

**고사결과모지수

  가. 사고가 5월 31일 이전에 발생한 경우(수확기 이전)

(평년결과모지수 − 살아있는 결과모지수)
+ 수정불량환산 고사결과모지수*** − 미보상 고사결과모지수

수정불량환산 고사결과모지수 = 살아있는 결과모지수 × 수정불량환산계수*

$$****수정불량환산계수 = \left(\frac{수정불량결실수}{전체결실수}\right) - 자연수정불량률$$

  나. 사고가 6월 1일 이후에 발생한 경우(수확기 이후)

수확감소환산 고사결과모지수***** − 미보상 고사결과모지수

*****수확감소환산 고사결과모지수

┌ 5월 31일 이전 사고로 인한 고사결과모지수가 존재(○) :
│ (살아있는 결과모지수 − 수정불량환산 고사결과모지수) × 누적 수확감소환산계수******
└ 5월 31일 이전 사고로 인한 고사결과모지수가 존재(×) :
   평년결과모지수 × 누적 수확감소환산계수******
******수확감소환산계수 = 수확일자별 잔여수확량비율 − 결실률

ⓒ 오디

보험가입금액 × (피해율* − 자기부담비율)

$$*피해율 = \frac{평년결실수 - 조사결실수 - 미보상감수결실수}{평년결실수}$$

ⓓ 감귤(온주밀감류)
　가. 과실손해보험금

$$손해액^* - 자기부담금^{***}$$

*손해액 = 보험가입금액 × 피해율**

**피해율 = $\dfrac{등급\ 내\ 피해과실수 + 등급\ 외\ 피해과실수 × 50\%}{기준과실수}$ × (1 − 미보상비율)

※ 단, 만감류(황금향, 천혜향, 레드향, 한라봉)는 등급 내 피해과실수로 간주하여 피해율 산출
***자기부담금 = 보험가입금액 × 자기부담비율

　나. 동상해손해보험금

$$손해액^* - 자기부담금^{****}$$

*손해액 = {보험가입금액 − (보험가입금액 × 기사고피해율**)} × 수확기 잔존비율 × 동상해피해율 × (1 − 미보상비율)

**기사고피해율 = 미보상비율을 반영하지 않은 주계약피해율 + 이전 사고의 동상해 과실손해 피해율***

***동상해피해율 = {(동상해 80%형 피해과실수 합계 × 80%) + (동상해 100%형 피해과실수 합계 × 100%)} ÷ 기준과실수

****자기부담금 = |보험가입금액 × MIN(주계약피해율 − 자기부담비율, 0)|

㉲ **과실손해 추가보장 – 감귤(온주밀감류)**

$$보험가입금액 × 주계약피해율^* × 10\%$$

*피해율 = $\dfrac{등급\ 내\ 피해과실수 + 등급\ 외\ 피해과실수 × 50\%}{기준과실수}$ × (1 − 미보상비율)

※ 단, 손해액이 자기부담금을 초과하는 경우에 한함

㉱ **농업수입감소보장**
ⓐ 마늘, 양파, 포도, (가을재배)감자, 콩, 양배추, 고구마

$$보험가입금액 × (피해율^* - 자기부담비율)$$

*피해율 = $\dfrac{기준수입 − 실제수입}{기준수입}$

ⓑ 수확감소에 따른 각각의 수입감소보장 – 각 보장별 보험금산식과 동일
　가. 마늘 : 경작불능보장, 재파종보장

나. 양파 : 경작불능보장

다. 포도 : 비가림시설보장, 화재위험보장 특별약관, 나무손해보장, 수확량감소추가보장

라. (가을재배)감자 : 경작불능보장

마. 콩 : 경작불능보장

바. 양배추 : 경작불능보장, 재정식보장

사. 고구마 : 경작불능보장

(3) 농작물의 품목별·재해별·시기별 손해수량 조사방법

농작물의 손해수량에 대한 품목별·재해별·시기별 조사방법은 다음과 같다.

① 특정위험방식 상품(인삼)

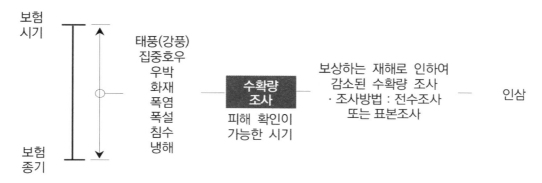

② 적과전종합위험방식 상품(사과, 배, 단감, 떫은감)

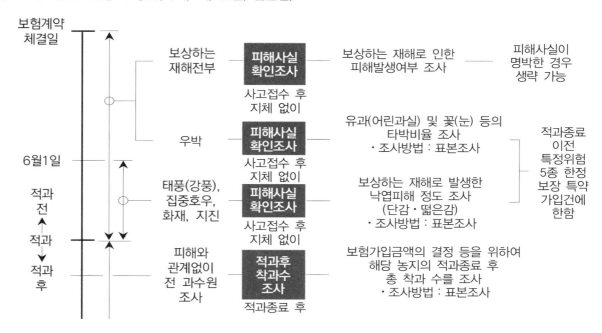

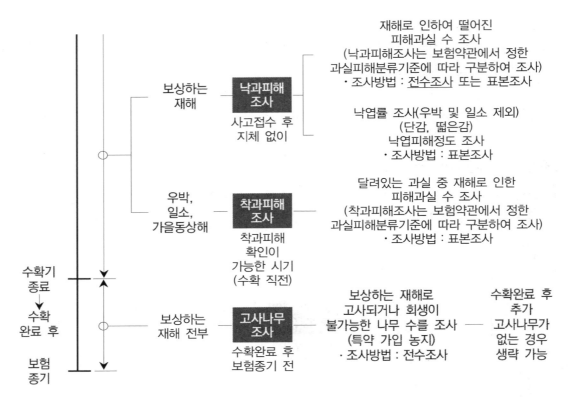

※ 전수조사는 조사대상 목적물을 전부 조사하는 것을 말하며, 표본조사는 손해평가의 효율성 제고를 위해 재해보험사업자가 통계이론을 기초로 산정한 조사표본에 대해 조사를 실시하는 것을 말함

③ 종합위험방식 상품(농업수입보장 포함)

㉠ 해가림시설·비가림시설 및 원예시설

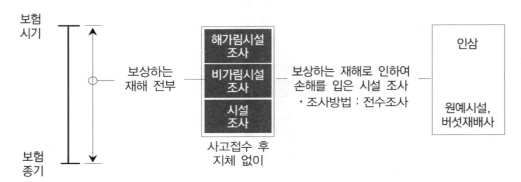

© 수확감소보장·과실손해보장 및 농업수입보장

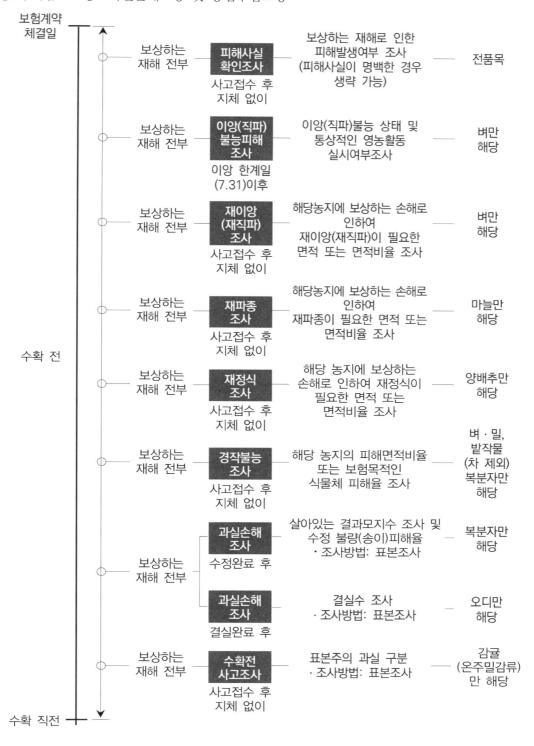

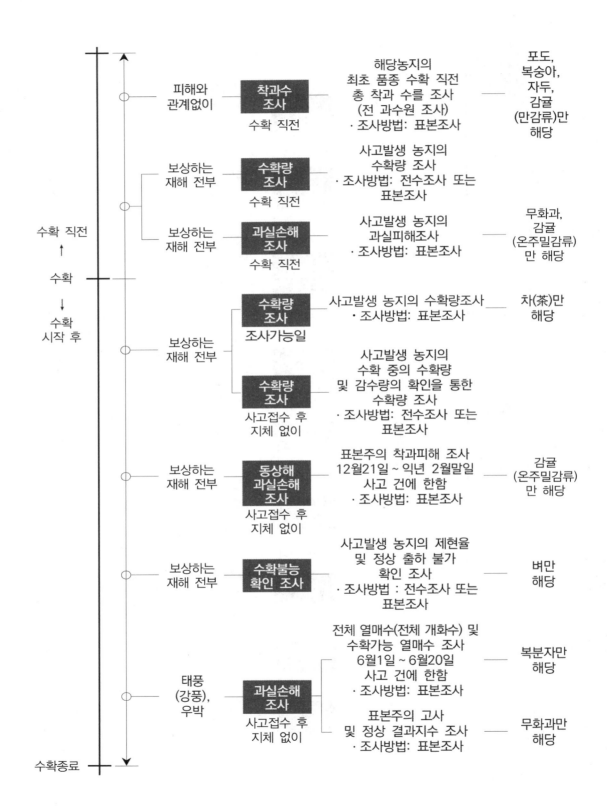

PART 02

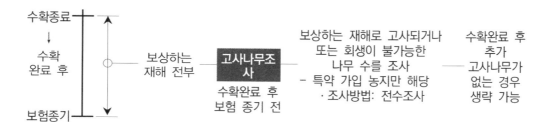

ⓒ 생산비 보장

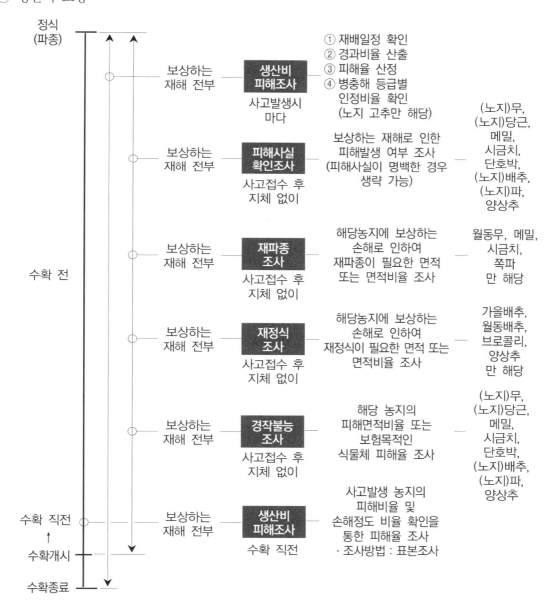

(4) 생육상황 조사

재해보험사업자는 손해평가반으로 하여금 재해발생 전부터 보험품목에 대한 평가를 위해 생육상황을 조사하게 할 수 있다. 이때 손해평가반은 조사결과 1부를 재해보험사업자에게 제출하여야 한다(제13조 제4항).

2 가축의 보험가액 및 손해액 산정

(1) 보험가액의 산정

가축에 대한 '보험가액'은 보험사고가 발생한 '때와 곳'에서 '평가한 보험목적물의 수량'에 '적용가격'을 곱하여 산정한다(제14조 제1항).

> 보험가액 = 평가한 보험목적물의 수량 × 적용가격

(2) 손해액 산정

가축에 대한 손해액은 보험사고가 발생한 '때와 곳'에서 '폐사 등 피해를 입은 보험목적물의 수량'에 '적용가격'을 곱하여 산정한다(제14조 제2항).

> 손해액 = 폐사 등 피해를 입은 보험목적물의 수량 × 적용가격

(3) 적용가격의 산정

'적용가격'은 보험사고가 발생한 '때와 곳'에서의 '시장가격 등'을 감안하여 보험약관에서 정한 방법에 따라 산정한다(제14조 제3항 전단).

> '시장가격 등'을 감안 약관에서 정한 방법에 따라 산정

(4) 약정에 의한 산정방식 우선

다만, 보험가입당시 보험가입자와 재해보험사업자가 "보험가액 및 손해액" '산정방식을 별도로 정한 경우'에는 '그 방법'에 따른다(제14조 제3항 후단).

3 농업시설물의 보험가액 및 손해액 산정

(1) 보험가액의 산정

농업시설물에 대한 보험가액은 보험사고가 발생한 '때와 곳'에서 평가한 피해목적물의 '재조달가액'에서 내용연수에 따른 감가상각률을 적용하여 계산한 '감가상각액'을 차감하여 산정한다(제15조 제1항).

> 보험가액 = 피해목적물의 재조달가액 − 감가상각액

(2) 손해액

농업시설물에 대한 손해액은 보험사고가 발생한 때와 곳에서 산정한 피해목적물의 '원상복구비용'을 말한다(제15조 제2항).

손해액 = 피해목적물의 원상복구비용

(3) 약정에 의한 산정방식 우선

보험가입당시 보험가입자와 재해보험사업자가 "보험가액 및 손해액" '산정방식을 별도로 정한 경우'에는 그 방법에 따른다(제15조 제3항).

4 그 밖의 사항

(1) 손해평가업무방법서

재해보험사업자는 이 요령의 효율적인 운용 및 시행을 위하여 필요한 세부적인 사항을 규정한 손해평가업무방법서를 작성하여야 한다(제16조).

(2) 재검토기한

농림축산식품부장관은 이 고시에 대하여 2024년 1월 1일 기준으로 매 3년이 되는 시점(매 3년째의 12월 31일까지를 말한다)마다 그 타당성을 검토하여 개선 등의 조치를 하여야 한다(제17조).

PART

03

제3과목
재배학 및 원예작물학

CHAPTER 01 재배

제1절 작물재배 및 재배식물의 기원과 발달

1 재배의 정의와 이론

(1) 농업과 재배

① 농업(農業 agriculture, farming)

인간이 일정한 목적에 따라 체계적, 영리적으로 토지를 이용하는 생산활동을 의미하며 농업은 경종과 양축의 유기적 생명체를 이용한 경제적 영리를 목적으로 하는 인간 활동의 총칭을 의미한다.

② 재배[栽培=경종(耕種) cultivation, plant culture]

㉠ 인간이 농지를 이용하여 작물을 기르고 수확하는 경제적 행위를 재배라 한다.

㉡ 작물(作物 crop, cultivated plant) : 식물 중 인간의 목적에 따라 이용성, 경제성이 높아 재배대상이 되는 식물이며 경작식물 또는 재배식물이라고도 한다.

③ 축산(畜産 livestock production, animal husbandry)

㉠ 양축(養畜 livestock rearing)이라고도 하며 토지의 생산력을 기반으로 가축을 길러 인간에게 유용한 물질을 생산하는 산업이다.

㉡ 가축(家畜 farm animal, livestock, domestic animal) : 이용성과 경제성이 높아 인간의 사용대상이 되는 동물을 의미한다.

④ 재배와 축산의 관계

㉠ 재배와 축산은 모두 유기생명체를 기르고 생산한다는 공통점을 가지고 있다.

㉡ 재배에서 생산된 생산물과 부산물은 인간의 식료로 이용되기도 하지만 축산을 위한 사료 등으로 이용된다.

㉢ 축산으로 생산된 축산물은 인간 영양에 중요한 부분을 담당하며 부수적으로 얻어지는 축력이나 구비(廐肥 가축의 배설물, 축사에 까는 짚 등의 재료를 퇴적, 발효시켜 만든 외양간 두엄)는 재배를 위한 노력과 지력 유지에 이용된다.

(2) 재배식물

① 기원은 매우 오래되었으며 야생종에서 점차 순화된 것들이 대부분이다.

② 야생식물을 기르는 일에서 농경은 시작되었으며 그 중 이용성과 경제성이 높은 식물을 재배식물(crops, cultivated plant)이라 하며 또 농업상 작물이라 한다.

③ 인간은 이러한 식물을 이용목적에 맞게 개량, 보호해 왔으며 그 결과 식물은 인간이 원하는 부분만

이상 발달하고 불필요로 하는 부분은 퇴화되었다.

④ 재배식물들은 야생의 원형과는 다르게 특수한 부분만 매우 발달하여 원형과 비교하면 기형식물이라 할 수 있다.

⑤ 재배종과 야생종 비교

항목	재배종	야생종
휴면성	약하다	강하다
종자크기	크다	작다
종자수	많다	적다
탈립성	어렵다	쉽다
수명	짧다	길다
까락	없거나 짧다	강인하고 길다
내비성	강하다	약하다

- 휴면성(休眠性) : 식물의 종자가 성숙한 후 일정한 시간이 지나야 싹이 트는 성질을 말한다.
- 탈립성(脫粒性 shattering of grain , shattering property) : 탈곡 대상 작물의 낟알이 이삭으로부터 떨어지는 난이도의 성질로 탈곡성능과 기계수확 시 포장 손실에 큰 영향을 미친다.
- 까락(芒 artista, awn) : 벼나 보리에 있는 것과 같이 싸개껍질이나 받침껍질의 끝부분이 자라서 털 모양이 된 것을 말한다.
- 내비성(耐肥性) : 수량을 높이는 데 중요한 특성으로 특히 질소비료를 많이 주어도 안전한 생육을 할 수 있는 특성이다.

(3) 재배와 작물의 특질

① 재배의 특질
  ㉠ 생산적 특질
    ⓐ 생산에 있어 토지가 중요한 수단이다.
    ⓑ 지력은 농업생산의 기본 요소이며, 수확체감의 법칙, 토지의 분산 상태, 토지 소유제도 등이 영향을 미치고 있다.
    ⓒ 농업은 생명체를 대상으로 하므로 자연환경의 제약을 받아 자본회전이 늦고, 생산조절이 곤란하고 노동 수요의 연중 불균형, 분업이 곤란한 점 등의 여러 문제가 있다.
    ⓓ 토지가 불량한 경우 전면 개량이 어렵고, 개량이 가능하더라도 비용이 많이 소요된다.
  ㉡ 유통적 특질
    ⓐ 농산물은 수요에 대한 공급 적응성이 적어 가격변동이 심하다.
    ⓑ 농산물은 변질 위험이 크고 생산의 소규모와 분산적이어서 거래에 있어 중간상의 역할이 크다.

   ⓒ 농산물은 가격에 비해 중량과 부피가 커서 수송비 등 물류비가 많이 드는 경향이 있다.
  ⓒ 소비적 특질
   ⓐ 농산물은 공산품에 비해 수요의 탄력성이 적고 다양하지 못하다.
   ⓑ 생활수준의 향상에 따른 수요의 증가가 공산품과 같이 현저하지 않다.
   ⓒ 수요와 공급의 탄력성이 작아 가격변동성이 매우 크다.
② 작물의 특질
  ㉠ 일반식물에 비해 작물은 이용성 및 경제성이 높아야 한다.
  ㉡ 작물은 인간의 이용목적에 맞게 특수부분이 매우 발달한 일종의 기형식물이다.
  ㉢ 작물은 야생식물에 비해 생존 경쟁에 약하므로 인위적 관리가 수반되어야 한다.

(4) 작물의 재배이론

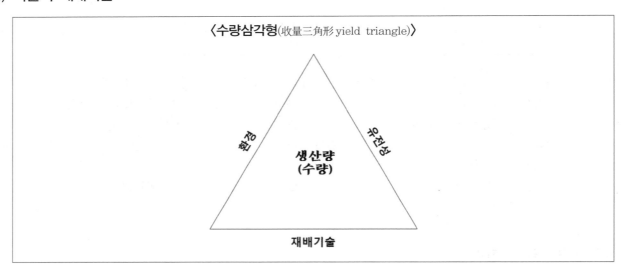

① 작물생산량은 재배작물의 유전성, 재배환경, 재배기술이 좌우한다.
② 환경, 기술, 유전성의 세 변으로 구성된 삼각형 면적으로 표시되며 최대 수량의 생산은 좋은 환경과 유전성이 우수한 품종, 적절한 재배기술이 필요하다.
③ 작물수량 삼각형에서 삼각형의 면적은 생산량을 의미하며 면적의 증가는 유전성, 재배환경, 재배기술의 세 변이 고르고 균형 있게 발달하여야 면적이 증가하며, 삼각형의 두 변이 잘 발달하였더라도 한 변이 발달하지 못하면 면적은 작아지게 되며 여기에도 최소율의 법칙이 적용된다.

  ◦ 최소율의 법칙 : 최소인자에 의해서 수량이 결정된다는 법칙이다.

④ 작물 수량은 광합성에 의해 이루어지므로 작물의 재배기술은 광합성을 증대시켜 동화산물을 인간이 원하는 작물 부위에 최대한 많이 저장하는 것이다. 따라서 재배기술의 개선이란 작물의 광합성효율을 증대시키는 것을 의미한다.

2 원예

(1) 원예작물의 의의

① 원예의 어원적 의미

　㉠ 원예(園藝)

　　문자적 또는 어원적 의미는 울타리를 에워싼 밭에서 작물을 재배한다는 뜻이다.

　　ⓐ 園 : 울타리에 밭이 싸여 있는 모습으로 밭, 울타리, 담 등의 의미로 울타리에 싸인 과수원, 채소밭을 뜻한다.

　　ⓑ 藝 : '재주', '심다'라는 의미로 식물을 심는 데 재능이 필요하다는 의미를 가지고 있다.

　㉡ 원예(horticulture, gardening)

　　ⓐ horticulture : '정원', '에워싸다'라는 라틴어 hortus와 '가꾸다'는 의미의 cultura의 합성어이다.

　　ⓑ gardening : 토지를 '울타리로 싼다'라는 뜻을 가지고 있다.

② 원예의 특징

　㉠ 장소적 특징 : 집 또는 집 근처에서 이루어져 재배자가 가까이에서 자주 돌볼 수 있어야 한다.

　㉡ 규모의 특징 : 소규모의 밭이나 제한된 공간, 또한 다양한 공간에서 재배가 이루어진다.

　㉢ 대상의 특징 : 상대적으로 환금성이 큰, 가격이 비싼 작물을 대상으로 한다.

　㉣ 방식의 특징 : 노동, 자본, 토지, 기술의 집약적 재배가 이루어진다.

③ 원예의 정의

　원예는 생활주변 작은 토지 또는 공간에서 경제성 있는 채소, 과수, 화훼식물을 집약적으로 재배하고, 나아가 식물, 인간, 환경과의 관계를 엮는 모든 활동이다.

(2) 원예의 분과와 가치

① 원예의 분과

　㉠ 채소원예

　　ⓐ 채소(菜蔬 vegetable) : 신선한 상태로 주로 부식이나 간식으로 이용되는 초본성 재배식물이다.

　　ⓑ 보건성, 기능성이 뛰어나 식품으로 가치가 크며, 웰빙식품으로 각광을 받는다.

　　ⓒ 우리나라 원예산업에서 가장 비중이 크다.

　㉡ 과수원예

　　ⓐ 과수(果樹 fruit trees) : 생식 또는 가공하여 먹을 수 있는 과실을 맺는 나무이다.

　　ⓑ 기호식품 또는 간식으로 주로 이용한다.

　㉢ 화훼원예

　　ⓐ 화훼(花卉 flower and ornamental plant) : 꽃과 함께 관상, 장식의 가치를 가지는 식물이다.

　　ⓑ 꽃만을 대상으로 하는 것이 아니며, 보기 좋은 식물을 그 대상으로 한다.

　　ⓒ 우리 생활을 아름답게 하며, 생활수준의 향상과 함께 성장한다.

    ⓔ 시설원예(施設園藝 horticulture under structure, protected horticulture)

        ⓐ 시설(온실) : 일정 형태의 골격에 피복재를 덮어 건축된 구조물로 녹색식물이 사는 온실

        ⓑ 시설원예 : 시설에서 이루어지는 원예

        ⓒ 시설원예는 집약적으로 재배 가능한 원예작물을 중심으로 이루어지고 있으며, 원예의 한 분야로 독립되어 있다.

        ⓓ 시설원예는 시설자재, 특이환경, 재배기술을 포함하며, 무토양재배 및 식물공장도 시설원예에서 다룬다.

    ⓜ 원예의 구분과 종류

        ⓐ 생산(전통원예) : 채소원예, 과수원예, 화훼원예, 시설원예

        ⓑ 소비(생활원예) : 식물가꾸기, 정원, 화단, 절화장식, 용기원예

        ⓒ 복지(사회원예) : 도시원예, 환경원예, 웰빙원예, 원예치료

② 원예작물의 특성

    ㉠ 종류별 품종의 다양성

    ㉡ 재배방식의 다양

    ㉢ 병충해 방제의 어려움

    ㉣ 집약적 재배

    ㉤ 저장시설이 필수

    ㉥ 신선도 유지 : 부패, 변질되기 쉽다.

③ 원예의 가치

    ㉠ 식품적 가치

        ⓐ 건강, 보건식품으로 각종 성인병 예방과 비만을 방지한다.

        ⓑ 비타민 A와 C의 중요 공급원이다.

        ⓒ 대부분 알칼리성 식품으로 체액의 산성화를 방지(K, Na, Ca, Mg, Fe)한다.

        ⓓ 각종 무기질이 풍부하다.

        ⓔ 약리적, 기능성 식품이다.

        ⓕ 보건적, 기호적 식품이다.

〈주요 채소와 과실의 기능성 물질과 효능〉

채소	주요 물질	효능
고추	캡사이신	암세포 증식 억제
토마토	리코핀	항산화 작용, 노화방지
수박	시트룰린	이뇨작용 촉진
오이	엘라테린	숙취해소
양배추	비타민U	항궤양성

마늘, 파류	알리인	살균작용, 항암작용
양파	케르세틴	고혈압 예방 항암작용
	디설파이드	혈액응고 억제, 혈전증 예방
상추	락투시린	진통효과
우엉	이눌린	당뇨병 치료
치커리	인티빈	노화 혈액 순환 촉진
	클로로제닌산	항암작용, 간장질환치료
파슬리	아피올	해열, 이뇨작용 촉진
딸기	엘러진산	항암작용
비트	베타인	토사, 구충 이뇨 작용
생강	시니크린	해독작용

ⓛ 관상적 가치
 ⓐ 생활을 아름답게 한다.
 ⓑ 취미에 즐거움을 준다.
 ⓒ 여가선용에 도움이 된다.
 ⓓ 인간의 정서를 함양시킨다.
 ⓔ 질병을 예방하고 치료한다.
 ⓕ 환경을 유지하고 개선한다.
ⓒ 경제적 가치
 ⓐ 농가의 중요한 소득원이다.
 ⓑ 상대적 성장잠재력이 크다.
 ⓒ 우리나라 농업의 핵심에 있다.
 ⓓ 수출농업을 이끌 수 있다.
 ⓔ 국제경쟁력이 있다.

3 재배의 기원 및 발달

(1) 재배의 기원

① 원시농업
 ㉠ 원시축산의 시작
  인구의 증가로 인한 식량의 필요량은 증가하나 수렵 가능한 동물은 감소함에 따라 야생 동물 및
  조류를 길들여 사육하면서 시작되었다.

      © 원시농경의 발생

        증가하는 인구에 따라 식량의 안정적 공급을 위해 식물 중 이용가치가 높은 식물을 근처에 옮겨 심거나 씨를 뿌려 가꾸는 방법을 알면서 시작되었다.

   ② 농경의 발생시기

      ⊙ 어업과 목축업의 발생 : 1만 2천 년 ~ 2만 년 전 중석기시대 시작된 것으로 추정되고 있다.

      © 농경의 발생 : 1만 년 ~ 1만 2천 년 전 신석기시대로 추정하고 있다.

(2) 발상지

   ① 원산지

      ⊙ 원산지 : 어떤 작물이 최초로 발상하였던 지역

      © 지리적 기원 : 원산지로부터 타 지역으로 전파되는 과정

   ② 주요 작물 재배기원 중심지[1]

연번	지역	주요작물
I	중국	6조보리, 조, 메밀, 콩, 팥, 마, 인삼, 배나무, 복숭아 등
II	인도, 동남아시아	벼, 참깨, 사탕수수, 왕골, 오이, 박, 가지, 생강 등
III	중앙아시아	귀리, 기장, 삼, 당근, 양파 등
IV	코카서스, 중동	1립계와 2립계의 밀, 보리, 귀리, 앨팰퍼, 사과, 배, 양앵두 등
V	지중해 연안	완두, 유채, 사탕무, 양귀비 등
VI	중앙아프리카	진주조, 수수, 수박, 참외 등
VII	멕시코, 중앙아메리카	옥수수, 고구마, 두류, 후추, 육지면, 카카오 등
VIII	남아메리카	감자, 담배, 땅콩 등

(3) 재배형식

   ① 소경(疎 트일 소 耕)

      ⊙ 약탈농업에 가까운 원시적 재배형식이다.

      © 파종 후 비배관리(肥培管理 거름을 잘 뿌려 토지를 걸게 하여 식물을 가꿈) 등을 별로 하지 않고 수확하며 농지가 척박해지면 다른 곳으로 이동하며 재배하는 형식이다.

   ② 식경(殖耕 plantation)

      ⊙ 식민지(植民地 정치적・경제적으로 다른 나라에 예속되어 국가로서의 주권을 상실한 나라) 또는 미개지(未開地 문화가 발달하지 못하고 생활・문화 수준이 낮은 땅)에서의 토착인을 부려서 하는 기업적 농업형태이다.

      © 넓은 토지에 한 작물만을 경작하는 농업 형태로 주로 커피, 고무나무, 사탕수수, 담배, 야자, 차나무, 코코아, 마닐라삼 등이 대상작물들이다.

---

1) 류수노 외 1인, 2011, 한국방송통신대학교출판부, 재배학원론 p.7 〈표1-2〉

③ 곡경(穀耕 staple grain crop culture)

    ㉠ 넓은 면적에서 곡류 위주로 재배하는 주곡농업의 형식이다.

    ㉡ 기계화를 통한 대규모 곡물을 생산하는 재배형태이며 밀, 벼, 옥수수 등을 재배한다.

④ 포경(圃耕)

    ㉠ 사료작물과 식량작물을 서로 균형 있게 재배하는 유축농업(有畜農業 작물의 재배와 가축의 사육을 결합한 농업 형태) 또는 혼동농업의 형식이다.

    ㉡ 사료작물로 콩과작물의 경작, 가축의 분뇨 및 구비(廐肥 가축의 배설물, 축사에 까는 짚 등의 재료를 퇴적, 발효시켜 만든 외양간 두엄) 등에 의한 지력 유지가 가능하다.

⑤ 원경(園耕 Gartenbau)

    ㉠ 작은 면적의 농경지를 집약적으로 경영하여 단위면적당 수확량을 많게 하는 농업형태이다.

    ㉡ 채소, 과수, 화훼 등이 주로 재배되는 원예적 농경이며 관개, 보온육묘, 보온재배 등이 발달 형태이다.

    ㉢ 원예지대나 도시근교에서 발달하고 있다.

4 재배식물의 기원과 전파

(1) 작물의 기원

① 오늘날 재배되고 있는 작물들은 그 기원이 야생종으로부터 순화 발달되어 재배식물로 된 것이 대부분이며, 그 작물의 야생 원형식물을 그 작물의 야생종이라 한다.

② 야생종으로부터 재배종으로 발달해 온 과정을 식물적 기원이라 한다.

③ 작물에는 야생형이 남아있는 것, 옥수수와 같이 야생형이 불분명한 것, 발달 경로가 몹시 복잡한 작물도 있다.

(2) 작물의 분화

① 분화의 의의

    ㉠ 분화 : 식물이 원래의 것으로부터 여러 갈래로 갈라지는 현상을 의미한다.

    ㉡ 진화 : 분화의 결과 점차 높은 단계로 발달하는 현상을 의미한다.

② 분화과정

> 유전적 변이 ➡ 도태 ➡ 적응 ➡ 순화 ➡ 고립

    ㉠ 유전적 변이(heritable variation)

        분화 과정의 첫 단계로 자연교잡, 돌연변이에 의한 새로운 유전형이 생기는 것을 말한다.

    ㉡ 도태(淘汰 selection)와 적응(適應 adaptation)

        ⓐ 도태 : 유전적 변이로 생긴 새로운 유전형 중 환경 또는 생존경쟁에서 견디지 못하고 사멸하는 것을 도태라 한다.

        ⓑ 적응 : 새로운 유전형이 환경에 견뎌내는 것을 적응이라 한다.

ⓒ 순화[馴化 acclima(tiza)tion]
　　ⓐ 어떤 생태환경 및 조건에 오래 생육하면서 더 잘 적응하는 것을 말한다.
　　ⓑ 오랜 시간 야생의 식물이 적응 및 선발(選拔 screening, selection)이 되는 동안 특정 환경에 적응
　　　하여 특성이 변화되는 것이다.
ⓓ 고립(孤立 = 격절 isolation)
　분화의 마지막 과정은 성립된 적응형이 유전적으로 안정상태를 유지하는 것으로서 이러한 유지는
　적응형 상호간 유전적 교섭이 발생하지 않아야 하는데 이를 고립 또는 격절이라 한다.
　　ⓐ 지리적 격절 : 지리적으로 서로 떨어져 있어 유전적 교섭이 일어나지 않는 것이다.
　　ⓑ 생리적 격절 : 생리적 차이 즉, 개화 시기의 차, 교잡 불능 등으로 유전적 교섭이 방지되는
　　　것으로 동일 장소에서 생장하여도 교섭이 방지된다.
　　ⓒ 인위적 격절 : 유전적 순수성 유지를 위하여 인위적으로 다른 유전형과의 교섭을 방지하는 경
　　　우이다.

제2절　작물의 분류

1　작물의 종류

(1) 작물의 의미

① 대부분 야생식물과는 매우 다른 특성을 보이는데 이는 인위적으로 육성해 온 특수식물이기 때문이다.
② 인간에게 불필요 또는 해가 되는 형질은 점점 퇴화되고 인간의 요구 부분만 이상적으로 발달한 일종의
　기형식물이라 할 수 있다.
③ 주요 작물일수록 재배 역사가 길고 그 원종은 대부분 이미 오래전 상실되었다.

(2) 종류

① 재배작물의 수
세계적으로 재배되고 있는 작물의 종류는 약 2,200여 종으로 알려져 있다.

〈세계 작물 종류와 수〉

작물 종류	작물 수	비율(%)
식용작물	888	39.9
조미료작물	189	8.5
사료작물	327	14.7
기호료작물	70	3.1

약용작물	342	15.4
공예작물	264	11.9
비료작물	81	3.6
기타 작물	65	2.9
계	2,226	100.0

② 식량작물의 종류와 수

화곡류	두류	서류	기타	계
54종	52종	42종	21종	169종

③ 경제작물 : 재배식물 중 경제작물은 약 80여 종이다.

④ 세계 3대 식량작물 : 벼, 밀, 옥수수는 인류 곡물소비의 75%에 해당하는 작물이다.

2 작물의 분류

(1) 식물학적 분류

① 식물의 분류 체계

　㉠ 식물기관의 형태 또는 구조의 유사점에 기초를 둔다.

　㉡ 분류군의 계급은 최상위 계급인 '계'에서 시작하여 최하위 계급인 '종'으로 분류하며 다음과 같다.

> 계 ⇨ 문 ⇨ 강 ⇨ 목 ⇨ 과 ⇨ 속 ⇨ 종

　㉢ 식물의 분류체계

분류계급	학명의 어미	무궁화의 분류(예)
계(界, kingdom)		식물계
문(門, division)	−phyta	피자식물문(Magnoliophyta)
강(綱, class)	−opsida	쌍자엽식물강(Magnoliopsida)
목(目, order)	−ales	장미목(Rosales)
과(科, family)	−aceae	아욱과(Malvaceae)
속(屬, genus)		무궁화속(Hibiscus)
종(種, species)		무궁화(H. syriacus)

　㉣ 식물의 분류는 비슷한 식물을 묶으므로, 분류의 과정을 보면 닮은 식물을 묶고 계급을 부여하는 절차이다.

② 종의 개념과 학명

　㉠ 종

　　ⓐ 분류계급에서 최하위 분류군으로 동일한 형질을 나타내는 개체군

ⓑ 동일종 간은 교잡이 가능하고 다른 종과는 생식적으로 격리되어 있다.

ⓒ 종의 명칭은 보통명, 학명, 종소명이 있다.

ⓛ 학명

ⓐ 학술적인 명칭으로 이명법으로 속명과 종소명으로 구성되며 종소명만으로는 식물의 명칭을 나타낼 수 없다.

ⓑ 국제식물분류학회에서 규정한 식물명명규약에 따라 명명된다.

ⓒ 린네의 명명법

ⓐ 린네가 제한한 이명법에 따라 속명과 종소명으로 구분하고 끝에 명명자를 붙인다.

ⓑ 라틴어를 사용하거나 라틴어화해야 한다.

ⓒ 속명 : 명사로 대문자로 시작

ⓓ 종소명 : 형용사이고 소문자로 시작한다.

ⓔ 종소명은 속명의 성과 일치시킨다(남성 – us, 여성 – a, 중성 – vum).

ⓕ 이탤릭체로 쓰거나 밑줄을 그어 구별한다.

ⓖ 반복 사용할 때는 두 번째부터는 속명의 첫머리 대문자만 사용할 수 있다.

ⓗ 잡종명은 종소명 사이 또는 속명 사이에 x자를 사용한다.

ⓘ 끝에 명명자를 대문자로 시작하며 정자로 넣는다.

ⓙ 아종(ssp.), 변종(var.) 재배품종(cv.)을 표기할 때는 삼명법을 이용하기도 한다.

ⓚ ssp.는 species의 복수형으로 속 내 전체 종을 의미하고 sp.는 속 내 1종만을 의미한다.

③ 식물학적 분류의 예

㉠ 식물적 분류체계에서는 주로 과, 속, 종의 분류계급이 실용적으로 쓰이며, 식물을 과명과 학명, 국명으로 소개하는 것이 일반적이다.

㉡ 국내 소개된 원예작물은 총 1,752종이다(2003, 한국원예학회).

ⓐ 채소 : 72과 225종으로 배추과 29종, 국화과 23종, 콩과 21종, 박과 20종, 미나리과 19종과 백합과 꿀풀과, 가지과 작물이 큰 비중을 차지하고 있다.

ⓑ 과수 : 37과 235종으로 장미과 80종, 운향과 48종이다.

ⓒ 화훼 : 153과 1,292종으로 백합과 92종, 국화과 85종, 장미과 63종, 난초과 62종에 속하는 종류가 많다.

㉢ 주요 원예식물의 식물학적 분류

무관속식물(하등식물)	포자식물	은화식물	선태식물	
			양치식물	
유관속식물(고등식물)			나자식물	
	종자식물	현화식물	피자식물	단자엽식물
				쌍자엽식물

구분	과명	부류
버섯류	송이버섯과	양송이, 팽이버섯, 표고버섯, 느타리버섯
양치식물	고란초과	보스톤고사리, 박쥐란
	고비과	고비
	고사리과	고사리, 공작고사리
나자식물	소나무과	소나무, 잣나무
	소철과	소철
	은행나무과	은행
	주목과	주목
	측백나무과	측백나무, 편백, 향나무
피자식물 (단자엽식물)	난초과	춘란, 심비디움, 한란, 카틀레야, 데드로비움, 호접란
	백합과	양파, 파, 마늘, 아스파라거스, 알로에, 원추리, 옥잠화, 히아신스, 맥문동, 튤립
	벼과	죽순, 단옥수수, 들잔디
	붓꽃과	붓꽃, 크로커스
	생강과	생강, 양하
	속세과	속세
	수선화과	수선화, 군자란, 문주란
	야자과	테이블야자, 아레카야자, 관음죽
	용설란과	용설란, 호리병란, 드라세나, 행운목, 산세베리아, 유카
	천남성과	토란, 디펜바키아, 스킨답서스, 몬스테라, 스파티필럼, 싱고니움, 칼라
	파초과	바나나, 파초, 극락조화
	가래나무과	호두
	가지과	고추, 토마토, 가지, 감자, 피튜니아
	갈매나무과	대추
	감나무과	감, 고욤
	갯질경이과	스타티스
	괭이밥과	사랑초
	국화과	국화, 우엉, 쑥갓, 상추, 참취, 데이지, 금잔화, 과꽃, 구절초, 코스모스, 달리아, 거베라, 해바라기, 백일홍

	꽃고비과	플록스, 꽃잔디
	꿀풀과	방아, 들깨, 로즈마리, 세이지, 콜레우스, 로즈마리, 셀비아
	노랑덩굴과	사철나무
	능소화과	능소화
	다래나무과	다래, 참다래
	대극과	크로톤, 포인세티아, 꽃기린
	돌나물과	돌나물, 에케베리아, 칼랑코에, 기린초
	두릅나무과	두릅나무, 땅두릅, 팔손이나무, 송아, 쉐프렐라
	때죽나무과	때죽나무, 쪽동백나무
	마과	마
	메꽃과	고구마, 나팔꽃
	명아주과	근대, 시금치
	목련과	목련, 일본목련, 튤립나무
	물푸레나무과	미선나무, 개나리, 나일락
	미나리과(산형화과)	셀러리, 고수, 당근, 미나리, 파슬리
피자식물	미나리아제비과	작약, 모란, 할미꽃
(쌍자엽식물)	박과	수박, 참외, 오이, 호박, 박, 여주, 수세미
	박주가리과	러브체인, 호야
	배추과(십자화과)	배추, 순무, 양배추, 브로콜리, 무, 고추냉이, 색양배추
	범위귀과	수국, 나무수국
	베고니아과	렉스베고니아, 꽃베고니아, 구근베고니아
	봉선화과	봉선화
	부처꽃과	배롱나무
	비름과	색비름, 맨드라미
	뽕나무과	무화과, 벤자민고무나무, 인도고무나무
	석죽과	카네이션, 패랭이꽃, 안개초
	선인장과	공작선인장, 비모란, 게발선인장
	쇠비름과	채송화
	수련과	연, 수련, 가시연꽃
	아욱과	아욱, 접시꽃, 부용, 무궁화, 당아욱
	앵초과	시클라멘, 프라뮬라

운향과	유자, 레몬, 온주밀감, 탱자
인동과	인동덩굴, 불두화, 병꽃나무
으름덩굴과	으름
자작나무과	개암
장미과	딸기, 모과, 사과, 자두, 복숭아, 배, 복분자딸기, 산딸기, 산사나무, 매화, 벚나무, 피라칸사, 장미, 찔레꽃, 해당화
제비꽃과	제비꽃, 팬지
제스네리아과	아프리칸바이올렛, 글록시니아
진달래과	블루베리, 만병초, 진달래, 산철쭉, 들쭉나무
차나무과	동백나무
초롱꽃과	더덕, 도라지
층층나무과	산딸나무, 산수유
콩과	강낭콩, 완두, 자귀나무, 신경초, 회화나무, 등나무
파키라과	파키라
포도과	머루, 포도(유럽종), 담쟁이덩굴
한련과	한련화
현삼과	금낭화
회양목과	회양목
후추과	페페로미아

(2) 용도에 따른 분류

식물의 분류는 식물학적 분류법을 사용하나 작물은 일반적으로 식물학적 분류법보다 이용성, 경제성, 재배성 등을 중심으로 분류한다. 식용작물, 공예작물, 사료작물, 녹비작물 그리고 원예작물 등으로 분류한다.

① **식용작물**(食用作物 food crop)

ㄱ) 곡숙류(穀菽 콩 숙 類 grain crop)

ⓐ 화곡류(禾穀類 cereal crop)

가. 미곡(米穀 rice) : 벼 또는 쌀을 미곡이라 하며 논벼(水稻 수도)와 밭벼(陸稻 육도)로 구분하기도 한다. 녹말이 많은 종자를 식용으로 이용하는 화본과(벼과) 작물이다.

나. 맥류(麥類 barleys) : 보리 종류의 작물을 통틀어 이르는 말이다.

예 보리, 밀, 귀리, 호밀 등

다. 잡곡(雜穀 miscellaneous grain crop) : 곡식작물 중 벼와 맥류를 제외한 모든 작물을 말한다.

예 조, 옥수수, 수수, 기장, 피, 메밀, 율무 등

　　　　ⓑ 두류(豆類 pulse crop) : 콩과에 속하는 작물이다.

　　　　　　예 콩, 팥, 녹두, 강낭콩, 완두, 땅콩 등

　　ⓒ 서류(薯類 root and tuber crops) : 감자과에 속하는 작물이다. 예 감자, 고구마

② **공예작물**[工藝作物 = 특용작물(特用作物) industrial crop]

작물을 가공하여 여러 가지 용도로 이용하기 위한 원료작물을 말한다.

　　㉠ 유료작물(油料作物 oil crop) : 참깨, 들깨, 아주까리, 유채, 해바라기, 콩, 땅콩 등

　　㉡ 섬유작물(纖維作物 fiber crop) : 목화, 삼, 모시풀, 아마, 왕골, 수세미, 닥나무 등

　　㉢ 전분작물(澱粉作物 starch crop) : 옥수수, 감자, 고구마 등

　　㉣ 당료작물(糖料作物 sugar crop) : 사탕수수, 사탕무, 단수수, 스테비아 등

　　㉤ 약용작물(藥用作物 medicinal crop) : 제충국, 인삼, 박하, 홉 등

　　㉥ 기호작물(嗜好作物 stimulant crop) : 차, 담배 등

③ **사료작물**(飼料作物 forage crop)

　　㉠ 화본과(禾本科 grasses) : 옥수수, 귀리, 티머시, 오처드그라스, 라이그라스 등

　　㉡ 두과(豆科 legumes) : 앨팰퍼, 화이트클로버, 자운영 등

　　㉢ 기타 : 순무, 비트, 해바라기, 돼지감자 등

④ **녹비작물**[綠肥作物 =비료작물(肥料作物) green manure crop]

식물의 줄기와 잎 등이 토양의 거름으로 사용되는 작물이다.

　　㉠ 화본과(禾本科 벼과) : 세포벽에 물질의 함량이 높고 질소함량이 낮아서 토양의 물리적 특성을 개량하는 데에 효과가 높은 작물이다. 예 귀리, 호밀 등

　　㉡ 콩과 (두료과) : 질소함량이 높은 편이어서 질소를 공급하는 측면에 있어서 효과가 높은 작물이다.

　　　　예 자운영, 베치 등

⑤ **원예작물**

채소(菜蔬), 과수(果樹) 등과 같이 식용에 필요한 작물이나 정원수, 화초 등과 같이 장식용으로 화훼(花卉) 작물들을 말한다.

　◦ 화훼 : 재배하여 관상용(觀賞用 두고 보면서 즐기는 데 씀)으로 이용하는 식물로 초본류(草本類 국화, 코스모스, 다알리아, 난초)와 목본류(木本類 철쭉, 동백, 유도화, 고무나무)로 구분하기도 한다.

　　㉠ 과수(果樹 fruit tree)

　　　ⓐ 형태적 분류

　　　　가. 인과류(仁果類) : 꽃받기의 피층이 발달하여 과육 부위가 되고 씨방은 과실 안쪽에 위치하여 과심 부위가 되는 과실 예 사과, 배, 모과 등

　　　　나. 핵과류(核果類) : 과육의 내부에 단단한 핵을 형성하여 이 속에 종자가 있는 과실 예 복숭아, 자두, 살구, 매실 등

　　　　다. 장과류(漿果類) : 포도, 딸기, 무화과 등

　　　　라. 각과류(殼果類 = 견과류) : 과피가 밀착·건조하여 껍질이 딱딱해진 과실 예 밤, 호두 등

마. 준인과류(準仁果類) : 성숙하면서 씨방벽 전체가 다육질로 되는 과즙이 많은 과실 **예** 단감, 감귤, 오렌지 등

ⓑ 꽃의 발육 부분에 따른 분류

가. 진과(참열매) : 씨방이 발육하여 과육이 된다. **예** 포도, 복숭아, 단감, 감귤

나. 위과(헛열매) : 씨방과 그 외의 화탁이 발육하여 과육이 된다. **예** 사과, 배, 딸기, 오이, 무화과

ⓒ 채소(菜蔬 vegetable)

ⓐ 과채류(果菜類 fruit vegetable) : 열매를 식용으로 하는 채소이다. **예** 오이, 호박, 참외, 수박, 토마토, 가지, 딸기 등

ⓑ 협채류(莢 꼬투리 협 菜類 pod vegetable) : 완두, 강낭콩, 동부 등

ⓒ 근채류(根菜類 root vegetable 뿌리채소) : 뿌리나 땅속줄기 따위를 식용으로 하는 채소이다.

가. 직근류 : 곧은 뿌리 채소 **예** 당근, 무

나. 괴근류 : 덩이뿌리 채소 **예** 고구마, 마

다. 괴경류 : 덩이줄기 채소 **예** 감자, 토란

라. 근경류 : 뿌리줄기가 덩이로 된 채소 **예** 생강, 연근, 고추냉이

　◦ **괴근**(塊根 tuberous root, swollen) : 고구마 등과 같이 저장기관으로 살찐 뿌리이며 영양분을 저장하고 덩어리 모양을 하고 있다.
　◦ **괴경**(塊莖 tuber) : 저장기관으로서의 역할을 하는 땅속의 줄기이다. 지하경이 비대하여 육질의 덩어리로 변한 줄기로 감자나 튤립 등에서 볼 수 있다.

ⓓ 경엽채류(莖葉菜類 stem and leaf vegetable) : 지상부를 이용하는 채소이며 배추, 양배추, 갓, 상추, 셀러리, 미나리, 아스파라거스, 양파, 마늘 등이 있다.

가. 엽채류(잎채소) : 배추, 양배추, 시금치

나. 화채류(꽃채소) : 콜리플라워, 브로콜리

다. 경채류(줄기채소) : 아스파라거스, 죽순

라. 인경채류(비늘줄기채소) : 양파, 마늘, 파, 부추

　◦ **조미채소** : 음식에 맛을 내는 데 쓰이며 마늘, 고추, 생강, 양파, 파(대파, 쪽파) 등이 있다.

ⓒ 화훼류(花卉類 flowering plant) 및 관상식물(觀賞植物 ornamental plant)

ⓐ 원예학적 분류

화훼식물의 생육습성에 따른 분류이다.

가. 초화류 : 한해살이풀 **예** 채송화, 봉선화, 나팔꽃, 해바라기, 맨드라미

나. 숙근초화류 : 여러해살이 식물로 겨울에 땅위 부분이 죽어도 이듬해 봄에 다시 움트는 식물 **예** 국화, 카네이션, 작약, 구절초, 군자란

　　　다. 구근초화류 : 땅속에 구형의 저장기관을 갖는 식물 **예** 백합, 다알리아, 칸나, 튤립, 수선화

　　　라. 관엽나무 : 사철나무, 주목, 야자류, 호랑가시나무, 고무나무

　　ⓑ 화목류

　　　아름다운 꽃이 피는 목본식물로 일반적으로 내한성과 나무의 특징에 따라 온실화목, 관목화목, 교목화목으로 분류한다.

　　　가. 온실화목 : 열대, 아열대 원산으로 노지에서 월동이 어려워 온실에서 재배하여 주로 실내식물로 이용한다. **예** 수국, 아잘레아, 꽃치자, 꽃기린, 하와이무궁화, 익소라, 협죽도 등

　　　나. 관목화목 : 키가 작고 기부에서 가지가 나온다. **예** 장미, 무궁화, 진달래, 철쭉, 개나리, 명자나무, 라일락, 모란 등

　　　다. 교목화목 : 키가 크고 원줄기에서 가지가 발달한다. **예** 배롱나무, 동백나무, 박태기나무, 목련, 산수유, 매화, 산사나무 등

　　ⓒ 용도에 의한 분류

　　　가. 분식용 : 화분에 심어서 재배하는 식물로 국화, 제라리움

　　　나. 절화용 : 장미, 국화, 백합, 카네이션

　　　다. 화단용 : 봉선화, 백일홍, 사루비아

(3) 생태적인 분류

① 생존연한에 의한 분류

　　㉠ 일년생작물(一年生作物 annual crop) : 봄에 파종하여 당해연도에 성숙, 고사하는 작물이다. **예** 벼, 대두, 옥수수, 수수, 조 등

　　㉡ 월년생작물(越年生作物 winter annual crop) : 가을에 파종하여 다음 해에 성숙, 고사하는 작물이다. **예** 가을밀, 가을보리 등

　　㉢ 2년생작물(二年生作物 biennial crop) : 봄에 파종하여 다음 해 성숙, 고사하는 작물이다. **예** 무, 사탕무, 당근 등

　　㉣ 다년생작물(多年生作物 = 영년생작물 perennial crop) : 대부분 목본류와 같이 생존연한이 긴 작물이다. **예** 아스파라거스, 목초류, 홉 등

> ◦ 목초(牧草) : 일반적으로 조사료용으로 재배되는 풀을 말하는데, 곡식의 수확 후 나오는 부산물(짚류 등)은 이에 포함시키지 않는다.

② 생육계절에 의한 분류

　　㉠ 하작물(夏作物) : 봄에 파종하여 여름철에 생육하는 일년생 작물이다. **예** 대두, 옥수수 등

　　㉡ 동작물(冬作物) : 가을에 파종하여 가을, 겨울, 봄을 중심으로 생육하는 월년생작물이다. **예** 가을보리, 가을밀 등

③ 온도반응에 의한 분류

　　㉠ 저온작물(低溫作物) : 비교적 저온에서 생육이 잘 되는 작물이다. **예** 맥류, 감자, 상추, 딸기, 배추, 무, 셀러리, 당근, 시금치 등

　　㉡ 고온작물(高溫作物) : 고온조건에서 생육이 잘 되는 작물이다. **예** 벼, 콩, 옥수수, 수수, 고추, 가지, 토마토 등

　　㉢ 열대작물(熱帶作物) : 고무나무, 카사바 등

　　㉣ 한지형목초(寒地型牧草 = 북방형목초 cold-season grass) : 서늘한 기후에서 생육이 좋고, 추위에 강하며, 더위에 약해 여름철 고온에서 하고현상을 나타내는 목초이다. **예** 티머시, 앨팰퍼 등

　　㉤ 난지형목초(暖地型牧草 = 남방형목초 warm-season grass) : 고온에서 생육이 좋고, 추위에 약하며, 더위에 강하다. **예** 버뮤다그래스, 매듭풀 등

④ 생육형에 의한 분류

　　㉠ 주형작물(株型作物 bunched crop) : 식물체가 각각의 그루가 포기를 형성하는 작물이다. **예** 벼, 맥류 등

　　㉡ 포복형작물(匍匐型作物 creeping crop) : 줄기가 땅을 기어서 지표를 덮은 작물이다. **예** 고구마, 호박 등

　　㉢ 직립형목초(直立型牧草 erect type) : 줄기가 균일하게 곧게 자라는 목초이다. **예** 오처드그래스, 티머시 등

　　㉣ 포복형목초(匍匐型牧草 creeping type) : 줄기가 땅을 기어 지표를 덮는 목초이다. **예** 화이트클로버 등

⑤ 저항성에 의한 분류

　　㉠ 내산성작물(耐酸性作物 acid tolerance crop) : 산성토양에 강한 작물이다. **예** 벼, 감자, 호밀, 귀리, 아마, 땅콩 등

　　㉡ 내건성작물(耐乾性作物 drought resistance crop) : 한발(旱魃 가뭄)에 강한 작물이다. **예** 수수, 조, 기장 등

　　㉢ 내습성작물(耐濕性作物 moisture tolerance crop) : 토양 과습(過濕 wet)에 강한 작물이다. **예** 밭벼, 골풀 등

> 벼, 미나리, 연 > 밭벼, 옥수수, 율무 > 토란 > 고구마 > 보리, 밀, 감자, 고추, 토마토, 메밀

　　㉣ 내염성작물(耐鹽性作物 salt tolerance plant) : 염분이 많은 토양에서 강한 작물이다. **예** 사탕무, 목화, 수수, 유채 등

　　㉤ 내풍성작물(耐風性作物 wind tolerance crop) : 바람에 강한 작물이다. **예** 고구마 등

　　㉥ 내한성작물(耐寒性作物 freezing resistance crop) : 추위에 잘 견디는 작물이다. **예** 보리, 밀, 호밀, 시금치 등

(4) 재배 및 이용에 의한 분류

① 작부방식에 관련된 분류

　　㉠ 논작물과 밭작물

　　㉡ 전작물과 후작물 : 전후작 또는 간작 시 먼저 심는 작물을 전작물, 뒤에 심는 작물을 후작물이라 한다.

　　㉢ 중경작물(中耕作物 cultivated crop)

　　　　ⓐ 작물의 생육 중 반드시 중경을 해 주어야 되는 작물로서 잡초가 많이 경감되는 특징이 있다.

　　　　ⓑ 옥수수, 수수 등

ⓐ 휴한작물(休閑作物 fallow crop)

    ⓐ 경지를 휴작하는 대신 재배하는 작물

    ⓑ 지력의 유지를 목적으로 작부체계를 세워 윤작하는 작물

    ⓒ 비트, 클로버, 앨팰퍼 등

  ⓜ 윤작작물(輪作作物 notation crop) : 중경작물 또는 휴한작물은 대부분 윤작체계에 도입되어 잡초방제나 지력유지에 좋은 작물로 선택될 수 있다.

  ⓗ 대파작물[代播作物 대용작물(代用作物) substitute crop emergency crops, substitute crop] : 재해로 주작물의 수확이 어려울 때 대신 파종하는 작물이다.

  ⓢ 구황작물(救荒 거칠다 作物, 비황작물 備荒作物 emergency crop)

    ⓐ 기후의 불순으로 인한 흉년에도 비교적 안전한 수확을 얻을 수 있어 흉년에 크게 도움이 되는 작물이다.

    ⓑ 조, 수수, 기장, 메밀, 고구마, 감자 등

  ⓞ 흡비작물(吸肥作物, 포착작물 捕捉作物 catch crops)

    ⓐ 뿌리가 깊어 다른 작물이 흡수하지 못하는 비료분도 잘 흡수 간직하여 유실될 비료분을 잘 포착, 흡수, 이용 효과를 갖는 작물이다. 토양에 집적된 과잉 양분을 제거하기 위해서도 사용하는 작물이다.

    ⓑ 앨팰퍼, 스위트클로버, 화본과 목초 등

② **토양보호와 관련하여 분류**

  ㉠ 피복작물(被覆作物 cover crop 토양보호작물) : 토양을 강우로부터 차단하여 경지가 우적침식(雨滴浸蝕) 또는 수식(水蝕 water erosion)되어 비료의 유출 및 침식으로부터 막기 위하여 과수 사이 또는 계절적 작물 사이에 재배되는 작물이다.

> ◦ 우적침식 : 물에 의한 토양의 침식을 말한다. 빗방울이 땅에 떨어지면서 지표의 토양을 파헤쳐서 토양 입자가 분산되는 침식이다.
> ◦ 수식 : 물에 의한 토양의 침식을 말한다.

  ㉡ 토양조성작물(土壤造成作物 soil building crop) : 콩과목초 또는 녹비작물과 같이 토양 보호와 지력 증진의 효과를 가진 작물이다.

  ㉢ 토양수탈작물(土壤收奪作物 soil depleting crops) : 토양의 영양분을 섭취하기만 하여 비료분을 공급해 주어야 하는 작물이다. 화곡류(禾穀類 쌀, 보리 등) 등이다.

③ **경영면과 관련된 분류**

  ㉠ 동반작물(同伴作物 companion crop) : 하나의 작물이 다른 작물에 어떤 이익을 주는 조합식물이다. 동반작물의 조합에는 여러 가지 형태가 있다. 반대되는 성격을 서로 보완하는 것이 동반작물의 궁합과 기본원리이다.

    ⓐ 햇빛을 좋아하는 작물과 그늘을 좋아하는 작물

ⓑ 뿌리가 깊게 뻗는 작물과 얕게 뻗는 작물

ⓒ 양분을 많이 필요로 하는 작물과 적게 필요로 하는 작물

ⓓ 질소를 고정하는 능력이 많은 작물과 그 반대인 작물

ⓔ 벌레가 좋아하는 작물과 싫어하는 작물

ⓕ 생장이 빠른 작물과 늦은 작물

ⓖ 꽃이 빨리 피어 익충(益蟲)을 부르는 작물과 꽃이 늦게 피거나 피지 않는 작물

ⓗ 초장이 짧은 작물과 긴 작물

ⓘ 주작물을 보호하기 위해 벌레가 좋아하는 작물을 미끼로 심는 것 등이 그 예이다.

✎ 더 알아보기 상호작용이 좋은 작물

> **1** 파, 부추, 마늘류 + 각종 채소, 화훼 : 연작 장해, 토양 병해, 방충 효과
>
> **2** 셀러리 + 토마토, 배추, 양배추 : 독특한 냄새가 풍겨 벌레가 오지 않음
>
> **3** 매리 골드 + 가지, 오이, 미쓰바 : 선충 피해에 탁월한 효과가 있는 강한 냄새로 벌레를 쫓음
>
> **4** 강낭콩 + 옥수수, 감자 : 벌레가 달라붙지 않음
>
> **5** 토마토, 고추 + 양배추, 배추 : 벌레 예방
>
> **6** 상추 + 양배추 : 벌레 예방
>
> **7** 우엉 + 시금치 : 양쪽 모두 생육이 좋아짐
>
> **8** 20일무 + 오이류(포기 둘레에 심는다) : 무의 냄새로 오이잎벌레가 오지 않음
>
> **9** 생강, 미쓰바 + 오이(포기 둘레에 심는다) : 반나절은 음지에 있어도 자람이 좋음
>
> **10** 상추 + 당근 : 양쪽 모두 생육이 좋아짐
>
> **11** 보리류 + 오이류, 가지류, 고구마 : 보리류는 대부분 채소류와 상호작용이 좋음
>
> **12** 아스파라거스 + 각종 채소 : 방충, 선충 예방 효과

ⓛ 자급작물(自給作物 home-consuming crop) : 판매나 이윤을 목적으로 하는 것이 아닌 농가에서 자급을 위하여 재배하는 작물로 벼, 보리 등이 있다.

ⓒ 환금작물(換金作物 cash crop) : 주로 판매를 목적으로 재배하는 작물로 담배, 아마, 차 등이 해당된다.

ⓔ 경제작물(經濟作物 economic crop) : 환금작물 중 특히 수익성이 높은 작물이다.

④ **용도에 따른 사료작물의 분류**

ⓛ 청예작물(靑刈 베다 作物 = 풋베기작물 soiling crop) : 줄기나 잎을 사료로 사용할 목적으로 재배하고 곡식이 익기 전에 베어서(풋베기) 생초를 그대로 또는 건초나 사일리지 형태로 이용하는 작물이다.

ⓛ 건초작물(乾草作物 hay crop) : 생초를 베어 들여서 수분함량이 15% 이하가 될 때까지 건조하여 저장한 사료작물이다. **예** 티머시, 앨팰퍼 등

ⓒ 사일리지작물(silage crop) : 좀 늦게 풋베기하여 사일리지 제조에 많이 이용되는 작물이다. **예** 옥수수, 수수, 풋베기콩 등

ⓔ 종실사료작물(種實飼料作物) : 사료작물을 재배할 때 풋베기하지 않고 성숙 후 수확해 종실을 사료로 이용하는 작물이다. **예** 맥류나 옥수수 등

ⓜ 방목작물(放牧作物) : 가축을 방목하여 사육하는 경우 생초 상태에서 먹이로 이용되는 작물이다.
　　예 캔터키블루글라스, 톨페스큐(tall fescue), 라디노클로버 등

> ◦ 사일리지 : 옥수수의 줄기 잎, 쌀보리 등의 푸른 잎 혹은 채소 쓰레기, 고구마 덩굴 따위를 잘게 썰어
> 사일로(silo)에 채워 젖산 발효시킨 다즙질 가축사료이며 '엔실리지(ensilage)', '매초' 또는 '담근먹이'라고
> 도 한다.
> ◦ 사일로(silo) : 한랭지대의 목초저장용 원탑형의 창고이다.
> ◦ 풋베기작물 : 작물의 잎이 파릇파릇할 때 잘라서 사용하는 것이다.

제3절　작물의 구조

1 작물의 기본구조

(1) 식물의 기본체계

① 세포 – 조직 – 기관 – 식물체
② 원형질
　ㄱ 살아있는 세포의 내용물로서 생명활동이 일어나는 부분이다.
　ㄴ 핵, 세포질, 세포막, 엽록체, 미토콘드리아, 리보솜, 소포체, 골지체 등
③ 후형질
　ㄱ 생명활동의 결과로 만들어지는 부분이다.
　ㄴ 세포벽, 액포

더 알아보기　식물세포에만 존재하는 기관

　색소체, 세포벽, 액포

④ 세포벽
　ㄱ 중층의 형태로 1차벽, 2차벽으로 구성된다.
　ㄴ 펙틴(pectin)
　　ⓐ 세포벽 사이에 존재하여 세포를 단단하게 유지시키는 다당류 물질이다.
　　ⓑ 과실, 채소의 육질정도를 지배하는 중요한 성분으로서 경도, 먹는 촉감에 영향을 준다.
　　ⓒ 미숙과 : 불용성 펙틴(Ca, Mg, 당, 셀룰로오스 등과 결합) 상태
　　ⓓ 성숙(진행)과 : 가용성 펙틴으로 변환된 상태

(2) 일반적 형태와 구조

① 기부와 말단부

  ㉠ 기부(基部 proximal) : 지표와 맞닿은 부분으로 줄기와 뿌리의 경계부위를 의미하며, 식물체의 지표와 맞닿은 부분을 지제부(地際部 soil surface)라 한다.

  ㉡ 말단부(末端部 distal)

  ⓐ 줄기와 뿌리의 정단부(頂端部 선단 부분)를 의미한다.

  ⓑ 줄기의 정단부에는 생장점이 있으며, 이를 어린잎이 감싸 정아(頂芽 선단에 형성되는 싹)를 형성한다.

  ⓒ 뿌리의 정단부에도 생장점이 있으며 이를 감싸 보호하는 근관(root cap 뿌리골무)이 있다.

② 지상부 슈트계

  ㉠ 슈트(shoot) : 어린 가지의 새싹을 의미하며, 잎, 줄기, 꽃의 구분이 모호하여 '슈트'라는 용어를 사용하며, 줄기와 그 위 잎, 눈, 꽃, 과실 등을 모두 포함한다.

  ㉡ 축은 줄기이며, 축의 안쪽을 향축, 바깥쪽을 배축이라 한다.

  ㉢ 줄기는 일정 간격으로 마디를 형성하며, 마디에 잎이 달린다.

  ㉣ 마디 엽액(葉腋)에 액아(腋芽)가 형성되어 측지(側枝)가 된다.

> ° 엽액(葉腋 leaf axil) : 식물의 가지나 줄기에 잎이 붙은 자리를 말한다.
> ° 액아(腋芽 axillary bud, lateral bud) : 곁눈의 일종으로 잎의 겨드랑이에 달리는 겨울눈으로 보통 한 개씩 달린다. 줄기의 마디 엽액에 분화되어 장차 새 가지나 잎이 될 눈이다.
> ° 측지(側枝) : 결과모지, 결과지를 착생시켜 결과부의 중심을 이루는 곁가지이다.
> ° 결과모지(結果母枝) : 결과지가 붙은 가지로 결과지보다 1년 더 묵은 가지이다.
> ° 결과지(結果枝) : 과실이 직접 붙어 있는 가지이다.

2 분열조직과 성숙조직

(1) 분열조직

① 의의 : 세포분열이 계속 일어나는 조직을 의미한다.

② 생장점(정단분열조직) : 줄기와 뿌리 끝에 분포하며 길이 생장을 주도한다.

③ 형성층(측재분열조직) : 다년생 목본은 신장생장과 함께 비대생장을 하는데, 이는 줄기와 뿌리 내부에 분포하는 형성층의 세포분열로 비대생장이 일어난다.

④ 절간분열조직(개재분열조직) : 화본과 식물은 줄기의 마디 사이와 엽초(葉鞘)와 엽신(葉身)의 기부에 분열조직이 분포한다.

> ° 엽초(葉鞘 leaf sheath) : 화본과 식물에서 잎자루에 해당하는 밑 부분이 칼집모양으로 되어 줄기를 싸고 있는 것을 말한다.
> ° 엽신(葉身 lamina, leaf blade) : 잎에서 잎자루를 제외한 잎사귀를 이루는 넓은 몸통 부분이다.

(2) 성숙조직

① 의의
  ㉠ 분열조직에서 분열한 세포들은 다양한 조직을 만들며, 생장점에 의한 길이생장(1기생장)으로 분화된 조직을 1기조직, 형성층에 의한 비대생장(2기생장)으로 분화된 조직을 2기조직이라 한다.
  ㉡ 성숙한 모든 조직은 표피조직, 유관속조직, 기본조직으로 나눌 수도 있다.

② 표피조직(表皮組織 epidermal tissue)
  ㉠ 내부 조직을 보호하기 위한 식물체 표피를 덮는 조직이다.
  ㉡ 기공, 수공을 가지고 있어 가스교환, 증산작용을 조절하며, 뿌리에서는 양분과 수분을 흡수한다.
  ㉢ 비대생장을 하는 식물은 비대과정에서 표피가 파괴되고 코르크형성층의 활동으로 발달하는 주피가 표피의 역할을 대신한다.

③ 유관속조직(維管束組織 통도조직)
  ㉠ 물과 양분의 길 구실을 하는 통도조직이다. 목부와 사부로 구분하며 물질의 수송을 담당하는 관과 부수적 세포로 구성된 복합조직이다.
  ㉡ 목부(木部 xylem 물관부) : 토양에서 흡수한 수분과 무기양분을 수송한다. 도관(導管 물관), 가도관(假導管 헛물관), 목부섬유, 목부유조직으로 된 복합조직이다.
  ㉢ 사부(篩部 phloem 체관부) : 광합성 등으로 생산된 유기물질을 수송한다.
  ㉣ 유관속 배열방식은 식물에 따라 다양하며, 물관세포는 성숙하면 죽지만 사관세포는 계속 살아있다.
  ㉤ 유관속은 전 부위로 연결되어 식물체를 지지해 주는 기능도 갖고 있다.

④ 기본조직(基本組織 fundamental tissue, ground tissue 유조직)
  ㉠ 표피조직과 유관속조직을 제외한 나머지 조직으로서 생물의 생장에 기본적으로 필요한 조직을 말한다.
  ㉡ 잎의 책상조직과 해면조직, 줄기와 뿌리의 피층과 수(pith) 등이다.
  ㉢ 광합성과 같은 기본적 물질대사가 일어나고 다양한 동화물질을 저장한다.
  ㉣ 세포벽이 비후한 후각(厚角)세포와 후벽(厚壁)세포로 이루어진 기계조직(보호조직)은 식물체를 지지해 주는 기능을 한다.

3 식물의 기관

(1) 영양기관

① 의의
  줄기, 잎, 뿌리 등이 해당되며 양분과 수분을 흡수하여 동화작용을 하고, 합성된 물질의 저장, 때로는 번식기관으로 이용된다.

② 줄기
  ㉠ 식물의 기본 축으로 잎, 눈, 꽃, 과실 등을 부착한다.

ⓛ 유관속(維管束)이 분포되어 물과 양분을 수송한다.

ⓒ 때로는 광합성을 하기도 하고, 저장기관이 되기도 한다.

ⓡ 외부구조

    ⓐ 주지와 측지로 나누며 마디에서 잎이 발생하며 엽액에서 측지가 발생한다.

    ⓑ 줄기끝에는 생장점이 있으며 수목은 아린(芽鱗 눈비늘조각)으로 싸여 눈을 형성한다.

    ⓒ 눈의 구분

        가. 엽아(葉芽)와 화아(花芽)

            • 엽아[葉芽 leaf(foliar) bud] : 엽눈이라고도 하며 발아 후 새 가지로 자라는 것으로 꽃이 피지 않는 눈을 말한다.

            • 화아(花芽 flower bud) : 꽃눈이라고도 하며 식물에서 꽃이 될 눈이다. 암술과 수술이 성장할 때까지 턱이나 화관에 의해 보호된다.

        나. 위치에 따라 정아(頂芽), 액아(腋芽), 측아(側芽)로 구분한다.

            • 정아(頂芽 definite bud, terminal bud) : 줄기나 가지 끝부분에 나 있는 겨울눈을 말한다.

            • 액아(腋芽 axillary bud, lateral bud) : 곁눈의 일종으로 잎의 겨드랑이에 달리는 겨울눈으로 보통 한 개씩 달린다. 줄기의 마디 엽액(葉腋 leaf axil 식물의 가지나 줄기에 잎이 붙은 자리)에 분화되어 장차 새 가지나 잎이 될 눈이다.

            • 측아(側芽 lateral bud) : 가지의 정부 이외의 각 절(마디)에서 형성된 싹의 총칭이다. 엽액에 달린 눈을 말한다. 액아(腋芽)라 하기도 한다. 곁눈이다.

    ⓓ 줄기의 변형 : 칸나 지하경, 딸기 포복경, 토마토 평복경, 선인장 다육경, 콜라비 비대경, 감자 괴경, 글라디올러스 구경 등이 있다.

ⓜ 해부구조

    ⓐ 쌍자엽식물은 유관속이 환상으로 배열되어 있고 단자엽식물은 기본조직이 산재되어 있다.

    ⓑ 다년생 목본식물은 유관속 형성층이 비대생장을 주도하고 형성층 안쪽 목부는 세포벽이 두꺼워지고 목질소가 단단한 재로 변하며, 계절별 생장속도의 변화에 따라 나이테가 생긴다.

    ⓒ 형성층 바깥쪽은 사부로 되어 있으며 사부를 포함하는 표피조직을 수목에서는 수피라 한다.

③ 잎

  ⓖ 외부구조

    ⓐ 쌍자엽식물은 엽병(잎자루)과 엽신으로 구성되어 있고, 단자엽식물은 엽병 대신 엽초(잎집)를 갖는다.

    ⓑ 엽서(葉序 leaf arrangement) : 식물 줄기에 잎이 착생되는 순서를 말한다. 즉, 생장점으로 잎이 출현되는 과정으로서 잎차례라고도 한다. 잎의 배열순서는 마주나기, 어긋나기, 모여나기, 돌려나기 등이 있다.

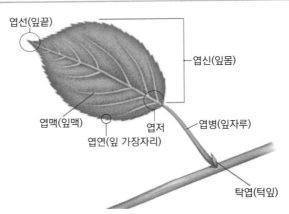

> **더 알아보기** **잎의 구조**(출처 : 산림청)
>
> 1 **엽신**(葉身 잎몸) : 식물에 필요한 영양분을 얻기 위해 광합성작용을 하는 부분이며, 모양은 식물에 따라 다양한 형태로 관찰된다.
> 2 **엽선**(葉先 잎끝) : 엽신의 윗부분을 말한다.
> 3 **엽연**(葉緣 잎 가장자리) : 잎의 가장자리를 말한다.
> 4 **엽저**(葉底) : 엽신에서 아랫부분을 말한다.
> 5 **엽맥**(葉脈 vein) : 잎맥이라고도 한다. 식물의 잎에 있는 관다발을 말하며 물과 양분의 이동 통로이다. 잎맥은 줄기의 관다발과 연결되어 있다.
> 6 **엽병**(葉柄 잎자루) : 엽신을 줄기와 연결해주는 역할을 하며 식물에 따라 엽병이 없는 경우도 있다.
> 7 **탁엽**(托 맡기다 葉 턱잎) : 엽병 끝부분에 붙어 있는 작은 잎을 말한다.

ⓒ 기능
　ⓐ 광합성, 가스교환, 수분배출이 주요 기능이다.
　ⓑ 기공의 증산작용과 수공의 일액현상을 통해 수분이 배출된다.

> ◦ **일액현상**(溢液現象 guttation) : 식물에 흡수된 물 중 일부는 구성물로 되고 대부분은 체외로 배출되는데, 배출되는 수분의 대부분은 기공을 통해서 증산작용에 의하여 기체상태로 대기 중으로 확산된다. 그러나 일부는 식물의 배수조직을 통하여 액체의 상태로 배출되는 현상이다.

ⓒ 특이한 잎으로는 덩굴손은 지지 기능을 하며, 가시, 아린(芽鱗 눈을 싸고 있는 비늘), 포(苞 bract 꽃대의 밑 또는 꽃꼭지의 밑에 있는 비늘 모양의 잎)는 보호기능을, 인경(鱗莖 bulb 비늘줄기)은 저장기능을 한다.
ⓔ 표피세포가 특수화된 공변세포(孔邊細胞 guard cell 식물체 내 이산화탄소 등의 기체 출입과 증산작용을 조절하는 세포)가 있어 기공과 수공을 형성하며, 기공은 잎의 후면에 더 많이 분포한다.
ⓜ 쌍자엽식물은 책상조직(위쪽에서 아래로 길쭉한 울타리조직)과 해면조직(책상조직 아래에 있는 둥근 모양의 세포들로 이루어진 조직)으로 뚜렷하게 구분되고 책상조직에서 광합성의 90% 이상이 일어난다.

ⓗ 단자엽식물과 나자식물(겉씨식물)은 해면조직만 있다.

ⓢ 유관속 조직이 엽맥을 구성한다.

④ 뿌리

ⓖ 근관(root cap 뿌리골무) : 유조직으로 뿌리 선단에 위치한 생장점을 보호한다.

ⓛ 생장점(生長點 growing poin) : 뿌리 선단에 위치하며 분열을 하는 조직이다.

ⓒ 신장대(伸長帶) : 생장점에서 만들어진 세포들이 길게 자라는 부분이다.

ⓡ 근모(根毛 root hair 뿌리털) : 뿌리의 표피세포 중 일부의 표면이 돌출해서 길게 신장되어 만들어진 것으로, 물과 양분을 흡수하는 표면적을 증가시킨다.

ⓜ 뿌리의 기능

ⓐ 식물체의 지지 기능

ⓑ 수분, 양분의 흡수 기능

ⓒ 토양의 양분을 용해하는 기능

ⓓ 토양의 공기를 호흡하는 기능

(2) 생식기관

① 의의

번식과 종족의 유지를 위한 종자를 생산하는 역할을 한다.

② 꽃

ⓖ 식물이 성숙하고 일정 생육단계에서 적절한 자극에 의해 생장점이 꽃눈으로 변하고, 꽃눈이 발달하여 꽃을 형성하며, 수정과정을 거쳐 과실과 종자를 생성한다.

ⓛ 완전화의 구조는 꽃잎, 꽃받침, 암술, 수술로 이루어져 있다.

ⓒ 암술(pistil)은 기본 구성단위를 '심피'라 하며, 꽃에 따라 1~2개의 심피로 구성되어 있고, 심피는 꽃의 자성(female) 생식기관인 암술(pistil)의 구성 단위로 암술머리(주두 stigma), 암술대(화주 style), 씨방(자방 ovary)으로 이루어져 있다. 씨방(자방) 안의 배주(胚珠)가 자라서 종자를 형성한다.

ⓡ 수술(stamen)은 수술대(화사)와 꽃밥(약)으로 구성되어 있으며, 꽃밥(약)에는 꽃가루(화분)가 들어 있다.

- 수술대(화사 花絲 filament) : 수술에서 꽃밥을 받치는 기관이다. 보통 가늘고 길지만 종에 따라 크기, 모양이 다르고 수술대가 없기도 하다.
- 꽃밥(약 葯 anther) : 수술의 일부분으로 수술의 끝에 달려 꽃가루를 만들어 담는 기관이다. 종에 따라 크기나 모양이 다르며 익으면 터지거나 뚫리면서 꽃가루가 나온다(소포자낭).

ⓜ 밀선이 발달하여 꿀을 분비한다.

- 밀선(蜜腺 nectary 꿀샘) : 꽃에서 당을 포함한 점액을 분비하는 기관이다. 곤충이나 새를 유인하여 꽃가루의 매개 역할을 하기도 한다.

    ⓗ 화경(花梗 peduncle 꽃이 달리는 줄기)에 꽃의 배열 순서를 화서(花序 inflorescences 꽃차례)라고 한다.

    ⓢ 꽃의 형태에 따른 분류

        ⓐ 양성화(자웅동화) : 암수 한 꽃에 → 완전화

        ⓑ 단성화(자웅이화) : 암수 중 하나만 → 불완전화

        ⓒ 자웅 동주

            가. 암수 동일 개체에 있는 것

            나. 배, 무, 양배추, 양파, 수박, 오이, 밤

        ⓓ 자웅 이주

            가. 암수 서로 다른 개체에 있는 것

            나. 은행, 참다래, 시금치, 아스파라거스

③ 종자

    ㉠ 종자의 의의

        ⓐ 생물의 번식에 필요한 기본 물질인 씨앗을 의미한다.

        ⓑ 식물의 경우 작물을 재배할 때 번식의 기본단위로 사용되는 것에는 종자와 그 밖에 뿌리 · 줄기 · 잎 등의 영양기관도 있는데 이들을 총칭하여 종묘(種苗)라고 한다.

    ㉡ 종자의 형태 및 구조

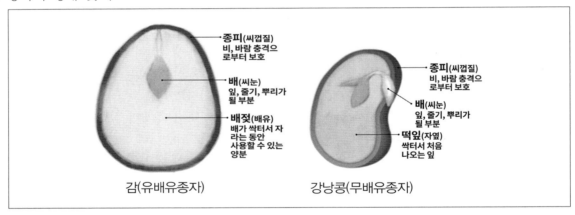

감(유배유종자)   강낭콩(무배유종자)

        ⓐ 종자의 형태

            가. 유배유종자(감) : 종피, 배, 배젖(배유)으로 구성되어 있다.

            나. 무배유종자(강낭콩) : 종피, 배, 떡잎(자엽)으로 구성되어 있다.

        ⓑ 종자의 구조

            가. 종피(씨껍질) : 배를 보호하고 발아를 조절하고 산포를 돕는다.

> ◦ 산포(散布 dispersion) : 개체가 몸에 여러 가지 산포체를 준비하고 분산하여 다음 세대의 개체수를 확대하는 것을 말한다.

나. 배젖(배유) : 배의 생장에 필요한 양분을 저장하는 기관이다.

　　다. 배(씨눈) : 장차 식물개체로 발전해 가는 요소로 유아, 자엽, 배축, 유근 등이 발달되어 있
　　　으며 이들의 발달 정도는 종자에 따라 다르다.

　　라. 떡잎(자엽) : 유배유종자의 배유의 역할을 하는 기관이다.

④ 과실

　㉠ 자방이 성숙하여 주변 조직과 함께 과실로 발달하며, 일반적으로 자방벽은 과피로 발달하고 그 안
　　에 있는 종자를 보호한다.

　㉡ 과피는 외과피, 중과피, 내과피로 구분된다.

　㉢ 진과(참열매) : 자방조직만으로 된 열매이다.

　㉣ 위과(헛열매)

　　ⓐ 자방조직 이외 조직이 포함된 열매이다.

　　ⓑ 사과는 화통(꽃받침)이 비대한 것이고, 딸기는 화탁(꽃자루)이 발달한 것이다.

CHAPTER 02 작물의 품종

제1절 작물의 품종과 계통

1 품종과 계통

(1) 품종

① 의의

작물의 기본단위이자 재배적 단위로 특성이 균일한 농산물을 생산하는 집단이다.

② 종과 작물

㉠ 종(種 species) : 식물분류학에서 식물의 종류를 나누는 기본단위이다.

㉡ 속(屬 genus) : 종 바로 위의 분류단위이다.

③ 품종의 구분

㉠ 다른 것과 구별되는 특성을 가진다.

㉡ 특성이 균일하다.

㉢ 세대의 진전에도 특성이 변하지 않는다.

④ 우량품종

품종 중 재배적 특성이 우수한 품종을 말한다.

⑤ 우량품종의 구비조건

㉠ 균일성

ⓐ 품종에 속한 모든 개체들의 특성이 균일해야만 재배 이용상 편리하다.

ⓑ 특성의 균일은 모든 개체들의 유전형질이 균일해야 한다.

㉡ 우수성

ⓐ 다른 품종에 비하여 재배적 특성이 우수해야 한다.

ⓑ 종합적으로 다른 품종들보다 우수해야 한다.

ⓒ 재배특성 중 한 가지라도 결정적으로 나쁜 것이 있으면 우량품종으로 보기 어렵다.

㉢ 영속성

ⓐ 균일하고 우수한 특성이 후대에 변하지 않고 유지되어야 한다.

ⓑ 특성이 영속되려면 종자번식작물에서는 유전형질이 균일하게 고정되어 있어야 한다.

ⓒ 종자의 유전적, 생리적, 병리적 퇴화가 방지되어야 한다.

㉣ 광지역성

ⓐ 균일하고 우수한 특성의 발현, 적응되는 정도가 가급적 넓은 지역에 걸쳐서 나타나야 한다.

ⓑ 재배예정 지역의 환경에 적응성이 있어야 한다.

> **더 알아보기   우량종자의 구비조건**
>
> 1 우량품종에 속하는 것이어야 한다.
> 2 유전적으로 순수하고 이형종자가 섞이지 않은 것이어야 한다.
> 3 충실하게 발달하여 생리적으로 좋은 종자이어야 한다.
> 4 병·해충에 감염되지 않은 종자이어야 한다.
> 5 발아력이 건전하여야 한다.
> 6 잡초종자나 이물이 섞이지 않은 것이어야 한다.

(2) 계통

① 계통

  ㉠ 재배 중 품종 내 유전적 변화가 일어나 새로운 특성을 가진 변이체의 자손이다.

  ㉡ 품종 육성을 위해 인위적으로 만든 잡종집단에서 특성이 다른 개체를 증식한 개체군이다.

② 순계(pure line)

  ㉠ 계통 중 유전적으로 고정된 것(동형접합체)이다.

  ㉡ 자식성 작물은 우량 순계를 선정해 신품종으로 육성한다.

  ° **자식성 작물**(自殖性作物 autogamous crop) : 자가수정을 하는 작물을 말하며 일반적으로 자연교잡율이 4% 이하인 것을 말한다.

③ 영양계(clone)

  ㉠ 영양번식작물에서 변이체를 골라 증식한 개체군이다.

  ㉡ 영양계는 유전적으로 잡종상태(이형접합체)라도 영양번식으로 그 특성이 유지되므로 우량 영양계는 그대로 신품종이 된다.

제2절   품종의 특성과 신품종

1 품종의 형질과 특성

(1) 형질과 특성

① 형질(character)

  ㉠ 작물의 형태적, 생태적, 생리적 요소   ㉡ 작물의 키, 숙기(출수기) 등

② 특성(characteristic)

  ㉠ 품종의 형질이 다른 품질과 구별되는 특징   ㉡ 숙기의 조생과 만생, 키의 장간과 단간 등

(2) 재배적 특성

품종에 속해 있는 개체들의 형태적, 생리적, 생태적 형질을 그 품종의 특성이라 하며 재배 이용상 가치와 밀접한 관련이 있는 특성을 재배적 특성이라 하며, 일반적인 작물의 주요 재배적 특성은 다음과 같다.

① 간장(稈長)

키가 큰 벼, 보리, 수수 등은 장간종, 단간종으로 구별되며, 키가 큰 것은 도복되기 쉽다.

> ◦ 도복(倒伏 lodging) : 수직된 위치(位置) 또는 처음 위치에서 엎어지는 것과 같은 식물의 탄력(彈力)이 없는 변형이다. 작물이 땅 표면 쪽으로 쓰러지는 것을 말한다.

② 까락(芒 artista, awn)

벼나 보리에 있는 것과 같이 싸개껍질이나 받침껍질의 끝부분이 자라서 털 모양이 된 것으로서 화본과 식물 분류에 중요 역할을 한다.

ㄱ 벼나 맥류는 까락의 유무에 따라 유망종, 무망종이 있다.

ㄴ 까락은 수확 후 작업에 영향을 미친다.

ㄷ 최근에 육성된 품종은 대부분 무망종이다.

③ 초형(草型)

ㄱ 벼, 맥류, 옥수수 등은 윗 잎이 짧고 직립인 것은 포장(圃場 field 작물 키우는 땅)에서 수광능률을 높이는 데 유리하다.

ㄴ 우리나라 통일벼 품종이 일반형 품종보다 다수성인 것은 단간직립초형으로 내도복성이 크고 수광 상태가 좋고, 단위면적당 이삭 꽃 수가 많아 저장기관이 크고 광합성 능력과 동화물질의 이전효율이 높기 때문이다.

> ◦ 단간직립형(短稈直立形) : 벼 품종에 있어서 간장은 짧고 출수 후 지엽을 비롯한 상위의 엽들이 늘어지지 않고 뻣뻣이 서서 군락상태에서 수광태세가 좋은 특성을 가진 품종을 말한다. 이 같은 품종은 광합성 능력이 극히 양호하여 다수성인 품종적 특성으로 평가할 수 있다.
> ◦ 다수성(多收性 high yielding ability) : 유전형질이 다수확 생산능력을 갖고 있는 특성을 말한다.

④ 조만성(早晩性)

ㄱ 벼의 경우 산간지 또는 조기재배 시는 조생종, 평야지대에서는 만생종이 수량이 많아 유리하다.

> ◦ 조생종(早生種 early maturing cultivar, early maturing variety) : 같은 시기에 파종하더라도 일찍 개화 되어 성숙됨으로서 종자를 단시일 내에 형성할 수 있는 품종이다.
> ◦ 만생종(晩生種 late variety) : 생태적으로 정상보다 생육기간이 길고 성숙 및 수확기가 늦은 품종으로 조 생종(早生種)에 대응되는 말이다.

ㄴ 맥류는 작부체계상 조숙종(早熟種 유전적으로 성숙에 도달하는 속도가 빠른 품종)이 유리하다.

ㄷ 출수기를 기준으로 한다.

⑤ 저온발아성(低溫發芽性)

ㄱ 벼에서는 13°C에서 발아세를 기준으로 저온발아성을 평가한다.

ㄴ 조파나 조기육묘 및 직파재배에 저온발아성이 큰 품종은 유리하다.

ㄷ 벼에서는 일반적으로 저온발아성은 메벼(粳稻 nonglutinous rice) 보다는 찰벼(glutinous rice, waxy rice)가,

몽근벼(까락이 없는 벼) 보다는 까락벼가 좋다.

⑥ 품질(品質)

　　㉠ 품질은 용도에 따라 달라 품질의 내용이 복잡하다.

　　㉡ 벼는 미질이 좋아서 밥맛이 좋은 품종이 유리하다.

　　㉢ 밀에 있어서는 빵용은 경질인 품종이, 제과용으로는 분상질인 품종이 알맞다.

> 。경질(硬質) : 매끄럽지 못하고 다소 거칠며 결정상의 알맹이를 가진 밀가루의 분질이다. 경질은 단백질 함량이 높고 신장력이 좋아 고급빵을 만드는 데 적합하다.
> 。분상질(粉狀質) : 종자 내부의 조직이 치밀하지 못하고 공간이 많아 희게 보이는 밀의 분질이다. 밀의 물리적 구조를 말할 때 사용하는 용어로 분상질은 대개 단백질 함량이 낮다.

⑦ 광지역성(廣地域性)

　　㉠ 숙기(조만성)는 품종의 지리적 적응성에 관여한다.

　　㉡ 품종의 적응지역은 넓어질수록 품종의 관리가 편하다.

⑧ 내비성(耐肥性)

　　㉠ 수량을 높이는 데 중요한 특성으로 특히 질소비료를 많이 주어도 안전한 생육을 할 수 있는 특성이다.

　　㉡ 벼나 맥류는 내병성, 내도복성이 강하고, 수광태세가 좋은 초형을 가진 품종이 내비성이 강하다.

　　㉢ 옥수수 및 단간직립초형인 통일벼는 내비성이 강한 대표적인 작물이다.

⑨ 내도복성(耐倒伏性)

　　㉠ 벼나 맥류는 키가 작고 줄기가 단단하며 간기중(桿基重)이 무거운 것일수록 내도복성이 강하다.

> 。간기중(桿基重 weight of stem base)
> ⓐ 간기의 건물중(줄기의 밑부분으로부터 일정길이까지의 무게)을 간기중이라 하는데, 이것이 가벼우면 도복하기 쉽다.
> ⓑ 간기중이 가볍다는 것은 절간이 이상 신장하여 조직이 치밀하지 못하고 줄기 표면의 규질화가 잘 되지 못하고 줄기의 두께가 가늘다는 뜻이다.

　　㉡ 시비량이 많아도 내도복성이 강하면 쓰러지지 않아 등숙(登熟 출수로부터 성숙, 곡실이 여무는 경우)이 안전하다.

　　㉢ 최근 육성 재배품종은 내도복성 및 내비성이 강하며, 통일벼 품종이 대표적이다.

⑩ 탈립성(脫粒性)

　　㉠ 탈립성은 작물에서 종실이 탈립(shattering)이 되는 특성으로 야생종은 탈립성이 강하며, 탈립성이 크면 수확 시 손실이 크고, 적으면 탈립에 많은 노력이 필요하므로 작물의 성격에 맞게 적당해야 한다.

　　㉡ 탈립성은 야생식물들을 작물로 재배화하는 과정에서는 반대로 불필요한 특성 중 하나로 내탈립성 계통이 주로 선발되었다. 콤바인(combine) 수확의 경우라면 탈립성이 좋아야 수확과정에서 손실이 적다.

⑪ 추락저항성(秋落抵抗性)

　　㉠ 노후답(老朽畓) 등에서 나타나기 쉬운 벼의 추락(秋落)현상의 정도가 덜한 특성으로 성숙이 빠른 품종이 강하다.

> • 추락(秋落) : 벼에서 영양생장기인 생육전반기엔 생육이 보통보다 왕성하지만 생육후반기에 접어들면서 아랫잎이 말라 오르고 퇴색하며 깨씨 같은 반점이 생기는 등 생육이 둔화되어 수량이 크게 감소하는 현상을 말한다.
> • 노후답(老朽畓 deteriorated paddy) : Fe, Mn, K, Ca, Mg, Si, P 등이 작토에서 용탈되어 결핍된 논토양을 노후답이라고 하며, 특수성분결핍토나 퇴화염토 등은 노후답에 속하는 것으로 볼 수 있다. 논은 담수 후 산화층과 환원층으로 분화되면서 작토 중에 있는 철분과 망간을 비롯하여 수용성 무기염류가 용탈되는데 여러 해 동안 벼농사를 계속하여 작토 중에 그 성분들이 부족하게 된 토양을 말한다.

ⓛ 황화수소(H_2S)와 같은 유해물질에 의한 뿌리의 상해 정도가 덜하고, 성숙이 빠른 품종이 추락저항성이 강하다.

⑫ 내병성(耐病性)
ⓐ 병해에 저항성을 갖는 특성으로 복합 저항성을 갖은 품종은 드물고, 병에 따라 내병성 품종도 달라진다.
ⓑ 벼의 통일형 품종은 도열병과 줄무늬잎마름병에 강하지만, 흰빛잎마름병 등에는 약한 편이다.
ⓒ 특히 약제방제가 어려운 벼의 줄무늬잎마름병 발생이 심한 남부지방에서는 이 병에 강한 품종이 안전하다.

⑬ 내충성(耐蟲性)
ⓐ 충해에 강한 특성을 의미하며 충해의 종류에 따라 내충성 품종도 달라진다.
ⓑ 벼의 통일형 품종은 이화명나방에 약하며, 도열병이나 줄무늬잎마름병에 극히 강하다.

⑭ 수량(數量)
우량품종의 가장 기본적 특성이며, 수량은 여러 가지 특성들이 종합적으로 작용하여 이루어지는 경우가 많다.

2 신품종의 구비조건과 품종의 선택

(1) 신품종의 구비조건

① 구별성(區別性 distinctness)
신품종의 한 가지 이상의 특성이 기존의 알려진 품종과 뚜렷이 구별되는 것을 말한다.

② 균일성(均一性 uniformity)
신품종의 특성이 재배·이용상 지장이 없도록 균일한 것을 말한다.

③ 안정성(安定性 stability)
세대를 반복해서 재배하여도 신품종의 특성이 변하지 않는 것을 말한다.

(2) 품종의 선택

① 우량품종의 선택은 성공적 영농의 지름길로 우량품종은 생산성의 증대, 품질향상과 농업생산의 안정화 및 경영합리화를 도모할 수 있다.

② 품종의 작물 생산성 기여도는 작물의 종류, 재배지에 따라 다르지만 대략 50% 내외인 것으로 알려져 있다.

③ 품종의 선택 전 재배목적, 환경, 재배양식 및 각종 재해에 대한 위험의 분산과 시장성 및 소비자 기호 등을 검토해야 한다.

재배환경 및 재해

토양

1 지력(地力)

(1) 의의

① 토양은 재배작물의 수량을 지배한다.

② 토양의 물리적, 화학적, 생물학적인 모든 성질이 작물의 생산력을 지배하므로 이를 지력이라고 한다.

③ 주로 물리적 및 화학적 지력조건을 토양비옥도(土壤肥沃度 soil fertility)라 하기도 한다.

(2) 토성

양토(壤土)를 중심으로 사양토(砂壤土) 내지 식양토(埴壤土)가 수분, 공기 및 비료성분의 종합적 조건에 알맞다. 사토(沙土)는 수분 및 비료성분이 부족하고, 식토(埴土)는 공기가 부족하다.

(3) 토양구조

입단구조(粒團構造)와 단립구조(單粒構造)로 구분하며 입단구조가 조성될수록 토양의 수분과 공기상태가 좋아진다.

(4) 토층

작토(作土)가 깊고 양분의 함량이 충분하며 심토(心土)까지 투수성 및 투기성이 알맞아야 한다.

(5) 토양반응

중성 내지 약산성이 알맞다. 강산성 또는 알칼리성이면 작물생육이 저해된다.

(6) 유기물 및 무기성분

① 대체로 토양 중의 유기물 함량이 증가할수록 지력이 높아지나 습답(濕畓)에서 유기물 함량이 많은 것은 도리어 해가 될 수 있다.

② 무기성분이 풍부하고 균형 있게 포함되어 있어야 지력이 높다.

③ 비료의 3요소인 질소, 인산, 칼륨은 함량이 높아야 하며 일부 성분의 과다 또는 결핍은 생육을 저해한다.

(7) 토양수분과 토양공기

① 토양수분의 부족은 한해를 유발하며, 과다는 습해나 수해가 유발된다.

② 토양공기는 토양수분과 관계가 깊으며 토양 중의 공기가 적거나, 또는 산소의 부족, 이산화탄소 등 유해가스 과다는 작물 뿌리의 생장과 기능을 저해한다.

(8) 토양미생물

유용 미생물의 번식에 좋은 상태에 있는 것이 유리하고 병충해를 유발하는 미생물이 적어야 한다.

(9) 유해물질

유해물질들에 의한 토양오염은 작물의 생육을 저해하고, 심하면 생육이 불가능하게 된다.

2 토양의 기계적 조성

(1) 토양의 3상

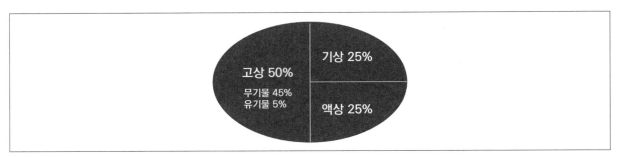

① 토양의 3상 구성

　㉠ 토양은 여러 토양입자로 구성되어 있고, 입자 사이에는 공극(孔隙 air gap 토양 입자 사이의 틈)이 존재하며 이 공극에는 공기 또는 액체가 존재한다. 즉, 토양은 고체, 기체, 액체로 구성되어 있는데 이것을 각각 고상, 기상, 액상이라 하고 3자를 일괄해서 토양의 3상이라고 한다.

　㉡ 토양의 3상

　　ⓐ 고상(固相 solid phase) : 미생물과 동식물의 유체 등의 유기물과 무기물로 구성되어 있는 흙이다.

　　ⓑ 기상(氣相 gaseous phase) : 기체 상태에 있는 토양공기이다.

　　ⓒ 액상(液相 liquid phase) : 용액 상태에 있는 토양수분이다.

② 토양의 3상과 작물의 생육

　㉠ 고상, 기상, 액상의 비율이 50% : 25% : 25%로 구성된 토양이 보수력, 보비력 그리고 통기성이 좋아 이상적이다.

　㉡ 토양 3상의 비율은 토양 종류에 따라 다르고 같은 토양 내에서도 토층에 따라 차이가 크다.

　㉢ 기상과 액상의 비율은 기상 조건, 특히 강우에 따라 크게 변동한다.

　㉣ 고상은 유기물과 무기물로 이루어져 있으며 일반적으로 고상의 비율은 입자가 작고 유기물 함량이 많아질수록 낮아진다.

　㉤ 작물은 고상에 의해 기계적 지지를 받고, 액상에서 양분과 수분을 흡수하며 기상에서 산소와 이산화탄소를 흡수한다.

　㉥ 액상의 비율이 높으면 통기가 불량하고 뿌리의 발육이 저해된다.

　㉦ 기상의 비율이 높으면 수분부족으로 위조, 고사한다.

(2) 토양입자의 분류

① 토양은 크고 작은 여러 입자에 의해서 구성되어 있으며 토양입자를 입경(粒徑 흙입자의 지름)에 따라 다음 표와 같이 구분한다.

〈토양 입경에 따른 토양입자의 분류법〉

토양입자의 구분			입경(mm)	
			미국농무성법	국제토양학회법
자갈(gravel)			2.00 이상	2.00 이상
세토	모래	매우 거친 모래(very coarse sand)	2.00~1.00	−
		거친 모래(coarse sand)	1.00~0.50	2.00~0.20
		보통 모래(medium sand)	0.50~0.25	−
		고운 모래(fine sand)	0.25~0.10	0.20~0.02
		매우 고운 모래(very fine sand)	0.10~0.05	−
	미사(silt)		0.05~0.002	0.02~0.002
	점토(clay)		0.002 이하	0.002 이하

② 자갈
　㉠ 암석의 풍화로 맨 먼저 생긴 여러 모양의 굵은 입자이다.
　㉡ 화학적, 교질적(膠質 colloid 콜로이드 : 아교처럼 끈끈한 성질) 작용이 없고 비료분, 수분의 보유력도 빈약하다.
　㉢ 투기성, 투수성은 좋게 한다.

③ 모래
　㉠ 석영을 많이 함유한 암석(사암, 화강암, 편마암 등)이 부서져 생긴 것으로 백색, 적색, 암색을 띠며, 입경에 따라 거친 모래, 보통 모래, 고운 모래로 세분된다.
　㉡ 거친 모래는 자갈과 비슷한 특성을 가지나, 고운 모래는 물이나 양분을 다소 흡착하고 투기성 및 투수성을 좋게 하며, 토양을 부드럽게 한다.
　　ⓐ 영구적 모래 : 모래 중의 석영은 풍화되더라도 모양이 작아질 뿐 점토가 되지 않으므로 영구적 모래라 한다.
　　ⓑ 일시적 모래 : 운모, 장석, 산화철 등은 완전히 풍화되면 점토가 되므로 일시적 모래라 한다.
　　ⓒ 굵은 모래 : 자갈과 성질이 비슷하다.
　　ⓓ 잔모래 : 물이나 양분을 조금 흡착하고, 투기, 투수를 좋게 하며, 토양을 부드럽게 한다.

④ 점토
　㉠ 토양 중의 가장 미세한 입자이며, 화학적, 교질적 작용을 하며 물과 양분을 흡착하는 힘이 크고 투기, 투수를 저해한다.
　㉡ 화학적 조성은 함수규산알루미늄이며, 평균적으로 알루미늄 40 ~ 50%, 규산 40 ~ 47% 수분 10 ~ 12%로 구성되어 있다.

ⓒ 점토나 부식은 입자가 미세하고, 입경이 $1\mu m$(micrometer) 이하이며, 특히 $0.1\mu m$ 이하의 입자는 교질(膠質colloid 콜로이드 : 아교처럼 끈끈한 성질)로 되어 있다.

> • **부식(腐植 humus) :** 동식물의 잔재가 미생물의 작용과 화학작용을 통해 분해되어 암갈색에서 흑색을 띄는 물질을 말한다. 부식은 유기 콜로이드이며, 여기서 콜로이드(colloid 교질)란 미립자가 기체 또는 액체 중에 분산된 상태로 되어 있는 전체를 의미한다.

ⓔ 교질입자는 보통 음이온(−)을 띠고 있어 양이온을 흡착한다.
ⓜ 점토는 광물에 따라서 물을 흡수하면 팽창하고 건조하면 수축하기도 한다(용적변화).
ⓗ 점토는 건조 시에 균열이 생기고 물에 젖으면 점성(粘性 viscosity 점착성이나 가소성可塑性 plasticity)을 나타내며 이는 모래나 미사에는 없는 성질이다.

> • **점성(粘性) :** 유체의 흐름에 대한 저항을 말하며 운동하는 액체나 기체 내부에 나타나는 마찰력이므로 내부마찰이라고도 한다. 즉, 액체의 끈끈한 성질이다.
> • **가소성(可塑性 plasticity) :** 물체는 힘이나 열과 같이 외부로부터 자극을 받으면 그 형상이 변하는 변형(deformation)을 일으킨다. 물체는 외부로부터 자극을 받으면 변형에 저항하려는 성질과 변형을 그대로 유지하려는 두 가지 상반된 성질을 나타낸다. 전자(前者)를 탄성(elasticity)이라고 부르고 후자(後者)를 가소성 혹은 소성(plasticity)이라고 부른다. 즉, 탄성은 외부로부터 받은 자극이 제거되면 물체를 원래 형상으로 복원시키려는 성질인 반면, 소성은 외부의 자극이 제거되어도 변형을 그대로 유지하려는 성질이다.

(3) 토양의 물리성

① 보수성 : 수분의 저장능력(점토일수록 높다)
② 보비성 : 양분의 저장능력(점토일수록 높다)
③ 배수성 : 물이 빠지는 능력(사토일수록 높다)
④ 통기성 : 공기가 통하는 능력(사토일수록 높다)

(4) 양이온치환용량(CEC, Cation Exchange Capacity) 또는 염기치환용량(BEC, Base Exchange Capacity)

① 양이온치환용량(CEC)

ⓖ 토양 100g이 보유하는 치환성 양이온의 총량을 mg당량(me)으로 표시한 것으로 단위는 me/100g이 이용되어 왔으나, 새로운 국제단위체계(SI unit)에서는 당량 대신 전하의 몰 수(mol_c)를 사용하여 mol_c/kg을 이용한다.

ⓛ 토양 중에 교질입자가 많아지면 치환성 양이온을 흡착하는 힘이 강해지므로 토양 중 점토나 부식이 증가하면 CEC도 증가한다.

ⓒ 토양 중 CEC가 커지면 친환성양이온인 NH_4^+, K^+, Ca^{2+}, Mg^{2+} 등의 비료성분을 흡착 보유하는 힘이 커져서 비료를 많이 시비하여도 작물이 일시적 과잉흡수가 억제되고 비료성분의 용탈이 적어서 비효가 늦게까지 지속된다.

- 용탈(溶脫 leaching) : 토양 중에 침투한 물에 용해된 가용성 성분이 용액상태로 표층에서 하층으로 이동하거나, 또는 토양단면 외부로 제거되는 과정을 말하며 용탈되는 물을 용탈수라 한다.

ⓔ CEC가 커지면 토양의 완충능이 커져서 토양반응(pH)의 변동에 저항하는 힘이 커진다.

- 완충능(緩衝能 buffer capacity) : 외부로부터의 작용에 대해 그 영향을 완화시키려는 성질을 말한다.

ⓜ 우리나라 토양의 CEC는 모래함량이 비교적 많은 사양질 계통의 토양이 많고 점토를 구성하고 있는 점토광물이 카올리나이트로 구성되어 있으며, 유기물함량이 적어 아주 낮다.
ⓑ 양이온은 pH가 증가할수록 흡착능력이 증가하고, 음이온은 pH가 낮아지면 흡착이 증가한다.
ⓢ 주요 광물의 양이온치환용량
  ⓐ 부식 : 100 ~ 300
  ⓑ 버미큘라이트 : 80 ~ 150
  ⓒ 몬모릴로나이트 : 60 ~ 100
  ⓓ 클로라이트 : 30
  ⓔ 카올리나이트 : 3 ~ 27
  ⓕ 일라이트 : 21

② 양이온교환
  ㉠ 토양 콜로이드는 대체로 음전하를 띠며, 이를 전기적으로 중화시킬 만큼의 양이온이 전기적 인력에 의하여 토양 콜로이드에 흡착되어 있으며, 이들 흡착된 양이온은 용액 속에 다른 양이온들과 교환되어 쉽게 토양용액으로 침출된다.
  ㉡ 토양에 흡착되어 있는 양이온을 교환성양이온이라 하며 주로 NH_4^+, K^+, Ca^{2+}, Mg^{2+}, Na^+, Mg^{2+}, Al^{3+}, H^+ 등이 있고, 그 중 Al^{3+}와 H^+을 제외한 나머지 이온은 토양을 알칼리성으로 만들려는 경향이 있어 이를 교환성염기라고 한다.
  ㉢ 이온의 농도가 높을수록 침입하기 쉽고, 2가 이온이 1가 이온보다 침입하기 쉬우며, 이동속도가 빠를수록 침입이 잘 된다.
    ⓐ 양이온의 흡착세기 순서 : H^+ > $Al(OH)$ > Ca^{2+} > Mg^{2+} > NH_4^+ = K^+ > Na^+ > Li
    ⓑ 음이온 흡착세기 순서 : SiO_4^{4-} > PO_4^{3-} > SO_4^{2-} > NO_3^- ~ Cl^-
  ㉣ 토양이나 교질물 100g이 보유하고 있는 음전하의 수와 같다.
  ㉤ pH가 높으면 잠시적 전하의 생성으로 양이온 치환용량이 커진다.

③ 염기포화도
  ㉠ 토양 콜로이드가 교환성염기만 가지고 있을 때, 그 토양을 염기포화토양이라 하며, 교환성 수소도 함께 있을 때를 염기불포화토양이라 한다.
  ㉡ 교환성양이온 총량 또는 양이온교환용량에 대한 교환성염기의 양을 염기포화도라 한다.

$$염기포화도(V)(\%) = \frac{S}{T} \times 100 = \frac{\{교환성염기의\ 총량 - (Al,\ H)\}}{교환성양이온의\ 총량} \times 100 = \frac{치환성양이온}{CEC} \times 100$$

V : 염기포화도,   S : 치환성염기총량,   T : 양이온치환용량

   © 염기포화도가 낮아지면 산성이 된다.

   ② 비가 많이 내리는 지역에서 염기가 용탈되어 염기포화도가 낮은 토양일수록 상대적 함량이 증가하는 양이온은 H^+이다.

(5) 토성(土性 soil class)

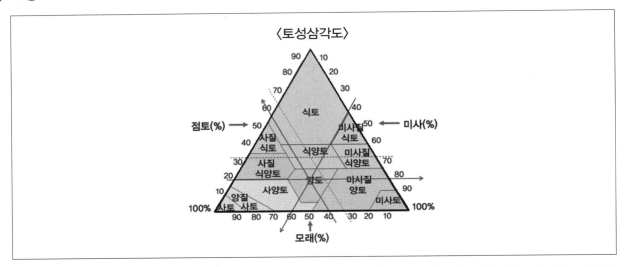

① 토성이란 토양의 입자의 크기에 따라 모래, 미사, 점토로 나눈 후, 이들이 섞여 있는 상대적 비율을 의미한다.

② 토성삼각도는 모래, 미사, 점토의 함량비를 구분하여 나타낸 그림이다.

③ 모래가 많을수록(좌측 이동) '사토', 점토가 많을수록(우상향 이동) '식토'라고 하고, 그 중간인 '양토'를 중심으로 한 '사양토' 내지 '식양토'가 토양의 수분 · 공기 · 비료성분의 종합적 조건에 적정하다.

〈토성의 분류(점토함량 기준)〉

12.5% 이하	12.5 ~ 25%	25 ~ 37.5%	37.5 ~ 50%	50% 이상
사토(모래흙)	사양토(모래참흙)	양토(참흙)	식양토(질참흙)	식토(찰흙)

④ 토성에 따라 토양의 물리성 및 화학성(보비능, 완충능)도 달라진다.

⑤ 사토는 토양수분과 비료성분이 부족한 반면에 식토는 토양공기가 부족하다.

3 토양의 구조 및 토층

(1) 토양구조(土壤構造 Soil structure)

토성이 같아도 토양의 물리적 성질이 다른 것은 알갱이들의 결합·배열 방식 즉, 구조가 다르기 때문이다. 토양의 구조는 단립(홑알)구조, 이상구조, 입단(떼알)구조들의 형태로 존재한다.

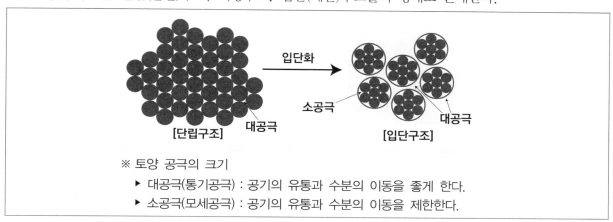

※ 토양 공극의 크기
▶ 대공극(통기공극) : 공기의 유통과 수분의 이동을 좋게 한다.
▶ 소공극(모세공극) : 공기의 유통과 수분의 이동을 제한한다.

① 단립구조(單粒構造 single-grained structure)
  ㉠ 비교적 큰 토양입자가 서로 결합되어 있지 않고 독립적으로 단일상태로 집합되어 이루어진 구조이다.
  ㉡ 해안의 사구지에서 볼 수 있다.
  ㉢ 대공극이 많고 소공극이 적어 토양통기와 투수성은 좋으나 보수, 보비력은 낮다.

② 이상구조(泥 진흙 니 狀構造 puddled structure)
  ㉠ 미세한 토양입자가 무구조, 단일상태로 집합된 구조로 건조하면 각 입자가 서로 결합하여 부정형 흙덩이를 이루는 것이 단일구조와는 차이를 보인다.
  ㉡ 부식함량이 적고 과식한 식질토양에 많이 보이며 소공극은 많고 대공극은 적어 토양통기가 불량하다.

③ 입단구조(粒團構造 crumbled structure)
  ㉠ 단일입자가 결합하여 2차 입자가 되고 다시 3차, 4차 등으로 집합해서 입단을 구성하고 있는 구조이다.
  ㉡ 입단을 가볍게 누르면 몇 개의 작은 입단으로 부스러지고, 이것을 다시 누르면 다시 작은 입단으로 부스러진다.
  ㉢ 유기물과 석회가 많은 표토층에서 많이 나타난다.
  ㉣ 대공극과 소공극이 모두 많아 통기와 투수성이 양호하며 보수력과 보비력이 높아 작물 생육에 알맞다.

(2) 입단(粒團 compound granule)의 형성과 파괴

① 입단의 형성
  ㉠ 입단구조가 이루어지려면 알갱이들이 일차적으로 서로 가까워져야 하고 다음으로 알갱이들을 단단하게 결합시키는 접착제와 같은 물질이 있어야 한다. 이런 물질을 결합제라고 한다.

ⓛ 입단구조를 형성하는 주요 인자
  ⓐ 유기물과 석회의 시용 : 유기물이 미생물에 의해 분해되면서 미생물이 분비하는 점질물질이 토양입자를 결합시키며 석회는 유기물의 분해 촉진과 칼슘이온 등이 토양입자를 결합시키는 작용을 한다.
  ⓑ 콩과작물의 재배 : 콩과작물은 잔뿌리가 많고 석회분이 풍부해 입단형성에 유리하다.
  ⓒ 토양이 지렁이의 체내를 통하여 배설되면 내수성 입단구조가 발달한다.
  ⓓ 토양의 피복 : 유기물의 공급 및 표토의 건조, 토양유실의 방지로 입단 형성과 유지에 유리하다.
  ⓔ 토양개량제(soil conditioner)의 시용 : 인공적으로 합성된 고분자 화합물인 아크리소일(Acrisoil), 크릴륨(Krilium) 등의 작용도 있다.

② 입단 구조의 중요성
  ㉠ 작은 입자로 되어 있는 단립구조의 토양은 입자 사이에 생기는 공극도 작기 때문에 공기의 유통이나 물의 이동이 느리며 건조하면 땅 갈기가 힘이 든다. 입단구조는 소공극과 대공극이 모두 많아 소공극은 모세관력에 의해 수분을 보유하는 힘이 크고 대공극은 과잉된 수분을 배출한다.
  ㉡ 입단구조의 장점
    ⓐ 배수가 잘 된다.
    ⓑ 공기가 잘 통한다.
    ⓒ 풍화되지 않는다.
    ⓓ 물에 의한 침식이 줄어든다.
    ⓔ 땅이 부드러워져 땅 갈이가 쉬워진다.
    ⓕ 물을 알맞게 간직할 수 있는 좋은 토양이 된다.
  ㉢ 입단의 크기가 너무 커지면 물을 간직할 수 없고 공극의 크기도 커지게 되므로, 어린 식물은 가뭄의 피해를 입을 수 있다.
  ㉣ 토양 입단 알갱이의 지름은 1 ～ 2㎜ 범위의 것이 알맞으며 많이 생길수록 좋다.

③ 입단 구조를 파괴하는 요인
  ㉠ 경운 : 토양이 너무 마르거나 젖어 있을 때 갈기를 하는 것은 입단을 파괴시킬 우려가 있으므로 피해야 한다.
  ㉡ 나트륨 이온(Na^+)은 알갱이들이 엉기는 것을 방해하므로, 이것이 많이 들어 있는 물질이 토양에 들어가면 토양의 물리적 성질을 약화시키게 된다.
  ㉢ 입단의 팽창과 수축의 반복 : 습윤과 건조, 동결과 융해, 고온과 저온 등의 반복은 입단의 팽창과 수축 과정이 반복되며 입단을 파괴한다.
  ㉣ 비, 바람 : 건조한 토양이 비를 맞으면 입단이 급격히 팽창하고 입단 사이 공기가 압축되면서 대기 중으로 확산되어 입단을 파괴시키며, 빗물이나 바람에 날린 모래의 타격으로 입단이 파괴된다.

(3) 토층(土層)

수직의 형태로 분화된 토양의 층위를 말한다.

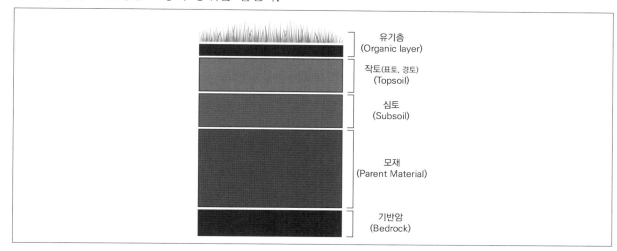

① 유기층(有機層 organic layer)

토양의 표면에 놓여 있는 부패물, 잎사귀 그리고 다른 유기물질(有機物質) 등으로 구성되어 있다. 원형을 알아볼 수 있는 유기물 집적층, 중간정도 분해가 이루어진 유기물 집적층 그리고 원형을 알아볼 수 없는 정도로 분해된 유기물 집적층으로 이루어진다.

> ◦ 유기물(有機物 organic matter) : 생물을 구성하는 화합물 또는 생물에 의해 만들어지는 화합물을 의미하며, 탄수화물・지방・단백질・핵산・비타민과 같은 물질을 말한다.

② 작토(作土 plow layer, 표토 表土 top soil, 경토 耕土 arable land(soil))

농경지토양에서 매년 또는 주기적으로 경운되거나 작물이 자라고 있는 토층을 작토층 또는 작토라고 한다.

두께는 대개 15 ~ 25cm 정도이며 경운과 시비, 관수 및 작물을 재배하기 위해 인위적인 작용을 크게 받은 토층이다. 산화층(酸化層)과 환원층(還元層)으로 구분한다.

> ◦ 산화층(酸化層 oxidized layer) : 담수상태의 논의 작토(作土)는 상층(上層)에 산화층, 하층(下層)은 환원층으로 분화된다. 산화층은 공기 중, 수중의 산소 또는 조균류의 동화 작용에 의한 산소에 의해 산화상태로 된 약 1 ~ 2cm 내외의 토양층으로 산화철에 의해 황갈색이나 황회색을 띠고 있다.
> ◦ 환원층(還元層 reduced layer) : 환원 작용이 일어난 토층이다. 담수상태의 논의 작토는 1 ~ 2cm의 층은 산화 제2철로 황갈색을 띤 산화층이 되고, 그 이하의 작토층은 토양 유기물의 분해 때문에 산소를 소비하여 환원상태가 된 토층으로 산화 제1철로 청회색을 띤 환원층이 된다.

③ 심토(心土 subsoil)

표토에 대비되는 용어이며, 경운된 부분을 작토(표토)라 하고, 그 밑에 있는 토층을 심토라고 한다.

심토의 성질은 토지이용에 크게 영향을 미친다.

식물이 이용하는 수분의 대부분은 심토에 저장되며 식물양분에 따라서는 상당량이 심토로부터 공급된다. 심토가 불투성(不透性 impervious 물이나 유체 또는 뿌리의 침투가 어려운 토양 상태)이면 뿌리의 신장이 어려우며, 배수가 불량하면 작토(표토)에 물이 정체한다.

④ 모재(母材 parent material)

토양광물에 포함된 여러 가지 물질에 따라 토양의 특성이 크게 좌우되고 암석의 혼합물에서 생성되었거나 생성되고 있는 토양물질을 '토양모재'라고 한다.

'토양모재'는 기반암의 풍화(風化)층으로 풍화된 위치에서 이동되지 않고 원위치에 그대로 잔적하여 이루어진 잔적성 모재나 유수, 중력, 빙하, 바람, 파랑, 연안류 등에 의하여 풍화된 장소에서 멀리 운반되어 만들어진 운적성 모재로 되어 있다.

> ◦ 풍화(風化 weathering) : 암석이 물리적이거나 화학적인 작용으로 인해 부서져 토양이 되는 변화과정

⑤ 기반암(基盤岩 bedrock)

토양의 기저면(基底面)을 이루고 있는 비교적 미풍화(未風化)의 고결(固結) 또는 반고결(半固結)된 암반을 말한다.

> ◦ 고결(固結 consolidation) : 암석에서 떨어져 나온 쇄설물이나 액체상태의 물질이 단단하고 굳은 암석으로 변해가는 일

(4) 경지의 토층과 작물생육

① 경지의 토층은 작물의 생육과 밀접한 관계가 있으며, 특히 작토의 질적, 양적 문제는 작물 뿌리의 발달과 생리작용에 크게 영향을 미친다.

② 일반적으로 작토층은 가급적 깊은 것이 좋으므로 심경(深耕 deep plowing 깊이갈이)으로 작토층을 깊게 하는 것이 좋다.

③ 질적으로는 양토를 중심으로 사양토 내지 식양토로 유기물과 유효성분이 풍부한 것이 좋다.

④ 심토가 너무 치밀하면 투수성과 투기성이 불량해져 지온이 낮아지고 뿌리가 깊게 뻗지 못해 생육이 나빠진다.

⑤ 논에서 심토가 과도하게 치밀하면 투수가 몹시 불량해져 토양공기의 부족으로 유기물 분해의 억제, 유해가스의 발생과 경우에 따라 지온이 낮아져 벼의 생육이 나빠지므로 지하배수를 적당히 꾀하여야 한다.

⑥ 작물 재배의 토성의 범위는 넓으나 많은 수량과 좋은 품질의 생산물을 안정적으로 생산하려면 알맞은 토성의 선택이 중요하며 토성에 따라 배수를 달리해야 한다.

(5) 논토양의 토층 분화

토양에서 작토층이 산화층과 환원층으로 나뉘는 현상을 토층의 분화라 한다.

산화층은 산소의 영향을 받아 산화철에 의해 황갈색이나 황회색을 띠고 있지만 환원층은 토양 유기물의 분해 때문에 산소를 소비하여 환원상태가 된 토층으로 청회색을 띤다.

4 토양수분

(1) 토양수분함량의 표시법

건토에 대한 수분 중량비로 표시하며 토양의 최대수분함량이 표시된다.

① 토양수분장력(土壤水分張力 soil moisture tension)

토양의 수분은 토양입자표면에 모세관현상 등으로 흡인(빨아들이기)되어 있는데, 이 흡인력을 압력으로 표시하여 '토양수분장력'이라 부른다. 즉, 토양이 수분을 보유하려고 하는 힘을 의미한다.

> ° 모세관 현상(毛細管現象 capillary phenomenon) : 액체가 중력과 같은 외부의 도움 없이 좁은 관을 오르는 현상이며, 모세관의 지름이 충분히 작을 때 액체의 표면장력(응집력)과 액체와 고체 사이의 흡착력에 의해 발생한다. 물은 표면장력이 매우 커서 수면에 마치 찢기 어려운 막이 있는 것 같다. 물에 빠진 개미가 잘 빠져나오지 못하는 것도, 납작한 돌로 물수제비를 뜰 수 있는 것도 이 때문이다.

㉠ 수주(水柱 water column 물기둥) 높이의 대수(pF, potential force)로 표시

토양이 물을 끌어당겨 흡착, 유지하려는 힘을 나타내는 중력단위이다. 즉, 토양수분장력을 표시하는 단위이다. 수주의 높이가 높을수록 흡착력이 강하다. 즉, 이 값이 클수록 현재 토양의 수분함량이 낮으며, 이 값이 작을수록 수분함량이 높다는 것을 나타낸다.

㉡ 대기압의 표시 : 기압으로 나타내는 방법

수주의 높이 H(cm)	수주 높이의 대수 pF($= \log H$)	대기압(bar)
1	0	0.001
10	1	0.01
1,000	3	1
10,000,000	7	10,000

② 토양수분장력의 변화

㉠ 토양수분장력과 토양수분함유량은 함수관계가 있으며 수분이 많으면 수분장력은 작아지고 수분이 적으면 수분장력이 커지는 관계에 있다.

㉡ 수분함유량이 같아도 토성에 따라 수분장력은 달라진다.

㉢ 동일한 pF값에서 사토보다 식토에서 절대수분함량이 높다.

(2) 토양의 수분항수(水分恒數 moisture constant 수분상수)

① 의의

토양수분의 함유상태는 연속적인 변화를 보이나, 토양수의 운동성, 토양의 물리성, 작물의 생육과 비교적 뚜렷한 관계를 가진 특정한 수분 함유상태들이 있는데 이를 토양의 수분항수라 한다.

② 주요 토양 수분항수

토양 수분항수는 작물생육과 토양의 물리성에 관련하여 특정한 수분함유 상태를 나타내며 연속적인 변화를 보인다.

　㉠ 최대용수량(最大容水量 maximum water-holding capacity)

　　ⓐ pF = 0

　　ⓑ 토양의 모든 공극에 물이 모두 찬 포화상태를 의미하며 포화용수량이라고도 한다.

　　ⓒ 토양하부에서 수분이 모관상승하여 모관수가 최대로 포함된 상태이다.

　㉡ 포장용수량(圃場容水量 field capacity, FC)

　　ⓐ pF = 2.5 ~ 2.7

　　ⓑ 포화상태 토양에서 중력수가 완전 배제되고 모세관력에 의해서만 지니고 있는 수분함량으로 최소용수량이라고도 한다.

　　ⓒ 지하수위가 낮고 투수성이 중간인 포장에서 강우 또는 관개 1일 후 정도의 수분상태이다.

　　ⓓ 포장용수량 이상은 중력수로 토양의 통기 저해로 작물생육이 불리하다.

　　ⓔ 수분당량(水分當量, moisture equivalent, ME : 젖은 토양에 중력의 1,000배의 원심력을 작용 후 잔류하는 함량) 수분상태로 pF2.7 이내 포장용수량과 거의 일치한다.

　㉢ 초기위조점(初期萎凋點 first permanent wilting point)

　　ⓐ pF = 3.9

　　ⓑ 생육이 정지하고 하엽이 시들기 시작하는 수분상태이다.

　㉣ 영구위조점(永久萎凋點 permanent wilting point, PWP)

　　ⓐ pF = 4.2

　　ⓑ 영구위조를 최초로 유발하는 토양 수분상태이다.

　　ⓒ 영구위조 : 위조된 식물을 포화습도의 공기에 24시간 방치하여도 회복되지 않는 수분의 함량이다.

　　ⓓ 위조계수(萎凋係數 wilting coefficient) : 영구위조점에서의 토양함수율로 토양건조중(土壤乾燥重)에 대한 수분의 중량비를 말한다.

✎ 더 알아보기　**흡수계수(흡습계수), 풍건 및 건토 상태**

> **1** 흡수계수(吸水係數 hygroscopic coefficient)
>
> 　1) pF=4.5
>
> 　2) 상대습도 98%(25℃) 공기 중에서 건조토양이 흡수하는 수분상태로 흡습수만 남은 수분상태이다.
>
> 　3) 작물에는 이용될 수 없다.
>
> **2** 풍건 및 건토 상태
>
> 　1) 풍건상태(風乾狀態 air dry) : 개방된 장소에서 공기 중에 방치시켜 건조시킨 것을 말한다. 대기 중의 수분농도와 평형을 이룬 상태이다. pF ≒ 6이다.
>
> 　2) 건토상태(乾土狀態 oven dry) : 105~110℃에서 항량(恒量 Constant Weight)에 도달되도록 건조한 토양으로 pF ≒ 7이다.

(3) 토양수분의 형태

① 결합수(結合水 combined water)

    ㉠ pF : 7.0 이상

    ㉡ 화합수 또는 결정수라 하며 토양을 105℃로 가열해도 분리시킬 수 없는 점토광물의 구성요소로의 수분이다.

    ㉢ 작물이 흡수, 이용할 수 없다.

② 흡착수[吸着水 absorbed water, 흡습수(吸濕水), 부착수(付着水)]

    ㉠ pF : 4.2 ∼ 7.0

    ㉡ 토양을 105℃로 가열 시 분리 가능하며, 건토가 공기 중에서 분자 간 인력에 의해 수증기를 토양 표면에 피막상으로 흡착되어 있는 수분이다.

    ㉢ 작물의 흡수압은 5 ∼ 14기압의 작물에 흡수, 이용되지 못한다.

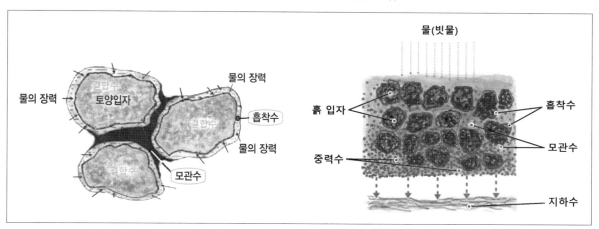

③ 모관수(毛管水 capillary water)

    ㉠ pF : 2.7 ∼ 4.2

    ㉡ 표면장력으로 토양공극 내 중력에 저항하여 유지되는 수분을 의미하며, 모관현상에 의하여 지하수가 모관공극을 따라 상승하여 공급되는 수분으로 작물에 가장 유용하게 이용된다.

④ 중력수(重力水 = 자유수 gravitational water)

    ㉠ pF : 2.7 이하

    ㉡ 중력에 의해 비모관공극을 통해 흘러내리는 수분을 의미하며 근권 이하로 내려간 수분은 작물이 직접 이용하지 못한다.

⑤ 지하수(地下水 underground water)

    ㉠ 지하에 정체되어 모관수의 근원이 되는 수분이다.

    ㉡ 지하수위가 낮은 경우 토양이 건조하기 쉽고, 높은 경우는 과습하기 쉽다.

(4) 유효수분(pF 2.7 ~ 4.2)

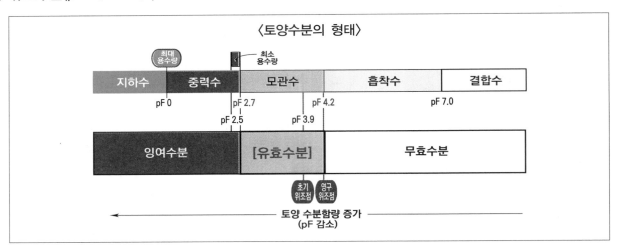

① 토양수분의 이용
　　㉠ 무효수분
　　　　ⓐ 영구위조점(pF 4.2 이상) 이상에서 토양이 보유하는 수분이다.
　　　　ⓑ 이 수분은 토양의 수분장력이 크기 때문에 식물뿌리에 의해서 흡수·이용할 수 없으며 식물의 생육에 도움이 되지 않는다.
　　㉡ 유효수분
　　　　ⓐ 식물이 토양의 수분을 흡수하여 이용할 수 있는 수분으로 포장용수량(pF 2.5 ~ 2.7)과 영구위조점(pF 4.2 이상) 사이의 수분
　　　　ⓑ 식물 생육에 가장 알맞은 최대 함수량은 최대용수량의 60~80%이다.
　　　　ⓒ 점토 함량이 많을수록 유효수분의 범위가 넓어지므로 사토에서는 유효수분 범위가 좁고, 식토에서는 범위가 넓다.
　　　　ⓓ 일반 노지식물은 모관수를 활용하지만 시설원예 식물은 모관수와 중력수를 활용한다.
　　㉢ 잉여수분
　　　　ⓐ 포장용수량(최소용수량) 이상으로 토양이 보유하는 수분이다.
　　　　ⓑ 포장용수량 이상의 토양수분은 곧 지하에 침투해 버리고 작물에 이용되지 않을 뿐만 아니라 토양의 과습상태를 유발하게 된다. 이것을 잉여수(剩餘水)라고도 한다.
② 최적함수량
　　㉠ 작물생육에 가장 알맞은 토양수분의 상태이다.
　　㉡ 대부분 작물은 최대용수량 이하에서 토양수분과 토양공기 상태가 가장 적합하다.
　　㉢ 일반적으로 보통 작물이 직접적으로 이용되는 수분의 범위는 pF 1.8 ~ 4.0이며, 작물이 정상적으로 생육하는 수분의 범위는 pF 1.8 ~ 3.0 정도이다.
　　㉣ 최적함수량은 수도의 경우 최대용수량 상태이고, 고구마는 괴근발달에는 70 ~ 75%, 세근발달은

90 ~ 95% 정도이며, 콩 90%, 밀, 감자는 80%, 호밀 75%, 보리와 옥수수 70% 정도이다.

③ 수분의 역할

   ㉠ 광합성과 각종 화학반응의 원료가 된다.

   ㉡ 용매(溶媒 solvent 다른 물질을 녹일 수 있는 물질)와 물질의 운반매체로 식물에 필요한 영양소들을 용해하여 작물이 흡수·이용할 수 있도록 한다.

   ㉢ 각종 효소의 활성을 증대시켜 촉매작용을 촉진한다.

   ㉣ 식물의 체형을 유지시킨다. 수분이 흡수되어 세포의 팽압이 커지기 때문에 세포가 팽팽하게 되어 식물체가 유지된다.

   ㉤ 증산작용으로 체온의 상승이 억제되어 체온을 조절시킨다.

④ 관수(灌 물댈 관 水 overhead flooding)

   ㉠ 관수의 시기는 보통 유효수분의 50~85%가 소모되었을 때(pF 2.0~2.5)이다.

   ㉡ 관수 방법

      ⓐ 지표관수 : 지표면에 물을 흘러 보내어 공급한다.

      ⓑ 지하관수 : 땅 속에 작은 구멍이 있는 송수관을 묻어서 공급한다.

      ⓒ 살수(스프링쿨러)관수 : 노즐을 설치하여 물을 뿌리는 방법이다.

      ⓓ 점적관수 : 물을 천천히 조금씩 흘러나오게 하여 필요 부위에 집중적으로 관수(관개방법 중 가장 발전된 방법)하는 방법이다.

      ⓔ 저면관수 : 화분 등의 배수구멍을 물에 잠기게 하여 물이 위로 스며 올라가게 하는 방법으로 토양에 의한 오염, 토양병해를 방지하고 미세종자 파종상자와 양액재배, 분화재배에 이용한다.

(5) 토양수분의 측정

① 중량법

채취시료를 칭량하고 건조 후 다시 칭량하여 중량 감소분으로부터 수분을 중량비로 표시하는 방법이다.

② 텐시오미터법

   ㉠ 텐시오미터(tensiometer 토양수분장력계 土壤水分張力計)를 이용하여 측정하는 방법이다.

   ㉡ 토양은 수분을 간직하려는 힘이 있는데, 토양수분이 적을수록, 같은 함수량일 때는 토양입자가 작을수록 흡인력이 커진다.

   ㉢ 토양과 물 사이에 작용하는 흡인력을 수분장력이라 하며, 이를 측정한다.

③ 기전기저항법, 중성자 토양수분계법 등

5 토양공기

(1) 토양의 용기량(容氣量 air capacity)

① 토양 용기량

   ㉠ 토양 중에서 공기 용적은 전공극(全孔隙)용적에서 토양수분의 용적을 뺀 것으로 토양 중 공기가 차

지하는 공극량을 말하며, 토양 용적에 대한 공기로 차 있는 공극용적의 비율로 표시한다.

> 토양의 용기량 = 전공극의 용적 – 토양수분의 용적

> ◦ 전공극(全孔隙 total porosity) : 물(액상)과 공기(기상)가 차지하는 토양공극을 말한다. 보통 토양에서 50%를 점유한다.

ⓛ 토양공기용적은 일반적으로 모관공극은 수분으로 차 있고, 비모관공극은 공기로 차 있어 용기량은 비모관공극량과 비슷하다. 토양 전공극량이 증가하더라도 비모관공극량이 증가하지 않으면 용기량은 증가하지 않는다.

ⓒ 최소용기량 : 토양 수분함량이 최대용수량에 달했을 때의 용기량을 의미한다.

> 최대용수량 = 최소용기량

ⓔ 최대용기량 : 풍건상태(공기 중에 방치시켜 건조시킨 상태)에서의 용기량을 의미한다.

② 최적용기량

　ⓐ 토양용기량이 증가하면 산소공급이 원활하여 초기 작물생육이 촉진되나, 어느 한계 이상이 되면 건조하여 오히려 생육이 억제되어 작물에 따라 최적용기량이 다르다.

　ⓛ 작물의 최적용기량(最適容氣量 optimum air capacity) : 대체로 10 ~ 25% 정도이다.

　　ⓐ 벼, 양파, 이탈리안라이그래스 : 10%

　　ⓑ 귀리, 수수 : 15%

　　ⓒ 보리, 밀, 순무, 오이, 커먼베치 : 20%

　　ⓓ 양배추, 강낭콩 : 24%

(2) 토양공기의 조성

① 토양 중 공기의 조성은 대기에 비하여 이산화탄소의 농도가 몇 배나 높고, 산소의 농도는 훨씬 낮다.

〈대기와 토양공기 조성의 비교(%)〉

구분	질소	산소	이산화탄소	상대습도
대기	79	20	0.03 ~ 0.035	30 ~ 90
토양공기	75 ~ 80	10 ~ 21	0.1 ~ 10	95 ~ 100

② 토양 속으로 깊이 들어갈수록 점점 이산화탄소의 농도는 점차 높아지고 산소의 농도가 감소하여 약 150cm 이하로 깊어지면 이산화탄소의 농도가 산소의 농도보다 오히려 높아진다.

③ 토양 내에서 유기물의 분해 및 뿌리나 미생물의 호흡에 의해 산소는 소모되고 이산화탄소는 배출되는데, 대기와의 가스교환이 더뎌 산소가 적어지고 이산화탄소가 많아진다.

④ 손실된 산소의 재공급이 원활하게 이루어져야 정상적인 생육이 가능하게 되는데 이를 산소확산율(ODR)이라 한다.

◦ 산소확산율[酸素擴散率 (ODR) oxygen diffusion rate] : 토양 통기성의 정도를 나타내는 척도이다. 토양의 공극이 물로 포화되거나 미생물 또는 식물의 뿌리에 의하여 산소가 제거되었을 때 산소가 경신되는 속도를 나타낸다. ODR은 식물의 생장에 결정적인 영향을 미치며 분당 $2 \times 10-8g \cdot cm^{-1}$ 이하이면 대부분 식물의 뿌리는 생장을 멈춘다.

(3) 토양공기의 지배요인

① 토성(土性 soil texture) : 토양 중에서 크기 입자의 배합 조성

일반적으로 사질(砂質 sandy 모래성질)인 토양은 비모관공극(대공극)이 많아 토양의 용기량이 증가하고 토양 용기량 증가는 산소의 농도를 높인다.

◦ 비모관공극(= 대공극, 非毛管孔隙 non-capillary pore space) : 물을 간직하게 하는 모관현상이 없을 정도의 큰 크기를 가진 토양의 공극을 말한다. 따라서 주로 통기나 배수에 관여되는 정도의 공극이다.

② 토양구조

식질토양(점토비율이 높은 토양)에서 입단이 형성되면 비모관공극이 증대하여 용기량이 증대한다.

◦ 식질(埴質 clayey) : 점토 함량이 35% 이상이며, 자갈 함량이 35% 미만인 토양이다.

③ 경운

토양의 깊은 곳까지 심경을 하면 용기량이 증대된다.

◦ 경운(耕耘 tillage) : 작물의 재배에 적합하도록 작물을 재배하기 전에 토양을 교반 또는 반전하여 부드럽게 하고 흙덩이를 작게 부수며 지표면을 평평하게 하는 작업을 말한다.

④ 토양수분

토양의 함수량(含水量 water content 일정한 양의 흙 속에 함유되는 수분의 양)이 증대하면 오히려 용기량이 적어지고 산소 농도가 낮아지며, 이산화탄소 농도가 높아지게 된다.

⑤ 부숙유기물 시용

미숙유기물을 시용하면 부숙과정에서 산소가 필요하므로 산소의 농도가 크게 낮아지고 오히려 이산화탄소의 농도가 크게 증대된다. 한편 부숙유기물을 시용하는 경우에는 토양의 가스교환이 좋아져서 이산화탄소의 농도 증대가 크지 않다.

◦ 미숙유기물 : 낙엽, 가지, 동식물 유체 등과 같이 동식물의 조직이 부숙과정에 있는 유기물
◦ 부숙유기물 : 부숙(腐熟)이 분해, 부패 되어 갈색, 흑색의 유기교질(Colloid)로 된 유기물

⑥ 식생(植生 지표면에 생육하고 있는 식물체적 생물 집단 전체)

기존 식물이 생육과정에 있는 토양의 경우라면 그 식물의 뿌리의 호흡으로 인해 이산화탄소의 농도가 초지(草地 주로 초본식물로 덮인 토지)의 경우보다 현저히 높아진다.

(4) 토양공기와 작물생육

① 토양용기량과 작물의 생육은 밀접한 관계가 있다. 토양용기량이 어느 한도 이상으로 증대하면 토양함
   수량이 과도하게 감소하여 작물생육에 불리한 경우도 있지만, 일반적으로 토양용기량이 증대하면 산
   소가 많아지고, 이산화탄소가 적어지는 것이 작물생육에는 이롭다.

② 토양 중의 이산화탄소의 농도가 높아지면 수소이온을 생성하여 토양이 산성화되고 수분과 무기염류의
   흡수가 저해되어 작물에 부정적 영향을 미친다.

③ 무기염류의 저해정도 : K > N > P > Ca > Mg 순을 보인다.

④ 토양 중 산소의 부족은 뿌리 호흡의 저해 및 여러 가지 생리작용이 저해될 뿐만 아니라 환원성 유해물
   질이 생성되어 뿌리가 상하게 되며, 유용한 호기성 토양미생물의 활동이 저해되어 유효태 식물양분이
   감소한다.

> ° 환원성물질[reducing agents(reductant) 還元性物質, 還元劑] : 타물질에 환원이 일어나게 하는 물질이다. 산
> 화되기 쉬운 물질, 즉 다른 분자들에 전자를 주기 쉬운 성질을 가진 원자로서 분자 또는 이온은 모두 환원
> 제로 작용한다.

(5) 토양통기의 조장

① 토양처리

　　㉠ 암거배수와 명거배수 : 저습지, 과습지 토양의 경우

　　　　ⓐ 암거배수(暗渠排水 tile drainage)
　　　　　　콘크리트관, 토관, 플라스틱관 등을 적정한 거리를 두면서 지하에 매설하여 토양으로부터 물
　　　　　　을 배제하는 배수방식이다.

　　　　ⓑ 명거배수(明渠排水 open ditch drainage)
　　　　　　지표면에 도랑을 파서 만든 수로를 명거(open ditch 배수구)라 하며 명거에 의한 배수를 명거배수
　　　　　　라 한다.

　　㉡ 토양의 입단 형성 : 유기물, 석회물질, 토양개량제의 시용
　　　　토양입자(단립구조)가 뭉쳐서 조그만 덩어리(입단구조)가 되도록 한다.

　　㉢ 심경(深耕 deep plowing 깊이갈이) : 지반이 견고한 토양의 경우 경작지를 20cm 이상의 깊이로 간다.

　　㉣ 객토(客土 soil dressing 다른 곳으로부터 성질이 다른 흙을 가져다 넣는 일) : 식질토양과 습지의 경우 객토를
　　　　하여 식질 점토비율이 높은 토성을 개량하고, 습지의 지반을 높인다.

② 재배적 조건

　　㉠ 답전윤환재배는 토양의 용기량을 증대시킨다. 벼와 콩 모두 수량을 높일 수 있다.

> ° 답전윤환(畓田輪換 paddy-upland rotation) : 논밭돌려짓기
> 논 또는 밭을 논 상태와 밭 상태로 몇 해씩 돌려가면서 벼와 밭작물을 재배하는 방식이다. 논밭 돌려짓
> 기 또는 윤답이라고도 한다.

ⓛ 밭에서는 휴립휴파를 하고, 논에서는 휴립재배(이랑재배)를 하기도 한다.

> ∘ 휴립휴파(畦 밭두둑 휴 立畦播) : 흙을 돋우어 만든 이랑의 두둑(그냥 이랑이라고 칭하기도 함)에 종자를 파종하는 방법이다. 강우가 심한 지역 또는 비가 많이 오는 계절에는 이랑에 파종하는 것이 습해를 막을 수 있어 유리하다. 그리고 물 빠짐이 좋지 않는 경작지에서도 휴립휴파가 바람직하다.
> ∘ 휴립재배(畦立栽培 이랑재배) : 넓은 이랑을 만들어 이랑의 두둑에다 작물을 재배하는 것이다.
> ∘ 휴립구파(畦立構 얽글 구 播) : 이랑을 만들면서 이랑 사이에 패인 부분인 고랑에 종자를 파종하는 것을 말한다. 이랑의 두둑에 파종하는 것보다 가뭄의 피해를 줄일 수 있으므로 한발이 심한 때 또는 가뭄이 심한 지역 또는 장소에 따라 물 지님이 나쁜 토양에서는 휴립구파가 바람직하다.

ⓒ 작물재배 기간 중 중경(작물의 생육 도중에 작물 사이의 토양을 가볍게 긁어주는 작업)을 하여 토양통기를 조장한다.

ⓔ 답리작(畓裏作), 답전작(畓前作)을 실시한다.

> ∘ 답리작[畓裏 속(안) 作 cropping after rice harvest] : 일정한 논에 재배한 다음 이어서 다른 겨울 작물을 재배하여 논의 토지이용율을 향상시키는 논 2모작 작부양식이다.
> ∘ 답전작(畓前作 cropping before rice transplanting) : 논에서 벼심기 전에 다른 작물을 재배하는 것이다.

ⓜ 파종(播種 종자 심기)할 때 미숙퇴비(未熟堆肥 완전히 썩지 않는 퇴비) 및 구비(廏肥 animal manure 외양간에서 나오는 두엄)를 두껍게 종자 위에 덮지 않는다.

ⓗ 물못자리에서는 못자리그누기를 한다.

> ∘ 물못자리(水苗垈 flooded nersery) : 모판을 만들고 모판흙이 약간 굳은 다음 물을 대고 볍씨를 파종하여 물을 댄 담수상태에서 육묘하는 방식을 말한다.
> ∘ 못자리그누기(drainage after sprouting) : 물못자리의 경우 담수상태에서 종자를 파종하는데 발아 후 유근의 발육이 지상부에 비하여 빈약하게 되는 경우가 생길 수 있다. 이 같은 현상을 막기 위해 모판의 물을 2～3일간 빼내어 종자에 산소를 공급하고 유근의 발육을 촉진시켜 착근을 돕는 물관리 방법이다.

6 무기양분과 작물

(1) 개요

토양 내에는 각종 무기성분이 함유되어 있어 작물생육의 영양원이 되고 있다.

① 토양 무기성분
  ㉠ 토양 무기성분은 광물성분을 의미한다.
  ㉡ 1차 광물 : 암석에서 분리된 광물이다.
  ㉢ 2차 광물 : 1차 광물의 풍화 생성으로 재합성된 광물로 구분한다.

② 필수원소(必須元素 essential nutrient elements)
  ㉠ 필수원소의 종류(16종)

ⓐ 의의 : 작물 생육에 필요한 필요불가결한 요소이다.

ⓑ 다량원소(9종) : 탄소(C), 산소(O), 수소(H), 질소(N), 인(P), 칼륨(K), 칼슘(Ca), 마그네슘(Mg), 황(S)

ⓒ 미량원소(7종) : 철(Fe), 망간(Mn), 구리(Cu), 아연(Zn), 붕소(B), 몰리브덴(Mo), 염소(Cl)

ⓛ 규소(Si), 알루미늄(Al), 나트륨(Na), 요오드(I), 코발트(Co) 등은 필수원소는 아니나 식물 체내에서 검출되며, 특히 규소는 벼 등의 화본과 식물에서 중요한 생리적 역할을 한다.

ⓒ N, K, Mg은 체내 이동성이 높고, Ca, S, Fe, Cu, Mn, B는 체내 이동성이 낮다.

ⓒ 자연함량의 부족으로 인공적 보급의 필요성이 있는 성분을 비료요소라 한다.

　　ⓐ 비료의 3요소 : N, P, K

　　ⓑ 비료의 4요소 : N, P, K, Ca

　　ⓒ 비료의 5요소 : N, P, K, Ca, 부식

③ 무기원소의 상승작용과 길항작용

무기원소의 여러 성분들이 공존하는 과정에서 발생한다.

ⓛ 상승작용 : 서로 흡수를 도와 효과를 상승시키는 작용을 말한다. 예 마그네슘과 인

ⓛ 길항작용 : 서로 흡수를 방해해 효과를 반감시키는 작용을 말한다. 예 철과 망간

(2) 필수원소의 생리작용

① 탄소, 산소, 수소

ⓛ 식물체의 90 ~ 98%를 차지한다.

ⓛ 엽록소의 구성원소이다.

ⓒ 광합성에 의한 여러 가지 유기물의 구성재료가 된다.

② 질소(N)

ⓛ 질소는 질산태(NO_3^-)와 암모니아태(NH_4^+)로 식물체에 흡수되며 체내에서 유기물로 동화된다.

ⓛ 단백질의 중요한 구성성분으로, 원형질은 그 건물의 40 ~ 50%가 질소화합물이며 효소, 엽록소도 질소화합물이다.

ⓒ 결핍

　　ⓐ 노엽의 단백질이 분해되어 생장이 왕성한 부분으로 질소분이 이동함에 따라 하위엽에서 황백화현상이 일어나고 화곡류의 분얼이 저해된다.

　　ⓑ 작물의 생장, 개화, 결실을 지배한다.

ⓒ 과다 : 작물체는 수분함량이 높아지고 세포벽이 얇아지며 연해져서 한발, 저온, 기계적 상해, 해충 및 병해에 대한 각종 저항성이 저하된다.

③ 인(P)

ⓛ 인산이온($H_2PO_4^-$, HPO_4^{2-})의 형태로 식물체에 흡수되며 세포의 분열, 광합성, 호흡작용, 녹말과 당분의 합성분해, 질소동화 등에 관여한다.

　　　ⓛ 세포핵(핵산), 세포막(인지질), 분열조직, 효소, ATP 등의 구성성분으로 어린 조직이나 종자에 많이 함유되어 있다.

　　　ⓒ 토양 pH에 따른 인산의 형태

> 강산성 : H_3PO_4 → 약산성 : $H_2PO_4^-$ → 알칼리성 : PO_4^{3-} → HPO_4^{2-}

　　　ⓔ 광합성, 호흡작용(에너지 전달), 녹말의 합성과 당분 분해, 질소동화 등에 관여한다.

　　　ⓜ 결핍
　　　　ⓐ 산성토양에서는 불가급태(不可給態 식물이 이용할 수 없는 영양소의 화학적 구조)가 되어 결핍되기 쉽고, 수도(水稻 논에 심은 벼)에서는 한랭지 저온은 인의 흡수를 저해하고 결핍증이 나타난다.
　　　　ⓑ 특히 생육 초기 뿌리발육의 저조와 출수, 성숙이 지연된다.
　　　　ⓒ 잎이 암녹색이 되어 잎 둘레에 오점이 생기며, 심하면 황화하고 결실이 저해된다.

④ 칼륨(K)
　　　㉠ 칼륨은 이동성이 매우 크고, 잎, 생장점, 뿌리의 선단 등 분열조직에 많이 함유되어 있으며, 여러 가지 물질대사의 일종의 촉매적 작용을 한다.
　　　㉡ 체내 구성물질은 아니나 광합성, 탄수화물 및 단백질 형성, 세포 내의 수분공급과 증산에 의한 수분상실의 제어 등의 역할을 하며 효소반응의 활성제로서 중요한 작용을 한다.
　　　㉢ 칼륨은 탄소동화작용을 촉진하므로 일조가 부족한 때에 효과가 크다.
　　　㉣ 단백질 합성에 필요하므로 칼륨 흡수량과 질소 흡수량의 비율은 거의 같은 것이 좋다.
　　　㉤ 결핍 : 생장점이 말라 죽고, 줄기가 약해지고, 잎의 끝이나 둘레의 황화, 하위엽의 조기낙엽 현상을 보여 결실이 저해된다.

⑤ 칼슘(Ca)
　　　㉠ 세포막의 중간막 주성분으로 잎에 많이 존재한다.
　　　㉡ 체내에서는 이동률이 매우 낮다.
　　　㉢ 분열조직의 생장, 뿌리 끝의 발육과 작용에 불가결하며 결핍되면 뿌리나 눈의 생장점이 붉게 변하여 죽게 된다.
　　　㉣ 토양 중 석회의 과다는 마그네슘, 철, 아연, 코발트, 붕소 등 흡수가 저해되는 길항작용이 나타난다.
　　　㉤ 결핍 : 체내 이동이 어려워 뿌리나 눈의 생장점이 붉게 변해 고사하며, 토마토 배꼽썩음병, 사과 고두병 등의 현상이 나타난다.

　　　✎더 알아보기　칼슘결핍으로 나타나는 증상

　　　1 상추, 부추, 양파, 마늘, 대파, 백합 등 : 잎끝마름증상
　　　2 토마토, 수박, 고추 등 : 배꼽썩음병
　　　3 사과 : 고두병
　　　4 벼, 양파, 대파 : 도복
　　　5 참외의 경우 : 물찬참외증상

⑥ 황(S)

　　㉠ 원형질과 식물체의 구성물질 성분이며 효소 생성과 여러 특수기능에 관여한다.

　　㉡ 단백질, 효소, 아미노산 등의 구성성분이며, 엽록소 형성에 관여한다.

　　㉢ 체내 이동성이 낮으며, 결핍증세는 새 조직에서부터 나타난다.

　　㉣ 양배추, 양파, 파, 마늘, 아스파라거스 등은 황의 요구도가 크고 함량이 많은 작물에 속한다.

　　㉤ 결핍 : 단백질 생성 억제, 생육억제 및 황백화, 엽록소의 형성이 억제, 콩과작물에서는 근류균(根瘤菌)의 질소고정능력이 저하, 세포분열이 억제되기도 하며 결핍증상은 새 조직에서 먼저 나타난다.

> ◦ 근류균(根瘤菌 root-nodule bacteria 뿌리혹 박테리아) : 두과 식물의 뿌리에 감염하여 뿌리 피층 세포의 분열과 비대를 촉진시켜 뿌리혹을 형성하여 그 속에서 증식하면서 공생적으로 질소를 고정하는 세균을 총칭한다. 뿌리혹 박테리아라고도 하며 Rhizobium 속 등이 있다.

⑦ 마그네슘(Mg)

　　㉠ 엽록체 구성원소로 잎에서 함량이 높다.

　　㉡ 체내 이동성이 비교적 높아서 부족하면 늙은 조직으로부터 새 조직으로 이동한다.

　　㉢ 광합성, 인산대사에 관여하는 효소(ATPase)의 활성화, 종자의 지유(脂油 지방유(脂肪油)) 집적을 조장한다.

> ◦ 인산대사(燐酸代謝 phosphorus metabolism)인은 무기 인산염이나 유기 인산 화합물의 형태로 생물에 존재하여 생체에서 화학반응을 나타낸다.

　　㉣ 결핍

　　　　ⓐ 황백화 현상, 줄기나 뿌리의 생장점 발육이 저해된다.

　　　　ⓑ 체내의 비단백태질소가 증가하고, 탄수화물이 감소되며, 종자의 성숙이 저해된다.

　　　　ⓒ 석회가 부족한 산성토양이나 사질토양, 칼륨이나 염화나트륨이 지나치게 많은 토양 및 석회를 과다하게 시용했을 때에 결핍현상이 나타나기 쉽다.

⑧ 철(Fe)

　　㉠ 호흡효소의 구성성분이며, 엽록소 구성성분은 아니나 엽록소 합성과 밀접한 관련이 있다.

　　㉡ pH가 높거나 토양 중에 인산 및 칼슘의 농도가 높으면 흡수가 크게 저해된다.

　　㉢ 니켈, 코발트, 크롬, 아연, 구리, 몰리브덴, 망간, 칼슘 등의 과잉은 철의 흡수, 이동을 저해한다.

　　㉣ 과잉 : 벼가 철을 과잉흡수하면 잎에 갈색 반점 및 무늬를 형성하고 확대되면 잎 끝부터 흑변하여 고사한다.

　　㉤ 결핍 : 체내 이동성이 낮아 항상 어린잎에서 황백화현상이 나타나며 마그네슘과 함께 엽록소의 형성을 감소시킨다.

⑨ 망간(Mn)

　　㉠ 여러 효소의 활성을 높여서 광합성 물질의 합성과 분해, 호흡작용, 엽록소 형성 등에 관여한다.

ⓛ 생리작용이 왕성한 곳에 많이 함유되어 있고, 체내 이동성이 낮아서 결핍증은 새 잎부터 나타난다.

ⓒ 과잉 : 뿌리 갈변, 잎이 황백화하여 만곡현상, 사과 적진병 발생 등이 있다.

ⓓ 토양의 과습 또는 강한 알칼리성이 되거나 철분의 과다는 망간의 결핍을 초래한다.

ⓜ 결핍 : 엽맥에서 먼 부분(엽맥 사이)이 황색으로 되며 화곡류에서는 세로로 줄무늬가 생긴다.

⑩ 붕소(B)

　ⓐ 촉매 또는 반응조절물질로 작용하며, 석회결핍의 영향을 경감시킨다.

　ⓑ 생장점 부근에 함유량이 높고, 체내 이동성이 낮아 결핍증상은 생장점 또는 저장기관에 나타나기 쉽다.

　ⓒ 석회의 과잉과 토양의 산성화는 붕소결핍의 주원인이며 산야의 신개간지에서 나타나기 쉽다.

　ⓓ 결핍

　　ⓐ 분열조직의 괴사(壞死 necrosis)를 일으키는 일이 많다.

　　ⓑ 채종재배(採種栽培 seed production culture 우량한 종자를 생산할 목적으로 재배하는 것) 시 수정·결실이 나빠진다.

　　ⓒ 콩과작물의 근류형성(뿌리혹의 형성) 및 질소고정이 저해된다.

　　ⓓ 사탕무의 속썩음병, 순무의 갈색속썩음병, 셀러리의 줄기쪼김병, 담배의 끝마름병, 사과의 축과병, 꽃양배추의 갈색병, 앨팰퍼의 황색병을 유발한다.

⑪ 아연(Zn)

　ⓐ 효소의 촉매 또는 반응조절물질로서 작용한다.

　ⓑ 단백질과 탄수화물 대사와 엽록소 형성에 관여한다.

　ⓒ 과잉 : 잎의 황백화, 콩과작물 잎과 줄기의 자줏빛 현상이 나타난다.

　ⓓ 결핍되면 황백화, 괴사, 조기낙엽 등을 초래하며, 감귤류에서는 소엽병, 잎무늬병, 결실불량 등이 발생한다.

⑫ 구리(Cu)

　ⓐ 산화효소의 구성원소로 작용한다.

　ⓑ 엽록체 안에 비교적 많이 함유되어 있으며 엽록체의 복합단백 구성성분으로 호흡작용과 광합성에 관여한다.

　ⓒ 철 및 아연과 길항관계에 있다.

　ⓓ 과잉 : 뿌리 신장이 억제된다.

　ⓜ 결핍 : 단백질 합성이 저해되며 잎 끝에 황백화 현상이 나타나 고사하고, 조기낙엽 등을 초래한다.

⑬ 몰리브덴(Mo)

　ⓐ 질산환원효소의 구성성분이며, 질소대사에 필요하다.

　ⓑ 콩과작물 근류균의 질소고정에 필요하며, 콩과작물에 많이 함유되어 있다.

　ⓒ 결핍 : 잎의 황백화, 모자이크병에 가까운 증세가 나타나며, 콩과작물의 질소고정력이 떨어진다.

⑭ 염소(Cl)

㉠ 광합성작용에서 물의 광분해 과정에 망간과 함께 광화학반응에 촉매 작용을 하여 산소를 발생시킨다.

㉡ 세포의 삼투압을 높이며 식물조직 수화작용(水化作用)의 증진, 아밀로오스(amylose) 활성증진, 세포 즙액의 pH 조절 기능을 한다.

> ◦ 수화작용(水化作用 hydration) : 물질이 물과 화합 또는 결합하여 수화물을 생성하는 일이다.
> ◦ 아밀로오스(amylose) : 식물에서 존재하는 다당류의 일종이다. 아밀로펙틴과 함께 녹말을 구성하는 주요 성분이다.

㉢ 섬유작물에서는 염소의 사용이 유리하고, 전분작물과 담배 등에서는 불리하다.

㉣ 결핍은 어린잎의 황백화되고 전 식물체의 위조현상이 나타난다.

(3) 비필수원소와 생리작용

① 규소(Si)

㉠ 규소는 모든 작물에 필수원소는 아니나, 화본과 식물에서는 필수적이며, 화곡류에는 함량이 매우 높다.

㉡ 화본과 작물의 가용성 규산화 유기물의 시용은 생육과 수량에 효과가 있으며 벼는 특히 규산 요구도가 높으며 시용효과가 높다.

㉢ 해충과 도열병 등에 내성이 증대되며, 경엽의 직립화로 수광태세가 좋아져 광합성에 유리하고, 증산을 억제하여 한해를 줄이고, 뿌리의 활력이 증대된다.

㉣ 불량환경에 대한 적응력이 커지고, 도복저항성이 강해진다.

㉤ 줄기와 잎으로부터 종실로 P과 Ca이 이전되도록 조장하고, Mn의 엽내 분포를 균일하게 한다.

② 코발트(Co)

㉠ 콩과작물의 근류균의 활동에 코발트가 필요한 것으로 여겨지고 있다.

㉡ 비타민 B_{12}의 구성성분이다.

③ 나트륨(Na)

㉠ 필수원소는 아니나 셀러리, 양배추, 사탕무, 순무, 목화, 근대, 크림슨클로버 등에서는 시용효과가 인정되고 있다.

㉡ 기능면에서 칼륨과 배타적 관계이나 제한적으로 칼륨의 기능을 대신할 수 있다.

㉢ C_4식물에서 요구도가 높다.

④ 알루미늄(Al)

㉠ 토양 중 규산과 함께 점토광물의 주체를 이룬다.

㉡ 산성토양에서는 토양의 알루미나가 활성화되어 용이하게 용출되면 식물에 유해하다.

㉢ 뿌리의 신장을 저해, 맥류의 잎에서는 엽맥 사이의 황화, 토마토 및 당근 등에서는 지상부에 인산 결핍증과 비슷한 증세를 나타낸다.

㉣ 알루미늄의 과잉으로 칼슘, 마그네슘, 질산의 흡수 및 인의 체내이동이 저해된다.

7 토양유기물과 작물

(1) 유기물의 기능

① 의의

    ㉠ 유기물 : 동물, 식물의 사체가 분해되어 암갈색, 흑색을 띤 부식물이다.

    ㉡ 부식(腐植 humus) : 토양에 투입된 유기물이 여러 미생물에 의해 분해작용을 받아 원조직이 변질되거나 새롭게 합성된 갈색, 암갈색의 일정한 형태가 없는 교질상 물질이다.

> ○ 부식(腐植 humus)이란 동식물의 잔재가 미생물의 작용과 화학작용을 통해 분해되어 암갈색에서 흑색을 띄는 물질을 말한다. 부식은 유기 콜로이드이며, 여기서 콜로이드(colloid 교질)란 미립자가 기체 또는 액체 중에 분산된 상태로 되어 있는 전체를 의미한다.

② 토양유기물의 기능

    ㉠ 암석의 분해 촉진 : 유기물 분해 시 생성되는 여러 가지 유기산이 암석의 분해를 촉진한다.

    ㉡ 양분의 공급 : 유기물이 분해되어 질소, 인, 칼륨, 칼슘, 마그네슘, 망간, 붕소, 구리, 아연 등의 필수원소를 공급한다.

    ㉢ 대기 중의 이산화탄소 공급 : 유기물이 분해되면서 방출되는 이산화탄소(CO_2 二酸化炭素)는 작물 주변의 이산화탄소 농도를 높여 광합성을 촉진한다.

    ㉣ 생장촉진물질 생성 : 유기물이 분해되면서 유기물을 구성했던 호르몬, 핵산물질 등 생장촉진물질을 생성한다.

    ㉤ 입단의 형성 : 유기물이 분해되어 부식이 생기는 과정에서 생성된 점질물질이 토양입단을 형성하고 토양의 물리성을 개선한다.

    ㉥ 보수력과 보비력의 증대 : 유기물의 부식은 '−'이온성으로 양분을 흡착하는 힘이 강하며, 입단과 부식은 토양의 통기성, 보수력, 보비력을 증대시킨다.

    ㉦ 토양 완충능 증대 : 유기물의 부식은 토양반응이 쉽게 변하는 것을 차단하는 완충능을 증대시키며, Al의 독성을 중화하는 작용을 한다.

> ○ **완충능**(緩衝能 buffer capacity) : 외부로부터의 작용에 대해 그 영향을 완화시키려는 성질을 말한다.

    ㉧ 미생물 번식 조장

        ⓐ 유기물은 미생물의 영양원으로 유용미생물의 번식을 조장하고, 미생물 종다양성에 기여하여 병의 발생을 줄인다.

        ⓑ 유기물의 분해속도는 리그닌 함량이 많을수록 느리며 단백질, 녹말, 셀룰로오스, 헤미셀룰로오스 등은 비교적 분해가 빠르다.

        ⓒ 미생물에 의한 유기물의 분해속도 : 당류 > 헤미셀룰로오스 > 셀룰로오스 > 리그닌

    ㉨ 토양 보호 : 토양을 유기물로 피복하면 토양침식이 방지되고, 입단형성으로 빗물의 지하침투를 좋

게 하여 토양침식을 경감시킨다.

ㅊ 지온 상승 : 부식은 토양의 색을 어둡게 하여 지온을 높인다.

(2) 토양부식과 작물의 생육

① 의의

토양부식의 함량이 높다는 것은 지력이 증대되는 것을 의미한다.

② 토양부식의 과잉

ㄱ 토양부식이 지나치게 많아지면 작물의 생육에 불리한 영향을 주기도 한다.

ㄴ 부식함량이 20% 이상의 부식토와 같이 부식이 지나치게 많을 경우 부식산이 생성되어 토양이 산성화된다.

ㄷ 상대적으로 점토함량이 부족해서 불리한 경우가 생긴다.

③ 토양 통기와 유기물

ㄱ 투수가 불량한 습답에서는 토양공기의 부족으로 유기물의 분해가 저해되고 과다하게 축적된다.

ㄴ 유기물이 과다한 습답에서 고온기에 분해가 왕성한 때 토양이 심한 환원상태가 되어 여러 해작용을 한다.

ㄷ 배수가 잘되는 밭 또는 투수성이 좋은 논에서는 토양유기물의 분해가 왕성하므로, 해마다 유기물을 충분히 시용하여도 과다한 축적을 보이지 않는다.

(3) 유기물의 공급

① 우리나라 환경

ㄱ 우리나라 토양은 화강암을 모암으로 하는 특성과 여름철 집중호우 등 기후적 요인 등으로 부식함량이 낮은 상태로, 작물 재배에 알맞은 함량으로 맞추어 주는 것이 중요하다.

ㄴ 경종농가와 축산농가가 분리되어 있어 구비(廄肥 animal manure 외양간에서 나오는 두엄)는 폐기물이 되거나 많은 에너지를 투입하는 유기질 비료의 제조공정을 거치는 등 효율적 이용이 이루어지지 못하고 있다.

ㄷ 외국과 같이 콩과작물이 삽입된 윤작체계가 발달되지 못해 전작녹비(綠肥 녹색식물의 줄기와 잎을 비료로 사용하는 것)가 거의 없고 농업노동력의 부족으로 답리작녹비의 재배도 거의 없다.

ㄹ 과거에는 산야초나 일부 고간류(藁稈類 벼, 보리, 밀, 조 등과 같이 곡류의 수확 후 남은 잎과 줄기. 이를 짚이라고 부르기도 함)를 이용한 퇴비증산을 하였으나, 최근 축산농가에서 나오는 유기성 폐기물로 만든 유기질 비료가 이를 대신하고 있다.

ㅁ 우리나라 토양의 부식함량은 약 2.5%로 낮은 편이다.

② 유기물의 공급

ㄱ 유기물의 주요 공급원은 퇴비, 구비, 녹비, 고간류 등이다.

ㄴ 답리작맥류의 재배면적이 감소함에 따라 겨울철 푸른들 가꾸기운동이 전개되어 자운영, 헤어리베치 등 녹비작물의 재배가 시도되고 있다.

PART 03

(4) 유기물의 탄질률(C/N률)

① 의의 : 유기물이 함유하고 있는 탄소와 질소의 비율

② 탄질률이 높은 유기물의 시용은 질소를 영양원으로 탄소를 분해하는 토양미생물의 영양원 부족으로 토양 내 질소에 대한 작물과 경합이 발생할 수 있으며 이를 질소기아(窒素飢蛾 nitrogen starvation) 현상이라 한다.

③ 작물 생육에 적당한 토양유기물의 탄질률은 8~15의 범위이다.

④ 탄질률의 계산

㉠ 탄질률 $= \dfrac{\text{탄소의 함량}}{\text{질소의 함량}} \times 100$

㉡ 탄질률의 교정(%) $= \dfrac{\text{재료의 탄소함량}}{\text{교정하는 탄질률}} - \text{재료의 질소함량}$

✏️ 더 알아보기   **질소기아**(窒素飢蛾 nitrogen starvation)

> 만약 토양에 C/N비(탄질률 炭窒率 탄소와 질소의 비율)이 30 이상 높은 유기물의 공급이 활발해지면 토양 중 암모니아성질소(NH_4-N)나 질산성질소(NO_3-N)가 미생물 세포의 단백질 합성에 이용되면서 토양미생물이 급격히 번식하게 된다. 즉, 토양 속에 있는 토양미생물(土壤微生物 soil microbes 토양 속에 서식하면서 유기물을 분해하는 미생물)도 양분으로서 질소를 필요로 하므로 토양미생물이 토양 중에 있는 이러한 유효태[有效態 효과·효능이 있는, 작물에 용이하게 흡수 이용되는 유효성(有效性)무기질소]를 대량 흡수하게 된다. 따라서 작물이 이용할 수 있는 질소가 크게 부족하게 되는 현상이 나타날 수 있는데 이를 '질소기아'라고 한다.

8 토양반응과 작물

(1) 토양반응의 표시

① 토양반응

토양반응이란 토양이 산성, 중성, 염기성인가의 성질로 토양용액 중 수소이온농도(H^+)와 수산이온농도(OH^-)의 비율에 의해 결정되며 pH로 표시한다.

② pH(potential of hydrogen)

㉠ $pH = -\log[H^+]$

㉡ pH가 7보다 작으면 산성이라 하고 그 값이 작아질수록 산성이 강해진다.

㉢ pH가 7보다 크면 알칼리성이라 하고 그 값이 커질수록 알칼리성이 강해진다.

㉣ pH가 7이면 중성이라 한다.

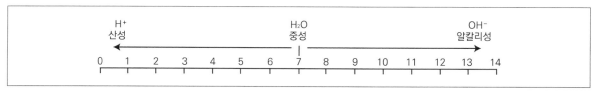

(2) 토양반응과 작물의 생육

① pH와 작물생육

    ㉠ pH에 따라 토양 중 작물양분의 유효도는 크게 달라지며 중성 내지 약산성에서 가장 높다.

    ㉡ 강산성에서의 작물생육

        ⓐ 인, 칼슘, 마그네슘, 붕소, 몰리브덴 등의 가급도(加給度 식물이 양분을 흡수, 이용할 수 있는 유효도)가 떨어져 작물의 생육에 불리하다.

        ⓑ 암모니아가 식물체 내에 축적되고 동화되지 못해 해롭다.

        ⓒ 알루미늄, 철, 구리, 아연, 망간 등의 용해도가 증가하여 독성으로 인해 작물생육을 저해한다.

    ㉢ 강알칼리성에서의 작물생육

        ⓐ 질소, 붕소, 철, 망간 등의 용해도 감소로 작물의 생육에 불리하다.

        ⓑ 그러나 붕소는 pH 8.5 이상에서는 용해도가 커진다.

        ⓒ 강염기가 증가하여 생육을 저해한다.

    ㉣ 산성토양에 대한 작물의 적응성

        ⓐ 극히 강한 것 : 벼, 밭벼, 호밀, 귀리, 토란, 아마, 기장, 땅콩, 감자, 수박, 봄무, 루핀 등

        ⓑ 강한 것 : 메밀, 옥수수, 수수, 목화, 당근, 오이, 호박, 딸기, 포도, 토마토, 밀, 조, 고구마, 담배, 베치 등

        ⓒ 약간 강한 것 : 유채, 피, 무 등

        ⓓ 약한 것 : 보리, 클로버, 양배추, 근대, 가지, 삼, 겨자, 고추, 완두, 상추 등

        ⓔ 가장 약한 것 : 앨펠퍼, 콩, 팥, 자운영, 시금치, 사탕무, 셀러리, 부추, 양파 등

    ㉤ 사탕무, 수수, 유채, 양배추, 목화, 보리, 버뮤다그라스 등은 알칼리성 토양에 적응력이 높지만 pH 8 이상의 강알칼리성에 알맞은 작물은 거의 없다.

    ㉥ 토양반응에 대한 과수의 적응성

        ⓐ 산성토양 : 밤나무, 비파, 복숭아나무

        ⓑ 약산성토양 : 배나무, 사과나무, 감나무, 감귤나무

        ⓒ 중성 및 약알칼리성 토양 : 무화과나무, 포도나무

② 토양반응과 미생물

    ㉠ 토양유기물 분해와 공중질소를 고정하여 유효태양분(有效態養分 available nutrient 작물에 용이하게 흡수 이용되는 토양 중의 무기 영양 원소의 형태)을 생성하는 활성박테리아(세균)는 중성 부근의 토양반응을 좋아하며, 강산성에 적응하는 세균의 종류는 많지 않다.

    ㉡ 곰팡이는 넓은 범위의 토양반응에 적응하나 산성토양에서 잘 번식한다.

        ⓐ 사물기생(死物寄生) 곰팡이는 유기물의 최초 분해에 가담한다.

        ⓑ 활물기생(活物寄生) 곰팡이는 대부분 병원균으로 작용한다.

③ 토양반응과 입단의 형성

    강산성, 강알칼리성은 점토와 부식을 분산시켜 토양의 입단 생성을 저해한다.

(3) 산성토양의 종류

① **활산성**(活酸性 active acidity)
- ㉠ 토양용액에 들어 있는 H^+에 기인하는 산성을 활산성이라 하며 식물에 직접 해를 끼친다.
- ㉡ 토양에서 침출된 물에 대하여 산도를 측정한다.

② **잠산성**(潛酸性 = 치환산성 exchange acidity)
- ㉠ 토양교질물에 흡착된 H^+과 Al^{3+}에 기인하는 산성을 말한다.
- ㉡ 강산성 토양에서 Al^{3+}은 산도를 높이는 작용을 한다.
- ㉢ 토양에 따라 KCl, $CaCl_2$ 또는 $BaCl_2$ – triethanolamine으로 침출된 액에 대하여 산도를 측정한다.

③ **가수산성**(加水酸性 hydrolytical acidity) : 아세트산칼슘[Ca-acetate, $(CH_3 COO)_2 Ca$]과 같은 약산염의 용액으로 침출한 액에 용출된 H^+에 기인된 산성을 말한다.

④ 양토나 식토는 사토에 비해 잠산성이 높아 pH가 같더라도 중화에 더 많은 석회를 필요로 한다.

(4) 산성토양 원인

① **포화교질**(飽和膠質 saturated colloid)**과 미포화교질**(未飽和膠質 unsaturated colloid)
- ㉠ 포화교질 : 토양콜로이드(土壤膠質)가 Ca^{2+}, Mg^{2+}, K^+, Na^+ 등으로 포화된 것이다.
- ㉡ 미포화교질 : H^+도 함께 흡착하고 있는 것이다.
- ㉢ 토양 중 미포화교질이 많으면 중성염이 가해질 때 H^+가 생성되어 산성을 나타낸다.
- ㉣ 토양 중 Ca^{2+}, Mg^{2+}, K^+ 등의 치환성 염기가 용탈되어 미포화교질이 늘어나는 것이 토양산성화의 가장 보편적인 원인이다.

② 유기물의 분해와 유기산
- ㉠ 토양유기물의 분해 시 생기는 이산화탄소나 공기 중 이산화탄소는 빗물이나 관개수 등에 용해되어 탄산을 생성하는데, 치환성 염기는 탄산에 의해 용탈이 조장되고 따라서 많은 강우나 관개로 토양은 점점 산성화되어 간다.
- ㉡ 유기물의 분해 시 생기는 여러 유기산이 토양염기의 용탈을 촉진한다.
- ㉢ 토양 중 탄산, 유기산은 그 자체로 산성화 원인이 된다.
- ㉣ 부엽토(腐葉土 leaf mold 풀과 나무 등의 낙엽 같은 것이 썩어서 이루어진 흙)는 부식산때문에 산성이 강해지는 경우가 많다.

③ 질소와 황의 산화
- ㉠ 토양 중 질소, 황이 산화되면 질산, 황산이 되어 토양이 산성화되며 염기의 용탈을 촉진한다.
- ㉡ 토양염기가 감소하면 토양광물 중 Al^{3+}이 용출되고 물과 반응하면 다량의 H^+를 생성한다.

④ 산성비료, 즉 황산암모니아, 과인산석회, 염화칼륨, 황산칼륨, 인분뇨, 녹비 등의 연용은 토양을 산성화시킨다.

⑤ 화학공장에서 배출되는 산성물질, 제련소 등에서 배출되는 아황산가스 등도 토양 산성화의 원인이 된다.

(5) 산성토양의 해작용과 개량 및 재배대책

① 산성토양의 해작용

㉠ 과다한 수소이온(H^+)이 작물의 뿌리에 해를 준다.

㉡ 알루미늄이온(Al^{3+}), 망간이온(Mn^{+2})이 용출되어 작물에 해를 준다.

㉢ 인(P), 칼슘(Ca), 마그네슘(Mg), 몰리브덴(Mo), 붕소(B) 등의 필수원소가 결핍된다.

㉣ 석회가 부족하고 미생물의 활동이 저해되어 유기물의 분해가 나빠져 토양의 입단형성이 저해된다.

㉤ 질소고정균 등의 유용미생물의 활동이 저해된다.

② 산성토양의 개량과 재배대책

㉠ 근본적 개량 대책은 석회와 유기물을 넉넉히 시비하여 토양반응과 구조를 개선하는 것이다.

㉡ 석회만 시비하여도 토양반응은 조정되지만 유기물과 함께 시비하는 것이 석회의 지중 침투성을 높여 석회의 중화효과를 더 깊은 토층까지 미치게 한다.

㉢ 유기물의 시용은 토양구조의 개선, 부족한 미량원소의 공급, 완충능 증대로 알루미늄이온 등의 독성이 경감된다.

㉣ 개량에 필요한 석회의 양은 토양 pH, 토양 종류에 따라 다르며 pH가 동일하더라도 점토나 부식의 함량이 많은 토양은 석회의 시용량을 늘려야 한다.

③ 재배대책

㉠ 내산성 작물을 선택한다.

㉡ 황산암모늄, 염화암모늄, 염화칼륨, 황산칼륨 등 산성비료의 시용을 피해야 한다.

㉢ 용성인비는 산성토양에서도 유효태인 구용성 인산을 함유하며 마그네슘의 함유량도 많아 효과가 크다.

㉣ 붕소는 0.5 ~ 1.3kg/10a의 붕사를 시비하여 보급한다.

(6) 알칼리토양

① 생성

㉠ 알칼리 및 알칼리토 금속 이온은 토양용액의 OH^- 농도를 높여 알칼리성을 나타낸다.

㉡ 해안지대의 신간척지 또는 바닷물의 침입지대는 알칼리토양이 된다.

㉢ 강우가 적은 건조지대에서는 규산염광물의 가수분해에 의해서 방출되는 강염기에 의해 알칼리성 토양이 된다.

② 염류토양

㉠ 염류토양은 대부분 염화물, 황산염, 질산염 등 가용성 염류가 비교적 많다.

㉡ 토양의 pH는 대개 8.5 이하이고, 교환성 Na 비율은 15% 이하이다.

㉢ 표면에 백색의 염류피층이 형성되고, 곳에 따라서는 염류의 맥이 발견되기도 하여 백색 알칼리토양이라 부르기도 한다.

㉣ 염류토양은 대개 교질물이 고도로 응고된 구조를 이루게 된다.

③ 나트륨성 알칼리토양
  ㉠ 염류토양보다 가용성 염류의 농도는 높지 않으나 교환성 Na 비율은 15%를 넘으며 pH 8.5 ~ 10이다.
  ㉡ Na이 교질물로부터 해리되어 소량의 탄산나트륨을 형성하며 유기물은 분산되어 입자 표면에 분포되어 어두운 색을 띠므로 흑색 알칼리토라고 한다.
  ㉢ 교질이 분산되어 있어 경운이 어렵고 투수가 매우 느리며 장기간 후에는 분산된 점토가 아래로 이동하여 프리즘상이나 주상 구조의 치밀한 층위가 형성되고 표면에는 비교적 거친 토성층이 남게 된다.
  ㉣ 나트륨성 알칼리토양의 용액에는 Ca, Mg이 적고 Na이 많으며 음이온으로는 SO_4^{2-}, Cl^-, HCO_3^-, 소량의 CO_3^{2-}이 들어 있다.
④ 염류나트륨성 알칼리토양
  ㉠ 가용성 염류의 농도가 높으며, 교환성 나트륨(Na)이 15%를 넘는다.
  ㉡ 염류토양을 개량하려면 배수를 좋게 하는 것이 가장 중요하다.

9 토양생물과 토양미생물

(1) 토양생물
① 소동물
  ㉠ 지렁이, 선충류, 유충 등
  ㉡ 지렁이의 특징
    ⓐ 작물생육에 적합한 토양조건의 지표로 볼 수 있다.
    ⓑ 토양에서 에너지원을 얻으며 배설물이 토양의 입단화에 영향을 준다.
    ⓒ 미분해된 유기물의 시용은 개체수를 증가시킨다.
    ⓓ 유기물의 분해와 통기성을 증가시키며 토양을 부드럽게 하여 식물 뿌리 발육을 좋게 한다.
  ㉢ 선충류
    ⓐ 토양소동물 중 가장 많은 수로 존재한다.
    ⓑ 탐침을 식물 세포에 밀어넣어 세포 내용물을 소화시키는 효소를 분비한 후 탐침을 통해 양분을 섭취하여 식물의 생장과 저항력을 약화시킨다.
    ⓒ 탐침에 의한 상처는 다른 병원체의 침입경로가 된다.
    ⓓ 주로 뿌리를 침해하여 숙주 식물은 수분 부족, 양분결핍으로 정상적 생육이 저해된다.
    ⓔ 방제는 윤작, 저항성 품종의 육종, 토양소독 등의 방법을 이용한다.
② 원생동물 : 편모충류, 섬모충류, 의족충류 등
③ 조류
  ㉠ 녹조류, 남조류 등
  ㉡ 조류는 광합성 작용과 질소고정으로 논의 지력을 향상시킨다.

④ 사상균(곰팡이, 진균)

㉠ 담자균, 자낭균 등

㉡ 산성, 중성, 알칼리성 어디에서나 생육하며 습기에도 강하다.

㉢ 단위면적당 생물체량이 가장 많은 토양미생물이다.

⑤ 방사상균(방선균) : 유기물이 적어지면 많아지고 감자의 더뎅이병을 유발한다.

⑥ 세균 : 원핵생물인 세균은 생명체로 가장 원시적인 형태이다.

(2) 토양미생물

① 토양미생물의 종류

㉠ 세균(박테리아)

ⓐ 세균의 특징

가. 토양미생물 중 가장 많은 비중을 차지한다.

나. 단세포생물이다.

다. 세포분열에 의해 번식한다.

라. 다양한 능력을 가지고 있어 농업생태계에 중요한 역할을 한다.

ⓑ 주요 토양세균

가. 아르트로박터 > 슈도모나스 > 바실러스 > 아크로모박터 > 클로스트리듐 > 미크로코쿠스 > 플라보박테리움

나. 세균은 활동과 번식에 필요한 에너지의 공급방식에 따라 자급영양세균과 타급영양세균으로 구분한다. 자급영양세균은 무기물을 산화하여 에너지를 얻고 CO_2를 환원하여 에너지(탄소원)를 얻으며, 타급영양세균은 유기물을 산화하여 영양과 에너지를 얻는다.

ⓒ 자급영양세균

가. 토양에서 무기물을 산화하여 에너지를 얻으며 질소, 황, 철, 수소 등의 무기화합물을 산화시키기 때문에 농업적으로 중요하다.

나. 니트로소모나스 : 암모늄을 아질산으로 산화시킨다.

다. 니트로박터 : 아질산을 질산으로 산화시킨다.

라. 수소박테리아 : 수소를 산화시킨다.

마. 티오바실루스 : 황을 산화시킨다.

ⓓ 타급영양세균

가. 유기물을 분해하여 에너지를 얻는다.

나. 질소고정균, 암모늄화균, 셀룰로오스분해균 등이 있다.

다. 단독질소고정균은 기주식물이 필요 없고 토양 중에 단독생활을 한다.

라. 단독질소공정균(단독질소고정균=비공생질소고정균)의 종류

- 호기성 : Azotobacter, Mycobacterium, Thiobacillus

- 혐기성 : Clostridium, Klebsiella, Desulfovibrio, Desulfotomaculum

　마. 클로스트리듐 : 배수가 불량한 산성토양에 많다.

　바. 아조토박터 : 배수가 양호한 중성토양에 많다.

　사. 공생질소고정균 : 근류균은 콩과 식물의 뿌리에 혹을 만들어 대기 중 질소가스를 고정하여 식물에 공급하고 대신 필요한 양분을 공급받는다.

ⓔ 토양세균수의 표시

　가. CFU(Colony-forming unit 집락형성단위)

　나. 세균의 밀도 측정 단위로 $cfu/100cm^2$은 $100cm^2$당 얼마만큼의 세포 또는 균주가 있는지를 나타낸다.

ⓛ 진균(곰팡이, 사상균, Fungi)

ⓐ 단세포인 효모로부터 다세포인 곰팡이와 버섯에 이르기까지 크기, 모양, 기능이 매우 다양하다.

ⓑ 진균은 엽록소가 없어서 에너지와 탄소를 유기화합물로부터 얻어야 하는 타급영양균으로 죽거나 살아있는 식물, 동물과 공생한다.

ⓒ 토양 중에서 세균이나 방선균보다 수는 적지만, 무게로는 토양미생물 중에 가장 큰 비율을 차지한다.

ⓓ 진균은 토양산도에 폭넓게 적응하는 내산성 미생물로 pH 2.0~3.0에서도 활동할 수 있으며, 다른 미생물이 살 수 없는 강산성토양에서도 유기물을 분해한다.

ⓔ CO_2와 암모니아(NH_4^+)의 동화율이 높아서 유기물에서 부식되는 양을 높임으로써 부패생성률이 높다.

ⓒ 방선균

ⓐ 단세포로 되어 있는 것은 세균과 같고 균사를 뻗는 점에서는 사상균과 같아서 세균과 진균의 중간에 위치하는 미생물이다.

ⓑ 토양 중에서 세균 다음으로 수가 많다.

ⓒ 유기물이 분해되는 초기에는 세균과 진균이 많으나 후기에 가서 셀룰로오스, 헤미셀룰로스 및 케라틴과 같은 난분해물만 남게 되면 방선균이 분해한다.

ⓓ 물에 녹지 않는 물질을 분비하여 토양의 내수성 입단을 형성하는 데 기여한다.

ⓔ 방선균은 미숙유기물이 많고 습기가 높으며 통기가 잘 되는 토양에서 잘 자라고, 건조한 때도 세균과 사상균보다는 잘 자란다.

ⓕ pH 6.0~7.5 사이가 알맞으며 5.0 이하에서는 활동을 중지한다.

ⓖ 토양에서 흙냄새가 나는 것은 방선균의 일종인 악티노마이세트스(Actinomycetes)가 내는 냄새이다.

ⓗ 방선균은 감자의 더뎅이병이나 고구마의 잘록병의 원인균이다.

　　　ⓔ 균근

　　　　　ⓐ 사상균의 가장 고등생물인 담자균이 식물의 뿌리에 붙어서 공생관계를 맺어 균근이라는 특수한 형태를 이룬다.

　　　　　ⓑ 식물뿌리와 공생관계를 형성하는 균으로 뿌리로부터 뻗어 나온 균근은 토양 중에서 이동성이 낮은 인산, 아연, 철, 몰리브덴과 같은 성분을 흡수하여 뿌리 역할을 해준다.

　　　　　ⓒ 균근의 종류

　　　　　　가. 외생균근 : 균사가 뿌리의 목피세포 사이를 침입하여 펙틴이나 탄수화물을 섭취하며 소나무, 자작나무, 너도밤나무, 버드나무에서 형성되고, 균이 감염된 뿌리의 표면적이 증가한다.

　　　　　　나. 내외생균근
　　　　　　　• 균근 내부에 균사상을 형성하고 균사가 뿌리의 내부조직에까지 침입한다.
　　　　　　　• 너도밤나무, 참피나무, 대전나무 등에서 형성된다.

　　　　　　다. 내생균근
　　　　　　　• 뿌리의 피층세포 내부까지 침입하여 분지하는데, 뿌리의 중앙에는 들어가지 않는다.
　　　　　　　• 토양으로부터의 양분을 기주식물에 공급하며 일반 밭작물의 채소에 공생하여 생육을 이롭게 한다.

　　　　　ⓓ 균근의 기능
　　　　　　가. 한발에 대한 저항성 증가
　　　　　　나. 인산의 흡수 증가
　　　　　　다. 토양입단화 촉진

　　　ⓜ 조류
　　　　　ⓐ 단세포, 다세포 등 크기, 구조, 형태가 다양하다.
　　　　　ⓑ 물에 있는 조류보다는 크기나 구조가 단순하다.
　　　　　ⓒ 식물과 동물의 중간적인 성질을 가지고 있다.
　　　　　ⓓ 토양 중에서는 세균과 공존하고 세균에 유기물을 공급한다.
　　　　　ⓔ 토양에서의 유기물의 생성, 질소의 고정, 양분의 동화, 산소의 공급, 질소 균과의 공생을 한다.
　　　　　ⓕ 탄소동화작용을 한다.
　　　　　ⓖ 담수토양에서 수도(벼)의 뿌리에 필요한 산소를 공급하기도 한다.

② **토양미생물의 생육조건**
　　㉠ 온도
　　　　ⓐ 미생물은 생육 적온에 따라 고온성미생물(thermophile) 55 ~ 110℃, 중온성미생물(mesophile) 20 ~ 45℃, 저온성미생물(psychrophile) 10 ~ 15℃로 구분하며, 토양 중 유용미생물의 생육에 적절한 온도는 27 ~ 28℃이다.
　　　　ⓑ 온도가 내려가면 미생물의 수가 감소하고 0℃ 부근에서는 활동을 정지한다.

ⓛ 수분

    ⓐ 토양이 건조하면 미생물이 활동을 정지하거나 휴면 또는 사멸하며, 가장 활동이 적절한 수분 함량은 최대용수량의 60% 정도일 때이다.

    ⓑ 담수된 논에는 표층에서는 호기성세균이 활동하나, 환원상태의 작토층에는 주로 혐기성세균이 활동한다.

ⓒ 유기물

    ⓐ 미생물의 활동에 필요한 영양원이다.

    ⓑ 토양에 유기물을 가하면 미생물의 수가 급격히 늘고 유기물함량은 감소한다.

ⓔ 토양의 깊이 : 토양이 깊어지면 유기물과 공기가 결핍되어 미생물의 수가 줄어든다.

ⓜ 토양의 반응

    ⓐ 세균과 방선균의 활동은 토양반응이 중성~약알칼리성일 때 왕성하다.

    ⓑ 방선균은 pH 5.0에서는 그 활동을 거의 중지한다.

    ⓒ 황세균과 클로스트리듐(clostridium)은 산성에서도 생육한다.

    ⓓ 황세균 : 황을 산화하여 식물에 유용한 황산염을 만들며, 땅속 깊은 퇴적물에서는 황산을 발생시켜 광산 금속을 녹이며 콘크리트와 강철도 부식시킨다. 일반적인 세균과는 달리 강산에서 생육한다.

    ⓔ 사상균은 산성에 강하여 낮은 pH에서도 활동한다.

ⓗ 유해한 토양미생물 경감 대책 : 윤작, 담수, 배수 등 미생물의 생육환경 조건을 바꾸어주거나, 토양 소독을 한다.

(3) 토양미생물의 역할

① 유기물의 분해

    ㉠ 유기물을 분해하여 무기화작용으로 유리되는 양분을 식물이 흡수할 수 있게 한다.

    ㉡ 무기화작용 : 유기태 질소화합물을 무기태로 변환하는 것으로 첫 단계가 amide물질로부터 암모니아를 생성하는 암모니아화 작용이다.

    ㉢ 점성의 분해 중간물은 토양입단의 안정성을 높여준다.

> ◦ 점성(粘性) : 유체의 흐름에 대한 저항을 말하며 운동하는 액체나 기체 내부에 나타나는 마찰력이므로 내부마찰이라고도 한다. 즉, 액체의 끈끈한 성질이다.

    ㉣ 유기물이 분해되며 생기는 유기·무기산(질산, 황산, 탄산)은 석회석과 같은 암석이나 인산, 철, 망간 같은 양분의 유효도를 높여준다.

② 유리질소(遊離窒素)의 고정

> ◦ 유리질소(遊離窒素 free nitrogen) : 화합물 속에서 화학적으로 결합하지 않는 질소이다.

ㄱ 대기 중에 가장 풍부한 질소는 유리(遊 놀 유 離 떠날 리)상태로 고등식물이 직접 이용할 수 없으며 반드시 암모니아 같은 화합 형태가 되어야 양분이 될 수 있는데 이 과정을 분자질소의 고정작용이라 하고 자연계의 물질순환, 식물에 대한 질소 공급, 토양 비옥도 향상을 위해서는 매우 중요하다.

ㄴ 근류균은 콩과식물과 공생하면서 유리질소를 고정하며, 아조토박터(azotobacter), 아조토모나스(azotomonas) 등은 호기상태에서 클로스트리듐(clostridium) 등은 혐기상태에서 단독으로 유리질소를 고정한다.

ㄷ 질소고정균의 구분

ⓐ 공생균 : 콩과식물에 공생하는 근류균(根瘤菌 rhizobium), 벼과식물에 공생하는 스피릴룸 리포페룸(spirillum lipoferum)이 있다.

ⓑ 비공생균 : 아나바이나속(—屬 anabaena)과 염주말속(nostoc)을 포함하여 아조토박터속(azotobacter), 베이예링키아속(beijerinckia), 클로스트리디움속(clostridium) 등이 있다.

③ **질산화작용**(窒酸化作用 nitrification)

ㄱ 암모니아이온(NH_4^+)이 아질산(NO_2^-)과 질산(NO_3^-)으로 산화되는 과정으로 암모니아(NH_4^+)을 질산으로 변하게 하여 작물에 이롭게 한다.

ㄴ 아질산균과 질산균은 암모니아를 질산으로 변하게 한다.

④ **무기물의 산화**

ㄱ 토양 중 단백질 또는 다른 질소화합물은 암모늄화합물과 질산염으로 분해되며, 여러 단계의 생화학적 반응을 수반한다.

ㄴ 암모니아와 질산은 식물이 흡수하여 이용할 수 있는 유효태양분으로 절대 필요한 것이다.

ㄷ 다른 무기성분들도 토양환경의 산화와 미생물의 활동을 받아 화학적 형태가 바뀌어 인산 등의 용해도가 높아진다.

⑤ **가용성 무기성분의 동화** : 가용성 무기성분의 동화로 유실을 적게 한다.

⑥ **토양의 입단형성** : 균사 등의 점질물질에 의해서 토양의 입단을 형성한다.

⑦ **미생물 간의 길항작용**(拮抗作用 antagonism)

∘ **길항작용**(拮抗作用 antagonism) : 길항작용이란 어떤 현상에 두 요인이 동시에 작용할 때 서로 그 효과를 억제시켜 항상성을 유지하는, 생물체 내의 상쇄작용을 말한다. 즉, 어떤 물질의 작용이 다른 물질에 의해 저해 또는 억제되는 경우 양자를 서로 길항적이라고 하고, 이 작용을 길항작용(antagonism)이라고 한다.

ㄱ 토양생태계의 다양한 미생물 사이의 길항작용으로 토양전염병균의 활동을 억제한다.

ㄴ 토양 배수가 잘 되고 산화상태에 있게 되면 Fe와 Mn은 자양성 미생물의 작용으로 산화되는데, 이들 물질은 약산성 내지 중성에서는 용해도가 매우 낮아 과잉해가 나타나지 않는다.

⑧ **생장촉진물질 분비** : 호르몬성의 생장촉진물질을 분비한다.

⑨ **근권**(根圈 rhizosphere)**형성**

식물 뿌리는 많은 유기물을 분비하거나 근관(根管 root canal 뿌리골무)과 잔뿌리가 탈락하여 새로운 유기물이 되어 다른 생물의 먹이가 되어 뿌리 근처에 강력한 생물학적 활동 영역 근권을 형성하여 뿌리의 양분흡수 촉진, 뿌리 신장생장의 억제, 뿌리 효소활성을 높인다.

⑩ **균근**(菌根 식물의 뿌리와 곰팡이의 공생체)**의 형성**

　㉠ 뿌리에 사상균 등이 착생하여 공생으로 내생균근(內生菌根 endomycorrhizae)이 특수형태로 형성되어 식물은 물과 양분의 흡수가 용이해지고, 뿌리 유효표면이 증가하며 내염성, 내건성, 내병성 등이 강해진다.

　㉡ 토양양분의 유효화로 담자균류, 자낭균 등의 외생균근(外生菌根 ectomycorrhizae)이 왕성해지면 병원균의 침입을 막게 되는데, 이는 균사가 펙틴질, 탄수화물을 섭취하여 뿌리 외부에 연속적으로 자라면서 하나의 피복을 이루면서 뿌리를 완전히 둘러싸기 때문이다.

(4) 토양미생물의 해작용

① **병의 발생**

　㉠ 토양 유래 식물 병을 일으키는 미생물이 많다.

　㉡ 토양 유래 병 : 토마토 세균병, 감자 시들음병, 채소 무름병・점무늬병・뿌리썩음병・모잘록병 등

　㉢ 방제방법 : 소토[燒土 burning 불에 의하여 토양내의 생물을 사멸(死滅)시키는 것], 열소독, 약제소독 등의 방법을 통해 토양소독을 실시한다.

② **탈질작용을 일으킴**

환원조건에서 탈질세균에 의해 NO_3^- ⇨ NO_2^- ⇨ N_2O, N_2로 휘산(揮散 분리되어 날아가는 작용)된다.

③ **유해한 환원성 물질을 생성함**

황산염을 환원하여 황화수소 등의 유해한 환원성 물질을 생성한다. 데술포비브리오(desulfovibrio), 디설포토마쿨럼(desulfotomaculum) 등의 혐기성세균은 황소이온(SO_4)을 환원하여 황화수소(H_2S)가 되게 한다.

④ **작물과 미생물의 양분쟁탈**

미숙유기물을 시비했을 때 질소기아현상처럼 작물과 미생물 간에 양분의 쟁탈이 일어난다.

(5) 세균비료(細菌肥料 bacterial fertilizer)

① **의의**

　㉠ 뿌리혹박테리아, 아조토박터(azotobacter)와 같은 단독질소고정균, 바실루스 메가테리움(bacillus megatherium) 같은 질소나 인산을 가급태(加給態 토양의 양분 가운데 실제로 작물이 이용할 수 있는 형태)하는 세균, 미생물 길항작용에 관여하는 항생물질, 세균의 영양원 등을 혼합하여 시용함으로써 작물생육의 조장을 도모하는 경우가 있는데, 이를 세균비료라 한다.

　㉡ 세균비료의 효과는 토양 중 유기물이 많아 세균의 영양원이 풍부하고, 온도, 통기, 수분 등 미생물의 생육조건이 알맞을 때 크다.

② **근류균의 접종**(接種 inoculation)

　㉠ 근류균의 접종은 종자접종과 토양접종으로 구별할 수 있다.

　㉡ 콩과작물을 신개간지에 재배할 때

ⓐ 순수배양한 근류균의 우량계통을 종자와 혼합하거나, 토양에 직접 시용한다.

ⓑ 해당 콩과작물의 생육이 좋았던 토양의 표토를 채취하여, 40 ~ 60kg/10a 정도를 첨가한다.

ⓒ 콩과작물의 재배 시 근류균의 접종은 수량과 단백질 함량이 증가하며 특히 개간지에서 그 효과가 크게 나타난다.

ⓔ 근류균의 접종효과는 토양통기가 좋고, 석회를 시용하여 토양반응을 미산성 ~ 중성으로 조절하였을 때 크다.

ⓜ 토양 중 무기태(무기물의 형태로 존재하는 양분)-N가 과다하거나 강산성 토양에서는 접종효과가 작다.

10 토양온도와 토양색

(1) 토양온도

① 토양에서 온도의 역할

ㄱ 식물, 미생물 및 토양생물의 생육과 활동

ㄴ 종자의 발아

ㄷ 토양수분의 이동과 토양공기의 확산

ㄹ 무기양분의 화학적 형태 변화

ㅁ 토양형(土壤型 soil type)을 결정하는 기상조건

② 토양온도의 결정요인

ㄱ 토양이 흡수하는 열의 양

ⓐ 토양 구성물의 비열(比熱), 열전도도, 표토의 색, 피복물의 상태, 열을 받는 방향과 경사도 등에 따라 달라진다.

> ◦ 비열(比熱) : 토양의 열적 성질을 나타내기 위해 사용하며 물과 토양의 단위량(1g)의 온도를 1℃ 높이는 데 필요한 열량이다.

ⓑ 지표에서의 물의 증발과 열의 직접적인 방사 등에 따라 달라진다.

ㄴ 토양온도에 변화를 일으키는 데 필요한 열에너지

대부분 태양 복사 에너지에서 얻어지며 토양에 도달한 태양 에너지는 그 일부분이 대기로 반사되어 되돌아가며 나머지 부분이 토양 표면에 흡수되어 토양열이 된다.

ㄷ 표토 근처에서 일어나는 변화에 소요되는 에너지

③ 토양온도의 변화

ㄱ 토양온도는 하루 중 시간에 따라, 계절과 위치에 따라 특징있는 변화를 보인다.

ㄴ 온도의 변화는 토양 표면이 가장 크며, 깊어질수록 변화가 작아지며 약 3m 이하에서는 거의 변화를 보이지 않고 일정하다.

ㄷ 15cm 이하에서는 온도의 일변화는 거의 없다.

㉣ 북반구에서는 남향이나 동남향의 경사면 토양은 평탄지나 북향면에 비해 아침에 빨리 더워지며 평균 온도가 높은 것이 일반적이다.

㉤ 평균 토양온도는 고도가 높아지면 낮아지므로 고산지대의 식생은 저온성이다.

㉥ 겨울철의 눈은 절연제(絕緣劑)로 작용하여 토양에 눈이 덮이면 토양온도의 하강을 늦춰 동결의 깊이를 줄여주고, 눈이 녹으며 토양수분함량이 증가하는 봄에는 지온의 상승을 더디게 하여 토양온도의 변화를 줄여준다.

(2) 토양의 색

① 의의

토양의 색은 토양 생성과정과 연관이 있어 토양을 분류하는 데 중요한 기준이 된다.

② 토양 색을 결정하는 요인

㉠ 토양유기물

ⓐ 부식의 함량이 많으면 짙은 밤색 또는 검은색을 띤다.

ⓑ 형성 요인 : 부식의 기간 및 함량

㉡ 산화철

ⓐ 성분 : Fe^{3+}

ⓑ 토양의 색 : 적색, 주황색, 노란색

ⓒ 형성 요인 : 불포화 수분 상태

㉢ 환원철

ⓐ 성분 : Fe^{2+}

ⓑ 토양의 색 : 회청색, 밝은 녹색

ⓒ 형성 요인 : 포화 수분 상태

㉣ 염류

ⓐ 성분 : 석회, 석고

ⓑ 토양의 색 : 흰색, 회색

ⓒ 형성 요인 : 반건조 지역

㉤ 화산회(火山灰 volcanic ash)

ⓐ 성분 : 화산재

ⓑ 토양의 색 : 회색, 검은색

ⓒ 형성 요인 : 화산폭발

11 논토양과 밭토양

(1) 논토양과 밭토양의 비교

① 토양의 색깔

㉠ 논토양 : 청회색 또는 회색

　　　ⓛ 밭토양 : 황갈색, 적갈색
　② 산화물과 환원물의 존재
　　　㉠ 논토양 : 환원물(N_2, H_2S, S)이 존재
　　　ⓛ 밭토양 : 산화물(NO_3^-, SO_4^{2-})이 존재
　③ 양분의 유실과 천연공급
　　　㉠ 논토양 : 관개수에 의한 양분의 천연공급량이 많다.
　　　ⓛ 밭토양 : 강우에 의한 양분의 유실이 많다.
　④ 토양 pH
　　　논토양은 담수로 인하여 낮과 밤 및 담수기간과 낙수기간에 따라 차이가 있으나 밭토양은 그렇지 않다.
　⑤ 산화환원전위도
　　　㉠ 산화환원전위(Eh) : 논토양의 산화와 환원 정도를 나타내는 기호이다. 산화환원전위는 토양이 산화될수록 높아지고, 환원될수록 떨어진다.
　　　　ⓐ 산화 : 전자를 잃는 것
　　　　ⓑ 환원 : 전자를 얻는 것
　　　ⓛ Eh값은 밀리볼트(mV) 또는 볼트(volt)로 나타낸다.
　　　ⓒ Eh값은 환원이 심한 여름에 작아지고 산화가 심한 가을부터 봄까지 커진다.
　　　ⓔ Eh와 pH는 상관관계가 있어 pH가 상승하면 Eh값은 낮아지는 경향이 있다.

(2) 논토양의 일반적인 특성
　① 논토양의 특징
　　　㉠ 논토양의 환원과 토층 분화
　　　　ⓐ 논에서 갈색의 산화층과 회색(청회색)의 환원층으로 분화되는 것을 논토양의 토층 분화라고 하며, 표층의 산화층은 수mm에서 1 ~ 2cm이고, 표층 이하의 작토층은 환원되어 이때 활동하는 미생물은 혐기성 미생물이다. 작토 밑의 심토는 산화상태로 남는다.
　　　　ⓑ 담수된 논토양에서도 산소가 함유된 수분의 지중 침투로 어느 정도 산소가 공급되며, 논물에는 대기 중 산소와 조류 및 잡초의 광합성으로 배출된 산소가 용존되어 있어, 논토양에 일부 산소가 공급된다.
　　　　ⓒ 담수상태에서 미생물에 의한 유기물의 분해가 왕성할 때, 공급되는 산소의 양보다 미생물에 의해 소비되는 산소량이 더 많아 논토양은 전층이 환원상태가 된다.
　　　　ⓓ 논토양의 토층
　　　　　가. 표층(산화층) : 토양 중 유기물의 분해가 진전되어 분해되기 쉬운 유기물이 감소하면 토양 상층부는 논물에서 공급되는 산소가 미생물이 소비하는 양보다 많아지며, 표층 수mm에서 1 ~ 2cm 층은 Fe^{3+}로 인해 적갈색을 띤 산화층이 된다.
　　　　　나. 작토층(환원층) : 표층 이하의 작토층은 Fe^{2+}로 인해 청회색의 환원층이 된다.
　　　　　다. 심토(산화층) : 심토는 유기물이 극히 적어 다시 산화층을 형성한다.

ⓛ 산화환원전위(酸化還元電位 ORP oxidation-reduction potential)와 pH

ⓐ 토양의 산화, 환원 상태를 Eh로 표시한다.

ⓑ 산화층은 Eh가 0.6mV 정도이며, 환원층은 0.3mV 정도, 심한 환원층은 -0.3 ∼ 0.3mV 정도까지 측정된다.

ⓒ 미숙한 유기물을 많이 시용하거나 미생물이 왕성한 토양은 산소 소비가 많아서 Eh값이 0.0이하가 된다.

ⓓ 산화환원전위는 토양이 산화될수록 높아지고, 환원될수록 떨어진다.

ⓔ pH가 상승하면 Eh는 하락하는 경향이 있으며 pH 6일 때 Eh6으로 표시한다.

ⓒ 질소의 고정

ⓐ 논은 공급되는 물에 의해 질소의 천연공급량이 많고, 조류(藻類 algae 물속에서 생활을 하는 단순한 형태의 식물분류군)의 공중질소고정작용도 나타나며, 논물에 질소고정 남조류(藍藻類 blue-green algae)가 번식하면 광을 받아 대기 중의 질소를 고정하여 표층의 산화층에 질소를 공급한다.

ⓑ Ca, P의 시비는 남조류 번식이 왕성하여 질소고정량도 증가한다. 벼 재배기간 중 2kg/10a의 질소를 고정한다.

ⓔ 탈질현상과 심층시비

ⓐ 질산화 작용(nitrification 산화과정) : 논토양의 산화층에 NH_4-N(암모니아성 질소)을 시비하면 호기성균인 질산균이 질화작용을 일으켜 NO_3(삼산화 질소)으로 된다($NH_4 ⇨ NO_2 ⇨ NO_3$).

ⓑ 탈질작용(denitrification 환원작용) : NO_3^-(아질산염)은 토양입자에 흡착되지 못하고, 환원층으로 이행되면 혐기성균인 탈질균의 작용으로 환원되어 N_2(질소분자)로 대기 중으로 휘산된다($NO_3 ⇨ NO ⇨ N_2O ⇨ N_2$).

ⓒ 심층시비

가. 심층시비 : 암모늄태질소(암모니아성 질소)를 논토양 심층 환원층에 시용하면 질화균의 작용을 받지 않고, NH_4-N은 토양에 흡착이 잘 되므로 비효가 오랫동안 지속된다.

나. 전층시비 : 심층에 시비하는 것이 어려우므로 NH_4-N(암모니아성 질소)를 경운 전에 논 전면에 미리 시비한 후, 경운하고 써레서(써레로 논바닥을 고르거나 흙덩이를 잘게 부숨) 작토의 전층에 섞이도록 시비하는 방법이다.

다. 누수가 심한 논에서 심층시비는 질소의 용탈을 조장하여 불리하다.

ⓜ 유기태질소의 무기화

ⓐ 의의

논토양에서 벼가 그대로 이용할 수 없는 유기태질소가 많으며, 적당히 처리하면 유기태질소의 무기화가 촉진되어 다량의 암모늄태질소가 생성되며 이를 잠재지력(潛在地力)이라 한다.

○ 잠재지력(潛在地力) : 토양이 본래 갖는 지력을 말하며, 토양의 환경조건을 현저히 변화시키면 양분은 작물이 이용할 수 있는 상태로 변한다. 이러한 잠재지력이 높은 논을 비옥토(肥沃土)라고 한다.

ⓑ 건토효과
　가. 논의 토양을 말렸다가 물을 대는 경우 암모늄태질소의 분량이 증가되는 효과이다.
　나. 토양이 건조하면 토양유기물은 미생물이 분해하기 쉬운 상태가 되고, 여기에 가수(加水 damping)하면 미생물 활동이 촉진되어 다량의 암모니아가 생성된다.
　다. 건토효과는 유기물의 함량이 많을수록, 건조가 충분할수록 효과가 크다.
　라. 토양이 결빙될 경우에도 건조와 같은 탈수효과가 나타나 담수 후 암모니아가 생성된다.
　마. 건토효과로 생성된 암모니아는 벼에 과다하게 흡수되지 않고, 뿌리 발육에 따라 서서히 이용되므로 비효가 크다.
　바. 벼 재배 중 심한 가뭄 후 비가 와서 담수상태가 되면 건토효과가 나타나며, 이 경우 시비량을 조절하지 않으면 비료과다현상으로 도열병 등 병이 발생할 수 있다.
ⓒ 알칼리효과
　가. 토양반응을 변화시키면 다양한 미생물의 활동으로 난분해성 유기물을 분해할 수 있으므로 토양에 알칼리나 산을 첨가하여 토양반응을 변화시킨 후 담수하면 유기태질소의 무기화가 촉진된다.
　나. 특히 알칼리 처리로 나타나는 효과를 알칼리효과라 하며 논에 수산화칼슘 $100 \sim 200$kg/10a 정도를 시용하면 알칼리효과가 나타난다.
ⓓ 지온상승효과
　가. 한여름 논토양의 지온이 높아지면 유기태질소의 무기화가 촉진되어 암모니아가 생성되는 것을 지온상승효과라 한다.
　나. 25℃에서보다 40℃일 때 암모니아생성량이 많다.
　다. 지온 상승에 따른 암모니아생성량은 습토와 풍건토의 차이가 크게 나타나지 않는다.
ⓑ 인산의 유효화
　ⓐ 밭상태에서는 난용성인 인산알루미늄, 인산철이 논토양에서는 담수 후 환원상태로 되면서 유효화된다.
　ⓑ 논물에는 인산의 천연공급량이 있어 논토양은 인산비료의 요구량이 적다.
　ⓒ 한랭지에서는 저온으로 생육초기 미생물의 활동이 부진하여 논의 환원상태가 발달하지 못하므로 인산시용의 효과가 크게 나타난다.
ⓢ 관개수에 의한 양분 공급
　논에 관개되는 물에는 여러 가지 종류의 양분이 녹아 있다. 관개수에 함유된 양분의 농도는 낮다 해도, 많은 양의 물이 공급되므로 관개수에 의하여 토양은 적지 않은 양분을 공급받게 된다.
② 바람직한 논토양의 성질
　㉠ 작토 : 작물의 뿌리가 자유롭게 뻗어 양분을 흡수하는 곳이다.
　㉡ 유효 토심 : 뿌리가 작토 밑으로 더 뻗어나갈 수 있는 깊이이다.
　㉢ 투수성 : 논토양에서 투수성은 매우 중요한 성질 중의 하나이다.

ⓔ 토성 : 모래의 함량과 점토의 함량에 따라 토성을 나타낸다.

(3) 다양한 논토양

① 노후화답(老朽化畓 degraded ferro-deficient paddy field)

ㄱ 의의

Fe, P, Mn, K, Mg, Ca, Si 등이 용탈되어 결핍된 논토양을 노후화답이라 하며, 특수성분결핍토나 퇴화염토 등도 노후화답에 해당된다.

> ° 용탈(溶脫 leaching) : 토양 중에 침투한 물에 용해된 가용성 성분이 용액상태로 표층에서 하층으로 이동하거나, 또는 토양단면 외부로 제거되는 과정을 말하며 용탈되는 물을 용탈수라 한다.

ㄴ 논토양의 노후화

ⓐ 담수하에서 환원층에서는 Fe, Mn이 환원으로 녹기 쉬운 형태로 되어 침투수에 따라 용탈되어 작토층에는 결핍되고, 심토 산화층에 도달하여 산화상태로 축적되는 현상이다.

ⓑ Fe, Mg 등의 함량이 낮고 투수가 잘 되는 토양모재의 경우 작토에서 Fe 등의 용탈이 진행되면 철의 심한 부족이 나타난다.

ㄷ 추락현상(墜落現象)

ⓐ 노후화 논의 벼는 초기에는 건전하게 보이지만, 벼가 자람에 따라 깨씨무늬병의 발생이 많아지고 점차로 아랫잎이 죽으며, 가을 성숙기에 이르러서는 윗잎까지도 죽어 버려서 벼의 수확량이 감소하는 경우가 있는데, 이를 추락현상이라 한다.

ⓑ 추락의 과정

가. 물에 잠겨 있는 논에서, 황 화합물은 온도가 높은 여름에 환원되어 식물에 유독한 황화수소(H_2S)가 된다. 만일, 이때 작토층에 충분한 양의 활성철이 있으면, 황화수소는 황화철(FeS)로 침전되므로 황화수소의 유해한 작용은 나타나지 않는다.

나. 노후화 논은 작토층으로부터 활성철이 용탈되어 있기 때문에 황화수소를 불용성의 황화철로 침전시킬 수 없어 추락현상이 발생하는 것이다.

ㄹ 추락답의 개량

ⓐ 객토 : 철분과 점토가 많이 함유되어 있는 산의 붉은흙, 연못의 밑바닥흙, 바닷가 질흙 등으로 객토한다(10 ~ 20ton/10a). 양질의 점토와 Fe, Si, Mg, Mn 등의 보급효과가 크다.

> ° 객토(客土) : 토양의 물리성과 화학성이 불량하여 농작물의 생산성이 떨어지는 농경지의 지력地力을 증진시키기 위하여 다른 곳으로부터 성질이 다른 흙을 가져다 넣는 일, 또는 그 흙을 말한다.

ⓑ 함철자재 시용 : 갈철광 분말, 비철토, 퇴비철 등 함철자재를 시용한다.

> ° 함철자재(含鐵資材 iron containing material) : 철 성분을 함유하고 있는 자재를 말한다.
> ° 시용(施用 application) : 농약이나 비료 등을 포장(圃場 field) 작물 키우는 땅에 살포하여 이용하는 것이다.

ⓒ 심경 : 심경을 하여 작토층 아래로 내려간 철분 등을 20cm 정도 심경하여 작토층으로 갈아 올린다.

ⓓ 규산질 비료 시용 : 규산석회, 규회석 등은 규산, 석회, 철, 마그네슘, 망간도 함유하고 있다.

ⓜ 노후답의 재배대책

ⓐ 저항성 품종의 선택 : 황화수소에 저항성인 품종을 재배한다.

ⓑ 조기재배 : 조생종의 선택으로 일찍 수확하면 추락이 감소한다.

ⓒ 무황산근 비료 시용 : 황산기 비료 $(NH_4)_2SO_4$나 $K_2(SO_4)$ 등을 시용하지 않아야 한다.

ⓓ 추비 중점 시비 : 후기 영양을 확보하기 위하여 추비 강화, 완효성 비료 시용, 입상 및 고형비료를 시용한다.

ⓔ 엽면시비 : 후기 영양의 결핍상태가 보이면 엽면시비를 실시한다.

② **간척지답**

㉠ 의의

ⓐ 간척지 토양의 모재는 암석풍화성분의 퇴적물로 일반적으로 비옥하나 간척 당시에는 벼농사에 불리한 여러 조건을 가지고 있다.

ⓑ 간척지처럼 염류가 많은 토양을 염류토(鹽類土)라고도 한다.

㉡ 간척 당시 토양의 특징

ⓐ 염분의 해작용

가. 토양 중 염분이 과다하면 물리적으로 토양 용액의 삼투압이 높아져 벼 뿌리의 수분 흡수가 저해되고 화학적으로는 특수 이온을 이상 흡수하여 영양과 대사를 저해한다.

나. 염분농도와 벼 재배 : 염화나트륨(NaCl) 함량이 0.3% 이상에서는 벼 재배가 불가능하고, 0.1 ~ 0.3%에서는 벼 재배가 가능하나 염해 발생의 우려가 있으며 0.1% 이하에서 벼 재배가 가능하다.

ⓑ 황화물의 해작용 : 해면 하에 다량 집적되어 있던 황화물이 간척 후 산화되면서 황산이 되어 토양이 강산성이 된다. 유기물, 황 등이 표층토에 집적되어 강산성을 띠는 토양을 특이산성토(特異酸性土)라고 한다.

ⓒ 지하수위가 높아 쉽게 심한 환원상태가 되어 유해한 황화수소가 생성된다.

ⓓ 토양 물리성의 불량 : 점토가 과다하고 나트륨 이온이 많아 토양의 투수성, 통기성이 매우 불량하다.

㉢ 간척지 토양의 개량

ⓐ 관배수 시설로 염분, 황산의 제거 및 이상 환원상태의 발달을 방지한다.

ⓑ 석회를 시용하여 산성을 중화하고 염분의 용탈을 쉽게 한다.

ⓒ 석고, 토양 개량제, 생짚 등을 시용하여 토양의 물리성을 개량한다.

ⓓ 염생식물을 재배하여 염분을 흡수하게 한 다음 제거한다.

ⓔ 제염법

제염법으로 담수법, 명거법, 여과법, 객토 등이 있는데 노력, 경비, 지세를 고려하여 합리적 방법을 선택한다.

ⓐ 담수법(湛水法) : 물을 10여일 간씩 담수하여 염분을 녹여 배수하는 것을 반복하는 방법이다.

ⓑ 명거법(明渠法) : 5 ~ 10m 간격으로 도랑을 내어 염분이 씻겨 내리도록 하는 방법이다.

ⓒ 여과법(濾過法 = 암거배수법) : 지중에 암거를 설치하여 염분을 제거함과 동시에 토양통기도 촉진하는 방법이다.

ⓜ 내염재배

ⓐ 의의 : 염분이 많은 간척지 토양에 적응하는 재배법이다.

ⓑ 내염성이 강한 품종을 선택한다.

ⓒ 작물의 내염성 정도

구분	밭작물	과수
강	사탕무, 유채, 양배추, 목화, 순무, 라이그래스	
중	앨팰퍼, 토마토, 수수, 보리, 벼, 밀, 호밀, 고추, 아스파라거스, 시금치, 양파, 호박	무화과, 포도, 올리브
약	완두, 셀러리, 고구마, 감자, 가지, 녹두, 베치	배, 살구, 복숭아, 귤, 사과, 레몬

ⓓ 조기재배 및 휴립재배를 한다.

ⓔ 논에 물을 말리지 않고 자주 환수한다.

ⓕ 석회, 규산석회, 규회석 등을 충분히 시비하고 황산근 비료를 사용하지 않는다.

③ **습답**(濕畓)

㉠ 특징

ⓐ 지하수위가 높고 연중 습하여 건조되지 않으며, 지중 침투 수분량이 적어 유기물의 분해가 잘 되지 않아 미숙유기물이 집적되고, 유기물의 혐기적 분해로 유기산(유기 물질이면서 산성을 띠는 물질)이 작토에 축적되어 뿌리 생장과 흡수작용에 장해가 나타난다.

ⓑ 고온기 유기물 분해가 왕성하여 심한 환원상태로 황화수소 등 유해한 환원성 물질이 생성, 집적되어 뿌리에 해작용을 한다.

ⓒ 지온상승효과로 지력질소(地力窒素 토양에 포함된 유기형태의 질소성분으로부터 미생물이 작용에 의해 작물에 공급되는 질소)가 공급되므로 벼는 생육 후기 질소 과다가 되어 병해, 도복이 유발되나, 유기물 과다 피해가 나타나지 않는 습답은 수량이 많다.

ⓓ 담수 논토양에서 벼의 근권은 항상 환원상태로 유기물은 혐기성균인 메탄생성균(methanobacterium)에 의해 분해되어 메탄(CH_4)을 생성하고, 이 메탄은 벼의 통기조직을 통해 대기로 방출되어 지구온난화의 원인기체인 온실가스로 작용한다. 메탄 배출의 저감을 위해 간단관개(물걸러대기)를 권장한다.

> • 간단관개(間斷灌漑) : 벼가 자라고 있는 논에 물대기를 2일간은 물을 대고, 1일간은 물을 끊는 식의 간단하게 실시하는 물 관개방법이다.

    ⓔ 논토양의 적정 투수량은 15 ～ 25mm/일이며 증발산량까지 포함한 적정감수량은 20 ～ 30mm/일 정도이다.

  ⓛ 습답의 개량

    ⓐ 암거배수 등으로 투수성을 개선하고, 유해물질을 제거한다.

    ⓑ 객토를 통해 철분 등 성분을 보급한다.

    ⓒ 석회, 규산석회 등의 시비로 산성의 중화와 부족한 성분을 보급한다.

    ⓓ 이랑재배를 한다.

> • 이랑(두둑 + 고랑) : 작물재배 시 일정한 간격으로 길게 선을 긋고 그 선을 중심으로 땅을 돋우어 솟아오르게 만든 부위를 '두둑'이라고 하며 땅을 돋우어 높낮이를 만들 때 아래로 움푹 들어간 부분을 '고랑(골)'이라고 한다. 그리고 이렇게 조성된 전체를 이랑이라고 한다. 한편 이렇게 이랑을 조성하는 경우 곧 두둑을 만드는 것을 의미하기도 하므로 두둑을 간혹 이랑이라고 부르기도 한다.

    ⓔ 질소 시용량을 감소시킨다.

    ⓕ 간단관개가 불가능한 경우 미숙유기물 시용을 금지한다.

  ⓒ 이탄답 : 지하 50cm 이내에 이탄이 있는 이탄답은 습답의 특징과 유기물 과다로 인, 칼륨, 규소 등이 결핍되므로, 배수, 객토와 부족한 성분의 공급 등이 필요하다.

> • 이탄(泥炭 peat) : 화본과식물 혹은 수목질의 유기물이 늪지대와 같은 분지 지형에 두껍게 퇴적하여 생물화학적인 변화를 받아서 분해되거나 변질된 탄소 화합물을 말한다. 토탄(土炭)이라고도 불리는 이탄(peat)은 석탄처럼 지하에 매몰된 수목질이나 동물의 사체가 오랜 기간에 걸쳐 고온과 고압을 받아 숙성되어 생성된 것과는 달리 식물질의 주성분인 셀룰로스, 리그닌 등이 주로 지표에서 분해작용을 받고 그 위에 쌓인 다른 나무나 퇴적물, 물에 의해 압축되면 이탄이 형성된다. 이러한 형성 환경의 특징에 의해 이탄은 전체 성분의 90%가 물로 되어 있어 진흙과 비슷하게 보인다.

④ 중점토답

> • 중점토(重粘土 heavy clayey soil) : 중식토라고도 한다. 입자의 지름 0.002mm 이하인 토양을 점토라고 하며, 이 점토가 많이 함유되어 있는 토양을 중점토라고 한다. 물 빠짐이 좋지 않고 통기성이 나빠 작물생육에 부적합하다.

  ⓛ 특징

    ⓐ 토양구조가 나빠 젖으면 끈기가 많고, 건조하면 단단해져 경운이 힘들고 천경(淺耕 shallow plowing 얕이갈이)되기 쉽다.

    ⓑ 작토 바로 밑에 점토의 경반(硬盤 hardpan)이 형성되어 배수가 불량한 경우가 많다.

- 경반(硬盤 hardpan) : 점토의 침적으로 작토층 바로 밑에 형성되어 배수를 방해하는 토층. 경작지의 토양은 작물을 재배하고 경운을 계속하게 되면 입경이 작은 점질토양이 하층으로 내려가서 퇴적하게 되어 경반을 형성하게 된다.

    ⓛ 개량
        ⓐ 유기물과 토양개량제 시용으로 입단형성을 촉진한다.
        ⓑ 심경과 배수
        ⓒ 규산질 비료와 퇴비철을 시용한다.
        ⓓ 답전윤환, 추경(秋耕), 이랑재배 등을 한다.

⑤ 사력질답(砂礫質畓 누수답)
    ㉠ 누수답 : 작토의 깊이가 얕고, 밑에는 자갈이나 모래층이 있어 물빠짐이 심하며, 보수력이 약한 논을 누수논이라 한다.
    ㉡ 특징
        ⓐ 지온상승이 느리다.
        ⓑ 작토의 깊이가 얕다.
        ⓒ 물빠짐이 심하고 보수력이 약하다.
        ⓓ 점토분이 적고 토성도 좋지 않다.
        ⓔ 양분의 용탈이 심하여 쉽게 노후화 토양으로 된다.
    ㉢ 개량 : 객토 및 유기물을 시용하고, 바닥 토층을 밑다듬질한다.

⑥ 퇴화염토답

- 퇴화염토(退化鹽土) : 다량의 염류를 함유하던 해성충적토가 제염작업 또는 작물재배의 계속으로 인하여 염류가 용탈되고 또 토양단면의 형태에 변화가 생긴 토양을 말한다.

    ㉠ 특징 : 제염이 진전된 염류토로 투수성과 투기성이 나쁘고, 규산, 철 등의 무기성분이 용탈된다.
    ㉡ 개량 : 습답이나 노후답에 준하는 개량이 필요하다.

⑦ 개간지
    ㉠ 특징 : 새로 개간한 토양은 대체로 산성이고, 치환성 염기의 부족, 토양구조 불량과 비료성분도 부족하여 토양 비옥도가 낮다.
    ㉡ 개량
        ⓐ 산성토양과 같은 대책이 필요하다.
        ⓑ 경사진 곳이 많으므로 토양보호에 유의해야 한다.

(4) 밭토양

① 밭토양의 특징
    ㉠ 경사지에 많이 분포되어 있다.

ⓛ 양분의 천연공급량은 낮다.

ⓒ 연작 장해가 많다.

ⓔ 양분이 용탈되기 쉽다.

② **바람직한 밭토양**

　ㄱ 보수성이 좋으면서도 배수성이 좋아야 한다.

　ㄴ 밭토양에서 나타나기 쉬운 산성이 되지 않고, 인산과 미량 원소의 결핍 등의 문제가 없는 토양이 바람직한 토양이다.

　ㄷ 작토와 유효 토심이 깊이 : 작토는 20㎝ 이상, 유효토심은 50㎝ 이상인 것이 바람직하다. 또, 유효 토심의 토양 경도는 너무 높지 않아야 한다.

　ㄹ 공극의 양과 크기 : 토양의 공극량은 전체 부피의 반으로서, 그 공극에는 물과 공기가 반씩 들어 있는 것이 좋다.

　ㅁ 토양의 산도 : 밭작물은 대체로 미산성 내지 중성의 반응을 좋아한다.

③ **밭토양의 개량**

　ㄱ 돌려짓기

　　ⓐ 콩과 식물 또는 심근성 식물 : 돌려짓기하는 것은 토양의 지력을 향상시킬 뿐만 아니라 토양의 물리성도 개량하는 효과가 있다.

　　ⓑ 목초 : 몇 년 재배하여 돌려짓기를 하면, 토양의 유기물 함량을 높이는 데도 효과가 매우 크다.

　ㄴ 산성의 개량 : 용탈에 의해서뿐만 아니라 채소를 재배하는 밭은 다비에 의해서도 산성으로 되기 쉽고, 또 양분의 불균형 및 미량 원소의 결핍이 일어나기 쉽다.

　　ⓐ 석회 시용 : 산성을 중화하고 부족된 양분을 공급한다.

　　ⓑ 퇴비 시용 : 미량 원소를 공급한다는 면에서 매우 효과적이다.

　ㄷ 유기물 시용 : 계속적인 시용이 중요하다.

　ㄹ 깊이갈이

　　ⓐ 목적 : 깊이갈이는 뿌리의 생활 범위를 넓혀 주고 생육환경을 개선하는 목적으로 하는 것이다. 우리나라 갈이흙의 깊이는 10㎝ 정도로 얇은 편이었으나, 동력농기계가 사용되면서부터 차차 그 깊이가 깊어지고 있다.

　　ⓑ 작토의 깊이 : 작토의 깊이는 작물의 종류에 따라서 다르지만, 일반적으로는 20 ~ 25㎝이다. 그리고 유효토심은 50㎝ 이상인 것이 바람직하다.

　　ⓒ 심토 파쇄 또는 토층개량을 한다.

　　ⓓ 각종 농기계에 의한 경운 깊이는 종류에 따라 다르다.

12 토양 보호

(1) 수식(水蝕 water erosion)

　빗물이나 하천의 유수 또는 바다의 파도 등이 지표를 침식하여 깎아내는 현상을 말한다. 물침식이라고도 한다.

① 수식의 유형

  ㉠ 우격 침식 : 빗방울이 지표면을 타격함으로써 입단이 파괴되고 토립(土粒 토양 입자)이 분산하는 입단 파괴 침식이다.

  ㉡ 표면 침식(비옥도 침식) : 분산된 토립이 삼투수와 함께 이동하여 토양 공극을 메우면 토양의 투수력이 경감되어 토양으로 스며들지 못한 물은 분산된 토양콜로이드와 함께 지표면을 얇게 깎아 흐르며 나타나는 침식이다.

  ㉢ 평면 침식 : 빗물이 지표면에서 어느 한 곳으로 몰리지 않고 전면에 고르게 씻어 흐르며 표토를 깎아내는 것을 평면 침식이라 한다.

  ㉣ 우곡 침식 : 지표면에 내린 빗물이 지형에 따라 깊은 곳으로 모여 흐르게 되고, 작은 도랑을 만들게 되는데 이와 같이 빗물이 모여 작은 골짜기를 만들면서 토양을 침식하는 것을 의미하며 우곡은 강우 시에만 물이 흐르는 골짜기가 된다.

  ㉤ 계곡 침식 : 상부 지역에서 유수의 양이 늘어 큰 도랑이 될 만큼 침식이 대단히 심해지고 때로는 지형을 변화시키는 경우가 있는데 이를 계곡 침식이라 한다.

  ㉥ 유수 침식 : 골짜기의 물이 모여 강을 이루고, 이들 물이 흐르는 동안 자갈이나 바위 조각을 운반하여 암석을 깎아내고 부스러뜨리는 작용을 하게 되는데 이와 같이 흐르는 물에 의한 삭마작용을 유수 침식이라 한다.

  ㉦ 빙식 작용 : 빙하가 미끄러져 이동하는 동안 그 밑에 있는 물질이 서로 마찰, 분쇄되며, 빙하 이동의 압력으로 인하여 삭마, 분쇄되는데 이와 같이 빙하에 의한 삭마작용을 빙식 작용이라 한다.

② 수식에 영향을 미치는 요인

수식의 정도는 강우 속도와 강우량, 경사도와 경사장(수평거리), 토양 성질, 지표면의 피복상태에 따라 다르게 나타난다. 즉 기상, 지형, 토양, 식생, 인위적 작용 등이 종합적으로 작용한다.

  ㉠ 기상

    ⓐ 토양침식에 가장 크게 영향을 미치는 요인으로는 강우 속도와 강우량이 있다.

    ⓑ 총 강우량이 많고 강우 속도가 빠를수록 침식은 크게 나타난다.

    ⓒ 강우에 의한 침식은 단시간의 폭우가 장시간 약한 비에 비해 토양침식이 더 크다.

  ㉡ 지형

    ⓐ 경사도와 경사장이 영향을 미친다.

    ⓑ 경사도가 크면 유거수(流去水 run-off water 지표면을 흐르는 물)의 속도가 빨라져 침식량이 많아진다.

    ⓒ 경사장이 길면 유거수의 가속도로 침식량이 많아진다.

    ⓓ 토양침식량은 유거수의 양이 많을수록 커지며 유속이 2배가 되면 운반력은 유속의 5제곱에 비례하여 32배가 되고 침식량은 4배가 된다.

  ㉢ 토양의 성질

    ⓐ 토양침식에 영향을 미치는 토양의 성질은 빗물에 대한 토양의 투수성과 강우나 유거수에 분산되는 성질이다.

ⓑ 토양의 투수성이 클수록 유거수(지표면을 흐르는 물)를 줄일 수 있어 침식량은 작아진다. 토양의 투수성은 토양에 수분함량이 적을수록, 유기물함량이 많을수록, 입단이 클수록, 점토 및 교질의 함량이 적어 대공극이 많을수록, 가소성(可塑性 plasticity)이 작을수록, 팽윤도(膨潤度 degree of swelling 물질이 용매를 흡수하여 부푸는 정도)가 작을수록 커진다.

ⓒ 토양의 분산에 대한 저항성은 내수성입단(耐水性入團 물속에서도 쉽게 흐트러지지 않는 토양입단)을 형성하고 있는 토양이나 식물 뿌리가 많은 토양에서 커진다.

ㄹ 식생과 토양 피복

ⓐ 지표면이 식물에 의해 피복되어 있으면 입단의 파괴와 토립(土粒)의 분산을 막고 급작스러운 유거수량의 증가와 유거수의 속도를 완화하여 수식을 경감시킨다.

ⓑ 강우차단효과는 작물의 종류, 재식밀도, 비의 강도 등에 따라 다르게 나타나나 항상 지표가 피복되어 있는 목초지 토양의 유실량이 가장 작다.

ⓒ 표토를 생짚, 건초, 플라스틱필름 등의 인공피복물로 피복하면 수식을 방지할 수 있다.

③ **수식의 대책**

㉠ 기본 대책은 삼림 조성과 자연 초지의 개량이며, 경사지, 구릉지 토양은 유거수 속도 조절을 위한 경작법을 실시하여야 한다.

㉡ 조림 : 기본적 수식대책은 치산치수(治山治水)로 이를 위한 산림의 조성과 자연초지의 개량은 수식을 경감시킬 수 있다.

㉢ 표토의 피복

ⓐ 연중 나지(裸地 나무나 풀이 없이 흙이 그대로 드러난 땅) 기간의 단축은 수식 대책으로 매우 중요하며 우리나라의 경우 7 ~ 8월 강우가 집중하므로 이 기간 특히 지표면을 잘 피복하여야 한다.

ⓑ 경지의 수식 방지방법으로는 부초법(敷 펼 부 草法 grass mulch system), 인공피복법, 포복성 작물의 선택과 작부체계 개선 등을 들 수 있다.

ⓒ 경사도 5° 이하에서는 등고선 재배법으로 토양 보전이 가능하나 15° 이상의 경사지에서는 단구(段 조각단 丘 언덕구 terrace 주위가 급사면 또는 절벽으로 끊긴 계단형 지형)를 구축하고 계단식 경작법을 적용한다.

ⓓ 경사지 토양 유실을 줄이기 위한 재배법으로는 등고선 재배, 초생대(帶 띠 대) 재배, 부초 재배, 계단식 재배 등이 있다.

㉣ 입단의 조성

ⓐ 토양의 투수성과 보수력 증대와 내수성 입단구조로 안정성 있는 토양으로 발달시킨다.

ⓑ 유기물의 시용과 석회질 물질의 시용, 입단 생성제의 토양개량제의 시용으로 입단을 촉진한다.

(2) 풍식(風蝕 wind erosion)

바람에 의한 토양의 유실이나 암석이 삭마되는 현상을 말한다. 토양이 가볍고 건조할 때 강풍에 의해 발생한다.

① 풍식 지대

건조 또는 반건조 지역의 평원에서 발생하기 쉬우며 온대 습윤 지역에서의 풍식은 심하게 나타나지 않는다.

② 풍식에 영향을 미치는 요인

㉠ 풍속 : 풍식 정도에 직접적 영향을 주는 인자이며 갑자기 불어오는 강풍이나 돌풍은 토립의 비산(飛散 날아서 흩어짐)을 증가시켜 토양침식을 크게 한다.

㉡ 토양의 성질

ⓐ 토양구조가 잘 발달하여 안정적이면 강풍에 의한 입단의 파괴와 토립의 비산이 감소한다.

ⓑ 토양의 건조가 심하거나 수분함량이 적으면 풍식 정도가 커진다.

㉢ 입자의 크기 : 풍식을 가장 잘 받는 입자는 약 0.1mm로 이보다 크거나 작으면 풍식은 감소한다.

㉣ 토양 피복상태 : 지표면의 피복도가 큰 작물이 생육하거나 인공피복물 또는 부초에 의해 피복되어 있으면 풍식이 경감된다.

> ° 부초(敷草 grass mulch, sod mulch) : 풀을 베어 채소나 작물의 품질향상과 토양 침식방지 및 잡초방제를 위하여 덮는 것을 말한다.

㉤ 인위적 작용

ⓐ 풍향과 같은 방향으로 작휴하면 풍식이 커진다.

ⓑ 거친 경운은 토양이 건조되어 토양침식이 커진다.

③ 토립의 이동

㉠ 약동(躍 뛰다 動) : 토양입자들이 지표면을 따라 튀면서 날아오르는 것으로 조건에 따라 차이는 있지만 전체 이동의 50 ~ 76%를 차지한다.

㉡ 포행(匍 기어가다 行) : 바람에 날리기에 무거운 큰 입자들은 입자들의 충격에 의해 튀어 굴러서 이동하는 것으로 전체 입자이동의 2 ~ 25%를 차지한다.

㉢ 부유(浮 떠다니다 遊) : 세사보다 작은 먼지들이 보통 지표면에 평행한 상태로 수 미터 이내 높이로 날아 이동하나 그 일부는 공중 높이 날아올라 멀리 이동하게 되는데 일반적으로 전체 이동량의 약 15%를 넘지 않으며 특수한 경우에도 40%를 넘지 않는다.

④ 풍식의 대책

㉠ 방풍림, 방풍울타리 등의 조성

㉡ 피복식물의 재배

㉢ 이랑을 풍향과 직각으로 함

㉣ 관개하여 토양을 젖어 있게 함

㉤ 담수

㉥ 겨울에 건조하고 바람이 센 지역은 높이 베기로 그루터기를 이용해 풍력을 약화시키며 지표에 잔재물을 그대로 둠

13 토양오염

(1) 중금속오염

① 토양오염의 개념

  ㉠ 정의 : 인간의 활동으로 만들어지는 여러 가지 물질이 토양에 들어감으로써 그 성분이 변화되어 환경 구성 요소로서의 토양이 그 기능에 악영향을 미치는 것이다.

  ㉡ 오염원의 분류

    ⓐ 점오염원(點汚染源) : 지하저장탱크, 유기폐기물처리장, 일반폐기물처리장, 지표저류시설, 정화조, 부적절한 관정 등 특정한 지점에서 발생하는 것

    ⓑ 비점오염원(非點汚染源) : 농약과 비료, 산성비 등 장소를 특정할 수 없이 넓은 면적에 걸쳐 다수의 공급원에서 오염물질이 배출되는 곳

  ㉢ 토양오염 우려기준 물질(16종) : 카드뮴, 구리, 비소, 수은, 납, 6가크롬, 아연, 니켈, 플루오린, 유기인화합물, 폴리클로리네이티드비페닐, 시안, 페놀, 벤젠, 톨루엔, 에틸벤젠, 크실렌(BTEX), 석유계 총탄화수소(THP), 트리클로로에틸렌(TCE), 테트라클로로에틸렌(PCE), 벤조(a)피렌

② 오염 경로

  ㉠ 비료의 과다 시용에 의한 염류집적

    ⓐ 작물을 재배하면서 증산을 위해 사용하는 화학비료의 투여량 중 작물에 이용되지 못하고 상당량의 비료 성분이 토양 중에 남게 된다.

    ⓑ 토양에 잔류한 비료 성분은 빗물에 의해 지하로 스며든 후 확산되지 못하고 경지에 계속 축적될 경우 염류집적 현상이 일어난다.

  ㉡ 유류에 의한 토양오염

    ⓐ 유류저장탱크, 주유소 등의 저장시설 노후로 파이프 연결 부위나 저장탱크 틈새로 기름이 새어 나와 토양을 오염시킨다.

    ⓑ 새어 나온 기름은 토양 중 기공을 막아 토양생태계를 마비시킨다.

  ㉢ 유통물질에 의한 토양오염

  화학공장과 같은 유해물질을 생산·저장하는 공장, 공단의 경우 유해화학물질의 누출에 의해 토양이 오염될 수 있다.

  ㉣ 광산폐기물에 의한 토양오염

  폐광산에서 유출되는 광석과 광석 잔재물에 남아있는 각종 유해 중금속들이 토양오염을 유발할 수 있다.

  ㉤ 폐기물에 의한 오염

  산업의 발달에 따라 배출되는 많은 폐기물과 유독물질이 토양오염의 주요 요인으로 작용하고 있다.

  ㉥ 대기와 수질오염물질에 의한 토양오염

  배출된 대기오염 물질이 공기 중에 떠돌다 빗물에 의해 땅속으로 스며들게 되는 경우로 공장이나 공단 주변이 특히 심하다.

③ 중금속과 작물의 재배

　ㄱ 금속광산 폐수 등이 농경지에 들어가면 대부분 토양에 축적된다.

　ㄴ 식물의 중금속 흡수는 지나친 경우 세포가 사멸한다.

　ㄷ 소량의 경우 호흡작용이 저해된다.

　ㄹ 중금속 피해 감소를 위해서는 토양 중 유해 중금속을 불용화시켜야 한다.

　ㅁ 유해 중금속의 불용화(不溶化 insolubilization 이용성 성분이 타성분과 결합화합물 또는 광물로서 고정되는 현상) 정도는 인산염 > 수산화물 > 황화물 순이다.

④ 식물의 중금속 억제 방법

　ㄱ 담수재배 및 환원물질의 시용

　ㄴ 석회질 비료의 시용

　ㄷ 유기물 시용

　ㄹ 인산물질의 시용으로 인산화물 불용화

> ∘ **불용성인산**(不溶性燐酸 insoluble phosphoric acid) : 비료로 시용된 인산은 토양중 점토광물, 철, 알루미늄 성분 등과 반응하여 새로운 광물, 즉 베리사이트, 스트렌가이트로 전환되면서 불용화된다.

　ㅁ 점토광물의 시용으로 흡착에 의한 불용화 : 지오라이트, 벤토나이트 등

　ㅂ 경운, 객토 및 쇄토

　ㅅ 중금속 흡수 식물의 재배

(2) 잔류농약

① 농작물, 물, 토양에 잔류하는 유독농약이 잔류하거나 농약 성분이 화학적으로 변화하여 생성된 물질이 잔류하는 경우와 작물 속 등에 잔류하여 식품으로 섭취하는 경우 사람, 가축의 체내로 이행한다.

② 유기염소계농약(BHC, DDT 등)은 잔류성이 길어 오염문제가 발생하며 유기인계농약(파라치온 등)은 잔류성이 비교적 짧다.

(3) 염류집적

> ∘ **염류화 현상**(鹽類化現象 salinization) : 물이 증발하고 남은 염류가 토양에 집적되는 현상이다. 염류(鹽類)는 염산(HCl), 질산(HNO_3) 등과 같은 산(acid 酸)과 칼슘(Ca), 마그네슘(Mg), 나트륨(Na) 등의 염기(base 鹽基)가 결합된 것들을 총칭한다. 대표적인 염류에는 염화나트륨(NaCl), 질산나트륨($NaNO_3$), 황산칼슘($CaSO_4$), 질산칼슘(CaNO), 염화칼슘(CaCl) 등이 있다.

① 염류장해

　ㄱ 주로 시설재배에서 많이 나타나며, 작물을 연속적으로 재배하면서 시비한 비료성분을 작물이 미처 이용하지 못하고, 염류의 형태로 과도하게 토양에 집적되어 장해가 나타난다.

ⓛ 피해기구 : 토양용액이 작물의 세포액의 농도보다 높아 양분과 수분을 흡수하지 못하고, 유근(幼根 radicle 종자가 발아한 후 최초로 생성되는 뿌리. 어린 뿌리)의 세포가 장해를 받아 지상부의 생육저하로 고사하게 된다.

② **염류집적의 발생**
   ㉠ 염류집적은 토양수분이 적고 산성토양일수록 심하다.
   ㉡ 염류의 농도가 높으면 삼투압에 의한 양분의 흡수가 이루어지지 못한다.
   ㉢ 유근(어린 뿌리)의 세포가 저해 받아 지상부 생육장해와 심한 경우 고사한다.

③ **장해증상**
   ㉠ 토양용액의 염류농도가 증가하면 작물의 생장속도는 둔화되며, 증가가 계속되어 한계농도 이상에서는 심한 생육억제현상과 함께 가시적 장해현상을 나타낸다.
   ㉡ 잎이 밑에서부터 말라죽기 시작한다.
   ㉢ 잎이 짙은 녹색을 띠기 시작한다.
   ㉣ 잎의 가장자리가 안으로 말린다.
   ㉤ 잎 끝이 타면서 말라죽는다.
   ㉥ 칼슘 또는 마그네슘 결핍증상이 나타난다.

④ **대책**
   ㉠ 유기물의 시용
   ㉡ 담수처리
   ㉢ 객토 및 심경
   ㉣ 피복물의 제거
   ㉤ 흡비작물 이용 : 옥수수, 수수, 호밀, 수단그라스 등

제2절 수분

1 물의 생리작용

(1) 생리작용

① **작물의 수분**
   ㉠ 생체의 70% 이상은 수분으로 원형질에 약 75% 이상, 다즙식물은 70 ~ 80%, 다육식물은 85 ~ 95%, 목질부에는 50%의 수분이 함유되어 있다.
   ㉡ 건조한 종자라도 10% 이상의 수분을 함유하고 있다.
   ㉢ 잎의 수분함량 감소로 기공의 폐쇄가 시작되어 수분의 소비가 억제되고 이산화탄소의 흡수가 억제되면서 광합성도 억제된다.

② 식물세포의 구성 및 유지

 ㉠ 식물세포 원형질(原形質)의 생활 상태를 유지한다.

  ◦ 원형질(原形質 protoplasm) : 동식물의 세포에서 생활에 직접적으로 관계가 있는 물질계로서 핵·세포질을 포함하는 세포 내의 살아 있는 물질계이다.

 ㉡ 수분은 다른 성분들과 함께 식물체를 구성하는 물질이며 광합성의 원료가 된다.

 ㉢ 식물세포의 팽압(膨壓)상태를 유지하게 하여 식물의 체제가 지속하도록 한다.

  ◦ 팽압(膨壓 turgor pressure) : 세포 내부에서 원형질막(세포막)을 세포벽 쪽으로 밀어내면서 가해지는 압력이다. 이 압력은 물에 의해서 발생한다. 팽압은 식물, 균류, 세균 및 원생생물 등 세포벽을 가지고 있는 세포에서 발생하며 세포벽을 가지지 않는 동물세포는 팽압이 존재하지 않는다.

 ㉣ 외부의 온도변화에 대처하여 증산작용(蒸散作用)으로 식물의 체온을 유지하게 해준다.

  ◦ 증산작용(蒸散作用 transpiration) : 잎에서는 식물체 속의 물이 수증기가 되어 기공을 통해 밖으로 나오는데, 이를 증산작용이라고 한다. 증산작용은 공변세포에 의해 기공이 열리고 닫히면서 조절된다. 기공은 주로 낮에 열리고, 밤에 닫히므로 증산작용은 기공이 열리는 낮에 활발하게 일어난다. 증산작용은 기온이 높을 때 물이 수증기로 되면서 식물체로부터 열을 빼앗기 때문에 식물체의 온도가 높아지는 것을 막아 준다.

③ 용매 및 매개역할

 ㉠ 식물이 필요한 양분을 흡수하는 용매(溶媒 solvent 다른 물질을 녹일 수 있는 물질)의 역할을 한다. 즉, 물은 양분을 녹여 이를 식물이 쉽게 흡수할 수 있도록 하는 역할을 한다.

 ㉡ 식물체 내에서 물질들을 고르게 분포되도록 매개체(媒介體 맺어 주는 역할하는 물체)가 된다.

 ㉢ 식물체가 필요로 하는 동화작용(同化作用 생물이 자신에게 필요한 고분자화합물을 합성하는 작용)과 이화과정(異化作用 에너지를 방출하며 복잡한 분자를 단순한 화합물로 분해하는 것)의 매개체가 된다.

(2) 수분퍼텐셜(water potential)

① 개념

 ㉠ 수분의 이동을 어떤 상태의 물이 지니는 화학퍼텐셜을 이용하여 설명하고자 도입된 개념으로 토양에서 식물 그리고 대기로 이어지는 연속계에서 물의 화학퍼텐셜을 서술하고 수분이동을 설명하는 데 사용할 수 있다.

 ㉡ 수분퍼텐셜은 토양이나 식물체에 포함되어 있는 물이 갖고 있는 잠재적인 에너지를 압력 단위로 나타낸 것이다. 물은 수분퍼텐셜이 높은 곳에서 낮은 곳으로 이동한다.

 ㉢ 물의 이동

  ⓐ 삼투압 : 낮은 삼투압 → 높은 삼투압

  ⓑ 수분퍼텐셜 : 높은 수분퍼텐셜 → 낮은 수분퍼텐셜

② 수분퍼텐셜의 구성

　㉠ 수분퍼텐셜은 크게 삼투퍼텐셜, 압력퍼텐셜, 매트릭퍼텐셜(기질퍼텐셜) 등의 요소로 구성된다.

> 수분퍼텐셜 = (−)삼투퍼텐셜 + (+, −)압력퍼텐셜 + (−)매트릭퍼텐셜

　㉡ 식물체 내의 수분퍼텐셜에서 매트릭퍼텐셜은 거의 영향이 없으며 삼투퍼텐셜과 압력퍼텐셜이 결과를 좌우한다.

(3) 삼투퍼텐셜(용질퍼텐셜)

① 삼투퍼텐셜은 용질퍼텐셜이라고도 한다. 용질의 농도가 높으면 삼투퍼텐셜이 감소하여 수분퍼텐셜은 감소하며 물이 토양에서 식물세포(용질) 안으로 이동한다.

> ◦ 용질(溶質 solute) : 용매(溶媒 solvent)에 의해 용해되어 용액(溶液)을 구성하는 물질이다. 용매는 용질을 녹여서 용액을 만드는 액체를 의미한다. 고체와 액체의 혼합물인 경우 액체가 용매이고 고체가 용질이며, 액체끼리 혼합된 용액인 경우 더 많은 물질이 용매이고 적은 물질이 용질이다. 예를 들어 술에 포함된 알코올, 바닷물 속에 녹아 있는 소금은 모두 물을 용매로 하는 용질이다.

② 용질의 농도에 따라 영향을 받는 퍼텐셜이며 순수한 물인 증류수는 이 값이 0이며 식물세포는 용질이 많아 수분의 삼투퍼텐셜은 항상 음(−)의 값을 갖는다.

③ 삼투압은 세포 안으로 수분이 들어가려는 압력이다. 음(−)의 값을 갖는 삼투퍼텐셜은 총퍼텐셜을 낮추게 되어 수분을 흡수하는 데 기여한다.

④ 물이 토양에서 식물세포 안으로 이동하는 것은 식물세포가 음(−)의 값을 갖는 삼투퍼텐셜에 따른 전체 수분퍼텐셜의 차이가 발생하기 때문이다.

(4) 압력퍼텐셜(팽압퍼텐셜)

① 식물세포가 수분을 흡수하는 경우 원형질막이 세포벽을 향해 밀어내게 되는데, 이때 나타내는 압력(팽압)에 따른 퍼텐셜에너지이다.

② 압력퍼텐셜은 양수(+)이거나 음수(−)일 수 있다. 압력퍼텐셜이 높으면 수분흡수가 억제되고 압력퍼텐셜이 낮아지면 수분흡수가 증가된다.

③ 팽압이 증가하면 세포 내의 압력퍼텐셜은 양수(+) 값을 갖는다. 팽압은 식물이 형태를 유지할 수 있게 해 주는 압력이지만 수분흡수에 방해가 되는 압력이다.

④ 압력퍼텐셜이 양수(+)인 경우 총퍼텐셜은 증가하고 음수(−)인 경우 총퍼텐셜은 감소한다.

⑤ 식물은 용질의 삼투과정을 통해서 압력퍼텐셜을 조정한다.

⑥ 식물세포 세포질에 있는 용질의 농도가 높아지는 경우

> 삼투퍼텐셜이 줄어들어 더 낮은 음(−)의 값 → 총퍼텐셜이 줄어듦 → 세포와 주위의 퍼텐셜 차이 커짐 → 삼투압에 의해 물이 세포 내로 들어감 → 이후 압력퍼텐셜이 커짐

(5) 매트릭퍼텐셜(matric potential)

① 어떤 물질의 기질자체가 가진 모세공극으로 수분이 흡수되는 에너지양으로 음(−)의 값이다.

② 값이 미미하여 수분퍼텐셜에 거의 영향을 미치지 않는다.

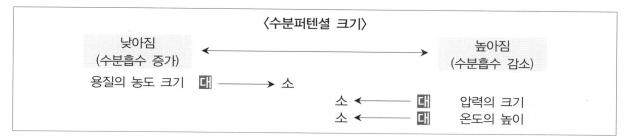

PART 03

🖋️**더 알아보기** **중력퍼텐셜, 일비현상**

1 중력퍼텐셜(重力— gravitational potential)

  1) 지구의 모든 물체는 지구 중심을 향하여 그의 무게와 같은 중력에 의하여 이끌리고 있다. 주어진 위치의 물체가 저장하고 있는 퍼텐셜을 중력퍼텐셜이라고 하며 이는 단지 기준점에 대한 상대적 높이에 의하여 결정되는 퍼텐셜이다.

  2) 중력퍼텐셜은 삼투퍼텐셜이나 매트릭퍼텐셜 또는 압력퍼텐셜에 비해서 상당히 작다. 따라서 키가 큰 식물이 아니라면 식물체 내의 중력퍼텐셜은 보통 생략된다.

  3) 중력퍼텐셜의 기준점은 보통 토양 표면이 된다. 기준점 위의 물은 양(+)의 중력퍼텐셜을 지닌 반면, 기준점 아래의 물은 음(−)의 중력퍼텐셜 값을 갖는다.

2 일비현상(溢 넘칠 일 泌 분비할 비 現象 bleeding, exudation)

  1) 식물 줄기가 절단되거나 도관부에 구멍이 생기면 내면 절단 부위나 구멍에서 다량의 수액이 배출되는 현상을 말한다.

  2) 이는 내부의 근압에서 비롯된다. 식물의 수분흡수는 왕성하지만 증산이 억제되는 조건에서 많이 일어난다. 뿌리의 활력이 왕성한 경우 물을 흡수하여 이를 위로 밀어 올리는 근압이 높아지게 되면 잎 가장자리의 수공에 물방울이 맺히는 현상이 일어나기도 한다.

(6) 흡수의 기구

① **삼투압**(滲透壓 osmotic pressure)

  ㉠ 삼투(滲透 osmosis) : 식물세포의 원형질막은 인지질로 된 반투막이며, 외액이 세포액보다 농도가 낮은 때는 외액의 수분농도가 세포액보다 높은 결과가 되므로 외액의 수분이 반투성인 원형질막을 통하여 세포 속으로 확산해 들어간다.

  ㉡ 삼투압 : 내·외액의 농도차에 의해서 삼투를 일으키는 압력이다.

② **팽압**(膨壓 turgor pressure)

  ㉠ 삼투에 의해서 세포 내의 수분이 늘면 세포의 크기를 증대시켜 원형질막을 미는 압력이다.

  ㉡ 식물의 체제유지를 가능하게 하며 기공의 개폐 운동도 팽압의 변화에 의한 것이다.

③ **막압**(膜壓 wall pressure)

세포질이 수분을 흡수하면 세포가 커지면서 원형질막을 미는 압력인 팽압이 커지면 이에 저항하여 원형질막이 안쪽으로 수축하려는 압력으로서 수분을 밖으로 내보내려는 작용이다.

④ **흡수압**(吸水壓 suction pressure)

삼투압은 세포 내로 수분이 들어가려는 압력이고, 막압은 세포 외로 수분이 배출하는 압력으로 볼 수 있으므로 실제의 흡수는 삼투압과 막압의 차이에 의해서 이루어지며, 이것을 흡수압 또는 확산압차(擴散壓差 DPD, diffusion pressure deficit)라고도 한다.

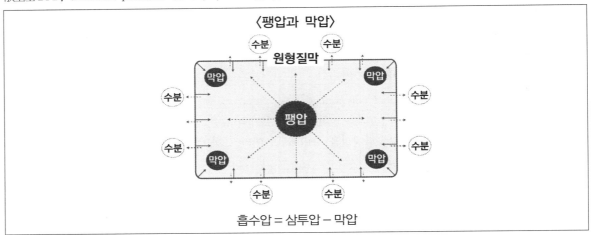

⑤ **토양수분압력**(SMS, Soil moisture stress)

토양의 수분보유력 및 토양용액삼투압을 합한 것이다. 즉, 전체적으로 토양이 수분을 보유하려는 힘이다.

> ◦ **토양의 수분보유력** : 뿌리의 흡수력이나 이 밖의 물을 탈취하려고 하는 힘에 저항하여 토양이 물을 보유하려고 하는 힘이다.
> ◦ **토양용액삼투압** : 토양의 구성 부분 중에서 액체부분인 토양용액(土壤溶液 soil solution)이 지니는 삼투압이다.

> 토양수분압력 = 토양의 수분보유력 + 토양용액삼투압

⑥ **작물뿌리의 수분흡수**

토양에 대한 식물세포(작물뿌리)의 흡수압(DPD)과 토양수분압력(SMS)의 차이에 의해서 이루어진다. 작물뿌리의 흡수압이 토양수분압력보다 높은 경우에 작물이 수분을 흡수한다.

> 작물의 수분흡수 : 작물뿌리의 흡수압 > 토양수분압력

⑦ **작물세포내의 수분탈취**

만약 토양이 염류가 집적된 염류토양인 경우 작물뿌리의 흡수압보다 토양수분압력이 높아서 역으로 작물세포내의 수분은 탈취된다.

> 작물의 수분탈취 : 작물뿌리의 흡수압 < 토양수분압력

⑧ **확산압차구배**(擴散壓差勾配 DPDD, diffusion pressure deficit difference)

작물 조직 내의 세포 사이에도 DPD에 서로 차이가 있어 이것을 DPDD라고 하는데, 세포 사이의 수분 이동은 이에 따라서 이루어진다.

(7) 식물의 수분흡수

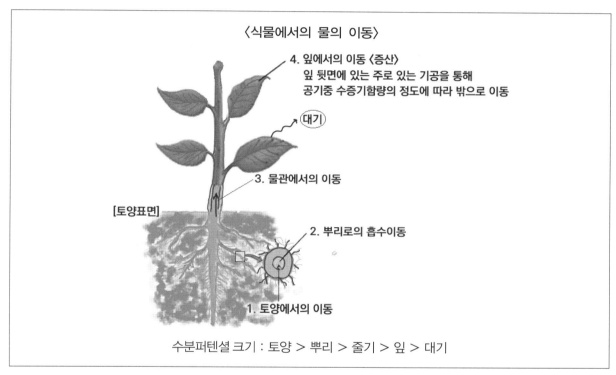

〈식물에서의 물의 이동〉

4. 잎에서의 이동 〈증산〉
   잎 뒷면에 있는 주로 있는 기공을 통해
   공기중 수증기함량의 정도에 따라 밖으로 이동

대기

3. 물관에서의 이동

[토양표면]

2. 뿌리로의 흡수이동

1. 토양에서의 이동

수분퍼텐셜 크기 : 토양 > 뿌리 > 줄기 > 잎 > 대기

식물이 수분을 흡수하는 기작(機作 mechanism 식물이 생리적인 작용을 일으키는 기본적인 원리)은 수분이 수분퍼텐셜 (물이 지니는 능력 또는 에너지양 또는 압력)이 높은 곳에서 수분퍼텐셜이 낮은 곳으로 이동하는 것이다.

> 수분퍼텐셜 높은 곳 ⟶ 〈수분이동〉 ⟶ 수분퍼텐셜 낮은 곳

① **수동적 흡수(증산작용에 따른 수분흡수) – 에너지 소모가 없다.**

㉠ 물관(도관) 내에서 생기는 부(負)의 압력에 의해 물을 흡수하는 경우를 말한다.

　◦ **물관**(vessel 도관) : 식물의 뿌리에서 흡수한 물과 무기양분이 이동하는 통로이다.

㉡ 식물이 증산작용을 왕성하게 하는 경우 잎에는 수분이 줄어들게 된다. 이때 끌어올리는 힘에 의해서 부(負)의 압력이 생기며 뿌리세포가 수동적으로 수분을 흡수하게 되는데, 대부분의 수분흡수는

이 방법에 따라 일어난다. 즉, 증산이 왕성할 때 물관 내 확산압차(DPD)가 주변 세포보다 극히 커져 조직 내 확산압차구배(DPDD)를 극히 크게 하여 흡수를 촉진한다.

ⓒ 뿌리세포는 삼투압에 의한 수분흡수력은 약해지고 증산작용에 의해 세포막이나 세포간극을 통해 수분이동이 나타나므로 수동적으로 수분을 흡수하는 장치가 되는 셈이다.

ⓔ 이 과정에서 식물은 에너지를 소모하지 않는다. 즉, ATP의 소모 없이 이루어지는 흡수이다.

② 적극적 흡수(세포의 삼투압에 따른 수분흡수) – 에너지를 소모한다.

ⓐ 식물세포의 삼투압에 따른 수분흡수를 말한다.

ⓑ 식물 뿌리세포액 중의 농도가 외부의 농도보다 현저히 높아 식물세포가 외부로부터 양분을 흡수하는 것을 적극적 흡수라고 하며, 이때에는 에너지가 필요하다.

ⓒ 겨울철에는 목본식물의 경우 낙엽수가 증산작용을 하지 않기 때문에 뿌리의 삼투압에 의하여 수분을 흡수하게 된다.

낮은 외부농도 ⟶ 수분이동
(삼투압) ⟶ 높은 뿌리세포액 농도

2 작물의 요수량

(1) 요수량과 증산계수

① 요수량(要水量 water requirement)

작물이 건물 1g을 생산하는 데 소비(消費 써서 없앰)된 수분량(g)을 의미한다.

◦ 건물(dryweight) : 작물이 생산한 유기물 중에서 수분을 제외한 물질이다.

② 증산계수(蒸散係數 transpiration coefficient)

건물 1g을 생산하는 데 소비된 증산량(g)을 증산계수라고 하는데, 요수량과 증산계수는 동의어로 사용되고 있다.

③ 증산능률(蒸散能率 efficiency transpiration)

일정량의 수분을 증산하여 축적된 건물량을 말하며 요수량과 반대되는 개념이다.

④ 요수량은 일정 기간 내의 수분소비량과 건물축적량을 측정하여 산출하는데, 작물의 수분경제의 척도를 나타내는 것이고 수분의 절대소비량을 표시하는 것은 아니다.

◦ 수분경제(水分經濟 water economy) : 식물체에 의한 물의 흡수, 물의 배출, 물의 함유물의 저장 등 수분출납의 상호관계를 구명하고 식물체내에 있어서 수분의 조절 또는 이용관계를 나타내는 것이다.

⑤ 대체로는 요수량이 작은 작물이 건조한 토양과 한발에 저항성이 강하다.

(2) 요수량의 요인

① 작물과 요수량

요수량은 기장·수수·옥수수·밀·보리 등이 작고, 호박·알팔파·클로버 등이 크다. 명아주의 요수량은 극히 커서 이 잡초는 토양의 수분을 많이 수탈한다.

• 흰명아주 : 948	• 호박 : 834	• 알팔파 : 831	• 클로버 : 799
• 완두 : 788	• 오이 : 713	• 목화 : 646	• 감자 : 636
• 귀리 : 597	• 보리 : 534	• 밀 : 513	• 옥수수 : 368
• 수수 : 322	• 기장 : 310		

② 생육단계

건물생산의 속도가 늦은 생육 초기에 요수량이 크다.

③ 환경

광의 부족, 많은 바람, 공중 습도의 저하, 저온과 고온, 토양수분의 과다 및 과소, 척박한 토양 등의 환경은 소비된 수분량에 비해 건물축적을 더욱 적게 하여 요수량을 크게 한다.

3 공기 중 수분과 강수

(1) 공기습도

① 공기습도가 높으면 증산량이 작고 뿌리의 수분흡수력이 감소해 물질의 흡수 및 순환이 줄어든다.
② 포화상태의 공기습도 중에서는 기공이 거의 닫힌 상태가 되어 광합성의 쇠퇴로 건물 생산량이 줄어든다.
③ 일반적으로 공기습도가 높으면 표피가 연약해지고 도장하여 낙과와 도복의 원인이 된다.

> ° 도장(徒長 overgrowth 웃자람) : 식물이 키만 크고 연약하게 자라는 현상이다. 광선이 부족하거나 다습한 환경에서 많이 나타난다.

④ 공기습도의 과습은 개화수정에 장해가 되기 쉽다.
⑤ 공기습도의 과습은 증산이 감소, 병균 발달의 조장 및 식물체의 기계적 조직이 약해져서 병해와 도복을 유발한다.
⑥ 과습은 탈곡 및 건조작업도 곤란하다.
⑦ 동화양분의 전류는 공기가 다소 건조할 때에 촉진된다.
⑧ 과도한 건조는 불필요한 증산을 크게 하여 한해(旱害)를 유발한다.

(2) 이슬(dew)

건조가 심한 지역에서는 이슬이 수분공급 효과도 있으나 대체로 이슬은 기공의 폐쇄로 증산, 광합성의 감퇴와 작물을 연약하게 하여 병원균의 침입을 조장한다.

(3) 안개

① 안개는 일광의 차단으로 지온을 낮게 하며, 공기를 과습하게 하여 작물에 해롭다.

② 바닷가 안개가 심한 지역에는 해풍이 불어오는 방향에 잎이 잘 나부끼어 안개를 잘 해치는 효과가 큰 오리나무, 참나무, 전나무 등과 낙엽송으로 방풍림을 설치한다.

(4) 강우

① 적당한 강우는 작물의 생육에 기본요인이 된다.

② 강우의 부족은 가뭄을, 과다는 습해와 수해를 유발한다.

③ 계속되는 강우는 일조의 부족, 공중습도의 과습, 토양과습, 온도저하 등으로 작물의 생육에 해롭다.

(5) 우박

① 의의

큰 물방울들이 공중에서 갑자기 찬 기운을 만나 얼어서 떨어지는 얼음덩어리를 말한다. 주로 적란운에서 발생하며 전체가 투명하거나 불투명한 핵을 중심으로 투명한 얼음층과 불투명한 얼음층이 번갈아 싸고 있다. 우박은 농작물이나 과실에 큰 피해를 일으킨다.

② 피해

우박은 국지적으로 발생하는 경우가 많고 5 ~ 6월(연중 50 ~ 60%), 9 ~ 10월(연중 20 ~ 30%) 중에 발생한다. 비교적 단시간에 많은 피해를 일으키고, 작물체에 직접적인 기계적인 손상은 물론 그에 따른 생리적, 병리적 장해가 발생한다.

㉠ 우박으로 잎 또는 과실이 떨어지거나 가지가 부러지게 된다. 부러진 가지의 상처를 통해 병원균 침입 등 생리적 및 병리적 장해를 일으키는 경우가 있다.

㉡ 잎이 우박에 맞아 찢어지거나 그 상처로 낙엽된다. 꽃눈이나 잎눈이 상처가 나거나 탈락되면 결실에도 문제를 일으킨다.

㉢ 사과, 배의 경우 착과기와 성숙기에 우박의 피해가 클 수 있다.

㉣ 우박과 충돌한 열매는 그 부위에 구멍 등의 상처가 생기거나 낙과된다.

③ 대책

㉠ 예방대책

과수나무보다 높게 그물을 씌우는 것이다. 이는 우박피해뿐만 아니라 부수적으로 조류해의 예방과 태풍으로 인한 낙과도 줄일 수 있다. 그러나 빗물이 직접 과실이나 잎에 닿지 않아서 응애와 진딧물이 발생할 수도 있다.

㉡ 피해대책

ⓐ 항생제 살포와 추비

상처를 통해 병원균 침입 등 생리적, 병리적 장해를 막기 위해 항생제 살포와 더불어 수세회복을 위한 추비를 시비한다.

ⓑ 새순 유도

가지에 상처를 받아 새순이 부러진 경우 피해를 받은 바로 아랫부분까지 절단하여 새순이 나오게 유도한다.

ⓒ 적과 및 신초제거

피해과원의 적과 및 신초제거 등의 수체관리로 이듬해 결실률을 높인다.

(6) 눈

① 이점

㉠ 눈은 월동 중 토양에 수분을 공급하여 월동작물의 건조해를 경감시킨다.

㉡ 풍식을 경감한다.

㉢ 동해를 방지한다.

② 설해

㉠ 과다한 눈은 작물에 기계적 상처를 입힌다.

㉡ 광의 차단으로 생리적 장해 유발 원인이 되기도 한다.

㉢ 눈은 눈사태와 습해의 원인이 되기도 한다.

㉣ 봄의 늦은 눈은 봄철 목야지의 목초 생육을 더디게 한다.

㉤ 맥류에서는 병해의 발생을 유발하기도 한다.

4 관개(灌漑)

(1) 의의

농작물의 관리에 필요한 물을 인공적으로 농지에 공급하는 일이다. 수분공급 목적 이외에도 농경지에 비료성분을 공급, 지온 조절, 동상해 방지, 작물에 대한 해독(害毒) 제거, 작업상의 편의 도모, 저습지의 지반 개량, 풍식(風蝕)을 방지하는 등의 목적을 포함된다.

① 작물이 물을 많이 필요로 하는 시기는 다음과 같다.

> 수잉기(이삭이 들 때) > 활착기와 유수발육전기 > 출수기(이삭이 팰 때)전후

② 하지만 무효분얼기(이삭을 형성하지 못함)에는 관개가 필요 없으며, 유효분얼기(이삭을 형성)와 등숙기(登熟期 출수로부터 성숙까지의 기간, 곡실이 여무는 시기)의 경우는 많은 물이 필요하지 않아 적은 관개로 족하다.

(2) 관개의 효과

① 밭에서의 효과

㉠ 작물에 생리적으로 필요한 수분의 공급으로 한해(旱害) 방지, 생육조장, 수량 및 품질 등이 향상된다.

㉡ 작물 선택, 다비재배의 가능, 파종·시비의 적기 작업, 효율적 실시 등으로 재배수준이 향상된다.

㉢ 혹서기(酷暑期)에는 지온상승의 억제와 냉온기의 보온효과가 있으며 여름철 관개로 북방형 목초의

하고현상(夏枯現象)을 경감시킬 수 있다.

  ② 관개수에 의해 미량원소가 보급되며, 가용성(可溶性 soluble 물이나 기타 용매에 녹을 수 있는 성질) 알루미늄이 감퇴된다. 또한 비료이용 효율이 증대된다.

  ⑩ 건조 또는 바람이 많은 지대에서 관개하면 풍식을 방지할 수 있다.

  ⑭ 혹한기 살수결빙법 등으로 동상해 방지를 할 수 있다.

② **논에서의 효과**

  ㉠ 생리적으로 필요한 수분의 공급

  ㉡ 온도 조절작용은 물 못자리의 초기, 본답의 냉온기에 관개에 의하여 보온이 되며, 혹서기에 과도한 지온상승을 억제한다.

  ㉢ 벼농사 기간 중 관개수에 섞여 천연양분이 공급된다.

  ㉣ 관개수에 의해 염분 및 유해물질을 제거한다.

  ㉤ 잡초의 발생이 적어지고, 제초작업이 쉬워진다.

  ㉥ 해충의 만연이 적어지고 토양선충이나 토양전염의 병원균이 소멸, 경감된다.

  ㉦ 이앙, 중경, 제초 등의 작업이 용이해진다.

  ㉧ 벼 생육의 조절과 개선도 할 수 있다.

(3) 수도(水稻)의 용수량

① 벼 재배기간 중 관개에 소요되는 수분의 총량을 용수량이라 한다.

② **용수량의 계산**

  ㉠ 용수량 = (엽면증발량 + 수면증발량 + 지하침투량) − 유효강우량

  ㉡ 엽면증발량 : 같은 기간 증발계 증발량의 1.2배 정도이다.

> ◦ 증발계(蒸發計 atmometer) : 수면 등에서 수증기가 증발하는 양을 재는 장치 또는 기구

  ㉢ 수면증발량 : 증발계 증발량과 거의 비슷하다.

  ㉣ 지하침투량 : 토성에 따라 크게 다르며 평균 536mm 정도이다.

  ㉤ 유효강우량 : 관개수에 추가되는 우량이며 강우량의 75% 정도이다.

③ **관개수의 수질**

  ㉠ 광산, 공장, 축사, 생활오수 등 오염물질들이 증가함에 따라 농업용수에 유해물질들이 유입되어 자정작용의 한계를 넘긴 유기질오염에 따른 부영양화, 무기질 오염으로 작물의 생육을 저해하는 수질오염이 문제가 된다.

  ㉡ 수원의 전환, 오염원의 분리, 오염물질 처리 등의 대책이 필요하다.

(4) 관개의 방법

① **지표관개**

지표면에 물을 흘려 대는 방법이다.

㉠ 전면관개 : 지표면 전면에 물을 대는 관개법이다.

ⓐ 일류관개(溢 넘칠 일 流灌漑法 side hill flooding flood irrigation)

가. 지표관개의 한 방법으로 유럽지방에서 목초지의 관개에 이용되고 있는 방식이다.

나. 경사진 곳의 높은 곳에다 주관개구를 만들고 임의로 지구(地區)의 군데군데를 막아서 흘러 넘는 물이 구배(기울기)의 정도에 따라서 포장의 낮은 곳으로 흘러 퍼지게 한다.

다. 급한 경사지에서는 이용하기 힘들며 길이는 10 ∼ 60m의 범위로 한다.

ⓑ 보더관개(border 경계, 가장자리 irrigation)

낮은 논둑으로 나누어진 포장에 상단의 수로로부터 표면 전체에 물을 얇게 흘려 내리게 하는 관수방법이다.

ⓒ 수반관개(水盤 자그마한 밥상 灌漑 basin method irrigation)

가. 밭의 둘레에 두둑을 만들고 그 안에 물을 가두어 두는 저류법(貯溜法)이며 수반법이라고도 한다.

나. 주로 과수원에서 이용하고 있으며, 보통 한 그루 또는 몇 그루의 과수를 두둑으로 둘러싼 다음 바닥을 수평으로 고른 후 관개를 한다.

㉡ 휴간관개(畦間灌漑 furrow irrigation) : 고랑관개 또는 고랑물대기라고도 한다. 포장에 이랑을 세우고, 이랑 사이의 고랑에 물을 흘리는 방법이다.

② 살수관개

물에 압력을 가해 노즐로부터 물을 빗방울 모양으로 분사시켜 관수(灌水)하는 방법이다. 스프링클러나 작은 구멍이 뚫린 파이프 등을 이용한다. 공중으로부터 물을 뿌려 대는 방법으로 다공관관개, 스프링 클러관개, 미스트관개 등이 있다.

㉠ 다공관관개(perforated pipe system) : 파이프에 직접 작은 구멍을 여러 개 내어 살수하여 관개하는 방법이다.

㉡ 스프링클러관개(sprinkler irrigation) : 압력수를 노즐로 분사시켜 빗방울이나 안개모양으로 만들어 관개하는 방법이다.

㉢ 미스트관개 : 물에 높은 압력을 가하여 공중습도를 유지하기 위하여 고급 화초나 난 등에 이용하는 관개방법이다.

㉣ 점적관개(點滴灌漑 drip irrigation) : 토양전염병의 방지를 위한 가장 좋은 관개방법 중 하나이며 물방 울관개방법의 일종이다.

ⓐ 직경이 5 ∼ 20mm 되는 플라스틱 파이프 또는 튜브에 1mm 이하의 구멍을 뚫어 분출공을 만들고 물이 방울방울 떨어지게 하거나 천천히 흘러나오게 하는 방법이다.

ⓑ 저압으로 물의 양을 절약할 수 있다.

ⓒ 잎, 줄기, 꽃에 살수하지 않고 뿌리 근처에만 물방울을 떨어뜨려 관개하는 방법으로 열매 채 소의 관수에 특히 유리하다.

③ 지하관개

관개수를 지하로부터 유입시키는 밭관개의 한 방법이다. 이 방법을 사용할 경우, 물이 계속 지하로부

PART 03

터 상향 이동하므로 관개수나 비료로서 준 과잉염류가 표토에 집적될 우려가 있으므로 유의해야 한다.

   ㉠ 명거법(明渠法 open ditch, 개거법 開渠法)

     겉도랑 형식이며 일정한 간격으로 개방된 수로를 마련하고 이곳에 물을 흐르게 하여 수로 옆과 바닥으로 침투하게 하여 뿌리에 물을 공급하는 방식이다. 지하수위가 낮지 않은 사질토 지대에 이용된다.

   ㉡ 암거법(暗渠法 closed conduit)

     속도랑 형식이며 땅속 30 ~ 60cm 깊이에 토관이나 기타 급수관을 묻어 관의 구멍으로부터 물이 스며 나와 뿌리에 물이 공급되게 하는 방식이다.

   ㉢ 압입법(圧入法)

     주로 뿌리가 깊은 도시의 가로수나 과수에 사용하고 있으며 과수의 주변에 구멍을 뚫고 기계적으로 물 등을 압입(눌러서 밀어 넣음)하는 방법이다.

5 배수[排水]

(1) 배수효과

① 습해나 수해를 방지한다.
② 토양의 성질을 개선하여 작물의 생육을 조장한다.
③ 1모작답을 2, 3모작답으로 사용할 수 있어 경지이용도를 높인다.
④ 농작업을 용이하게 하고, 기계화를 촉진한다.

(2) 배수방법

① 객토법

   객토하여 토성의 개량 또는 지반을 높여 자연적 배수하는 방법이다.

② 기계배수

   인력, 축력, 풍력, 기계력 등을 이용해서 배수하는 방법이다.

③ 개거배수(명거배수)

   포장 내 알맞은 간격으로 도랑을 치고 포장 둘레에도 도랑을 쳐서 지상수 및 지하수를 배제하는 방법이다.

④ 암거배수

   지하에 배수시설을 하여 배수하는 방법이다.

6 습해[濕害 excess moisture injury]

(1) 습해의 의의

토양 과습상태의 지속으로 토양 산소가 부족할 때 뿌리가 상하고 심하면 지상부의 황화, 위조·고사하는 것을 습해라 한다.

① 저습한 논의 답리작 맥류나 침수지대의 채소 등에서 흔히 볼 수 있다.

② 담수하에서 재배되는 벼에서 토양산소가 몹시 부족하여 나타나는 여러 가지의 장해도 일종의 습해로 볼 수 있다.

(2) 습해의 발생

① **겨울철 습해**(冬期濕害)

　㉠ 과습으로 토양 산소가 부족하면 직접피해로 호흡장해가 발생한다.

　㉡ 호흡장해로 N, P, K, Ca, Mg 등 무기성분의 흡수가 저해된다.

　㉢ 지온이 낮아 토양미생물 활동이 억제된 동기의 습해는 주로 직접적인 피해에 의해 발생한다.

② **봄과 여름철 습해**(春夏期濕害)

　㉠ 봄과 여름 지온이 높을 때 토양이 과습하면 직접피해와 함께 토양미생물의 활동이 왕성해 환원성 유해물질(CH_4, H_2S 등)이 생성되어 발생하는 간접피해도 발생한다.

> ◦ 환원성물질[reducing agents(reductant), 還元性物質, 還元劑] : 타물질에 환원이 일어나게 하는 물질이다. 산화되기 쉬운물질 즉, 다른 분자들에 전자를 주기 쉬운 성질을 가진 원자로서 분자 또는 이온은 모두 환원제로 작용한다.

　㉡ 메탄가스, 질소가스, 이산화탄소의 생성이 증가하여 토양 산소를 더욱 부족하게 하므로 호흡장해를 조장한다.

　㉢ 환원성인 Fe^{2+}, Mn^{2+} 등이 유해하며, H_2S의 피해는 더욱 커진다.

　㉣ 황화수소(H_2S) 발생 습해 : 맥류 뿌리에서 종자근이 암회색이 되어 쇠약해지고, 관근의 선단이 진한 갈색으로 변하여 생장이 정지되며, 목화와 괴사가 나타나고, 황화철과 이산화철의 침입도 나타난다.

③ **병해의 발생**

습해가 발생하는 토양환경은 토양전염병 전파가 많아지고, 작물도 쇠약해져 병해의 발생을 초래하며, 지온 저하도 작물에 유해하다.

④ **습해의 일반적 피해양상**

　㉠ 토양 과습으로 토양산소가 부족하여 나타나는 직접 피해로 뿌리의 호흡장해가 생긴다.

　㉡ 호흡장해는 뿌리의 양분 흡수를 저해한다.

　㉢ 유해 물질을 생성한다.

　㉣ 유기물함량이 높은 토양은 환원상태가 심해 습해가 더욱 심하다.

　㉤ 습해발생 시 토양전염병 발생 및 전파도 많아진다.

　㉥ 생육 초기보다도 생육 성기에 특히 습해를 받기 쉽다.

(3) 작물의 내습성(耐濕性 resistance to high soil-moisture)

① **의의**

다습한 토양에 대한 작물의 적응성을 의미한다.

② 내습성 관여 요인

㉠ 경엽(莖葉 stem and leaf 식물체의 잎과 줄기)으로부터 뿌리로 산소를 공급하는 능력

ⓐ 벼의 경우 잎, 줄기, 뿌리에 통기조직의 발달로 지상부에서 뿌리로 산소를 공급할 수 있어 담수조건에서도 생육을 잘하며 뿌리의 피층(皮層 cortex 표피와 중심주 사이에 있는 세포층)세포가 직렬(直列)로 되어 있어 사열(斜列)로 되어 있는 것보다 세포간극이 커서 뿌리에 산소를 공급하는 능력이 커 내습성이 강하다.

- 직렬(直列 orthostichy) : 잎 또는 인편 등의 직열배치된 경우 즉, 하나의 열로 배열된 비늘의 배열을 말한다.
- 사열(斜 비낄 사 列 oblique arrangement) : 내습성이 약한 식물에서 볼 수 있는 것으로 세포의 배열이 엇갈리게 된 것을 말한다.

ⓑ 생육 초기 맥류와 같이 잎이 지하에 착생하고 있는 것은 뿌리로부터 산소공급능력이 크다.

㉡ 뿌리조직의 목화

ⓐ 뿌리조직이 목화(木化 식물의 세포벽에 리그닌이 축적되어 단단한 목질을 이루는 현상)한 것은 환원상태나 뿌리의 산소결핍에 견디는 능력과 관계가 크다.

ⓑ 벼와 골풀은 보통의 상태에서도 뿌리의 외피가 심하게 목화한다.

ⓒ 외피 및 뿌리털에 목화가 생기는 맥류는 내습성이 강하고 목화가 생기기 힘든 파의 경우는 내습성이 약하다.

㉢ 뿌리의 발달습성

ⓐ 습해 시 막뿌리(不定根 부정근 adventitious root 줄기에서 2차적으로 발생하는 뿌리)의 발생력이 큰 것은 내습성이 강하다.

ⓑ 근계(根系 root system 식물의 지하부인 뿌리가 곁뿌리를 내면서 신장 발달한 모양)가 얕게 발달하면 내습성이 강하다.

㉣ 환원성 유해물질에 대한 저항성 : 뿌리가 황화수소, 이산화철 등에 대한 저항성이 큰 작물은 내습성이 강하다.

(4) 습해 대책

① 배수

습해의 기본대책이다.

② 정지

밭에서는 휴립휴파하여 고휴재배하고, 습답에서는 휴립재배(이랑재배)와 횡와재배를 한다.

- 휴립휴파(畦立畦播) : 흙을 돋우어 만든 이랑의 두둑에 종자를 파종하는 방식이다.
- 고휴재배(高畦栽培) : 비가 많이 오는 지역 또는 물 빠짐이 좋지 않은 밭에서 습해를 방지할 목적으로 이랑을 높게 세워 작물을 재배하는 방식이다.

• 습답(濕畓 pooly drained paddy)

① 지하수위가 높고 배수가 불량하여 논토양에 항상 물이 고여 있는 논이다.

② 지온이 낮고 유기물의 분해가 늦으며 통기가 나쁘기 때문에 토양의 이화학적 성질이 떨어지고 미생물의 번식이 불량하여 수량생산성이 낮다.

③ 유기물의 집적이 많고 비료분을 간직할 수 있는 힘이 크고 환원도가 높기 때문에 불가급태(不可給態 토양 중에 존재하는 양분 중 식물이 직접 이용할 수 없는 형태)의 인산을 가용태로 하는 이점도 있다.

• 휴립재배(畦立栽培 이랑재배) : 넓은 이랑을 만들어 두둑에다 작물을 재배하는 방식이다.

• 횡와재배(橫臥栽培) : 습답에서 발생할 수 있는 습해를 막기 위한 재배방법이다. 벼를 이앙할 때 담수하지 않은 상태에서 지면과 벼의 각도를 5°정도 유지하여 눕혀서 이앙하고, 활착 후 벼가 완전히 일어서면 수회에 걸쳐 복토를 하고 그 이후는 보통재배와 같이 관리한다.

③ 시비

미숙유기물과 황산근비료의 사용을 피하고, 유기물은 충분히 부숙(腐熟 분해가 충분히 진전되어 완전히 썩음)시켜서 사용하며, 표층시비(겉거름주기)로 뿌리를 지표면 가까이 유도하고, 뿌리의 흡수장해 시 엽면시비를 한다.

④ 토양개량

토양통기를 조장하기 위하여 세사(가는 모래)를 객토하거나, 중경을 실시하고, 부숙유기물, 석회, 토양개량제 등을 사용한다.

⑤ 과산화석회(CaO_2)의 시용

종자에 과산화석회를 분의(粉衣 종자 따위를 약제 등의 가루로 입히는 일)해서 파종하거나 토양에 혼입하면 산소가 방출되므로 습지에서 발아 및 생육이 조장된다.

⑥ 내습성 작물과 품종의 선택

㉠ 내습성의 차이는 품종 간에도 크게 다르며, 답리작 맥류재배에서는 내습성이 강한 품종의 선택이 안전하다.

㉡ 작물의 내습성

> 골풀, 미나리, 택사, 연, 벼 > 밭벼, 옥수수, 율무 > 유채, 고구마
> > 보리, 밀 > 감자, 고추 > 토마토, 메밀 > 파, 양파, 당근, 자운영

㉢ 채소의 내습성

> 양상추, 양배추, 토마토, 가지, 오이 > 시금치, 우엉, 무 > 당근, 꽃양배추, 멜론, 피망

㉣ 과수의 내습성

> 올리브 > 포도 > 밀감 > 감, 배 > 밤, 복숭아, 무화과

7 수해(水害)

(1) 수해의 발생

① 의의
  ㉠ 많은 비와 홍수로 인해 발생하는 피해를 수해라고 한다.
  ㉡ 수해는 단기간의 호우로 흔히 발생하며, 우리나라에서는 7~8월 우기에 국지적 수해가 발생한다.

② 2~3일 연속강우량에 따른 수해의 발생 정도
  ㉠ 100~150mm : 저습지의 국부적 수해 발생
  ㉡ 200~250mm : 하천, 호수 부근의 상당한 지역의 수해 발생
  ㉢ 300~350mm : 광범한 지역에 큰 수해 발생

③ 수해의 형태
  ㉠ 토양 붕괴로 산사태, 토양침식 등이 유발된다.
  ㉡ 유토(흘러내리는 토양)에 의해 전답이 파괴 및 매몰된다.
  ㉢ 유수(흐르는 물)에 의한 작물의 도복(倒伏 lodging)과 손상, 표토의 유실, 토양붕괴 및 사력침전(砂礫沈澱) 등이 유발된다.

  - 도복(倒伏 lodging) : 수직된 위치(位置) 또는 처음 위치에서 엎어지는 것과 같은 식물의 탄력(彈力)이 없는 변형이다. 작물이 땅 표면 쪽으로 쓰러지는 것을 말한다.
  - 사력침전(砂 모래 礫 자갈 沈澱stony sedimentation) : 수해의 양상으로 표토는 유실되고 모래와 자갈만 남아 있는 것을 말한다..

  ㉣ 침수에 의해서 흙앙금이 앉고, 생리적인 피해로 생육이 저해된다.
  ㉤ 침수에 의해 저항성이 약해지고 병원균의 전파로 병충해 발생이 증가하며, 벼의 경우 흰빛잎마름병, 도열병, 잎집무늬마름병의 발생이 증가한다.

④ 관수해(冠水害)의 생리
  ㉠ 작물이 완전히 물에 잠기게 되는 침수를 관수라고 하며, 그 피해를 관수해라고 한다.
  ㉡ 산소의 부족으로 무기호흡을 하게 된다.
  ㉢ 산소호흡에 비해 무기호흡은 동일한 에너지를 얻는데 호흡기질의 소모량이 많아 무기호흡이 오래 계속되면 당분, 전분 등 호흡기질이 소진되어 마침내 기아상태에 이르게 된다.
  ㉣ 관수 중의 벼 잎은 급히 도장하여 이상 신장을 유발하기도 한다.
  ㉤ 관수로 인한 급격한 산소 부족은 여러 가지 대사작용의 저해, 관수상태에서는 병균의 전파침입이 조장되고 작물의 병해충에 대한 저항성이 약해져서 병충해의 발생이 심해진다.

(2) 수해 발생과 조건

① 작물의 종류와 품종
  ㉠ 침수에 강한 밭작물 : 화본과 목초, 피, 수수, 옥수수, 땅콩 등

ⓛ 침수에 약한 밭작물 : 콩과작물, 채소, 감자, 고구마, 메밀 등

ⓒ 생육단계 : 벼는 분얼 초기에는 침수에 강하고, 수잉기 ~ 출수개화기에는 극히 약하다.

> 감수분열기(수잉기) > 출수기 > 유수형성기 > 유숙기 > 분얼기

② 침수해의 요인

ⓛ 수온 : 높은 수온은 호흡기질의 소모가 많아져 관수해가 크다.

ⓒ 수질

ⓐ 작물이 생육 중 침수될 경우에 탁수(濁水)의 경우가 청수(淸水)보다, 정체수(停滯水)의 경우가 유수(流水)보다 수온이 높고 산소가 적어 그 피해가 크다.

ⓑ 청고(靑枯) : 고수온의 정체탁수에서는 단백질의 소모가 없이 잎이 녹색을 유지한 채 급속하게 죽으므로 청고라고 한다.

ⓒ 적고(赤枯) : 흐르는 맑은 물에 의한 관수해로 단백질 분해가 생기며 갈색으로 변해 죽는 현상이다.

ⓒ 피해정도

> • 관수 > 침수   • 탁수 > 청수   • 정체수 > 유동수   • 고온수 > 저온수

③ 재배적 요인

질소비료를 과다 시용하거나 추비를 많이 하면 체내 탄수화물의 감소와 호흡작용이 왕성해지고 내병성과 관수저항성이 약해져 피해가 커진다.

(3) 수해 대책

① 사전 대책

ⓛ 치산을 잘해서 산림을 녹화하고, 하천의 보수로 치수를 잘하는 것이 수해의 기본대책이다.

ⓒ 경사지는 피복작물의 재배 또는 피복으로 토양유실을 방지한다.

ⓒ 배수시설을 강화한다.

ⓓ 수해 상습지에서는 작물의 종류나 품종의 선택에 유의한다.

ⓔ 파종기, 이식기를 조절해서 수해를 회피, 경감시키며 질소의 과다 시용을 피한다.

② 침수 중 대책

ⓛ 배수에 노력하여 관수기간을 짧게 한다.

ⓒ 물이 빠질 때 잎의 흙 앙금을 씻어준다.

ⓒ 키가 큰 작물은 서로 결속하여 유수에 의한 도복을 방지한다.

③ 퇴수 후 대책

ⓛ 산소가 많은 새 물로 환수하여 새 뿌리의 발생을 촉진하도록 한다.

ⓒ 김을 매어 토양 통기를 좋게 한다.

ⓒ 표토의 유실이 많을 때에는 새 뿌리의 발생 후에 추비를 주도록 한다.
ⓔ 침수 후에는 병충해의 발생이 많아지므로 그 방제를 철저히 한다.
ⓜ 피해가 격심할 때에는 추파, 보식, 개식, 대파 등을 고려한다.

> • 추파(追播) : 발아가 불량한 곳에 보충적으로 파종하는 것을 말하며 보파(補播)라고도 한다.
> • 보식(補植) : 발아가 불량한 곳이나 이식 후에 고사(枯死)한 곳에 보충적으로 이식하는 것을 말한다.
> • 개식(改植 replanting) : 임목 식재후 식재목의 대부분이 고사하여 임분조성이 불가능할 경우 그 자리에 다시 식재하는 것을 말한다.
> • 대파(代播 substitute planting) : 주작물을 수확할 수 없게 되었을 경우에 주작물을 대신하여 다른 작물을 파종하는 것을 말한다.

8 한해(旱害 가뭄해, 건조해 drought injury, drought damage)

(1) 한해의 생리

① 토양의 건조는 식물의 체내 수분함량을 감소시켜 위조(萎凋 쇠약하여 마름)상태로 만들고 더욱 감소하게 되면 고사(枯死 나무나 풀 따위가 말라 죽음)한다. 이렇게 수분의 부족으로 작물에 발생하는 장애를 한해라고 한다.
② 작물의 체내 수분 부족은 강우와 관개 부족으로 발생하지만 수분이 충분하여도 근계(根系 root system)발달이 불량하여 시들게 되는 경우도 있다.

(2) 한해의 발생

① 세포 내 수분의 감소는 수분이 제한인자(制限因子 요구 조건을 가장 충족시키지 못하고 있는 인자)가 되어 광합성의 감퇴와 양분흡수, 물질전류 등 여러 생리작용도 저해된다.
② 효소작용의 교란으로 광합성이 감퇴되고, 이화작용이 우세하여 단백질, 당분이 소모되어 피해를 받는다.
③ 건조에 의해 세포가 탈수될 때 원형질은 세포막에서 이탈되지 못한 상태로 수축하므로 기계적 견인력을 받아서 파괴된다.
④ 탈수된 세포가 갑자기 수분을 흡수할 때에도 세포막이 원형질과 이탈되지 않은 상태로 먼저 팽창하므로 원형질은 역시 기계적인 견인력을 받아서 파괴되는 일이 있다.
⑤ 세포로부터 심한 탈수는 원형질이 회복될 수 없는 응집을 초래하여 작물의 위조·고사를 일으킨다.

(3) 작물의 내건성(耐乾性 = 내한성 耐旱性 drought tolerance)

작물이 건조에 견디는 성질을 의미하며 여러 요인에 의해서 지배된다.
① 내건성이 강한 작물의 특성
ㄱ 체내 수분의 손실이 적다.
ㄴ 수분의 흡수능이 크다.

ⓒ 체내의 수분보유력이 크다.

ⓔ 수분함량이 낮은 상태에서 생리기능이 높다.

② 형태적 특성

　　㉠ 표면적과 체적의 비가 작고 왜소하며 잎이 작다.

　　㉡ 뿌리가 깊고 지상부에 비하여 근군의 발달이 좋다.

　　㉢ 잎조직이 치밀하고 잎맥과 울타리 조직의 발달 및 표피에 각피가 잘 발달하고, 기공이 작고 많다.

　　㉣ 저수능력이 크고, 다육화(多肉化 succulency 줄기나 잎, 과실, 뿌리 등이 비후하여 그 조직의 일부 또는 전부가 다량의 즙을 포함하는 것)의 경향이 있다.

　　㉤ 기동세포(機動細胞 bulliform cell, moter cel 식물의 운동에 관여하는 운동세포이며 가뭄, 추위 등 환경에 따라 쉽게 축소되거나 확대되는 세포)가 발달하여 탈수되면 잎이 말려서 표면적이 축소된다.

③ 세포적 특성

　　㉠ 세포가 작아 수분이 적어져도 원형질 변형이 적다.

　　㉡ 세포 중 원형질 또는 저장양분이 차지하는 비율이 높아 수분보유력이 강하다.

　　㉢ 원형질의 점성이 높고 세포액의 삼투압이 높아서 수분보유력이 강하다.

　　㉣ 탈수 시 원형질 응집이 덜하다.

　　㉤ 원형질막의 수분, 요소, 글리세린 등에 대한 투과성이 크다.

> **✎ 더 알아보기　세포의 구조**
>
> 1. **원형질**(생명활동이 일어나는 부분) : 핵, 세포질, 세포막(세포벽 바로 안쪽을 구성함), 엽록체, 미토콘드리아, 리보솜, 소포체, 골지체)
> 2. **후형질**(생명활동의 결과로 만들어지는 부분) : 세포벽, 액포

④ 물질대사적 특성

　　㉠ 건조 시는 증산이 억제되고, 급수 시는 수분 흡수기능이 크다.

　　㉡ 건조 시 호흡이 낮아지는 정도가 크고, 광합성 감퇴 정도가 낮다.

　　㉢ 건조 시 단백질, 당분의 소실이 늦다.

(4) 생육단계 및 재배조건과 한해

① 작물의 내건성은 생육단계에 따라서 다르며, 생식생장기에 가장 약하다.

② 벼의 한해(旱害) 정도

감수분얼기 > 출수개화기와 유숙기 > 분얼기

③ 퇴비, 인산, 칼륨의 결핍, 질소의 과다는 한해를 조장한다.

④ 퇴비가 적으면 토양 보수력 저하로 한해가 심하다.

⑤ 휴립휴파는 평휴나 휴립구파보다 한발에 약하기 쉽다.

> • 휴립휴파(畦立畦播) : 흙을 돋우어 만든 이랑의 두둑에 종자를 파종하는 방법이다. 강우가 심한 지역 또는 비가 많이 오는 계절에는 이랑에 파종하는 것이 습해를 막을 수 있어 유리하다. 그리고 물 빠짐이 좋지 않은 경작지에서도 휴립휴파가 바람직하다.
> • 평휴(平畦) : 이랑을 평평하게 하여 두둑과 고랑의 높이가 같도록 하는 방법이다.
> • 휴립구파(畦立構播) : 이랑을 만들면서 이랑 사이에 패인 부분인 고랑에 종자를 파종하는 것을 말한다. 이랑의 두둑에 파종하는 것보다 가뭄의 피해를 줄일 수 있으므로 한발이 심한 때 또는 가뭄이 심한 지역 또는 장소에 따라 물 지님이 나쁜 토양에서는 휴립구파가 바람직하다.

(5) 한해(旱害) 대책

① 관개

근본적인 한해 대책으로 충분히 관수를 한다.

② 내건성 작물 및 품종의 선택

③ 토양수분의 보유력 증대와 증발억제

ㄱ 토양입단의 조성

ㄴ 드라이파밍(dry farming) : 휴간기에 비가 올 때 땅을 갈아서 빗물을 지하에 잘 저장하고, 재배 기간에는 토양을 잘 진압하여 지하수의 모관상승을 조장해 한발 적응성을 높이는 농법이다.

> • 드라이파밍(dry farming 乾燥農業) : 강수량이 적은 건조지대에서 활용되는 농사법이다. 작물의 선택, 지표면 물의 증발 방지 또는 소량의 비를 효과적으로 이용하는 방법 등이 고려되어야 하고 우리나라에서는 서북부지방에서 많이 발달하여 있다. 건조농법이라고도 한다.

ㄷ 피복과 중경제초

> • 중경제초(中耕除草 cultivation) : 작물이 생육 중에 있는 포장의 표토를 갈거나 쪼아서 부드럽게 하는 것을 중경(中耕 cultivation)이라 하고, 포장의 잡초를 없애는 것을 제초(除草 weed control)라고 한다.

ㄹ 증발억제제의 살포 : OED(oxyethylene docosanol) 유액을 지면이나 엽면에 뿌리면 증발·증산이 억제된다.

④ 밭에서의 재배 대책

ㄱ 뿌림골을 낮게 한다(휴립구파).

ㄴ 뿌림골을 좁히거나 재식밀도를 성기게 한다.

ㄷ 질소의 다용을 피하고 퇴비, 인산, 칼륨을 증시한다.

ㄹ 봄철의 맥류재배 포장이 건조할 때 답압한다.

⑤ 논에서의 재배 대책

ㄱ 중북부의 천수답지대에서는 건답직파를 한다.

ㄴ 남부의 천수답지대에서는 만식적응재배를 하며 밭못자리모, 박파모는 만식적응성에 강하다.

ⓒ 이앙기가 늦을 시 모숨음, 못자리가식, 본답가식, 저묘(너무 크게 자라지 않도록 모를 일단 뽑아 못자리에 저장) 등으로 과숙을 회피한다.
ⓓ 모내기가 한계 이상으로 지연될 경우에는 조, 메밀, 기장, 채소 등을 대파한다.

9 수질오염〔水質汚染 water pollution〕

(1) 의의

① 공장, 도시오수, 광산폐수 등의 배출로 하천, 호수, 지하수, 해양의 수질이 오염되어 인간이나 동물, 식물이 피해를 입는 것을 의미한다.
② 수질오염 물질은 각종 유기물, 시안화합물, 중금속류, 농약, 강산성 또는 강알칼리성 폐수 등이 있으며 소량의 유기물 유입은 수생미생물의 영양으로 이용되며, 수중 용존산소가 충분한 경우 호기성균의 산화작용으로 이산화탄소와 물로 분해되어 수질오염이 발생하지 않는 자정작용이 일어난다.
③ 다량의 유기물이 유입된 경우 수생미생물이 활발하게 증식하여 수중 용존산소가 다량 소모되어 산소 공급이 그에 수반되지 못하고 결국 산소부족 상태가 된다.

(2) 수질오염원

① 도시오수
　㉠ 질소 및 유기물
　　ⓐ 주택단지 또는 도시 근교의 논에 질소함량이 높은 폐수가 관개되면 벼에 과번무, 도복, 등숙 불량, 병충해 등 질소과잉장해가 나타난다.
　　ⓑ 유기물 함량이 높은 오수의 관개는 혐기조건에서는 메탄, 유기산, 알코올류 등 중간대사물이 생성되며, 이 분해과정에서는 토양 Eh(산화환원전위 : 산화될수록 높아지고, 환원될수록 떨어진다)가 낮아진다.
　　ⓒ 황화수소는 유기산과 함께 벼 뿌리에 영향을 주며 심한 경우 근부(根腐)현상을 일으키고 칼륨, 인산, 규산, 질소의 흡수가 저해되어 수량이 감소된다.
　㉡ 부유물질 : 논에 부유물질의 유입, 침전은 어린 식물은 기계적 피해를, 토양은 표면 차단으로 투수성이 낮아지며, 침전된 유기물의 분해로 생성된 유해물질의 장해 등으로 벼의 생육이 부진해지며 쭉정이가 많아진다.
　㉢ 세제 : 합성세제의 주성분이 ABS(alkyl benzene sulphonate)가 20ppm 이상 되는 농도에서는 뿌리의 노화현상이 빠르게 일어난다.
　㉣ 도시오수 피해 대책
　　ⓐ 오염되지 않은 물과 충분히 혼합 희석하여 이용하거나 그렇지 못한 경우 물 걸러대기로 토양의 이상환원을 방지한다.
　　ⓑ 저항성 작물 및 품종을 선택재배한다.
　　ⓒ 질소질비료를 줄이고 석회, 규산질 비료의 시용으로 벼를 강건하게 한다.

② 공장폐수

　㉠ 산과 알칼리

　　ⓐ 논에 산성물질의 유입은 벼 줄기와 잎의 황변, 토양 중 유해중금속의 용출로 피해가 발생한다.

　　ⓑ 강알칼리의 유입은 뿌리의 고사, 약알칼리의 경우 토양 중 미량원소의 불용화로 양분의 결핍 증상이 나타난다.

　㉡ 중금속

　　ⓐ 관개수에 중금속이 다량 함유하게 되면 식물의 발근과 지상부 생육이 저해되고 심하면 중금속 특유의 피해증상이 발생한다.

　　ⓑ 중금속이 축적된 농산물의 섭취는 인축에도 심각한 피해가 발생한다.

　㉢ 유류

　　ⓐ 기름의 유입은 물 표면에 기름이 부유하며, 식물체 줄기와 잎에 흡착하여 접촉부위가 적갈색으로 고사되는 경우가 있다.

　　ⓑ 공기와 물 표면의 접촉이 차단되어 물의 용존산소가 부족하게 되고 벼는 근부현상을 일으키고 심하면 고사한다.

제3절 | 대기환경

1 대기조성과 작물

(1) 대기조성

대기의 조성비는 대체로 일정비율을 유지하며 질소가 약 79%, 산소 약 21%, 이산화탄소 0.035% 및 기타 수증기, 먼지, 연기, 미생물, 각종 가스 등으로 구성되어 있다.

(2) 대기와 작물

① 작물은 대기 중 이산화탄소를 광합성의 재료로 한다.

② 작물은 대기 중 산소를 이용하여 호흡작용이 이루어진다.

③ 질소고정균에 의해 대기 중 질소가 고정된다.

④ 대기 중 아황산가스 등 유해성분은 작물에 직접적 유해작용을 한다.

⑤ 토양산소의 부족은 토양 내 환원성 유해물질 생성의 원인이 된다.

⑥ 토양산소의 변화는 비료성분 변화와 관련이 있어 작물 생육에 영향을 미친다.

⑦ 바람은 작물의 생육에 여러 영향을 미친다.

2 대기 중 산소와 질소

(1) 산소

① 식물의 호흡과 광합성이 균형을 이루면 대기 중 산소와 이산화탄소의 균형이 유지된다.

② 대기 중의 산소농도는 약 21% 정도이다.

③ 대기 중 산소농도의 감소는 호흡속도를 감소시키며 5~10% 이하에 이르면 호흡은 크게 감소한다.

④ 산소농도의 증가는 일시적으로는 작물의 호흡을 증가시키지만 90%에 이르면 호흡은 급속히 감퇴하고 100%에서는 식물이 고사한다.

⑤ 대기 중 산소농도가 낮아지면 C_3식물에서는 광호흡이 작아진다.

(2) 질소

① 유리질소의 고정

> ◦ 유리질소(遊離窒素 free nitrogen) : 화합물 속에서 화학적으로 결합하지 않는 질소

근류균, 아조토박터(azotobacter) 등은 공기 중에 함유되어 있는 질소가스를 고정한다.

② 천연양분 공급

대기 중에는 소량의 화합물 형태의 질소가 존재하며, 강우에 의해 암모니아, 질산, 아질산 등이 토양 중에 공급되어 작물의 양분이 된다.

③ 인공 합성

공중질소는 공중방전이나 비료공업 등에 의해서 화학비료로 고정되어 이용되기도 한다.

(3) 토양과 질소의 순환

① 대기 중에는 일반적으로 질소(N_2)가 약 78% 그리고 나머지 산소 21%, 아르곤 0.9%, 이산화탄소 0.03% 등으로 구성되어 있다.

② 이러한 대기 중의 질소는 질소고정세균인 콩과식물의 뿌리혹박테리아에 의해 암모늄이온(NH_4^+)으로 고착된 후에 아질산균과 질산균의 작용으로 질산이온(NO_3^-)으로 전환된다.

> ◦ 뿌리혹박테리아(leguminous bacteria) : 근류균 또는 근립균은 콩과 식물의 뿌리에 뿌리혹을 만들어 식물과 공생하면서 공기 중의 질소를 고정하는 질소고정세균(Diazotroph)이다. 이 세균이 콩과식물에 질소화합물을 공급하면 콩과식물은 탄소와 그 밖의 세균의 증식물질을 공급한다.

③ 이후 식물의 뿌리는 물에 녹아 있는 암모늄이온(NH_4^+)이나 질산이온(NO_3^-)의 형태로 질소를 흡수한다.

④ 식물은 흡수한 질소성분을 질소동화작용을 통해 단백질, 핵산과 같은 유기질소화합물을 합성한다. 그리고 이는 먹이사슬을 통해 인간 등의 동물에게 전달된다.

> ◦ 질소동화작용(窒素同化作用 nitrogen assimilation) : 식물과 조류에서 외부로부터 질소를 흡수하여 특정한 생화학 반응을 통해 자체 구성 물질로 변화시키는 현상이다.

> ∘ 유기질소화합물(有機窒素化合物 organic nitrogen compound) : 화학구조 중에서 질소를 함유한 유기화합물 그룹을 의미한다.
> ∘ 먹이사슬(food chain) : 생태계에서 생산자인 식물이 생산하는 유기물을 바탕으로 군집 내에 구성되는 피식자(잡아먹히는 동물)와 포식자(잡아먹는 동물) 상호관계에 의한 연결고리를 말한다.

⑤ 동물은 유기질소화합물을 사용하여 몸의 구성성분을 합성한다.
⑥ 한편 과다한 질소비료를 시용하는 경우 오히려 토양이 산성화되어 작물의 생산량이 감소될 수도 있다.

3 이산화탄소

(1) 호흡작용

① 대기 중 이산화탄소농도는 호흡에 관여하는데, 높아지면 호흡속도는 감소한다.
② 5%의 이산화탄소농도에서 발아종자의 호흡은 억제된다.
③ 사과는 10 ~ 20% 농도의 이산화탄소에서 호흡을 즉시 정지하며 어린과실일수록 영향이 크다.

(2) 광합성

① 이산화탄소의 농도가 낮아지면 광합성 속도가 낮아진다.
② 일반 대기 중 이산화탄소의 농도 0.035%보다 높으면 식물의 광합성은 증대된다.
③ 이산화탄소포화점
　㉠ 광합성은 이산화탄소농도가 증가함에 따라 증가하나 일정농도 이상에서는 더 이상 증가하지 않는데 이 한계점을 의미한다.
　㉡ 작물의 이산화탄소포화점은 대기 농도의 7 ~ 10배(0.21~0.3%)가 된다.
④ 작물의 이산화탄소보상점은 대기 농도의 $\frac{1}{10}$ ~ $\frac{1}{3}$ (0.003~0.01%) 정도이다.

> ∘ 이산화탄소 보상점(二酸化炭素補償點 carbon dioxide compensation point) : 광합성량과 호흡량이 같아 CO_2 출입이 없는 상태로 생육이 정지된다.

⑤ 광의 광도와 광합성
　㉠ 약광에서는 CO_2 보상점이 높아지고 CO_2 포화점은 낮아지고, 강광에서는 CO_2 보상점이 낮아지고 CO_2 포화점은 높아진다.
　㉡ 광합성은 온도, 광도, CO_2 농도의 영향을 받으며, 이들이 증가함에 따라 광합성은 어느 한계까지는 증대된다.

(3) 탄산시비

① 의의
　㉠ 인위적으로 이산화탄소농도를 높여 주는 것을 탄산시비라 한다.

ⓛ 광합성에서 이산화탄소의 포화점은 대기 중 농도보다 훨씬 높으며 이산화탄소의 농도가 높아지면 광포화점도 높아져 작물의 생육을 조장할 수 있다.

ⓒ 일반 포장에서 이산화탄소의 공급은 쉬운 일이 아니나 퇴비나 녹비의 시용으로 부패 시 발생하는 것도 시용효과로 볼 수 있다.

ⓔ 시설 내 이산화탄소의 농도는 대기보다 낮지만 인위적으로 이산화탄소 환경을 조절할 수 있기에 실용적으로 탄산시비를 이용할 수 있다.

ⓜ 이산화탄소가 특정 농도 이상으로 증가하면 더 이상 광합성은 증가하지 않고 오히려 감소하며 이산화탄소와 함께 광도를 높여주는 것이 바람직하다.

② 탄산시비 시기

ㄱ 일출 후 시설 내 기온이 높아지고, 광의 광도가 강해지면 광합성이 증가하므로 이산화탄소의 농도는 급격히 감소한다.

ㄴ 일출 후 30분부터 환기까지 2 ~ 3시간, 환기하지 않을 때도 3 ~ 4시간 이내로 제한하며, 오후에 광합성이 저하되면 탄산가스의 공급을 중단하고, 전류를 촉진, 유도한다.

> ∘ 전류(轉流 translocation) : 식물체의 한부분에서 만들어진 물질이 체관을 통해 다른 부위로 이동하는 것이다.

③ 탄산가스 공급원

ㄱ 공급원 : 액화탄산가스, 프로판가스 등이 많이 이용되며, 쓰레기 소각도 공급원으로 가능하다.

ㄴ 사용 시 주의사항

ⓐ 액화탄산가스 : 에틸렌 등 유해가스가 함유되어 낙화피해가 발생할 수 있다.

ⓑ 프로판가스 : 불완전연소로 황 등 유해가스가 발생할 수도 있으며, 연소 시 수증기 발생으로 밀폐공간의 절대습도가 높아질 우려가 있다.

④ 탄산시비의 효과

ㄱ 시설 내 탄산시비는 생육의 촉진으로 수량증대와 품질을 향상시킨다.

ㄴ 열매채소에서 수량증대가 두드러지며 잎채소와 뿌리채소에서도 상당한 효과가 있다.

ㄷ 절화에서도 품질향상과 절화수명 연장의 효과가 있다.

ㄹ 육묘 중 탄산시비는 모종의 소질 향상과 정식 후에도 시용 효과가 계속 유지된다.

(4) 이산화탄소의 농도에 영향을 주는 요인

① 계절

ㄱ 여름철에는 왕성한 광합성으로 이산화탄소의 농도가 낮아지고 가을철에 다시 높아진다.

ㄴ 지표면 근처는 여름철 토양유기물의 분해와 뿌리의 호흡에 의해 오히려 농도가 높아진다.

② 지표면과의 거리

지표면으로부터 멀어지면 이산화탄소가 무거워 가라앉기 때문에 농도가 낮아진다.

③ 식생이 무성한 경우

　　㉠ 뿌리의 왕성한 호흡과 바람을 막아 지표면에 가까운 층은 농도가 높아진다.

　　㉡ 지표와 떨어진 층은 잎의 왕성한 광합성에 의해 농도가 낮아진다.

④ 바람

　　바람은 대기 중 이산화탄소농도 불균형을 완화시킨다.

⑤ 미숙유기물 시용

　　미숙퇴비, 낙엽, 구비, 녹비의 시용은 이산화탄소를 발생하여 탄산시비의 효과를 기대할 수 있다.

4 바람

(1) 연풍(軟風)

풍속이 4 ~ 6km/h 이하의 바람을 의미한다.

① 연풍의 효과

　　㉠ 작물 주변의 습기를 제거하여 증산을 조장하여 양분의 흡수를 증대시키고 이로 인해 작물의 생육을 건전화시킨다.

　　㉡ 잎을 흔들어 그늘진 잎에 광을 조사하여 광합성을 증대시킨다.

　　㉢ 이산화탄소의 농도 저하를 경감시켜 광합성을 조장한다.

　　㉣ 풍매화의 화분 매개이다.

　　㉤ 여름철 기온 및 지온을 낮추는 효과가 있다.

　　㉥ 봄, 가을 서리를 막아준다.

　　㉦ 수확물의 건조를 촉진한다.

　　㉧ 바람이 있으면 규산(규소와 산소 및 수소가 혼합된 화합물의 일반적인 명칭) 등의 흡수가 촉진되고, 작물군락 내 과습을 해소하여 병해가 감소된다.

② 연풍의 해작용

　　㉠ 잡초의 씨 또는 균을 전파한다.

　　㉡ 건조 시기에 더욱 건조상태를 조장한다.

　　㉢ 저온의 바람은 작물의 냉해를 유발하기도 한다.

(2) 풍해(風解)

풍속 4 ~ 6km/h 이상의 강풍과 태풍은 피해를 주며 풍속이 크고 공중습도가 낮을 때 심해진다.

① 직접적인 기계적 장해

　　㉠ 1차적으로 작물의 절상(부러짐), 열상(찢어짐), 낙과, 도복, 탈립(脫粒 곡류가 이삭이나 줄기로부터 떨어지는 것) 등을 초래하며 이러한 기계적 장해는 2차적으로 병해, 부패 등이 발생하기 쉽다.

　　㉡ 벼에서는 수분, 수정이 저해되어 불임립(不稔粒)이 발생하고, 상처를 통한 목도열병, 자조(自燥 마르다) 등이 발생한다.

∘ **불임립**[(不稔粒 sterile(unfertilized) grain] : 환경적, 유전적, 성적, 형태적 결함에 의해 제대로 수정이 되지 않아 다음 세대를 계승할 수 없는 열매

ⓒ 벼에서는 출수 3 ~ 4일에 풍해의 피해가 가장 심하다.

ⓔ 도복을 초래하는 경우 출수 15일 이내의 것이 가장 피해가 심하다.

ⓜ 출수 30일 이후의 것은 피해가 경미하다.

ⓗ 과수에서는 절손, 열상, 낙과 등을 유발한다.

② **직접적인 생리적 장해**

ⓖ 바람에 의해 상처가 발생되면 호흡이 증대되고, 호흡기질로 양분의 소모가 증대된다.

ⓛ 상처부위가 건조하면 광산화(빛의 흡수에 의해서 일어나는 산화) 반응을 일으켜 고사한다.

ⓒ 공기가 건조한 상태의 강풍은 과다한 증산(잎의 기공을 통해 물이 기체상태로 빠져나가는 작용)으로 식물체가 건조피해를 유발하고, 뿌리의 흡수기능이 약화되었을 때 피해가 더욱 크다.

ⓔ 벼의 백수(白穗 이삭이 하얀 쭉정이가 되는 현상) : 건조한 조건에 강풍(습도 60%, 풍속 10m/s)에서 발생하나 공중습도가 높으면 더 강한 강풍(습도 80%, 풍속 20m/s)에서도 발생하지 않는다.

ⓜ 풍속 2 ~ 4m/s 이상에서는 기공이 닫혀 CO_2 흡수가 감소되어 광합성이 감퇴된다.

ⓗ 냉풍은 작물의 체온을 떨어뜨리고, 심하면 냉해가 유발된다.

③ **풍식과 조해**

ⓖ 건조한 토양에 강한 바람은 풍식을 조장한다.

ⓛ 강풍은 바닷물을 육상으로 날려 염풍이 되고 농작물에 피해를 유발한다.

④ **풍해대책**

ⓖ 풍세의 약화

ⓐ 방풍림 설치

가. 바람의 방향과 직각으로 교목(喬木 키가 8 m 이상으로 크게 자라는 나무)을 심고, 교목 하부에 관목(灌木 중간 크기 이하의 나무)을 심는다.

나. 방풍효과의 범위는 방풍림 높이의 10 ~ 15배 정도이다.

ⓑ 방풍울타리 설치 : 무궁화, 주목, 족제비싸리, 닥나무 등 관목을 심거나, 옥수수, 수수 등을 둘레에 심거나, 수수깡, 거적 등을 친다.

ⓛ 풍식대책

ⓐ 방풍림, 방풍울타리 등을 조성한다.

ⓑ 피복식물을 재배한다.

ⓒ 관개하여 토양을 젖어 있게 한다.

ⓓ 이랑을 풍향과 직각으로 한다.

ⓔ 겨울에 건조하고 바람이 센 지역은 높이 베기로 그루터기를 이용해 풍력을 약화시키며, 지표에 잔재물을 그대로 둔다.

ⓒ 재배적 대책

ⓐ 내풍성 작물의 선택 : 목초, 고구마 등 바람에 강한 작물을 선택한다.

ⓑ 내도복성 품종 선택 : 키가 작고 줄기가 강한 품종이 도복위험이 적다.

ⓒ 작기의 이동 : 벼는 출수 2～3일 후 태풍의 피해가 가장 심한데, 작기의 이동으로 위험기에 출수를 피할 수 있다. 조기재배를 통해 8월 중·하순 수확하면 8월 하순～9월 상순의 태풍기를 회피할 수 있다.

ⓓ 담수 : 태풍 발생 전 논물을 깊게 댄다.

ⓔ 배토, 지주 및 결속 : 맥류의 배토, 토마토와 가지는 지주, 수수나 옥수수는 결속을 통해 강풍에 의한 도복을 방지하거나 경감시킬 수 있다.

ⓕ 생육의 건실화 : K비료를 증시하고, N비료를 과용하지 않으며, 밀식을 피하여 생육을 건실하게 하면 강풍에도 도복이 경감되고 기계적 피해 및 병해도 감소된다.

ⓖ 낙과방지제 살포 : 사과의 경우 수확 25～30일 전에 낙과방지제를 살포한다.

ⓔ 사후대책

ⓐ 쓰러진 것은 일으켜 세우거나 바로 수확한다.

ⓑ 태풍 후 병의 발생이 많아지므로 약제살포를 한다.

ⓒ 낙엽에는 병이 든 것이 많으므로 제거한다.

5 대기오염

(1) 아황산가스(SO_2, SO_3)

대표적 유해가스로 독성이 있으며 배출량이 많고, 산성비를 유발한다.

① 배출

화력발전소, 자동차, 중유를 원료로 하는 각종 공장, 제련소 등에서 배출된다.

② 피해

㉠ 피해기구

ⓐ 기공을 통해 체내에 축적되어 유해농도에 도달하면 세포에 손상이 나타나며, 손상된 세포는 수분보유능력이 상실된다.

ⓑ 광합성의 부산물인 산소와 결합하여 산화된 후 증산하는 물을 따라 이동하여 잎의 가장자리에 축적된다.

㉡ 피해증상 : 잎과 줄기가 갈변하며 광합성 속도가 저하된다.

㉢ 피해농도

ⓐ 농도가 높을수록 피해 시간은 짧아진다.

ⓑ 농도에 따른 피해 시간 : 3ppm - 10분, 0.33ppm - 10시간, 0.22ppm - 1일, 0.11ppm - 1개월, 0.01ppm - 1년

③ 대책

    ㉠ 저항성 작물 및 품종의 선택

    ㉡ 저항성 품종 : 벼, 밀, 감자, 수박, 포도, 오이, 보리, 상추, 고구마, 가지 등

    ㉢ 칼륨과 규산질 비료를 시비한다.

(2) 불화수소(HF)

독성이 매우 강하여 낮은 농도에서도 피해가 발생한다.

① 배출

    알루미늄 정연, 인산비료 제조, 요업, 제철할 때 철광석으로부터 배출된다.

② 피해

    ㉠ 피해기구 : 효소활성 저해, 석회결핍, 엽록소 파괴 등이 있다.

    ㉡ 피해증상 : 잎의 끝 또는 가장자리의 백변, 누에에 피해가 발생한다.

    ㉢ 피해농도 : 10ppb에서 10 ~ 20시간이면 식물에 피해가 발생한다.

> ° ppb(parts per billion) : PPM의 1,000분의 1, 즉 10억분의 1을 나타내는 단위이다.

③ 대책

    소석회액(0.3 ~ 3%)에 요소, 황산아연, 황산망간, 그 외 미량원소를 첨가하여 살포한다.

(3) 오존가스(O_3)

① 배출

    NO_2(이산화질소)가 자외선 하에서 광산화되어 생성된다.

② 피해

    ㉠ 피해기구 : 기공을 통해 들어간 오존가스는 세포막의 구조와 투과성에 영향을 끼치고, 세포 내 산소와 세포기관에 작용하여 주요 대사과정을 저해하며, 엽록체나 미토콘드리아 막의 산화 등의 피해가 발생한다.

    ㉡ 피해증상 : 잎이 황백화 또는 적색화되고, 암갈색 점성의 반점 또는 대형 괴사가 발생하며 어린잎보다 성엽의 피해가 크다.

    ㉢ 피해농도 : 0.15ppm 농도에서 1시간이면 피해가 발생한다.

③ 대책

    저항성 작물과 품종을 선택한다.

(4) 암모니아가스(NH_3)

① 배출

    비료공장, 냉동공장, 자동차, 질소질 비료의 과다시용 등으로 발생한다.

② 피해

      ㉠ 피해기구 : 기공 또는 표피를 통해 체내로 들어가면 색소를 파괴하여 잎이 변색된다.

      ㉡ 피해증상 : 잎 표면에 흑색 반점, 잎 전체가 백색 또는 황색으로 변하거나 급격히 회백색으로 퇴색된다.

      ㉢ 피해농도 : 해바라기 3ppm, 토마토·메밀·양파 등은 400ppm에서 피해가 발생한다.

③ 대책

    밀폐된 시설 내에서는 환기를 철저히 하고, 질소질 비료와 유기질 비료를 과용하지 않아야 한다.

(5) 질소화합물(NO_2)

① 배출

    고온에서 연소되는 물체에 질소와 산소가 있을 때 많이 발생하며, 시설하우스 내 토양에서는 아질산균에 의하여 생성된다.

② 피해

      ㉠ 피해기구 : 식물의 급격한 조직괴사 또는 심한 낙과현상이 발생한다.

      ㉡ 피해증상 : 엽맥 사이에 백색 또는 황백색의 불규칙한 형상을 한 조그마한 괴사부위를 형성한다.

      ㉢ 피해농도 : 담배의 경우 2ppm에서 8시간이면 패해가 발생한다.

③ 대책

    저항성 작물 및 품종을 선택한다.

(6) 염소계 가스(Cl_2)

① 배출

    염산 및 가성소다 제조공장, 펄프공장, 화학공장 등에서 배출된다.

② 피해

      ㉠ 피해기구 : 세포 내 유기물질을 산화상태로 만들어 세포가 괴사하고, 세포 내 엽록소가 파괴된다.

      ㉡ 피해증상 : 미세한 회백색 반점이 잎 표면에 무수히 나타나고, 가스접촉 시 햇빛이 강하면 피해가 크다.

      ㉢ 피해농도 : 무, 앨팰퍼는 0.1ppm에서 1시간, 양파, 옥수수, 해바라기 등은 0.1ppm에서 2시간이면 피해가 발생된다.

③ 대책

    저항성 작물 및 품종을 선택하고, 석회물질을 시용한다.

(7) 기타 유해가스

① PAN(peroxyacetyl nitrates)

      ㉠ 생성 : 탄화수소, 오존, 이산화질소가 화합하여 발생한다.

      ㉡ 피해기구 : 광화학적 반응에 의하여 식물에 피해를 유발시킨다.

ⓒ 피해증상 : 잎의 뒷면에 백색 반점이 엽맥 사이에 나타난다.

ⓔ 피해농도 : 담배, 피튜니아는 10ppm에서 5시간이면 피해가 발생한다.

② 복합가스

아황산가스, 불화수소가스, 암모니아가스 등이 복합된 것으로 농작물에 피해를 유발시킨다.

(8) 산성비

① 대기 중 아황산가스(SO_2), 이산화질소(NO_2), 불화수소가스(HF), 염화수소(HCl) 등에 의해 pH 5.5 이하의 강우를 산성비라 한다.

② 피해

식물체의 엽록소 파괴, 양분의 일탈, 개화 및 결실 장해, 광합성 저하, 저항성 감소 등의 피해가 발생한다.

③ 피해가 현저하게 발생하는 pH는 활엽수의 경우 3.0이고, 침엽수는 2.0 정도이다.

(9) 연무(煙霧 smog)

알데히드(aldehyde), 유기산, 아황산가스, 질소화합물, 먼지, 증기, 연기, 과산화물 등이 관여하여 생성된다.

제4절 온도환경

1 온도에 따른 대사작용

(1) 대사반응

① 작물의 생리대사는 온도의 영향을 받는다.

② 작물은 생육적온이 있고 적온까지는 온도 상승에 따라 생리대사가 빠르게 증가하나 적온 이상의 고온에서는 온도의 상승에 따라 반응속도가 줄어든다.

③ 온도계수(溫度係數 temperature coefficient)

식물의 생육온도를 10도 올렸을 때 이에 대한 생물체에서 세포분열의 속도, 호흡할 때의 호흡횟수 등의 화학반응 속도의 비율을 의미한다.

ⓐ 온도 10℃ 상승에 따른 이화학적 반응 또는 생리작용의 증가배수를 온도계수 또는 Q_{10}이라 한다.

ⓑ 생물학적 반응속도는 온도 10℃ 상승에 2 ~ 3배 상승한다. 온도 10℃ 간격에 대한 온도상수를 Q_{10}이라 부르는데 Q_{10}은 높은 온도에서의 생리작용율(R_2)을 10℃ 낮은 온도에서의 생리작용율(R_1)으로 나눈 값으로 $Q_{10} = \dfrac{R_2}{R_1}$이라 한다.

ⓒ Q_{10}은 다른 온도에서 알고 있는 값에서 어떤 온도에서의 생리작용율을 계산하는 데 이용되는 것이

다. 보통 Q_{10}은 온도에 따라 다르게 변화하며 높은 온도일수록 낮은 온도에서보다 Q_{10} 값이 적게 나타난다.

(2) 온도에 따른 광합성과 호흡

① 온도와 광합성

㉠ 광합성은 이산화탄소의 농도, 광, 수분, 온도 등 여러 환경적 요인의 영향을 받으나 온도는 특히 큰 영향을 미친다.

㉡ 광합성 속도는 온도의 상승과 함께 증가하나 오히려 적온보다 높아지면 광합성량은 감소한다.

㉢ 온도가 높아질 때 광합성작용

30℃	~	40 ~ 45℃
최고	감소	정지

② 온도와 호흡

㉠ 온도의 상승은 작물의 호흡속도를 빠르게 한다.

㉡ 적온을 넘는 고온은 체내 효소계의 파괴로 호흡속도가 오히려 감소한다.

㉢ 온도가 높아질 때 호흡작용 : 온도가 높아질 때 광합성작용보다 높은 구간

32 ~ 35℃	~	50℃
최고	감소	정지

(3) 양분의 흡수 및 이행

① 온도의 상승으로 세포의 투과성 및 용질의 확산 속도가 빨라져 양분의 흡수 및 이행이 증가한다.

② 적온 이상의 온도에서는 호흡에 필요한 산소의 공급량이 적어져 정상적 호흡을 못해 탄수화물의 소모가 많아지면서 양분의 흡수가 감퇴된다.

③ 저온에서는 뿌리의 당류농도가 높아져 잎으로부터 전류가 억제되고, 고온에서는 호흡작용이 왕성해져 뿌리나 잎에서 당류가 급격히 소모되어 전류물질이 감소한다.

④ 동화산물이 곡실로 전류되는 양은 조생종이 많고, 만생종은 적다.

(4) 온도와 증산

① 증산은 작물로부터 물을 발산하는 중요한 기작 중 하나이다.

② 증산은 작물의 체온 조절과 물질의 전류에 있어 중요한 역할을 한다.

③ 온도의 상승은 작물의 증산량을 증가시키고 온도에 따른 작물의 체온 유지의 역할을 한다.

(5) 온도와 휴면

① 의의

㉠ 원예작물의 휴면은 온도와 매우 밀접한 관계를 갖는다.

ⓛ 열대지역과 같이 기온이 연중 높은 지역이 원산지인 식물은 일반적으로 휴면이 없거나 휴면의 깊이가 매우 낮은 반면, 온대지역이 원산지인 식물은 고온이나 저온 조건에서 휴면하거나 휴면이 타파된다.

② 온도에 의한 휴면

ㄱ 고온 휴면 작물 : 상추, 마늘, 양파 등

ㄴ 저온 휴면 작물 : 딸기, 포도, 사과, 철쭉 등

③ 온도에 의한 휴면 타파

ㄱ 고온처리를 통한 휴면 타파

ⓐ 포도의 휴면아는 45 ~ 50℃의 열수 또는 열풍 처리로 휴면이 타파된다.

ⓑ 개나래, 진달래 등의 휴면아는 30 ~ 35℃ 물에 10시간 내외 침지하면 휴면이 타파된다.

ⓒ 백합의 구근은 45℃ 물에 1시간 정도 침지하면 휴면이 타파된다.

ㄴ 저온에 의한 휴면 타파

ⓐ 사과, 복숭아 등의 종자는 일정 기간 일정 온도 이하로 저온처리해야 휴면이 타파되므로 겨울철 땅속에 묻거나 냉장고에 보관하여 휴면을 타파한다.

ⓑ 온대과수의 눈도 저온을 경과해야만 휴면이 타파된다.

ㄷ 저온요구도

ⓐ 의의 : 휴면 타파에 필요한 저온처리 시간이다.

ⓑ 작물별 저온요구도(7℃ 이하 적산시간) : 딸기(만생종) 300 ~ 700, 딸기(조생종) 0 ~ 20, 복숭아 100 ~ 1,250, 사과 200 ~ 1,400, 배 200 ~ 1,400시간 등이다.

ⓒ 온대과수는 적당히 추운 지역에서만 재배 가능하고, 열대 또는 아열대 지방에서 온대과수 품종의 재배가 어려운 이유이다.

ⓓ 딸기의 경우도 저온을 필요로 하며 최근 국내에서는 시설에서 반촉성재배 또는 촉성재배 작형으로 재배되기 때문에 휴면이 없거나 얕은 조생종 품종이 육성되어 보급되고 있다.

2 유효온도

(1) 주요 온도(主要溫度 cardinal temperature)

① 유효온도(有效溫度 effective temperature) : 작물 생육이 가능한 범위의 온도를 의미한다.

② 최저온도(最低溫度 minimum temperature) : 작물 생육이 가능한 가장 낮은 온도를 의미한다.

③ 최고온도(最高溫度 maximum temperature) : 작물 생육이 가능한 가장 높은 온도를 의미한다.

④ 최적온도(最適溫度 optimum temperature) : 작물 생육이 가장 왕성한 온도를 의미한다.

⑤ 한계온도(限界溫度 임계온도) : 농작물들 자체의 생물학적 최저온도와 최고온도를 의미한다.

(2) 적산온도(積算溫度 sun of temperature)

작물이 일생을 마치는 데 소요되는 총온량(總溫量)을 표시한 것이다.

① 적산온도

　㉠ 작물의 발아로부터 성숙에 이르기까지 일평균기온 0℃ 이상의 기온을 총 합산한 온도이다.

　㉡ 적산온도는 작물이 정상적인 생육을 하려면 일정한 총 온도량이 필요하다는 개념에서 생겼다.

② 주요작물의 적산온도

　㉠ 여름작물

　　벼 : 3,500 ~ 4,500℃, 담배 : 3,200 ~ 3,600℃, 메밀 : 1,000 ~ 1,200℃, 조 : 1,800 ~ 3,000℃,
　　목화 : 4,500 ~ 5,500℃, 옥수수 : 2,370 ~ 3,000℃, 수수 : 2,500 ~ 3,000℃, 콩 : 2,500 ~ 3,000℃

　㉡ 겨울작물

　　추파맥류 : 1,700 ~ 2,300℃

　㉢ 봄작물

　　아마 : 1,600 ~ 1,850℃, 봄보리 : 1,600 ~ 1,900℃, 감자 : 1,600 ~ 3,000℃, 완두 : 2,100 ~ 2,800℃

(3) 유효적산온도(GDD growing degree days)

① 유효온도(有效溫度 effective temperature)

　㉠ 의의 : 생육이 가능한 이하에서 살펴볼 기본온도와 유효고온한계온도의 범위 내의 온도이다.

　㉡ 기본온도(base temperature) : 작물생육에서 저온의 한계, 즉 생육은 멈추지만 죽지는 않는 온도이다.

　㉢ 유효고온한계온도 : 작물생육에서 고온의 한계, 즉 어떤 온도 이상으로 올라가도 생육효과가 나타나지 않는 온도이다.

② 유효적산온도(GDD growing degree days)

　㉠ 의의 : 유효온도를 작물의 발아 이후 일정한 생육단계(생식생장기, 출수기 등)까지 적산한 온도이다.

$$GDD(℃) = \sum \left[\frac{일최고기도 + 일최저기온}{2} - 기본온도 \right]$$

　㉡ 기본온도 : 대체로 여름작물은 10℃, 월동작물과 과수는 5℃로 보며, 일시적으로 나타나는 이 온도 이하의 온도는 기본온도와 같은 수준으로 본다.

　㉢ 유효적산온도는 옥수수, 조생종 벼 등의 감온성 작물의 적지적작을 선정할 때 이용된다.

　㉣ 냉량지작물 5℃, 온난지작물 10℃, 열대작물 15℃의 최저온도 이상의 일평균유효온도만을 합산하여 적산온도를 측정하는 경우도 있으나, 이렇게 산출된 적산온도는 온도입지의 작물간 차이를 오히려 잘 나타내지 못한다.

3 온도의 변화

(1) 기온의 일변화(변온)

① 기온의 일변화 또는 변온이란 하루 중에서 기온이 변화하는 정도를 의미한다.

② 기온의 일교차, 즉 변온의 정도는 작물의 생리작용에 큰 영향을 미친다.

③ 기온의 일변화는 대체로 오전 6시경이 최저, 오전 10시 전후의 기온은 일평균기온에 가깝고, 오후 2 ~ 4시경에 최고이다.

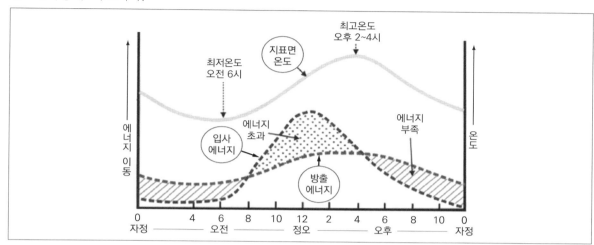

④ 지표면 온도

'입사에너지' 표면에 입사된 전자기 복사에너지는 정오시간(12시)에 최대가 되며 반대로 '방출에너지'의 총량은 약 2시 전·후에 최대가 된다. 지표가 데워지는 시간과 열을 최대로 방출하는 시간의 차이로 '지표온도'는 2 ~ 4시 사이에 최대가 되며 약 새벽 6시에 최저가 된다. 이는 계절이나 지리적 위치에 따라 약간 다를 수 있다.

(2) 작물생육과 변온의 영향

① 변온과 작물의 생리

　㉠ 야간의 온도가 높거나 낮아지면 무기성분의 흡수가 감퇴된다.

　㉡ 야간의 온도가 적온에 비해 높거나 낮으면 뿌리의 호기적 물질대사의 억제로 무기성분의 흡수가 감퇴된다.

　㉢ 변온은 당분이나 전분의 전류에 중요한 역할을 하는데 야간의 온도가 낮아지는 것은 탄수화물 축적에 유리한 영향을 준다.

② 발아

　㉠ 일반적으로 변온은 발아를 촉진한다.

　㉡ 당근, 파슬리, 티머시 등 변온이 종자의 발아를 촉진하지 않는 작물도 있다.

③ 변온과 작물의 생장

　㉠ 벼

　　ⓐ 밤의 저온은 분얼최성기(분얼이 가장 활발히 일어나는 시기)까지는 신장을 억제하나 분얼은 증대시킨다.

ⓑ 분얼기의 초장(草長 plant length 초본식물의 지표에서 선단까지의 길이)은 25 ~ 35℃ 변온에서 최대, 유효분얼수는 15 ~ 35℃ 변온에서 증대된다.

ⓒ 고구마 : 괴근형성은 항온보다는 20 ~ 29℃ 변온에서 동화물질의 축적이 양호해지므로 현저히 촉진된다.

ⓒ 감자 : 야간 온도가 10 ~ 14℃로 저하되는 변온에서 괴경의 발달이 촉진된다.

④ 변온과 개화

맥류에서 특히 밤의 기온이 높아서 변온이 작은 것이 출수, 개화를 촉진한다고 하나 일반적으로 일교차가 커서 밤의 기온이 비교적 낮은 것이 동화물질의 축적을 조장하여 개화를 촉진하며 화기(꽃의 기관)도 커진다고 한다.

⑤ 동화물질의 축적

㉠ 변온이 어느 정도 큰 것이 동화물질의 축적에 유리하며, 밤 기온이 너무 낮으면 저온장해가 발생할 수 있다.

㉡ 동화물질 축적에 유리한 것은 낮 기온이 높으면 광합성량의 증가와 동화물질의 전류가 촉진되고, 밤 기온이 낮으면 호흡에 의한 소모량이 적기 때문이다.

⑥ 변온과 결실

㉠ 대체로 변온은 작물의 결실에 효과적이다.

ⓐ 토마토는 밤 기온이 20℃일 때 과중이 최대가 된다.

ⓑ 콩은 밤 기온이 20℃일 때 결협률이 최대가 된다.

> ◦ 결협률(結莢率) : 총개화수에 대한 정상 꼬투리수의 백분율(%)을 말한다.
> 결협률 = (정상꼬투리수 / 총개화수) × 100

㉡ 벼

ⓐ 주야간의 온도차가 커지면 벼의 등숙이 빠르며 야간의 저온은 청미를 적게 한다.

> ◦ 청미(青米 green-kerneled rice) : 현미에 섞인 덜 익어 푸른 쌀. 청치

ⓑ 등숙기 밤 기온이 초기 20℃, 후기 16℃로 점차 낮아져야 등숙이 양호하다.

ⓒ 산간지는 평야지보다 변온이 커서 동화물질의 축적에 유리해 벼 등숙이 양호하다.

ⓓ 산간지는 등숙기 평균기온이 낮아 동화물질의 전류가 완만하여 등숙기간이 길어지지만, 전분을 합성하는 포스포리라아제(phosphorylase 가인산분해를 접촉하는 효소의 총칭)의 활력이 고온보다 늦게까지 지속되어 전분의 축적 기간이 길어져 입중(粒重 grain weight 낟알 무게)이 증대되어 등숙에 유리하다.

ⓔ 벼의 등숙은 등숙기간(출수 후 40일)의 평균기온이 21~25℃ 범위일 때 평균기온이 적산온도와는 별로 관계가 없고, 적산일조시수(積算日照時數) 및 적산기온일교차와는 관계가 있으며, 일조시수와 기온일교차의 적(積)을 적산한 것과 밀접한 관계가 있다.

ⓕ 등숙기간 중 자포니카벼는 일평균기온 21 ~ 23℃가 적정온도이다.

> ° 자포니카벼(japonica rice) : 아시아 벼의 대표적인 재배종 중의 하나로 씨앗이 둥글고 굵은 중/단립형(medium/short grain) 벼이다. 중국의 북부와 동부, 한국, 일본, 대만 등에서 주로 재배되며, 그외 지역에서는 인디카벼가 주로 재배된다. 전 세계에서 생산되는 쌀의 10%가 자포니카벼이고, 나머지의 대부분은 인디카벼이다.

(3) 수온, 지온 및 작물체온의 변화

① 수온

ㄱ 수온의 최고온도와 최저온도의 시간은 기온보다 약 2시간 늦다.

ㄴ 수온의 최고온도는 기온보다 낮고, 최저온도는 기온보다 높으며, 수심이 깊어지면 수온변화의 폭은 작아진다.

ㄷ 벼 생육초기의 물은 밤에 보온효과를 보이며, 냉온기 심수관개는 냉해를 경감시킨다.

ㄹ 냉수관개는 작물 생육에 해로울 때가 많다.

② 지온

ㄱ 지온의 최고온도와 최저온도의 시간은 기온보다 약 2시간 늦다.

ㄴ 지온의 최저온도는 일반적으로 기온보다 높고, 최고온도는 수분이 많은 백토는 기온보다 낮고, 건조한 흑토는 기온보다 월등히 높지만 대체적으로 기온보다 높다.

ㄷ 건조한 흑토는 혹서기 작물군락이 형성되지 않았을 때 기온보다 10℃ 이상 높아서 어린 식물은 열사를 초래할 수 있다.

③ 작물의 체온

ㄱ 작물의 체온은 공중습도가 높고, 바람이 없으며, 작물군락의 밀도가 높을수록 높아진다.

ㄴ 밤이나 음지의 작물체온은 흡열보다 방열이 우세하여 기온보다 낮다.

ㄷ 여름 한낮에는 방열보다 흡열이 우세하고, 생리작용에 따른 발열로 기온보다 10℃ 이상 높아지는 경우가 있다.

(4) 계절적 기온의 변화

① 최고기온(8월)은 작물의 월하를 지배하며, 감자는 고랭지에서는 월하하나 평지에서는 월하하지 못한다.

② 최저기온(1월)은 작물의 월동을 지배하며, 가을보리는 평야지 전역에서 월동하나, 가을쌀보리는 영남과 호남지방에서 월동이 가능하다.

③ 무상기간(無霜期間 consentive frost-free days)은 여름작물의 생육가능기간을 표시하며, 무상기간이 짧은 고지대나 북부지대에서는 벼의 조생종이, 무상기간이 긴 남부지대에서는 만생종이 재배된다.

④ 계절적 기온변화와 작물생육의 관계

ㄱ 봄 기온이 일찍 상승하면 맥류의 수확이 빨라진다.

ㄴ 가을에 기온이 늦게까지 따뜻하면 벼의 등숙이 안전하다.

ⓒ 초여름 기온의 급격한 상승은 월동목초의 하고가 심하다.
ⓔ 초겨울 기온이 급격히 떨어지면 맥류의 월동이 나빠진다.

4 고온장해

(1) 열해(熱害 heat injury)

① 의의
  ㉠ 작물은 생육최고온도 이상의 온도에서 생리적 장해가 초래되고 한계온도 이상에서는 고사하게 되
    는데 이렇게 기온이 지나치게 높아 입는 피해를 열해 또는 고온해라 한다.
  ㉡ 열사(熱死 heat killing) : 일반적으로 1시간 정도의 짧은 시간 동안 받는 열해로 고사하는 것을 말한다.
  ㉢ 열사점(= 열사온도) : 열사를 일으키는 온도이다.
  ㉣ 최적온도가 낮은 북방형 목초나 각종 채소를 하우스 재배할 시 흔히 열해가 문제되며, 묘포에서
    어린 묘목이 여름나기할 때도 열사의 위험성이 있다.

② 열해의 기구
  ㉠ 유기물의 과잉소모 : 고온에서는 광합성량보다 호흡량이 우세해져 고온이 지속되면 유기물의 소모
    가 증가한다.
  ㉡ 질소대사의 이상 : 고온은 단백질의 합성을 저해하여 암모니아의 축적이 많아지므로 유해물질로 작
    용한다.
  ㉢ 철분의 침전 : 고온에 의한 물질대사의 저해는 철분의 침전으로 황백화(黃白化) 현상이 일어난다.

  > ◦ 황백화(黃白化 chlorosis) : 영양분 결핍이나 병균 감염 등 다양한 원인으로 인하여 엽록소가 제대로 생성
  > 되지 않아 녹색을 띠어야 할 식물의 잎이나 줄기가 비정상적으로 노란색 또는 흰색에 가깝게 되는 현상
  > 을 황백화라고 한다. 즉, 황백화는 대개 엽록소가 부족하여 노랗게 보이는 현상이다.

  ㉣ 과다한 증산 증가 : 증산이 과다하게 증가한다.

③ 열사의 원인
  ㉠ 원형질 단백의 응고 : 지나친 고온은 원형질 단백의 열응고가 유발되어, 열사의 직접적인 원인으로
    여겨진다.
  ㉡ 원형질막의 액화 : 고온에 의해 원형질막이 액화되면 기능의 상실로 세포 생리작용이 붕괴되어 사
    멸하게 된다.
  ㉢ 전분의 점괴화(粘塊化) : 고온에 의한 전분의 점괴화는 엽록체의 응고, 탈색으로 그 기능을 상실한다.

  > ◦ 점괴(粘塊) : 끈끈하게 엉김 또는 그런 덩어리

  ㉣ 팽압에 의한 원형질의 기계적 피해
  ㉤ 유독물질의 생성

④ 열해 대책

   ㉠ 내열성 작물을 선택 : 작물의 종류 중 월하(越夏 여름을 넘김)할 수 있는 내열성 작물을 선택한다.

   ㉡ 재배시기의 조절 : 혹서기(酷暑期 몹시 무더운 시기) 위험을 회피한다.

   ㉢ 관개 : 관개를 통해 지온을 낮춘다.

   ㉣ 피음(被 입을 피 陰 그늘 음) 및 피복한다.

   ㉤ 환기 : 시설재배에서는 환기의 조절로 지나친 고온을 회피한다.

   ㉥ 과도한 밀식과 질소과용 등을 피한다.

⑤ **작물의 내열성**(耐熱性 heat tolerance, heat hardiness)

   ㉠ 내건성이 큰 작물이 내열성도 크다.

   ㉡ 세포 내 결합수가 많고 유리수가 적으면 내열성이 커진다.

> ◦ 유리수(遊離水 free water) : 생체나 토양 가운데에 함유된 수분 가운데서 자유로이 이동이 가능한 물이
> 다. 곧 생체 따위의 구성분자와 결합되어 있지 않은 물이다. 생체반응, 영양물, 이온 따위의 수송 등
> 중요한 역할을 한다.

   ㉢ 세포의 점성, 염류농도, 단백질 함량, 당분함량, 유지함량 등이 증가하면 내열성은 커진다.

   ㉣ 작물의 연령이 많아지면 내열성은 커진다.

   ㉤ 기관별로는 주피와 완성엽이 내열성이 크고, 눈과 어린잎이 그 다음이며, 미성엽과 중심주가 가장
약하다.

> ◦ 주피(periderm) : 주피는 대개 목본식물에서 발견되는 조직으로, 식물의 표피를 대신하여 식물을 보호하
> 는 특정한 구조를 가진 외곽 층을 말한다.
> ◦ 완성엽(完成葉) : 완전히 전개하여 충분히 다 자란 잎이다.

   ㉥ 고온, 건조, 다조(多照 쪼이는 햇볕의 양이 많음) 환경에서 오래 생육한 작물은 경화되어 내열성이 크다.

(2) 목초의 하고현상(夏枯現象)

① 의의

내한성(耐寒性)이 커 잘 월동(越冬 겨울을 나는 것)하는 다년생 한지형목초(북방형목초 北方型牧草 northern grass)가 여름철에 생장이 쇠퇴 또는 정지하고 심하면 고사하여 목초생산량이 감소되는 현상이다.

② 발생

   ㉠ 여름철 기온이 높고 건조가 심할수록 잘 발생한다.

   ㉡ 티머시는 산간부 고지대에서는 경미하지만, 중남부 평지에서는 심하게 나타난다.

   ㉢ 티머시, 켄터키블루그래스, 레드클로버 등은 하고현상이 심하게 발생하고, 오처드그래스, 퍼레니
얼라이그래스, 화이트클로버 등은 조금 덜하다.

③ 원인

　㉠ 고온

　　한지형목초는 생육온도(生育溫度 growth temperature 식물의 생장과 발육에 알맞은 온도)가 낮아 18 ~ 24℃ 에서 생육이 감퇴되고 24℃ 이상에서는 생육이 정지상태에 이른다.

　㉡ 건조

　　한지형목초는 대체로 요수량(要水量 water requirement 건물 1g을 생산하는 데 없애는 수분량)이 커서 여름 철 고온뿐 아니라 건조의 경우도 하고현상의 큰 원인이다.

　㉢ 장일

　　월동목초는 대부분 장일식물로 초여름 장일 조건은 생식생장으로 전환되어 하고현상이 조장된다.

> ◦ 장일식물 : 일장[1일 24시간 중의 명기(明期)의 길이]이 긴 조건에서 개화하는 식물
> ◦ 명기(明期 light period) : 밝은 기간, 햇빛이 나는 기간
> ◦ 암기(暗期 dark period) : 식물에 빛이 차단되어 어두운 상태가 유지되는 기간

　㉣ 병충해

　　한지형목초는 여름철 고온다습 조건에서 쇠약해지고, 병충해가 증가하여 하고현상이 조장된다.

　㉤ 잡초

　　여름철 목초는 쇠약해지고, 잡초는 무성하여 목초의 생육이 더욱 억제되어 하고현상이 조장된다.

④ 대책

　㉠ 스프링 플러시(spring flush)의 억제

　　ⓐ 스프링 플러시 : 북방형 목초는 봄철 생육이 왕성하여 이때 목초의 생산량이 집중되는데, 이것 을 스프링 플러시라고 한다.

　　ⓑ 스프링 플러시의 경향이 심할수록 하고현상도 조장되므로 봄철 일찍부터 약한 채초를 하거나 방목하여 스프링 플러시를 완화시켜야 한다.

　　ⓒ 추비(追肥 작물의 생육 도중에 주는 비료)를 늦게 여름철에 주면 스프링 플러시가 완화되며, 하고현 상도 완화된다.

　㉡ 관개

　　고온건조기에 관개(灌漑 irrigation 물을 인공적으로 농지에 공급해 주는 일)를 통한 지온 저하와 수분공급으 로 하고현상을 경감시킨다.

　㉢ 초종의 선택

　　ⓐ 환경에 따라 하고현상이 경미한 초종을 선택하여 재배한다.

　　ⓑ 고랭지(高冷地 alpine region, high land 고도 600m 이상으로 높고 한랭한 지역)에서는 티머시가, 평지(平 地 plain)에서는 하고현상이 덜한 오처드그라스가 많이 재배된다.

　　　가. 하고피해가 심한 작물 : 티머시, 블루그라스, 레드클로버

　　　나. 하고피해가 적은 작물 : 오처드그라스, 라이그라스, 화이트클로버

ⓔ 혼파

     하고현상이 적거나 없는 남방형목초의 혼파(混播 섞어뿌림 mix seeding, mixed seeding 두 가지 이상의 작물

     종자를 혼합해서 파종하는 방법)로 하고현상에 의한 목초생산량의 감소를 줄일 수 있다.

    ⓜ 방목과 채초의 조절

     목초의 과도한 생육은 병충해 유발 및 토양수분 부족을 유발하므로 약한 정도의 방목과 채초(採草

     풀을 벰)는 하고현상을 경감시킨다.

(3) 일소(日燒 sun scald)

  ① 의의

    ㉠ 여름철 직사광선에 노출된 원줄기나 원가지의 수피 조직, 과실, 잎에 발생하는 고온장해이다.

    ㉡ 겨울철 밤에 동결되었던 조직이 낮에 직사광선에 의하여 나무의 온도가 급격하게 변함에 따라 원줄

     기나 원가지의 남쪽 수피 부위에 피해를 주는 현상도 포함하기도 한다.

  ② 발생

    ㉠ 건조하기 쉬운 모래땅, 토심이 얕은 건조한 경사지, 지하수위가 높아 뿌리가 깊게 뻗지 못하는 곳

     에서 주로 발생한다.

    ㉡ 배상형(盃狀型 vase form 술잔 모양의 나무꼴)이 개심자연형[開心自然型 open-center-natural form 주지(主枝)

     를 전정하여 중앙부위에 공간이 있는 수형] 보다 발생이 심하다.

    ㉢ 원가지의 분지 각도가 넓을수록 발생이 심하여 수세가 약한 나무나 노목, 직경 5cm 이상인 굵은

     가지에서 발생이 많다.

    ㉣ 과실에 봉지를 씌웠다가 착색 촉진을 위해 벗겼을 때 강한 햇빛에 의한 일소가 발생하기 쉽다.

    ㉤ 동향이나 남향의 과수원보다 서향의 과수원에서 더 심하게 발생한다.

  ③ 대책

    ㉠ 나무를 튼튼하게 키워야 한다.

    ㉡ 전정 시 굵은 가지에 햇빛이 직접 닿지 않도록 잔가지를 붙여서 해가림이 되도록 한다.

    ㉢ 백도제(백색수성페인트)나 수성페인트를 도포해 직사광선을 피한다.

    ㉣ 너무 건조하여 지온이 상승하지 않도록 부초(敷草 grass mulch, sod mulch)를 하거나 관수를 한다.

5 저온장해

(1) 냉해(冷害 chilling injury)

  ① 의의

    ㉠ 식물체 조직 내에 결빙이 생기지는 않는 범위의 저온에 의해서 받는 피해이다.

    ㉡ 여름작물에 있어 고온이 필요한 여름철에 비교적 낮은 냉온을 장기간 지속적으로 받아 피해를 받는

     것을 냉해라고 한다.

ⓒ 열대작물은 20℃ 이하에서 영양체에 냉해가 발생하고, 온대 여름작물은 종류에 따라 1 ~ 10℃에서 냉해가 발생한다.

② 냉해의 구분

ⓗ 지연형 냉해

ⓐ 생육 초기부터 출수기에 걸쳐 오랜 시간 냉온 또는 일조부족으로 생육의 지연, 출수 지연으로 등숙기(登熟期 출수로부터 성숙까지의 기간, 곡실이 여무는 시기)에 낮은 온도에 처함으로 등숙의 불량으로 결국 수량에까지 영향을 미치는 유형의 냉해이다.

ⓑ 벼는 8 ~ 10℃ 이하에서 잎에 황백색 반점이 생기고, 잎 끝으로부터 위조, 고사하며, 분열이 지연되고 늦게까지 지속된다.

ⓒ 특히 출수 30일 전부터 25일 전까지 5일간, 즉 벼가 생식생장에 접어들고서 유수형성을 할 때 저온을 만나면 출수가 가장 지연된다.

ⓓ 질소, 인산, 칼륨, 규산, 마그네슘 등 양분의 흡수가 저해되고, 물질동화 및 전류가 저해되며, 질소동화의 저해로 암모니아 축적이 많아지며, 호흡의 감소로 원형질유동이 감퇴 또는 정지되어 모든 대사기능이 저해된다.

> ○ 원형질유동(原形質流動 protoplasmic streaming) : 살아 있는 세포의 원형질이 여러 가지 원인에 의해 세포 내에서 일정한 방향으로 움직이는 현상이다.
> ○ 동화물질전류(同化物質轉流 assimilate translocation) : 광합성에 의해 잎에서 생성된 탄수화물을 동화물질이라 하고, 이 물질들이 저장 또는 소비기관으로 이동하는 것을 전류라고 한다.

ⓛ 장해형 냉해

ⓐ 유수형성기부터 개화기 사이, 특히 생식세포의 감수분열기(減數分裂期)에 냉온의 영향을 받아서 생식기관이 정상적으로 형성되지 못하거나 꽃가루의 방출 및 수정에 장해를 일으켜 결국 불임현상이 초래되는 유형의 냉해이다.

> ○ 감수분열기(減數分裂期 reduction division stage) : 2n의 염색체가 n으로 염색체 수가 반감하는 세포분열 시기를 말한다. 염색체 수는 생물의 종류에 따라 일정하므로 세포마다 같은 수의 염색체를 가지고 있다. 유성생식을 하는 생물이 세대를 거듭해도 일정한 수의 염색체를 가질 수 있는 것은 생식세포가 생기는 과정에서 염색체 수가 반으로 줄어들기 때문이며 이 반감된 염색체를 가진 암수가 수정에 의해서 비로소 정상적인 수를 갖추게 된다.

ⓑ 벼의 감수분열기 내냉성이 약한 품종은 17 ~ 19℃, 내냉성이 강한 품종은 15 ~ 17℃의 냉온을 1일 정도라도 만나면 약강(葯 꽃밥 약 腔 속빌 강)의 외부를 싸고 있는 융단조직(tapete)이 비대하고 화분이 불충실하여 약이 열리지 않으므로 수분되지 않아 불임이 된다.

ⓒ 낮 기온이 높으면 밤의 기온이 다소 낮아도 냉해가 회피된다.

ⓓ 타페트 세포(tapetal cell)의 이상비대는 장해형 냉해의 좋은 예이며, 품종이나 작물의 냉해 저항성의 기준이 되기도 한다.

      • 타페트 세포(tapetal cell) : 가장 내부에 있는 세포층으로 저온에 의해서 이 세포층이 이상비대해
       진다.

   ⓒ 병해형 냉해

     ⓐ 벼의 경우 냉온에서는 규산의 흡수가 줄어들므로 조직의 규질화(珪質化)가 충분히 형성되지 못
       하여 도열병균의 침입에 대한 저항성이 저하된다.

       • 규질화(珪質化) : 규소(Si)를 합성하면서 체내의 표피세포에 규산으로 퇴적되어 표피조직이 단단하고
        까칠해지는 현상을 말한다.

     ⓑ 광합성의 저하로 체내 당함량이 저하되고, 질소대사 이상을 초래하여 체내에 유리(遊離)아미노
       산이나 암모니아가 축적되어 병의 발생을 더욱 조장하는 유형의 냉해이다.

   ⓔ 혼합형 냉해

    장기간의 저온에 의하여 지연형 냉해, 장해형 냉해 및 병해형 냉해 등이 혼합된 형태로 나타나는
    현상으로 수량감소에 가장 치명적이다.

③ 냉해의 기구

   ㉠ 냉해 초기 증상은 세포막의 손상을 수반한다.

   ㉡ 저온장해를 받은 조직은 원형질막의 침투성 증가로 전해질(물처럼 극성을 띤 용매에 녹아서 이온을
    형성함으로써 전기를 통하는 물질)의 침출(浸出)과 엽록체와 미토콘드리아의 막도 해를 입게 된다.

   ㉢ 저온에 민감한 작물은 장해가 일어나는 온도에서 갑작스럽게 반투막의 성질이 변하는데, 저온에
    강한 작물은 그러한 갑작스런 변화가 일어나지 않는다.

      • 반투막(半透膜 semipermeable membrane) : 용액이나 기체의 혼합물의 어떤 성분은 통과시키고 다른 성
       분은 통과시키지 않는 막이다. 원형질막 등이 이에 속한다. 용매는 통과시키지만 용질은 통과시키지
       않는 막이며, 그런 성질을 반투성이라 한다. 용매가 반투막을 통과하는 현상은 삼투이다.

   ㉣ 삼투막은 어떤 한계온도에서 상대적으로 유동형이 고형으로 변하게 되어 선택적 투과성에 이상을
    초래한다.

④ 냉온에 의한 작물의 생육 장해

   ㉠ 광합성 능력 저하

   ㉡ 양수분의 흡수장해

   ㉢ 양분의 전류 및 축적 장해

   ㉣ 단백질 합성 및 효소 활력의 저하

   ㉤ 꽃밥(꽃가루를 만드는 주머니) 및 화분(花粉 pollen 종자식물 수술의 꽃밥 안에서 만들어지는 생식세포. 꽃가루)
    의 세포 이상

ⓗ 국화의 로제트현상

 ⓐ 국화재배 시 여름 고온을 경과한 후 가을의 저온을 접하면 절간이 신장하지 못하고 짧게 되는 현상을 말한다.

 ⓑ 로제트화는 여름철 고온 후 저온이 경과될 때 많이 발생한다.

 ⓒ 로제트 현상을 타파하려면 저온(5도)에서 15일에서 4주이상 처리(저온처리), 지베렐린(GA) 100ppm처리, 삽수(揷穗 삽목에 쓰이는 줄기, 뿌리, 잎) 또는 발근묘의 냉장처리하는 방법이 있다.

⑤ **냉해 대책**

 ㉠ 내냉성 품종의 선택 : 냉해에 저항성 품종 또는 냉해 회피성 품종(조생종)을 선택한다.

 ㉡ 입지조건의 개선

  ⓐ 방풍림을 설치한다.

  ⓑ 객토, 밑다짐 등으로 누수답을 개량한다.

  ⓒ 암거배수(땅 속에 배수용 수로를 매설) 등으로 습답을 개량한다.

  ⓓ 지력 배양으로 건실한 생육을 꾀한다.

 ㉢ 보온육묘로 못자리 냉해의 방지와 생육기간을 앞당겨서 등숙기 냉해 회피하고, 지나친 질소시비를 피한다.

 ㉣ 재배방법의 개선

  ⓐ 조기재배 · 조식재배로 출수 · 성숙을 앞당긴다.

  ⓑ 인산, 칼륨, 규산, 마그네슘 등을 충분히 시용하고 소주밀식(少株密植)하여 강건한 생육을 유도한다.

> ° 소주밀식(小株密植) : 모를 낼 때 모 한 포기의 '모 수'를 적게 하고 전체 면적에 심는 '포기 수'를 많게 하는 방법이다. 한 포기의 모 수는 2~3대로 하고, 한 평(坪)에 90포기 이상을 심는다.

 ㉤ 냉온기의 심수관개담수(물 깊이대기 + 일정 깊이로 물을 담아둠) : 냉해 위험의 냉온기에 수온 19~20℃ 이상의 물을 15~20cm 깊이로 깊게 담수하면 특히 장해형 냉해가 방지된다.

 ㉥ 수온 상승책 강구

  ⓐ 수온이 20℃ 이하일 때에는 물이 넓고, 얕게 고이는 온수 저류지를 설치한다.

  ⓑ 수로를 넓게 하여 물이 얕고, 넓게 흐르게 하며, 낙차공[落差工 수로의 도중에 설치하는, 구배(기울기)의 안정적 조절을 위한 구조물]이 많은 온조수로를 설치한다.

  ⓒ 물이 파이프 등을 통과하도록 하여 관개수온을 높이고, 관개수로의 잡초를 제거하여 수광량을 높인다.

  ⓓ OED(증발억제제, 수온상승제)를 5kg/10a 정도씩 3일 간격으로 논에 살포하여 수면증발을 억제하면 수온이 1~2℃ 상승한다.

(2) 한해(寒害 winter injury)

① 한해의 종류

　㉠ 한해 : 월동 중 추위로 인해 작물이 받는 피해를 말한다.

　㉡ 동상해(凍霜害)

　　ⓐ 의의 : 동해와 상해를 합쳐서 동상해라고 한다.

　　ⓑ 동해(凍害) : 온도가 지나치게 내려가 작물 조직 내에 결빙이 생겨 받는 피해이다.

　　ⓒ 상해(霜害)

　　　가. 서리로 인하여 -2 ~ 0℃에서 작물이 동사하는 피해이다.

　　　나. 봄에 일찍 파종하거나 이식하는 작물, 과수의 꽃은 상해를 입는다.

　㉢ 상주해(霜柱害)와 동상해(凍上害)

　　ⓐ 상주해(霜柱害)

　　　가. 서릿발[霜柱 frost heaving 토양에서 빙주(氷柱 얼음기둥)가 다발로 솟아나는 것]이 서면 맥류 등의 뿌리가 끊기고 식물체가 솟구쳐 올라 발생하는 피해이다.

　　　나. 서릿발은 토양수분이 넉넉하고(60% 이상), 추위가 심하지 않을 때(지표는 0℃ 이하, 지중은 0℃ 이상), 남부지방 식질토양에서 많이 발생하며, 토양 동결이 심하면 상주는 발생하지 않는다.

　　　다. 남부지방 맥작에 피해가 발생한다.

　　ⓑ 동상해(凍上害)

　　　가. 동결된 토양이 솟구쳐 오르는 것으로 서릿발과 비슷한 피해가 발생한다.

　　　나. 동상은 추운 지대에서 적설량이 적고, 토양 중에 깊은 동결층이 형성될 때 많이 발생한다.

　　ⓒ 대책

　　　가. 퇴비의 시용, 사토의 객토, 배수 등으로 서릿발이나 동상의 형성을 줄인다.

　　　나. 맥류는 광파재배(廣播栽培)를 하여 뿌림골의 토양수분 함량을 적게 하여 서릿발의 발생을 억제한다.

> ◦ 광파재배(廣播栽培 broad seeding culture) : 수량을 높이기 위하여 골너비를 보통보다 넓게 하여 파종하는 재배법이다.
> ◦ 뿌림골(파종골 播種 - seed furrow) : 종자를 땅속에 파종하기 위하여 만드는 골이다.

　　　다. 서릿발이 발생하면 맥류의 뿌림골을 발로 밟거나 회전롤러를 이용해 진압한다.

　㉣ 건조해(乾燥害 injury due to dryness)

　　ⓐ 월동 중 토양은 상당한 깊이로 동결되는데, 따뜻한 낮에 토양 표면은 해동되어 수분이 증발되고, 지중에는 동결층이 그대로 유지되어 수분이 공급되지 않아 건조해가 발생한다.

　　ⓑ 맥류와 같이 뿌리가 얕은 월동작물은 눈이 적게 올 때 건조해가 발생한다.

　　　⑩ 습해(濕害 wet injury) : 월동 중 눈이 많이 오고, 기후가 따뜻할 때는 저습지 월동작물이 습해를 받는
　　　경우도 발생한다.

> **🖊더 알아보기　과수작물의 동해 및 상해(서리피해)**
>
> **1** 과수작물의 동해 및 서리피해에서 배나무의 경우 꽃이 일찍 피는 따뜻한 지역에서 늦서리 피해가
> 많이 일어난다.
> **2** 최근에는 온난화의 영향으로 개화기가 빨라져 핵과류에서 서리피해가 빈번하게 발생한다.
> **3** 과수원이 강이나 저수지 옆에 있을 때 발생률이 높다.
> **4** 잎눈이 꽃눈보다 내한성이 강하다.
> **5** 서리를 방지하는 방법에는 상층의 더운 공기를 아래로 불어내려 과수원의 기온 저하를 막아주는
> 방상팬 이용하는 송풍법, 톱밥 및 왕겨 태우기 등이 있다.

　② 동해의 기구
　　　㉠ 작물 조직 내 결빙에 의해 받는 피해이며 월동작물은 흔히 동해를 입는다.
　　　㉡ 세포 결빙
　　　　ⓐ 세포 외 결빙
　　　　　가. 식물체 조직 내 결빙은 즙액 농도가 낮은 세포간극에 먼저 결빙이 생기는데 이와 같이 세
　　　　　포간극에 결빙이 생기는 것이다.
　　　　　나. 세포 외 결빙 시 내동성이 강한 식물세포는 수분 투과성이 높아 세포 내 수분이 세포간극
　　　　　으로 이동하여 탈수되면서 세포 외 결빙은 커지고, 세포 내 결빙은 발생하지 않는다.
　　　　　다. 세포가 충분히 탈수되면 세포 내 삼투압이 높아지고 원형질의 콜로이드성 물질이 농축되
　　　　　어 결빙이 생기기 힘들며, −190℃에서도 결빙이 생기지 않는 보고가 있다.
　　　　ⓑ 세포 내 결빙
　　　　　가. 결빙이 더욱 진전되면서 세포 내 원형질, 세포액이 얼게 되는 것으로 수분투과성이 낮은
　　　　　세포는 세포 외 결빙이 신장하여 끝이 뾰족하게 되고 원형질 내주로 침입(식빙 植氷)하여 세
　　　　　포 원형질 내부에 결빙을 유발한다.
　　　　　나. 세포 내 결빙은 원형질 구성에 필요한 수분이 동결되어 원형질 단백질의 응고, 변형으로
　　　　　원형질의 구조가 파괴되어 세포는 즉시 동사하게 된다.
　　　　　다. 세포 내 결빙 발생의 난이는 작물의 내동성과 관련이 깊다.
　　　　ⓒ 세포 외 결빙은 세포 내 수분의 세포 밖 이동으로 세포 내 염류농도는 높아지고 수분 부족으로
　　　　원형질단백이 응고하여 세포는 죽게 된다.
　　　　ⓓ 세포 외 결빙 시 온도의 상승으로 결빙이 급격히 융해되면 원형질이 물리적으로 파괴되어 세
　　　　포는 죽게 된다.
　　　㉢ 급격한 동결
　　　　ⓐ 서서히 동결되면 세포 내 수분의 투과와 탈수가 잘 진행되고, 세포 외 결빙이 쉬워지므로 세

내 결빙은 어려워지나, 급격히 동결될 때는 수분의 투과와 탈수가 진행되지 못해 세포 내 결빙의 발생으로 동사하게 된다.

ⓑ 세포 외 결빙은 세포의 탈수와 수축이 수반되며, 이때 원형질분리가 생기지 않고 수축한다. 원형질은 세포막보다 더욱 수축되어야 하는데 원형질분리가 생기지 않아 세포막에서 분리되지 못하여 수축과정에서 내외 양방향으로 기계적 견인력을 받게 되는데, 급격한 동결은 기계적 견인력이 급하고 강하게 작용하여 원형질의 기계적 파괴가 초래되어 동사한다.

ⓔ 급격한 융해

ⓐ 빙결된 조직이 급하게 녹을 때도 동사가 심해지는데 이는 빙결된 조직이 녹을 때 세포간극의 녹은 수분은 먼저 세포막으로 스며들어 원형질보다 세포막이 먼저 팽창하게 되고, 이때 원형질이 세포막에서 분리되지 못해 원형질은 기계적 견인력을 받게 된다.

ⓑ 동결된 조직이 급하게 해동되면 기계적 견인력이 급격하게 작용하여 원형질의 기계적 파괴가 심해져 동사를 유발한다.

ⓒ 빙결 상태의 무나 감을 냉수에 서서히 해동하면 조직이 살아나지만, 더운물에 급하게 녹이면 조직이 죽게 된다.

ⓜ 동결과 융해의 반복

ⓐ 동결과 융해가 반복되면 조직의 동결온도가 높아져 동해를 받기 쉽게 되며, 동결될 때 세포 내에서 세포간극으로 이동한 수분이 융해될 때 증발되어 잎의 수분부족 상태를 유발하게 된다.

ⓑ 감귤류에서는 동결과 융해가 반복될 때 동해가 커진다.

③ **작물의 동사점**

㉠ 동사점(동사온도) : 작물의 동결로 단시간 내에 동사하는 온도이다.

㉡ 작물의 동사점은 그 작물이 동결에 견디는 정도를 표시한다.

㉢ 동사점은 작물의 종류와 품종에 따라 차이를 보이며 동일 작물이라도 발육상태, 생육단계, 부위 등에 따라 다르다.

㉣ 작물이나 조직의 동사는 저온의 직접적인 영향이 아닌 조직 내에 결빙으로 유발된다.

④ **작물의 내동성**

㉠ 생리적 요인

ⓐ 세포 내 자유수 함량이 적을 것
세포 내 자유수 함량이 많으면 세포 내 결빙이 생기기 쉬워 내동성이 저하된다.

° **자유수**(自由水 free water) : 생체조직·토양·겔·수용액 속에 존재하면서 이들과 결합하지 않고 자유롭게 이동할 수 있는 물이다.

ⓑ 세포액의 삼투압이 높을 것
세포액의 삼투압이 높으면 빙점이 낮아지고, 세포 내 결빙이 적어지며 세포 외 결빙 시 탈수저항성이 커져 원형질이 기계적 변형을 적게 받아 내동성이 증대한다.

ⓒ 전분(綠末 starch)함량이 낮고 가용성 당분함량(當分 Sucre)이 높을 것

전분함량이 낮고 가용성 당분함량이 높으면 세포의 삼투압이 커지고 원형질단백의 변성이 적어 냉동성이 증가한다. 전분함량이 많으면 내동성이 약해진다.

┌───┐
│ 전분함량 높음(내동성 저하) ◀─────────▶ 당분함량 높음(내동성 증대) │
└───┘

ⓓ 원형질의 수분투과성이 클 것

원형질의 수분투과성이 크면 원형질 변형이 적어 내동성이 커진다.

ⓔ 원형질의 점도가 낮고 연도가 클 것

원형질의 점도가 낮고 연도가 크면 결빙에 의한 탈수와 융해 시 세포가 물을 다시 흡수할 때 원형질의 변형이 적으므로 내동성이 크다.

> ◦ 연도(軟 연할 연 度 tenderness) : 물체의 재질이 무르고 부드러운 정도이다.

ⓕ 지유와 수분의 공존

지유((脂 기름 지 油 기름 유)와 수분의 공존은 빙점강하도가 커져 내동성이 증대된다.

> ◦ 빙점강하(氷點降下) : 액체에 다른 물질, 곧 용질이 용해되면 액체의 어는점이 내려가는 현상

ⓖ 칼슘이온(Ca^{2+})은 세포 내 결빙의 억제력이 크고 마그네슘이온(Mg^{2+})도 억제작용이 있다.

ⓗ 원형질단백에 디설파이드(disulfide)기보다 설프히드릴(sulfhydryl)기가 많으면 기계적 견인력에 분리되기 쉬워 원형질의 파괴가 적고 내동성이 증대한다.

ⓘ 원형질의 친수성 콜로이드가 많으면 세포 내 결합수가 많아지고 자유수가 적어져 원형질의 탈수저항성이 커지고, 세포 결빙이 감소하므로 내동성이 증대된다.

ⓙ 친수성 콜로이드가 많고 세포액의 농도가 높으면 광에 대한 굴절률(빛의 속도가 줄어든 비율)이 커지고 내동성도 커진다.

ⓛ 맥류에서의 형태와 냉동성

ⓐ 초형이 포복성인 것이 직립성인 것보다 내동성이 크다.

ⓑ 파종을 깊게 하였거나 중경(中莖 줄기)이 신장되지 않아 생장점이 땅속 깊이 있는 것이 내동성이 크다.

ⓒ 엽색이 진한 것이 내동성이 크다.

ⓒ 발육단계와 내동성

ⓐ 작물은 생식생장기가 영양생장기에 비해 내동성이 극히 약하다.

ⓑ 가을밀의 경우 2 ~ 4엽기의 영양체는 −17℃에서도 동사하지 않고 견디나 수잉기 생식기관은 −1.3 ~ 1.8℃에서도 동해를 받는다.

⑤ 내동성의 변화

　㉠ 경화(硬化 hardening)

　　ⓐ 의의

　　　가. 저온, 고온, 건조 등 불량한 환경에 노출되며 그 환경에 점점 내성이 증대되는 현상이다.

　　　나. 월동작물이 5℃ 이하의 저온에 계속 처하게 되면 내동성이 커지는 것이다.

　　　다. 월동하는 겨울작물의 내동성은 기온의 저하에 따라 차차 증대하고, 다시 높아지면 점점 감소한다.

　　ⓑ 원인

　　　가. 당분과 수용성 단백질이 증가하여 세포액의 삼투압이 높아진다.

　　　나. 원형질의 수분투과성이 증대되어 수분함량이 저하된다.

　㉡ 연화(軟化 softening)

　　ⓐ 경화상실(dehardeninig) : 경화된 것을 다시 높은 온도에 처리하면 원래상태로 되돌아오는 것을 말한다.

　　ⓑ 내열성, 내건성의 경우에도 상온, 습윤 환경에 처리되면 저항성이 약해지는데 이것도 연화에 해당된다.

　㉢ 휴면(休眠 dormancy)

　　ⓐ 가을의 저온, 단일조건은 휴면을 유도하여 안전한 월동을 하도록 하고, 겨울의 저온은 휴면타파의 조건이 된다.

　　ⓑ 휴면아는 내동성이 극히 강하며, 수목, 과수, 채소 등의 눈은 휴면아로 월동하므로 심한 추위에도 견딘다.

　㉣ 추파성(秋播性)

　　° **추파성(秋播性 winter growing habit) : 식물 중에서는 낮은 기온이 일정기간이 지속되어야만 꽃을 피우는 경우가 있다. 씨앗을 가을에 뿌려서 겨울의 저온기간을 경과하지 않으면 개화·결실하지 않는 식물의 성질이다.**

　　ⓐ 맥류의 추파성은 영양생장을 지속시키고 생식생장으로 이행을 억제하며 내동성을 증대시킨다.

　　ⓑ 추파성이 높은 품종은 내동성이 강하다.

　　ⓒ 저온처리로 추파성을 소거하면 생식생장이 빨리 유도되어 내동성이 약해진다. 월동 중 저온은 추파성을 소거하므로 봄에는 내동성이 약해진다.

⑥ 작물의 한해대책

　㉠ 일반대책

　　ⓐ 내동성 작물과 품종을 선택한다.

　　ⓑ 입지조건을 개선한다.

　　　가. 방풍시설로 찬바람의 내습을 경감한다.

　　나. 토질의 개선으로 서리 발생을 억제한다.

　　다. 저습지에서는 배수를 한다.

　ⓒ 채소, 화훼는 보온재배를 한다.

　ⓓ 이랑을 세워 뿌림골을 깊게 한다.

　ⓔ 적기 파종과 파종량을 늘려준다.

　ⓕ 맥류는 웃자라거나 서리 시 적절한 답압을 실시한다.

　ⓖ 맥류는 칼륨비료를 증시하고, 종자 위에 퇴비를 시용한다.

　ⓗ 맥류는 적기 파종하고, 한지에서는 파종량을 늘린다.

ⓛ 응급대책

　ⓐ 관개법 : 저녁 관개는 물의 열을 토양에 보급하고 낮에 더워진 지중열을 받아올리며 수증기가 지열의 발산을 막아서 동상해를 방지할 수 있다.

　ⓑ 송풍법 : 동상해가 발생하는 밤의 지면 부근 온도 분포는 온도역전현상으로 지면에 가까울수록 온도가 낮은데 송풍기 등으로 기온역전현상을 파괴하면 작물 부근의 온도를 높여서 상해를 방지할 수가 있다.

　ⓒ 피복법 : 이엉, 거적, 플라스틱필름 등으로 작물체를 직접 피복하면 작물체로부터의 방열을 방지한다.

　ⓓ 연소법 : 연료를 태워 그 열을 작물에 보내는 적극적인 방법이다.

　ⓔ 살수빙결법

　　가. 저온이 지속되는 동안 스프링클러 등으로 계속 살수하여 식물체 표면에 빙결을 유지하도록 하면, 기온이 -7 ~ -8℃ 정도에서도 잠열로 인해 식물체온은 여전히 0℃로 유지되어 동상해 차단이 가능하다. 이는 물이 얼 때 물 1g당 약 80cal의 잠열이 발생하기 때문이다.

　　○ 잠열(潛熱, latent heat) : 물질의 상태가 기체와 액체, 또는 액체와 고체 사이에서 변화할 때에는 열을 흡수하거나 방출하게 된다. 예컨대, 얼음이 녹아 물이 될 때에는 둘레에서 열을 흡수하고, 거꾸로 물이 얼어 얼음이 될 때에는 같은 양의 열을 방출한다. 이와 같은 경우, 열의 출입이 발생하더라도 온도는 변하지 않으므로 이 열을 잠열이라고 한다.

　　나. 가장 균일하면서도 가장 큰 보온효과를 기대할 수 있다.

　ⓕ 발연법 : 불을 피우고 수증기가 많이 포함된 연기를 발산시키면 열이 가해지고, 수증기가 지열의 발산을 경감시켜 약 2℃의 온도가 상승되며, 서리 피해를 방지할 수 있다.

ⓒ 사후대책

　ⓐ 속효성 비료의 추비 및 엽면시비로 생육을 촉진시킨다.

　ⓑ 병충해를 철저히 방제한다.

　ⓒ 동상해 후에는 낙화하기 쉬우므로 적화시기를 늦춘다.

　ⓓ 피해가 심한 경우 대파를 강구한다.

제5절 광환경

1 광과 식물의 생장

(1) 광과 식물의 기본생리작용

① 광합성(光合成 photosynthesis)

    ㉠ 녹색식물(綠色植物)은 광에너지를 받아 엽록소를 형성하고 광에너지의 존재하에 이산화탄소($6CO_2$)와 물($12H_2O$)을 이용하여 포도당($C_6H_{12}O_6$)의 형성과 그 부산물로 산소($6O_2$)를 방출하는 작용을 하는데 이를 광합성이라 한다. 전체 전체반응식은 다음과 같다.

$$6CO_2 + 12H_2O \xrightarrow{\text{빛 에너지}} C_6H_{12}O_6 + 6O_2 + 6H_2O$$

    ㉡ 제1과정 – 명반응(明反應 light reaction)

    광화학적 과정으로 광합성색소에 의해 광에너지를 획득하는 과정에서 물의 광분해가 진행되며, 이 에너지를 이용하여 NADP(nicotinamid adenin dinucleotide phosphate)를 $NADPH_2$로 환원하고, 광인산화에 의해 ADP(adenosine diphosphate 아데노신2인산)를 ATP(adenosine triphosphate 아데노신3인산)로 변화시키면서 부산물로 O_2를 방출하는 과정이다.

$$18ADP + 12NADP^+ + 12H_2O \xrightarrow{\text{빛 에너지}} ATP + 12NADPH_2 + 6O_2$$

      ⓐ 에너지 획득과정으로 엽록체의 그라나에서 이루어진다.

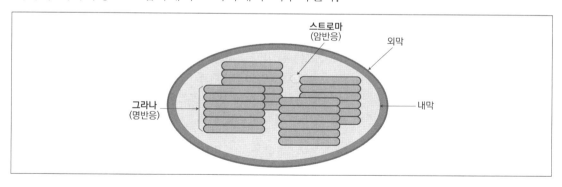

    ◦ 그라나(grana) : 광합성이 일어나는 엽록체의 내부 구조물이며 틸라코이드 디스크(thylakoid disk)라고 불리는 납작한 막이 쌓여서 구성된 것이다.

    ◦ ATP(adenosine triphosphate) : 아데노신에 인산기가 3개 달린 유기화합물로 아데노신3인산이라고도 한다. 모든 생물의 세포 내 존재하며 에너지대사에 중요한 역할을 한다. 나중에 ATP는 가수분해(加水分解 hydrolysis 생물체를 이루는 여러 유기화합물들을 물분자를 이용하여 분해하는 과정)를 통해 다량의 에너지를 방출하면서 생물활동에 이용된다.

ⓑ 온도의 영향을 받지 않는 광화학적 반응으로 광분할(photolysis)에 의해 H_2O가 쪼개지면서 틸라코이드(thylakoid) 안에서 O_2를 방출하고, 유리된 전자는 전자전달경로를 통해 암반응에 필요한 ATP와 NADPH(NADP의 환원형)를 생성한다.

ⓒ 광은 필요로 하나, 온도의 영향을 받지 않는 과정이다.

ⓒ 제2과정 – 암반응(暗反應 dark reaction)

광합성 과정 중 빛이 관여하지 않는 반응단계로서 명반응에 대응되는 개념이다. 암반응에서는 명반응에서 생긴 ATP나 환원력이 있는 물질이 스트로마(stroma)에 의해 이산화탄소(CO_2)가 환원되어 포도당이나 녹말이 형성된다.

> ◦ 스트로마(stroma) : 엽록체 내부의 그라나를 제외한 기질 부분이다. 스트로마는 무색의 단백질을 주성분으로 하며 이산화탄소 고정에 관계하는 효소가 들어 있다.

$$6CO_2 + 12NADPH_2 + 18ATP \longrightarrow 포도당(C_6H_{12}O_6) + 12NADP + 6H_2O$$

ⓐ 이산화탄소를 고정, 환원하는 과정으로 엽록체의 스트로마에서 이루어진다.

ⓑ 제1과정에서 생성된 $NADPH_2$와 ATP를 이용하여 CO_2를 고정하여 환원시켜 불안정하던 화학에너지를 탄수화물 같은 화합물로 안정화하는 열화학적 반응이다.

ⓒ 효소반응으로 온도변화에 민감하게 반응하며, 광과는 관계없이 일어난다.

ⓓ C_4식물은 탄소의 고정과 환원이 공간적으로 분리되어 있으며, 고온다습한 지역의 C_4식물은 유관속초세포와 엽육세포에서 탄소환원이 일어난다.

> ◦ 유관속초세포(維管束鞘細胞 bundle sheath cell) : 옥수수, 사탕수수, 많은 열대성벼과식물 등, C_4식물 잎 기관의 유관속조직을 둘러싸고 있는 큰 엽록체를 갖추고 있는 세포인데, 외변부(外邊部)는 엽육세포와 접하고 있다. 공기 내 CO_2는 기공을 통하여 엽육세포에 들어가서, 탄산수소이온으로 변환한다.
> ◦ 엽육세포(葉肉細胞 mesophyll cell) : 잎의 기본조직인 표피와 엽맥 이외의 조직을 이루는 세포로 많은 수의 엽록체를 함유하고 광합성을 하는 세포이다. 엽육세포는 잎의 위와 아래 표피 세포 사이에 존재하는 대부분의 세포이다.

ⓔ CAM식물은 밤에 기공을 열어 4탄소화합물을 고정한다.

ⓒ 엽록소(葉綠素 chlorophyll)

ⓐ 엽록소는 대표적인 광합성 색소로 C, H, O, N, Mg으로 구성된 화합물로 물에 잘 녹지 않고 메탄올과 아세톤을 혼합한 유기용매에는 잘 녹는다.

ⓑ 세포 내 엽록소는 엽록체의 틸라코이드(thylakoid)막에 존재한다.

ⓒ 엽록소는 광에너지를 흡수하는 역할을 하고, 적색광과 청색광을 효율적으로 흡수한다.

ⓒ 광합성 효율과 빛

광합성에는 675nm를 중심으로 한 650 ~ 700nm의 적색광 부분과 450nm를 중심으로 한 400~

500nm의 청색광 부분이 가장 유효하고 녹색, 황색, 주황색 파장의 광은 대부분 투과, 반사되어 비효과적이다.

〈광선의 파장별 식물생육에 대한 작용〉

구분	파장(nm)	작용
적외선	1,000 이상	식물체에 흡수되면 열로 변한다.
	700 ~ 1,000	식물을 신장시키고 기공의 개폐를 촉진시킨다.
가시광선	650 ~ 700 (적색)	광합성에 가장 유효하고, 광주성에도 유효하다.
	500 ~ 650 (녹색 및 황색)	광합성에 거의 영향을 미치지 못한다.
	400 ~ 500 (청색)	광합성에 가장 유효하고, 광주성에도 유효하다.
자외선	315 ~ 400	키를 짧게 하고 잎을 두껍게 하며, 안토시안계의 색소 발현을 촉진시킨다.
	280 ~ 315	식물에 해롭다.
	280 이하	식물을 고사(枯死 나무나 풀이 말라 죽음)시킨다.

○ 광주성(光週性, 광주기성 光週期性, 일장효과) : 생물이 일조(日照)시간의 변화에 대하여 반응하는 성질이다.
○ 적외선 : 근적외선(700 ~ 1,400nm)과 중적외선(1,400 ~ 3,000nm) 그리고 원적외선(3,000nm 이상)으로 나눌 수 있으며 근적외선(700 ~ 1,400nm)이 식물을 신장시키고 기공의 개폐를 촉진시킨다. 따라서 이에 따라 적색광/근적외선의 비가 작으면 절간신장이 촉진되어 초장이 커진다.

ⓑ C_3식물, C_4식물, CAM식물의 광합성 특징 비교

　ⓐ 고등식물에 있어 광합성 제2과정에서 CO_2가 환원되는 물질에 따라 C_3식물, C_4식물, CAM식물로 구분한다.

　ⓑ C_3식물

　　가. 이산화탄소를 공기에서 직접 얻어 캘빈회로(Calvin cycle)에 이용하는 식물로 최초 합성되는 유기물이 3탄소화합물이다.

　　　○ 캘빈회로(Calvin cycle) : 광합성의 명반응에서 만들어진 ATP와 NADPH를 이용하여 대기 중의 CO_2를 고정시키는 회로이다. 캘빈회로는 1961년 노벨상을 수상한 멜빈 캘빈(Melvin Calvin, 1911–1997)의 이름을 따서 지었다.

　　나. 벼, 밀, 콩, 귀리 등이 해당된다.
　　다. 날씨가 덥고 건조한 경우 C_3식물은 수분의 손실을 줄이기 위해 기공을 닫아 광합성률이 감소되어 생산이 줄어든다.

라. 기공을 닫으면 이산화탄소의 흡수와 산소의 방출이 억제되어 이산화탄소는 점점 낮아지고 산소는 쌓이게 되면, 탄소고정효소 루비스코(nubisco)가 이산화탄소 대신 산소와 결합하면 서 3탄소화합물 대신 2탄소화합물을 생성하였다가 이산화탄소와 물로 분해하며 산소고정 으로 시작되는 과정을 광호흡(photorespiration)이라 한다. 광호흡은 당이 합성되지 않고 ATP를 생성하지 않는 소비적 과정이다.

ⓒ C₄식물

가. C₃식물과 달리 수분을 보존하고 광호흡을 억제하는 적응기구를 가지고 있다.

나. 날씨가 덥고 건조한 경우 기공을 닫아 수분을 보존하며, 탄소를 4탄소화합물로 고정시키 는 효소를 가지고 있어 기공이 대부분 닫혀있어도 광합성을 계속할 수 있다.

다. 옥수수, 수수, 사탕수수, 기장, 버뮤다그래스, 명아주 등이 이에 해당한다.

라. 이산화탄소 보상점이 낮고 이산화탄소 포화점이 높아 광합성 효율이 매우 높은 특징이 있다.

ⓓ CAM(crassulacean acid metabolism)식물

가. 밤에만 기공을 열어 이산화탄소를 받아들이면서 수분을 보존하고 이산화탄소가 잎에 들어 오면 C₄식물과 같이 4탄소화합물로 고정하여 저축하였다가 명반응이 가능한 낮에 캘빈회로 (Calvin cycle)로 방출하여 낮에 이산화탄소를 받아들이지 않더라도 광합성을 계속할 수 있다.

나. 선인장, 파인애플, 솔잎국화 등의 대부분 다육식물이 이에 해당한다.

② 호흡작용

㉠ 생명체가 유기물(포도당)을 분해하여 생명활동을 유지하기 위해 필요한 에너지를 얻는 과정이다.

$$C_6H_{12}O_6 + 6O_2 + 6H_2O \rightarrow 6CO_2 + 12H_2O + 38ATP(40\%) + \text{열에너지}(60\%)$$

㉡ 산소($6O_2$)와 결합하는 산화반응과 열에너지를 방출하는 발열반응이 나타난다.

㉢ 이 과정에서 만들어진 $6CO_2$와 $12H_2O$는 광합성에 다시 이용된다.

㉣ 저장된 ATP가 ADP로 분해될 때 에너지가 방출되며, 방출되는 에너지는 여러 형태의 에너지로 전환되어 생명활동에 쓰인다. 이때 만들어진 ADP는 다시 광합성에 이용된다.

③ 증산작용

㉠ 광의 조사는 온도의 상승으로 증산(蒸散 증발하여 흩어져 없어짐)이 조장된다.

㉡ 광이 있으면 광합성에 의해서 동화작용의 물질이 축적되고 공변세포의 삼투압이 높아져서 물의 흡 수가 이루어지며 기공을 열게 함으로써 증산이 활성화된다.

◦ 공변세포(孔邊細胞) : 식물체 안의 기공(氣孔)을 닫고 열어서 수분을 조절하고 내부를 보호하는 반달 모 양의 두 개의 세포를 말한다. 개폐세포(開閉細胞) 또는 주변세포(周邊細胞)라고도 한다.

(2) 굴광성과 그 밖의 작용

① 굴광성(屈光性 phototropism)

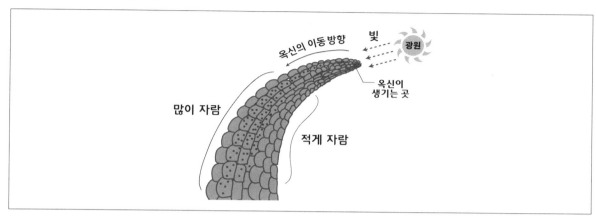

㉠ 의의

ⓐ 식물의 한 쪽에 광이 조사되면 광이 조사된 쪽으로 식물체가 구부러지는 현상을 굴광현상이라 한다.

ⓑ 굴광현상으로 생물검정법 중 귀리만곡측정법(彎曲測定法)이 확립되었다.

ⓒ 광이 조사된 쪽은 옥신(auxin 줄기의 신장에 관여하는 식물생장호르몬의 일종)의 농도가 낮아지고 반대쪽은 옥신의 농도가 높아지면서 옥신의 농도가 높은 쪽의 생장속도가 빨라져 생기는 현상이다.

㉡ 향광성과 배광성

ⓐ 줄기나 초엽 등 지상부에서는 광의 방향으로 구부러지는 향광성을 나타내며, 뿌리는 반대로 배광성을 나타낸다.

ⓑ 향광성(向光性 positive phototropism = 향일성) : 줄기나 초엽에서는 옥신의 농도가 낮은 광이 조사된 쪽의 생장속도가 반대쪽보다 낮아져 광을 향하여 구부러지는 현상이 나타난다.

ⓒ 배광성(背光性 negative phototropism = 배일성, 굴지성) : 뿌리에서는 향광성과 반대로 구부러지는 현상이 나타난다.

㉢ 유효한 광

400 ~ 500nm, 특히 440 ~ 480nm의 청색광이 가장 유효하다.

② 착색

㉠ 광이 없을 경우 엽록소 형성이 저해되고 담황색 색소인 에티올린(etiolin)이 형성되어 황백화 현상을 일으킨다.

㉡ 엽록소 형성에는 450nm 중심으로 430 ~ 470nm의 청색광과 650nm를 중심으로 620 ~ 670nm의 적색광이 효과적이다.

㉢ 사과, 포도, 딸기 등의 착색은 안토시아닌 색소의 생성에 의하며 비교적 저온에 의해 생성이 조장되며 자외선이나 자색광 파장에서 생성이 촉진되며 광 조사가 좋을 때 착색이 좋아진다.

③ 신장과 개화

　㉠ 신장

　　ⓐ 자외선과 같은 단파장의 광은 신장을 억제한다.

　　ⓑ 광 부족, 자외선 투과가 적은 환경은 웃자라기 쉽다.

　㉡ 개화

　　ⓐ 광의 조사가 좋은 경우 광합성의 조장으로 탄수화물 축적이 많아져 C/N율이 높아져서 화성이 촉진된다.

　　ⓑ 일장(日長 day-length, photoperiod)은 개화에 큰 영향을 끼친다.

　　ⓒ 개화 시각에서 대부분 광이 있을 때 개화하나 수수와 같이 광이 없을 때 개화하는 것도 있다.

　㉢ 블라인드 현상(blind 現象)

　　ⓐ 분화한 화아가 정상적으로 발달하지 않고 도중에 멈추어 개화에 이르지 않는 현상이다.

　　ⓑ 분화한 화서는 발달에 적당한 체내의 생리적 상태 및 환경조건하에서는 순조롭게 발달하고 부적당한 일장, 온도, 광량 등 조건 하에서는 분화가 중단되고 생장상이 영양생장으로 역전한다.

　　ⓒ 장미는 채화, 적심, 전정 등으로 정아우세가 제거되면 환경조건에 관계없이 새 가지가 1～4cm 자라면 화아분화를 시작하고 꽃받침, 화판, 수술, 암술 순으로 분화하며 개화한다. 그러나 저온, 저광량하에서는 꽃으로 발육하지 못한다.

2 광보상점과 광포화점

(1) 광합성과 호흡

① 광합성작용과 호흡작용

　㉠ 광합성작용 : 이산화탄소(CO_2)를 흡수하여 산소(O_2)를 방출하는 작용이다.

　㉡ 호흡작용 : 산소(O_2)를 흡수하여 이산화탄소(CO_2)를 방출하는 작용이다.

② 광합성량과 호흡량

　㉠ 일반적으로 낮처럼 광(光)이 풍부할 가능성이 큰 경우를 가정하는 경우 다음과 같다.

> 광합성량 > 호흡량 ⇨ 이산화탄소(CO_2)를 흡수하고 산소(O_2)를 방출함

　㉡ 아래에서 학습할 내용으로서 아침·저녁으로 「광보상점」이 나타나기 쉽다.

> 광합성량 = 호흡량 ⇨ 겉보기에 기체의 출입 없음

광합성 결과 만들어진 산소가 모두 호흡에 이용되고, 호흡의 결과로 발생한 이산화탄소가 모두 광합성에 이용된다.

　㉢ 일반적으로 밤처럼 광(光)이 부족할 가능성이 큰 경우를 가정하는 경우 다음과 같다.

> 호흡만 일어남 ⇨ 산소(O_2)를 흡수하고 이산화탄소(CO_2)를 방출함

ⓔ 진정광합성(眞正光合成 true photosynthesis) : 호흡을 무시한 절대적 광합성을 말한다.

ⓜ 외견상광합성(外見上光合成 apparent photosynthesis) : 호흡으로 소모된 유기물을 제외한 광합성을 말한다.

(2) 광도와 광합성

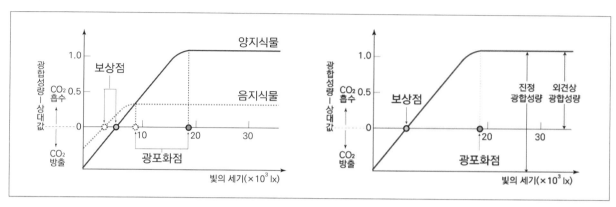

① 광보상점(補償點 compensation point)

광합성은 어느 한계까지 광이 강할수록 속도는 증대되는데 광합성 때 흡수한 이산화탄소량과 호흡할 때 방출한 이산화탄소의 양이 같을 때의 빛의 세기를 말한다.

$$광합성량 = 호흡량$$

② 광포화점(光飽和點 light saturation point)

㉠ 빛의 세기가 보상점을 지나 증가하면서 광합성 속도도 증가하나 어느 한계 이후 빛의 세기가 더 증가하여도 광합성량이 더 이상 증가하지 않는 빛의 세기를 말한다.

㉡ 채소 중 수박, 토마토 등은 높고, 상추, 머위 등은 낮다.

㉢ 화훼 : 난류와 실내식물 등은 광포화점이 낮아 실내의 저광도 조건에서도 잘 자란다.

㉣ 낮은 광도에서 식물의 생육

ⓐ 일반적으로 광도가 낮으면 광합성이 억제되면서 식물은 도장하여 줄기는 가늘어지고 마디 사이는 길어진다.

ⓑ 잎은 넓어지나 엽육이 얇고, 책상조직의 부피가 작아지고 엽록소 수가 감소한다.

> • 엽육(葉肉 mesophyll) : 잎의 위아래 표피 사이의 조직을 말한다. 주로 유세포(연한 세포조직)로 되어 있으며 엽록체를 갖는 동화조직의 일종이며 잎살이라고도 한다.

ⓒ 결구(結球 채소 잎과 비늘이 여러 겹으로 겹쳐서 둥글게 속이 드는 현상)가 늦어지고, 근계발달, 인경비대, 꽃눈 발달, 착과, 착색, 과실비대가 불량해진다.

③ 광보상점과 내음성(耐陰性 shade tolerance)
  ㉠ 작물의 생육은 광보상점 이상의 광을 받아야 지속적 생육이 가능하므로 보상점이 낮은 작물은 상대적으로 낮은 광도에서도 생육할 수 있는 힘, 즉 내음성이 강하다.
  ㉡ 음생식물(음지식물)과 양생식물(양지식물)
    ⓐ 음생식물(蔭生植物 shade plant 음지식물) : 내음성이 강한 식물은 음지에서 잘 자라나 양지에서 오히려 해를 받는데 이런 식물을 음생식물이라 한다.
    ⓑ 양생식물(陽生植物 sun plant 양지식물) : 보상점이 높아 광 조사가 좋은 환경에서 양호한 생육을 할 수 있는 식물로 광포화점도 높다.
  ㉢ 음엽과 양엽
    ⓐ 음엽(陰葉 shade leaves) : 교목이나 관목, 초본식물까지 음생식물처럼 그늘에서 잎이 전개되는 것이다.
    ⓑ 양엽(陽葉 sun leaves) : 햇빛에서 잎이 전개되는 것이다.
    ⓒ 쌍자엽식물의 양엽은 입이 좁고 두꺼우며, 음엽은 얇고 넓다.
④ 고립상태에서의 광포화점
  ㉠ 고립상태(孤立狀態) : 작물의 거의 모든 잎이 직사광선을 받을 수 있도록 되어 있는 상태로서 포장에서 극히 생육 초기에 여러 개체의 잎들이 서로 중첩되기 전의 상태이다. 어느 정도 생장하게 되면 고립상태는 존재하지 않는다.
  ㉡ 고립상태 작물의 광포화점은 경우에 따라 측정치의 변화가 있지만 양생식물이라도 전체 조사광량보다 낮으며 각 식물의 여름날 정오의 광량에 대한 비율을 표시하면 아래 표와 같다.

〈고립상태일 때 작물의 광포화점〉

(단위 : %, 조사광량에 대한 비율)

작물	광포화점
음생식물	10 정도
구약나물	25 정도
콩	20~23
감자, 담배, 강낭콩, 해바라기, 보리, 귀리	30 정도
벼, 목화	40 ~ 50
밀, 알팔파	50 정도
고구마, 사탕무, 무, 사과나무	40 ~ 60
옥수수	80 ~ 100

  ㉢ 대체로 일반작물의 광포화점은 조사광량의 30 ~ 60% 범위 내에 있으나 온도와 이산화탄소 농도에 따라 변한다.
  ㉣ 고립상태에서 온도와 이산화탄소가 제한조건이 아닌 경우 C_4식물은 최대조사광량에서도 광포화점이 나타나지 않으며 이때 광합성률은 C_3식물의 2배에 달한다.

⑤ 광포화점의 변화

　ㄱ 온도와 CO_2의 변화에 따라 광포화점은 변화한다.

　ㄴ 온도 : 생육적온까지는 온도가 높아질수록 광합성속도는 높아지나 광포화점은 낮아진다.

　ㄷ CO_2 : CO_2 포화점까지는 대기 중 CO_2 농도가 높아질수록 광합성 속도와 광포화점은 높아진다.

⑥ C_4식물의 광포화점

　ㄱ C_4식물은 고립상태에서 온도와 CO_2의 농도가 제한조건이 아닐 때 최대조사광량에서도 광포화점이 나타나지 않으며, 이때 광합성률은 C_3식물의 2배가 된다.

　ㄴ 광포화점은 C_3식물이 C_4식물보다 낮다.

(3) 포장상태에서의 광합성

① 군락의 광포화점

　ㄱ 군락상태(群落狀態) : 포장에서 식물이 자라 잎이 서로 포개져 많은 잎들이 직사광선을 받지 못하고 그늘에 있는 상태를 군락상태라 하며 포장의 작물은 군락상태를 형성하고 면적당 수량은 면적당 광합성량에 따라 달라지므로 군락의 광합성이 수량을 지배한다.

　ㄴ 벼의 경우 잎에 투사된 광은 10% 정도만 잎을 투과한다. 따라서 군락이 우거져 그늘에 있는 잎이 많아지면 포화광을 받지 못하는 잎이 많아지고 이들이 충분한 광을 받기 위해서는 더 강한 광이 군락에 투사되어야 하므로 군락의 광포화점은 높아진다.

　ㄷ 군락의 광포화점은 군락의 형성도가 높을수록 높아진다.

　ㄹ 벼의 생육단계별 군락 형성상태에 따라 광의 조도와 군락의 광합성 관계는 고립상태에 가까운 생육 초기에는 낮은 조도에서도 광포화를 이루나 군락이 무성한 출수기 전후에는 전광에 가까운 높은 조도에도 광포화를 보이지 않는 것과 같이 군락이 무성한 시기일수록 더 강한 일사가 필요하다.

　ㅁ 군락의 수광태세가 좋을수록 작물의 광포화점은 낮아진다.

　ㅂ 벼의 생육단계별 군락 광합성

　　ⓐ 고립상태에 가까운 생육 초기에는 낮은 조도에서도 광포화에 도달한다.

　　ⓑ 군락이 무성한 출수기 전후에는 전광에 가까운 높은 조도에서도 광포화가 보이지 않는다.

　　ⓒ 군락이 무성한 시기일수록 더욱 강한 일사가 필요하다.

② 포장동화능력(圃場同化能力)

　ㄱ 의의

　　ⓐ 포장군락의 단위면적당 광합성능력으로 수량을 직접 지배한다.

　　ⓑ 단위면적당 포장군락의 실제 광합성은 포장동화능력의 일사량이 관여한다.

　　ⓒ 벼의 포장동화능력은 출수 전에는 주로 엽면적에 지배를 받고, 출수 후에는 단위동화능력의 지배를 받는다.

　　ⓓ 벼 개체의 광합성능력은 이앙 후에 최고값을 보이고, 개체군의 광합성은 이삭이 생기는 유수분화기에 가장 높다.

ⓛ 포장동화능력의 표시

> 포장동화능력(P) = 총엽면적(A) × 수광능률(f) × 평균동화능력(P_0)

ⓒ 수광능률(受光能率)
  ⓐ 군락의 잎이 광을 얼마나 효율적으로 받아 광합성에 이용하는가의 표시로 총엽면적과 군락의 수광상태에 따라 지배된다.
  ⓑ 수광능률의 향상을 위해 총엽면적을 적당한 한도로 조절하고 군락 내부로 광투사를 하기 위해 수광상태를 개선해야 한다.
ⓔ 평균동화능력(平均同化能力)
  ⓐ 잎의 단위면적당 동화능력을 의미하며 단위동화능력을 총엽면적에 대해 평균한 것으로 단위 동화능력과 같은 의미로 많이 사용된다.
  ⓑ 시비, 물관리 등을 잘하여 영양상태를 좋게 하였을 때 높아진다.

③ **최적엽면적**(最適葉面積 optimum leaf area)
  ㉠ 건물 생산량과 광합성의 관계
    ⓐ 건물의 생산은 진정광합성과 호흡량의 차이인 외견상광합성량이 결정한다.
    ⓑ 군락의 발달은 군락 내 엽면적의 증가로 진정광합성량이 증가한다.
    ⓒ 군락 내 엽면적 증가는 광포화점 이하의 광을 받는 잎이 증가하면서 엽면적이 일정 이상 커지면 엽면적 증가와 비례하여 진정광합성량은 증가하지 않으면서 호흡은 엽면적 증가와 더불어 직선적으로 증대하므로 건물 생산량은 어느 한도까지는 군락 내 엽면적 증가에 따라 같이 증가하나 그 이상의 엽면적 증가는 오히려 건물 생산량을 감소시킨다.
  ㉡ 의의
    ⓐ 최적엽면적 : 군락(群落 같은 생육 조건에서 떼를 지어 자라는 식물 집단) 상태에서 건물 생산량이 최대일 때의 엽면적이다.
    ⓑ 엽면적지수(葉面積指數 LAI, leaf area index) : 군락의 엽면적을 토지면적에 대한 배수치(倍數値)로 표시하는 것이다.
    ⓒ 최적엽면적지수(最適葉面積指數 optimum leaf area index) : 엽면적이 최적엽면적일 경우의 엽면적지수이다.
      가. 최적엽면적지수를 크게 하면 군락의 건물(dryweight 작물이 생산한 유기물 중에서 수분을 제외한 물질)의 생산능력을 크게 하므로 수량을 증대시킬 수 있다.
      나. 최적엽면적지수 이상으로 엽면적이 증대되면 건물생산량은 증가하지 않으나, 호흡은 증가한다.
      다. 식물의 건물생산(乾物生産)은 진정광합성(眞正光合成)에서 호흡량을 차감하여 고려한 외견상광합성(外見上光合成)에 의하여 결정된다. 식물군락에서 엽면적이 증대하면 군락의 진정광합성량은 그에 따라서 증대하지만 호흡량은 엽면적에 정비례하여 증가하기 때문이다.

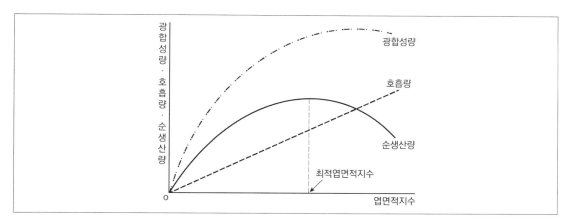

ⓒ 최적엽면적의 변동

ⓐ 군락의 최적엽면적은 생육시기와 일사량, 수광상태 등에 따라 달라진다.

ⓑ 일사량이 많을수록 최적엽면적지수는 증가한다.

ⓒ 수광태세가 좋을수록 최적엽면적지수는 증가한다.

(4) 군락의 수광태세

① 의의

㉠ 군락의 최대엽면적지수는 군락의 수광태세가 좋을 때 커진다.

㉡ 동일 엽면적이라면 수광태세가 좋을 때 군락의 수광능률은 높아진다.

㉢ 수광태세가 좋다는 것은 군락의 광투과율이 높다는 것을 의미한다.

㉣ 수광태세의 개선은 광에너지의 이용도를 높일 수 있으며 우수한 초형의 품종 육성, 재배법의 개선으로 군락의 잎 구성을 좋게 해야 한다.

② 벼의 초형

㉠ 잎이 너무 두껍지 않고 약간 좁으며 상위엽(上位葉 upper leaf 식물의 위 부분에서 자란 잎)이 직립한다.

㉡ 키가 너무 크거나 작지 않다.

㉢ 분얼(分蘖 땅 속에 있는 마디에서 줄기가 나오는 것)은 개산형(開散型 gathered type 작물 포기가 넓게 퍼지는 현상)으로 포기 내 광의 투입이 좋아야 한다.

㉣ 각 잎이 공간적으로 되도록 균일하게 분포해야 한다.

③ 옥수수의 초형

㉠ 상위엽은 직립하고 아래로 갈수록 약간씩 기울어 하위엽은 수평이 된다.

㉡ 숫이삭(수꽃이 피는 꽃이삭)이 작고 잎혀(葉舌 잎집과 잎몸 연결부의 안쪽에 있는 막질의 작은 돌기. 줄기와 엽의 사이에 불순물이 들어가는 것을 막아주는 역할을 함)가 없다.

㉢ 암이삭(옥수수 등의 이삭, 열매)은 1개인 것보다 2개인 것이 밀식에 더 적응한다.

④ 콩의 초형

㉠ 키가 크고 도복이 안 되며 가지를 적게 치고 가지가 짧다.

ⓒ 꼬투리[pod 콩과 식물의 열매(종실)를 싸고 있는 껍질]가 원줄기에 많이 달리고 밑까지 착생한다.

ⓒ 잎은 작고 가늘며, 잎자루(葉柄 잎병)가 짧고 직립한다.

⑤ **재배법에 의한 수광태세의 개선**

ㄱ 벼의 경우 규산과 칼륨의 충분한 시용으로 잎이 직립하고, 무효분얼기(이삭을 형성하지 못함)에 질소를 적게 주면 상위엽이 직립한다.

ㄴ 벼, 콩의 경우 밀식 시 줄 사이를 넓히고 포기 사이를 좁히는 것이 파상군락을 형성하게 하여 군락 하부로 광투사를 좋게 한다.

ㄷ 맥류는 광파재배(골너비를 보통보다 넓게 하여 파종)보다 드릴파재배를 하는 것이 잎이 조기에 포장 전면을 덮어 수광태세가 좋아지고 지면 증발도 적어진다.

> ∘ 드릴파(세조파 細條播 drill seeding, narrow row seeding) : 보리나 밀 파종 시에 골너비를 아주 좁게 하고 골사이도 좁게 하여 여러 줄을 배게 하여 뿌리는 방법이다. 밭이나 질지 않은 논에서 기계파종을 할 때 흔히 실시되는 파종방법이다.

ㄹ 어느 작물이나 재식밀도와 비배관리(肥培管理 거름을 잘 뿌려 토지를 걸게 하여 식물을 가꿈)를 적절하게 해야 한다.

(5) 생육단계와 일사

① 일조부족의 영향은 작물의 생육단계에 따라 다르다.

② 벼의 생육단계별 일조부족의 영향

ㄱ 최고분얼기(最高分蘗期 maximum tillering stage 출수 전 30일)를 전후한 1개월 사이 일조부족은 유효경 수 및 유효경 비율을 저하시켜 이삭수의 감수를 초래한다.

> ∘ 유효경수(有效莖數) : 벼, 보리 등은 뿌리 가까이에 있는 마디에서 가지를 치며 이 가지 중에서 이삭을 맺을 수 있는 가지를 유효경이라 한다. 유효경 수가 많아야 수량이 증대되며 무효경은 적어야 한다.

ㄴ 감수분열 성기(출수 전 12일)의 일조부족으로 갓 분화, 생성된 영화(穎花 glumous flower 꽃덮이가 퇴화해서 단단한 비늘조각모양의 꽃싸개가 수술과 암술을 싸고 있는 꽃)의 생장이 정지되고 퇴화하여 이삭당 영화 수가 크게 감소한다.

ㄷ 유숙기(乳熟期 milk-ripe stage) 전후 1개월 사이 일조부족은 동화산물 감소와 배유로의 전류, 축적을 감퇴시켜 배유 발육을 저해하여 등숙률을 감소시킨다.

ㄹ 감수분열기(減數分裂期 reduction division stage) 차광은 영화 크기를 작게 한다.

ㅁ 유숙기 차광은 배유의 충진을 불량하게 하여 정조 천립중을 크게 감소시킨다.

> ∘ 정조(正租 paddy rice, rough rice) : 수확하여 탈곡된 직후의 벼 도정에 의해 왕겨를 벗겨내지 않은 상태의 벼 낱알이다.

> ∘ 천립중(千粒重, thousand seed weight, thousand grain weight) : 알곡 1,000개의 무게를 의미한다. 수량을 파악하고자 할 때 조사되는 형질로 곡류의 주요 수량 구성요소이다.

ⓑ 일사부족이 수량에 끼치는 영향은 유숙기가 가장 크고 다음이 감수분열기이다.

ⓢ 분얼성기(分蘖盛期 active tillering stage) 일사부족은 수량에 크게 영향을 주지 않는다.

3 일사와 재배

(1) 작물의 광입지에 따른 작물의 선택

① 작물이 받는 일사는 입지에 달라지며 수광량의 차이는 작물 기초대사 및 건물의 생산 등에 영향을 미친다.

② 작물의 재배에 일사가 고려되어야 한다.

(2) 작휴와 파종

① 이랑의 방향

㉠ 경사지는 등고선 경작이 유리하나 평지는 수광량을 고려해 이랑의 방향을 정해야 한다.

㉡ 남북방향이 동서방향보다 수량의 증가를 보인다.

㉢ 겨울작물이 아직 크게 자라지 않았을 때는 동서이랑이 수광량이 많고 북서풍도 막을 수 있다.

② 파종의 위치

강한 일사를 요구하지 않는 감자는 동서이랑도 무난하며 촉성재배 시 동서이랑의 골에 파종하되 골 북쪽으로 붙여서 파종하면 많은 일사를 받을 수 있다.

(3) 광스트레스

① 솔라리제이션(solarization)

㉠ 의의 : 그늘에서 자란 작물이 강광에 노출되어 잎이 타 죽는 현상이다.

㉡ 원인 : 엽록소의 광산화가 원인이다.

㉢ 강광에 적응하게 되면 식물은 카로티노이드가 산화하면서 산화된 엽록체를 환원시켜 기능을 회복할 수 있다.

② 백화묘(白化苗)

㉠ 봄에 벼의 육묘 시 발아 후 약광에서 녹화시키지 않고 바로 직사광선에 노출시키면 엽록소가 파괴되어 발생하는 장해이다.

㉡ 약광에서 서서히 녹화시키거나 강광에서도 온도가 높으면 카로티노이드가 엽록소를 보호하여 피해를 받지 않는다.

㉢ 엽록소가 일단 형성되면 높은 온도보다 낮은 온도에 더 안정된다.

제6절 | 생물환경

1 작물을 둘러싸고 있는 생물

(1) 경지에 서식하는 생물

① 경지는 초원, 삼림과는 크게 다른 인위적 환경이다.

② 경지는 자연계와 같은 다양성을 갖지 못하고 목적하는 작물만 집중적으로 재배되는 단순성을 가진다.

(2) 경지에서 유익한 생물과 유해한 생물

① 유익한 생물

    ㉠ 조류(鳥類 bird) : 경지에서 과실이나 곡물에 해를 끼치기도 하지만 작물 해충을 잡아먹어 천적으로 역할도 크다.

    ㉡ 천적(天敵 natural enemy)

        ⓐ 해충을 포식하거나 해충에 기생하는 생물을 천적이라 한다.

        ⓑ 경지에서는 육식성 소동물이 서식하며 해충의 이상 번식을 방지하는 역할을 한다.

    ㉢ 화분매개곤충

    ㉣ 토양미생물

② 유해한 생물

    ㉠ 작물 생육을 저해하는 생물을 의미하며 병을 일으키는 병원성미생물과 바이러스, 작물에 해를 끼치는 해충과 해조수(害鳥獸), 잡초 등 여러 생물이 있다.

    ㉡ 유해생물의 이상 번식은 작물에 큰 피해를 입히므로 이들의 방지를 위해 직접적 방제, 윤작, 재배방법에 따른 회피, 천적의 도입 등의 처리를 하고 있다.

2 작물의 병해와 방제

(1) 병해의 종류와 발병원인

① 병해

작물의 정상적 대사활동이 어떤 원인으로 장해를 받아 작물 본래의 기능을 상실하여 잎이 시들고 생육이 정지되는 등 이상증상을 나타내는 것을 병해라 한다.

② 병해의 종류

    ㉠ 전염성병해 : 사상균, 세균, 바이러스 등의 병원체에 의한 병해로 주변으로 확대해 가는 전염성을 가지고 있다.

    ㉡ 비전염성병해 : 부적합 토양, 기상, 환경오염물질, 약해(藥害) 등이 원인으로 주변 확산이 없다.

③ 발병의 원인

    ㉠ 주인(主因) : 병해를 일으키는 병원체

ⓒ 유인(誘因) : 발병을 유발하는 환경조건

ⓒ 소인(素因) : 병에 걸리기 쉬운 성질

ⓔ 벼 도열병의 발생조건의 예

　　ⓐ 주인 : 도열병균의 분생포자가 많이 발생

> ◦ 분생포자(分生胞子) : 대기 균사체로 성장하는 진균이 다른 위치로 이동 번식을 위하여 생성하는 무성생식포자의 일종이다. 대기 중에 먼지처럼 다수 존재하며 바람이나 비에 의하여 멀리 다른 곳으로 이동이 용이하다.

　　ⓑ 유인 : 장시간 강우와 일조의 부족, 저온과 질소의 과다시비, 밀식, 만식

　　ⓒ 소인 : 도열병에 걸리기 쉬운 성질의 품종 재배

ⓜ 위와 같이 작물의 병해는 하나의 원인만으로 발생하는 것은 아니며 2개, 3개 이상의 원인이 겹쳐져 발생한다.

(2) 사상균에 의한 병해

① 사상균의 특징

ⓐ 사상균에 의한 병해가 작물의 병해 중 가장 많다.

ⓒ 곰팡이 또는 균류라 하며 분류학상으로는 식물에 속하나 엽록소를 갖지 않아 영양을 다른 것에서 취해서 생활한다.

ⓒ 부생균 : 죽은 식물의 사체에서 영양을 취하는 사상균

ⓔ 기생균 : 살아있는 작물에 침입하여 영양을 취하는 사상균

　　ⓐ 절대기생균

　　　가. 살아있는 식물에서만 영양을 취한다.

　　　나. 녹병균, 뿌리혹병균 등

　　ⓑ 조건적 부생균

　　　가. 살아있는 식물체에 기생하지만 조건에 따라서는 죽은 식물에도 부생적으로 생활한다.

　　　나. 도열병균, 역병균, 깨씨무늬병 등 대다수의 병원균

　　ⓒ 조건적 기생균

　　　가. 부생적 생활을 하나 작물의 생육이 약해졌을 때 기생하는 균

　　　나. 입고병균, 잎집무늬마름병균 등

② 사상균병의 종류

ⓐ 전염방식에 따라 공기전염성병해와 토양전염성병해로 구분한다.

ⓒ 공기전염성병해

　　ⓐ 병원균이 물, 바람, 종자, 곤충 등에 의해 전염되는 병해

　　ⓑ 벼의 도열병과 잎집무늬마름병, 감자의 역병, 맥류의 깜부기병, 사과의 적성병 등

    © 토양전염성병해

      ⓐ 병원균이 토양에 있어 작물의 뿌리 또는 줄기 밑부분으로 침입하여 발생하는 병해

      ⓑ 벼의 입고병, 배추의 뿌리혹병, 오이나 토마토의 역병 등

      ⓒ 연작장해의 주요 원인 중 하나

  ③ 사상균병의 전염방법

    ㉠ 종자전염 : 벼 도열병, 맥류 깜부기병, 고구마 흑반병 등

    ㉡ 풍매전염 : 벼 도열병, 맥류의 녹병, 배의 적성병 등

    ㉢ 수매전염 : 벼 황화위축병, 감자 역병 등

    ㉣ 충매전염 : 오이 탄저병, 배의 적성병 등

    ㉤ 토양전염 : 토마토 입고병, 가지의 위축병, 배추 뿌리혹병 등

  ④ 발병

    ㉠ 사상균은 작물 조직 내에 침입하면 영양을 흡수하면서 발육, 만연

    ㉡ 발병 : 사상균의 발육, 만연으로 증상을 나타내는 것

    ㉢ 병징

      ⓐ 발병으로 인해 작물에 나타나는 병적 변화

      ⓑ 병명의 판단에 중요한 단서

(3) 세균에 의한 병해

  ① 세균의 특징

    ㉠ 하나하나가 독립된 작은 단세포의 미생물이다.

    ㉡ 모양으로 간상, 구상, 나선상, 사상 등으로 나누며 작물의 병해는 대부분 간상의 세균이 일으킨다.

  ② 세균병의 분류(침입 장소에 따라)

    ㉠ 유조직병

      ⓐ 작물의 유조직으로 세균이 침입하여 반점, 엽고, 변부, 썩음 등을 병징을 나타낸다.

> • 유조직(柔組織 parenchyma) : 물렁하고 유연한 조직을 의미하며 식물체의 대부분을 점하는 유세포로 이루어진 조직이다. 세포막은 얇으며 원형질을 포함하고 있어 동화나 저장 등의 여러 생리작용을 한다.
> • 엽고(葉枯 leaf withering) : 잎이 어떤 피해를 입거나 수명을 다할 때 마르는 현상으로 병으로는 엽고병이 있다.

      ⓑ 벼 흰빛잎마름병, 오이의 반점세균병, 양배추 검은썩음병, 채소의 연부병 등

    ㉡ 도관병

      ⓐ 작물의 도관(vessel 식물의 뿌리에서 흡수한 물이 이동하는 통로)으로 세균이 침입, 증식하여 주변 조직의 파괴와 도관을 막아 물의 상승억제로 위조현상을 보인다.

ⓑ 토마토와 가지의 청고병, 담배 입고병, 백합의 입고병 등

> ° 청고병(靑枯病) : 토마토, 가지, 감자 따위의 잎과 줄기, 뿌리 따위의 상처에 세균이 들어가 급성으로 푸른 채 시들어 말라 버리는 병이다. 온도가 높고 배수가 불량한 땅에 많이 발생한다.
> ° 입고병(立枯病 take-all) : 작물에 기생균 때문에 잎, 줄기가 말라죽는 병이다.

ⓒ 증생병(增生病 hyperplastic disease)

ⓐ 세균이 방출한 호르몬의 작용으로 세포가 커져 조직의 일부가 이상비대 증상을 나타낸다.

ⓑ 배, 감, 포도, 사과, 당근 등의 근두암종병

> ° 근두암종병(根頭癌腫病 crown gall) : 식물의 종양의 일종, 배, 사과, 장미 등에 주로 생기는 병이다. 뿌리혹병이라고도 한다.

③ 세균병의 전염

㉠ 세균은 광(光)과 건조에 약하여 피해작물의 조직 또는 토양 등 수분이 많은 곳에 생활한다.

㉡ 전염은 빗물, 관개수 등 물과 흙에 혼합되어 운반되고 또는 종묘나 곤충에 의해 전염된다.

㉢ 사상균과는 달리 작물 표피를 뚫고 침입할 수 있는 기관이 없어 상처나 기공, 수공, 밀선(蜜腺) 등 자연개구부(自然開口部)와 보호층이 발달하지 않은 근관 등으로 침입한다.

> ° 밀선(蜜腺 honey gland) : 꿀(糖)을 분비하는 다세포 구조를 말한다.
> ° 자연개구부(自然開口部) : 식물 식물의 기공이나 수공 또는 밀선처럼 형태적으로 처음부터 뚫려 있는 구멍을 의미한다.

(4) 바이러스에 의한 병해

① 바이러스의 특징

㉠ 바이러스 병은 거의 모든 작물에서 발생한다.

㉡ 병원체는 식물바이러스라 한다.

㉢ 본체는 DNA 또는 RNA의 핵산이며 단백질 껍질을 갖는다.

㉣ 모양은 간상, 사상, 구상 등 여러 모양이다.

㉤ 바이러스의 특징

ⓐ 일반 광학현미경으로 보이지 않을 만큼 크기가 작다.

ⓑ 특정 식물에 감염하여 병해를 일으키는 성질이 있다.

ⓒ 인공배양되지 않는다.

ⓓ 오로지 세포 내에서만 증식한다.

② 바이러스 병의 종류

㉠ 위축병 : 벼, 맥류, 담배, 콩 등

> ◦ 위축병(萎縮病 오갈병) : 농작물이 병원체의 침입을 받아서 잎·줄기가 불규칙하게 오그라들어 기형이 되는 병이다.

     ⓛ 위황병 : 백합 등

> ◦ 위황병(萎黃病 yellows, chlorosis) : 오갈 현상과 황화 현상이 겹쳐서 나타나는 병이다.

     ⓒ 모자이크병 : 감자, 토마토, 오이, 튤립, 수선 등

> ◦ 모자이크병(-病 mosaic disease) : 식물체의 잎에 얼룩얼룩한 무늬가 형성되는 증상으로 주로 바이러스에 의해 초래되는 일반적인 병징이다.

     ⓔ 괴저모자이크병 : 담배, 토마토 등

> ◦ 괴저현상(壞疽現象) : 식물 생체의 특정 부위의 조직이 죽거나 썩어 허물어지는 현상이다.

     ⓜ 잎말림병 : 감자 등

  ③ 바이러스 병의 전염
     ㉠ 진딧물, 멸구, 매미충 등과 선충 및 곰팡이 등을 매개로 한 것이 많다.
     ⓛ 작물간의 접촉, 종묘, 토양, 접목 등에 의해서도 전염된다.
     ⓒ 표피에 생긴 상처의 즙액에 의해 전염된다.
     ⓔ 꽃가루에 의한 전염의 경우도 있다.

(5) 예방과 방제

  ① 병해의 예방
     ㉠ 저항성 품종 또는 대목을 선정한다.
     ⓛ 건강한 생육으로 저항력을 증진한다.
     ⓒ 재배환경의 조절로 병원균 활동을 억제한다.
     ⓔ 종자 및 토양 소독과 윤작 등으로 병원균의 밀도를 낮춘다.

  ② 방제
     ㉠ 작물에 병의 발병 시 가능한 빨리 구제하여야 한다.
     ⓛ 병해는 예방이 최선의 방법으로 발병 후에는 이미 늦은 경우가 많다.
     ⓒ 발병 전 정기적으로 예방제의 살포가 필요하다.
     ⓔ 발병 후에는 치료제를 살포하는데 치료제의 연용(連用 연속해서 동일한 약제를 사용)은 병원균에 내성이 생기기 쉬워 사용횟수를 가능한 줄여야 한다.

3 작물의 해충과 그 방제

(1) 해충의 종류와 피해

① 해충의 종류

    ㉠ 대부분 곤충이 많으며 그 외 진드기류, 선충류, 갑각류, 복족류 등과 소형 무척추동물도 있다.

    ㉡ 입의 모양에 따라 흡즙성과 저작성 해충으로 분류한다.

② 피해

    ㉠ 가해 : 작물에 직접적인 상처 또는 장해를 주어 쇠약하게 하는 피해이다.

    ㉡ 피해 : 해충의 가해에 의한 작물의 증상이다.

    ㉢ 해충의 가해 양식

      ⓐ 식해(해충이 식물의 잎이나 줄기 따위를 갉아 먹어 해치는 일) : 이화명나방, 혹명나방, 멸강나방, 벼잎벌레, 줄기굴파리, 벼물바구미 등

      ⓑ 흡즙해(즙액흡수) : 멸구, 애멸구, 진딧물, 진드기, 방귀벌레, 깍지진디, 패각충 등

      ⓒ 산란, 상해 : 포도뿌리진딧물, 진드기, 선충류 등

      ⓓ 벌레혹 형성 : 끝동매미충, 잎벌, 콩잎굴파리 등

      ⓔ 기타(중독물질) : 벼줄기굴파리, 벼심고선충 등

(2) 해충의 방제

① 의의

    ㉠ 병해와 달리 해충의 방제는 발생 후에도 약제살포로 방제가 가능하다.

    ㉡ 약제의 다량 사용은 천적류의 피해, 환경오염, 해충의 내성, 잔류독성 등 부정적인 면도 많다.

    ㉢ 해충의 방제는 예방과 방제를 조합한 종합적 방제가 필요하다.

    ㉣ 해충의 방제목표와 주요 방제방법

      ⓐ 예방

        가. 방제목표 : 해충의 발생 억제, 해충의 가해 회피

        나. 주요 방제방법 : 윤작과 휴한, 저항성품종의 선택, 천적의 이용, 재배시기의 이동, 차단, 전등조명에 의한 기피

      ⓑ 방제

        가. 방제목표 : 발생한 해충을 살충

        나. 주요 방제방법 : 살충제 살포, 유살 및 포살(포획하여 살충), 대항식물의 이용, 천적의 이용, 불임웅 이용

          ◦ 유살법(誘殺法 luring method) : 빛, 냄새 등으로 해충의 특수한 습성 등을 이용하거나 또는 유인미끼, 유살기구 등으로 유인하여 살충하는 해충구제법이다.

          ◦ 페로몬트랩(pheromone trap) : 성유인 물질을 이용하여 곤충을 포획하는 장치이다. 주로 해충의 예찰(豫察 forecasting 병해충의 발생이나 증가 가능성을 미리 예측)에 많이 쓰인다.

② 천적
　㉠ 천적의 분류
　　ⓐ 천적(天敵 natural enemy) : 특정 곤충의 포식 또는 기생이나 침입하여 병을 일으키는 생물을 그 곤충의 천적이라 한다.
　　ⓑ 밀폐공간에서 작물을 재배하는 시설원예에서는 천적의 이용이 유리하고 유기원예에서는 중요한 해충의 구제방법으로 이용된다.

> ○ 유기농업(有機農業 organic farming) : 화학 비료나 농약 등 일체의 합성화학 물질을 사용하지 않거나 줄이고 퇴비와 외양간두엄 등 유기물과 자연광석, 미생물, 천적, 분변토 등 자연적인 자재만을 사용하는 농업을 말한다.

　　ⓒ 이용 천적은 기생성, 포식성, 병원성 천적으로 구분할 수 있다.
　　ⓓ 천적의 분류와 종류
　　　가. 기생성 천적 : 기생벌, 기생파리, 선충 등
　　　나. 포식성 천적 : 무당벌레, 포식성 응애, 풀잠자리, 포식성 노린재류 등
　　　다. 병원성 천적 : 세균, 바이러스, 원생동물 등
　㉡ 천적의 종류와 대상 해충

해충	천적(적합한 환경)	이용작물
점박이응애	칠레이리응애(저온)	딸기, 오이, 화훼 등
	긴이리응애(고온)	수박, 오이, 참외, 화훼 등
	캘리포니아커스이리응애(고온)	수박, 오이, 참외, 화훼 등
	팔리시스이리응애(야외)	사과, 배, 감귤 등
온실가루이	온실가루이좀벌(저온)	토마토, 오이, 화훼 등
	Eromcerus eremicus(고온)	토마토, 오이, 멜론 등
진딧물	콜레마니진디벌	엽채류, 과채류 등
총채벌레	애꽃노린재류(큰 총채벌레 포식)	과채류, 엽채류, 화훼 등
	오이이리응애(작은 총채벌레 포식)	과채류, 엽채류, 화훼 등
나방류 잎굴파리	명충알벌	고추, 피망 등
	굴파리좀벌(큰 잎굴파리유충)	토마토, 오이, 화훼 등
	Dacunas sibirica(작은 유충)	토마토, 오이, 화훼 등

> ○ 응애(mite) : 거미강 '진드기'목의 마디응앳과, 나비응앳과 따위의 절지동물을 통틀어 이르는 말이다. 0.2 ~0.8mm 내외의 아주 작은 동물에 몸은 머리, 가슴, 배의 구별이 없고, 부화 약충(若蟲)은 다리가 3쌍, 어미벌레는 4쌍이다. 거의 모든 지역에 살고 있으며, 먹이도 식물성, 동물성, 부식질 등 매우 다양하다.

ⓒ 천적의 이용방법
ⓐ 작물 생육환경에 따라 천적을 적당히 선택해야 한다.
ⓑ 천적 이용 효과를 높이기 위해 가능하면 무병 종묘를 이용하고 외부 해충의 침입을 막아준다.
ⓒ 천적 활동에 알맞은 환경 조성과 가급적 조기 투입한다.
ⓔ 천적 유지식물(banker plant 뱅커플랜트)
ⓐ 천적 증식과 유지에 이용되는 식물이다.
ⓑ 유연관계가 먼 작물들은 해충 종류도 서로 달라 주작물의 해충으로는 작용하지 않으면서 천적의 증식을 위한 먹이로 이용된다.
ⓒ 딸기의 뱅커플랜트
가. 단자엽식물인 보리가 이용된다.
나. 보리에는 초식자인 보리두갈래진딧물과 그 천적인 콜레마니진딧벌이 동시에 증식한다.
다. 보리에 증식한 진딧벌은 딸기에 발생하는 진딧물을 공격한다.
ⓓ 뱅커플랜트 이용은 해충 발생 전에 준비한다.
ⓔ 뱅커플랜트 천적 발생시기와 주작물의 해충 발생시기를 일치시켜야 한다.
ⓕ 기주곤충의 추가 접종이 필요하다.

∘ **기주식물**(寄主植物 host plant) : **주로 초식성**(草食性) **곤충이나 그 애벌레의 먹이가 되는**(食草) **식물이다.**

ⓜ 천적 이용 시 문제점
ⓐ 모든 해충의 구제는 불가능하다.
ⓑ 천적의 관리 및 이용에 기술적 어려움과 경제적 측면도 고려하여야 한다.
ⓒ 대상 해충이 제한적이다.
ⓓ 해충밀도가 지나치게 높으면 방제효과가 떨어진다.
ⓔ 천적도 환경 영향을 크게 받으므로 방제효과가 환경에 따라 달라진다.
ⓕ 농약과 같이 즉시 효과가 나타나지 않는다.
③ **가해의 회피**
㉠ 발생 시기와 가해 시기를 피해 재배 시기의 이동 등으로 회피할 수 있다.
㉡ 차단, 유인, 포살, 조명 등도 이용한다.
④ **약제방제**
㉠ 예방효과는 적지만 효과가 단시간에 확실히 나타난다.
㉡ 재배방법에도 제약이 없다.
㉢ 약제사용 시 주의점
ⓐ 해충 또는 작물에 알맞은 약제의 선택
ⓑ 포장환경과 작물의 생육에 맞는 제형(분제, 입제, 수화제, 유제 등)의 선택
ⓒ 농도 및 살포량을 정확하게 지킬 것

ⓓ 살포 적기에 사용할 것

ⓔ 동일 약제를 연용하지 말고 성분이 다른 약제를 조합할 것

ⓕ 천적에 해를 주지 말아야 하며 선택성이 있는 농약을 사용할 것

(3) 병충해종합관리(IPM, integrated pest management)

① 의의

㉠ 경제적, 환경적, 사회적 가치를 고려하여 종합적이고 지속가능한 병충해 관리 전략

㉡ integrated(종합적) : 병충해 문제 해결을 위해 생물학적, 물리적, 화학적, 작물학적, 유전학적 조절방법을 종합적으로 사용하는 것을 의미한다.

㉢ pest(병충해) : 수익성 및 상품성 있는 산물의 생산에 위협이 되는 모든 종류의 잡초, 질병, 곤충을 의미한다.

㉣ management(관리) : 경제적 손실을 유발하는 병충해를 사전적으로 방지하는 과정을 의미한다.

㉤ IPM은 병충해의 전멸이 목표가 아닌 일정 수준 병충해의 존재와 피해에서도 수익성 있고 상품성 있는 생산이 가능하도록 하는 데 그 목적이 있다.

② 농약사용 절감을 위한 병충해종합방제

㉠ 병충해 발생을 억제할 수 있는 재배기술의 실천

㉡ 물리적 방제기술의 실천

㉢ 천적 또는 페르몬 등 생물학적 방제법의 도입

㉣ 농약은 최후 수단으로 꼭 필요한 경우에만 사용

4 잡초(雜草 weed)와 방제

(1) 잡초와 피해

① 잡초

㉠ 재배 포장 내에 발생하는 작물 이외의 식물이다.

㉡ 광의의 잡초는 포장뿐만 아니라 포장주변, 도로, 제방 등에서 발생하는 식물까지 포함한다.

㉢ 작물 사이에 자연적으로 발생하여 직·간접으로 작물의 수량이나 품질을 저하시키는 식물을 잡초라고 한다.

② 피해

㉠ 양수분의 수탈   ㉡ 광의 차단

㉢ 환경의 악화   ㉣ 병충해의 번식 조장

㉤ 유해물질의 분비 : 유해물질의 분비로 작물생육을 억제하는 상호대립억제작용(타감작용 allelopathy)이 있음

> ◦ 상호대립억제작용(相互對立抑制作用 allelopathy) : 식물체 내에서 생성된 물질이 다른 식물의 발아와 생육에 영향을 미치는 생화학적인 상호반응을 말한다. 잡초와 작물 간의 생화학적 상호작용은 촉진적인 경우보다 억제적인 경우가 많다.

  ⓑ 품질의 저하   ⓢ 가축에의 피해
  ⓞ 미관의 손상   ⓩ 수로 또는 저수지 등에 만연은 물의 관리 작업이 어려움

③ 잡초의 유용성
  ㉠ 지면 피복으로 토양침식이 억제될 수 있다.
  ㉡ 토양에 유기물의 제공원이 될 수 있다.
  ㉢ 구황작물로 이용될 수 있는 것들이 많다.
  ㉣ 야생동물, 조류 및 미생물의 먹이와 서식처로 이용되어 환경에 기여한다.
  ㉤ 유전자원으로 이용될 수 있다.
  ㉥ 과수원 등에서 초생재배식물로 이용될 수 있다.
  ㉦ 약용성분 및 기타 유용한 천연물질의 추출원이 된다.
  ㉧ 가축의 사료로서 가치가 있다.
  ㉨ 환경오염 지역에서 오염물질을 제거한다.
  ㉩ 자연경관을 아름답게 하는 조경재료가 된다.

④ 잡초의 주요 특성
  ㉠ 원하지 않는 장소에 발생한다.
  ㉡ 자연 야생상태에서도 잘 번식한다.
  ㉢ 번식력이 왕성하며, 큰 집단을 형성한다.
  ㉣ 근절하기 힘들며, 작물, 동물, 인간에게 피해를 준다.
  ㉤ 이용가치가 적다.
  ㉥ 미관을 손상시킨다.

(2) 잡초의 종류와 생태

① 잡초의 종류
 생활사에 따라 1년생, 2년생 및 다년생으로 구분한다.
  ㉠ 1년생 잡초 : 생활주기가 1년 이내인 잡초
  ㉡ 2년생 잡초 : 생활주기가 1 ~ 2년인 잡초
  ㉢ 다년생 잡초 : 2년 이상 생존하며 종자로 번식하기도 하지만, 영양번식을 하는 경우가 많다.

② 잡초의 생태
  ㉠ 종자 생산량이 많고 소립으로 발아가 빠르고, 초기의 생장속도가 빠르다.
  ㉡ 대개 C_4형 광합성으로 광합성 효율이 높고 생장이 빨라서 경합적 측면에서 많은 장점을 갖고 있다.
  ㉢ 불량환경에 적응력이 높고 한발 및 과습의 조건에서도 잘 견딘다.

(3) 잡초의 방제

① 잡초의 예방
  ㉠ 윤작   ㉡ 방목   ㉢ 소각 및 소토   ㉣ 경운
  ㉤ 종자 선별   ㉥ 피복   ㉦ 답전윤환   ㉧ 담수 및 써레질

　　　　ⓩ 퇴비를 잘 부숙시켜 퇴비 중의 잡초종자의 경감

② **잡초의 방제**

　　㉠ 물리적(기계적) 방제

　　　　ⓐ 물리적 힘을 이용하여 잡초를 제거하는 방법이다.

　　　　ⓑ 방법으로는 수취, 화염제초, 베기, 경운, 중경 등이 있다.

　　㉡ 경종적(생태적) 방제

　　　　ⓐ 잡초와 작물의 생리, 생태적 특성을 이용하여 잡초의 경합력을 저하시키고 작물의 경합력을 높이는 방법을 이용한다.

　　　　ⓑ 방법으로는 재배시기의 조절, 윤작, 시비의 조절 등이 있다.

　　㉢ 생물학적 방제

　　　　ⓐ 생태계 파괴 없이 보존할 수 있는 방법이다.

　　　　ⓑ 곤충, 소동물, 어패류 등을 이용하여 방제하는 방법이다.

　　㉣ 화학적 방제(제초제)

　　　　ⓐ 장점

　　　　　　가. 사용폭이 넓고 효과가 커서 비교적 완전한 제초가 가능하다.

　　　　　　나. 효과가 상당 기간 지속적이며, 경비가 절감된다.

　　　　　　다. 사용이 간편하다.

　　　　ⓑ 단점

　　　　　　가. 인축과 작물에 약해 가능성이 있다.

　　　　　　나. 지식과 훈련 및 교육이 필요하다.

　　㉤ 종합적 방제(IWM, Integrated Weed Management)

　　　　ⓐ 잡초 방제를 위해 2종 이상의 방제법을 혼합하여 사용하는 것이다.

　　　　ⓑ 불리한 환경으로 인한 경제적 손실이 최소화되도록 유해생물의 군락을 유지시키는 데 목적이 있다.

　　　　ⓒ 완전 제거가 아닌 경제적 손실이 없는 한도 내에서 가장 이상적인 방제를 요구하는 방법이다.

③ **제초제**

　　㉠ 처리부위에 따른 분류

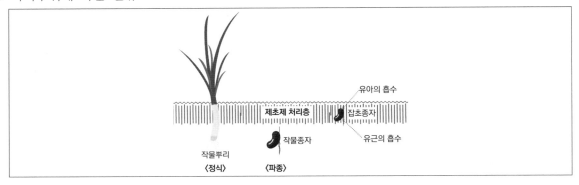

ⓐ 토양에 처리하는 「토양처리제초제」와 작물과 잡초가 싹튼 후 잡초에 직접 처리하는 「경엽처리제초제」로 나눌 수 있다.

ⓑ 토양 표면에 토양처리제를 살포하면 1 ~ 2cm의 얇은 처리층이 형성된다. 그런데 잡초종자는 대개 광발아성이므로 표토 1 ~ 2cm에 위치하는 종자만 발아하고, 그 아래에 있는 종자는 발아하지 않는다. 따라서 처리층에 있는 잡초의 유아나 유근이 제초제를 많이 흡수하게 되어 잡초가 죽게 된다.

ⓛ 사용장소에 따른 분류

사용장소에 따라 「논 제초제」, 「밭 제초제」, 「과원 제초제」, 「잔디밭 제초제」 등으로 구분한다.

ⓒ 대상잡초에 따른 분류

대상잡초의 형태적 특징에 따라 「광엽(쌍떡잎식물) 제초제」와 「화본과(외떡잎식물) 제초제」로 구분한다.

ⓓ 처리시기에 따른 분류

ⓐ 발아전 처리제 : 잡초가 발아하기 전에 토양에 처리하는 제초제이다.

ⓑ 발아후(생육기) 처리제 : 잡초의 발아초기 ~ 생육기간 중 토양 또는 경엽에 처리하는 제초제이다.

ⓜ 선택성 여부에 따른 분류

ⓐ 선택성 제초제(selective herbicide)

특정한 초종에만 약효를 보이는 것으로 대부분의 제초제가 이 범주에 속하며, 실제 포장에는 다양한 잡초가 혼재하므로 2가지 이상의 성분을 섞은 혼합제형 제초제가 사용되고 있다.

ⓑ 비선택성 제초제(non-selective herbicide)

초종에 관계없이 효과를 보이는 제초제로 작물이 자라지 않는 비농경지에만 사용해야 한다.

ⓗ 제초제의 구비조건

ⓐ 제초효과가 커야 한다.

ⓑ 인축 및 공해 등에 대한 안전도가 높아야 한다.

ⓒ 사용이 편리해야 한다.

ⓓ 조건의 차이에 있어서 효과가 안전해야 한다.

ⓔ 가격이 적절해야 한다.

ⓕ 약해가 적어야 한다.

ⓖ 처리에 있어 안전성이 있어야 한다.

ⓗ 노력절감을 위해 다른 약제와 혼용이 가능해야 한다.

ⓢ 제초제 사용상의 유의점

ⓐ 선택과 사용 시기, 사용 농도를 적절히 한다.

ⓑ 파종 후 처리 시는 복토를 다소 깊고 균일하게 한다.

ⓒ 인축에 유해한 것은 특히 취급에 주의한다.

ⓓ 제초제의 연용에 의한 토양조건이나 잡초 군락의 변화에 유의해야 한다.

ⓔ 농약, 비료 등과의 혼용을 고려해야 한다.

ⓕ 제초제에 대한 저항성품종의 육성이 고려되어야 한다.

제7절 상적발육과 환경

1 상적발육

(1) 생육의 개념

① 생장
  ㉠ 여러 가지 잎, 줄기, 뿌리 같은 영양기관이 양적으로 증대하는 것이다.
  ㉡ 영양생장을 의미하며 시간의 경과에 따른 변화이다.

② 발육
  ㉠ 아생(芽生), 화성(化成), 개화(開化), 성숙(成熟) 등과 같은 작물의 단계적 과정을 거치는 체내 질적 재조정작용이다.
  ㉡ 생식생장이며 질적변화이다.

③ 상적발육(相的發育 phasic development)
  ㉠ 작물이 순차적으로 여러 발육상을 거쳐 발육이 완성되는 현상을 말한다.
  ㉡ 상적발육의 가장 중요한 전환점은 개화 전 영양생장(vegetative)을 거쳐 화성을 이루고 계속 체내 질적변화를 계속하는 생식생장(reproductive growth)으로의 전환으로, 화성이라 표현하기도 한다.
  ㉢ 화성의 유도에는 특수환경, 특히 일정한 온도와 일장이 관여한다.

(2) 상적발육설(相的發育說 theory of phasic development)

① 리센코(Lysenko, 1932)에 의해서 제창되었다.

② 작물의 생장과 발육은 같은 현상이 아니며 생장은 여러 기관의 양적 증가를 의미하지만, 발육은 체내의 순차적인 질적 재조정작용을 의미한다.

③ 1년생 종자식물은 발육상은 개개의 단계(stage)에 의해 성립된다.

④ 개개의 발육단계는 서로 접속해 성립되어 있으며, 이전의 발육상을 경과하지 못하면 다음의 발육상으로 이행할 수 없다.

⑤ 하나의 식물체에서 개개의 발육상 경과는 서로 다른 특정 환경조건이 필요하다.

(3) 작물의 발육상

① 감온상과 감광상
  ㉠ 감온상(感溫相 thermo-phase 감온기, 요열기, 요온기) : 작물의 상적발육에는 초기의 특정 온도가 필요한 단계이다.
  ㉡ 감광상(感光相 photo-phase 감광기, 요광기) : 감온상 이후 특정 일장이 필요한 단계이다.

② 작물 사례

　　㉠ 추파맥류

　　　ⓐ 생육 초기 일정한 저온과 그 뒤에 일정한 장일 조건을 경과하지 못하면 출수, 개화, 성숙의 단계에 도달하지 못한다. 초기 특정온도가 필요한 단계인 감온상이 있고, 그 후 특정 일장이 필요한 단계인 감광상이 있다.

　　　ⓑ 추파맥류는 감온상과 감광상이 모두 잘 나타난다.

　　㉡ 단일식물인 자포니카 벼의 만생종에서는 특히 감광상이 뚜렷하게 나타난다.

　　㉢ 중성식물인 토마토에서는 감온상과 감광상이 잘 나타나지 않는다.

(4) 화성의 유인

① 화성유도의 주요 요인

　㉠ 내적 요인

　　ⓐ C/N율로 대표되는 동화생산물의 양적 관계

　　ⓑ 옥신(auxin)과 지베렐린(gibberellin) 등 식물호르몬의 체내 수준 관계

　㉡ 외적 요인

　　ⓐ 일장

　　ⓑ 온도

② C/N율설

　㉠ C/N율 : 식물 체내의 탄수화물과 질소의 비율(탄질률)을 의미한다.

　㉡ C/N율설 : C/N율이 식물의 생육, 화성, 결실을 지배하는 기본 요인이 된다는 견해이다.

　㉢ 크라우스와 크레이빌(Kraus & Kraybil, 1918)의 연구 결과 － 토마토

　　ⓐ 수분과 질소를 포함한 광물질 양분이 풍부해도 탄수화물 생성이 불충분하면 생장이 미약하고 화성 및 결실도 불량하다.

　　ⓑ 탄수화물 생성이 풍부하고 수분과 광물질 양분, 특히 질소가 풍부하면 생육은 왕성하나 화성 및 결실이 불량하다.

　　ⓒ 수분과 질소의 공급이 약간 적어 탄수화물의 생성 조장되어 탄수화물이 풍부해지면 화성 및 결실이 양호하게 되지만, 생육은 감퇴한다.

　　ⓓ 탄수화물의 증대를 저해하지 않고 수분과 질소의 공급이 더욱 감소되면 생육이 더욱 감퇴하고 화아는 형성되나 결실하지 못하고 더욱 심해지면 화아도 형성되지 않는다.

　　ⓔ 작물의 개화, 결실에 C/N율설이 적용되는 경우가 많다.

2 춘화처리(春花處理 vernalization)

(1) 춘화처리의 뜻

① 온도유도

생육 중 일정한 시기에 일정 온도에 처하게 하여 개화 및 출수를 유도하는 것을 말한다.

② 춘화처리

일반적으로 저온처리로 꽃피는 능력을 획득하게 하는 것을 말한다. 식물 중에서는 낮은 기온과 높은 기온이 일정기간이 지속되어야만 꽃을 피우는 경우가 있다. 일반적으로 겨울작물은 저온, 여름작물은 고온처리에 효과적이다. 이렇게 작물의 개화를 유도·촉진하기 위해서 주로 생육의 초기 일정 시기에 일정 온도처리를 하는 것을 춘화처리라고 한다.

㉠ 개화 유도를 위해 생육 중 일정한 시기에 일정한 온도로 처리하는 것으로 일반적으로 일정한 저온 조건에서 식물의 감온상(感溫相)을 경과하도록 하는 것이다.

㉡ 춘화처리가 필요한 식물에서는 저온처리 하지 않으면 개화의 지연 또는 영양기에 머물게 된다.

㉢ 저온처리 자극의 감응부위는 생장점이다.

> ◦ 감온상(感溫相 thermo stage, thermo-phase) : 작물의 경우 생장 도중 일정한 시기에 일정한 온도와 광(光) 조건을 만족해야 개화(開花)하는 경우, 온도에 감응(感應)하는 생육시기를 감온상이라 한다.

(2) 춘화처리의 구분

① 처리온도에 따른 구분

일반적으로 저온춘화가 고온춘화에 비해 효과가 결정적이므로 춘화처리라 하면 보통은 저온춘화를 의미한다.

㉠ 저온춘화 : 월년생(越 넘을 월 年生 winter annual 두 해에 걸쳐서 싹이 터서 자라다가 이듬해에 열매를 맺고 죽는 식물) 장일식물(長日植物 long-day plant 봄이나 여름, 낮이 길어지고 밤의 길이가 짧아지면 개화하는 식물)은 비교적 저온인 0~10℃의 처리가 유효하다.

　예　맥류, 무, 배추, 딸기, 유채 등

㉡ 고온춘화 : 단일식물(短日植物 short-day plant 낮의 길이가 짧아지고 밤의 길이가 길어질 때 개화하는 식물)은 비교적 고온인 10~30℃의 처리가 유효하다.

　예　콩, 상추, 글라디올러스 등

② 처리시기에 따른 구분

㉠ 종자춘화형식물(種子春化型植物 seed vernalization type)

　ⓐ 최아종자에 춘화처리를 하는 것이다.

> ◦ 최아종자(催芽種子 pregerminated seed) : 벼, 맥류, 땅콩, 가지 등에서는 발아, 생육을 촉진할 목적으로 종자의 싹을 약간 틔워서 파종하는 경우가 있는데, 이때 약간 싹이 터진 종자를 말한다.

　ⓑ 추파맥류, 완두, 잠두, 봄올무, 배추, 무, 보리, 밀 등

　ⓒ 추파맥류 최아종자를 저온처리하면 춘파하여도 좌지현상(座止現象 remaining in rosette state, hiber-nalism)이 방지되어 정상적으로 출수한다.

> **📝 더 알아보기 좌지현상(座止現象 remaining in rosette state, hiber−nalism)**
>
> **1** 추파맥류(가을에 파종하는 맥류)는 보통 가을에 파종하면 이듬해에 정상으로 출수하겠지만 만약 이듬해 봄에 늦게 파종하면 잎만 무성하게 자라다가 결국엔 열매나 이삭이 생기지 못하고 그대로 주저앉고 마는 경우를 좌지현상(座 자리 좌 止 그칠 지 現象)이라고 한다.
>
> **2** 좌지현상을 막기 위해 파종기를 바꾸는 경우에는 파종 전에 인위적으로 춘화처리 즉, 종자에 수분이나 산소를 주어, 배(胚)가 생장을 개시한 이후에 파종한다.
>
> **3** 예를 들면, 종자춘화형으로서 추파형인 밀의 경우에는 종자에 적당한 수분을 주면서 10℃이하, 최적 0 ~ 3℃에 35 ~ 50일 춘화처리를 하는 경우 좌지현상을 막을 수 있다.

　　㉡ 녹체춘화형식물(綠體春化型植物 green vernalization type)

　　　　ⓐ 녹체상태로 춘화되는 형이다. 식물체가 어느 정도 영양생장을 하여 녹체상태가 된 후 저온상태를 거치는 경우 감응하는 식물이다.

　　　　ⓑ 양배추, 사리풀, 당근, 양파, 국화, 스토크, 히요스, 셀러리, 브로콜리 등

　　㉢ 비춘화처리형 : 춘화처리의 효과가 인정되지 않는 작물이다.

③ 그 밖의 구분

　　㉠ 단일춘화 : 추파맥류는 종자춘화형식물로 최아종자를 저온처리하면 봄에 파종해도 좌지현상이 방지되고 정상적으로 출수하는데, 저온처리가 없어도 본잎 1매 정도 녹체기에 약 한 달 동안의 단일처리를 하되 명기에 적외선이 많은 광[비타룩스(vitalux) A]을 조명하면(온도 18~22℃) 춘화처리를 한 것과 같은 효과가 발생하는데 이를 단일춘화라고 한다.

　　㉡ 화학적춘화 : 지베렐린 같은 화학물질을 처리해도 저온처리와 같은 효과를 나타내는 경우도 많은데, 이것을 화학적춘화라고 한다.

(3) 춘화처리 방법

① 최아

　　㉠ 춘화처리에 필요한 수분의 흡수율은 작물에 따라 각각 다르다.

　　㉡ 수온은 12℃가 알맞다.

　　㉢ 종자춘화 시 종자근(種子根 유근이 발달되어 생성된 뿌리)의 시원체(始原體 생물의 각 기관을 형성하게 될 최초 단계의 세포조직)인 백체(白體)가 나타나기 시작할 무렵까지 최아하여 처리한다.

　　㉣ 최아종자의 춘화처리는 처리기간이 길어지면 부패 또는 유근의 도장 우려가 있다.

　　㉤ 처리종자는 병원균에 감염되기 쉬우므로 종자를 소독하여야 한다.

　　㉥ 가을밀에 대한 최아법(Lysenko) : 종자를 15~20cm의 두께로 펴고 물을 살포(종자 100kg에 물 37L)하여 종자의 함수량이 50~55%가 되게 한 후, 10~15℃에서 24시간 또는 5~10℃에서 2~3일간 최아하여 종자 총수의 3~5%가 어린뿌리를 나타낼 때 처리한다.

② 처리온도와 기간

　　㉠ 처리온도 및 기간은 유전성에 따라 서로 다르다.

ⓛ 일반적으로 겨울작물은 저온, 여름작물은 고온이 효과적이다.

③ 산소

춘화처리 중 산소의 공급은 절대적으로 필요하며 산소의 부족은 호흡을 불량하게 하며 춘화처리 효과도 저해된다.

④ 광선

㉠ 최아종자의 저온춘화는 광선의 유무에 관계가 없다.

㉡ 고온춘화는 처리 중 암흑상태가 필요하다.

㉢ 일반적으로 온도유지와 건조 방지를 위해 암중 보관한다.

⑤ 건조

춘화처리 중과 처리 후라도 고온, 건조는 저온처리 효과를 경감시키거나 소멸시키므로 고온, 건조를 피해야 한다.

⑥ 탄수화물

배나 생장점에 당과 같은 탄수화물이 공급되지 않으면 춘화효과가 나타나기 어렵다.

(4) 이춘화와 재춘화

① 이춘화(離春化 devernalization 탈춘화, 춘화소거)

㉠ 저온춘화처리 과정 중 불량한 조건은 저온처리의 효과 감퇴나 심하면 저온처리의 효과가 전혀 나타나지 않는데, 이와 같이 춘화처리의 효과가 어떤 원인에 의해서 상실되는 현상을 이춘화라고 한다.

㉡ 밀에서 저온춘화를 실시한 직후 35℃의 고온처리를 하면 춘화효과가 상실된다.

㉢ 밀에서 8시간의 0~5℃ 처리와 25~30℃에서 16시간의 처리를 반복하면 저온처리효과가 사라진다.

② 춘화처리의 정착(stabilization of vernalization)

춘화의 정도가 진행될수록 이춘화가 어려운데 이처럼 춘화가 완전히 된 것은 이춘화가 발생하지 않는데 이를 춘화처리의 정착이라 한다.

③ 재춘화(再春化 revernalization)

㉠ 가을호밀에서 이춘화 후 다시 저온처리하면 다시 춘화처리가 되는 것을 말한다.

㉡ 춘화, 이춘화, 재춘화 현상은 버널리제이션의 가역성(되돌릴 수 있는 성질)을 의미한다.

(5) 식물생장조절제와 춘화처리

① 화학적춘화(化學的春化 chemical vernalization)

㉠ 의의

ⓐ 화학물질의 처리로 춘화처리의 효과가 완전히 대체되거나, 크게 보강되는 것을 화학적춘화라 한다.

ⓑ 작물의 화성유도는 식물의 내생 호르몬에 의해 반응하나 외부에서 처리한 호르몬의 효과도 잘 나타난다.

ⓛ 옥신의 대체효과

ⓐ 완두 일종의 종자를 NAA(천연옥신 native auxin)용액에 침지하면 화성이 촉진된다.

ⓑ 가을보리에 옥신을 주입하면 착화수가 증대된다.

ⓒ 시금치 종자를 1ppm NAA용액에 침지하고 저온처리를 하면 화아분화, 추대, 개화가 모두 촉진되었으나 10ppm 농도에서는 오히려 억제되었다.

ⓓ 옥신처리와 저온처리를 함께하면 화아분화가 더욱 촉진된다.

ⓒ GA(지베렐린 gibberellin)의 대체효과

ⓐ 국화과, 십자화과, 화본과 등 여러 과의 저온요구식물을 춘화처리하지 않고 장일조건에서 재배하면서 GA 처리를 하면 많은 식물에서 화성이 유도된다.

ⓑ 밀, 호밀, 유채 등의 추파형은 춘파형에 비해 GA의 함량이 낮지만, 저온처리 중 GA 함량이 높아져 처리가 끝나면 춘파형과 같은 수준에 도달한다.

② 화학적 이춘화

㉠ 화학물질의 처리에 의하여 춘화처리가 소실되는 것을 의미한다.

㉡ 아마는 저온처리 후 NAA, IBA(인돌-3-부티르산 indole-3-butyric acid, 1H-indole-3-butanoic acid, IBA)를 처리하면 춘화처리 효과가 감쇄된다.

㉢ 잠두, 완두의 왜생종은 저온처리 후 어린식물에 GA을 처리하면 춘화처리 효과가 소실된다.

(6) 춘화처리의 기구

① 감응부위

㉠ 저온처리의 감응부위는 생장점이다.

㉡ 가을호밀의 배를 따로 분리하여 저온처리해도 당분과 산소를 공급하면 춘화처리 효과가 발생한다.

㉢ 밀에서 생장점 이외의 기관을 저온처리하면 춘화처리 효과가 발생하지 않는다.

② 저온처리 감응의 전달

㉠ 원형질변화설(질적변화설)

ⓐ 저온처리의 감응은 불이행적(不移行的)이라는 설이다.

ⓑ 저온처리를 받은 생장점의 감응은 감응된 생장점 분열조직의 세포원형질이 세포분열로 증식되어 다른 세포에 감응이 전달된다는 설이다.

㉡ 호르몬설

ⓐ 저온처리의 감응이 이행적이라는 설이다.

ⓑ 저온처리를 하면 호르몬 블라스타닌(blastanin)이 배유에서 배로 이동, 집적되어 발육을 촉진한다.

ⓒ 저온, 장일에서 개화가 유도되는 2년생 식물인 사리풀에서 저온처리를 한 가지를 저온처리를 하지 않은 다른 식물에 접목한 결과 저온처리의 감응이 나타났다.

(7) 춘화처리의 기타 반응

① 분얼과 버널리제이션(춘화)

㉠ 저온, 장일조건에서 출수하는 영년생 한지형 목초는 지난해 가을까지 발생한 분얼은 겨울철 저온을

경과하면서 출수가 가능하고, 봄에 출현한 분얼은 저온을 경과하지 못하였으므로 출수가 불가능하다.

ⓒ 가을밀에서는 한 번 춘화된 이후 새로 발생한 분얼이 직접 저온을 만나지 않아도 춘화상태를 유지한다.

② 등숙종자와 버널리제이션(춘화)

ⓐ 등숙 중의 종자에 저온처리를 하여도 춘화처리의 효과가 있어 등숙 중 온도의 차이가 있는 지방에서 채종된 종자는 생육에도 차이가 발생하므로 채종지로서 하나의 조건이 된다.

ⓒ 춘화처리된 종자가 건조하면 그 효과는 감소하고, 약 20주 후에는 효과가 완전히 소멸된다.

(8) 춘화처리의 농업적 이용

① 수량 증대

ⓐ 벼의 최아종자를 9~10℃에 35일 보관 후 파종하면 불량환경에 대한 적응성이 높아지고 증수(增收 yield increase 기준이나 계획보다 많이 늘리어 거두어들임)된다.

ⓒ 추파맥류의 춘화처리 후 춘파로 춘파형 재배지대에서도 추파형 맥류의 재배가 가능하지만 수량의 증대는 나타나지 않는다.

② 채종재배가능

월동 작물을 저온처리 후 봄에 심어도 출수, 개화하므로 채종에 이용될 수 있다.

> • 채종재배(採種栽培 seed production culture) : 우량한 증식용 종자를 채취・생산할 목적으로 재배하는 것을 말한다.

③ 추대촉진으로 촉성재배

ⓐ 딸기의 화아분화에는 저온이 필요하기 때문에 겨울 출하를 위한 촉성재배 시 딸기묘를 여름철(8월)에 저온으로 화아분화를 유도해야 한다.

ⓒ 꽃에서도 종구를 춘화처리하면 개화기를 앞당길 수 있다.

> • 추대(抽薹 bolting) : 생육 시 온도, 일장 등의 환경적 영향을 받아 화아분화가 진행되고 꽃대형성이 촉진되어 절간신장이 일어나는 현상을 말한다.
> • 화아분화(花芽分化 floral differentiation) : 식물이 생육 중에 식물체의 영양 조건・생육 연수, 또는 일수・기온 및 일조시간 등, 필요한 조건이 만족되어 꽃눈(꽃이 피는 눈)을 형성하는 일을 말한다. 대부분의 꽃눈은 개화 전년도 여름철에 잎눈과는 다른 형태를 나타낸다.

④ 육종상의 이용

ⓐ 맥류는 춘화처리 후 파종하고 보온과 장일조건으로 처리함으로써 1년에 2세대 진전이 가능하여 육종상 세대단축에 이용된다.

ⓒ 사탕무에서 약간의 춘화처리 후 파종하면 추대성이 높은 계통을 쉽게 도태시킬 수 있다.

> • 육종(育種 breeding) : 우리들이 재배하고 있는 식물이나 사육하고 있는 동물, 즉 농작물이나 가축을 개량하여 종전보다 실용가치가 더 높은 신형을 육성, 증식, 보급하는 농업기술이다.

⑤ 종 또는 품종의 감정

라이그래스류의 종 또는 품종은 3 ~ 24주일 동안 춘화처리를 한 다음 종자의 발아율에 의해서 구별된 다고 한다.

⑥ 재배법의 개선

㉠ 추파성 정도가 높은 품종은 조파를 해도 안전하며, 조파를 해야 유효분얼이 많아져 증수하고, 성숙 도 앞당길 수 있다.

㉡ 추파성 정도가 낮은 품종의 조파는 월동 전 생식생장이 유도되어 동사의 위험이 있어 만파하는 것 이 안전하며, 만파를 해도 성숙이 늦지 않으므로 재배법 개선에 이용한다.

⑦ 대파(代播)가능

㉠ 추파맥류가 동사하였을 때 춘화처리를 해서 봄에 대파가 가능하다.

㉡ 춘파맥류를 대파하는 것보다 작업이 번거롭고, 결과는 저조하다.

> ° 대파(代播 substitute planting) : 주작물을 수확할 수 없게 되었을 경우에 주작물을 대신하여 다른 작물을 파종하는 것을 말한다.

더 알아보기 온욕법(溫浴法, warm bath method)

> **1** Molisch는 11월 개나리를 꺾어 30℃의 온탕에 9~12시간 담갔다가 따뜻한 곳에 보관하여 개화를 유 도하는 데 성공하였는데 이를 온욕법이라 한다.
> **2** 온욕법은 춘화처리와는 성질이 다르다.

3 일장효과(日長效果 photoperiodism)

(1) 일장효과의 뜻

① 일장효과(광주기효과, 광주율, 주광주율, 광기성, 광주반응)

㉠ 식물의 화아분화와 개화에 가장 영향을 크게 주는 것은 일조시간의 변화이다.

㉡ 일장이 식물의 개화와 화아분화 및 여러 발육에 영향을 미치는 현상이다.

㉢ 개화는 광의 강도뿐 아니라 광이 조사되는 기간의 길이, 즉 일장이 중요하다.

② 장일과 단일

㉠ 장일 : 1일 24시간 중 명기의 길이가 암기보다 길 때로 명기의 길이가 12 ~ 14시간 이상인 것으로 보통 14시간 이상을 의미한다.

㉡ 단일 : 명기가 암기보다 짧을 때로 명기의 길이가 12 ~ 14시간보다 짧은 것으로 보통 12시간 이하 를 의미한다.

③ 일장과 화성유도

㉠ 유도일장(誘導日長 inductive day-length) : 식물의 화성을 유도할 수 있는 일장을 유도일장이라 한다.

㉡ 비유도일장(非誘導日長 noninductive day-length) : 화성을 유도할 수 없는 일장이다.

ⓒ 한계일장(限界日長 critical day-length) : 유도일장과 비유도일장의 경계가 되는 일장이다.

ⓔ 최적일장(最適日長 optimum day-length) : 화성을 가장 빨리 유도하는 일장이다.

ⓜ 온도유도(溫度誘導) 또는 일장유도(日長誘導 photoperiodic induction, photoperiodic after-effect) : 온도처리나 일장처리의 후작용으로 화성이 유도되는 경우이다.

ⓗ 일장온도유도(日長溫度誘導 photothermal induction) : 온도, 일장이 결합되어 화성을 유도하는 경우이다.

ⓢ 유도기간(誘導期間 induction period) : 화성유도에 필요한 온도, 일장의 처리 기간이다.

ⓞ 일장적응(日長適應 photoperiodic adaptation) : 일정한 일장이나 위도에 대한 식물의 적응성이다.

④ **피토크롬**(phytochrome)

㉠ 일장효과는 빛을 흡수하는 색소단백질인 피토크롬(phytochrome)과 관련이 있다.

㉡ 적색광을 흡수하기 때문에 청색 또는 청록색으로 보인다.

㉢ 적색광(660nm)이 발아에 가장 효과적이며 원적색광(730nm)은 발아와 적색광의 효과를 억제한다.

㉣ 피토크롬은 서로 다른 파장의 빛을 흡수하여 한 가지 형태에서 다른 형태로 전환된다.

(2) 작물의 일장형

① **장일식물**(長日植物 LDP, long-day plant 단야식물)

㉠ 보통 16 ~ 18시간의 장일상태에서 화성이 유도·촉진되는 식물로, 단일상태는 개화를 저해한다.

㉡ 최적일장 및 유도일장 주체는 장일측에, 한계일장은 단일측에 있다.

㉢ 맥류, 시금치, 양파, 상추, 아마, 아주까리, 감자, 티머시, 양귀비 등

② **단일식물**(短日植物 SDP, short-day plant 장야식물)

㉠ 보통 8 ~ 10시간의 단일상태에서 화성이 유도·촉진되는 식물로, 장일상태는 이를 저해하며, 암기가 일정 시간 지속되어야 한다.

㉡ 최적일장 및 유도일장의 주체는 단일측, 한계일장은 장일측에 있다.

㉢ 벼, 국화, 콩, 담배, 들깨, 참깨, 목화, 조, 기장, 피, 옥수수, 나팔꽃, 샐비어, 코스모스, 도꼬마리 등

③ **중성식물**(中性植物 day-neutral plant 중일성식물)

㉠ 일정한 한계일장이 없이 넓은 범위의 일장에서 개화하는 식물로 화성이 일장에 영향을 받지 않는다고 할 수도 있다.

㉡ 강낭콩, 가지, 고추, 토마토, 당근, 셀러리 등

④ **정일식물**(定日植物 definite day-length plant 중간식물)

㉠ 특정 좁은 범위의 일장에서만 화성이 유도되며, 2개의 한계일장이 있다.

㉡ 사탕수수의 F-106이라는 품종은 12시간에서 12시간 45분의 일장에서만 개화한다.

⑤ **장단일식물**(長短日植物 LSDP, long-short-day plant)

㉠ 처음엔 장일, 후에 단일이 되면 화성이 유도되나, 계속 일정한 일장에만 두면 개화하지 못한다.

㉡ Cestrum nocturnum(야래향, 밤에 피는 재스민, 열대 중앙아메리카 원산의 관목)은 12시간 이상 장일에 5일 이상, 12시간 30분 이하의 단일에 2일 이상 두어야만 개화한다.

⑥ 단장일식물(短長日植物 SLDP, short-long-day plant)

　㉠ 처음엔 단일, 후에 장일이 되면 화성이 유도되나, 계속 일정한 일장에서는 개화하지 못한다.

　㉡ Pelargonium grandiflorum(제라늄)과 Campanula medium(종꽃) 등은 계속 장일이나 단일에서는 개화하지 못하고, 처음 단일(10시간 조명)에 두었다가 후에 장일(24시간 등)에 두면 개화한다.

⑦ 식물의 일장감응에 따른 분류 9형

일장형	종래의 일장형		최적일장	대표작물
	꽃눈분화 전	꽃눈분화 후		
SL	단일식물	단일	장일	프리뮬러(앵초), 시네라리아, 딸기
SS	단일식물	단일	단일	코스모스, 나팔꽃, 콩(만생종)
SI	단일식물	단일	중성	벼(만생종), 도꼬마리
LL	장일식물	장일	장일	시금치, 봄보리
LS	–	장일	단일	피소스테기아(physostegia 꽃범의꼬리)
LI	장일식물	장일	중성	사탕무
IL	장일식물	중성	장일	밀
IS	단일식물	중성	단일	국화
II	중성식물	중성	중성	벼(조생종), 메밀, 토마토, 고추

(3) 일장효과에 영향을 미치는 조건

① 발육단계

　㉠ 어린 식물은 일장에 감응하지 않고 어느 정도 발육한 후에 감응하며, 발육단계가 더욱 진전하게 되면 점차 감수성이 없어진다.

　㉡ 벼의 경우 주간 본엽수가 7 ~ 9매로 되며 분얼수도 급히 증가하는 시기부터 예민하게 감응하고 출수 30일 전쯤 감수성이 소멸된다.

② 처리일수

　도꼬마리나 나팔꽃처럼 민감한 단일식물은 극히 단기간의 1회 처리에도 감응하여 개화한다.

③ 온도의 영향

　㉠ 일장효과의 발현에는 어느 정도 한계온도의 영향을 받는다.

　㉡ 가을국화의 경우 10 ~ 15℃ 이하에서는 일장과 관계없이 개화하며, 장일성인 사리풀의 경우 저온에서 단일조건이라도 개화한다.

④ 광의 강도

　명기가 약광이라도 일장효과가 나타나며 대체로 광도가 증가할수록 효과가 크다.

⑤ 광질

　㉠ 유효한 광의 파장은 장일식물이나 단일식물이나 같다.

  © 효과는 600 ~ 660nm의 적색광이 가장 크고, 다음이 자색광인 380nm 부근, 480nm 부근의 청색
   광이 가장 효과가 적다.

 ⑥ 질소의 시용
  ⊙ 질소의 부족 시 장일식물은 개화가 촉진된다.
  © 단일식물의 경우 질소의 요구도가 커서 질소가 풍부해야 생장속도가 빨라 단일효과가 더욱 잘 나타
   난다고 한다.

 ⑦ 연속암기와 야간조파
  ⊙ 장일식물은 24시간 주기가 아니더라도 명기의 길이가 암기보다 상대적으로 길면 개화가 촉진되나
   단일식물은 일정시간 이상의 연속암기가 절대로 필요하다.
  © 단일식물은 암기가 극히 중요하므로 장야식물 또는 암장기식물이라 하고, 장일식물을 단야식물 또
   는 단야기식물이라 하기도 한다.
  © 단일식물의 연속암기 중 광의 조사는 연속암기를 분단하여 암기의 합계가 명기보다 길어도 단일효
   과가 발생하지 않는다. 이것을 야간조파 또는 광중단이라고 한다.
  @ 야간조파에 가장 효과가 큰 광 600 ~ 660nm의 적색광이다.

> ○ **야간조파**(夜間照破 dark break, light interruption = 광중단, 야파처리) : 단일식물의 밤의 연속적인 암기
> 중에 일정 시간 동안만 광을 조사함으로써 연속적인 암기를 소정 이하의 길이로 분단하게 되면 암기의
> 합계가 명기보다 길어도 단일의 효과가 발생하지 않고 장일과 같은 효과를 나타낸다.

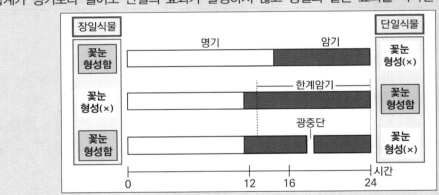

(4) 일장효과의 기구

 ① 감응부위
  감응 부위는 성숙한 잎(成葉 mature leaf)이며, 어린잎은 거의 감응하지 않는다.

 ② 자극의 전달
  일장처리에 의한 자극은 잎에서 정단분열조직으로 이동되며 모든 방향으로 전달된다. 일장반응은 잎
  에서 개화촉진 물질이 만들어져서 이것이 생장점에 전달되고 그로 말미암아 줄기의 생장점에 있어서
  꽃눈이 형성되는 것이다.

③ 일장효과의 물질적 본체

호르몬성 물질로 플로겐 또는 개화호르몬이라 불린다.

④ 화학물질과 일장효과

㉠ 옥신 처리 : 장일식물은 화성이 촉진되는 경향이 있고 단일식물은 화성이 억제되는 경향이 있다.

㉡ 지베렐린 처리 : 저온, 장일을 대체하는 효과가 커서 1년생 히요스 등은 지베렐린의 공급은 단일에서도 개화한다.

(5) 개화 이외의 일장효과

① 성의 표현

㉠ 모시풀은 자웅동주식물이며, 일장에 따라 성의 표현이 달라진다.

ⓐ 14시간 이상의 일장에서는 모두 웅성

ⓑ 8시간 이하의 일장에서는 모두 자성

㉡ 오이, 호박 등은 단일 하에서 암꽃이 많아지고, 장일 하에서 수꽃이 많아진다.

㉢ 자웅이주식물인 삼(대마)은 단일에서는 수그루(♂) ⇨ 암그루(♀) 및 암그루(♀) ⇨ 수그루(♂)의 성 전환이 이루어진다.

② 영양생장

㉠ 단일식물이 장일에 놓일 때 영양생장이 계속되어 줄기가 길어져 거대형이 된다.

㉡ 장일식물이 단일 하에 놓이면 추대현상이 이루어지지 않아 줄기가 신장하지 못하고 지표면에 잎만 출엽하는 근출엽형이 된다.

③ 저장기관의 발육

㉠ 고구마 덩이뿌리, 봄무, 파의 비대근, 감자나 돼지감자의 덩이줄기, 달리아의 알뿌리 등은 단일조건에서 발육이 조장된다.

㉡ 양파나 마늘의 비늘줄기는 장일에서 발육이 조장된다.

④ 결협 및 등숙

단일식물인 콩이나 땅콩은 단일조건에서 결협, 등숙(登熟 곡실이 여물어 가는 것)이 촉진된다.

> ◦ **결협**(結莢 pod setting, podding) : **두류와 십자화과 채소의 과실은 협과**(莢果 꼬투리로 맺히는 열매)**로 배주**(胚珠 후에 종자가 되는 기관)**를 내장하고 있는 자방의 심피가 꼬투리**(莢)**로 발달한 것인데 수분 · 수정 후 협과로서 결실하는 것을 결협이라고 한다.**

⑤ 수목의 휴면

수종에 관계없이 15 ~ 21℃에서는 일장 여하에 관계없이 휴면하나 21 ~ 27℃에서 장일(16시간)은 생장을 지속시키고, 단일(8시간)은 휴면을 유도하는 경향이 있다.

(6) 일장효과의 농업적 이용

① 수량 증대

오처드그래스, 라디노클로버 등의 북방형 목초는 장일식물이나 가을철 단일기에 일몰부터 20시경까지

보광으로 장일조건의 조성 또는 심야에 1~1.5시간의 야간조파로 연속 암기의 분단으로 단일조건의 파괴는 장일효과의 발생으로 절간신장을 하여 산초량이 70~80% 증대한다.

② 꽃의 개화기 조절
  ㉠ 일장처리에 의해 개화기를 변동시켜 원하는 시기에 개화시킬 수 있다.
  ㉡ 단일성 국화의 경우 단일처리로 촉성재배, 장일처리로 억제 재배하여 연중 개화시킬 수 있는데 이 것을 주년재배라 한다.
  ㉢ 인위개화, 개화기의 조절, 세대단축이 가능하다.

> ∘ 주년재배(週年栽培 year round culture) : 꽃은 일장처리로 개화기를 조절하여 비싼 값에 출하할 수 있다. 국화에서 조생국(早生菊)은 단일처리로 촉성재배하고, 만생추국(晩生秋菊)은 장일처리하여 억제재배를 하여, 연중개화가 가능하게 하는 것을 주년재배라고 한다.

③ 육종상의 이용
  ㉠ 인위 개화 : 고구마를 나팔꽃에 접목하고 8~10시간 단일처리를 하면 인위적으로 개화가 유도되어 교배육종이 가능해진다.
  ㉡ 개화기 조절 : 개화기가 다른 두 품종의 교배 시 일장처리로 개화기가 서로 맞도록 조절한다.
  ㉢ 육종연한의 단축 : 온실재배와 일장 처리로 여름작물의 겨울 재배로 육종연한이 단축될 수 있다.

4 품종의 기상생태형(氣像生態型)

(1) 기상생태형의 구성
① 기본영양생장성(grande of basic vegetative growth)
  ㉠ 작물의 출수 및 개화에 알맞은 온도와 일장에서도 일정의 기본영양생장이 덜 되면 출수, 개화에 이르지 못하는 성질이다.
  ㉡ 기본영양생장성이 크고 작은 정도를 기본영양생장성 정도라 하며, 최소엽수는 기본영양생장성의 정도를 의미한다.

> ∘ 최소엽수(最小葉數 minimum number of leaves) : 추파맥류의 주경간(主莖 줄기 稈 짚)에 화아분화가 생길 때까지의 최소 착엽수(着葉數)를 최소엽수라고 한다.

  ㉢ 기본영양생장 기간의 길고 짧음에 따라 기본영양생장이 크다(B)와 작다(b)로 표시한다.
② 감온성(sensitivity for temperature)
  ㉠ 생육적온에 이르기까지는 저온보다 고온에 의해 작물의 출수, 개화가 촉진되는 성질이다.
  ㉡ 온도가 높아짐에 따라 출수, 개화가 촉진되는 성질을 감온성 정도라 하며, 그 정도에 따라 감온성이 크다(T)와 작다(t)로 표시한다.
③ 감광성(sensitivity for day length)
  ㉠ 식물이 일장환경, 주로 단일식물이 단일환경에 놓이면 출수, 개화가 촉진되는 성질이다.

ⓛ 단일식물이 단일환경에서 출수가 촉진되는 정도를 감광성 정도라 하며, 개화의 촉진도에 따라 감광성이 크다(L)와 작다(l)로 한다.

(2) 기상생태형의 분류

① 기본영양생장형(Blt형)
기본영양생장성이 크고, 감광성과 감온성은 작아서 생육기간이 주로 기본영양생장성에 지배되는 형태이다.

② 감광형(bLt형)
기본영양생장성과 감온성이 작고, 감광성이 커서 생육기간이 주로 감광성에 지배되는 형태이다.

③ 감온형(blT형)
기본영양생장성과 감광성이 작고, 감온성이 커서 생육기간이 주로 감온성에 지배되는 형태이다.

④ blt형
세 가지 성질이 모두 작아서 어떤 환경에서도 생육기간이 짧은 것이다.

(3) 기상생태형 지리적 분포

① 저위도 지대
  ㉠ 저위도 지대는 연중 고온, 단일조건으로 감온성이나 감광성이 큰 것은 출수가 빨라져서 생육기간이 짧고 수량이 적다.
  ㉡ 감온성과 감광성이 작고 기본영양생장성이 큰 Blt형은 연중 고온 단일인 환경에서도 생육기간이 길어서 다수성이 되므로 주로 이런 품종이 분포한다.

② 중위도 지대
  ㉠ 우리나라와 같은 중위도 지대는 서리가 늦으므로 어느 정도 늦은 출수도 안전하게 성숙할 수 있고, 또 이런 품종들이 다수성이므로 주로 이런 품종들이 분포한다.
  ㉡ 위도가 높은 곳에서는 감온형(blT형)이, 남쪽은 감광형(bLt형)이 재배된다.
  ㉢ 기본영양생장형(Blt형)은 생육기간이 길어 안전한 성숙이 어렵다.

③ 고위도 지대
기본영양생장성과 감광성은 작고 감온성이 커서 일찍 감응하여 출수, 개화하여 서리 전 성숙할 수 있는 감온형(blT형)이 재배된다.

(4) 우리나라 주요 작물의 기상생태형

① 우리나라는 북쪽으로 갈수록 감온형인 조생종, 남쪽으로 갈수록 감광성의 만생종이 재배된다.
② 감온형은 조기파종하고 조기수확하며, 감광형은 윤작관계상 늦게 파종한다.

감광형〈남쪽〉	감온형〈북쪽〉
만생종	조생종
우리나라 남부	우리나라 북부
늦게 파종	조기파종(조기수확)
만생종 벼	조생종 벼
그루갈이 콩	올콩
그루갈이 조	봄조
가을 메밀	여름 메밀

(5) 기상생태형과 재배적 특성

① 조만성

파종과 이앙을 일찍 할 때 blt형과 감온형(blT형)은 조생종이 되고, 기본영양생장형(Blt형)과 감광형(bLt형)은 만생종이 된다.

② 묘대일수감응도(苗垈日數感應度)

㉠ 의의 : 손모내기에서 못자리기간을 길게 할 때 모가 노숙하고 이앙 후 생육에 난조가 생기는 정도를 의미한다. 벼가 못자리 때 이미 생식생장의 단계로 접어들어 생기는 것이다.

㉡ 못자리기간이 길어져 못자리 때 영양결핍과 고온기에 이르게 되면 감온형은 쉽게 생식생장의 경향을 보이나 감광형과 기본영양생장형은 좀처럼 생식생장의 경향을 보이지 않는다. 따라서 묘대일수감응도는 감온형이 높고, 감광형과 기본영양생장형이 낮다고 볼 수 있다.

㉢ 수리안전답(水利安全畓)이 대부분을 차지하면서 기계이앙을 하는 상자육묘에서는 문제가 되지 않는다고 본다.

° 수리안전답(水利安全畓 irrigated rice paddy) : 자연에만 의존하여 용수를 이용하는 천수답과는 반대개념으로 각종 수리시설물을 이용해 용수를 이용하는 지역을 수리안전답이라 한다.

③ 작기이동과 출수

㉠ 만파만식이 조파조식보다 출수가 지연되는 정도는 기본영양생장형과 감온형이 크고 감광형이 작다.

㉡ 기본영양생장형과 감온형은 대체로 일정한 유효적산온도를 채워야 출수하므로 조파조식보다 만파만식에서 출수가 크게 지연된다.

㉢ 감광형은 단일기에 감응하고 한계일장에 민감하므로 조파조식이나 만파만식에 대체로 일정한 단일기에 출수하므로 이앙이 이르거나 늦음에 출수기의 차이가 크지 않다.

④ 만식적응성(晚植適應性)

㉠ 의의 : 이앙이 늦을 때 적응하는 특성이다.

㉡ 기본영양생장형 : 만식은 출수가 너무 지연되어 성숙이 불안정해진다.

ⓒ 감온형 : 못자리기간이 길어지면 생육에 난조가 온다.

ⓓ 감광형 : 만식을 해도 출수의 지연도가 적고 묘대일수감응도가 낮아 만식적응성이 크다.

⑤ 조식적응성

　　ⓐ 감온형과 blt형 : 조기수확을 목적으로 할 때는 알맞다.

　　ⓑ 기본영양생장형 : 수량이 많은 만생종 중 냉해 회피 등을 위해 출수, 성숙을 앞당기려 할 때 알맞다.

　　ⓒ 감광형 : 출수, 성숙을 앞당기지 않고 파종, 이앙을 앞당겨 생육기간의 연장으로 증수를 목적으로 할 때 알맞다.

(6) 재배양식

① 조기재배(早期栽培 early season culture)

　　ⓐ 조생종을 가능한 한 일찍 파종하고 육묘하여 조기에 이앙하여 조기에 수확하는 재배법이다.

> ° 조생종(早生種 early maturing cultivar, early maturing variety) : 같은 시기에 파종하더라도 일찍 개화되어 성숙함으로써 종자를 단시일 내에 형성할 수 있는 품종(종자)이다.

　　ⓑ 벼의 생육기간이 짧은 북부지역이나 산간고랭지 및 남부평야지대에서 답리작(畓裏作 cropping after rice harvest 일정한 논에 재배한 다음 이어서 다른 겨울 작물을 재배하여 논의 토지이용율을 향상시키는 논 2모작 작부양식)을 위해 실시된다.

② 조식재배(早植栽培 early planting culture)

　　ⓐ 한랭지(寒冷地 cold temperature area 일반적으로 여름이라도 기온이 낮은 고위도 지방이나 고산지)에서 중생종, 만생종을 조기에 육묘하여 조기 이앙하는 재배법이다.

> ° 중생종(中生種 mid-season cultivar, mid-season variety) : 자라는 데 걸리는 시간이 중간 정도에 속하는 품종(종자)이다.
> ° 만생종(晩生種 late variety) : 생태적으로 자라는 데 걸리는 시간이 정상보다 늦되는 품종(종자)을 말한다. 조생종(早生種)에 대응되는 형태이다.

　　ⓑ 생육기간을 늘려 수확량을 늘리는 목적으로 하는 방법이다.

　　ⓒ 생육기간을 연장하는 만큼 일반적으로 지력이 높은 논에서 효과적이고, 시비량도 20 ～ 30% 늘린다.

　　ⓓ 영양생장량이 많아 식물체가 과번무(過繁茂 over growth 작물이 지나치게 생육하여 무성하게 자란 상태)하기 쉽고, 병충해도 많아지며, 도복하고 쉽고, 미질은 다소 떨어진다.

　　ⓔ 출수기를 다소 앞당기므로 한랭지에서 생육 후기 냉해의 위험을 줄일 수 있으며, 태풍이나 특정 병해충을 회피할 수 있고, 답리작 도입에 유리하다.

③ 만식재배(晩植栽培 late planting culture)

　　ⓐ 적기재배(適期栽培)보다 늦게 씨앗을 뿌리거나 모를 옮겨 심는 재배법으로서 만파재배(晩播栽培) 또는 만기재배(晩期栽培)라고도 한다.

    ⓒ 논의 이용도를 높이고 생산성 증대를 위해 이작물 및 답전작물의 도입, 병충해 상습지대에서의 회피 등의 목적으로 늦게 심기로 정한 계획된 만식재배를 '정시만식재배'라고 그렇지 않은 경우를 '부정시만식(不定時晩植)재배'라고 한다.

    ⓒ 일반적으로 만식재배를 하는 경우 농작물의 생육기간이 짧아지므로 여름작물은 생육 후기에 저온의 피해를 많이 입게 되며, 겨울작물은 동해(凍害) 피해를 입음으로써 수확량이 감소하는 등의 불리한 점이 있다.

④ **적파만식재배(適播晩植栽培)**

    ㉠ 벼농사에서 적기에 파종하고 모내기는 늦게 하는 형태이다.

    ⓒ 수리불안전답(水利不安全畓 partially irrigated paddy field 관개시설이 안 되어 가뭄 피해를 받을 우려가 높은 논)에서 모내기철에 가뭄이 계속될 때 불가피하게 실시한다.

⑤ **만파만식재배(晩播晩植栽培)**

    ㉠ 벼농사에서 파종도 늦고 모내기도 늦게 하는 형태이다. 작부체계상 만식이 예측되었을 때 실시된다.

    ⓒ 생육기간이 짧아 수량이 크게 저하된다.

✎더 알아보기 도정(搗精 milling)

> **1 의의**
>
>   1) 도정이라 함은 현미의 과종피(강층), 배아, 배유부의 3부분 중에서 과종피(강층)와 배유부의 중간에 있는 호분층을 제거하고 배아의 일부와 배유부를 남게 하는 기계공정이다.
>
>   2) 현미 : 배유 + 배아 + 강층(= 겨층 : 과피·종피·호분층)
>
>   3) 백미 : 배유 + 배아, 현미에서 강층을 제거한 알곡
>
> **2 정백률** : 백미와 현미의 양의 비율
>
>
>
>   1) 5분 도미 : 쌀눈이 거의 전부 남게 도정한 것으로서 현미에 대한 중량이 97% 정도가 되도록 한 것
>
>   2) 7분 도미 : 쌀눈이 70%정도 남게 하는 것으로 현미에 대한 중량이 95% 정도가 되도록 한 것
>
>   3) 10분 도미(정백미) : 현미에서 겨층과 쌀눈을 제거하여 중량의 93% 이내로 만든 것

CHAPTER 04 재배기술

제1절 작부체계

1 작부체계(作付體系)

(1) 의의

작부체계(作付體系)란 일정한 토지에서 몇 종류 작물의 순차적인 재배 또는 조합·배열의 방식을 의미한다.

(2) 중요성

① 지력의 유지와 증강
② 병충해 발생의 억제
③ 잡초 발생 감소
④ 토지이용도 제고
⑤ 노동의 효율적 배분과 잉여노동의 활용
⑥ 생산성 및 수익성 향상과 안정화

(3) 작부체계의 변천과 발달

① 대전법(代田法 natural husbandry)
  ㉠ 인구가 적고 이용할 수 있는 토지가 넓어 조방농업이 주를 이루던 시대에 개간한 토지에서 몇 해 동안 작물을 연속해서 재배하고 그 후 생산력(지력)이 떨어지면 다른 토지를 개간하여 작물을 재배하는 경작법이다.

    ° **조방농업**(粗放農業 extensive agriculture) : 일정 면적의 토지를 이용한 영농 활동에서 자연물, 자연력의 의존도를 높이고 자본과 노동력을 적게 투입하는 원시적 형태에 가까운 농업경영이다.

  ㉡ 가장 원시적 작부방법이며 화전이 대표적인 방법이다.
② 주곡식 대전법
  인류가 정착 생활을 하며 초지와 경지를 분리하여 경지에 주곡을 중심으로 재배하는 작부방식이다.
③ 휴한농법
  지력 감퇴 방지를 위해 농지의 일부를 몇 해에 한 번씩 작물을 심지 않고 휴한하는 작부방식이다.
④ 윤작
  ㉠ 의의 : 몇 가지 작물을 돌려짓는 작부방식이다.

      ⓒ 순삼포식농법 : 경지를 3등분하여 2/3에 곡물을 재배하고 1/3은 휴한하는 것을 순차적으로 교차하는 작부방식이다.

      ⓒ 개량삼포식농법 : 순삼포식농법과 같이 1/3은 휴한하나 거기에 클로버, 앨펄퍼, 베치 등 두과작물의 재배로 지력의 증진을 도모하는 작부방식이다.

      ⓔ 노포크식윤작법 : 영국 노포크(Norfolk) 지방의 윤작체계로 순무, 보리, 클로버, 밀의 4년 사이클의 윤작방식이다.

⑤ **자유식**

  시장 상황, 가격변동에 따라 작물을 수시로 바꾸는 재배방식이다.

⑥ **답전윤환**

  지력의 증진 등의 목적으로 논작물과 밭작물을 몇 해씩 교대로 재배하는 방식이다.

2 연작과 기지현상

(1) 연작(連作 continuous cropping 이어짓기)

① 동일 포장에 동일 작물을 계속해서 재배하는 것을 연작(連作 이어짓기)이라 하고 연작의 결과 작물의 생육이 뚜렷하게 나빠지는 것을 기지(忌地 soil sickness 그루타기 현상)라고 한다.

② 수익성과 수요량이 크고 기지현상이 별로 없는 작물은 연작하는 것이 보통이나 기지현상이 있더라도 특별히 수익성이 높은 작물의 경우는 대책을 세우고 연작을 하는 일이 있다.

(2) 작물의 종류와 기지

① 작물의 기지 정도

      ㉠ 연작의 해가 적은 것 : 벼, 맥류, 조, 옥수수, 수수, 사탕수수, 삼, 담배, 고구마, 무, 순무, 당근, 양파, 호박, 연, 미나리, 딸기, 양배추, 꽃양배추, 아스파라거스, 토당귀, 목화 등

      ㉡ 1년 휴작 작물 : 파, 쪽파, 생강, 콩, 시금치 등

      ㉢ 2년 휴작 작물 : 오이, 감자, 땅콩, 잠두, 마 등

      ㉣ 3년 휴작 작물 : 참외, 쑥갓, 강낭콩, 토란 등

      ㉤ 5 ~ 7년 휴작 작물 : 수박, 토마토, 가지, 고추, 완두, 사탕무, 우엉, 레드클로버 등

      ㉥ 10년 이상 휴작 작물 : 인삼, 아마 등

② 과수의 기지 정도

      ㉠ 기지가 문제 되는 과수 : 복숭아, 무화과, 감귤류, 앵두 등

      ㉡ 기지가 나타나는 정도의 과수 : 감나무 등

      ㉢ 기지가 문제 되지 않는 과수 : 사과, 포도, 자두, 살구 등

(3) 기지의 원인

① 토양 비료분의 소모

      ㉠ 연작은 비료성분의 일방적 수탈이 이루어지기 쉽다.

ⓛ 토란, 앨팰퍼 등은 석회의 흡수가 많아 토양 중 석회 결핍이 나타나기 쉽다.

ⓒ 다비성인 옥수수는 연작으로 유기물과 질소가 결핍된다.

ⓔ 심근성 또는 천근성 작물의 다년 연작은 토층의 양분만 집중적으로 수탈된다.

② **토양염류집적**

최근 시설재배 등이 증가함에 따라 시설 내 다비(多肥) 연작으로 작토층에 집적되는 염류의 과잉으로 작물 생육을 저해하는 경우가 많이 발견되고 있다.

> ◦ **다비(多肥 heavy dressing)** : 표준 시비량보다 많은 양의 비료를 주어 재배하는 것을 말한다.

③ **토양물리성 악화**

㉠ 화곡류(禾穀類)와 같은 천근성(淺根性) 작물을 연작하면 작토의 하층이 굳어지면서 다음 재배작물의 생육이 억제된다.

> ◦ **화곡류(禾穀類 cereal crops, cereals)** : 녹말이 많은 종자를 식용으로 하는 화본과(벼과) 작물이다.
> ◦ **천근성(淺根性 shallow-rooted)** : 작물의 뿌리가 지표면에 가까운 토양에 분포하는 성질이다. 심근성(深根性 deep-rooted)에 대응되는 개념이다.

ⓛ 심근성(深根性) 작물의 연작은 작토의 하층까지 물리성이 악화된다.

ⓒ 석회 등의 성분 수탈이 집중되면 토양반응이 악화될 위험도 있다.

④ **토양전염병의 만연**

㉠ 연작은 특정미생물의 번성으로 작물별로 특정 병의 발생이 우려되기도 한다.

ⓛ 아마와 목화(잘록병), 가지와 토마토(풋마름병), 사탕무(뿌리썩음병 및 갈반병), 강낭콩(탄저병), 인삼(뿌리썩음병), 수박(덩굴쪼김병) 등이 그 예이다.

⑤ **토양선충의 번성으로 인한 피해**

㉠ 연작은 토양선충(土壤線蟲)의 서식밀도가 증가하면서 직접피해를 주기도 하며 2차적으로 병균의 침입이 조장되어 병해가 다발할 수 있다.

> ◦ **토양선충(土壤線蟲 soil nematode)** : 선형동물 중 토양에서 자유생활을 하거나 식물에 기생하는 것들을 총칭한다. 토양의 중형동물에 속하며 부생성 선충, 초식성 선충, 기생성 선충 등이 있다.

ⓛ 밭벼, 두류, 감자, 인삼, 사탕무, 무, 제충국, 우엉, 가지, 호박, 감귤류, 복숭아, 무화과 등의 작물에서는 연작에 의한 선충의 피해가 크게 인정되고 있다.

⑥ **유독물질의 축적**

㉠ 작물의 유체 또는 생체에서 나오는 물질이 동종이나 유연종 작물의 생육에 피해를 주는 타감작용(他感作用)의 유발로 기지현상이 발생한다.

> ◦ 타감작용(他感作用 allelopathy) : 생물체가 다른 생물과의 경쟁에서 이기기 위해 자체적으로 만든 생화학적 물질을 분비하여 주변의 다른 생물체의 발아, 생장, 생존 및 생식 등에 영향을 주는 생물학적 현상이다. 이러한 타감작용에 사용되는 생화학적 물질을 타감물질이라 하며, 이들은 주변 생물체에 이롭거나 해로울 수 있다.

ⓛ 유독물질에 의한 기지현상은 유독물질의 분해 또는 유실로 없어진다.

⑦ 잡초의 번성

잡초 번성이 쉬운 작물의 연작은 잡초의 번성을 초래하며 동일작물의 연작 시 특정 잡초의 번성이 우려된다.

(4) 기지의 대책

① 윤작

가장 효과적이 대책이다.

② 담수

담수처리는 밭상태에서 번성한 선충, 토양미생물을 감소시키고 유독물질의 용탈로 연작장해를 경감시킬 수 있다.

> ◦ 용탈(溶脫 leaching) : 토양 중에 침투한 물에 용해된 가용성 성분이 용액의 상태로 표층에서 하층으로 이동하거나, 또는 토양 단면 외부로 제거되는 과정을 말하며 용탈되는 물을 용탈수(溶脫水 leachate)라 한다.

③ 저항성 품종의 재배 및 저항성 대목을 이용한 접목

㉠ 기지현상에 대한 저항성이 강한 품종을 선택한다.

㉡ 저항성 대목을 이용한 접목으로 기지현상의 경감, 방지할 수 있으며 멜론, 수박, 가지, 포도 등에서는 실용적으로 이용되고 있다.

④ 객토 및 환토

㉠ 새로운 흙을 이용한 객토는 기지현상을 경감시킨다.

㉡ 시설재배의 경우 배양토를 바꾸어 기지현상을 경감시킬 수 있다.

⑤ 합리적 시비

동일작물의 연작으로 일방적으로 많이 수탈되는 성분을 비료로 충분히 공급하며 심경을 하고 퇴비를 많이 시비하여 지력을 배양하면 기지현상을 경감시킬 수 있다.

⑥ 유독물질의 제거

유독물질의 축적이 기지의 원인인 경우 관개 또는 약제를 이용해 제거하여 기지현상을 경감시킬 수 있다.

⑦ 토양소독

병충해가 기지현상의 주요 원인인 경우 살선충제 또는 살균제 등 농약을 이용하여 소독하며, 가열소독, 증기소독을 하기도 한다.

3 윤작[輪作 crop rotation 돌려짓기]

동일 포장에서 동일 작물을 이어짓기 하지 않고 몇 가지 작물을 특정한 순서대로 규칙적으로 반복하여 재배하는 것을 윤작이라 한다.

(1) 윤작 시 작물의 선택

① 지역 사정에 따라 주작물은 다양하게 변화한다.
② 지력유지를 목적으로 콩과작물 또는 녹비작물이 포함된다.
③ 식량작물과 사료작물이 병행되고 있다.
④ 토지이용도를 목적으로 하작물과 동작물이 결합되어 있다.
⑤ 잡초 경감을 목적으로 중경작물, 피복작물이 포함되어 있다.
⑥ 토양보호를 목적으로 피복작물이 포함되어 있다.
⑦ 이용성과 수익성이 높은 작물을 선택한다.
⑧ 작물의 재배순서를 기지현상을 회피하도록 배치한다.

(2) 윤작의 효과

① 지력의 유지 증강
  ㉠ 질소 함량 증대 : 콩과 작물인 콩, 팥, 녹두, 알팔파, 클로버, 헤어리베치 등은 유기물을 생산하기도 하며 뿌리혹박테리아로 불리는 질소고정균이 공중의 질소를 식물이 이용할 수 있는 암모니아태질소로 변환시켜서 식물에 공급하는 능력이 있다.
  ㉡ 잔비량 증가 : 다비(多肥) 작물의 재배는 잔비량이 많아진다.
  ㉢ 토양구조의 개선 : 근채류, 앨팰퍼 등 뿌리가 깊게 발달하는 작물의 재배는 토양의 입단형성을 조장하여 토양구조를 좋게 한다.
  ㉣ 토양유기물 증대 : 녹비작물(綠肥作物)의 재배는 토양유기물을 증대시키고 목초류 또한 잔비량이 많다.

  ∘ **녹비작물**(綠肥作物 green manure crop) : 농경지에서 식물을 일정 기간 자라게 한 후 지상부를 직접 갈아 엎어 녹비로 사용하는 작물. 자운영, 클로버류, 자주개자리(알팔파) 등의 두과 식물과 호맥, 연맥, 옥수수, 메밀 등의 비두과 식물 등이 있다.

  ㉤ 구비(廏肥) 생산량의 증대 : 사료작물 재배의 증가는 구비 생산량 증대로 지력증강에 도움이 된다.

  ∘ **구비**(廏肥 animal manure) : 외양간에서 나오는 두엄, 즉 짚, 건초 등이 가축의 배설물과 함께 섞여 있는 거름을 말한다.

② 토양보호
윤작에 피복작물을 포함하면 토양침식의 방지로 토양을 보호한다.

③ 기지의 회피

윤작은 기지현상을 회피하며, 화본과 목초의 재배는 토양선충을 경감시킨다.

④ 병충해 경감

㉠ 연작 시 특히 많이 발생하는 병충해는 윤작으로 경감시킬 수 있다.

㉡ 토양전염 병원균의 경우 병충해 경감효과가 크다.

㉢ 연작으로 선충피해를 받기 쉬운 콩과 및 채소류 등은 윤작으로 피해를 줄일 수 있다.

⑤ 잡초의 경감

중경작물, 피복작물의 재배는 잡초의 번성을 억제한다.

⑥ 수량의 증대

윤작은 기지의 회피, 지력 증강, 병충해와 잡초의 경감 등으로 수량이 증대된다.

⑦ 토지이용도 향상

하작물(夏作物)과 동작물(冬作物)의 결합 또는 곡실작물과 청예작물의 결합은 토지이용도를 높일 수 있다.

> ◦ 하작물(夏作物) : 여름철에 생육하는 일년생 농작물. 봄에 파종하여 여름에 생육하고, 가을에 수확한다. 작부체계상 여름에 재배하는 작물이다.
> ◦ 동작물(冬作物) : 가을에 파종하여 노지(露地)에서 겨울을 나는 작물이다. 마늘, 양파, 보리, 밀 따위가 있다.
> ◦ 청예작물(靑刈作物 soilage crop) : 곡식의 줄기나 잎을 사료로 사용할 목적으로 재배하고 곡식이 익기 전에 베어서(풋베기) 생초를 그대로 또는 건초나 사일리지 형태로 이용하는 작물이다.

⑧ 노력분배의 합리화

여러 작물들을 고르게 재배하면 계절적 노력의 집중화를 경감하고 시기적으로 노력의 분배를 합리화가 가능하다.

⑨ 농업경영의 안정성 증대

여러 작물의 재배는 자연재해나 시장변동에 따른 피해의 분산 또는 경감으로 농업경영의 안정성이 증대된다.

4 답전윤환(畓田輪換)재배

(1) 뜻과 방법

포장을 담수한 논 상태와 배수한 밭 상태로 몇 해씩 돌려가며 재배하는 방식을 답전윤환이라 한다. 답전윤환은 벼를 재배하지 않는 기간만 맥류나 감자를 재배하는 답리작(畓裏作) 또는 답전작(畓前作)과는 다르며 최소 논 기간과 밭 기간을 각각 2 ~ 3년으로 하는 것이 알맞다.

> ◦ 답리작(畓裏作 cropping after rice harvest) : 일정한 논에 재배한 다음 이어서 다른 겨울 작물을 재배하여 논의 토지이용률을 높이는 논 2모작 작부양식이다.
> ◦ 답전작(畓前作 cropping before rice transplanting) : 논에 벼를 심기 전에 다른 작물을 재배하는 것이다.

(2) 답전윤환이 윤작의 효과에 미치는 영향

포장을 논 상태와 밭 상태로 사용하는 답전윤환은 윤작의 효과를 크게 한다.

① 토양의 물리적 성질

산화상태의 토양은 입단의 형성, 통기성, 투수성, 가수성(加水 damping 수분을 첨가)이 양호해지며 환원상태 토양에서는 입단의 분산, 통기성과 투수성이 적어지며 가수성이 커진다.

② 토양의 화학적 성질

산화상태의 토양에서는 유기물의 소모가 크고 양분 유실이 적고 pH가 저하되며 환원상태가 되면 유기물 소모가 적고 양분의 집적이 많아지며 토양의 철과 알루미늄 등에 부착된 인산을 유효화하는 장점이 있다.

③ 토양의 생물적 성질

환원상태가 되는 담수조건에서는 토양의 병충해, 선충과 잡초의 발생이 감소한다.

(3) 답전윤환의 효과

① 지력증진

밭 상태 동안은 논 상태에 비하여 토양 입단화와 건토효과가 나타나며 미량요소의 용탈이 적어지고 환원성 유해물질의 생성이 억제되고 콩과 목초와 채소는 토양을 비옥하게 하여 지력이 증진된다.

② 기지의 회피

답전윤환은 토성을 달라지게 하며 병원균과 선충을 경감시키고 작물의 종류도 달라져 기지현상이 회피된다.

③ 잡초의 감소

담수와 배수상태가 서로 교체되면서 잡초의 발생은 적어진다.

④ 벼 수량의 증가

㉠ 밭 상태로 클로버 등을 2 ~ 3년 재배 후 벼를 재배하면 수량이 첫해에 상당히 증가하며 질소의 시용량도 크게 절약할 수 있다.

㉡ 벼 수량은 밭기간을 2 ~ 3년 이상으로 해도 더 이상 증가하지 않고, 논기간의 증수효과도 2 ~ 3년 이상 지속되지 않는다.

⑤ 노력의 절감

잡초의 발생량이 줄고 병충해 발생이 억제되면서 노력이 절감된다.

(4) 답전윤환의 한계

① 수익성에 있어 벼를 능가하는 작물의 성립이 문제된다.

② 2모작 체계에 비하여 답전윤환의 이점이 발견되어야 한다.

5 혼파(混播 mixed needing)

(1) 의의

두 종류 이상 작물의 종자를 함께 섞어서 파종하는 방식을 의미하며 사료작물의 재배 시 화본과 종자와 콩과 종자를 섞어 파종하여 목야지를 조성하는 방법으로 널리 이용된다. 예로 클로버+티머시, 베치+이탈리안라이그래스, 레드클로버+클로버의 혼파를 들 수 있다.

(2) 장점

① 가축 영양상의 이점
탄수화물이 주성분인 화본과 목초와 단백질을 풍부하게 함유하고 있는 콩과목초가 섞이면 영양분이 균형된 사료의 생산이 가능해진다.

② 공간의 효율적 이용
상번초와 하번초의 혼파 또는 심근성과 천근성작물의 혼파는 광과 수분 및 영양분을 입체적으로 더 잘 활용할 수 있다.

③ 비료성분의 효율적 이용
화본과와 콩과, 심근성과 천근성은 흡수하는 성분의 질과 양 및 토양의 흡수층의 차이가 있어 토양의 비료성분을 더 효율적으로 이용할 수 있다.

④ 질소비료의 절약
콩과작물의 공중질소 고정으로 고정된 질소를 화본과도 이용하므로 질소비료가 절약된다.

⑤ 잡초의 경감
오처드그래스와 같은 직립형 목초지에는 잡초 발생이 쉬운데 클로버가 혼파되어 공간을 메우면 잡초의 발생이 줄어든다.

⑥ 생산 안정성 증대
여러 종류의 목초를 함께 재배하면 불량환경이나 각종 병충해에 대한 안정성이 증대된다.

⑦ 목초 생산의 평준화
여러 종류의 목초가 함께 생육하면 생육형태가 각기 다르므로 혼파 목초지의 산초량(産草量)은 시기적으로 표준화된다.

⑧ 건초 및 사일리지 제조상 이점
수분함량이 많은 콩과목초는 건초 제조가 불편한데 화본과 목초가 섞이면 건초 제조가 용이해진다.

(3) 단점

① 작물의 종류가 제한적이고 파종작업이 힘들다.
② 목초별로 생장이 달라 시비, 병충해 방제, 수확 등의 작업이 불편하다.
③ 채종이 곤란하다.
④ 수확기가 불일치하면 수확이 제한을 받는다.

6 혼작[混作 companion cropping 섞어짓기]

(1) 의의 및 방법

① 생육기간이 거의 같은 두 종류 이상의 작물을 동시에 같은 포장에서 섞어 재배하는 것을 혼작이라 한다.

② 작물 사이에 주작물과 부작물이 뚜렷하게 구분되는 경우도 있으나 명확하지 않은 경우가 많다.

③ 혼작하는 작물들의 여러 생태적 특성으로 따로 재배하는 것보다 혼작의 합계 수량이 많아야 의미가 있다.

④ 혼작물의 선택은 키, 비료의 흡수, 건조나 그늘에 견디는 정도 등을 고려하여 작물 상호간 피해가 없는 것이 좋다.

(2) 조혼작(條混作)

① 여름작물을 작휴의 줄에 따라 다른 작물을 일렬로 점파, 조파하는 방법이다.

② 서북부지방의 조+콩, 팥+녹두의 혼작이 이에 해당한다.

(3) 점혼작(點混作)

① 본작물 내의 주간 군데군데 다른 작물을 한 포기 또는 두 포기씩 점파하는 방법이다.

② 콩 + 수수 또는 옥수수, 고구마 + 콩이 이에 해당한다.

(4) 난혼작(亂混作)

① 군데군데 혼작물을 주 단위로 재식하는 방법으로 그 위치가 정해져 있지 않다.

② 콩 + 수수 또는 조, 목화 + 참깨 또는 들깨, 조 + 기장 또는 수수, 오이 + 아주까리, 기장 + 콩, 팥 + 메밀 등이 이에 해당한다.

7 간작[間作 intercropping 사이짓기]

(1) 의의

① 한 종류의 작물이 생육하고 있는 사이에 한정된 기간 동안 다른 작물을 재배하는 것을 간작이라 하며 생육시기가 다른 작물을 일정 기간 같은 포장에 생육시키는 것으로 수확시기가 서로 다른 것이 보통이다.

② 이미 생육하고 있는 것을 주작물 또는 상작이라 하고 나중에 재배하는 작물을 간작물 또는 하작이라 한다.

③ 주목적은 주작물에 큰 피해 없이 간작물을 재배, 생산하는 데 있다.

④ 주작물은 키가 작아야 통풍, 통광이 좋고, 빨리 성숙한 품종은 빨리 수확하여 간작물을 빨리 독립시킬 수 있어 좋다.

⑤ 주작물 파종 시 이랑 사이를 넓게 하는 것이 간작물의 생육에 유리하다.

(2) 장점

① 단작보다 토지 이용율이 높다.

② 노력의 분배 조절이 용이하다.

③ 주작물과 간작물의 적절한 조합으로 비료의 경제적 이용이 가능하고 녹비에 의한 지력 상승을 꾀할 수 있다.

④ 주작물은 간작물에 대하여 불리한 기상조건과 병충해에 대하여 보호 역할을 한다.

⑤ 간작물이 조파 조식되어야 하는 경우 이것을 가능하게 하여 수량이 증대된다.

(3) 단점

① 간작물로 인하여 작업이 복잡하다.

② 기계화가 곤란하다.

③ 후작의 생육 장해가 발생할 수 있다.

④ 토양 수분 부족으로 발아가 나빠질 수 있다.

⑤ 후작물로 인하여 토양 비료 부족이 발생할 수 있다.

8 기타 방식

(1) 교호작(交互作 alternate cropping 엇갈아짓기)

① 일정 이랑씩 두 작물 이상의 작물을 교호로 배열하여 재배하는 방식을 교호작이라 한다.

② 작물들의 생육 시기가 거의 같고 작물별 시비, 관리작업이 가능하며 주작과 부작의 구별이 뚜렷하지 않다.

③ 효과
  ㉠ 옥수수, 콩의 경우 공간 이용 향상
  ㉡ 지력의 유지
  ㉢ 생산물의 다양화

④ 교호작의 규모가 큰 것을 대상재배(帶狀栽培 strip cropping)라 한다.

(2) 주위작(周圍作 border cropping 둘레짓기)

① 포장의 주위에 포장 내 작물과는 다른 작물을 재배하는 것을 주위작이라고 하며 혼파의 일종이라 할 수 있다.

② 주목적은 포장 주위의 공간을 생산에 이용하는 것이다. 논두렁에 콩을 심는 것은 주위작의 대표적인 예이다.

제2절 종묘와 육묘

1 종묘[種苗]

(1) 종묘의 뜻

① 작물 재배에 있어 번식의 기본단위로 사용되는 것을 의미하며 종자, 영양체, 모 등이 포함되며 이러한 작물번식의 시발점이 되는 것을 종물이라 한다.

② 종물 중 종자는 유성생식의 결과 수정에 의해 배주가 발육한 것을 식물학상 종자(seed)라 하며, 종자를 그대로 파종하기도 하지만 묘를 길러서 재식하기도 하는데 묘도 작물 번식에서 기본단위로 볼 수 있어 종물과 묘를 총칭하여 종묘라 한다.

(2) 종자의 분류

수정으로 배주(胚珠 밑씨 ovule)가 발육한 것을 식물학상 종자라 하며 아포믹시스(apomixis 무수정생식, 무수정종자 형성)에 의해 형성된 종자도 식물학상 종자로 취급하며 체세포배를 이용한 인공종자도 종자로 분류한다.

① 형태에 의한 분류

   ㉠ 식물학상 종자 : 두류, 유채, 담배, 아마, 목화, 참깨, 배추, 무, 토마토, 오이, 수박, 고추, 양파 등

   ㉡ 식물학상 과실

      ⓐ 과실이 나출(裸出 속의 것이 겉으로 드러남)된 것 : 밀, 쌀보리, 옥수수, 메밀, 들깨, 호프, 삼, 차조기, 박하, 제충국, 상추, 우엉, 쑥갓, 미나리, 근대. 시금치, 비트 등

      ⓑ 과실이 영(穎 이삭)에 쌓여 있는 것 : 벼, 겉보리, 귀리 등

      ⓒ 과실이 내과피(內果皮 과피의 가장 안쪽 씨를 싸고 있는 층)에 쌓여 있는 것 : 복숭아, 자두, 앵두 등

   ㉢ 포자(胞子 식물이 무성 생식을 하기 위하여 형성하는 생식 세포) : 버섯, 고사리 등

   ㉣ 영양기관 : 감자, 고구마 등

② 배유의 유무에 의한 분류

   ㉠ 배유종자 : 벼, 보리, 옥수수 등 화본과 종자와 피마자, 양파 등

   ㉡ 무배유종자 : 콩, 완두, 팥 등 두과 종자와 상추, 오이 등

③ 저장물질에 의한 분류

   ㉠ 전분종자 : 벼, 맥류, 잡곡류 등 화곡류

   ㉡ 지방종자 : 참깨, 들깨 등 유료종자

   ㉢ 단백질 종자 : 두과작물

④ 종자번식의 종류

   ㉠ 종자번식은 자가수정과 타가수정 두 종류가 있다.

   ㉡ 자가수정 또는 타가수정에 따라 채종의 방법, 육종방법이 달라진다.

   ㉢ 자가수정과 타가수정의 확인을 위해서는 작물에 방충망을 씌운 망실에서 재배하며 수분매개 곤충

의 접근을 차단 상태에서 종자의 결실 여부를 확인하여 종자가 생기지 않으면 타가수정률이 높은 작물이며, 종자가 많이 생기면 자가수정 작물로 판단할 수 있다.

ⓔ 교잡률 : 종자로 번식하는 작물에서 다른 개체로부터의 화분에 의해 종자가 형성되는 정도를 의미한다.

ⓜ 자가수정번식

　　ⓐ 완전자가수정

　　　가. 교잡률 : 4% 이하

　　　나. 토마토, 상추, 완두, 강낭콩 등

　　ⓑ 부분자가수정

　　　가. 교잡률 : 5 ~ 79%

　　　나. 가지, 고추, 부추, 오이, 호박, 수박, 잠두, 셀비어, 금어초 등

ⓗ 타가수정번식

　　ⓐ 교잡률 : 80% 이상

　　ⓑ 배추, 무, 양파, 파, 당근, 시금치, 쑥갓, 단옥수수, 과수류, 메리골드, 베고니아, 피튜니아 등

📌 더 알아보기　**자가 불화합성(自家不和合性)**

> 암수의 생식기관에는 형태적으로나 기능적으로 전혀 이상이 없지만 자기 꽃가루 또는 같은 계통 간의 수분에 의해서는 수정이 되지 않거나 수정이 극히 어려운 식물이다. 십자화과의 채소, 과수류, 목초류 등이 있다.

(3) 종묘로 이용되는 영양기관의 분류

① 눈(芽 아 bud) : 포도나무, 마, 꽃의 아삽 등

② 잎(葉 옆 leaf) : 산세베리아, 베고니아 등

③ 줄기(莖 경 stem)

　㉠ 지상경(地上莖 terrestrial stem 땅위로 자라는 줄기) 또는 지조(枝條 branches and twigs 수목의 곁가지를 포함한 가지의 총칭) : 사탕수수, 포도나무, 사과나무, 귤나무, 모시풀 등

　㉡ 근경(根莖 땅속줄기 rhizome) : 생강, 연, 박하, 호프 등

　㉢ 괴경(塊莖 덩이줄기 tuber) : 감자, 토란, 돼지감자 등

　㉣ 구경(球莖 알줄기 corm) : 글라디올러스, 프리지어 등

　㉤ 인경(鱗莖 비늘줄기 bulb) : 나리, 마늘, 양파 등

　㉥ 흡지[吸枝 suckers 땅속에 있는 뿌리(지하경)에서 발육한 부정아(不定胚)가 생겨 이것이 땅위로 나타난 것] : 박하, 모시풀 등

④ 뿌리

　㉠ 지근(枝根 rootlet) : 부추, 고사리, 닥나무 등

　㉡ 괴근(塊根 덩이뿌리 tuberous root) : 고구마, 마, 달리아 등

2 종자의 생성과 구조

(1) 종자의 생성

종자의 생성은 화분과 배낭 속에 들어있는 자웅 양핵이 접합되는 수정이 이루어져야 한다.

① 화분(花粉 pollen 꽃가루)

약벽(葯壁)의 화분모세포 분열에 의하여 생기며 2회 분열하여 4개의 화분이 생기며 화분 내에는 1개의 생식세포와 1개의 화분관세포가 들어 있다.

② 배낭(胚囊 embryo sac 종자식물의 자성배우체)

배주(胚珠)의 배낭모세포의 분열로 생성되며 2회 분열하여 4개의 세포가 형성되나 3개는 퇴화되고 1개가 배낭을 형성하며 배낭 내 핵은 둘로 나누어져서 1개는 주공(珠孔 micropyle 종자식물의 밑씨의 선단에 있는 작은 구멍)쪽으로 1개는 반대쪽으로 이동하여 각 2회의 분열로 4개의 핵이 되어 양쪽 1개의 핵이 중심으로 이동하여 극핵을 만든다. 주공 가까이의 3개의 핵 중 1개를 난세포, 2개를 조세포라 하며 반대쪽 3개의 세포를 반족세포라 한다.

- 배주[胚珠 ovule(gamete)] : 자방(子房 씨방)속에 생기는 나중에 종자가 되는 기관(器官)이다. 배낭(胚囊), 주심(珠心), 주피(珠皮)로 구성된다.
- 주피(珠皮 integument) : 종자식물의 밑씨가 발달할때 주심(珠心)을 싸고 있는 조직으로 그 선단에 작은 구멍이 열려 주심(珠心)으로 통한다. 종자가 형성될 때 종피(種皮 종자의 껍질)로 된다.
- 주심(珠心 nucellus) : 종자식물의 밑씨의 주체를 이루는 부분으로서 밑씨의 주피 바로 아래 있으며 자성배우체(배낭)를 둘러싸고 있는 부분이다.

③ 중복수정

ㄱ 암술머리(주두 stigma)에 화분(花粉 pollen 꽃가루)이 붙으면 발아하여 화분관을 내어 암술대(화주 style) 내를 통과하여 씨방(자방)의 배주(胚珠)에 이르면 주공(珠孔)을 통해 안으로 들어가 선단이 파열하여 내용물을 배낭 내에 방출한다.

ㄴ 화분 내 성핵은 분열하여 2개의 웅핵이 되고, 제1웅핵(n)과 난핵(n)이 접하여 배(2n)가 되고, 제2웅핵(n)은 극핵(2n)과 결합하여 배젖(3n : 배유)이 되는데 이렇게 2곳에서 수정하는 것을 중복수정이라 한다.

ㄷ 수정 후 배와 배젖(배유)은 분열로 발육하게 되고 점차 수분이 감소하고 주피는 종피(種皮 종자의 껍질)가 되며 모체에서 독립하는데 이를 종자라 한다.

(2) 종자의 구조

① 단자엽식물(單子葉植物 외떡잎식물 monocotyledones)

ㄱ 외층은 과피로 둘러싸여 있고 그 안에 배와 배유 두 부분으로 형성되며 배와 배유 사이에는 흡수층이 있으며 배유에 영양분을 다량 저장하고 있으며 이를 배유종자라 한다.

ㄴ 배에는 잎, 생장점, 줄기, 뿌리의 어린 조직이 모두 갖추어져 있다.

ⓒ 배유에는 양분이 저장되어 있어 종자 발아 등에 이용된다.

② **쌍자엽식물**(雙子葉植物 쌍떡잎식물 dicotyledones)

    ㉠ 배유조직이 퇴화되어 양분이 떡잎에 저장되며 이렇게 배유가 거의 없거나 퇴화되어 위축된 종자를 무배유종자라 한다.

    ㉡ 배와 떡잎, 종피로 구성되어 있다.

    ㉢ 콩 종자의 배는 유아, 배축, 유근으로 형성되어 있으며 잎, 생장점, 줄기, 뿌리의 어린 조직이 갖추어져 있다.

    ㉣ 쌍자엽식물은 2개의 떡잎(2n, 배)으로 되어 있으며, 대부분 지상자엽형 발아를 하나, 완두, 잠두, 팥 등은 지하자엽형 발아를 한다.

3 채종재배(採種栽培 seed production culture)

(1) 종자의 선택 및 처리

채종재배 시 종자는 원원종포 또는 원종포 등에서 생산된 믿을 수 있는 종자로 선종 및 종자소독 등 필요한 처리 후 파종한다.

(2) 재배지 선정

① 기상조건과 토양

    ㉠ 기온

        ⓐ 채종지 조건으로 가장 중요한 조건은 기상이며, 그 중에서도 기온이 가장 중요하다.

        ⓑ 강낭콩의 경우 20 ~ 25℃의 서늘한 온도가 화분의 발아적온으로 그 이상의 온도에서는 결실 불량을 초래한다.

    ㉡ 강우

        ⓐ 개화부터 등숙기까지 강우는 종자의 수량 및 품질에 크게 영향을 미치며 이 시기 강우량이 적은 곳이 알맞다. 강우량이 너무 많거나 다습은 수분장해로 임실률(稔實率 수정된 꽃이 결실되는 정도의 백분율)이 떨어지고 수발아(穗發芽 종자가 이삭에 붙은 채로 싹이 나는 현상)를 일으키기도 한다.

        ⓑ 양파의 채종적지는 개화기 월강우량이 150mm 이하인 곳이어야 한다.

    ㉢ 일장 : 화아의 형성과 추대에 크게 영향을 미친다.

    ㉣ 토양 : 배수가 좋은 양토가 알맞고 토양 병해충 발생빈도가 낮아야 하며 연작장해가 있는 작물의 경우 윤작지를 선택하는 것이 좋다.

② 환경

    ㉠ 지역

        ⓐ 품종에 따라 알맞은 지역이 있으며 콩의 경우 평야지보다는 중산간지대의 비옥한 곳이 생리적으로 더 충실한 종자가 생산된다.

ⓑ 감자의 경우는 평야지 재배는 진딧물 발생이 많아 바이러스에 감염되기 쉬우므로 바이러스를 매개하는 진딧물이 적은 고랭지가 씨감자의 생산에 알맞다.

ⓛ 포장(圃場 field 작물을 키우는 땅)

ⓐ 한 지역에서 단일품종을 집중적으로 재배하는 것이 혼종의 방지가 가능하고 재배기술을 종합적으로 이용하기 편하며 탈곡이나 조제 시 기계적 혼입을 방지할 수 있다.

ⓑ 호밀을 재배했던 포장에서 밀이나 보리의 종자를 생산하거나, 앨펠퍼를 재배했던 포장에 같은 콩과작물인 레드클로버의 종자를 생산하는 것은 호밀, 앨펠퍼 종자는 지중에서 상당 기간 발아능력을 지니고 있어 채종하는 종자의 품질을 크게 저하시킬 수 있으므로 좋지 않다.

(3) 채종포의 관리(채종포 採種圃 field for seed production 종자를 채취할 목적으로 한 재배포지)

① **격리 및 파종**

ㄱ 포장의 격리

타가수정작물 종자의 생산에서 포장은 일반포장과 반드시 격리되어야 하며 최소격리거리는 작물 종류, 종자 생산단계, 포장의 크기, 화분의 전파방법에 따라 다르다.

ㄴ 파종

ⓐ 적기 파종이 온도 및 토양수분이 발아에 알맞기 때문에 유리하다.

ⓑ 파종 전 살균제 또는 살충제를 미리 살포하고 휴면 종자는 휴면타파 처리를 한다.

ⓒ 토양수분이 충분하지 않으면 종자 크기의 1~1.5배 깊이로 파종하는 것이 가장 이성적이며, 파종 시 최소한의 토양피복은 필요하다.

ㄷ 휴폭(畦幅 이랑너비)과 주간(株間 그루와 그루사이의 간격)

ⓐ 파종간격은 빛의 투과와 공기의 흐름이 원활하도록 작물에 따라 조정한다.

ⓑ 일반적으로 종자용 작물은 조파(條播 drilling 줄뿌림, 골뿌림)를 하며, 이는 이형주(異型株)의 제거, 포장검사에 용이하다.

② **정지 및 착과조절**

ㄱ 착과위치, 착과수는 채종량과 종자의 품위에 영향을 미치므로 우량종자 생산을 위해 적심, 적과, 정지를 하는 것이 좋다.

ㄴ 콩과작물, 참깨, 들깨, 토마토, 고추, 박과채소 등과 같이 개화기간이 길고 착과위치에 따라 숙도가 다른 작물은 적심이 필요하다.

③ **관개와 시비**

ㄱ 관개

ⓐ 작물의 생육과정 중 수분이 충분해야 생육이 왕성하고 많은 수량을 낼 수 있으며 특히 생식생장기의 수분장해는 종자를 생산할 수 있는 잠재능력이 감소한다.

ⓑ 옥수수는 생식생장기에 수분장해는 화분(花粉 꽃가루)이 다 떨어진 후 암이삭 수염이 늦게 나오기 때문에 불임이삭의 증가로 수량이 크게 감소한다.

ⓛ 시비
ⓐ 알맞은 양의 양분의 공급은 작물의 생육과 밀접한 관련이 있으며 채종재배 시는 개화, 결실을 위해 비배관리(肥培管理 거름을 잘 뿌려 토지를 걸게 하여 식물을 가꿈)가 중요하다.
ⓑ 채종재배는 영양체의 수확에 비해 재배기간이 길어 그만큼 시비량이 많아야 한다.
ⓒ 작물에 따라 특정 양분을 필요로 하며 무, 배추, 양배추, 셀러리 등은 붕소의 요구도가 높고 콩 종자의 칼슘함량은 발아율과 상관관계가 있다.

④ 이형주의 제거와 수분 및 제초
㉠ 이형주(異型株 off-type) 제거
ⓐ 종자생산에 있어 이형주의 제거는 순도가 높은 종자의 채종을 위해 반드시 필요하다.
ⓑ 이형주는 전 생육기간 동안 제거해야 하는데, 채소, 지하부 영양기관을 수확하는 작물은 수확기에 이형주를 제거하는 것이 바람직하다.
ⓒ 종자전염병, 깜부기병에 걸린 개체의 제거 시에는 포자가 날리지 않도록 주의해야 한다.
㉡ 수분(受粉 pollination)
암술머리에 화분이 옮겨지는 수분과 수분 후 수정은 자연적 과정이만, 수분에 있어 곤충 등의 도움은 종자생산에 크게 도움이 된다.
㉢ 제초
종자생산을 위한 포장에는 방제하기 어려운 다년생 잡초가 없어야 하며 잡초는 화학적 방제법, 생태적 방제법 등을 종합적으로 활용하여 방제한다.

⑤ 병충해 방제
종자전염병은 생육과 종자생산을 크게 저해하며 종자의 색과 모양을 나쁘게 하기 때문에 저장 중 또는 파종 전 종자소독을 하는 것이 필요하다.

⑥ 수확 및 탈곡
㉠ 채종재배에 있어 적기수확은 매우 중요하다.
㉡ 조기 수확은 채종량이 감소하고 활력이 떨어지며 적기보다 너무 늦은 수확은 탈립, 도복 및 수확과 탈곡 시 기계적 손상이 발생할 수 있다.
㉢ 화곡류의 채종 적기는 황숙기, 십자화과 채소는 갈숙기가 채종 적기이다.
㉣ 수확 후 일정 기간 후숙은 종자의 성숙도가 비슷해져 발아율, 발아속도, 종자수명이 좋아진다.
㉤ 탈곡, 조제 시는 이형립과 협잡물의 혼입이 없어야 하며 탈곡 시 기계적 손상이 없어야 한다.

⑦ 저장
㉠ 충분히 건조한 종자를 저온에 저장해야 한다.
㉡ 감자, 고구마 등은 알맞은 저장온도와 저장습도를 유지해야 한다.
㉢ 저장 중 병충해, 서해(鼠 쥐 서 害)를 방지해야 한다.

4 종자의 수명과 저장

(1) 종자의 수명

종자가 발아력을 보유하고 있는 기간을 종자의 수명이라 한다.

① 저장 중 발아력 상실 원인

　　㉠ 종자가 저장 중 발아력을 상실하는 것은 종자의 원형질을 구성하는 단백질의 응고에 기인한다.

　　㉡ 종자를 장기저장하는 경우 저장 중 호흡에 의한 저장물질의 소모가 이루어지지만, 장기저장으로 발아력을 상실한 종자에도 상당량의 저장물질이 남아 있는 것으로 보아 양분의 소모만으로 발아력을 상실한다는 것은 충분한 이유가 되지 못한다.

　　㉢ 효소의 분해와 불활성화 및 가수분해효소의 형성과 활성

　　㉣ 유해물질의 축적

　　㉤ 발아유도기구의 분해

　　㉥ 리보솜 분리의 저해

　　㉦ 지질의 자동산화

　　㉧ 기능상 구조변화

　　㉨ 병원균의 침입

② 종자 수명에 미치는 조건

　　㉠ 종자의 수명은 작물의 종류나 품종에 따라 다르고 채종지 환경, 숙도, 수분함량, 수확 및 조제방법, 저장조건 등에 따라 영향을 받는다.

　　㉡ 저장종자의 수명에는 수분함량, 온도, 산소 등이 영향을 미친다.

　　　@ 수분함량이 많은 종자를 고온에 저장하게 되면 호흡속도의 상승을 조장해 수명이 단축된다.

　　　ⓑ 산소의 제거는 무기호흡으로 유해물질이 생성되어 발아를 억제하나 충분한 농도의 산소는 호흡을 조장하여 종자의 수명이 단축된다.

　　　ⓒ 종자를 충분히 건조하고 흡습을 방지하며 저온과 산소의 억제 조건에 저장하면 종자의 수명이 연장된다.

③ 종자의 수명

　　㉠ 종자가 발아력을 보유하고 있는 기간을 말한다.

　　㉡ 종자를 실온 저장하는 경우 2년 이내 발아력을 상실하는 단명종자와 2 ~ 5년 활력을 유지할 수 있는 상명종자, 5년 이상 활력을 유지할 수 있는 장명종자로 구분한다.

　　㉢ 종자의 발아력을 상실(종자의 퇴화)하는 가장 큰 요인은 단백질의 응고이다.

구분	단명종자(1 ~ 2년)	상명종자(3 ~ 5년)	장명종자(5년 이상)
농작물류	콩, 땅콩, 목화, 옥수수, 해바라기, 메밀, 기장	벼, 밀, 보리, 완두, 페스큐, 귀리, 유채, 켄터키블루그래스, 목화	클로버, 앨팰퍼, 사탕무, 베치

| 채소류 | 강낭콩, 상추, 파, 양파, 고추, 당근 | 배추, 양배추, 방울다다기양배추, 꽃양배추, 멜론, 시금치, 무, 호박, 우엉 | 비트, 토마토, 가지, 수박 |
| 화훼류 | 베고니아, 팬지, 스타티스, 일일초, 콜레옵시스 | 알리섬, 카네이션, 시클라멘, 색비름, 피튜니아, 공작초 | 접시꽃, 나팔꽃, 스토크, 백일홍, 데이지 |

〈中村, 1985 ; HARTMANN, 1997〉

(2) 종자의 저장

저장 중 종자의 수명은 종자의 수분함량, 저장온도, 저장습도, 통기상태 등에 영향을 받으며 가능한 한 저장양분의 소모와 변질이 적어야 하고 병충해나 쥐 등의 피해를 받지 않아야 한다. 따라서 저장 전 종자를 충분히 건조시키고 저장 중 건조와 저온상태의 유지, 온도 및 습도의 변화가 적어야 한다. 벼와 보리 같은 곡류의 수분함량은 13% 이하로 건조시켜 저장하면 안전하다.

① 건조저장

건조상태로 종자를 저장하면 생리적 휴면이 끝난 종자라도 휴면상태가 유지되어 수명 연장으로 발아력이 감퇴되지 않고, 조절제로 생석회, 염화칼슘, 짚재 등이 이용된다.

② 저온저장

저온상태로 종자를 저장하는 것은 수명을 연장시킨다. 감자의 경우 3℃로 저장하면 수년간 발아가 억제되고 발아력도 유지하는 것으로 알려져 있다.

③ 밀폐저장

건조 종자를 용기에 넣고 밀폐시켜 저장하는 방법으로 소량 저장할 때 적당하다.

④ 토중저장

종자의 과숙억제, 여름 고온과 겨울 저온을 피하기 위한 저장법이다.

5 종자의 퇴화

(1) 종자퇴화의 뜻

작물재배 시 어떤 품종을 계속 재배하면 생산력이 우수하던 종자가 생산량이 감퇴하는 것을 종자의 퇴화라 한다.

(2) 원인과 대책

① 유전적 퇴화

작물이 세대의 경과에 따라 자연교잡, 새로운 유전자형의 분리, 돌연변이, 이형종자의 기계적 혼입 등에 의해 종자가 유전적 순수성이 깨져 퇴화된다.

㉠ 자연교잡

ⓐ 격리재배로 방지할 수 있으며 다른 품종과 격리거리는 옥수수 400 ~ 500m 이상, 십자화과류 100m 이상, 호밀 250 ~ 300m 이상, 참깨와 들깨 500m 이상으로 유지하는 것이 좋다.

ⓑ 주요작물의 자연교잡률(%) : 벼 0.2 ～ 1.0, 보리 0.0 ～ 0.15, 밀 0.3 ～ 0.6, 조 0.2 ～ 0.6, 귀리와 콩 0.05 ～ 1.4, 아마 0.6 ～ 1.0, 가지 0.2 ～ 1.2, 수수 5.0 등

ⓛ 이형종자의 기계적 혼입

   ⓐ 원인인 퇴비, 낙수(落穗 추수 후 땅에 떨어져 있는 이삭) 또는 수확, 탈곡, 보관 시 이형종자의 혼입을 방지한다.

   ⓑ 이미 혼입된 경우 이형주 식별이 용이한 출수, 성숙기에 이형주를 철저히 도태시키고 조, 수수, 옥수수 등에서는 순정한 이삭만 골라 채종하기도 한다.

ⓒ 주보존이 가능한 작물의 경우 기본식물을 주보존하여 이것에서 받은 종자를 증식, 보급하면 세대경과에 따른 유전적 퇴화를 방지할 수 있다.

ⓔ 순정 종자를 장기간 저장하고 해마다 이 종자를 증식해서 농가에 보급하면 세대 경과에 따른 유전적 퇴화를 방지할 수 있다.

② **생리적 퇴화**

ⓖ 생산 환경 또는 재배조건이 불량한 포장에서 채종된 종자나 저장조건이 불량한 종자는 유전적으로 변화가 없을지라도 생리적으로 퇴화하여 종자의 생산력이 저하되는 경우가 있는데 이를 생리적 퇴화라 한다.

ⓛ 감자의 경우 평지에서 채종하면 고랭지에서 채종하는 것에 비해 퇴화가 심하다. 고랭지에 비해 평지에서는 생육기간이 짧고 온도가 높아 씨감자가 충실하지 못하고 여름의 저장기간이 길고 온도가 높아 저장 중 저장양분의 소모도 커 생리적으로 불량하며 바이러스병의 발생도 많아 평지에서 생산된 씨감자는 생리적, 병리적 퇴화하게 되므로 고랭지에서 채종해야 하며 평지에서 씨감자의 재배는 가을재배로 퇴화를 경감시킬 수 있다.

ⓒ 콩

   ⓐ 따뜻한 남부지방에서 생산된 종자가 서늘한 지역에서 생산된 것보다 충실하지 못하다.

   ⓑ 가볍고 건조한 토양에서 생산된 것이 차지고 축축한 토양에서 생산된 것보다 충실하지 못하다.

   ⓒ 서늘한 지역의 차지고 수분이 넉넉한 토양에서 채종하는 것이 유리하다.

ⓔ 재배조건의 불량으로도 종자가 생리적 퇴화가 되므로 재배시기 조절, 비배관리(肥培管理 거름을 잘 뿌려 토지를 걸게 하여 식물을 가꿈) 개선, 착과수 제한, 종자의 선별 등을 통해 퇴화를 방지할 수 있다.

③ **병리적 퇴화**

ⓖ 원인

   ⓐ 종자전염 병해, 특히 종자소독으로도 방제가 불가능한 바이러스병 등의 만연은 종자를 병리적으로 퇴화하게 한다.

   ⓑ 감자 : 평지에서 생산된 씨감자는 바이러스병이 많이 발생하여 병리적으로 퇴화하기 쉽다.

ⓛ 대책

   ⓐ 방지는 무병지채종(無病地採種), 이병주 제거, 병해 방제, 약제소독, 종자 검정 등 여러 대책이 필요하다.

ⓑ 감자 : 고랭지에서 채종한다. 또한 평지에서는 가을재배로 퇴화를 경감시킬 수 있다.

④ **저장종자의 퇴화**

㉠ 저장 중인 종자의 발아력 상실의 주원인은 원형질단백의 응고이며 효소의 활력저하, 저장양분의 소모도 중요한 요인이다.

㉡ 유해물질의 축적, 발아 유도기구분해, 리보솜 분리 저해, 효소분해 및 불활성, 가수분해효소의 형성과 활성, 지질의 산화, 균의 침입, 기능상 구조변화 등도 종자퇴화에 영향을 미친다.

㉢ 퇴화 종자는 호흡감소, 유리지방산 증가, 발아율 저하, 성장 및 발육 저하, 저항성 감소, 출현율 감소, 비정상묘의 증가, 효소활력 저하, 종자 침출물 증가, 저장력 감소, 발아 균일성 감소, 수량의 감소 등의 증상이 나타난다.

6 종자처리

(1) 선종(選種 seed selection)

크고 충실하여 발아와 생육이 좋은 종자를 가려내는 것을 선종이라 한다.

① **육안**(肉眼)**에 의한 선별**

콩 종자 등을 상위에 펴놓고 육안으로 굵고 건실한 종자를 고르는 것이다.

② **용적**(容積)**에 의한 선별**

맥류 종자 등을 체로 쳐서 작은 알을 가려 제거하는 방법이다.

③ **중량**(重量)**에 의한 선별**

키, 풍구, 선풍기 등을 이용하여 가벼운 알을 제거하는 방법이다.

④ **비중**(比重)**에 의한 선별**

㉠ 화곡류 등의 종자는 비중이 큰 것이 대체로 굵고 충실한 점을 이용하여 알맞은 비중의 용액에 종자를 담그고 가라앉는 충실한 종자만 가려내는 비중선이 널리 이용되고 있다.

㉡ 소금물을 비중액으로 이용하는 염수선(鹽水選)이 주로 이용되고 있으며, 황산암모늄, 염화칼륨, 간수, 재 등이 일부 이용되기도 한다.

⑤ **색택**(色澤)**에 의한 선별**

선별기를 이용하여 시든 종자, 퇴화 종자, 변색 종자를 가려낸다.

⑥ **기타 방법에 의한 선별**

이 외 외부조직이나 액체친화성, 전기적 성질 등에 의한 물리적 특성에 차이를 두고 선별하는 방법 등이 있다.

(2) 종자소독(種子消毒)

종자전염성 병균 또는 선충을 없애기 위해 종자에 물리적, 화학적 처리를 하는 것을 종자소독이라 한다. 종자 외부부착균에 대하여는 일반적으로 화학적 소독을 하고 내부부착균은 물리적 소독을 한다. 그러나 바이러스에 대하여는 현재 종자소독으로 방제할 수 없다.

① 화학적 소독

    ㉠ 침지(浸漬)소독 : 농약 수용액에 종자를 일정시간 담가서 소독하는 방법이다.

    ㉡ 분의(粉衣)소독 : 분제농약을 종자에 그대로 묻게 하여 소독하는 방법이다.

② 물리적 소독

    ㉠ 냉수온탕침법

        ⓐ 맥류 겉깜부기병 소독법으로 널리 알려진 방법이다.

        ⓑ 맥류 겉깜부기병 : 밀과 겉보리는 종자를 6 ~ 8시간 냉수에 담갔다가 45 ~ 50℃의 온탕에 2분 정도 담근 후 곧 다시 겉보리는 53℃, 밀은 54℃의 온탕에 5분간 담근 후 냉수에 식히고 그대로 또는 말려서 파종한다.

        ⓒ 쌀보리는 냉수에 담근 후 50℃ 온탕에 5분간 담그고 냉수에 식힌다.

        ⓓ 벼의 선충심고병은 벼 종자를 냉수에 24시간 침지 후 45℃ 온탕에 2분 정도 담그고 다시 52℃의 온탕에 10분간 담갔다가 냉수에 식힌다.

    ㉡ 온탕침법

        ⓐ 맥류 겉깜부기병에 대한 소독방법으로 보리는 물의 온도를 43℃, 밀은 45℃에서 8 ~ 10시간 정도 담근다.

        ⓑ 고구마 검은무늬병(흑반병)은 45℃ 물에 30 ~ 40분 정도 담가 소독한다.

        ⓒ 벼의 모는 45℃ 온탕에 하부 1/3의 하단부를 15분간 담가 소독한다.

    ㉢ 건열처리

        ⓐ 곡류는 온탕침법을 많이 사용하나 채소 종자는 건열처리가 더 일반화된 방법이다.

        ⓑ 종자에 부착된 병원균과 바이러스를 제거하기 위한 처리로 60 ~ 80℃에서 1~7일간 처리한다.

        ⓒ 박과, 가지과, 십자화과 등 주로 종피가 두꺼운 종자에 많이 사용되며 종자의 함수량이 높은 경우 피해가 있으므로 건조로 함수량을 낮게 하며 점차 온도를 높여 처리해야 한다.

③ 기피제 처리

    ㉠ 종자 출아과정에서 조류, 서류 등에 의한 피해를 방지하기 위하여 종자에 화학약제를 처리하여 파종하는 방식이다.

    ㉡ 땅콩종자에 연단(鉛丹 납의 묽은 사산화물), 콜타르(coal tar)를 도포 후 재에 버무려 파종하면 쥐, 새, 개미 등에 의한 피해가 방제된다.

    ㉢ 벼의 직파재배 시 종자에 비소제(砒素劑 무기살충제로 소화중독제)를 도포 후 파종하면 오리 등에 의한 피해를 방제할 수 있다.

    ㉣ 타람(살진규제 일종)을 종자에 도말처리(塗抹 분말로 된 약제를 골고루 묻혀 처리) 후 파종하면 새의 피해를 방제할 수 있다.

(3) 침종(浸種 seed imbibition)

① 의의

파종 전 종자를 일정기간 동안 물에 담가 발아에 필요한 수분을 흡수시키는 것을 침종이라 한다.

② **장점**

종자의 침종은 발아가 빠르고 균일하며 발아기간 중 피해를 줄일 수 있다.

③ **방법**

㉠ 벼, 가지, 시금치, 수목의 종자 등에 실시한다.

㉡ 수질 및 수온에 따라 침종 시간은 달라지며 연수(軟水 칼슘이온이나 마그네슘이온을 적게 포함하고 있는 물)보다는 경수(硬水)가, 수온이 낮을수록 시간이 더 길어지는 경향이 있다.

㉢ 침종 시 수온은 낮지 않은 것이 좋고 산소가 많은 물이 좋으므로 자주 갈아주는 것이 좋다.

㉣ 수온이 낮은 물에 오래 침종하면 저장양분이 유실되고 산소 부족에 의해 강낭콩, 완두, 콩, 목화, 수수 등에서는 발아장해가 유발된다.

㉤ 벼 종자의 침종은 종자무게의 30% 정도의 수분을 흡수시키고, 14시간이 소요된다.

제3절 종자의 발아와 휴면

1 종자의 발아

(1) 의의

① **발아**(發芽 germination)

종자에서 유아(어린 눈), 유근(어린 뿌리)이 출현하는 것을 발아(發芽)라고 한다.

② **출아**(出芽 budding, emergence)

토양에 파종했을 때에 발아한 새싹이 지상으로 출현하는 것을 출아라고 하며, 출아도 발아라고 하는 경우가 많다.

③ **맹아**(萌芽 sprout, coppice shoot, stump plant)

㉠ 목본식물의 지상부 눈이 벌어져 새싹이 움트거나 씨감자 등에서 지하부 새싹이 지상으로 자라는 현상이나 새싹 자체를 맹아라 한다.

㉡ 휴면 중에는 아브시스산의 농도가 높고 휴면이 타파되면 지베렐린의 농도가 높아진다. 온대과수나 화목의 눈은 월동 중 휴면이 타파되고, 다음 해 봄 기온이 10℃ 이상이 되면 수분의 흡수가 이루어지면서 생장이 개시된다.

㉢ 수목에 옥신계 호르몬 처리는 맹아를 늦추어 봄에 서리피해를 예방할 수 있다.

㉣ 마늘, 감자는 수확 수 주 전 MH(말레인 히드라지드 maleic hydrazide)를 살포하면 저장 중 맹아억제가 된다.

④ **최아**(催 재촉할 최 芽 hastening of germination, germination forcing)

벼, 맥류, 땅콩, 가지 등에서는 발아, 생육을 촉진할 목적으로 종자의 싹을 약간 틔워서 파종하는 일이 있는데, 이것을 최아라고 한다.

(2) 발아조건

① 수분

ㄱ 모든 종자는 일정량의 수분을 흡수해야만 발아한다.

ㄴ 발아에 필요한 수분의 함량은 종자 무게의 벼 23%, 밀 30%, 쌀보리 50%, 콩 100% 정도이며 토양이 건조하면 습한 경우에 비해 발아할 때 종자의 함수량이 적다.

ㄷ 수분이 발아에 미치는 영향

ⓐ 종피가 수분을 흡수하여 연하게 되고, 배, 배유, 떡잎 등이 수분의 흡수로 팽창하여 종피의 파열이 쉬워진다.

ⓑ 수분을 흡수한 종피는 가스교환이 용이하게 되어 산소가 내부세포에 도달하여 호흡이 왕성해지고, 생성된 이산화탄소의 배출이 쉬워진다.

ⓒ 수분을 흡수한 세포는 원형질 농도가 낮아지고, 각종 효소들이 작용하여 저장물질의 전류가 왕성해진다.

② 온도

ㄱ 온도와 발아의 관계는 발아 최저온도, 최적온도, 최고온도가 있으며 이는 작물 종류와 품종에 따라 다르다.

ㄴ 최저온도 $0 \sim 10℃$, 최적온도 $20 \sim 30℃$, 최고온도 $35 \sim 50℃$ 범위에 있고 고온작물에 비해 저온작물은 발아온도가 낮다.

ㄷ 최적온도일 때 발아율이 높고 발아속도가 빠르며 지나친 고온은 발아하지 못하고 휴면상태가 되며 나중에 열사하게 된다.

ㄹ 변온과 발아

ⓐ 변온이 발아를 촉진하는 작물 : 담배, 박하, 가지과 채소, 아주까리, 셀러리, 오처드그래스, 켄터키블루그래스, 버뮤다그래스, 존스그래스, 레드톱, 피튜니아 등

ⓑ 변온이 발아를 촉진하지 않는 작물 : 당근, 파슬리, 티머시 등

ⓒ 변온에 의한 발아기작(機作 생물의 생리적인 작용을 일으키는 기본 원리)

가. 종피가 고온에서 팽창하고 저온에서 수축하므로 수분흡수와 가스교환이 용이해진다.

나. 효소작용이 활발해져 물질대사의 기능이 좋아지고 발아가 촉진된다.

③ 산소

ㄱ 종자가 발아 중에는 많은 산소를 요구하며 산소가 충분히 공급되면 발아가 순조롭지만, 볍씨와 같이 산소가 없는 경우에도 무기호흡으로 발아에 필요한 에너지를 얻을 수 있다.

ㄴ 발아에 있어 종자의 산소요구도는 작물의 종류와 발아 시 온도조건 등에 따라 달라지며 수중 발아 상태를 보고 산소요구도를 파악할 수 있다.

ㄷ 수중에서의 종자 발아 난이도

ⓐ 수중 발아를 못하는 종자 : 밀, 귀리, 메밀, 콩, 무, 양배추, 고추, 가지, 파, 앨팰퍼, 옥수수, 수수, 호박, 율무 등으로 산소요구도가 많다.

        ⓑ 수중에서 발아 감퇴 종자 : 담배, 토마토, 카네이션, 화이트클로버, 브롬그래스 등

        ⓒ 수중 발아가 잘되는 종자 : 벼, 상추, 당근, 셀러리, 피튜니아, 티머시, 캐나다블루그래스 등으로 산소요구도가 적다.

④ 광

  ㉠ 대부분 종자에 있어 광은 발아에 무관하지만 광에 의해 발아가 조장되거나 억제되는 것도 있다.

  ㉡ 호광성종자(광발아종자)

        ⓐ 광에 의해 발아가 조장되며 암조건에서 발아하지 않거나 발아가 몹시 불량한 종자이다.

        ⓑ 담배, 상추, 우엉, 차조기, 금어초, 베고니아, 피튜니아, 뽕나무, 버뮤다그래스 등

  ㉢ 혐광성종자(암발아종자)

        ⓐ 광에 의하여 발아가 저해되고 암조건에서 발아가 잘 되는 종자이다.

        ⓑ 호박, 토마토, 가지, 오이, 수박, 양파, 파, 나리과 식물 등

  ㉣ 광무관종자

        ⓐ 광이 발아에 관계가 없는 종자이다.

        ⓑ 벼, 보리, 옥수수 등 화곡류와 대부분 콩과작물 등

  ㉤ 화본과 목초 종자나 잡초 종자는 대부분 호광성종자이며 땅속에 묻히게 되면 산소와 광 부족으로 휴면하다가 지표 가까이 올라오면 산소와 광에 의해 발아하게 된다.

  ㉥ 적색광, 근적색광 전환계가 호광성종자의 발아에 영향을 미치며 광발아성은 후숙과 발아 시 온도에 따라서도 달라진다.

  ㉦ 광감수성은 화학물질에 의해서도 달라지는데 지베렐린 처리는 호광성종자의 암중발아를 유도하며 약산 처리는 호광성이 혐광성으로 바뀌는 경우도 있다.

(3) 발아의 기구

① 발아과정

  ㉠ 발아과정

    수분의 흡수 ⇨ 저장양분 분해효소 형성 및 활성화 ⇨ 저장양분의 분해 ⇨ 배(씨눈)의 생장개시 ⇨ 종피(씨껍질) 열림 ⇨ 유묘(어린 뿌리·싹) 출현

  ㉡ 종자는 적당한 수분, 온도, 산소, 광에 생장기능의 발현으로 생장점이 종자 외부에 나타나는데 배의 유근 또는 유아가 종자 밖으로 출현하면서 발아하게 된다.

  ㉢ 유근과 유아의 출현순서는 수분의 다수에 따라 다르게 나타나지만 일반적으로 유근이 먼저 나온다.

② 수분의 흡수

  ㉠ 종자가 수분을 흡수하면 물은 세포를 팽창시키고 종자 전체의 부피가 커지며 종피가 파열되면서 물과 가스의 흡수가 가속화되어 배의 생장점이 나타나기 시작한다.

  ㉡ 수분흡수에 관계되는 주요 요인 : 종자의 화학적 조성, 종피의 투수성, 물의 이용성, 용액의 농도, 온도 등이 관여한다.

ⓒ 수분흡수의 단계

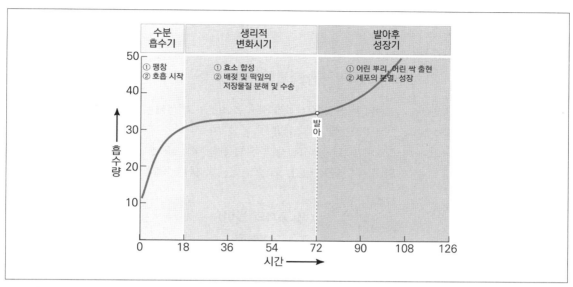

ⓐ 제1단계(수분흡수기)

> 수분흡수 → 종피(껍질)연화, 원형질 수화현상 → 단백질 등이 물 흡수 → 호흡시작

가. 종자가 매트릭퍼텐셜(matric potential 고상의 수분 견인력)로 인해 수분흡수가 왕성하게 일어나
는 시기이다.

나. 건조 종자가 물을 흡수하여 세포의 구성 성분들이 다시 수화(水和)되면서 종자가 부풀어
오르게 된다. 이는 주로 세포벽과 저장 단백질 및 저장 다당류가 물을 흡수하면서 진행된
다. 씨앗이 물을 흡수하면 종자에서 대사작용이 다시 시작되며 동시에 종자의 호흡이 시
작된다.

ⓑ 제2단계(생리적변화기)

> 저장양분 분해효소의 생성 및 활성화 → 배유(배젖) 혹은 떡잎에 저장된 양분 분해
> → 씨눈에 에너지 공급 → 씨눈의 생장 개시

가. 수분의 흡수가 정체되고 효소들이 활성화되면서 발아에 필요한 물질대사가 왕성하게 일어
나는 시기이다.

나. 저장양분 분해효소가 생성되고 활성화된다. 그리고 이들은 씨앗에 있는 녹말, 단백질, 지
방 등이 분해되어 외떡잎식물의 배유(胚乳 albumen 배젖, 씨젖)에 쌍떡잎식물의 떡잎에 저장되
어 있는 양분을 분해하게 된다. 그리고 분해된 이러한 양분은 씨눈에 에너지로 공급되어
씨눈(embryo)의 생장을 돕는다.

> ◦ 씨눈(embryo) : 식물의 씨앗 조직 내에 있는 발생 초기의 어린 식물로서 장차 차세대 식물체가
> 되는 부분이다. 자엽, 배축, 유아, 유근의 네 가지로 되어 있다.

ⓒ 제3단계(발아후성장기)

유근, 유아가 종피를 뚫고 출현하면서 수분의 흡수가 다시 왕성해지는 시기이다.

> ◦ 유근(幼根 radicle 어린뿌리) : 종자가 발아한 후 최초로 생성되는 뿌리이다. 종자 내부의 배조직의 일
> 부로서 발아 전에 이미 형성되어 있다.
> ◦ 유아(幼芽 plumule 어린싹) : 상배축 끝 부위에 해당한다. 종자가 발아할 때 맨 처음 위로 올라오는
> 싹이다. 배에 이미 분화되어 있다. 떡잎이 있는 식물은 떡잎 사이에서 돋아나는 싹이다.

〈콩 종자의 발아〉 – 출처 : 농촌진흥청

③ 저장양분의 분해효소 생성 및 활성화

종자가 어느 정도 수분을 흡수하면(수분흡수 제2단계) 종자 내 여러 가수분해 효소들이 활성화되면서
탄수화물, 지방, 단백질 등 저장양분이 분해, 전류, 재합성의 화학반응이 진행되고 발아에 필요한 에너
지를 생성하게 된다. 종자는 발아할 때 호흡이 왕성해지고 에너지 소비량이 커지는데 발아할 때 호흡
은 건조 종자에 비해 100배에 달한다고 한다.

④ 저장양분의 분해, 전류 및 재합성

종자의 배유와 떡잎에 저장되었던 전분이 가수분해되어 배와 생장점으로 이동하여 호흡의 기질로 사용
되는 한편 셀룰로오스, 비환원당, 전분 등으로 합성된다. 단백질과 지방은 가수분해되어 유식물로 이
동 후 구성물질로 재합성되고 일부는 호흡의 기질로 쓰인다.

⑤ 배의 생장 개시

효소의 활성으로 새로운 물질이 합성되고 세포분열이 일어나 상배축과 하배축, 유근과 같은 기관의
크기가 커진다.

⑥ 종피의 파열과 유묘의 출현

㉠ 종자가 물을 흡수하여 팽창하고 세포분열로 조직이 커지면서 생기는 내부압력에 의해 종피가 파열
되고 유근이나 유아가 출현한다.

ⓛ 유근과 유아의 출현순서는 수분의 많고 적음에 따라 다르게 나타나며, 산소가 충분한 경우 유근이 먼저 출현한다.

⑦ 이유기와 독립생장기의 전환

유식물 초기에는 배유나 떡잎의 저장 양분에 의해 생육하지만 시간이 지나면서 저장양분은 소진되고 광합성 등 동화작용에 의해 양분을 합성하여 생육하는 독립영양 시기로 전환되는데 이를 이유기라 한다.

(4) 발아와 생육촉진처리

① 최아

㉠ 발아, 생육 촉진을 목적으로 종자의 싹을 약간 틔워 파종하는 최아는 벼의 조기육묘, 한랭지의 벼농사, 맥류 만파재배, 땅콩의 생육촉진 등에 이용된다.

㉡ 벼 종자 : 침종을 포함해 10℃에서 약 10일, 20℃에서 약 5일, 30℃에서 약 3일의 기간이 소요되며 발아적산온도는 100℃, 어린싹이 1 ~ 2mm 출현할 때가 알맞다.

㉢ 육아 : 감자의 촉성재배 시 씨감자의 싹을 2cm 정도 틔워서 심는 방법, 고구마를 직파재배할 때 씨고구마의 싹을 10 ~ 15cm로 틔워서 심는 것이다.

② 프라이밍(priming)

㉠ 파종 전 종자에 수분을 가해 발아에 필요한 생리적 준비를 갖추게 하여 발아 속도와 균일성을 높이려는 것이다.

㉡ 최근 채소류 플러그육묘에서 이용되고 있다.

㉢ 종류 : 삼투용액프라이밍, 고형물질처리, 반투성막프라이밍이 있으며, 주로 수분퍼텐셜이 낮은 FEG(polyethylene glycol)용액 등으로 처리한다.

③ 전발아처리(前發芽處理)

㉠ 의의 : 포장발아 100%를 목적으로 처리하는 방법으로 유체파종(流體播種 = 액상파종 fluid drilling)과 최아종자(전발아종자 前發芽種子 pregerminated seed)가 있다.

㉡ 유체파종 : 겔상태의 용액에 발아종자를 넣고, 이 겔을 특수기계를 이용하여 파종하는 방법이다.

㉢ 액상으로는 알긴산나트륨(sodium alginate) 등이 이용된다.

㉣ 이점

ⓐ 유근이 보호된다.

ⓑ 종자에 수분이 공급된다.

ⓒ 비중이 다른 퇴화종자가 분리되어 파종된다.

④ 종자의 경화(硬化 hardening)

㉠ 종자의 발아 시 불량환경에서도 출아율을 높이기 위한 처리로 파종 전 종자에 수분의 흡수와 건조과정을 반복적으로 처리함으로써 초기 발아과정 중 흡수를 조장하는 것을 경화라 한다.

㉡ 당근 종자에 종자무게의 70% 수분을 가한 후 풍건시키는 조작을 3회 반복으로 경화시키면, 배가 커지고, 발아와 생육의 촉진, 수량증대가 되며, 포장이 건조할 때 효과적이다.

ⓒ 밀, 옥수수, 순무, 토마토 등에서도 경화의 효과가 인정된다.

⑤ **과산화물**(過酸化物 peroxides H_2O_2)

과산화물이 수중에서 분해되면서 산소를 방출하므로 물에 용존산소를 증가시켜 종자의 발아와 유묘의 생육을 증진시키는 방법으로, 벼 직파재배에서 많이 이용되는 방법이다.

⑥ **저온, 고온처리**

ㄱ 저온처리 : 발아촉진을 위하여 수분을 흡수한 종자를 5 ~ 10℃의 저온에 7~10일 처리한다.

ㄴ 고온처리 : 벼 종자의 경우 50℃로 예열 후 물 또는 질산칼륨(KNO_3)에 24시간 침지한다.

⑦ **박피제거**

강산이나 강알칼리성 용액, 차아염소산나트륨(NaOCl), 차아염소산칼슘($CaOCl_2$)에 종자를 담가 종피의 일부를 녹여 경실의 종피를 약화시켜 휴면의 타파나 발아를 촉진시키는 방법이다.

⑧ **발아촉진물질**

GA_3, 티오우레아(티오요소 thiourea), KNO_3, KCN, NaCN, DNP, H_3S, NaN_3 등이 발아촉진물질로 이용된다.

(5) 종자코팅

① **의의**

ㄱ 종자에 특수한 물질을 덧씌워 주는 것이다.

ㄴ 처리 정도에 따라 필름코팅, 종자코팅, 종자펠릿으로 구분한다.

② **필름코팅**(film coating)

ㄱ 친수성 중합체에 농약이나 색소를 혼합하여 종자 표면에 5 ~ 15㎛ 정도로 얇게 덧씌워 주는 것이다.

ㄴ 농약을 종자에 분의(粉衣)처리를 하였을 때 농약이 묻거나 인체에 해를 끼치는 것을 방지하기 위함이다.

ㄷ 색의 첨가로 종자의 품위를 높이고 식별하기 위함이다.

③ **종자코팅**(seed coating)

코팅의 크기를 필름코팅보다 약간 크게 한 처리로, 농약이나 양분의 첨가가 가능하다.

④ **종자펠릿**(seed pellet)

ㄱ 담배와 같이 종자가 미세하거나 당근과 같이 표면이 매우 불균일하거나, 참깨나 상추종자 같이 가벼워 손으로 다루거나 기계파종이 어려운 경우 종자 표면에 화학적으로 불활성의 고체 물질을 피복하여 종자를 크게 만드는 것이다.

ㄴ 파종이 용이하고, 적량파종이 가능해 솎음이 불필요해 종자 비용과 솎음노력비용을 절감할 수 있다.

ㄷ 근권정착미생물의 첨가로 토양 및 종자전염성 병의 방제가 가능하다.

⑤ **기타 종자코팅**

테이프종자, 매트종자, 장환종자, 피막종자 등이 있다.

(6) 훈증처리

① 의의

종자의 저장이나 운송 중 해충의 번식을 방지하기 위하여 훈증제를 처리한다.

② 훈증제의 조건

㉠ 고체, 액체, 가스 상태인 것이 있다.

㉡ 가격이 싸야 한다.

㉢ 증발하기 쉬우며, 확산이 잘 되어야 한다.

㉣ 종자활력에 영향을 끼치지 않아야 한다.

㉤ 불연성이 좋아야 한다.

㉥ 인축에 해가 없어야 한다.

③ 종류

메틸브로마이드(methyl bromide), 에피흄(epifume), 이염화탄소, 사염화탄소, 이산화탄소, 청산화수소 등이 있다.

2 종자의 휴면[休眠 dormancy]

(1) 휴면의 뜻과 형태

성숙한 종자에 수분, 온도, 산소 등 발아에 적당한 환경조건을 주어도 일정기간 동안 발아하지 않는 현상을 휴면이라 한다.

① 자발적 휴면

발아능력이 있는 성숙한 종자가 환경조건이 발아에 알맞더라도 내적요인에 의해 휴면하는 것으로 본질적 휴면이다.

② 타발적 휴면

종자의 외적 조건이 발아에 부적당해서 유발되는 휴면을 의미한다.

(2) 휴면의 원인

① 경실(硬實 hard seed)

㉠ 종피가 단단하여 수분의 투과를 저해하기 때문에 발아하지 않는 종자를 경실이라 하며 종자에 따라 종피의 투수성이 다르기 때문에 몇 년에 걸쳐 조금씩 발아하는 것이 보통이다.

㉡ 경실의 원인

ⓐ 경실의 원인은 유전적 원인과 환경적 원인이 있으며, 대부분 경실의 원인이 유전된다.

ⓑ 환경적 원인

가. 종자의 책상(柵 울타리 狀 형상)세포의 두께가 두꺼울수록 경실이 된다.

나. 펙틴(pectin)함량이 많을수록 경실이다.

다. 책상세포 내 수베린(suberin)이 많을수록 불투성에 영향을 미친다.

> ○ 수베린(suberin) : 식물의 오래 된 줄기나 뿌리의 세포벽이 코르크화하였을 때 세포벽 안에 퇴적하는 물질을 말한다.
> ○ 펙틴(pectin) : 세포벽을 이루는 주요 구성 성분 중 하나이다. 섬유소와 헤미섬유소 네트워크를 담고 있는 겔 형태의 다당류의 총칭으로, 주성분은 갈락투론산이고, 중성당인 람노스, 갈락토스, 아라비노스 등을 포함한다.

라. 토양수분이 많을수록 경실이 된다.

마. 소립종자(小粒種子 small seeds 크기가 아주 작은 종자)일수록, 숙도(성숙의 정도)가 높은 종자일수록 경실이 된다.

바. 급격한 건조에 의해 종피의 기계적 수축이 커질수록 경실이 된다.

② 발아억제물질

㉠ 콩과, 화본과 목초, 연, 고구마 등 많은 종류의 휴면에 일종의 발아억제물질이 관련되어 있다고 알려져 있다.

㉡ 벼 종자의 경우 영에 있는 발아억제물질이 휴면의 원인으로 종자를 물에 잘 씻거나 과피를 제거하면 발아된다.

㉢ 옥신은 측아[側芽 lateral bud 엽액의 달린 눈을 말함. 액아(腋芽)라 하기도 함. 곁눈]의 발육을 억제하고 아브시스산(ABA abscisic acid)는 사과, 자두, 단풍나무에서 겨울철 눈의 휴면을 유도하는 작용을 한다.

③ 배의 미숙

미나리아재비, 장미과 식물, 인삼, 은행 등은 종자가 모주에서 이탈할 때 배가 미숙상태로 발아하지 못한다. 미숙 상태의 종자가 수주일 또는 수개월 경과하면서 배가 완전히 발육하고 필요한 생리적 변화를 완성해 발아할 수 있는데 이를 후숙(after ripening)이라 한다.

> ○ 후숙기간(휴면기간) : 수확 당시에 발아력이 없었던 종자를 일정한 기간 단독으로 또는 과실이나 식물체에 분리되지 않은 채로 잘 보관하면 발아력을 가지게 되는데, 이것을 후숙이라고 하며 후숙에 필요한 기간을 후숙기간 또는 휴면기간이라고 한다.

④ 종피의 기계적 저항

종자에 산소나 수분이 흡수되어 배가 팽대할 때 종피의 기계적 저항으로 배의 팽대가 억제되어 종자가 함수상태로 휴면하는 것으로 잡초종자에서 흔히 나타난다.

⑤ 종피의 불투기성

귀리, 보리 등의 종자는 종피의 불투기성으로 인하여 산소 흡수가 저해되고 이산화탄소가 축적되어 발아하지 못하고 휴면한다.

⑥ 종피의 불투수성

고구마, 연, 오크라, 콩과작물, 화본과 목초 등 경실종자 휴면의 주원인이 종피의 불투수성이다.

⑦ 배휴면(胚休眠)

형태적으로는 종자가 완전히 발달하였으나 발아에 필요한 외적조건이 충족되어도 발아하지 않는 경우로 이는 배 자체의 생리적 원인에 의해 발생하는 휴면으로 생리적 휴면(生理的休眠 physiological dormancy)이라고도 한다.

📌 더 알아보기 2차 휴면

휴면이 끝난 종자라도 고온·과습·저온·통기불량·암흑 등의 발아에 불리한 환경조건에서 장기간 보존되면 그 후에 적당한 환경조건이 부여되더라도 발아하지 못하고 휴면이 유지되는 것을 말한다.

3 휴면타파와 발아촉진

(1) 경실종자의 발아촉진법

경실종자(硬實種子 껍질이 딱딱한 종자)란 종피의 불투수성으로 장기간 휴면하는 종자로 주로 소립의 두과목초 종자로 클로버류, 자운영, 벳치, 아카시아, 강낭콩, 싸리 등과 고구마, 연, 오크라 등이 이에 속한다.

① 종피파상법

경실종자의 종피에 상처를 내는 방법으로 자운영, 콩과의 소립종자 등은 종자의 25 ~ 35%의 모래를 혼합하여 20 ~ 30분 절구에 찧어서 종피에 가벼운 상처를 내어 파종하면 발아가 조장되며 고구마는 배의 반대편에 손톱깎이 등으로 상처를 내어 파종한다.

② 진한 황산처리

㉠ 진한 황산에 경실종자를 넣고 일정 시간 교반하여 종피를 침식시키는 방법으로 처리 후 물에 씻어 파종하면 발아가 조장된다.

㉡ 처리시간 : 고구마 1시간, 감자 종자 20분, 레드클로버 15분, 화이트글로버 30분, 연 5시간, 목화 5분, 오크라 4시간 등이다.

③ 온도처리

㉠ 저온처리 : 앨팰퍼 종자를 −190℃ 액체공기에 2 ~ 3분 침지 후 파종하면 발아가 조장된다.

㉡ 고온처리 : 앨팰퍼 종자를 80℃ 건열에 1 ~ 2시간 또는 앨팰퍼, 레드클로버 등은 105℃에 4분 처리한다.

㉢ 습열처리(온탕처리) : 라디노클로버는 40℃ 온탕에 5시간 또는 50℃ 온탕에 1시간 처리한다.

㉣ 변온처리(서로 다른 온도로 번갈아 처리) : 자운영 종자는 17 ~ 30℃와 20 ~ 40℃의 변온처리를 한다.

④ 진탕처리

스위트클로버는 종자를 플라스크에 넣고 초당 3회 비율로 10분간 진탕처리(진동으로 떨침)한다.

⑤ 질산처리

버팔로크라스 종자는 0.5% 질산용액에 24시간 침지하고 5℃에 6주간 냉각시켜 파종하면 발아가 조장된다.

⑥ 기타

알코올, 이산화탄소, 펙티나아제 처리 등도 유효하다.

(2) 화곡류 및 감자의 발아촉진법

① 벼 종자

40℃에서 3주간 또는 50℃에서 4~5일 보존으로 발아억제물질이 불활성화되어 휴면이 완전히 타파된다.

② 맥류 종자

0.5 ~ 1% 과산화수소액(H_2O_2)에 24시간 침지 후 5 ~ 10℃의 저온에 젖은 생태로 수일간 보관하면 휴면이 타파된다.

③ 감자

절단 후 2ppm 정도 지베렐린수용액에 30 ~ 60분 침지(浸漬 물속에 담가 적심)하여 파종하는 방법이 가장 간편하고 효과적인 방법이다.

(3) 목초 종자의 발아촉진법

① 질산염류액 처리

화본과 목초 종자는 0.2% 질산칼륨, 0.2% 질산알루미늄, 0.2% 질산망간, 0.1% 질산암모늄, 0.1% 질산소다, 0.1% 질산마그네슘 수용액에 처리하면 발아가 조장된다.

② 지베렐린(GA) 처리

브롬그래스, 휘트그래스, 화이트클로버 등의 목초 종자는 100ppm, 차조기는 100 ~ 500ppm 지베렐린 수용액에 처리하면 휴면이 타파되고 발아가 촉진된다.

(4) 발아촉진물질의 처리

① 지베렐린 처리

㉠ 각종 종자의 휴면타파, 발아촉진에 효과가 크다.

㉡ 감자 2ppm, 목초 100ppm, 약용인삼 25 ~ 100ppm 등이 효과적이다.

㉢ 호광성 종자인 양상추, 담배 등은 10 ~ 300ppm의 지베렐린 수용액 처리는 발아를 촉진하며 적색광 대체 효과가 있다.

② 에스렐 처리

에틸렌 대신 에스렐을 이용하여 양상추 100ppm, 땅콩 3ppm, 딸기종자 5,000ppm 등에서 수용액 처리로 발아가 촉진된다.

③ 질산염 처리

화본과 목초에서 발아를 촉진하며 벼 종자에도 유효하다.

④ 시토키닌(cytokinin) 처리

호광성 종자인 양상추에 처리하면 적색광 대체효과가 있어 발아를 촉진하며 땅콩의 발아촉진에도 이용된다.

(5) 충적처리

① 목적 : 휴면타파, 발아력 저하 방지, 발아억제 물질 제거, 후숙방지
② 방법 : 나무상자나 나무통에 습기가 있는 모래나 톱밥과 종자를 층을 지어 5℃에 보관한다. 모래 4cm, 종자 2cm씩 층을 지어 쌓는다.

4 휴면연장과 발아억제

(1) 온도조절

발아를 억제하며 동결되지 않는 온도에 저장하는 경우이다. 감자 0 ~ 4℃, 양파 1℃ 내외로 저장하면 발아를 억제할 수 있다.

(2) 약제처리

① 감자
  ㉠ 수확하기 4 ~ 6주 전에 1,000 ~ 2,000ppm의 MH-30 수용액을 경엽에 살포한다.
  ㉡ 수확 후 저장 당시 TCNB(tetrachloro-nitrobenzene) 6% 분제를 감자 180L당 450g 비율로 분의(粉衣 dust coating 종자 등을 약제 등 가루로 입힘)하여 저장한다.
  ㉢ 도마톤, 노나놀, 벨비탄 K, 클로르 IPC 등의 처리도 발아를 억제한다.
② 양파
  ㉠ 수확 15일 전 3,000ppm MH 수용액을 잎에 살포한다.
  ㉡ 수확 당일 MH 0.25%액에 하반부를 48시간 침지한다.

(3) 방사선 조사

감자, 양파, 당근, 밤 등은 γ선을 조사하면 발아가 억제된다.

제4절 영양번식과 육묘

1 영양번식

(1) 종자번식과 영양번식의 장단점

① 종자번식(실생번식)
  ㉠ 장점
    ⓐ 번식방법이 쉽고 다수의 묘를 생산할 수 있다.
    ⓑ 품종개량의 목적으로 우량종의 개발이 가능하다.

ⓒ 종자의 수송이 용이하며 원거리 이동이 용이하다.

ⓓ 수명이 길고 생육이 왕성하다.

ⓛ 단점

ⓐ 교잡에 의하므로 변이가 나타나서, 모체와 동일한 특성이 나타나지 않는 것이 많다.

ⓑ 불임성이나 단위결과성(單爲結果) 화훼의 경우에는 종자번식을 할 수가 없다.

ⓒ 목본류의 경우에는 개화와 결실이 되기까지 장기간 걸리는 경우가 있으며 성장이 느리다.

> • 단위결과(單爲結果 parthenocarpy, 단위결실 單爲結實) : 수정으로 종자가 생성됨으로써 열매를 형성하는 것이 보통이지만 수정하지 않고도 씨방이 발달하여 열매가 되는 현상을 단위결과라고 한다. 이 열매에는 종자가 들어 있지 않다. 오이, 바나나, 감귤류, 포도, 중국삼 등은 종자의 생성 없이 열매를 맺는 경우가 있다.

② 영양번식

ⓖ 장점

ⓐ 모본이 지니고 있는 내한성, 내병성 등 유전적인 특성을 그대로 유지할 수 있으며 식물체의 크기나 형태가 균일한 품종을 많이 생산할 수가 있다.

ⓑ 종자번식 묘보다 성장이 빠르다. **예** 감자·모시풀·꽃·과수 등

ⓒ 종자로는 번식이 불가능한 경우에 많이 이용하고 있다. **예** 고구마·마늘 등

ⓓ 암수의 어느 한쪽 그루만을 재배할 때에도 이용된다. 홉은 암그루가 재배되는데, 종자번식에서는 암그루와 숫그루가 함께 나오므로 암그루를 영양번식시킨다.

ⓔ 종자번식에 비해 개화, 결실에 걸리는 시간이 짧다.

ⓛ 단점

ⓐ 모본에서 식물체의 조직 등을 확보하므로 종자번식의 경우처럼 다량의 묘를 일시에 확보하기가 어렵다.

ⓑ 작업이 번거롭고 많은 노동력이 필요하다.

(2) 영양번식

① 분주(分株 division 포기 나누기)

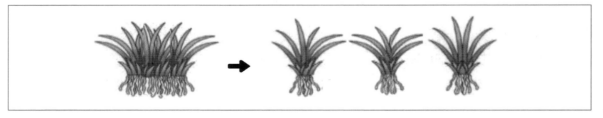

ⓖ 모주[母株 번식의 근원이 되는 식물. 모본(母本)]에서 발생한 흡지(吸枝 sucker)를 뿌리가 달린 채 분리하여 번식시키는 방법이다. 흡지 자체에 뿌리가 붙어 있어서 상대적으로 안전한 번식법이다.

- 흡지(吸枝 sucker) : **지하경**(地下莖 subterranean stem 땅속줄기)의 관절에서 뿌리가 나와 자란 싹의 줄기가 지상으로 나타나 모체(母體)에서 분리되는 독립개체이다.

   ⓒ 시기는 화아분화, 개화시기에 따라 결정되며 춘기분주(3월 하순 ~ 4월), 하기분주(6월 ~ 7월), 추기분주(9월 상순 ~ 9월 하순)으로 구분한다.

   ⓒ 닥나무, 머위, 아스파라거스, 토당귀, 박하, 모시풀, 작약, 석류, 나무딸기 등에 이용된다.

② **삽목**(揷 꽂을 삽 木 cuttage 꺾꽂이)

   ㉠ 모체에서 분리해 낸 영양체의 일부를 알맞은 곳에 심어 뿌리가 내리도록 하여 독립개체로 번식시키는 방법이다. 발근이 용이한 작물과 그렇지 않은 작물이 구분되며 삽수, 삽상의 조건에 따라 다르므로 삽수의 선택, 삽상의 조건이 알맞아야 성공한다. 발근 촉진을 위한 발근촉진호르몬과 그 외 처리를 한다.

- 삽수(揷穗 scion, cutting) : 삽목에 쓰이는 줄기, 뿌리, 잎을 말한다.
- 삽상(揷床) : 삽목을 하기 위해 모래, 물이끼, 톱밥 등을 채운 온상이나 냉상, 일반노지에서 일정면적을 구획하여 삽목상으로 이용하기도 한다. 발근작용과 관계 깊은 환경요인으로 토양수분과 산소 그리고 온도가 중요하므로 이들 조건을 잘 조절할 수 있는 삽목상이 좋다.

   ⓒ 삽목에 이용되는 부위에 따라 엽삽, 근삽, 지삽 등으로 구분된다.

      ⓐ 엽삽(葉揷 leaf cutting 잎꽂이) : 베고니아, 펠라고늄 등에 이용된다.

      ⓑ 근삽(根揷 root cutting 뿌리꽂이) : 사과, 자두, 앵두, 감 등에 이용된다.

      ⓒ 지삽(枝揷 stem cutting 가지꽂이) : 포도, 무화과 등에 이용된다.

   ⓒ 지삽(가지꽂이)에서 가지 이용에 따라 녹지삽, 경지삽, 신초삽, 일아삽(=단아삽)으로 구분한다.

      ⓐ 녹지삽(綠枝揷 greenwook cutting) : 다년생 초본녹지를 삽목하는 것으로 새해 봄에 자라나는 연하고 부드러운 새순을 이용한 꺾꽂이다. 카네이션, 페라고늄, 콜리우스, 피튜니아 등에 이용된다.

      ⓑ 숙지삽(熟枝揷 hard wood cutting 경지삽) : 전년도에 자라 휴면 중인 딱딱한 묵은 가지를 이른 봄에 이용하는 꺾꽂이다. 포도, 무화과 등에 이용된다.

      ⓒ 신초삽(新梢揷 = 반숙지삽) : 생장 중인 1년 미만의 새 가지를 이용하여 삽목하는 것으로 인과류, 핵과류, 감귤류 등에 이용된다.

      ⓓ 일아삽(一芽揷 = 단아삽) : 포도에서 눈을 하나만 가진 줄기를 이용하여 삽목하는 방법이다. 가지접의 일종으로 본다.

   ⓒ 삽목의 시기

      ⓐ 초본성 작물 : 환경과 삽수의 크기가 적당하면 어느 시기에 해도 좋다.

      ⓑ 목본성 작물 : 삽목시기의 선택은 매우 중요하다.

         가. 상록침엽수 : 4월 중순이 좋다.

         나. 상록활엽수 : 6월 하순 ~ 7월 하순 사이 장마철이 좋다.

         다. 낙엽과수 : 3월 중순경 눈이 트기 전이 좋다.

   ⓜ 삽목의 방법

     ⓐ 작업순서

> 삽수 준비 ⇨ 삽목용 상토 준비 ⇨ 발근촉진제 처리 ⇨ 삽목 ⇨ 온도와 습도 조절 ⇨ 이식

     ⓑ 삽수 준비 : 일반적으로 삽수는 병이 없고 충실한 개체로부터 채취하며, 삽수의 채취 시 즙액 전염하는 바이러스 감염에 주의해야 한다.

     ⓒ 삽목용 상토

       가. 거름기가 없고, 산도가 알맞으며, 보수성과 통기성이 좋고, 병해충에 감염되지 않아야 한다.

       나. 과거 강모래가 많이 사용되었으나 최근 질석(버미큘라이트), 펄라이트, 피트모스 등이 인공상토로 이용된다.

     ⓓ 발근

       가. 식물의 종류, 삽목의 종류에 따라 다르며 저장양분, 삽수 및 모주의 나이 줄기의 성숙 정도, 잎 수 등이 영향을 미친다.

       나. 발근촉진제로는 옥신류의 생장조절제가 이용된다.

     ⓔ 온도와 습도 등 환경관리

       가. 삽목 후 온도, 습도, 광 등 삽목상의 환경이 중요하다.

       나. 온도 : 생육적온보다 약간 낮은 20 ~ 25℃ 정도가 좋으나 열대작물의 경우 이보다 높은 온도를 요구한다.

       다. 습도 : 삽수는 건조하면 고사하게 되므로 뿌리가 내리기 전까지는 공중습도를 90% 이상 유지해야 한다.

       라. 광 : 잎이 붙어 있는 삽수는 삽목 후 강한 광에 의해 증산량이 많아 삽수를 시들게 하므로 차광이 필요하다.

③ **취목**(取木 layering)

식물의 가지, 줄기의 조직이 외부환경 영향에 의해 부정근이 발생하는 성질을 이용하여 식물의 가지를 모체에서 분리하지 않고 흙에 묻는 등 조건을 만들어 발근시킨 후 잘라내어 독립적으로 번식시키는 방법이다. 주로 휘어지는 줄기나 가지를 땅에 묻어서 뿌리를 내는 저취법(低取法)을 의미한다.

   ㉠ 성토법(盛 성할 성 土法 stool layerage 묻어떼기)

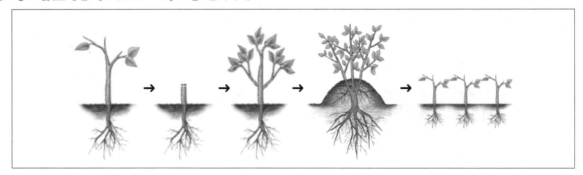

ⓐ 모주(어미 나무)를 짧게 자르는 경우 여기서 여러 개의 가지(측지)가 나오게 된다. 이후 이 새 가지에 끝이 보일 정도로 흙을 북돋아 쌓아 뿌리를 내어서 뿌리와 함께 가지를 떼어내어 취목하는 방법이다.

ⓑ 사과, 자두, 양앵두, 뽕나무 등이 이용된다.

ⓛ 휘묻이법 : 휘는 줄기나 가지를 흙 속에 묻어 뿌리를 내는 방법이다. 꺾꽂이나 접붙이기가 어려운 덩굴성 화훼류나 나무딸기 등의 번식에 주로 이용된다.

ⓐ 보통법(普通法 simple layering) : 가지 일부를 흙속에 묻는 방법으로 포도, 자두, 양앵두 등에 이용된다.

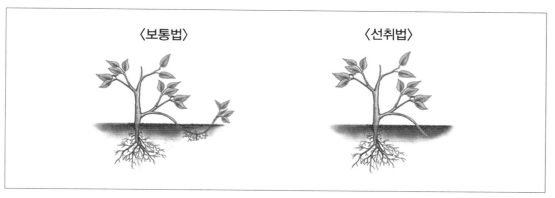

ⓑ 선취법(先取法 tip layerage) : 가지의 선단부(先端部 앞쪽 끝부분)를 휘어서 묻는 방법으로 나무딸기에 이용된다.

ⓒ 파상취법(波狀取法 serpentine layering) : 연약한 가지를 가진 식물이나 덩굴성 식물처럼 잘 구부러지고 길이가 긴 식물의 가지나 덩굴을 흙에 묻어 뿌리를 낸 후 취목하는 방법이다. 이때 구부러진 면은 지상에 나오게 한다. 포도 등에 이용된다.

ⓓ 당목취법(撞木取法 trench layering) : 가지를 수평으로 묻고 각 마디에서 발생하는 새 가지를 발생시켜 하나의 가지에서 여러 개의 개체를 발생시키는 방법으로 포도, 자두, 양앵두 등에 이용된다.

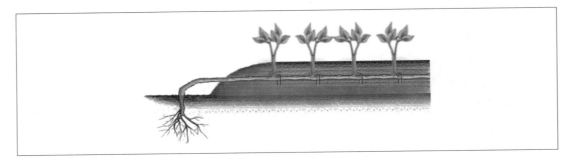

　ⓒ 고취법(高取法 high layering, air layering 높이 떼기, 양취법)

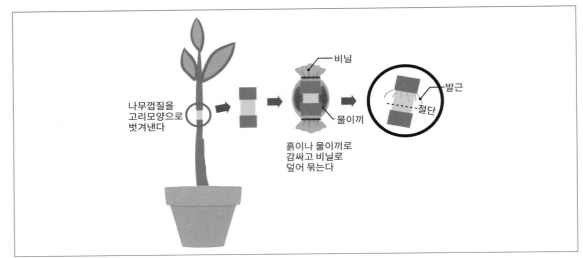

　　　ⓐ 줄기나 가지를 땅 속에 묻을 수 없을 때 높은 곳에서 발근시켜 취목하는 방법이다.

　　　ⓑ 발근시키고자 하는 부분에 미리 절상, 환상박피 등을 하면 효과적이다. 고무나무와 같은 관상 수목에 이용된다.

　ⓔ 취목의 시기

　　　ⓐ 온실용 원예식물 : 3월부터 5월 시이 주로 실시한다.

　　　ⓑ 일반 노지 원예식물 : 봄철 싹이 트기 전에 하거나 6월 ~ 7월에 한다.

　　　ⓒ 왜성 사과대목의 취목은 봄에 실시하고 이식은 늦가을이나 다음해 봄에 한다.

④ 접목(接木 grafting)

　㉠ 의의

　　　ⓐ 두 식물의 영양체를 형성층이 서로 유착(癒着 서로 들러붙음)되도록 접합함으로써 생리작용이 원활하게 교류되어 독립개체를 형성하도록 하는 것을 접목이라 한다.

　　　ⓑ 접수(接穗 scion) : 접목 시 정부가 되는 부분이다.

　　　ⓒ 대목(臺木 stock) : 접목 시 기부가 되는 부분이다.

　　　ⓓ 활착(活着) : 접목 후 접합되어 생리작용의 교류가 원만하게 이루어지는 것이다.

ⓔ 접목친화(接木親和 graft affinity) : 접목 후 활착이 잘되고 발육과 결실이 좋은 것을 말한다.

ⓛ 접목변이(graft variation) : 접목으로 접수와 대목의 상호 작용으로 형태적, 생리적, 생태적 변이를 나타내는 것을 접목변이라 한다.

ⓒ 접목의 장점

   ⓐ 결과촉진 : 실생묘(實生苗 seedling 종자를 파종하여 기른 묘목) 이용에 비해 접목묘의 이용은 결과에 소요되는 연수가 단축된다.

   ⓑ 수세조절

      가. 왜성대목 이용 : 서양배를 마르멜로 대목에 또는 사과를 파라다이스 대목에 접목하면 현저히 왜화하여 결과연령이 단축되고 관리가 편하다.

        ◦ 왜성대목(矮性臺木 dwarf rootstock) : 유전적으로 키가 작은 성질을 지닌 대목이다.

      나. 사과의 왜성대목

        • 현재 널리 이용되고 있는 왜성대목은 M계, MM계의 영양계 대목으로 우리나라에서 M26이 가장 많이 보급되었다.

        • 왜화성이 가장 강한 정도는 M27 > M9 > M26의 순이다.

      다. 강화대목 이용 : 살구를 일본종 자두 대목에 또는 앵두를 복숭아 대목에 접목하면 지상부 생육이 왕성해지고 수령도 현저히 길어진다.

        ◦ 강화대목(强化臺木 igorating rootstock, vigorous rootstock 강세대목) : 대목의 종류에 따라 나무의 크기나 수형을 조절할 수 있으며, 지상부를 왕성하게 하는 대목을 강세대목이라고 하고 그 반대는 왜성대목이라고 한다.

   ⓒ 풍토적응성 증대

      가. 고욤 대목에 감을 접목하면 내한성이 증대된다.

        ◦ 고욤나무(date plum) : 쌍떡잎식물 감나무목 감나무과의 낙엽 교목이다.

      나. 개복숭아 대목에 복숭아 또는 자두를 접목하면 알칼리 토양에 대한 적응성이 높아진다.

      다. 중국콩배 대목에 배를 접목하면 건조 토양에 대한 적응성이 높아진다.

   ⓓ 병충해저항성 증대

      가. 포도나무 뿌리진딧물인 필록세라(phylloxera)는 vitis rupertris, V. berlandieri, V. riparia 등의 저항성 대목에 접목하면 경감된다.

      나. 사과의 선충은 Winter mazestin, Northern Spy, 환엽해당 등의 저항성 대목에 접목하면 경감된다.

      다. 토마토 풋마름병, 위조병은 야생토마토에 수박의 덩굴쪼김병은 박 또는 호박 등에 접목하면 회피, 경감된다.

ⓔ 결과향상 : 온주밀감의 경우 유자 대목보다 탱자나무 대목이 과피가 매끄럽고 착색, 감미가 좋고 성숙도 빠르다.

ⓕ 수세회복 및 품종갱신

　가. 감이 탄저병으로 지면 부분이 상했을 때 환부를 깎아 내고 소독한 후 건전부(健全部 Sound Area)에 교접하면 수세가 회복된다.

　나. 탱자나무 대목의 온주밀감이 노쇠했을 경우 유자 뿌리를 접목하면 수세가 회복된다.

　다. 고접은 노목의 품종갱신이 가능하다.

　라. 모본의 특성을 지닌 묘목을 대량으로 생산할 수 있다.

㉣ 접목 방법

ⓐ 포장에 대목이 있는 채로 접목하는 거접(据接 field grafting 제자리접)과 대목을 파내서 하는 양접(楊接 indoor grafting 들접)이 있다.

ⓑ 접목 시기에 따라 : 춘접(春接), 하접(夏接), 추접(秋接)의 구별이 있다.

ⓒ 대목 위치에 따라 : 고접(高接 top grafting, top working), 복접(腹接 side-grafting), 근두접(根頭接), 근접(根接)의 구별이 있다.

ⓓ 접수에 따라 : 아접(芽接 bud grafting 눈접), 지접(枝接 scion grafting)의 구별이 있다.

ⓔ 지접에서 접목 방법에 따라 : 피하접(皮下接 박접 剝接 bark grafting), 할접(割接 cleft grafting 짜개접이), 복접(腹接 side-grafting), 합접(合接 ordinary grafting), 설접(舌接 tongue grafting 혀접), 절접(切接 veneer grafting 쐐기접, 깎기접) 등

ⓕ 접목 방식에 따른 분류

　가. 쌍접 : 뿌리를 갖는 두 식물을 접촉시켜 활착시키는 방법이다.

　나. 삽목접 : 뿌리가 없는 두 식물을 가지끼리 접목하는 방법이다.

　다. 교접 : 동일 식물의 줄기와 뿌리 중간에 가지나 뿌리를 삽입하여 상하 조직을 연결시키는 방법이다.

　라. 이중접 : 접목친화성이 낮은 두 식물(A, B)을 접목해야 하는 경우 두 식물에 대한 친화성이 높은 다른 식물(C)을 두 식물 사이에 접하는 접목 방법(A/C/B)으로 이중접목이라고도 하며 이때 사이에 들어가는 식물(C)을 중간대목이라 한다.

　마. 설접(혀접) : 굵기가 비슷한 접수와 대목을 각각 비스듬하게 혀모양으로 잘라 서로 결합시키는 접목방법이다.

　바. 할접(짜개접) : 굵은 대목과 가는 소목을 접목할 때 대목 중간을 쪼개 그 사이에 접수를 넣는 접목방법이다.

　사. 지접(가지접) : 휴면기 저장했던 수목을 이용하여 3월 중순에서 5월 상순에 접목하는 방법으로 절접, 할접, 설접, 삽목접 등이 있으며 주로 절접을 한다.

　아. 아접(눈접) : 8월 상순부터 9월 상순경까지 하며 그해 자란 수목의 가지에서 1개의 눈을 채취하여 대목에 접목하는 방법이다.

　　　　ⓜ 접목의 시기

　　　　　　ⓐ 접목의 시기는 작물의 종류에 따라 다르다.

　　　　　　ⓑ 온대 목본성 원예식물 : 나무의 눈이 트기 2 ~ 3주 전인 3월 중순에서 4월 상순 사이가 적당하다. 대목의 수액이 움직이기 시작하고 눈이 활동할 때, 접수는 아직 휴면 상태인 때가 적기이다.

　　　　　　ⓒ 여름접목 : 8월 상순에서 9월 상순 사이에 실시한다.

　　　　　　ⓓ 박과채소, 가지과 채소와 같은 초본성 채소는 시기에 관계 없이 모의 나이가 접목에 적당하면 언제든지 가능하다.

⑤ **박과채소류 접목**

　　㉠ 장점

　　　　ⓐ 토양전염성 병의 발생을 억제한다. **예** 수박, 오이, 참외의 덩굴쪼김병

　　　　ⓑ 불량환경에 대한 내성이 증대된다.

　　　　ⓒ 흡비력이 증대된다.

　　　　ⓓ 과습에 잘 견딘다.

　　　　ⓔ 과실의 품질이 우수해진다.

　　㉡ 단점

　　　　ⓐ 질소의 과다흡수 우려가 있다.

　　　　ⓑ 기형과 발생이 많아진다.

　　　　ⓒ 당도가 떨어진다.

　　　　ⓓ 흰가루병에 약하다.

⑥ **분구**(分球 알뿌리나누기)

　　㉠ 의의

　　　　ⓐ 지하부 줄기, 뿌리 등이 비대해진 구근을 번식에 이용하는 방법으로 구근은 완전한 개체로 발달할 수 있는 번식기관으로 보통 종자와 비슷한 기능을 가진다.

　　　　ⓑ 많은 구근류는 종자로 번식하면 후대에 개체 간 형질이 달라져 재배를 목적으로 할 때는 분구하여 번식한다.

　　　　ⓒ 분구의 방법은 구를 분리하여 번식하는 방법(seperation)과 여러 개로 절단하여 번식하는 방법(division)이 있다.

　　㉡ 인경(鱗莖 bulb 비늘줄기)

　　　　ⓐ 인경은 짧은 줄기에 양분이 저장된 두꺼운 잎이 빽빽하게 붙은 땅속 줄기로 마늘, 양파, 백합, 튤립, 수선화, 히야신스 등이 있다.

　　　　ⓑ 형성된 인편, 자구, 주아 등이 모두 생장점을 가지고 있어 떼어 심으면 새로운 개체가 된다.

　　㉢ 근경(根莖 rhizome 뿌리줄기)

　　　　ⓐ 땅속이나 지표면에서 수평으로 자라는 줄기로 대부분 외떡잎식물로 칸나, 대나무, 잔디, 숙근 아이리스, 은방울꽃 등이 있다.

　　　　ⓑ 이 줄기에서 뿌리와 줄기가 발생하므로 잘라 심으면 바로 개체로 증식이 가능하다.

ⓔ 구경(球莖 corm 알줄기)

　　ⓐ 줄기 아랫부분이 양분을 저장해서 부푼 것으로 줄기와 비슷한 마디를 가지고 있으며 토란, 글라디올러스, 프리지어 등이 이에 해당된다.

　　ⓑ 글라디올러스는 꽃이 질 무렵 묵은 구경 위에 새 구경이 생기며, 그 사이 자구경이 달리는데 이 새 구경과 자구경을 가을에 수확하여 봄에 심는다.

ⓜ 괴경(塊莖 nuber 덩이줄기)

　　ⓐ 땅 속 줄기 끝이 양분을 저장하여 비대해진 것으로 감자, 시클라멘, 구근베고니아 등이 있다.

　　ⓑ 괴경에는 여러 개의 눈이 있어 잘라 심으면 번식이 가능하다.

ⓗ 괴근(塊根 tuberous root 덩이뿌리)

　　ⓐ 지표면 가까이에 분포하는 뿌리의 일부가 양분을 저장하여 비대한 것으로 고구마, 마, 다알리아 등이 있다.

　　ⓑ 괴경과 같이 여러 개의 눈이 있어 잘라 심으면 번식이 가능하다.

⑦ 영양번식에서 발근 및 활착 촉진 처리

　ⓖ 황화(黃化 etiolation) : 새로운 가지 일부를 일광의 차단으로 엽록소 형성을 억제하여 황화시키면 이 부분에서 발근이 촉진된다.

> ∘ 황화(黃化 yellowing) : 햇빛을 보지 못하여 엽록소가 형성되지 않아 엽록체 발달이 없어지고 누렇게 되며 생육 장애현상이 일어나는 현상이다.

　ⓛ 생장호르몬 처리 : 삽목 시 β −인돌 부틸산(IBA), 나프탈렌 아세트산(NAA) 등 옥신류(auxin)의 처리는 발근이 촉진된다.

　ⓒ 자당(sucrose 설탕)액 침지 : 포도 단아삽 시 6% 자당액에 60시간 침지(浸漬)하면 발근이 크게 조장되었다고 한다.

> ∘ 단아삽(單芽揷) : 하나의 눈을 삽상(揷床 삽목을 하기 위해 모래, 물이끼, 톱밥 등을 채운 온상이나 냉상)에 꽂아 새로운 개체를 번식시키는 영양 번식법이다.
> ∘ 침지(浸漬) : 액체에 담가 적시는 것을 말한다.

　ⓔ 과망간산칼륨(KMnO$_4$)액 처리 : 0.1 ∼ 1.0% KMnO$_4$ 용액에 삽수의 기부를 24시간 정도 침지하면 소독의 효과와 함께 발근을 조장한다고 한다.

　ⓜ 취목 시 발근시킬 부위에 환상박피, 절상, 절곡 등의 처리를 하면 탄수화물의 축적과 상처호르몬이 생성되어 발근이 촉진된다.

　　ⓐ 환상박피(環狀剝皮 girdling) : 수목과 같은 다년생식물의 형성층 바깥부분 껍질의 체관부를 벗겨내어 잎에서 만들어진 유기양분이 아래로 이동하지 못하도록 하면 남아있는 위쪽 껍질의 아랫부분이 두툼하게 되는 현상을 나타내며, 도관부에는 손상이 없어서 생육에는 큰 문제가 없는 상태가 유지된다.

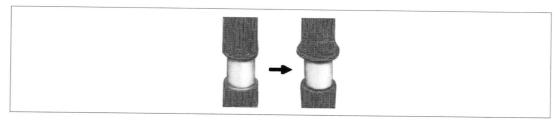

ⓑ 절상(切傷 notching) : 눈이나 어린 가지에 가로로 깊은 칼금을 넣어 그 눈이나 가지의 발육을 촉진하는 것이다.

ⓒ 절곡(折曲) : 줄기가 꺾이면 가장 높은 곳에 위치한 눈이 잘 자라며 기부(基部 뿌리와 만나는 줄기의 아랫부분)에서 가지가 많이 나온다.

ⓗ 증산경감제 처리 : 접목 시 대목 절단면에 라놀린(lanolin)을 바르면 증산이 경감되어 활착이 좋아지며 호두나무의 경우 접목 후 대목과 접수에 석회를 바르면 증산이 경감되어 활착이 좋아진다.

⑧ **조직배양**(組織培養 tissue culture 기내배양)

㉠ 의의

ⓐ 식물의 조직배양은 식물의 잎, 줄기, 뿌리와 같은 조직이나 기관의 세포를 분리해 영양분이 포함된 인공배지에서 무균적인 배양을 하여 식물체를 유지, 분화, 증식시키는 기술이다.

ⓑ 전형성능 : 세포는 전형성능(全形成能 totipotency 전체형성능 : 단세포 혹은 식물 조직 일부분으로부터 완전한 식물체를 재생하는 능력)이 있어 이를 가능하게 한다. 모든 세포는 전형성능이 있지만 세포의 분화 정도, 채취 부위, 배지의 조성, 배양 환경 등에 따라 차이가 있을 수 있다.

ⓒ 조직배양은 삽목이나 접목에 비하여 짧은 시간에 대량증식이 가능하며 생장점 증식으로 무병 종묘의 육성이 가능하다.

ⓓ 배지 : 배양조직의 영양요구도에 따라 조성은 달라지며 보통 MS(Murashige-Skoog)배지를 기본 배지로 배양재료에 맞게 배지를 만든다.

㉡ 세포 및 조직배양의 이용

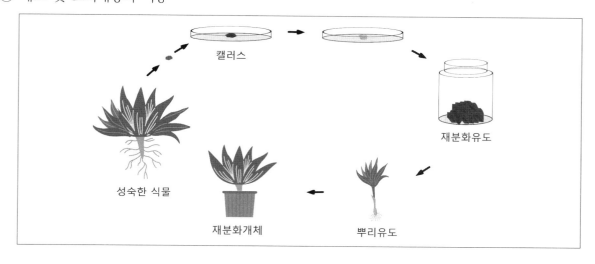

캘러스

재분화유도

성숙한 식물

재분화개체

뿌리유도

> ∘ 캘러스(callus) : 식물체에 상처가 났을 때 생기는 분화(조직화)하지 않은 '유세포 덩어리'를 말한다. 적당한 조건에서 배양하면 분열, 증식한다.

ⓐ 세포 증식, 기관 분화, 조직의 생장 등 식물 발생과 형태형성, 발육과정과 이에 관여하는 영양물질, 비타민, 호르몬의 역할, 환경조건 등에 대한 기본적 연구가 가능해진다.

ⓑ 번식이 곤란한 관상식물의 대량육성이 가능하다. 예 난(蘭) 등

ⓒ 세포돌연변이를 분리해서 이용할 수 있다.

ⓓ 바이러스나 그 밖의 병에 걸리지 않은 새로운 개체의 생산이 가능하다. 예 감자, 딸기, 마늘, 카네이션, 구근류 등

ⓔ 사탕수수의 자당, 약용식물의 알칼로이드, 화곡류의 전분, 수목의 리그닌, 비타민 등의 특수물질이 세포나 조직의 배양에 의한 생합성에 의해서 공업적 생산이 가능하다.

ⓕ 농약에 대한 독성, 방사능 감수성을 세포나 조직배양물을 이용해서 간편하게 검정할 수 있다.

ⓒ 배배양(胚培養)의 이용

ⓐ 나리, 목화, 벼 등 정상적으로 발아, 생육하지 못하는 잡종종자는 배배양을 통해 잡종식물을 육성할 수 있다.

ⓑ 나리, 장미, 복숭아 등은 결과연령을 단축하여 육종연한을 단축시킬 수 있다.

ⓒ 양앵두 등은 자식배가 퇴화하기 전에 분리 배양하여 새로운 개체를 육성할 수 있다.

ⓒ 약배양(葯培養)의 이용

ⓐ 화분의 소포자로부터 배가 생성되는 4분자기 이후 2핵기 사이에 꽃밥을 배지에서 인공적 배양으로 반수체를 얻고 염색체를 배가시키면 유전적으로 순수한 2배체식물(동형접합체)을 얻을 수 있어 육종연한을 단축할 수 있다.

ⓑ 벼, 감자, 담배, 십자화과 등의 자가불화합성인 식물에서 새로운 개체를 분리, 육종할 수 있다.

ⓒ 병적조직배양의 이용

ⓐ 병해충과 숙주의 관계를 기초적으로 연구할 수 있다.

ⓑ 종양조직에서 이상생장의 기구를 규명할 수 있다.

ⓒ 바이러스, 선충 등에 관한 기초정보를 얻을 수 있다.

(3) 조직배양의 이용

① 급속 대량증식 가능

㉠ 온도, 습도, 광량, 영양성분 및 식물생장조절물질 등을 통해 조건을 자유롭게 조절할 수 있어서 자연 상태에서보다 빠른 생장을 가져올 수 있다.

㉡ 화분배양, 약배양 등을 통해 육종년한을 단축할 수 있다.

② 공간의 효율적 이용

다른 방법에 비해서 한정된 공간에서도 많은 양의 배양이 가능하다.

③ 무병주 생산으로 생산성과 품질의 향상

균류, 세균류, 바이러스 및 곤충 등에서 자유롭게 무병주 개체를 생산할 수 있어 작물의 생산성과 품질을 향상시킬 수 있다.

- 무병주(無病株 disease-free stock) : 병에 걸리지 않은 건전한 식물체를 말한다. 조직의 생장점 배양을 통해서 얻을 수 있는 영양번식체로서 특히 조직의 도관 내에 존재하는 바이러스 등의 병이 제거된 식물체를 말한다.
- 메리클론(mericlone) : 무병주는 일반적으로 조직배양 즉, 생장점 배양을 통해서 얻을 수 있는 영양번식체로서 조직, 특히 도관(vessel 식물의 뿌리에서 흡수한 물이 이동하는 통로) 내에 존재하는 바이러스 등의 병이 제거된 묘(苗)를 말하여 메리클론(mericlone)이라고도 한다.

④ 영양계번식을 통한 균일한 개체증식

종자를 받아 심는 경우 후대에 품종의 고유 특성이 없어질 수도 있지만 조직배양을 이용하면 영양번식 식물의 급속하면서도 유전적으로 균일한 개체를 증식시킬 수 있다.

- 영양계(clone 營養系繁殖)번식 : 배양용기 내에서 번식이 이루어지는 것으로 기내영양번식 또는 미세번식이라고도 한다. 식물의 모체로부터 영양기관의 일부가 분리되어 발육함으로써 독립적인 한 개체로 발전하는 생식방법이다. 영양계는 무성적으로 번식되어 유전적으로 모식물체와 동일한 형질을 가지는 개체를 말하며 영양계에서 유래된 모든 개체는 같은 영양계에 속한다.

⑤ 신품종 육성

돌연변이나 유용한 변이체 식물을 선발하여 신품종으로 육성할 수 있다.

⑥ 2차대사산물의 생산(유용물질 생산)

식물의 특수한 조직배양 방법을 통해 염료, 시약 및 공업원료 등으로 쓰이는 중요한 물질들을 대량으로 생산가능하다.

- 2차대사산물(二次代謝産物 secondary metabolite) : 생물의 생명 유지, 발육 증식에 관여하는 산물을 1차대사산물이라고 하며, 반면에 2차대사산물은 주로 세포 성장이 정체되는 시점에서 생성되며 생물체의 기본적인 기능 유지에 직접적으로 관여하지는 않지만 생존에 도움을 줄 수 있는 물질로 항생제, 색소 등을 말한다.

⑦ 생식질의 보존과 보관

조직배양을 이용하여 생장점 등을 생식질로 이용하면 좁은 공간에서 많은 유전자원을 보존하거나 보관이 용이하다.

- 생식질(生殖質 germ plasm) : 생식을 통하여 자식을 만들 때 그 몸을 만드는 근원이 되는 것으로서 정소(精巣 testis 수컷의 생식세포인 정자를 만드는 기관), 난세포 등이 있다.

⑧ 생육기간이 긴 수목의 개량

생육기간이 긴 수목은 기존 육종방법에 의해 우량개체를 얻기 힘들다.

따라서 삽목 또는 접목이 어려운 소나뭇과 식물 등의 경우라면 군락지에서 우량개체를 선발하여 조직배양을 통해 모주[母株 mother plant, stock plant : 번식의 근원이 되는 식물. 모본(母本)와 동일한 소질을 지닌 개체를 증식시킬 수 있다.

⑨ **식물생장조절물질 및 환경의 자유로운 조절가능**
PGR(식물생장조절물질) 및 광량, 온도 등의 조절로 개화시기, 뿌리유도 등 식물 생육을 조절할 수 있고 희귀식물의 보존 및 번식이 용이하다.

⑩ **인공종자**(人工種子 artificial seed)**의 생산**
인공종자란 조직배양 또는 세포배양에 의해 완전한 개체로 생육할 수 있는 식물의 싹이나 체세포배를 친수성알긴산, 젤라틴 등을 사용한 캡슐에 담고 그 속에 영양액을 넣어서 캡슐화한 배양체를 말한다. 마치 자연종자처럼 포장에 직접 파종할 수 있도록 한 것이다. 실제는 종자라기보다는 모종에 가까운 것이다.

2 육묘

(1) 묘(苗)
뿌리가 있는 어린작물, 즉 재배에 있어서 번식용으로 이용되는 어린식물을 묘(苗 nursery plant, seedling)라고 한다.

(2) 육묘(育苗)
종자를 파종하여 정식(定植 planting 본포에 옮겨 심는 것. 끝까지 그대로 둘 장소에 옮겨 심는 것)하기까지 일정한 기간 동안 정식하기에 가장 적합한 양질의 묘로 키우는 모든 작업 과정을 육묘(育苗)라고 한다.

(3) 육묘의 필요성
① **직파가 매우 불리한 경우**
딸기, 고구마, 과수 등은 직파하면 매우 불리하므로 육묘이식이 경제적인 재배법이다.

② **증수(수확증가)**
벼, 콩, 맥류, 과채류 등은 직파보다 육묘이식이 생육을 조장하여 증수한다.

③ **조기수확**
과채류(果菜類) 등은 조기에 육묘해서 이식하면 수확기가 빨라져 유리하다.

④ **토지이용도 증대**
벼의 육묘이식은 벼와 맥류 또는 벼와 감자 등의 1년 2작이 가능하며 채소의 육묘이식은 토지이용도를 높일 수 있다.

⑤ **재해의 방지**
직파재배에 비해 육묘이식은 집약관리가 가능하므로 병충해, 한해, 냉해 등을 방지하기 쉽고 벼에서는 도복(倒伏 lodging 뿌리가 뽑히거나 줄기가 꺾여 식물체가 넘어짐)의 경감, 감자의 가을재배에서는 고온에 의한 장해가 경감된다.

⑥ 용수의 절약

벼 재배에서는 못자리 기간 동안 본답의 용수가 절약된다.

⑦ 노력의 절감

직파로 처음부터 넓은 본포에서 관리하는 것에 비해 중경제초 등에 소요되는 노력이 절감된다.

> ° 중경제초(中耕除草) : 작물이 생육 중에 있는 포장의 표토(表土 토질이 부드러워 갈고 맬 수 있는 땅 표면의 흙)를 갈거나 쪼아서 부드럽게 하는 것을 중경(中耕 cultivation)이라 하고, 포장의 잡초를 없애는 것을 제초(除草 weed control)라고 한다.

⑧ 추대방지

봄결구배추를 보온육묘 후 이식하면 직파 시 포장에서 냉온의 시기에 저온감응으로 추대하고 결구하지 못하는 현상을 방지할 수 있다.

> ° 추대(抽苔 bolting, flower stalk formation) : 식물이 영양생장 단계에서 생식생장 단계로 전환되면서 꽃대가 생겨서 올라오는 것을 말한다.
> ° 결구(結球) : 채소 잎과 비늘이 여러 겹으로 겹쳐서 둥글게 속이 드는 현상이다. 잎채소 또는 비늘줄기채소 중에서 잎과 비늘잎이 분화하여 생장하다가 어느 시기에 도달하면 잎이 오므라들어 속이 차고, 비늘줄기 채소의 경우는 엽초 기부가 비대하여 구를 형성하는 현상이다. 채소 가운데 결구 현상을 나타내는 잎채소로서 배추, 양배추, 상추가 있고 비늘줄기(인경) 채소로서는 양파와 마늘이 있다.

⑨ 종자의 절약

직파하는 경우보다 종자량이 훨씬 적게 들어 종자가 비싼 경우 특히 유리하다.

⑩ 육묘와 재배의 분업화

육묘는 따로 전문가에게 맡길 수도 있어서 육묘와 재배의 분업화가 가능해진다.

(4) 묘상의 종류

① 의의

ㄱ 모를 양성하는 장소를 묘상(Seed bed)이라고 하는데, 벼의 경우에는 특히 '묘대'(못자리)라고 하며, 수목의 경우에는 '묘포'라고 한다.

ㄴ 화훼는 분파를 하는 수도 있다.

> ° 묘대(苗垈 nursery bed) : 벼의 묘를 길러내는 장소. 즉 못자리를 말한다.
> ° 묘포(苗圃 nursery) : 5년생 이하의 어린 나무를 길러내는 밭이다. 평탄한 지형의 물이 잘 빠지는 토양이 적합하다.
> ° 분파(盆播) : 모종을 가꾸기 위해 화분 등에 직접 종자를 뿌리는 일이다. 분의 종류에는 화분, 종이분, 짚분, 플라스틱분 등이 있다.

② 지면고저에 따른 분류

　　㉠ 저설상(低設床 = 지상 池 연못 床) : 지면을 파서 설치하는 묘상으로 보온의 효과가 크므로 저온기 육묘에 이용되며 배수가 좋은 곳에 설치된다.

　　㉡ 평상(平床) : 지면과 같은 높이로 만드는 묘상이다.

　　㉢ 고설상(高設床 = 양상 揚床) : 지면보다 높게 만든 묘상으로 온도와 무관한 경우, 배수가 나쁜 곳이나 비가 많이 오는 시기에 설치한다.

③ 보온양식에 따른 분류

　　㉠ 냉상 : 태양열만 유효하게 이용하는 방법이다.

　　㉡ 노지상 : 자연 포장상태로 설치하는 묘상이다.

　　㉢ 온상 : 열원을 이용하고 태양열도 유효하게 이용하는 방법으로 열원에 따라 양열온상, 전열온상 등으로 구분한다.

(5) 묘상의 설치장소

① 본포(本圃 field, permanent field 수확 시까지 재배하는 밭)에서 멀지 않은 가까운 곳이 좋다.

② 집에서 멀지 않아 관리가 편리한 곳이 좋다.

③ 관개용수의 수원이 가까워 관개수를 얻기 쉬운 곳이 좋다.

④ 저온기 육묘는 양지바르고 따뜻한 곳이 좋고 방풍이 되어 강한 바람을 막아주는 곳이 좋다.

⑤ 배수가 잘 되고 오수와 냉수가 침입하지 않는 곳이 좋다.

⑥ 인축, 동물, 병충 등의 피해가 없는 곳이 좋다.

⑦ 지력이 너무 비옥하거나 척박하지 않은 곳이 좋다.

(6) 묘상의 구조와 설비

① 노지상(露地床)

지력이 양호한 곳을 골라 파종상을 만들고 파종한다. 모판은 배수, 통기, 관리 등 여러 면을 참작해서 보통 너비 1.2m 정도 양상으로 하는 경우가 많고 파종상에 비닐 또는 폴리에틸렌필름으로 덮으면 보온묘판이 된다.

② 온상

구덩이를 파고 그 둘레에 온상틀을 설치한 다음 발열 또는 가열장치를 한 후 그 위에 상토를 넣고 온상창과 피복물을 덮어서 보온한다.

　　㉠ 온상구덩이

　　　　ⓐ 너비는 관리의 편의상 1.2m, 길이 3.6m 또는 7.2m로 하는 것을 기준으로 한다.

　　　　ⓑ 깊이는 발열재로 또는 장치에 따라 조정하며 발열의 균일성을 위해 중앙부를 얕게 판다.

　　㉡ 온상틀

　　　　ⓐ 콘크리트, 판자, 벽돌 등으로 만들 경우 견고하나 비용이 많이 든다.

　　　　ⓑ 볏짚으로 둘러치면 비용이 적고 보온도 양호하나 당년에만 쓸 수 있다.

ⓒ 열원

　　ⓐ 열원으로는 전열, 온돌, 스팀, 온수 등이 이용되기도 하나 양열재료를 밟아 넣어 발열시키는 경우가 많다.

　　ⓑ 양열재료의 종류

　　　　가. 주재료는 탄수화물이 풍부한 볏짚, 보릿짚, 건초, 두엄 등이 이용된다.

　　　　나. 보조재료 또는 촉진재료로는 질소분이 많은 쌀겨, 깻묵, 계분, 뒷거름, 요소, 황산암모늄 등이 이용된다.

　　　　다. 지속재료는 부패가 더딘 낙엽 등이 이용된다.

　　ⓒ 양열재료 사용시 유의점

　　　　가. 양열재료에서 생성되는 열은 호기성균, 효모와 같은 미생물의 활동에 의해 각종 탄수화물과 섬유소가 분해되면서 발생하는 열로 이에 관여하는 미생물은 영양원으로 질소를 소비하며 탄수화물을 분해하므로 재료에 질소가 부족하면 적당량의 질소를 첨가해 주어야 한다.

　　　　나. 발열은 균일하게 장시간 지속되어야 하는데 양열재료는 충분량으로 고루 섞고 수분과 산소가 알맞아야 한다. 밟아 넣을 때 여러 층으로 나누어 밟아 재료가 고루 잘 섞이고 잘 밟혀야 하며 물의 분량과 정도를 알맞게 해야 한다.

　　　　다. 물이 과다하고 단단히 밟으면 열이 잘 나지 않고 물이 적고 허술하게 밟으면 발열이 빠르고 왕성하나 지속되지 못한다.

　　ⓓ 발열재료의 C/N율은 20 ~ 30 정도일 때 발열상태가 양호하다.

　　ⓔ 수분함량은 전체의 60 ~ 70% 정도로 발열재료의 건물 중 1.5 ~ 2.5배 정도가 발열이 양호하다.

ⓔ 상토 : 배수가 잘 되고, 보수가 좋으며, 비료성분이 넉넉하고, 병충원이 없어야 좋으며 퇴비와 흙을 섞어 쌓았다가 잘 섞은 후 체로 쳐서 사용한다.

ⓜ 온상창

　　ⓐ 비닐 또는 폴리에틸렌필름이 가볍고 질기며 투광성이 좋아 많이 사용된다.

　　ⓑ 유리는 무겁고 파손이 쉽고, 유지는 투광이 나쁘고 파손이 쉽다.

ⓗ 피복물 : 온상창 위를 덮어 보온하는 피복물로 거적, 이엉, 가마니 등이 쓰이고 보온효과도 크다.

③ 냉상

구조와 설비가 온상과 거의 같으나 구덩이는 깊지 않게 하고 양열재료 대신 단열재료를 넣는다. 단열재료는 상토의 열이 흩어져 달아나지 않게 짚, 왕겨 등을 상토 밑 10cm 정도 넣는다.

(7) 육묘용 상토

① 상토의 구비조건

상토는 육묘의 가장 기본 요소로 물리성, 화학성, 생물성 등이 적합한 조건을 갖추어, 육묘기간 뿌리에 적절한 양분과 수분, 산소를 공급하는 기능을 담당한다.

㉠ 배수성, 보수성, 통기성 등 물리성이 우수해야 한다.

ⓛ 적절한 pH를 유지해야 한다.

ⓒ 각종 무기양분을 적정 수준으로 함유하고 있어야 한다.

ⓔ 병해충, 잡초종자가 없어야 한다.

ⓜ 사용 중 유해가스 발생이 없어야 한다.

ⓗ 가격이 싸고 쉽게 구할 수 있어야 한다.

② 상토의 종류

ㄱ 관행상토(숙성상토) : 퇴비와 흙을 섞어 쌓아 충분히 숙성된 것이다.

ㄴ 속성상토 : 단시일에 대량으로 만든 상토로 유기물과 흙을 5:5 또는 3:7의 비율로 하고 화학비료와 석회를 적당량 배합하여 만든 것이다.

ㄷ 플러그육묘상토(공정육묘상토) : 속성상토로 피트모스(peatmoss), 버미큘라이트(vermiculite), 펄라이트(perlite) 등을 혼합하여 사용한다.

③ 육묘용 상토에 이용하는 경량 혼합 상토 재료

ㄱ 무기물 재료 : 버미큘라이트, 펄라이트, 제올라이트 등

ㄴ 유기물 재료 : 피트모스, 코코넛더스트, 팽연왕겨 등

(8) 채소류 공정육묘(工程育苗 plug transplant technology)

① 재래식 육묘

ㄱ 재래식 육묘는 주로 냉상이나 전열온상에서 육묘하여 1차가식, 2차가식 후 포장에 정식하는 방법을 이용한다.

ㄴ 파종상자에 파종한 것을 검은색 플라스틱분에 이식하였다가 이를 포장에 정식하는 방법을 이용하는데, 이는 매우 충실한 모를 키울 수는 있지만 면적이용률이 극히 낮다.

② 공정육묘

ㄱ 의의 : 재래식 육묘방법을 개선하여 상토준비, 혼입, 파종, 재배관리 작업 등이 자동적으로 이루어지는 자동화육묘시설을 이용하는 육묘방법으로 공정묘, 성형묘, 플러그묘, 셀묘 등으로 부른다.

ㄴ 공정육묘의 장점

ⓐ 단위면적당 모의 대량생산이 가능하다.

ⓑ 전 과정의 기계화로 관리비와 인건비 등 생산비가 절감된다.

ⓒ 기계정식이 용이하고 정식 시 인건비를 줄일 수 있다.

ⓓ 모의 소질 개선이 용이하다.

ⓔ 운반과 취급이 용이하다.

ⓕ 규모화가 가능해 기업화 및 상업화가 가능하다.

ⓖ 육묘기간이 단축되고 주문 생산이 용이해 연중 생산횟수를 늘릴 수 있다.

ㄷ 고려사항 : 최적기온 및 지온, 도장억제와 모의 소질향상, 적정배지의 선정, 발아균일화, 적정 관수 및 시비, 결주(缺株)처리, 에너지 절감 등을 고려하여야 한다.

　◦ **결주**(缺株 miss-planted hill, lost tree, missing plant) : 뜬 묘, 매몰, 불량묘 또는 기계의 작동불량 등으로 인해 생육이 기대되는 곳에 작물이 심어지지 않는 것을 말한다.

③ 플러그육묘(plug seedling production)

육묘에 사용되는 용기가 규격화되어 있고 생산된 묘가 성형화되어 있어 플러그와 같이 꽂을 수 있다는 의미에서 플러그 묘(plug seedling 플러그 트레이에 종자를 파종하여 기른 묘)로 불리기도 한다.

㉠ 플러그육묘는 기계화 및 자동화로 대량생산이 가능하고 노동력이 절감되며 관리가 용이하다.

㉡ 좁은 면적에서 대량육묘가 가능하다.

㉢ 최적의 생육조건으로 다양한 규격묘 생산이 가능하다.

㉣ 정밀기술이 요구된다.

(9) 묘상의 관리

① 파종

작물에 따라 적기에 알맞은 방법으로 파종하며 경우에 따라 복토 후 볏짚을 얇게 깔아 표면 건조를 막는다.

② 시비

기비를 충분히 주고 추비는 물에 엷게 타서 여러 번 나누어 시비한다.

③ 온도

지나친 고온 또는 저온이 되지 않게 유지하는 데 노력해야 한다.

④ 관수

생육성기 건조하기 쉬우므로 관수를 충분히 해야 한다.

⑤ 제초 및 솎기

잡초의 발생 시 제초를 하며 알맞은 생육간격의 유지를 위해 적당한 솎기를 한다.

⑥ 병충해의 방제

상토 소독과 농약의 살포로 병충해를 방제한다.

⑦ 경화

이식기가 가까워지면 직사광선과 외부 냉온에 서서히 경화시켜 정식하는 것이 좋다.

⑧ 육묘관리(벼)

육묘관리는 출아기, 녹화기, 경화기로 구분하여 한다.

㉠ 출아기(出芽期) : 출아에 알맞은 30~32℃로 온도를 유지한다.

㉡ 녹화기(綠化期) : 어린싹이 1cm 정도 자랐을 때 시작하고 낮 25℃, 밤 20℃ 정도의 온도를 유지하며 2,000 ~ 3,500lux 약광을 쬐며, 갑작스러운 강광은 백화묘가 발생한다.

㉢ 경화기(硬化期) : 처음 8일은 낮 20℃, 밤 15℃ 정도가 알맞고 그 후 20일간은 낮 15 ~ 20℃, 밤 10 ~ 15℃가 알맞다. 경화기에는 모의 생육에 지장이 없는 한 될 수 있으면 자연상태로 관리한다.

◦ 경화기(硬化期 hardening period) : 저온, 고온, 건조한 환경에 작물을 처리하여 내동성, 내열성, 내건성을 증대시키는 생육시기이다.

㉣ 물과 피복상태에 따른 분류

ⓐ 물못자리

못자리를 만든 초기부터 관개(灌漑 irrigation 물을 인공적으로 농지에 공급해 주는 일)하고 씨앗을 뿌려 모를 기르는 방식이다. 물이 초기에 냉기를 보호하고 모가 균일하게 비교적 빨리 자라며 잡초, 병충해 등의 피해가 적은 편이다. 하지만 모가 연약해질 수 있고 발근력이 약하여 속히 노쇠해질 수 있다.

ⓑ 밭못자리

못자리 기간에는 관개하지 않고 밭상태 토양에서 모를 기르는 방식이다. 모가 단단해지고 발근력이 강하며 노쇠가 더디다. 그러나 도열병과 잡초가 많고 조류의 피해가 생길 수 있다.

ⓒ 절충못자리

물못자리와 밭못자리를 절충한 방식이다. 즉, 못자리 초기에는 물못자리로 하고 후기에는 밭못자리를 하거나 또는 그 순서를 바꾸어 모를 기르는 방식이다.

ⓓ 보온절충못자리

초기에 비닐이나 폴리에틸렌으로 피복하여 보온을 하면서 통로에만 물을 대주다가 묘가 어느 정도 자란 후 보온자재를 벗기고 못자리 전체를 담수하여 물못자리로 전환하는 방식이다. 우리나라에 가장 널리 보급되고 있는 형태이다.

ⓔ 보온밭못자리

밭못자리에 폴리에틸렌필름과 같은 보온자재로 터널식 프레임을 만들어 그 속에서 육묘를 하는 방식이다.

ⓕ 상자육묘(벼기계 이앙을 위한 상자육묘) : 상자이앙 묘의 구분은 다음과 같다.

가. 유묘 : 파종 후 8 ~ 9일 경에 이앙하는 모

나. 치묘 : 파종 20일 경에 이앙하는 모

다. 중묘 : 파종 후 35일 경에 이앙하는 모

제5절 **작물의 내적균형, 생장조절제, 방사성동위원소**

1 작물의 내적균형

(1) 내적균형의 의의

작물의 생리적, 형태적 어떤 균형 또는 비율은 작물생육의 특정한 방향을 표시하는 좋은 지표가 되므로 재배적으로 중요하다. 그 지표로 C/N율(C/N ratio), T/R율(Top/Root ratio), G−D균형(growth differentiation balance) 등이 있다.

(2) C/N율

① 의의
  ㉠ 작물 체내의 탄수화물(C)과 질소(N)의 비율이다.
  ㉡ 작물의 생육과 화성 및 결실 등이 발육을 지배하는 요인이라는 견해를 C/N율설이라 한다.

② C/N율설
  ㉠ 피셔(Fisher, 1905~1916)는 C/N율이 높을 경우 화성의 유도, C/N율이 낮을 경우 영양생장이 계속된다고 하였다.
  ㉡ 수분 및 질소의 공급이 약간 쇠퇴하고 탄수화물 생성의 조장으로 탄수화물이 풍부해지면 화성과 결실은 양호하나 생육은 감퇴한다.

③ C/N율설의 적용
  ㉠ C/N율설의 적용은 여러 작물에서 생육과 화성, 결실의 관계를 설명할 수 있다.
  ㉡ 과수재배에 있어 환상박피(環狀剝皮 girdling), 각절(刻截)로 개화, 결실을 촉진할 수 있다.

  > ◦ 각절(刻截) : 과수, 꽃나무 등에서 개화 결실을 촉진하기 위해 나무줄기의 여러 곳에 칼질을 하여 상처를 내는 작업으로 상처를 내면 상처부위보다 높은 곳에서 생성된 동화물질이 아래로 이동하지 못하고 직접 개화 결실에 이용되기 때문에 꽃이 일찍 피고 결실이 촉진된다.

  ㉢ 고구마순을 나팔꽃의 대목으로 접목하면 화아 형성 및 개화가 가능하다.

(3) T/R율

① 작물의 지하부 생장량에 대한 지상부 생장량의 비율을 T/R율이라 하며 T/R율의 변동은 작물의 생육 상태 변동을 표시하는 지표가 될 수 있다.

② T/R율과 작물의 관계
  ㉠ 감자나 고구마 등은 파종이나 이식이 늦어지면 지하부 중량감소가 지상부 중량감소보다 커서 T/R 율이 커진다.
  ㉡ 질소의 다량 시비는 지상부는 질소 집적이 많아지고 단백질 합성이 왕성해지고 탄수화물의 잉여는 적어져 지하부 전류가 감소하게 되므로 상대적으로 지하부 생장이 억제되어 T/R율이 커진다.

ⓒ 일사가 적어지면 체내에 탄수화물의 축적이 감소하여 지상부보다 지하부의 생장이 더욱 저하되어 T/R율이 커진다.

ⓔ 토양함수량의 감소는 지상부 생장이 지하부 생장에 비해 저해되므로 T/R율은 감소한다.

ⓜ 토양 통기 불량은 뿌리의 호기호흡이 저해되어 지하부의 생장이 지상부 생장보다 더욱 감퇴되어 T/R율이 커진다.

(4) G-D균형

식물의 생육 또는 성숙을 생장(生長 growth, G)과 분화(分化 differentiation, D) 두 측면에서 보면 생장과 성숙의 균형이 식물의 생육과 성숙을 지배하므로 G-D균형은 식물의 생육을 지배하는 요인이 된다는 것이다.

2 식물호르몬의 종류와 특징

(1) 의의

① 식물체 내 어떤 조직 또는 기관에서 형성되어 체내를 이행하며 조직이나 기관에 미량으로도 형태적, 생리적 특수 변화를 일으키는 화학물질이 존재하는데 이를 식물호르몬이라 한다.

② 식물호르몬에는 생장호르몬(옥신류, 지베렐린, 시토키닌), 개화호르몬(플로리겐 Florigen) 등이 있다.

③ 식물의 생장 및 발육에 있어 미량으로도 큰 영향을 미치는 인공적으로 합성된 호르몬의 화학물질을 총칭하여 식물생장조절제(plant growth regulator)라고 한다.

(2) 옥신류(Auxin) - 생장호르몬

① 옥신의 생성과 작용

㉠ 생성 : 줄기나 뿌리의 선단에서 합성되어 체내의 아래로 극성 이동을 한다.

㉡ 주로 세포의 신장촉진 작용을 함으로써 조직이나 기관의 생장을 조장하나 한계 농도 이상에서는 생장을 억제하는 현상을 보인다.

㉢ 굴광현상은 광의 반대쪽에 옥신의 농도가 높아져 줄기에서는 그 부분의 생장이 촉진되는 향광성을 보이나 뿌리에서는 도리어 생장이 억제되는 배광성을 보인다.

㉣ 정아에서 생성된 옥신은 정아의 생장은 촉진하나 아래로 확산하여 측아의 발달을 억제하는데 이를 정아우세현상이라고 한다.

② 주요 합성 옥신류

㉠ 인돌산 그룹(indole acid) : IPAC(indole propionic acid)

㉡ 나프탈렌산 그룹(naphthalene acid) : NAA(naphthaleneacetic acid), β-naphthoxyacetic acid

㉢ 클로로페녹시산 그룹(chlorophenoxy acid) : 2.4-D(dichlorophenoxyacetic acid), 2.4.5-T(2.4.5-trichlorophenoxyacetic acid), MCPA(2-methyl-4-chlorophenoxyacetic acid)

㉣ 벤조익산 그룹(benzoic acid) : dicamba, 2.3.6-trichlorobenzoic acid

㉤ 피콜리닉산(picolinic acid) 유도체 : picloram

③ 옥신의 재배적 이용

㉠ 발근 촉진 : 삽목 또는 취목 등 영양번식의 경우 발근을 촉진시키기 위해 사용한다.

㉡ 접목 시 활착 촉진 : 접수의 절단면 또는 대목과 접수의 접합부에 IAA 라놀린연고를 바르면 유상조직의 형성이 촉진되어 활착이 촉진된다.

㉢ 개화 촉진 : 파인애플에 NAA, β-IBA, 2,4-D 등의 수용액을 살포하면 화아분화가 촉진된다.

㉣ 낙과 방지 : 사과의 경우 자연낙화 직전 NAA, 2,4-D 등의 수용액을 처리하면 과경의 이층형성 억제로 낙과를 방지할 수 있다.

㉤ 가지의 굴곡 유도 : 관상수목 등의 경우 가지를 구부리려는 반대쪽에 IAA 라놀린연고를 바르면 옥신농도가 높아져 원하는 방향으로 굴곡을 유도할 수 있다.

㉥ 적화 및 적과 : 사과, 온주밀감, 감 등은 만개 후 NAA 처리를 하면 꽃이 떨어져 적화 또는 적과의 효과를 볼 수 있다.

㉦ 과실의 비대와 성숙 촉진

ⓐ 강낭콩의 경우 PCA 2ppm 용액 또는 분말의 살포는 꼬투리의 비대현상을 볼 수 있다.

ⓑ 토마토의 경우 개화기에 토마토톤 50배액 또는 2,4-D 10ppm 처리를 하면 과실 비대가 촉진과 함께 조기 수확을 해도 수량이 크게 증가한다.

ⓒ 사과, 복숭아, 자두, 살구 등의 경우 2,4,5-T 100ppm 액을 성숙 1~2개월 전 살포하면 과일 성숙이 촉진된다.

㉧ 단위결과

ⓐ 토마토, 무화과 등의 경우 개화기에 PCA나 BNOA 25~50ppm액을 살포하면 단위결과가 유도된다.

ⓑ 오이, 호박 등의 경우 2,4-D 0.1% 용액의 살포는 단위결과가 유도된다.

㉨ 증수효과 : 고구마 싹을 NAA 1ppm 용액에 6시간 정도 침지하거나 감자 종자를 IAA 20ppm 용액이나 헤테로옥신 62.5ppm 용액에 24시간 정도 침지 후 이식 또는 파종하면 증수되며 그 외에도 옥신 용액에 여러 작물의 종자를 침지하면 소기의 증수효과를 볼 수 있다.

㉩ 제초제로 이용

ⓐ 옥신류는 세포의 신장생장을 촉진하나 식물에 따라 상편생장을 유도해 선택형 제초제로 이용되고 있다.

ⓑ 페녹시아세트산(phenoxyacetic acid) 유사물질인 2,4-D, 2,4,5-T, MCPA가 대표적 예로 2,4-D는 최초의 제초제로 개발되어 현재까지 선택성 제초제로 사용되고 있다.

(3) 지베렐린(gibberellin) - 생장호르몬(도장호르몬)

① 생리작용

㉠ 식물체내에서 생합성되어 뿌리, 줄기, 잎, 종자 등 모든 기관에 이행되며 특히 미숙종자에 많이 함유되어 있다.

ⓛ 극성이 없어 일정한 방향성이 없으며 식물 어떤 곳에 처리하여도 모든 부위에서 반응이 나타난다.

② 지베렐린의 재배적 이용

  ㉠ 휴면타파와 발아촉진

    ⓐ 종자의 휴면타파로 발아가 촉진된다.

    ⓑ 딸기의 휴면타파와 감자의 경우는 휴면타파로 봄감자를 가을 씨감자로 사용할 수 있다.

    ⓒ 호광성 종자의 발아를 촉진하는 효과가 있다.

  ㉡ 화성의 유도 및 촉진

    ⓐ 저온, 장일에 의해 추대되고 개화하는 월년생 작물에 지베렐린 처리는 저온, 장일을 대체하여 화성을 유도하고 개화를 촉진하는 효과가 있다.

    ⓑ 배추, 양배추, 무, 당근, 상추 등은 저온처리 대신 지베렐린 처리하면 추대, 개화한다.

    ⓒ 팬지, 프리지어, 피튜니아, 스톡 등 여러 화훼에 지베렐린 처리하면 개화 촉진의 효과가 있다.

    ⓓ 추파맥류의 경우 6엽기 정도부터 지베렐린 100ppm 수용액을 몇 차례 처리하면 저온처리가 불충분해도 출수한다.

  ㉢ 경엽의 신장 촉진

    ⓐ 특히 왜성식물에 있어 경엽 신장을 촉진하는 효과가 현저하다.

    ⓑ 기후가 냉한 생육 초기 목초에 지베렐린 처리를 하면 초기 생장량이 증가한다.

  ㉣ 단위결과 유도 : 포도 거봉품종은 만화기 전 14일 및 10일경 2회 처리하면 무핵과가 형성되고 성숙도 크게 촉진된다.

  ㉤ 수량 증대 : 가을씨감자, 채소, 목초, 섬유작물 등에서 효과적이다.

  ㉥ 성분 변화 : 뽕나무에 지베렐린 처리는 단백질을 증가시킨다.

(4) 시토키닌(Cytokinin) — 생장호르몬(세포분열)

① 의의

  ㉠ 뿌리에서 형성되어 물관을 통해 지상부 다른 기관으로 전류된다.

  ㉡ 어린 잎, 뿌리 끝, 어린 종자와 과실에 많은 양이 존재한다.

  ㉢ 세포분열을 촉진하며 옥신과 함께 존재해야 효력을 발휘할 수 있어 조직배양 시 두 호르몬을 혼용하여 사용한다.

② 시토키닌의 작용

  ㉠ 내한성을 증대시킨다.

  ㉡ 발아를 촉진한다.

  ㉢ 잎의 생장을 촉진한다.

  ㉣ 호흡을 억제한다.

  ㉤ 엽록소 및 단백질의 분해를 억제한다.

  ㉥ 잎의 노화를 방지한다.

    ⓐ 저장 중 신선도 증진 효과가 있다.

    ⓞ 포도의 경우 착과를 증가시킨다.

    ⓩ 사과의 경우 모양과 크기를 향상시킨다.

(5) 앱시스산(ABA, abscisic acid 아브시스산) — 억제호르몬

  ① 의의

    ㉠ 색소체 존재 부위에서 합성될 수 있다.

    ㉡ 식물체가 스트레스를 받는 상태 예로 건조(수분부족), 무기양분 부족, 침수상태에서 증가하기에 식물의 저항성과 관련 있는 것으로 추정된다.

    ㉢ 생장억제물질로 생장촉진호르몬과 상호작용으로 식물 생육을 조절한다.

  ② 앱시스산의 작용

    ㉠ 잎의 노화 및 낙엽을 촉진한다.

    ㉡ 휴면을 유도한다.

    ㉢ 종자의 휴면을 연장하여 발아를 억제한다.

    ㉣ 단일식물을 장일조건에서 화성을 유도하는 효과가 있다.

    ㉤ ABA 증가로 기공이 닫혀 위조저항성이 증진된다.

    ㉥ 수분스트레스를 감지하여 기공을 폐쇄하는 경우 CO_2 공급량을 감소시켜 광합성의 저하를 일으킨다.

    ㉦ 목본식물의 경우 내한성이 증진된다.

(6) 에틸렌(ethylene) — 억제호르몬

  ① 의의

    ㉠ 과실 성숙의 촉진 등에 관여하는 식물생장조절물질이다.

    ㉡ 환경스트레스와 옥신은 에틸렌 합성을 촉진시킨다.

    ㉢ 에틸렌을 발생시키는 에세폰 또는 에스렐(2-chloroethylphos-phonic acid)이라 불리는 물질을 개발하여 사용하고 있다.

  ② 에틸렌의 작용

    ㉠ 발아를 촉진시킨다.

    ㉡ 정아우세현상을 타파하여 곁눈의 발생을 조장한다.

    ㉢ 꽃눈이 많아지는 효과가 있다.

    ㉣ 성표현 조절 : 오이, 호박 등 박과 채소의 암꽃 착생수를 증대시킨다.

    ㉤ 잎의 노화를 가속화시킨다.

    ㉥ 적과의 효과가 있다.

    ㉦ 많은 작물에서 과실의 성숙을 촉진시키는 효과가 있다.

    ㉧ 탈엽 및 건조제로 효과가 있다.

> **더 알아보기 채소작물 재배 시 에틸렌에 의한 현상**
>
> **1** 토마토 열매의 엽록소 분해를 촉진한다.
> **2** 가지의 꼭지에서 이층(離層)형성을 촉진한다.
> **3** 아스파라거스의 육질 경화를 촉진한다.
> **4** 상추의 갈색 반점을 유발한다.

(7) 기타 생장억제물질

① B-Nine(N-dimethylamino succinamic acid)

　㉠ 신장을 억제하는 작용을 한다.

　㉡ 밀의 도복을 방지한다.

　㉢ 국화의 변착색을 방지한다.

　㉣ 사과의 신장억제, 수세왜화, 착화증대, 개화지연, 낙과방지, 과중감소, 숙기지연, 저장성 향상의 효과가 있다.

② Phosfhon-D

국화, 포인세티아 등에서 줄기의 길이를 단축하는 데 이용되며 콩, 메밀, 땅콩, 강낭콩, 목화, 해바라기, 나팔꽃 등에서도 초장 감소가 인정된다.

③ CCC(cycocel)

　㉠ 많은 식물에서 절간신장을 억제한다.

　㉡ 국화, 시클라멘, 제라늄, 메리골드, 옥수수 등에서 개화를 촉진한다.

　㉢ 밀의 줄기를 단축한다.

④ Amo-1618

강낭콩, 국화, 해바라기, 포인세티아 등에 키를 작게 하고 잎의 녹색을 진하게 한다.

⑤ 파클로부트라졸(paclobutrazol)

　㉠ 지베렐린 생합성 조절제로 지베렐린 함량을 낮추며 엽면적과 초장을 감소시킨다.

　㉡ 화곡류의 절간신장기 처리는 절간신장을 억제하여 도복을 방지하는 효과가 있어 도복방지제로 이용된다.

⑥ MH(maleic hydrazide)

　㉠ 생장저해물질로서 담배 측아발생의 방지로 적심의 효과를 높인다.

　㉡ 감자, 양파 등에서 맹아억제 효과가 있다.

　㉢ 당근, 파, 무 등에서는 추대를 억제한다.

⑦ 모르파크틴(morphactins)

　㉠ 굴지성, 굴광성의 파괴로 생장을 지연시키고 왜화시킨다.

　㉡ 정아우세를 파괴한다.

　㉢ 가지를 많이 발생시킨다.

⑧ Rh-531(CCDP)

    ㉠ 맥류의 간장의 감소로 도복이 방지된다.

    ㉡ 벼모의 경우 신장의 억제로 기계이앙에 알맞게 된다.

⑨ BOH(β -hydroxyethyl hydrazine)

    파인애플 줄기 신장을 억제하며 화성을 유도한다.

⑩ 2,4-DNC

    강낭콩의 키를 작게 하며 초생엽중을 증가시킨다.

3   방사성동위원소(radio isotope)

(1) 방사성동위원소와 방사선

① 원자번호가 같고 원자량이 다른 원소를 동위원소(isotope)라 하고 방사능을 가진 동위원소를 방사성동위원소라 한다.

② 방사선의 종류는 α, β, γ 선이 있고 이중 γ 선이 가장 현저한 생물적 효과를 가지고 있으며 γ 은 투과력이 가장 크고, 이온화작용, 사진작용, 형광작용을 한다.

③ 농업상 이용되는 방사성동위원소 : ^{14}C, ^{32}P, ^{15}N, ^{45}Ca, ^{36}Cl, ^{35}S, ^{59}Fe, ^{60}Co, ^{131}I, ^{42}K, ^{64}Cu, ^{137}Cs, ^{99}Mo, ^{24}Na, ^{65}Zn 등이 있다.

(2) 방사성동위원소의 재배적 이용

① 추적자(tracer)로서의 이용

    추적자란 그것을 표지(標識)로 하여 어떤 물질을 추적할 수 있다는 의미이며 추적자로 표지한 화합물은 표지화합물이라 한다.

    ㉠ 영양생리 연구 : 식물의 영양생리연구에 ^{32}P, ^{42}K, ^{45}Ca 등을 표지화합물로 이용하여 필수원소인 질소, 인, 칼륨, 칼슘 등 영양성분의 체내 동태를 파악할 수 있다.

    ㉡ 광합성 연구 : ^{14}C, ^{11}C 등으로 표지된 이산화탄소를 잎에 공급한 후 시간의 경과에 따른 탄수화물 합성과정을 규명할 수 있으며 동화물질 전류와 축적과정도 밝힐 수 있다.

    ㉢ 농업토목 이용 : ^{24}Na를 이용하여 제방의 누수개소 발견, 지하수 탐색, 유속측정 등을 정확히 할 수 있다.

② 식품저장에 이용

    ㉠ ^{60}Co, ^{137}Cs 등에 의한 γ 선의 조사는 살균, 살충 등의 효과가 있어 육류, 통조림 등의 식품 저장에 이용된다.

    ㉡ γ 의 조사는 감자, 양파, 밤 등의 발아가 억제되어 장기 저장이 가능해진다.

③ 육종에 이용

    방사선은 돌연변이를 유기하는 작용이 있어 돌연변이육종에 이용된다.

제6절 재배관리

1 정지[整地 soil preparation]

(1) 의의

① 토양의 이화학적 및 기계적 성질을 작물의 생육에 적당한 상태로 개선할 목적으로 파종 또는 이식 전에 하는 작업을 의미한다.

② 파종 또는 이식 전 경기, 쇄토, 작휴, 진압 같은 작업이 포함된다.

(2) 경기(耕起 plowing 경운)

① 의의

토양을 갈아 일으켜 큰 흙덩이를 대강 부스러뜨리는 작업을 의미한다.

② 경기의 효과

㉠ 토양물리성 개선 : 토양을 연하게 하여 파종과 이식작업을 쉽게 하고 투수성과 투기성을 좋게 하여 근군 발달을 좋게 한다.

㉡ 토양화학적 성질 개선 : 토양 투기성이 좋아져 토양 중 유기물의 분해가 왕성하여 유효태 비료성분이 증가한다.

㉢ 잡초발생의 억제 : 잡초의 종자나 어린 잡초가 땅속에 묻히게 되어 발아와 생육이 억제된다.

㉣ 해충의 경감 : 토양 속 숨은 해충의 유충이나 번데기를 표층으로 노출시켜 죽게 한다.

③ 경기 시기

경기는 작물의 파종 또는 이식에 앞서 하는 것이 보통이지만 동기휴한하는 일모작답이나 추파맥류 등의 포장은 경우에 따라 가을갈이 또는 봄갈이를 하기도 한다.

㉠ 가을갈이

ⓐ 습하고 차지며 유기물 함량이 많은 토양에는 가을갈이가 좋다.

ⓑ 장점

가. 유기물의 분해가 촉진된다.

나. 토양의 통기가 조장된다.

다. 충해를 경감시킨다.

라. 토양을 부드럽게 해 준다.

㉡ 봄갈이

ⓐ 사질 토양이며 겨울 강우가 많아 풍식이나 수식이 조장되는 곳은 가을갈이보다 봄갈이가 좋다.

ⓑ 가을갈이는 월동 중 비료성분의 용탈과 유실의 조장으로 불리한 경우도 있어 봄갈이가 유리하다.

④ 경기의 깊이

재배작물의 종류와 재배법, 토양의 성질, 토층구조, 기상조건, 시비량에 따라 결정된다.

㉠ 근군의 발달이 적은 작물은 천경해도 좋으나 대부분 작물은 생육과 수량을 고려하여 심경하는 것이 유리하다.

㉡ 쟁기의 경우 9 ~ 12cm 정도의 천경이 되나 트랙터를 이용하는 경우 20cm 이상의 심경이 가능하다.

㉢ 심경 시 유의사항

ⓐ 심경은 넓은 범위의 수분과 양분을 이용할 수 있어 지상부 생육이 좋고 한해(旱害) 및 병충해 저항력 등이 증가하여 건전한 발육을 조장한다.

ⓑ 일시에 심경하는 경우 당년에는 심토가 많이 올라와 작토와 섞여 작물생육에 불리할 수 있으므로 유기물을 많이 시비하여야 한다.

ⓒ 생육기간이 짧은 산간지 또는 만식재배 시에는 심경에 의한 후기 생육이 지연되어 성숙이 늦어져 등숙이 불량할 수 있으므로 과도한 심경은 피해야 한다.

ⓓ 심경은 한 번에 하지 않고 매년 서서히 심경을 늘리고 유기질 비료를 증시하여 비옥한 작토로 점차 깊이 만드는 것이 좋다.

ⓔ 누수가 심한 사력답에서의 심경은 양분의 용탈이 심해지므로 심경을 피하는 것이 좋다.

(3) 건토효과(乾土效果)

① 흙을 충분히 건조시켰을 때 유기물의 분해로 작물에 대한 비료분의 공급이 증대되는 현상을 건토효과라 한다.

② 밭보다는 논에서 효과가 더 크다.

③ 겨울과 봄에 강우가 적은 지역은 추경에 의한 건토효과가 크나, 봄철 강우가 많은 지역은 겨울 동안 건토효과로 생긴 암모니아가 강우로 유실되므로 춘경이 유리하다.

④ 건토효과가 클수록 지력 소모가 심하고 논에서는 도열병의 발생을 촉진할 수 있다.

⑤ 추경으로 건토효과를 보려면 유기물 사용을 늘려야 한다.

(4) 쇄토(碎土 harrowing)

① 경운한 토양의 큰 흙덩어리를 알맞게 분쇄하는 것을 쇄토라 한다.

② 알맞은 쇄토는 파종 및 이식작업이 쉽고 발아 및 생육이 좋아진다.

③ 논에서는 경운 후 물을 대서 토양을 연하게 한 다음 시비를 하고 써레로 흙덩어리를 곱게 부수는 것을 써레질이라 하고 이는 흙덩어리가 부서지고 논바닥이 평형해지며 전층시비의 효과가 있다.

(5) 작휴(作畦 밭두둑 휴)

작물을 재배할 토지에 이랑(두둑과 고랑)을 만드는 작업이다.

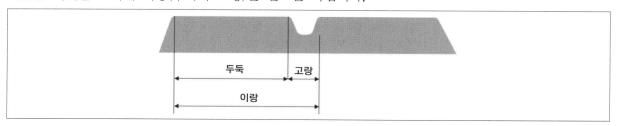

> ◦ 이랑(ridge) : 작물을 재배할 때 일정한 간격의 선을 두고 그 선을 중심으로 땅을 돋아 솟아오르게 만들 경우 두둑과 고랑을 포함하는 개념이다. 작물을 심은 부분과 심지 않은 부분이 반복될 때 이 반복되는 1단위를 이랑이라고 한다.
> ◦ 고랑(furrow) : 작물을 재배할 때 경작지의 땅을 돋아 높낮이가 생길 때 아래로 움푹 팬 부분을 말한다. 일명 '골'이라고도 한다.

① **평휴법**(平 평평할 평 畦 밭두둑 휴)

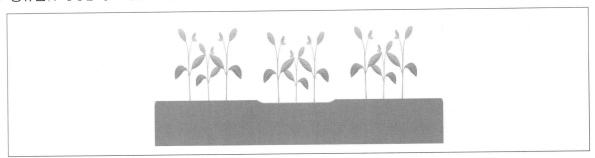

  ㉠ 이랑을 평평하게 하여 이랑과 고랑의 높이가 같게 하는 방식이다.
  ㉡ 건조해와 습해가 동시에 완화된다.
  ㉢ 밭벼 및 채소 등의 재배에 실시된다.

② **휴립법**(畦立法)
  ㉠ 의의 : 이랑을 세우고 고랑은 낮게 하는 방식이다.
  ㉡ 휴립구파법(畦 밭두둑 휴 立 설 립 構 얽을 구 播 뿌릴 파)

  ⓐ 흙을 돋우어 이랑을 만들어 고랑에 종자를 파종하는 방법이다.
  ⓑ 한발(旱魃)이 심한 때 또는 가뭄이 심한 지역이나 장소는 고랑에 종자를 파종하여 가뭄피해를 줄일 수 있다.
  ⓒ 물 지님이 나쁜 토양이라면 휴립구파가 유리하다.
  ⓓ 감자의 발아촉진과 배토[培土 골 사이나 포기 사이의 흙을 포기(그루) 밑으로 긁어모아 주는 것]가 용이하다.

ⓒ 휴립휴파법(畦 밭두둑 휴 立 설 립畦 밭두둑 휴播 뿌릴 파)

ⓐ 흙을 돋우어 만든 이랑의 두둑에 종자를 파종하는 방법이다.
ⓑ 비가 많이 오는 계절이나 강우가 심한 지역이라면 이랑의 두둑에 파종하는 것이 습해를 막기 유리하다.
ⓒ 배수와 토양의 통기에 유리하므로 물 빠짐이 좋지 않는 경작지라면 휴립휴파가 바람직하다.

③ **성휴법**(盛 담을 성畦 밭두둑 휴)

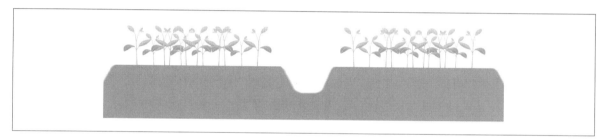

㉠ 이랑을 보통보다 넓고 크게 만드는 방법이다.
㉡ 중부지방의 맥후작 콩 재배에서 실시된다.
㉢ 파종이 편리하고 생육초기 건조해와 장마철 습해를 막을 수 있다.

2 파종(播種 seeding, sowing)

(1) 의의

① 종자를 흙 속에 뿌리는 것을 파종이라 한다.
② 파종의 실제 시기는 작물의 종류 및 품종, 재배지역, 작부체계, 토양조건, 출하기 등에 따라 결정된다.

(2) 파종기

파종 시기는 종자의 발아와 발아 후 생장 및 성숙과정이 원만하게 이루어질 수 있는 기간을 고려해야 한다. 파종된 종자의 발아에 필요한 기온이 발아최저온도 이상이어야 하며 토양 수분도 필요 수준 이상이어야 하며 작물의 종류 및 품종에 따른 감온성과 감광성 등 여러 요인을 고려해야 한다.

① **작물의 종류 및 품종**

㉠ 일반적으로 월동작물은 가을에, 여름작물은 봄에 파종한다.

ⓛ 월동작물에서도 내한성(耐寒性)이 강한 호밀의 경우 만파(晚播 때늦게 파종하는 것)에 적응하지만, 내한성이 약한 쌀보리의 경우는 만파에 적응하지 못한다.

ⓒ 여름작물에서도 춘파성맥류와 같이 낮은 온도에 견디는 경우는 초봄 파종하나 옥수수와 같이 생육온도가 높은 작물은 늦봄에 파종한다.

> ◦ 춘파성맥류 : 맥류의 품종 가운데에는 추파성이 없어 봄에 파종을 해도 정상적으로 출수하는 생리적 성질을 지닌 것이 있다. 봄보리나 봄밀의 경우가 춘파성 맥류에 속하며 겨울을 거치지 않고 봄에 파종해도 이삭이 형성되고 결실이 잘 된다.

ⓡ 벼에서는 감광형 품종은 만파만식에 적응하지만 기본영양생장형과 감온형 품종은 조파조식이 안전하다.

ⓜ 추파맥류에서 추파성정도가 높은 품종은 조파(早播 일찍 파종하는 것)하는 것이 좋으나 추파성정도가 낮은 품종은 만파하는 것이 좋다.

> ◦ 추파성(秋播性 winter growing habit) : 식물 중에서는 낮은 기온이 일정기간이 지속되어야만 꽃을 피우는 경우가 있다. 씨앗을 가을에 뿌려서 겨울의 저온기간을 경과하지 않으면 개화·결실하지 않는 식물의 성질이다.

② 기후

ⓐ 동일 품종이라도 재배지의 기후에 따라 파종기가 달라야 한다.

ⓑ 감자의 경우 평지에서는 이른 봄 파종하지만 고랭지는 늦봄에 파종한다.

ⓒ 맥주보리 골든멜론 품종은 제주도에서는 추파하지만 중부지방에서는 월동을 못하므로 춘파한다.

③ 작부체계

ⓐ 벼 재배에 있어 단일작의 경우는 가능한 일찍 심는 것이 좋아 5월 상순 ~ 6월 상순에 이앙하나 맥후작의 경우 6월 중순 ~ 7월 상순에 이앙한다.

ⓑ 콩 또는 고구마 등은 단작인 경우 5월에 심지만 맥후작의 경우는 6월 하순경에 심게 된다.

④ 토양조건

ⓐ 토양이 건조하면 파종 후 발아가 불량하므로 적당한 토양수분 상태가 되었을 때 파종하며 과습한 경우는 정지, 파종작업이 곤란하므로 파종이 지연된다.

ⓑ 벼의 천수답 이앙시기는 강우가 절대적으로 지배한다.

⑤ 출하기

시장 상황을 반영하고 출하기를 고려하여 파종하는 경우가 많으며 이는 채소나 화훼류의 촉성재배, 억제재배가 해당된다.

⑥ 재해의 회피

ⓐ 벼는 냉해, 풍해의 회피를 위해 조파, 조식한다.

> ◦ 조식(早植 early planting) : 주로 생육기간을 연장시켜 수량을 늘리기 위한 방법으로 이용되며 제철보다 다소 일찍 심는 것을 말한다.

   ⓛ 해충 피해 회피를 목적으로 파종기를 조절하기도 한다. 명나병 회피를 위해 조의 경우 만파를 하는
     경우도 있으며 가을채소의 경우 발아기에 해충이 많이 발생하는 지역에서는 파종시기를 늦춘다.
   ⓒ 하천부지에 위치한 포장에서 채소류의 재배는 수해의 회피를 목적으로 홍수기 이후 파종한다.
   ⓐ 봄채소는 조파하면 한해(旱害)가 경감된다.
  ⑦ **노동력 사정**
   노동력의 문제로 파종기가 늦어지는 경우도 많으며 적기파종을 위해 기계화(생력화)가 필요하다.

    ◦ **생력재배**(省 덜다 力栽培 생력기계화 재배) : 노동력이 귀해지고 생산비가 증가하는 등의 영농의 어려움을 타
    개하고자 제초제의 사용 등을 통한 작업단계의 간략화, 농기계의 사용 등으로 노동력을 덜 들이는 재배방
    법이다.

(3) 파종양식

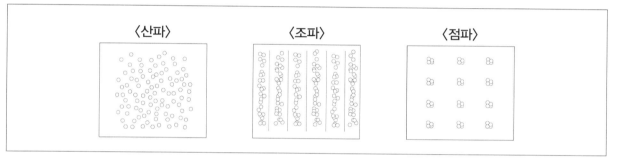

 ① **산파**(散播 broadcasting 흩어뿌림)
  ㉠ 포장 전면에 종자를 흩어뿌리는 방법이다.
  ㉡ 장점은 노력이 적게 든다.
  ㉢ 단점으로는 종자의 소요량이 많고 생육기간 중 통풍과 수광상태가 나쁘며 도복하기 쉽고 중경제초,
   병충해방제와 그 외 비배관리(肥培管理 거름을 잘 뿌려 토지를 걸게 하여 식물을 가꿈) 작업이 불편하다.
  ㉣ 잡곡을 늦게 파종할 때와 맥류에서 파종 노력을 줄이기 위한 경우 등에 적용된다.
  ㉤ 목초, 자운영 등의 파종에 주로 적용하며 수량도 많다.
 ② **조파**(條播 drilling 골뿌림)
  ㉠ 뿌림골을 만들고 종자를 줄지어 뿌리는 방법이다.
  ㉡ 종자의 필요량은 산파보다 적게 들고 골 사이가 비어 수분과 양분의 공급이 좋고 통풍 및 수광도
   좋으며 작물의 관리작업도 편리해 생장이 고르고 수량과 품질도 좋다.
  ㉢ 맥류와 같이 개체별 차지하는 공간이 넓지 않은 작물에 적용된다.
 ③ **점파**(點播 dibbling, hill seeding 점뿌림)
  ㉠ 일정 간격을 두고 하나 또는 수 개의 종자를 띄엄띄엄 파종하는 방법이다.
  ㉡ 종자의 필요량이 적고 생육 중 통풍 및 수광이 좋고 개체 간 간격이 조정되어 생육이 좋다.

ⓒ 파종에 시간과 노력이 많이 든다.

ⓔ 일반적으로 콩과, 감자 등 개체가 면적을 많이 차지하는 작물에 적용한다.

④ **적파**(摘播 seeding in group)

　ⓐ 점파와 비슷한 방법으로 점파 시 한 곳에 여러 개의 종자를 파종하는 방법이다.

　ⓑ 조파 및 산파에 비하여 파종노력이 많이 드나 수분, 비료, 통풍, 수광 등의 조건이 좋아 생육이 양호하고 비배관리(肥培管理 거름을 잘 뿌려 토지를 걸게 하여 식물을 가꿈) 작업도 편리하다.

　ⓒ 목초, 맥류 등과 같이 개체가 평면으로 좁게 차지하는 작물을 집약적 재배에 적용하며 벼의 모내기의 경우도 결과적으로는 적파와 비슷하다고 볼 수 있으며 결구배추를 직파하는 때에도 적파의 방법을 이용한다.

⑤ **화훼류의 파종방법**

　ⓐ 화훼류의 파종은 이식성, 종자의 크기, 파종량에 따라 달리한다.

　ⓑ 상파(床播 bed sowing) : 이식을 해도 좋은 품종에 이용하며 배수가 잘 되는 곳에 파종상을 설치하고 종자 크기에 따라 점파, 산파, 조파를 한다.

　ⓒ 상자파(箱子播 box sowing) 및 분파(盆播 pot sowing) : 종자가 소량이거나 귀중하고 비싼 종자, 미세종자와 같이 집약적 관리가 필요한 경우에 이용하는 방법이다.

　ⓓ 직파(直播 field sowing) : 재배량이 많거나 직근성으로 이식 시 뿌리의 피해가 우려되는 경우 적합한 방법으로 최근 직근성 초화류도 지피포트를 이용하여 이식할 수 있도록 육묘하고 있다.

(4) 파종량 결정

① **파종량**

종자별 파종량은 정식할 모수, 발아율, 성묘율(육묘율) 등에 의하여 산출하며 보통 소요묘수의 2 ～ 3배의 종자가 필요하다.

② **파종량이 적을 경우**

　ⓐ 수량이 적어진다.

　ⓑ 잡초발생량이 증가한다.

　ⓒ 토양의 수분 및 비료분의 이용도가 낮아진다.

　ⓓ 성숙이 늦어지고 품질저하 우려가 있다.

③ **파종량이 많을 경우**

　ⓐ 과번무로 수광상태가 나빠진다.

　　○ 과번무(過繁茂) : 탄소동화에 따른 산물을 수용하는 과실이나 뿌리 등의 발육과 착색 등이 불량하게 되는 현상이다. 영양생장이 과도하게 일어날 경우에 줄기나 잎이 무성하게 된 식물체에서 나타난다.

　ⓑ 식물체가 연약해져 도복, 병충해, 한해(旱害 토양의 수분 부족에 의해 발생하는 작물의 생육장해)가 조장되며 수량 및 품질이 저하된다.

ⓒ 일반적으로 파종량이 많을수록 단위면적당 수량은 어느 정도 증가하지만 일정 한계를 넘으면 수량은 오히려 줄어든다.

④ **파종량 결정 시 고려 조건**

ⓐ 작물의 종류 : 작물 종류에 따라 재식밀도 및 종자의 크기가 다르므로 작물 종류에 따라 파종량은 지배된다.

ⓑ 종자의 크기 : 동일 작물에서도 품종에 따라 종자의 크기가 다르기 때문에 파종량 역시 달라지며 생육이 왕성한 품종은 파종량을 줄이고 그렇지 않은 경우 파종량을 늘인다.

ⓒ 파종기 : 파종시기가 늦어지면 대체로 작물의 개체 발육도가 낮아지므로 파종량을 늘리는 것이 좋다.

ⓓ 재배지역 : 한랭지는 대체로 발아율이 낮고 개체 발육도가 낮으므로 파종량을 늘린다.

ⓔ 재배방식 : 맥류의 경우 조파에 비해 산파의 경우 파종량을 늘리고 콩, 조 등은 맥후작에서 단작보다 파종량을 늘린다. 청예용, 녹비용 재배는 채종재배에 비해 파종량을 늘린다.

ⓕ 토양 및 시비 : 토양이 척박하고 시비량이 적으면 파종량을 다소 늘리는 것이 유리하고 토양이 비옥하고 시비량이 충분한 경우도 다수확을 위해 파종량을 늘리는 것이 유리하다.

ⓖ 종자의 조건 : 병충해 종자의 혼입, 경실이 많이 포함된 경우, 쭉정이 및 협잡물이 많은 종자, 발아력이 감퇴된 경우 등은 파종량을 늘려야 한다.

◦ **경실**(硬實 hard seed) : 종피(種皮 씨앗 껍질)가 단단한 종자를 말한다. 종피가 수분의 투과를 막게 되는데 수개월 ~ 수년의 장기간 발아하지 않는 종자를 경실종자(硬實種子)라고 한다.

(5) 파종절차

정지 후 파종 절차는 작물의 종류 및 파종양식에 따라 다르다.

작조 ⇨ 시비 ⇨ 간토 ⇨ 파종 ⇨ 복토 ⇨ 진압 ⇨ 관수

① **작조**(作條 골타기)

종자를 뿌릴 골을 만드는 것을 작조라 하며 점파의 경우 작조 대신 구덩이를 만들고 산파 및 부정지파는 작조하지 않는다.

② **시비**(施肥)

작조로 만든 골과 포장의 전면에 비료를 뿌린다.

◦ **시비**(施肥 fertilization, fertilizer application) : 작물의 생장을 촉진시키거나 수확량 또는 품질을 높이기 위해 질소, 인산, 칼륨질 비료 등을 토양 중에 공급하는 것을 말하며 토양의 개량을 목적으로 석회를 사용하는 것도 이에 해당된다.

③ **간토**(비료 섞기)

비료를 뿌린 곳 위에 약간 흙을 넣어서 종자가 비료에 직접 닿지 않게 하는 것이다.

④ **파종**(播種)

종자를 직접 토양에 뿌리는 작업이다.

⑤ **복토**(覆土)

ㄱ 파종한 종자 위에 흙을 덮어주는 작업이다.

ㄴ 복토는 종자의 발아에 필요한 수분의 보존, 조수해(鳥獸害 damage by birds and mammals 새나 짐승으로 부터 입는 재해), 파종 종자의 이동을 막을 수 있다.

ㄷ 복토 깊이는 종자의 크기, 발아습성, 토양의 조건, 기후 등에 따라 달라진다.

ⓐ 볍씨를 물못자리에 파종하는 경우 복토를 하지 않는다.

ⓑ 소립종자는 얕게, 대립종자는 깊게 하며 보통 종자 크기의 2 ~ 3배 정도 복토한다.

ⓒ 혐광성 종자는 깊게 하고 광발아종자는 얕게 복토하거나 하지 않는다.

ⓓ 점질토는 얕게 하고 경토(耕土 경작하기에 적당한 땅)는 깊게 복토한다.

ⓔ 토양이 습윤한 경우 얕게 하고 건조한 경우는 깊게 복토한다.

ⓕ 저온 또는 고온에서는 깊게 하고 적온에서는 얕게 복토한다.

⑥ **진압**(鎭壓 compaction, firming)

ㄱ 발아를 조장할 목적으로 파종 후 복토하기 전 또는 후에 종자 위에 가압(加壓 압력을 가함)하는 작업이다.

ㄴ 진압은 토양을 긴밀하게 하고 파종된 종자가 토양에 밀착되어 모관수가 상승하여 종자가 흡수하는 데 알맞게 되어 발아가 조장된다.

ㄷ 경사지 또는 바람이 센 곳은 우식 및 풍식을 경감하는 효과가 있다.

⑦ **관수**(灌 물댈 관 水 overhead flooding)

ㄱ 토양의 건조방지를 위해 복토 후 관수한다.

ㄴ 파종상을 이용해 미세종자를 파종하는 경우 저면관수하는 것이 좋다.

ㄷ 저온기 온실에서 파종하는 경우 수온을 높여 관수하는 것이 좋다.

3 이식[移植 transplanting 옮겨심기]

(1) 가식 및 정식

① 의의

ㄱ 묘상 또는 못자리에서 키운 모를 본포로 옮겨 심거나 작물이 현재 자라는 곳에서 장소를 옮겨 심는 일을 이식이라 한다.

ㄴ 정식(아주심기) : 수확까지 재배할 장소 즉, 본포(本圃 수확 시까지 재배하는 밭)로 옮겨 심는 것을 정식이라 한다.

ㄷ 가식 : 정식까지 잠시 이식해 두는 것을 가식이라 한다.

ㄹ 이앙 : 벼의 이식을 이앙이라 한다.

② 이식의 효과

   ⊙ 생육의 촉진 및 수량증대 : 이식은 온상에서 보온육묘를 전제하는 경우가 많으므로 이는 생육기간의 연장으로 작물의 발육이 크게 조장되어 증수를 기대할 수 있고 초기 생육 촉진으로 수확을 빠르게 하여 경제적으로 유리하다.

   ⓒ 토지이용도 제고 : 본포에 전작물이 있는 경우 묘상 등에서 모의 양성으로 전작물 수확 또는 전작물 사이에 정식함으로 경영을 집약화할 수 있다.

   ⓒ 숙기단축 : 채소의 이식은 경엽의 도장을 억제하고 생육을 양호하게 하여 숙기가 빠르고 상추, 양배추 등의 결구를 촉진한다.

   ⓔ 활착증진 : 육묘 중 가식은 단근으로 새로운 세근이 밀생하여 근군을 충실하게 하므로 정식 시 활착을 빠르게 하는 효과가 있다.

> ◦ 단근(뿌리돌림) : 이식 후의 뿌리 발달과 활착을 증진시키기 위해 나무뿌리의 일부를 절단하거나 박피처리하는 작업이다.
> ◦ 세근(細根) : 풀이나 나무 따위의 굵은 뿌리에서 돋아나는 작은 뿌리를 말한다. 양분과 수분을 직접 흡수한다.
> ◦ 활착(活着 take, graft-take) : 식물체를 옮겨 심을 때 새 뿌리가 내려 양분과 수분의 흡수기능이 발휘되는 일을 말한다.

③ 이식의 단점

   ⊙ 무, 당근, 우엉 등 직근을 가진 작물이 어릴 때 이식으로 뿌리가 손상되면 그 후 근계 발육에 나쁜 영향을 미친다.

   ⓒ 수박, 참외, 결구배추, 목화 등은 뿌리의 절단이 매우 해롭다. 이식을 해야 하는 경우 분파하여 육묘하고, 뿌리의 절단을 피해야 한다.

   ⓒ 벼의 경우 대체적으로 이앙재배를 하지만 한랭지에서 이앙은 착근까지 시일을 많이 필요로 하므로 생육이 늦어지고 임실이 불량해지므로 파종을 빨리하거나 직파재배가 유리한 경우가 많다.

④ 가식의 효과

   ⊙ 묘상 절약 : 작은 면적에 파종하고 자라는 대로 가식하면 처음부터 큰 면적의 묘상이 필요하지 않다.

   ⓒ 활착증진 : 가식은 단근으로 새로운 세근이 밀생하여 근군을 충실하게 하므로 정식 시 활착을 빠르게 하는 효과가 있다.

   ⓒ 재해의 방지 : 천수답에서 한발로 모내기가 많이 늦어진 경우 무논(물이 있는 논)에 일시 가식하였다가 비가 온 후 이앙하면 한해(旱害 가뭄으로 말미암아 입은 재해)을 방지할 수 있으며 채소 등은 포장조건으로 이식이 늦어질 때 가식해 두면 도장, 노화를 방지할 수 있다.

(2) 이식 시기

① 이식 시기는 작물 종류, 토양 및 기상조건, 육묘사정에 따라 다르다.

② 과수, 수목 등 다년생 목본식물은 싹이 움트기 전 이른 봄에 춘식하거나 가을에 낙엽이 진 뒤 추식하는

것이 활착(活着)이 잘 된다.

② 일반작물 또는 채소는 육묘의 진행상태, 즉 모의 크기와 파종기 결정요건과 같은 조건들에 의해 지배된다.

③ 작물 종류에 따라 이식에 알맞은 모의 발육도가 있다.

    ㉠ 너무 어린모나 노숙한 모의 이식은 식상(植傷 transplanting injury)이 심하거나 생육이 고르지 못하여 정상적 생육을 못하는 경우가 많다.

    ㉡ 일반적으로 벼의 이앙은 손이앙은 40일모(성묘), 기계이앙은 30 ~ 35일모(중묘, 엽 3.5~4.5매)가 좋다.

    ㉢ 토마토나 가지는 첫 꽃이 개화되었을 정도의 모가 좋다.

④ 토양수분은 넉넉하고 바람 없이 흐린 날 이식하면 활착에 유리하다.

⑤ 지온은 발근에 알맞은 온도로 서리나 한해(寒害)의 우려가 없는 시기에 이식하는 것이 안전하다.

⑥ 가을에 보리를 이식하는 경우 월동 전 뿌리가 완전히 활착할 수 있는 기간을 두고 그 이전에 이식하는 것이 안전하다.

(3) 이식양식

① **조식(條植)**
골에 줄을 지어 이식하는 방법으로 파, 맥류 등에서 실시된다.

② **점식(點植)**
포기를 일정 간격을 두고 띄어서 이식하는 방법으로 콩, 수수, 조 등에서 실시된다.

③ **혈식(穴植)**
포기 사이를 많이 띄어서 구덩이를 파고 이식하는 방법으로 과수, 수목, 화목 등과 양배추, 토마토, 오이, 수박 등의 채소류 등에서 실시된다.

④ **난식(亂植)**
일정한 질서가 따로 없이 점점이 이식하는 방법으로 콩밭에 들깨나 조 등을 이식하는 경우 등에서 실시한다.

(4) 벼를 이앙하는 양식

① **난식(막모)**
    ㉠ 줄을 띄우지 않고 눈어림으로 이식하는 방식이다.

    ㉡ 노력이 적게 드는 장점이 있지만 제 포기수를 심지 못하여 대체로 감수(減收 수확이 줆)가 되며 관리가 불편하다.

② **정조식(줄모)**
    ㉠ 줄을 띄우고 줄 사이와 포기 사이를 일정하게 줄을 맞추어 이식하는 방식이다.

    ㉡ 예정한 포기수를 정확히 심을 수 있고 생육간격이 균일하며, 수광과 통풍이 좋아지므로 증수(增收 수확이 늚)가 되며 관리가 편리하지만 노력이 다소 많이 든다.

③ 병목식

㉠ 줄 사이를 넓게 하는 대신에 포기 사이는 좁게 하는 이앙방식이다.

㉡ 수광과 통풍이 좋아지며 초기의 생육은 억제되는 반면에 후기에 생육이 조장되는 경향이 있다.

(5) 이식 방법

① 이식 간격

1차적으로 작물의 생육습성에 따라 결정된다.

② 이식을 위한 묘의 준비

㉠ 이식 시 단근 및 손상을 최소화하기 위해 관수를 충분히 해 상토가 흠뻑 젖은 다음 모를 뜬다.

㉡ 묘상 내 몇 차례 가식으로 근군을 작은 범위 내에서 밀생시켜 이식하는 것이 안전하며 특히 본포에 정식하기 며칠 전 가식하여 신근이 다소 발생하려는 시기가 정식에 좋다.

㉢ 온상육묘 모는 비교적 연약하므로 이식 전 경화시키면 식물체 내 즙액의 농도가 증가하고 저온 및 건조 등 자연환경에 저항성이 증대되어 흡수력이 좋아지고 착근이 빨라진다.

㉣ 큰 나무와 같이 식물체가 크거나 활착이 힘든 것은 뿌리돌림을 하여 세근을 밀생시켜두고 가지를 친다.

㉤ 이식으로 인한 단근이나 식상 등으로 뿌리의 수분흡수는 저해되나 증산작용은 동일해 균형을 유지하지 못하여 시들고 활착이 나빠지는 현상을 방지하기 위해 지상부의 가지나 잎의 일부를 전정하기도 한다.

㉥ 증산억제제인 OED유액을 1 ~ 3%로 하여 모를 담근 후 이식하면 효과가 크다.

③ 본포준비

정지를 알맞게 하고, 퇴비나 금비(金肥 chemical fertilizer 공업화학적으로 합성, 조제되어 시판되는 화학비료)를 기비(基肥)로 사용하는 경우 흙과 잘 섞어야 하며, 미숙퇴비는 뿌리와 접촉되지 않도록 주의하고 호박, 수박 등은 북을 만들기도 한다.

> ○ **기비**(基肥 basal dressing, basal fertilization 밑거름) : 작물을 파종, 이앙 및 이식하기 전에 시용하는 비료를 말한다. 웃거름(追肥 추비)]에 대응하는 말이다. 일반적으로 3요소 비료와 퇴비가 밑거름으로 이용된다.

④ 이식

㉠ 이식 깊이는 묘상에 묻혔던 깊이로 하나 건조지는 깊게, 습지에는 얕게 한다.

㉡ 표토는 속으로, 심토는 겉으로 덮는다.

㉢ 벼는 쓰러지지 않을 정도로 얕게 심어야 활착이 좋고 분얼의 확보가 용이하다.

㉣ 감자, 수수, 담배 등은 얕게 심고 생장함에 따라 배토한다.

㉤ 과수의 접목묘는 접착부가 지면보다 위에 나오도록 한다.

⑤ 이식 후 관리

㉠ 잘 진압하고 관수를 충분히 한다.

ⓒ 건조한 경우 피복하여 지면증발을 억제함으로 건조를 예방한다.

ⓒ 쓰러질 우려가 있는 경우 지주를 세운다.

4 시비관리

(1) 비료의 뜻

① 비료(肥料 fertilizer)

ㄱ 부식이나 필요한 무기원소를 포함하는 물질로 작물 생육을 위해 토양 또는 작물체에 인공적으로 공급하는 물질을 비료라 한다.

ㄴ 비료의 3요소 : 질소(N), 인산(P_2O_5), 칼륨(K_2O)을 비료의 3요소라 한다.

ㄷ 직접비료 : 비료의 3요소는 토양 중 가장 결핍하기 쉬우며 이 3요소 중 어느 하나의 성분만이라도 함유되어 있으면 이를 직접비료라 한다.

ㄹ 간접비료 : 석회의 경우 토양 중 함유량이 많아 작물생육에 석회 결핍이 나타나는 경우는 거의 없으나 석회의 사용은 토양의 이화학적 성질의 개선으로 식물 생육에 유리해지는 경향이 있는데 이와 같이 간접적으로 작물생육을 돕는 비료를 의미한다.

② 시비(施肥 fertilization)

작물체에 비료를 주는 것을 시비라 한다.

(2) 비료의 분류

① 비효 및 성분에 따른 분류

ㄱ 3요소 비료

ⓐ 질소질비료 : 황산암모늄(유안), 요소, 질산암모늄(초안), 석회질소, 염화암모늄 등

ⓑ 인산질비료 : 과인산석회(과석), 중과인산석회(중과석), 용성인비 등

ⓒ 칼륨질비료 : 염화칼륨, 황산칼륨 등

ⓓ 복합비료 : 화성비료(17-21-17, 22-22-11), 산림용 복비, 연초용 복비 등

ⓔ 유기질비료

ㄴ 기타 화학비료

ⓐ 석회질비료 : 생석회, 소석회, 탄산석회 등

ⓑ 규산질비료 : 규산고토석회, 규석회 등

ⓒ 마그네슘(고토)질비료 : 황산마그네슘, 수산화마그네슘, 탄산마그네슘, 고토석회, 고토과인산 등

ⓓ 붕소질비료 : 붕사 등

ⓔ 망간질비료 : 황산망간 등

ⓕ 기타 : 세균성비료, 토양개량제, 호르몬제 등

② 비효 지속성에 따른 분류

ㄱ 속효성비료 : 요소, 황산암모니아, 과석, 염화칼리 등

　　ⓛ 완효성비료(지효성비료) : 피복요소, 퇴비, 구비(외양간에서 나오는 두엄), 등

> ◦ **완효성비료**(緩效性肥料 slow-release fertilizer 지효성비료) : 토양에 시용된 비료의 효과가 황산암모늄처럼 빠르게 나타나는 속효성비료에 대비되는 용어로서, 그 효과가 천천히 나타나는 비료를 말한다. 속효성비료는 일시적인 농도장해 및 영양과다를 일으키거나 유실 또는 무효화되기도 쉽다. 뿐만 아니라 여러 차례 분시하여야 하므로 노력이 많이 드는 결점이 있다. 이러한 결점을 보완하기 위한 것이 완효성비료이다.

③ 화학반응에 따른 분류

　㉠ 화학적 반응에 따른 분류

　　화학적 반응이란 수용액에 대한 직접적 반응을 의미한다.

　　ⓐ 화학적 산성비료 : 과인산석회, 중과인산석회 등

　　ⓑ 화학적 중성비료 : 황산암모늄(유안), 염화암모늄, 요소, 질산암모늄(초안), 황산칼륨, 염화칼륨, 콩깻묵 등

　　ⓒ 화학적 염기성비료 : 석회질소, 용성인비, 나뭇재 등

　㉡ 생리적 반응에 따른 분류

　　시비 후 토양 중 뿌리의 흡수작용 또는 미생물의 작용을 받은 뒤 나타나는 반응을 생리적 반응이라 한다.

　　ⓐ 생리적 산성비료 : 황산암모늄(유안), 염화암모늄, 황산칼륨, 염화칼륨 등

　　ⓑ 생리적 중성비료 : 질산암모늄, 요소, 과인산석회, 중과인산석회, 석회질소 등

　　ⓒ 생리적 염기성비료 : 석회질소, 용성인비, 나뭇재, 칠레초석, 퇴비, 구비 등

④ 급원에 따른 분류

　㉠ 무기질비료 : 요소, 황산암모늄, 과석, 염화칼륨 등

　㉡ 유기질비료

　　ⓐ 식물성비료 : 깻묵, 퇴비, 구비 등

　　ⓑ 동물성비료 : 골분, 계분, 어분 등

(3) 시비 원리

① **최소양분율**(最小養分律 law of minimum nutrient)

　여러 종류의 양분은 작물생육에 필수적이지만 실제 재배에 모든 양분이 동시에 작물생육을 제한하는 것은 아니며 양분 중 필요량에 대한 공급이 가장 적은 양분에 의해 생육이 저해되는데 이 양분을 최소양분이라 하고 최소양분의 공급량에 의해 작물 수량이 지배된다는 것을 최소양분율이라 한다.

② **제한인자설**

　작물생육에 관여하는 수분, 광, 온도, 공기, 양분 등 모든 인자 중에서 요구조건을 가장 충족하지 못하는 인자에 의해 작물생육이 지배된다는 것을 최소율 또는 제한인자라 한다.

③ **수량점감의 법칙**(= 보수점감의 법칙 law of the diminishing return)

비료의 시용량에 따라 일정 한계까지는 수량이 크게 증가하지만, 어느 한계 이상으로 시비량이 많아지면 수량의 증가량은 점점 작아지고 마침내 시비량이 증가해도 수량은 증가하지 않는 상태에 도달한다는 것을 수량점감의 법칙이라 한다.

(4) 유효성분의 형태와 특성

① 질소

ⓐ 질산태질소($NO_3^- - N$)

ⓐ 질산암모늄(NH_4NO_3), 칠레초석($NaNO_3$), 질산칼륨(KNO_3), 질산칼슘($Ca(NO_3)_2$) 등이 있다.

ⓑ 물에 잘 녹고 속효성이며, 밭작물 추비에 알맞다.

ⓒ 음이온으로 토양에 흡착되지 않고 유실되기 쉽다.

ⓓ 논에서는 용탈에 의한 유실과 탈질현상이 심해서 질산태질소 비료의 시용은 불리하다.

ⓛ 암모니아태질소($NH_4^+ - N$)

ⓐ 황산암모늄[$(NH_4)_2SO_4$], 염산암모늄(NH_4Cl), 질산암모늄(NH_4NO_3), 인산암모늄[$(NH_4)_2HPO_4$], 부숙인분뇨, 완숙퇴비 등이 있다.

ⓑ 물에 잘 녹고 속효성이나 질산태질소보다는 속효성이 아니다.

ⓒ 양이온으로 토양에 잘 흡착되어 유실이 잘 되지 않고, 논의 환원층에 시비하면 비효가 오래간다.

ⓓ 밭토양에서는 속히 질산태로 변하여 작물에 흡수된다.

ⓔ 유기물이 함유되지 않은 암모니아태질소의 연용은 지력소모를 가져오며 암모니아 흡수 후 남는 산근으로 토양을 산성화시킨다.

ⓕ 황산암모늄은 질소의 3배에 해당되는 황산을 함유하고 있어 농업상 불리하므로 유기물의 병용으로 해를 덜어야 한다.

ⓒ 요소[$(NH_4)_2CO$]

ⓐ 물에 잘 녹고 이온이 아니기 때문에 토양에 잘 흡착되지 않아 시용 직후 유실우려가 있다.

ⓑ 토양미생물의 작용으로 속히 탄산암모늄[$(NH_4)_2CO_3$]를 거쳐 암모니아태로 되어 토양에 흡착이 잘 되어 질소효과는 암모니아태질소와 비슷하다.

ⓔ 시안아미드(cyanamide, CH_2N_2)태질소

ⓐ 석회질소가 이에 속하며 물에 잘 녹으나 작물에 해롭다.

ⓑ 토양 중 화학변화로 탄산암모늄으로 되는 데 1주일 정도 소요되므로 작물 파종 2주일 전 정도 시용할 필요가 있다.

ⓒ 환원상태에서는 디시안디아미드(dicyandiamide, $C_2H_4N_4$)로 되어 유독하고 분해가 힘드므로 밭상태로 시용하도록 한다.

ⓜ 단백태(유기태)질소

ⓐ 깻묵, 어비, 골분, 녹비, 쌀겨 등이 이에 속하며 토양 중에서 미생물에 의해 암모니아태 또는 질산태로 된 후 작물에 흡수, 이용된다.

　　　　ⓑ 지효성으로 논과 밭 모두 알맞아 효과가 크다.
　② 인산
　　㉠ 구분
　　　ⓐ 인산질비료는 함유된 인산의 용제에 대한 용해성에 따라 수용성, 가용성, 구용성, 불용성으로 구분하며 사용상으로 유기질 인산비료와 무기질 인산비료로 구분한다.
　　　ⓑ 인산성분 : 인산암모늄(48%), 중과인산석회(46%), 용성인비(21%), 과인산석회(15%)
　　㉡ 과인산석회(과석), 중과인산석회(중과석)
　　　ⓐ 대부분 수용성이며 속효성으로 작물에 흡수가 잘 된다.
　　　ⓑ 산성 토양에서는 철, 알루미늄과 반응하여 불용화되고 토양에 고정되어 흡수율이 극히 낮아진다.
　　　ⓒ 토양 고정을 경감해야 시비 효율이 높아지므로 토양반응의 조정 및 혼합사용, 입상비료 등이 유효하다.
　　㉢ 용성인비
　　　ⓐ 구용성 인산을 함유하며 작물에 빠르게 흡수되지 못하므로 과인산석회 등과 병용하는 것이 좋다.
　　　ⓑ 토양 중 고정이 적고 규산, 석회, 마그네슘 등을 함유하는 염기성비료로 산성토양 개량의 효과도 있다.
　③ 칼륨
　　㉠ 무기태칼륨과 유기태칼륨으로 구분할 수 있으며 거의 수용성이고 비효가 빠르다.
　　㉡ 유기태칼륨은 쌀겨, 녹비, 퇴비 등에 많이 함유되어 있고 지방산과 결합된 칼륨은 수용성이고 속효성이나 단백질과 결합된 칼륨은 물에 난용성으로 지효성이다.
　④ 칼슘
　　㉠ 직접적으로는 다량 요구되는 필수원소이며 간접적으로는 토양의 물리적, 화학적 성질을 개선하고 일반적으로 토양에 가장 많이 함유되어 있다.
　　㉡ 비료에 함유되어 있는 칼슘은 산화칼슘(CaO), 탄산칼슘($CaCO_3$), 수산화칼슘[$Ca(OH)_2$], 황산칼슘($CaSO_4$) 등의 형태로 가장 많이 이용되는 석회질비료는 수산화칼슘이다.
　　㉢ 부산물로 얻어지는 부산소석회, 규회석, 용성인비, 규산질비료 등에도 칼슘이 많이 함유되어 있다.

(5) 작물의 종류와 시비
작물은 종류에 따라 필요로 하는 비료의 종류 및 양, 시기가 다르며 흡수상태도 다르므로 시비할 때 이에 따라 종류와 시비량 및 시비법 등을 고려해야 한다.
　① 수확물의 이용부위에 따른 시비
　　㉠ 종자를 수확하는 작물
　　　ⓐ 영양생장기 : 질소질비료는 경엽의 발육, 영양물질의 형성에 중요하므로 부족함이 없도록 해야 한다.

　　　ⓑ 생식생장기 : 질소질비료가 많을 때 생식기관의 발육과 성숙이 불량하므로 질소를 차차 줄이
　　　고 개화와 결실에 효과가 큰 인산과 칼리의 시비를 늘려야 한다.

　ⓛ 과실을 수확하는 작물 : 일반적으로 결과기에는 인산, 칼리가 충분해야 과실 발육과 품질향상에 유
　리하며 적당한 질소비료도 지속시켜야 한다.

　ⓒ 잎을 수확하는 작물 : 수확기까지 질소질비료를 충분히 계속 유지시켜야 한다.

　ⓔ 뿌리나 지하경을 수확하는 작물 : 고구마, 감자와 같은 작물의 경우 양분이 많이 저장되도록 동화
　에 관련된 기관이 충분히 발달된 초기는 질소를 많이 주어 생장을 촉진해야 하나 양분이 저장되기
　시작되면 질소를 줄이고 탄수화물의 이동 및 저장에 관여하는 칼리도 충분히 시용해야 한다.

　ⓜ 꽃을 수확하는 작물 : 호프나 화훼류와 같이 꽃을 수확하는 작물은 꽃망울이 생길 무렵 질소의 효
　과가 잘 나타나도록 하면 개화와 발육이 양호해진다.

② **작물별 3요소 흡수비율(질소 : 인 : 칼륨)**

　㉠ 콩 5 : 1 : 1.5

　㉡ 벼 5 : 2 : 4

　㉢ 맥류 5 : 2 : 3

　㉣ 옥수수 4 : 2 : 3

　㉤ 고구마 4 : 1.5 : 5

　㉥ 감자 3 : 1 : 4

③ **작물에 따른 비료요소의 효과**

　㉠ 귀리 : 마그네슘의 효과가 크다.

　㉡ 맥류 : 구리 결핍증이 발생한다.

　㉢ 콩과작물 : 칼슘과 인의 효과가 크다.

　㉣ 고구마 : 칼륨과 두엄의 효과가 크다.

　㉤ 사탕무 : 나트륨의 요구량이 크다.

　㉥ 꽃양배추 : 몰리브덴의 요구량이 크다.

　㉦ 담배와 사탕무 : 질산태질소의 효과가 크고, 암모늄태질소는 해롭다.

　㉧ 유채, 사탕무, 셀러리, 앨팰퍼, 사과 : 붕소의 요구량이 크다.

　㉨ 벼논 : 인의 유효도가 크기 때문에 인의 효과는 크지 않고, 규소의 효과가 현저하며, 철의 결핍 피
　해가 크게 나타난다.

　㉩ 감귤류, 옥수수 : 아연 결핍증이 발생한다.

④ **비료요소의 흡수 속도**

　㉠ 콩과작물인 앨팰퍼는 화본과인 오쳐드글래스보다 질소, 칼륨, 칼슘 등의 흡수가 빠르다.

　㉡ 화본과 목초와 콩과목초의 혼파 시 질소를 많이 주면 화본과가 우세해지고, 인과 칼륨을 많이 시비
　하면 콩과가 우세해진다.

⑤ 재배조건에 따른 시비

등숙기에 일사량이 많은 지대에서는 벼를 다비밀식해도 안전하고 효과적이나, 만식재배에서는 도열병 발생 우려가 크기 때문에 질소의 시비량을 줄여야 안전하다.

⑥ 다수성 벼품종의 시비

    ㉠ 다수성 벼품종은 질소질비료를 많이 시비하더라도 질소의 동화력이 크고 규산 흡수도 많아 도열병 등의 병해 발생이 적고, 줄기가 짧고 건실하므로 도복이 되지 않는다.

    ㉡ 잎이 좁고 두꺼우며 직립해서 분얼이 많아도 수광태세가 양호하므로 다비에 의한 수량증대에 효과적이다.

⑦ 생육과정에 따른 시비

    ㉠ 질소비료는 일시에 주면 초기 과다현상이 발생하고 후기에는 부족현상이 일어난다.

    ㉡ 질소의 영향으로 작물의 번무도가 영향을 받으므로 생육단계별로 질소의 비효가 고르게 나타나도록 시기를 조절하여 시비해야 한다.

    ㉢ 인과 칼륨 등의 비료를 초기에 충분히 주기만 하면 일생 동안 부족하지 않고, 시용 당시에도 과다현상이 잘 나타나지 않는다.

    ㉣ 평난지 감자 재배는 재배기간이 짧으므로 질소비료도 기비로 일시에 주는 것이 유리하다.

    ㉤ 벼 재배에 있어 질소의 적정 분시 비율은 기비 : 분얼비 : 수비 : 실비 = 5 : 2 : 2 : 1 또는 5 : 2 : 3이다.

(6) 시비방법 및 비료의 배합

① 시비방법

    ㉠ 평면적으로 본 분류

        ⓐ 전면시비 : 논이나 과수원에서 여름철 속효성비료의 시용은 전면시비를 한다.

        ⓑ 부분시비

            가. 시비구를 파고 비료를 시비하는 방법이다.

            나. 조파나 점파 시 작조 옆에 골을 파고 시비하는 방식과 과수의 경우 주위에 방사상 또는 윤상의 골을 파고 시비하는 방식, 구덩이를 파고 시비한 후 작물이나 수목을 심는 방법이 있다.

    ㉡ 입체적으로 본 분류

        ⓐ 표층시비(表層施肥) : 토양의 표면에 시비하는 방법으로 작물 생육기간 중 포장에 사용되는 방법이다.

        ⓑ 심층시비(深層施服 deep placement of fertilizer) : 작토 속에 시비하는 방법으로 논에서 암모니아태 질소를 시용하는 경우 유용하다.

        ⓒ 전층시비(全層施肥 total layer application of fertilizer) : 비료를 작토 전 층에 고루 혼합되도록 시비하는 방법이다.

② 비료배합의 장점

  ㉠ 작물은 생육단계에 따라 필요한 양분이 다르므로 속효성, 지효성비료를 적당량 배합하는 것이 유리하다.

  ㉡ 배합비료는 단일비료를 여러 차례 시비하는 번잡성을 덜고, 균일한 살포가 쉬워진다.

  ㉢ 요소, 황산암모늄은 고온다습 상태에서 습기를 빨아들이고, 건조할 때 굳어져 취급상 불편한데, 쌀겨와 같은 유기질비료와 적당히 배합하면 그 결점을 보완할 수 있고 취급이 편리해진다.

③ 비료배합 시 주의점

한 종류를 단독으로 시용하기도 하나 작업의 편의상 여러 종류의 비료를 배합하여 시용하기도 하는데 배합 시 다음의 사항을 주의해야 한다.

  ㉠ 비료성분이 소모되지 않도록 해야 한다.

    ⓐ 암모니아질소를 함유하고 있는 비료에 석회와 같은 알칼리성 비료를 혼합하면 암모니아가 기체로 변해 불리하다.

    ⓑ 질산태질소를 함유하고 있는 비료에 과인산석회와 같은 산성비료를 혼합하면 질산은 기체로 변한다.

    ⓒ 질산태질소를 유기질 비료와 혼합하면 저장 중 및 시용 후 질산이 환원되어 소실된다.

  ㉡ 비료의 성분이 불용성이 되지 않도록 해야 한다.

    과인산석회와 같은 수용성 인산이 주성분인 비료에 칼슘, 알루미늄, 철 등이 함유된 알칼리성 비료를 혼합하면 인이 물에 용해되지 않아 불용화되어 불리하다.

  ㉢ 습기를 흡수하지 않도록 해야 한다.

    과인산석회와 같은 석회염을 함유하고 있는 비료와 염화칼륨과 염화물을 배합하면 흡습성이 높아져 액체로 되거나 굳어져 불리하다.

  ㉣ 비료의 배합이 불리한 경우

    ⓐ 암모늄태질소가 들어 있는 비료와 염기성비료를 배합하면 암모니아가 날아간다.

    ⓑ 수용성 인산이 들어 있는 비료에 석회질비료를 배합하면 인산이 불용화된다.

    ⓒ 요소를 유박과 섞어서 오래 두면 요소의 가수분해로 암모니아가 날아간다.

    ⓓ 질산태질소 비료에 산성비료를 배합하면 질소는 가스로 날아간다.

    ⓔ 흡습성이 비교적 큰 비료를 배합원료로 하거나 칼슘이 들어있는 비료와 질산 또는 염소를 가진 비료를 섞으면 흡습성이 더욱 커진다.

(7) 엽면시비(葉面施肥 foliar fertilization, foliar application)

① 의의

  ㉠ 식물체는 뿌리 뿐만 아니라 잎에서도 비료 성분을 흡수할 수 있는데, 이를 이용하여 작물체에 직접 시비하는 것을 의미한다.

  ㉡ 잎의 비료 성분의 흡수는 표면(表面)보다는 이면(裏面)에서 더 잘 흡수되는데 이는 잎의 표면 표피는

이면 표피보다 큐티클층이 더 발달되어 물질의 투과가 용이하지 않고, 이면은 살포액이 더 잘 부착되기 때문이다.

ⓒ 엽면 흡수의 속도 및 분량은 작물종류, 생육상태, 살포액의 종류와 농도 및 살포방법, 기상조건 등에 따라 달라진다.

ⓔ 작물의 질소 결핍이 심각한 상태일 때 살포된 요소량의 1/2 ~ 3/4 정도가 흡수되고, 나머지는 토양으로 떨어져 뿌리가 흡수한다.

ⓜ 살포 후 24시간 내에 50% 정도가 흡수되며, 때로는 살포 후 2 ~ 5시간 내에 30 ~ 50% 정도가 흡수되기도 한다.

ⓗ 살포 후 3 ~ 5일 동안에는 엽록소가 증가하여 잎이 진한 녹색으로 변한다.

② 엽면시비의 이용

　ⓐ 작물에 미량요소의 결핍증이 나타났을 경우

　　ⓐ 결핍증을 나타나게 하는 요소를 토양에 시비하는 것보다 엽면에 시비하는 것이 효과가 빠르고 시용량도 적어 경제적이다.

　　ⓑ 벼 생육기간 중 노후답에서 철, 망간 등을 보급할 때, 사과의 마그네슘 결핍증, 감귤류와 옥수수에 아연 결핍증이 나타날 때 토양시비보다 엽면시비가 효과적이다.

　ⓛ 작물의 초세를 급속히 회복시켜야 할 경우 : 작물이 각종 해를 받아 생육이 쇠퇴한 경우 엽면시비는 토양시비보다 빨리 흡수되어 시용의 효과가 매우 크다.

　ⓒ 토양시비로는 뿌리 흡수가 곤란한 경우 : 뿌리가 해를 받아 뿌리에서의 흡수가 곤란한 경우 엽면시비에 의해 생육이 좋아지고 신근이 발생하여 피해가 어느 정도 회복된다.

　ⓔ 토양시비가 곤란한 경우 : 참외, 수박 등과 같이 덩굴이 지상에 포복 만연하여 추비가 곤란한 경우, 과수원의 초생재배로 인해 토양시비가 곤란한 경우, 플라스틱 필름 등으로 표토를 멀칭하여 토양에 직접적인 시비가 곤란한 경우 등에는 엽면시비는 시용효과가 높다.

　ⓜ 비료성분의 유실방지 : 포트에 화훼류를 재배할 때 토양시비는 비료분의 유실이 많지만, 엽면시비는 유실이 방지된다.

　ⓗ 노력의 절약 : 엽면시비는 비료와 농약을 혼합하여 살포할 수 있어 농약 살포 시 비료를 섞어 살포하면 시비 노력이 절감된다.

　ⓢ 특수한 목적이 있을 경우

　　ⓐ 엽면시비는 품질 향상을 목적으로 실시하는 경우도 많다.

　　ⓑ 채소류의 엽면시비는 엽색을 좋게 하고, 영양가를 높인다.

　　ⓒ 보리, 채소, 화초 등에서는 하엽의 고사를 막는 효과가 있다.

　　ⓓ 청예사료작물에서는 단백질함량을 증가시키는 효과가 있다.

　　ⓔ 뽕나무 또는 차나무의 경우 엽면시비는 찻잎의 품질을 향상시킨다.

　ⓞ 엽면시비는 일시에 다량을 줄 수 없으므로 토양시비를 대체하지 못하는 보조수단이다.

③ 엽면시비 시 흡수에 영향을 미치는 요인

   ㉠ 잎의 표면보다는 이면이 흡수가 더 잘 된다.

   ㉡ 잎의 호흡작용이 왕성할 때 흡수가 더 잘 되므로 가지 또는 정부에 가까운 잎에서 흡수율이 높고 노엽보다는 성엽이, 밤보다는 낮에 흡수가 더 잘 된다.

   ㉢ 살포액의 pH는 미산성이 흡수가 잘 된다.

   ㉣ 살포액에 전착제를 가용하면 흡수가 조장된다.

> ◦ 전착제(展着劑 adhesive agent, spreader) : 농약 살포액을 식물 또는 병해충의 표면에 넓게 퍼지게 하기 위하여 사용하는 보조제의 일종이다.

   ㉤ 작물에 피해가 나타나지 않는 범위 내에서 농도가 높을 때 흡수가 빠르다.

   ㉥ 석회의 시용은 흡수를 억제하고 고농도 살포의 해를 경감한다.

   ㉦ 작물의 생리작용이 왕성한 기상조건에서 흡수가 빠르다.

④ 비료 종류에 따른 살포액의 농도

   ㉠ 질소 : 요소[$(NH_2)_2CO$]로 주는 것이 가장 안전하고, 잎이 타는 현상 등의 부작용이 적으며 $0.5 \sim 1.0\%$ 수용액

   ㉡ 칼륨 : 황산칼륨(K_2SO_4) $0.5 \sim 1.0\%$액

   ㉢ 마그네슘 : 황산마그네슘($MgSO_4$) $0.5 \sim 1.0\%$액

   ㉣ 망간 : 황산망간($MnSO_4$) $0.2 \sim 0.5\%$액

   ㉤ 철 : 황산철($FeSO_4$) $0.2 \sim 1.0\%$액

   ㉥ 아연 : 황산아연($ZnSO_4$) $0.2 \sim 0.8\%$액

   ㉦ 구리 : 황산구리($CuSO_4$) 1%액

   ㉧ 붕소 : 붕사 $0.1 \sim 0.3\%$액

   ㉨ 몰리브덴 : 몰리브덴산염 $0.0005 \sim 0.01\%$액

(8) 시비량과 시비시기

① 시비량

   ㉠ 시비량은 작물의 종류 및 품종, 지력의 정도, 기후, 재배양식 등에 따라 결정한다.

   ㉡ 시비량의 결정은 수량과 품질의 향상, 비료의 가격 등을 고려해 경제적으로 유리해야 한다.

② 시비시기

   ㉠ 기비(基肥 basal dressing, basal fertilization 밑거름) : 파종 또는 이식 시 주는 비료이다.

   ㉡ 추비(追肥 additional fertilizer, top dressing 덧거름) : 작물의 생육 중간에 추가로 주는 비료이다.

   ㉢ 시비시기와 횟수는 작물종류, 비료종류, 토양과 기상조건, 재배양식 등에 따라 달라지며 일반적 원리는 다음과 같다.

      ⓐ 지효성 또는 완효성비료, 인산, 칼리, 석회 등의 비료는 일반적으로 기비로 준다.

ⓑ 속효성 질소비료는 생육기간이 극히 짧은 작물을 제외하고는 대체로 추비와 기비로 나누어 시비한다.

ⓒ 생육기간이 길고 시비량이 많은 작물은 기비량을 줄이고 추비량을 많게 하고 추비 횟수도 늘린다.

ⓓ 속효성비료일지라도 평지 감자재배와 같이 생육기간이 짧은 경우 주로 기비로 시비하고, 맥류와 벼와 같이 생육기간이 긴 경우 나누어 시비한다.

ⓔ 조식재배로 생육기간이 길어진 경우 또는 다비재배의 경우 기비 비율을 줄이고, 추비 비율을 높이고 횟수도 늘린다.

ⓕ 누수답과 같이 비료분의 용탈이 심한 경우 추비 중심의 분시를 한다.

ⓖ 잎을 수확하는 엽채류와 같은 작물은 늦게까지 질소비료를 추비로 주어도 좋으나 종실을 수확하는 작물의 경우 마지막 시비시기에 주의해야 한다.

ⓗ 비료의 유실이 쉬운 누수답, 사력답, 온난지 등에서는 추비량과 횟수를 늘린다.

5 재배관리

(1) 보파, 보식과 솎기

① 보파, 보식

㉠ 보파[補播 = 추파(追播) supplemental seeding] : 발아가 불량한 곳에 추가로 보충적으로 파종하는 것이다.

㉡ 보식(補植 replanting, supplementary planting) : 이식 후 고사로 결주가 생긴 곳에 추가로 보충적으로 이식하는 것이다.

㉢ 보파 또는 보식은 되도록 일찍 실시해야 생육의 지연이 덜 된다.

② 솎기(thinning 솎아내기)

㉠ 발아 후 밀생(密生 thick stand, dense 간격이 좁게 모여서 난 상태)한 곳의 일부 개체를 제거해 주는 작업이다.

㉡ 솎기는 적기에 실시하여야 하며 일반적 첫 김매기와 같이 실시하며 늦으면 개체 간 경쟁이 심해져 생육이 억제된다.

㉢ 솎기는 한 번에 끝내지 말고 생육 상황에 따라 수 회에 걸쳐 실시한다.

㉣ 조, 기장, 배추, 무 등은 종자가 작고 포장(圃場 논밭과 채소밭)에서의 발아율이 떨어지는 편이므로 이들은 직파할 때에는 빈 곳이 없이 종자를 넉넉히 뿌려서 밀생(密生)된 곳을 솎아준다.

㉤ 솎기의 효과

ⓐ 개체의 생육공간을 확보함으로써 균일한 생육을 유도할 수 있다.

ⓑ 불량환경에서 파종 시 솎기를 전제로 파종량을 늘리면 발아가 불량하더라도 빈 곳이 생기지 않는다.

ⓒ 파종 시 파종량을 늘리고 나중에 솎기를 하면 불량 개체를 제거하고 우량한 개체만 재배할 수 있다.

ⓓ 개체 간 양분, 수분, 광 등에 대한 경합을 조절하여 건전한 생육이 가능하다.

(2) 중경(中耕 intertillage)

① 의의

생육하는 도중에 경작지의 표면을 호미나 중경기로 긁어 부드럽게 하는 토양의 관리작업을 중경이라 하며 김매기는 중경과 제초를 겸한 작업이다.

> ◦ 기경과 중경 : 기경(起耕 plowing)이 지금까지 묵혀 두었던 땅을 갈아엎어서 논밭을 만드는 것을 의미한다면, 중경(中耕 intertillage)은 작물의 생육 도중에 작물 사이의 토양을 가볍게 긁어주는 작업을 의미한다.

② 장점

⊙ 발아조장 : 파종 후 강우로 표층에 굳은 피막이 생겼을 때 중경은 피막을 파괴해 발아가 조장된다.

⊙ 토양의 통기성 조장 : 중경으로 토양통기가 조장되어 뿌리 생장과 활동이 왕성해지고 미생물의 활동이 원활해져 유기물의 분해가 촉진되며 토양 중 유해한 환원성 물질의 생성억제 및 유해가스의 발산이 빨라진다.

⊙ 토양 수분의 증발 억제 : 중경으로 인한 천경(淺耕 shallow cultivation, shallow plowing 평균경심 이하로 경운을 하는 것)의 효과는 표토가 부서지면서 토양의 모세관도 절단해 토양수분 증발을 억제하여 한해(旱害)를 경감시킬 수 있다.

⊙ 비효증진 : 논에 요소, 황산암모늄 등을 추비(追肥 작물의 생육 도중에 주는 비료)하고 중경을 하면 비료가 환원층에 섞여 비효(肥效 fertilizer response 비료를 주었을 때 효과)가 증진된다.

⊙ 잡초방제 : 김매기는 중경과 제초를 겸한 작업으로 잡초제거에 효과가 있다.

③ 단점

⊙ 단근의 피해 : 중경은 뿌리의 일부에 손상을 입히게 되는데 어린 작물은 뿌리의 재생력이 왕성해 생육 저해가 덜하나 유수형성(幼穗形成) 이후의 중경은 뿌리가 끊어져 감수(減收 수확량 감소)의 원인이 된다.

> ◦ 유수형성(幼穗形成) : '영양생장'을 마친 후 '생식생장'으로 전환하면서 어린 이삭이 분화 발달되는 것을 의미한다.

⊙ 토양 침식의 조장 : 표토가 건조하고 바람이 심한 곳의 중경은 풍식이 조장된다.

> ◦ 풍식(風蝕 wind erosion 바람 침식) : 바람에 의한 토양의 유실이나 암석이 삭마되는 침식작용 현상을 말한다.

⊙ 동상해의 조장 : 중경은 토양 중 지열이 지표까지 상승하는 것을 경감하여 어린 식물이 서리나 냉온에 피해가 조장된다.

> ◦ 동상해(凍霜害 frost injury) : 겨울추위로 받는 피해를 한해(寒害)라고 하며, 이중에서 저온에 의해 식물 조직 내에 결빙이 생기는 피해를 동해(凍害) 그리고 0℃ ~ 2℃ 온도에서 서리에 의한 피해를 상해(霜害)라고 한다. 여기서 동해와 상해를 합쳐서 동상해(凍霜害)라고 한다.

(3) 멀칭(mulching 바닥덮기)

① 의의

작물의 재배 토양의 표면에 피복하는 것으로 피복재는 비닐, 플라스틱, 짚, 건초 등이 있다. 여기서 포장토양의 표면을 덮어주는 여러 가지 재료를 멀치(mulch 피복 被覆)라고 한다.

② 멀칭의 효과

　㉠ 토양 건조방지 : 멀칭은 토양 중 모관수의 유통을 단절시키고, 멀칭 내 공기습도가 높아져 토양의 표토의 증발을 억제하여 토양 건조를 방지하여 한해(旱害)를 경감시킨다.

　㉡ 지온의 조절

　　ⓐ 여름철 멀칭은 열의 복사가 억제되어 토양의 과도한 온도상승을 억제한다.

　　ⓑ 겨울철 멀칭은 지온을 상승시켜 작물의 월동을 돕고 서리 피해를 막을 수 있다.

　　ⓒ 봄철 저온기 투명필름멀칭은 지온을 상승시켜 이른 봄 촉성재배 등이 이용된다.

　㉢ 토양보호 : 멀칭은 풍식 또는 수식 등에 의한 토양의 침식을 경감 또는 방지할 수 있다.

> ◦ 풍식(風蝕 wind erosion) : 바람에 의해 이동하는 모래가루가 암석면, 지표면을 침식하는 작용이다.
> ◦ 수식(水蝕 water erosion) : 빗물이나 하천의 유수 또는 바다의 파도 등이 지표를 침식하여 깎아내는 현상이다.

　㉣ 잡초발생의 억제

　　ⓐ 잡초 종자는 호광성 종자가 많아 흑색필름멀칭을 하면 잡초종자의 발아를 억제하고 발아하더라도 생장이 억제된다.

　　ⓑ 흑색필름멀칭은 이미 발생한 잡초라도 광을 제한하여 잡초의 생육을 억제한다.

　㉤ 과실의 품질향상 : 과채류 포장에 멀칭은 과실이 청결하고 신선해진다.

③ 필름의 종류와 멀칭의 효과

　㉠ 투명필름 : 지온상승의 효과가 크고, 잡초억제의 효과는 적다.

　㉡ 흑색필름 : 지온상승의 효과가 적고, 잡초억제의 효과가 크고, 지온이 높을 때는 지온을 낮추어 준다.

　㉢ 녹색필름 : 녹색광과 적외광의 투과는 잘 되나 청색광, 적색광을 강하게 흡수하여 지온상승과 잡초억제 효과가 모두 크다.

　㉣ 작물이 멀칭한 필름 내에서 상당한 기간 생육할 때 흑색필름, 녹색필름은 큰 피해를 주며, 투명필름이 안전하다.

④ 멀칭 시 주의점

　㉠ 비닐멀칭 시 한낮에 지나치게 고온이 될 수 있다.

　㉡ 포장 전면을 멀칭하였을 때는 빗물의 이용이 곤란하므로 알맞은 조치가 필요하다.

　㉢ 멀칭의 제거시기를 조절하는 것도 중요하다.

> 🔖 **더 알아보기** 　스터블 멀칭 농법[stubble(그루터기) mulching farming]
>
> 미국의 건조 또는 반건조 지방에서 밀을 재배할 때 토양을 갈아엎지 않고 이전 작물의 그루터기(풀이나
> 나무 따위들을 베고 남은 아랫동아리)를 그대로 남겨서 풍식(風蝕)과 수식(水蝕)을 경감시키는 농법이다.

(4) 배토, 토입, 답압

① 배토(培土 earthing up, hilling, ridging 북주기)
  ㉠ 의의
    ⓐ 작물이 생육하고 있는 중에 이랑 사이 또는 포기 사이의 흙을 그루 밑으로 긁어모아 주는 것이다.
    ⓑ 시기는 보통 최후 중경제초를 겸하여 한 번 정도 한다.
    ⓒ 파와 같이 연백화를 목적으로 하는 경우와 같이 여러 차례에 걸쳐 하는 경우도 있다.
  ㉡ 배토의 효과
    ⓐ 옥수수, 수수, 맥류 등의 경우는 바람에 쓰러지는 것(도복)이 경감된다.
    ⓑ 담배, 두류 등에서는 신근이 발생되어 생육을 조장한다.
    ⓒ 감자 괴경의 발육을 조장하고 괴경이 광에 노출되어 녹화되는 것을 방지할 수 있다.
    ⓓ 당근 수부의 착색을 방지한다.
    ⓔ 파, 셀러리 등의 연백화를 목적으로 한다.

    > ◦ 연백(軟白 blanching) : 일반적으로 다 자란 채소류는 잎, 줄기의 섬유소가 많아 다소 조악하고 쓴맛
    > 이 강하며 부드럽지 못하다. 이때 수확 전에 일정기간 빛을 차단하면 식물체의 엽록소가 분해되고
    > 황화 또는 백화되어 연하게 되는 것을 연백이라 한다.

    ⓕ 벼와 밭벼 등에서는 마지막 김매기를 하는 유효분얼종지기의 배토는 무효분얼의 발생이 억제
      되어 증수효과가 있다.
    ⓖ 토란은 분구억제와 비대생장을 촉진한다.
    ⓗ 배토는 과습기 배수의 효과와 잡초도 방제된다. 콩 등을 평이랑(level row 평평하게 만든 이랑)에
      재배하였다가 장마철이 되기 전에 배토를 깊게 하면 자연히 배수로가 생기며 과습기에 이르러
      배수가 좋게 된다. 또한 배토를 하면서 잡초도 방제된다.

② 토입(土入 topsoiling 흙넣기)
  ㉠ 의의 : 맥류재배에 있어 골 사이 흙을 곱게 부수어 자라는 골 속에 넣어주는 작업을 말한다.
  ㉡ 토입의 효과
    ⓐ 월동 전 : 복토를 보강할 목적으로 하는 약간의 토입은 월동이 좋아진다.
    ⓑ 해빙기 : 1cm 정도 얕게 토입하면 분얼(分蘖 tillering 화본과식물 줄기의 밑동에 있는 마디에서 곁눈이 발
      육하여 줄기와 잎을 형성되는 것)이 촉진되고 건조해를 경감시킨다.
    ⓒ 유효분얼종지기 : 2 ~ 3cm로 토입하면 무효분얼(無效分蘖)이 억제되고 후에 도복이 경감되는데
      토입의 효과가 가장 큰 시기이다.

ⓓ 수잉기 : 3 ~ 6cm로 토입하면 도복을 방지하는 효과가 있고 건조할 때는 뿌리가 마르게 되어 오히려 해가 될 수 있으므로 주의해야 한다.

③ **답압**(踏壓 trampling 밟기)

㉠ 의의

ⓐ 가을보리 재배에서 생육초기 ~ 유수형성기 전까지 보리밭을 밟아주는 작업을 답압이라 한다.

ⓑ 답압은 생육이 왕성한 경우에만 하며, 땅을 갈거나 이슬이 맺혔을 때는 피하는 것이 좋다.

ⓒ 어린이삭(유수)이 생긴 이후에는 피해야 한다.

㉡ 답압의 효과

ⓐ 서릿발(상주)이 많이 발생하는 곳에서의 답압은 뿌리를 땅에 고착시켜 동사를 방지하는 효과가 있다.

> ° 상주(霜柱 frost pilar, ice column) : 서릿발이라고도 하며 땅속의 물이 기둥모양으로 얼어 땅 위에 솟아 오른 것을 말한다.
> ° 상주해(霜柱害 frost heaving) : 토양으로부터 빙주(氷柱)가 다발로 솟아난 것을 상주(서릿발)라고 하며, 맥류 등에서 서릿발이 생기는 경우 뿌리가 끊어지고 식물체가 솟아오르는 피해를 입는다.

ⓑ 도장, 과도한 생장을 억제한다.

ⓒ 건생적 생육으로 한해(旱害)가 경감된다.

ⓓ 분얼을 조장하며 유효경수가 증가하고 출수가 고르게 된다.

ⓔ 토양이 건조할 때 답압은 토양의 비산(飛散)을 경감시킨다.

> ° 비산(飛散 drift) : 농약이나 비료를 처리하는 경우에 미립자나 유효성분이 목표물이 아닌 다른 곳으로 이동해 가는 현상을 말한다.

㉢ 답압의 폐해

토양이 너무 다져지는 경우 오히려 토양공극(孔隙)이 사라져 통기성(通氣性)과 통수성(通水性)이 불량하게 되고 또한 매몰(埋沒) 종자의 발아가 저해(沮害)되며, 호우에 지상에서 빗물 유출이 급격히 발생하여 오히려 쉽게 건조할 수 있다.

6 과수재배 및 관리

(1) 나무의 형태에 따른 분류

① **교목성**(喬 높을교 木性)

식물 높이가 7 ~ 8미터 이상 되는 키가 큰 나무 종류를 말한다. 참나무, 소나무, 벚나무 등이 이에 해당한다.

② **관목성**(灌 물대다 木性)

식물 줄기가 여러 개가 갈라져 나오며 키가 2미터 이내 작게 자라는 나무 종류를 말한다. 나무딸기,

블랙베리, 블루베리 등이 있다.

③ 덩굴성 : 포도, 머루, 다래, 키위 등이 있다.

(2) 재배지 기후에 따른 분류

① 온대과수

　ㄱ 온대

　　온대란 열대와 한대 사이에 있는 지역으로, 위도로는 대체로 양 회귀선(남위·북위 23.5°)에서 남극권, 북극권(남위·북위 66.5°)까지의 사이를 가리킨다.

　ㄴ 온대성 과수의 분류

　　ⓐ 북부온대과수 : 연평균기온이 8 ~ 12℃이고 하반기에 비가 적은 지역에서 재배하는 과수로서 사과, 양앵두, 서양배 등이 있다.

　　ⓑ 중부온대과수 : 연평균기온이 11 ~ 16℃인 곳에서는 감, 밤, 동양배, 포도, 핵과류 등이 있다.

　ㄷ 남부온대과수 : 연평균기온이 15 ~ 17℃인 곳에는 상록과수가 분포한다.

> ◦ 상록과수(evergreen fruit tree) : 겨울에도 낙엽이 지지 않는 늘 푸른 잎을 가지는 열매 나무이다. 감귤, 비파, 사과, 복숭아, 매화, 자두, 버찌, 무화과, 밤, 호두 등의 과수가 있다.

② 아열대과수

　연평균기온이 17 ~ 20℃의 아열대에 원생하고 있는 상록과수로서 감귤류, 비파, 올리브 등이 이에 속한다.

③ 열대과수

　열대지방에서 주로 재배되는 과일나무로서 망고, 바나나, 리찌, 야자나무, 짹프룻, 피멜로, 파인애플 등이 있다.

(3) 과수의 재배환경

① 토양

　토양관리에 중점을 둘 분야는 토양수분, 통기성, 토양산도, 유기물 공급, 토양유실 방지 등이다.

　ㄱ 과수원의 표토관리

　　과수원은 경사지 재배가 많아 토양이 침식되기 쉽다. 과수원의 표토관리 방법에는 청경재배, 초생재배, 멀칭재배 등이 있다.

　　ⓐ 청경재배(淸耕栽培 clean culture)

　　　청경재배란 과수원의 재배과수 이외의 잡초를 깨끗하게 관리하는 방법이다. 즉, 김을 매서 잡초가 자라지 못하게 하거나 제초제를 사용하는 방법이 있다.

> ◦ 다른 의미 – 청경재배(淸耕栽培 hydroponic) : 토양을 이용하지 않는 재배로서 생육에 필요한 영양분을 작물의 고유 흡수성분의 구성치로 적정농도의 배양액과 산소를 공급하여 재배하는 방법이다.

가. 장점 : 잡초가 없어 초생식물과의 양분과 수분에 대한 경합이 없으며, 병해충이 잠복할 장소가 없어지고 관리가 편리하다.

나. 단점

- 표토를 덮는 잡초 등이 없어 토양이 유실되면서 양분의 수탈이 쉬워 토양 유기물이 소모되고 토양의 물리성이 나빠진다.
- 주간과 야간의 지온 교차가 심하고 수분증발이 심하다.
- 청경재배를 위해 제초제를 사용할 경우 농약 피해의 우려가 있다.

ⓑ 초생재배(草生栽培 sod culture)

과수원에 자연적으로 발생하는 잡초나 일정한 초종을 파종해 풀을 유지하면서 표토를 덮는 방법이다. 과수원이 경사지인 경우라면 필수적이다.

가. 장점

- 유기물이 적당히 환원되어 지력이 유지되고 침식이 억제되므로 양분의 수탈이 줄어든다.
- 과실의 당도가 높아지고 착색이 좋아지고 이외에도 어느 정도 지온을 조절하는 효과를 기대할 수 있다.

나. 단점

- 과수와 초생식물 간에 양분과 수분에 대한 경합이 있어서 유목기에 양분이 부족하기 쉽다.

  ° 유목기(幼木期) : 과수 따위에서 나무가 완전히 자라지 않고 결실이 안정되지 않은 상태에서 영양생장이 왕성한 어린 시기

- 저온기에 지온의 상승이 더디고 초생식물이 병해충의 잠복장소가 되기 쉽다.

ⓒ 멀칭재배(mulching) - 부초법(敷 펼 부 草法 grass mulch system)

볏짚, 보릿짚, 풀, 왕겨, 톱밥 등으로 표토를 덮어주는 방법이다. 청경재배가 곤란하고 가뭄이 심하거나 가뭄에 약하고 관수시설이 없는 곳은 멀칭재배가 권장된다. 풀로 피복하면 부초법(敷草法 grass mulch system), 짚으로 피복하면 부고법(敷藁法 straw mulch system)이 된다.

가. 장점

- 토양의 침식과 토양수분의 증발을 억제하며 지온이 조절되고 잡초발생이 억제된다.
- 멀칭재료에서 양분이 공급되고 토양에는 유기물이 증가되어 토양의 물리성이 개선된다.
- 낙과하는 경우에 압상이 경감된다.

  ° 압상(壓傷 bruise) : 과실이나 채소를 취급할 때 생기는 기계적인 상처의 일종으로 표면조직의 파괴로는 보이지 않으나 내부조직은 연화되었거나 변색이 되는 것이다.

나. 단점

- 표토가 덮여 있어서 이른 봄에 지온상승이 늦어질 수 있고 만상(晩霜)의 피해를 입기 쉽다.
- 근권이 표층으로 발달하게 되고 과실착색이 지연된다.
- 건조기에 화재 우려가 있으며 겨울 동안 쥐 피해가 많다.

> ◦ 만상(晩霜 late frost) : 늦은 봄이나 초여름에 내리는 서리를 말한다. 겨울에 내리는 서리는 농작물에 거의 피해를 주지 않지만, 늦서리는 발아기나 개화기에 있는 작물에 큰 피해를 입혀 만상해 또는 늦서리 피해라고 한다.
> ◦ 근권(根圈 rhizosphere, rooting zone) : 식물 뿌리 부근에서 뿌리의 영향 하에 있는 토양 부분을 말한다. 근권은 뿌리표면으로부터 수 mm ∼ 1cm 범위에 해당된다. 이곳에는 근권미생물이라고 부르는 많은 미생물이 살고 있는데 토양의 다른 부분보다 더 많고 그 종류도 다양하다.

ⓒ 토양개량

영년생작물(永年生作物)인 과수는 근군(根群 root system 뿌리의 무리 모양)의 깊이가 과수생육에 많은 영향을 미치므로 심토의 물리성과 화학성이 중요하다.

> ◦ **영년생작물**(永年生作物 perennial crop) : 반영구적으로 출현, 생육, 수확, 번식 등을 거쳐 매년 스스로 자랄 수 있는 어떤 목적으로 재배되는 작물이다. 즉, 다년간 생육이 계속되는 작물이다.

ⓐ 심경에 의한 토양의 물리성 개량

깊이갈이의 깊이는 50㎝ 정도로 하되 그 위치를 수관(樹冠 나무줄기 윗부분의 가지와 잎이 갓 모양을 이룬 부분) 가장자리 바로 밑 굵은 뿌리 일부가 잘리도록 해서 새뿌리 발생을 조성한다.

가. 심경에 의한 효과
  • 심경을 통해 토양공극 확대와 물리성 회복을 극대화시킬 수 있다.
  • 유목(어린 나무)보다 뿌리활력이 낮은 성목에서 특히 중요하다.
  • 토양 중 산소함량이 일반적으로 15% 이상 되어야 수체의 정상적인 생육이 가능해진다.
  • 심경으로 토층이 깊어지면 통기성, 투수성 등의 물리성이 양호해져 뿌리는 깊게 신장하고 유효토층의 잠재된 지력을 많이 이용해 뿌리활력은 증가한다.
  • 뿌리활력이 높아지면 시용한 비료의 흡수도 잘되어 시비량도 절감될 수 있다.

나. 심경 시 주의점
  • 일시에 너무 많은 부분을 심경하는 경우 낙엽, 수세 약화 등을 야기할 수 있으므로 수년 동안 장기에 걸쳐서 완성해야 한다.
  • 심경의 시기는 2월 하순 ∼ 3월 상순이 적당하다.
  • 깊이갈이 후 나뭇가지 등을 묻어 주면 유기물 공급에도 도움이 된다.

ⓑ 토양의 화학성 개량

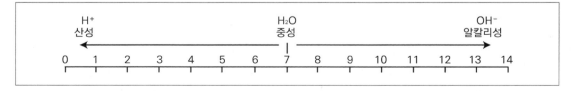

가. 작물은 일반적으로 약산성 내지 중성 토양에서 잘 자란다. 질소, 인산, 칼륨 등 다량요소의 흡수가 용이해지기 때문이다.

나. 강산성 토양의 경우 알루미늄, 망간 등 중금속 성분이 과다하게 용해되어 있어서 이상낙엽 등 생리장해를 일으키기도 하며 인산, 칼슘, 마그네슘 등의 성분의 흡수를 방해하여 이에 대한 결핍증상이 나타날 수도 있다.

다. 강산성 토양에 대한 시비는 효율적 이용이 어렵고 오히려 장해를 일으키기 쉽다.

라. 우리나라 과원은 pH 5.5 이하의 산성토양이 많다. 특히 인산과 유기물, 질소의 함량도 낮은 편이다. 따라서 과원을 조성할 경우 200 ~ 300kg/10a의 석회를 사용하고, 심경한 후에는 유기물과 인산비료를 충분히 넣고 2 ~ 3kg/10a의 붕사도 함께 사용할 필요가 있다.

마. 기존 과원에는 토양을 검정(檢定)하여 2 ~ 3년에 한 번씩 고토석회를 시용할 필요가 있다. 석회를 표층살포할 경우 효과가 적으므로 땅속의 뿌리와 인접되도록 심경 시용하여야 한다.

> ◦ **고토석회**(苦土石灰 dolomitic limestone) : 돌로마이트성 석회라고도 하며 탄산마그네슘과 탄산석회의 혼합으로 고토(산화마그네슘)의 함량이 높다. 주로 돌로마이트(고회석)를 원료로 하여 제조하며, 석회 40 ~ 50%, 고토 10 ~ 30%를 함유하고 있다.

ⓒ 토양에 대한 과수의 적응성

ⓐ 산성토양이 유리한 과수 : 밤, 복숭아, 블루베리

ⓑ 약산성 또는 중성이 유리한 과수 : 사과, 감귤류, 무화과

ⓒ 중성, 알칼리성이 유리한 과수 : 포도

ⓔ 내건성(耐乾性) : 핵과류 > 배, 감

> ◦ **내건성**(耐乾性 drought resistance = 내한성 耐旱性) : 작물이 건조(한발)에 견디어 생명을 유지하려는 성질이다. 일반적으로 내건성인 작물은 체내수분의 상실이 적고, 수분의 흡수능력이 크며, 체내의 수분보유력이 커서 뿌리의 흡수능력이 저하되고 증산에 의하여 위조상태가 되어도 최소의 함수량을 유지하여 회복될 수 있는 성질이 높다.

ⓜ 내수성(耐水性) : 인과류 > 핵과류, 감귤류

> ◦ **내수성**(耐水性 water tolerance) : 작물이 물속에 잠겼을 때 이를 견디어 생명을 유지하려는 성질이다.

ⓗ 내음성(耐陰性)

ⓐ 내음성이 강한 수목 : 무화과, 감, 포도

ⓑ 내음성이 중간 수목 : 복숭아, 배

ⓒ 내음성이 약한 수목 : 사과, 밤

> ◦ **내음성**(耐陰性 shade tolerance) : 식물은 보상점 이상의 광을 받아야 지속적인 생육이 가능한데, 이러한 보상점이 낮은 식물이라면 숲속 그늘 등의 약광에서도 광포화점에 달하고 그것 이상으로 강한 빛에서도 잎의 광합성 속도는 증가하지 않는다. 이러한 식물은 내음성이 강하다고 할 수 있다.

② 바람

  ㉠ 바람의 장점

    ⓐ 기온을 낮추며 공기의 오염물질의 농도를 저하시키고 서리 피해를 방지한다.

    ⓑ 증산작용을 촉진시켜서 뿌리의 양분과 수분의 흡수가 활성화된다.

    ⓒ 고온다습에 의한 수확물의 생리적 장애가 경감되고 수확물의 건조를 촉진시킨다.

    ⓓ 광합성에 필요한 탄산가스의 농도를 일정하게 유지해 주며, 바람은 가려진 잎이 노출되도록 하고 높아진 수광량은 광합성을 증가시킨다.

    ⓔ 바람은 꽃가루(풍매화 : 바람에 의하여 꽃가루가 운반되어 수분이 이루어지는 꽃)를 운반하는 역할도 한다.

  ㉡ 바람의 단점

    ⓐ 바람을 타고 잡초의 종자가 유입되거나 병원균의 침투를 조장할 수 있다.

    ⓑ 가지에 상처가 나거나 부러질 수 있으며 낙화, 낙과, 도복을 가져올 수 있어서 수확물의 품질을 저하시키거나 수량감소를 가져올 수 있다.

    ⓒ 건조에 의해 냉해를 입을 수도 있다.

(4) 과수의 정지와 전정

① 의의

  ㉠ 정지(整枝 training) : 수관을 구성하는 가지의 골격을 계획적으로 구성·유지하기 위하여 유인·절단하는 것을 말한다.

  ㉡ 전정(剪定 pruning) : 과실의 생산과 직접 관계되는 가지를 잘라주는 것을 뜻한다.

② 정지와 전정의 기초

  ㉠ 정지와 전정의 목적

    묘목을 심은 뒤 정지·전정 없이 키우면 키가 너무 커지고 가지가 복잡해져서 수관 내부에 약제살포나 수확 등의 관리가 불편하다. 또한 햇빛의 투과가 불량하여 수관내부에 꽃눈 형성이 적어 무효용적이 늘어나 수관의 크기에 비해 과실수량이 감소하고 품질이 불량하며, 결실조절이 어려워 해거리가 심하게 나타난다.

    ⓐ 수세[樹勢 수목(樹木)의 기세]조절

    ⓑ 개장형(開張型 나무가 옆으로 퍼짐)재배를 통한 수광효율 증대

    ⓒ 꽃눈 형성 조절과 과실 수량 조절

    ⓓ 격년결과(해거리) 방지

> ○ 격년결과(隔年結果 biennial bearing, alternate year bearing) : 과일이 한 해는 많이 열리고 한 해는 적게 열려서 해마다 결실이 고르지 않은 현상을 의미한다. 해거리라고도 하며 전자를 성년(成年), 후자를 휴년(休年)이라고 한다.

    ⓔ 과실 품질의 향상

      ⓕ 저수고(低樹高 나무의 키가 낮음)재배 등을 통한 작업능률 개선

      ⓖ 병충해 방지 효과

  ⓛ 정지와 전정의 기초지식

    ⓐ 수체(樹體 나무형상) 부위별 명칭

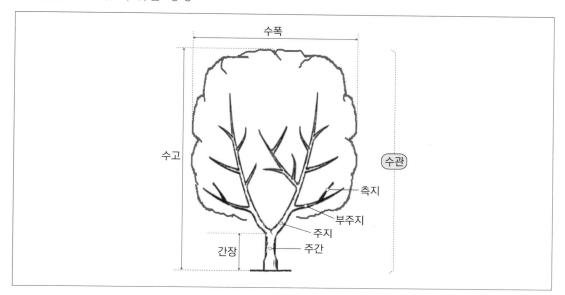

      가. 수고(樹高) : 지면으로부터 나무 꼭대기까지의 수직거리

      나. 수폭(樹幅) : 지상부 나무의 폭

      다. 수관(樹冠) : 줄기와 잎 등 지상부를 구성하는 나무 전체

      라. 주간(主幹) : 지상부 전체를 지탱하는 주축 원줄기

      마. 주지(主枝) : 주간(원줄기)에서 발생한 굵은 원가지로 이 가지에서 부주지(副主枝 덧원가지)와 측지(側枝 곁 가지)가 착생함

      바. 부주지(副主枝) : 주지에서 발생한 덧원가지

      사. 측지(側枝) : 결과모지, 결과지를 착생시켜 결과부의 중심을 이루는 곁가지

      아. 간장(幹長) : 주간(원줄기)의 지면부터 최하단 주지(원가지)가 발생한 지점까지 길이

    ⓑ 가지의 종류

      가. 자라는 모습에 따른 분류

        • 발육지(發育枝) : 꽃눈이 착생 되지 않은 1년생 자람가지

        • 도장지(徒長枝) : 생장이 지나치게 왕성한 웃자람가지

        • 차지(車枝) : 원줄기 또는 원가지의 거의 비슷한 위치에서 3개 이상 발생된 바퀴살 가지

        • 흡지(吸枝) : 지하부 대목에서 발생한 가지

      나. 길이에 따른 분류

        • 장과지(長果枝) : 30cm 이상 길게 자라 꽃눈이 착생된 가지

- 중과지(中果枝) : 길이 10 ~ 20cm 정도 신장하여 꽃눈이 착생된 가지
- 단과지(短果枝) : 길이 3cm 미만의 꽃눈이 착생된 짧은 가지

다. 기능에 따른 분류
- 결과모지(結果母枝) : 결과지가 붙은 가지로 결과지보다 1년 더 묵은 가지
- 결과지(結果枝) : 과실이 직접 붙어 있는 가지
- 신초(新梢) : 잎이 붙어 있는 새 가지

ⓒ 눈의 종류
가. 발생부위에 따른 분류
- 정아(頂芽) : 가지 끝에 달린 끝눈
- 액아(腋芽), 측아(側芽) : 가지와 잎줄기 사이에 생기는 겨드랑눈
- 잠아(潛芽) : 액아 중 발아하지 않고 휴면상태로 남아 있는 숨은 눈

나. 구조에 따른 분류
- 엽아(葉芽) : 꽃이 피지 않고 잎과 가지로 자라는 눈
- 화아(花芽) : 발아하면 꽃이 달리는 눈으로 복숭아와 같은 순정화아와 사과와 같이 꽃, 잎, 새가지가 섞여 나오는 혼합화아가 있음
- 중간아(中間芽) : 모양은 화아와 비슷하나 크기가 약간 작고 꽃이 피지 않는 눈

다. 눈의 수에 따른 분류
- 단아(單芽) : 한 마디에 1개의 눈이 착생된 것
- 복아(複芽) : 한 마디에 2개 이상의 눈이 착생된 것
- 주아(主芽) : 한 마디의 가운데서 충실하게 자란 눈
- 부아(副芽) : 원눈의 양쪽에 붙어 있고 크기가 작은 눈

③ **수체(樹體)의 기본생리**

㉠ 잎의 탄소동화작용(광합성)

잎에 있는 엽록소는 빛 에너지와 공기 중의 탄산가스(CO_2), 토양 중의 물을 이용하여 탄수화물을 만들어 낸다. 따라서 잎이 적당하고 균일한 분포를 이룰 때 수광상태를 좋게 하여 안정된 수세유지와 개화결실에 도움이 된다.

㉡ 가지의 세력

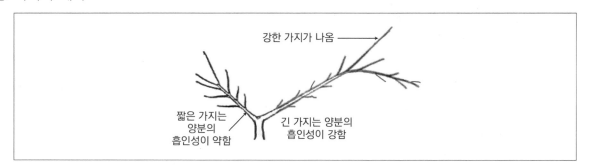

강한 가지가 나옴 →

짧은 가지는 양분의 흡인성이 약함

긴 가지는 양분의 흡인성이 강함

가지는 발생 각도가 '수직방향'일수록, '굵을수록', '길수록' 생장이 좋고, 같은 굵기의 가지라도 양분의 '직상성'과 '흡인성'으로 인해 '위쪽'에 위치한 가지가 잘 자란다.

> • 양분의 직상성(直上性) : 양분은 위쪽으로 향하여 곧바로 상승하는 성질이 강하다. 늘어진 가지보다 직립지에서 발아나 새 가지의 자람이 빠르다.
> • 양분의 흡인성(吸引性) : 가지길이, 크기에 따라 수액 유동에 차이가 있다. 긴 가지, 큰 가지일수록 생장도 왕성하고 세력도 강하다.

ⓒ 신초(新梢 new shoot 새 가지)의 발아

   ⓐ 일반적으로 가지의 끝(정단 頂端)에 있는 눈(정아 頂芽)이 가장 왕성하게 생장하고 여기에서 멀수록 생장력이 떨어지며 기부(基部)에 있는 눈은 숨은 눈이 된다.

   ⓑ 가지는 수평상태 또는 그 이하로 휘었을 때 높은 위치에 있는 눈, 특히 가지 윗면의 눈이 강하게 자라며 가지 밑면에 있는 눈은 발아하지 못한다. 이와 같은 성질을 '정아(頂芽 줄기나 가지 끝에 생기는 눈)우세성'이라 한다.

ⓓ 결과습성[結果習性 bearing(fruiting) habit(s) 열매가 달리는 습성]

   ⓐ 지난해에 발생한 봄가지와 여름가지가 결과모지가 되어 꽃을 피우는데 15 ~ 20cm의 충실한 발육지(發育枝)의 정부[頂部 환절의 기부(基部)와 정반대의 끝에 있는 부위] 쪽의 눈은 잎과 꽃이 함께 분화되어 유엽화가 되고, 그 아래쪽의 눈이나 세력이 약한 발육지에서는 꽃만 피는 직화 발생이 많다.

> • 발육지(發育枝 vegetative branch) : 과수의 신초를 꽃이나 과실의 착생유무에 따라서 그것들을 결과지와 발육지로 분류한다. 발육지는 길게 신장할 때 도장지라고 하기도 한다. 충실하게 자란 발육지는 이듬해 결과모지로 이용하거나 부주지로서 이용된다.
> • 유엽화(有葉花) : 결과모지와 봄 순이 충실하여 신초의 엽액에 '잎이 발생'하며 피는 꽃이다.
> • 직화(直花 leafless inflorescence, old wood bloom) : 결과모지가 충실하지 않고 신초의 엽액에 '신엽이 없이' 피는 꽃이다.

   ⓑ 또한 충실한 발육지를 많이 만드는 것이 다음에 좋은 결실을 보게 되므로 적당한 수세를 유지하기 위해서는 전정으로 균형을 유지해 주어야 한다.

   ⓒ 또한 전년에 결실한 과경지(果梗枝)와 과다 착과로 세력이 약한 단과지(짧은 열매가지), 도장지(徒長枝 지나치게 자란 가지) 등은 다음해 꽃을 피우지 않거나 부실한 꽃을 피우게 된다.

④ 정지(整枝 training)

과수 등을 자연적 생육형태가 아닌 인공적으로 변형시켜 목적하는 생육형태로 유도하는 것이다.

㉠ 입목형 정지

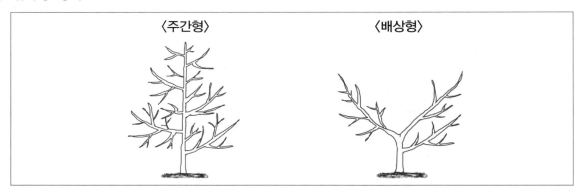

ⓐ 주간형(主幹型 = 원추형 圓錐形 pyramidal form, central leader type)

　가. 수형이 원추상태가 되도록 하는 정지방법이다.

　나. 주지수가 많고 주간과 결합이 강하다는 장점이 있으나 수고가 높아 관리가 불편하다.

　다. 풍해를 심하게 받을 수 있고, 아래쪽 가지는 광부족으로 발육이 불량해지기 쉽다.

　라. 과실의 품질이 불량해지기 쉽다.

　마. 왜성사과나무, 양앵두 등에 적용된다.

ⓑ 배상형(盃狀形 =개심형 開心型 open center type, vase form 꽃병, 술잔모양)

　가. 주간을 일찍 잘라 짧은 주간에 3~4개의 주지를 발달시켜 수형이 술잔모양으로 되게 하는 정지법이다.

　나. 장점은 관리가 편하고 수관 내 통풍과 통광이 좋다.

　다. 단점은 주지의 부담이 커서 가지가 늘어지기 쉽고 결과수가 적어진다.

　라. 배, 복숭아, 자두 등에 적용된다.

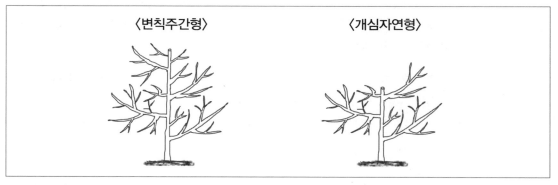

ⓒ 변칙주간형(變則主幹型 = 지연개심형 modified leader type)

　가. 주간형과 배상형의 장점을 취할 목적으로 초기에는 수년간 주간형으로 재배하다 후에 주간의 선단을 잘라 주지가 바깥쪽으로 벌어지도록 하는 정지법이다.

　나. 주간형의 단점인 높은 수고와 수관 내 광부족을 개선한 수형이다.

다. 사과, 감, 밤, 서양배 등에 적용한다.

　　　ⓓ 개심자연형(開心自然形 open center natural form)

　　　　　가. 배상형의 단점을 개선한 수형으로 짧은 주간에 2～4개의 주지를 배치하되 주지 간 15cm
　　　　　　　정도 간격을 두어 바퀴살가지가 되는 것을 피하고 주지는 곧게 키우되 비스듬하게 사립(斜
　　　　　　　立 비낄 사立)시켜 결과부를 배상형에 비해 입체적으로 구성한다.

　　　　　나. 수관 내부가 완전히 열려있어 투광률이 좋고, 과실의 품질이 좋으며, 수고가 낮아 관리가
　　　　　　　편하다.

　　ⓛ 울타리형 정지

　　　ⓐ 포도나무의 정지법으로 흔히 사용되는 방법이다.

　　　ⓑ 가지를 2단 정도 길게 직선으로 친 철사 등에 유인하여 결속하는 정지방법이다.

　　　ⓒ 장점 : 시설비가 적게 들어가고 관리가 편하다.

　　　ⓓ 단점 : 나무의 수명이 짧아지고 수량이 적다.

　　　ⓔ 관상용 배나무, 자두나무 등에서도 쓰인다.

　　ⓒ 덕형 정지[덕식(棚 shelf 선반), 수평책식 水平柵式 overhead arbor, trellis training]

　　　ⓐ 공중 1.8m 정도 높이에 가로, 세로 철선 등을 치고, 결과부를 평면으로 만들어주는 수형이다.

　　　ⓑ 포도나무, 키위, 배나무 등에 적용한다.

　　　ⓒ 장점은 수량이 많고 과실의 품질도 좋아지며 수명도 길어진다.

　　　ⓓ 단점은 시설비가 많이 들어가고 관리가 불편하다.

　　　ⓔ 배나무에서는 풍해를 막을 목적으로 적용하기도 한다.

　　　ⓕ 정지, 전정, 수세조절 등이 잘 되지 않았을 때, 가지가 혼잡해져 과실의 품질저하나 병해충의
　　　　　발생증가 등 문제점도 있다.

⑤ 전정(剪定 pruning)

　　ⓐ 의의 : 정지를 위한 가지의 절단, 생육과 결과의 조절 등을 위한 과수 등의 가지를 잘라주는 것을
　　　　　말한다.

　　ⓛ 전정의 효과

　　　ⓐ 목적하는 수형(樹形 type of trees 수목의 뿌리・줄기・가지・잎 등의 외형)을 만든다.

　　　ⓑ 병충해 피해 가지, 노쇠한 가지, 죽은 가지 등을 제거하고 새로운 가지로 갱신하여 결과를 좋
　　　　　게 한다.

　　　ⓒ 통풍과 수광을 좋게 하여 품질 좋은 과실이 열리게 한다.

　　　ⓓ 결과부위(結果部位 bearing part 열매가 맺는 위치) 상승을 억제하고 공간을 효율적으로 이용할 수 있
　　　　　게 한다.

　　　ⓔ 보호 및 관리가 편리하게 한다.

　　　ⓕ 결과지(結果枝 bearing branch 열매가 열리는 가지)의 알맞은 절단으로 결과를 조절하여 격년결과(해
　　　　　거리)를 예방하고 적과(摘果) 노력을 줄일 수 있다.

· 격년결과(隔年結果 biennial bearing, alternate year bearing) : 과일이 한 해는 많이 열리고 한 해는 적게 열려서 해마다 결실이 고르지 않은 현상을 의미한다. 해거리라고도 하며 전자를 성년(成年), 후자를 휴년(休年)이라고 한다.
· 적과(摘果 fruit thinning) : 해거리를 방지하고, 크고 올바른 모양의 과실을 수확하기 위하여 알맞은 양의 과실만 남기고 따버리는 것이다. 과실의 착생수가 과다할 때에 여분의 것을 어릴 때 적제하는 것이다.

ⓒ 전정 방법
ⓐ 절단전정
가. 전정 시 가지의 일부분을 잘라내는 절단하는 전정법으로 튼튼한 나무의 골격으로 만들거나, 인접한 공간을 새 가지를 여러 개 내서 채우고자 하거나 또는 가지가 적당하지 못한 방향으로 자라는 경우에 실시한다.
나. 남은 가지의 장단(長短 길고 짧음)에 따라 장전정법, 단전정법으로 구분한다.
다. 새로운 가지가 많아지고 투광이 불량해지며 질소 축적량이 증대되어 생장작용이 왕성해진다.
ⓑ 솎음전정
가. 밀생한 가지를 솎기 위한 목적으로 하는 전정이다.
나. 과수에서 식물개체의 가지, 잎, 과실 등이 너무 많을 때, 솎음 전정을 하여 남은 가지, 잎, 꽃, 과실의 생육을 좋게 하는 것이다.
다. 가지사이 틈이 넓어져 투광량이 많아져 화아형성과 결실량도 많아진다.
ⓒ 전정 시기에 따라 휴면기 전정은 동계전정, 생장기 전정은 하계전정으로 구분한다.
ⓒ 절단전정과 솎음전정의 비율
ⓐ 수세회복이 목적인 경우 : 절단전정과 솎음전정의 비율을 7 : 3로 전정하는 것이 바람직하다.
ⓑ 결실유도가 목적인 경우 : 그 반대의 비율로 절단전정과 솎음전정의 비율을 3 : 7로 전정하는 것이 바람직하다. 그리고 수세와 결실이 좋은 나무는 비슷한 비율로 전정하는 것이 바람직하다.
ⓜ 강전정과 약전정의 비율 : 가지를 잘라내는 양에 따라 구분된다.
ⓐ 강전정(强剪定 heavy pruning, severe pruning)
가. 나무 전체의 엽면적이 감소되므로 광합성이 저하되어 수체내의 탄소함량은 줄고 질소함량이 높아지게 되어 '생장작용'이 왕성하여지고 '생식생장'은 둔화된다.
나. 줄기를 많이 잘라내어 새눈이나 새 가지의 발생을 촉진시키는 전정법이다.
ⓑ 약전정(弱剪定 light pruning)
가. 엽수가 증대되어 탄수화물 축적이 많아지므로 '생식생장'이 촉진된다.
나. 약전정은 신초생육은 약해지지만 생육초기 엽면적이 많아지고 꽃 형성도 좋아지게 된다. 따라서 나무의 생산성을 높이기 위해서는 약전정을 하는 것이 좋지만 전정을 지나치게 약하게 하여 가지수를 많이 남기는 것은 나무 내부 햇빛 쬐임을 나쁘게 하여 수세를 떨어뜨리는 원인이 된다.

ⓗ 전정 시 주의 사항

    ⓐ 작은 가지를 전정할 때는 예리한 전정가위를 사용해야 하며 그렇지 않은 경우 유합(癒合 fusion, fused 생물의 세포, 조직, 기관 등이 합쳐지는 것)이 늦어지고 불량해진다.

    ⓑ 전정 시 가장 위에 남는 눈의 반대쪽으로 비스듬히 자른다.

    ⓒ 전정 시 전정가위로 한 번에 자르지 않고 여러 번 움직여 자르면 절단면이 고르지 못하고 유합이 늦어진다.

    ⓓ 전정 시 절단면이 넓으면 도포제를 발라 상처부위를 보호하고 빨리 재생시켜야 한다.

ⓢ 정지와 전정의 원칙

    ⓐ 항상 나무의 자연성을 최대한 살려야 한다.

    ⓑ 간장은 가급적 낮게 한다.

    ⓒ 분지의 각도는 $50 \sim 60°$로 넓게 한다.

    ⓓ 가지는 굵기의 차이를 두고 키운다.

ⓞ 과수의 결과 습성

    ⓐ 1년생 가지에 결실하는 과수 : 포도, 감, 밤, 무화과, 호두 등

    ⓑ 2년생 가지에 결실하는 과수 : 복숭아, 자두, 살구, 매실, 양앵두 등

    ⓒ 3년생 가지에 결실하는 과수 : 사과, 배 등

⑥ 그 밖의 생육형태 조정법

  ㉠ 적심(摘心 순지르기 pinching)

    ⓐ 주경 또는 주지의 순을 질러(끝눈이나 생장점을 제거) 그 생장을 억제시키고, 측지의 발생을 많게 하여 개화, 착과, 착립을 조장하는 작업이다.

> ∘ 순지르기 : 줄기의 정단부(頂端部)의 우세생장을 억제하여 가지의 충실을 촉진시키기 위하여 순 자르기보다는 짧게 가지의 최선단을 잘라주는 것이다. 뽕나무에서는 주로 접목묘 생산에 이용한다. 이와 같은 용어로 순지르기(摘芯 decapitation, topping)는 성장이나 결실을 조절하기 위하여 끝눈이나 생장점을 제거하는 것이다.

    ⓑ 과수, 과채류, 두류, 목화 등에서 실시된다.

    ⓒ 담배의 경우 꽃이 진 뒤 순을 지르면 잎의 성숙이 촉진된다.

    ⓓ 스탠다드 국화는 1경1화 형태로 출하하기 때문에 줄기 하나에 하나의 꽃을 피우는 것으로 개화 전 측뢰, 측지를 제거하여야 한다.

  ㉡ 적아(摘芽 눈따기 nipping)

    ⓐ 눈이 트려 할 때 불필요한 눈을 따주는 작업이다.

    ⓑ 포도, 토마토, 담배 등에서 실시된다.

  ㉢ 환상박피(環狀剝皮 ringing, girdling)

    ⓐ 줄기 또는 가지의 껍질을 $3 \sim 6cm$ 정도 둥글게 벗겨내는 작업이다.

ⓑ 화아분화의 촉진 및 과실의 발육과 성숙이 촉진된다.

ⓔ 적엽(摘葉 잎따기 defoliation)

ⓐ 통풍과 투광을 조장하기 위해 하부의 낡은 잎을 따는 작업이다.

ⓑ 토마토, 가지 등에서 실시된다.

ⓜ 절상(切傷 notching) : 눈 또는 가지 바로 위에 가로로 깊은 칼금을 넣어 그 눈이나 가지의 발육을 조장하는 작업이다.

ⓗ 언곡(偃曲 휘기 bending) : 가지를 수평이나 그보다 더 아래로 휘어서 가지의 생장을 억제시키고 정부 우세성을 이동시켜 기부에 가지가 발생하도록 하는 작업이다.

ⓢ 제얼[除蘖 움(싹) 제거]

ⓐ 감자재배의 경우 1포기에 여러 개의 싹이 나올 때 그 가운데 충실한 것을 몇 개 남기고 나머지를 제거하는 작업이다. 줄기 수가 적어지면 불필요한 양분의 소모를 방지하여 수량을 증대시킬 수 있다.

ⓑ 토란, 옥수수의 재배에도 이용된다.

ⓞ 화훼의 형태 조정

ⓐ 노지 장미재배의 경우 겨울철 전정을 하고 낡은 가지, 내향지(內向枝 수관 안쪽으로 자라는 가지), 불필요한 잔가지 등을 절단하고 건강한 새 가지가 균형적으로 광을 잘 받을 수 있도록 한다.

ⓑ 카네이션 재배의 경우 적심을 한다.

ⓒ 국화와 카네이션 재배의 경우 정화를 크게 하기 위해 곁꽃봉오리를 따주는 적뢰(摘蕾)를 실시한다.

ⓓ 국화 재배의 경우 재배방식과 관계없이 적심하여 3 ~ 4개의 곁가지를 내게 한다.

ⓔ 화목의 묘목 또는 알뿌리 생산의 경우 번식기관의 생장을 돕기 위해 적화를 한다.

(5) 결실의 조절

① 적화 및 적과

㉠ 과수 등에 있어 개화수가 너무 많을 경우 꽃눈이나 꽃을 솎아서 따주는 작업을 적화(摘花)라 하고, 착과수가 너무 많을 경우 유과를 솎아 따주는 작업을 적과(摘果)라 한다.

㉡ 손으로 직접 작업하기도 하지만 근래 식물생장조절제를 많이 이용한다.

㉢ 적화제 : 꽃봉오리 또는 꽃의 화기에 장해를 주는 약제로 DNOC(sodium 4,6-dinitro-ortho-cresylate), 석회황합제, 질산암모늄(NH_4NO_3), 요소, 계면활성제 등이 알려져 있다.

㉣ 적과제 : NAA(naphthalene acetic acid), 카르바릴(carbaryl), MEP, 에세폰(ethephon), 아브시스산(ABA), 에틸클로제트(ethylchlozate), 벤질아데닌(BA) 등이 있으며 대표적으로 사과의 카르바릴과 감귤의 NAA가 널리 쓰인다.

㉤ 효과

ⓐ 착색, 크기, 맛 등 과실의 품질을 향상시킨다.

ⓑ 해거리 방지 효과가 있다.
　　　ⓒ 감자의 경우 화방이 형성되었을 때 이를 따주면 덩이줄기의 발육이 조장된다.
② **수분의 매개**
　　㉠ 수분의 매개가 필요한 경우

> ◦ **수분**(受粉 pollination) : 꽃가루가 꽃밥에서 암술머리로 옮겨지는 것으로 성숙한 화분은 꽃밥에서 터져 나와 직접 또는 물, 바람, 곤충 등 매개체에 의해 암술머리(주두)로 옮겨지며 이 과정을 수분(受粉)이라 한다.

　　　ⓐ 수분을 매개할 곤충이 부족할 경우
　　　　흐리고 비오는 날이 계속되거나, 농약 살포가 심한 경우 및 온실 등에서 재배할 때 등의 경우는 수분 매개곤충이 부족할 수가 있다.
　　　ⓑ 작물 자체의 화분이 부적당하거나 부족한 경우
　　　　가. 잡종강세를 이용하는 옥수수 등의 채종에 있어서는 다른 개체의 꽃가루가 수분되도록 해야 한다.
　　　　나. 3배체의 씨 없는 수박의 재배에 있어서 2배체의 정상 꽃가루를 수분해야 과실이 잘 비대한다.

> ◦ **삼배체**(三倍體 triploid) : 기본염색체의 3배수를 가진 개체. 4배체와 2배체의 교배로 얻을 수 있으며 3배체의 개체는 감수분열이 불규칙하여 대개 불임이다. 즉, 씨가 생기지 않는데 씨 없는 수박이 바로 3배체이다.

　　　　다. 과수에서는 자체 꽃가루가 많이 부족하므로 다른 품종의 꽃가루가 공급되어야 한다.
　　　ⓒ 다른 꽃가루의 수분이 결과에 더 좋을 경우
　　　　가. 감의 부유와 같은 품종은 꽃가루가 없어도 완전한 단위결과를 하지만 다른 꽃가루를 수분하면 낙과가 경감되고 품질이 향상된다.
　　　　나. 과수에서는 자체의 꽃가루로 정상 과실을 생산하는 경우라도 다른 꽃가루로 수분되는 것이 더 좋은 결과를 초래하는 경우도 있다.
　　㉡ 수분 매개의 방법
　　　ⓐ 인공수분
　　　　가. 과채류 등에서 손으로 인공수분하는 경우도 있고, 사과나무 등 과수에서는 꽃가루를 대량으로 수집하여 살포기구를 이용하기도 한다.
　　　　나. 자가불화합성을 해결하는 수단이 된다.

> ◦ **자가불화합성**(自家不和合性 self-incompatibility) : 유전적으로 동일한 식물체의 꽃가루를 암술에서 인식·분해하여 '자가수정'을 막고 '타가수정'을 유발시킴으로써 유전적 다양성을 증대시키는 현상을 의미한다.

ⓑ 곤충의 방사

과수원, 채소밭 근처에 꿀벌을 사육하거나 온실 등에서 꿀벌을 방사하여 수분을 매개한다.

ⓒ 수분수의 혼식

가. 사과나무 등 과수의 경우 꽃가루의 공급을 위해 다른 품종을 혼식하는 경우 이를 수분수[受粉樹 화분(꽃가루)을 공급하기 위하여 섞어 심는 나무]라 한다.

나. 수분수 선택의 조건은 주품종과 친화성이 있어야 하고, 개화기가 주품종과 같거나 조금 빨라야 하며, 건전한 꽃가루의 생산이 많고, 과실의 품질도 우량해야 한다.

③ 단위결과 유도

> ◦ 단위결과(單爲結果 parthenocarpy) : 수정으로 종자가 생성됨으로써 열매를 형성하는 것이 보통이지만 바나나, 감귤류, 포도, 중국감 등은 종자의 생성 없이 열매를 맺는 경우가 있으며, 이러한 현상을 단위결과라고 한다. 단위결과가 나타나는 것은 대부분 염색체 조성이 복잡하여 정상적인 배우자를 형성할 수 없기 때문이다.

㉠ 씨 없는 과실은 상품가치를 높일 수 있어 포도, 수박 등의 경우 단위결과를 유도함으로써 씨 없는 과실을 생산하고 있다.

㉡ 씨 없는 수박은 콜히친(colchicine)을 이용하여 3배체를 이용하고 씨 없는 포도는 지베렐린(GA Gibberellic acid) 처리로 단위결과를 유도한다.

> ◦ 콜히친(colchicine) : 식물인 콜키쿰(Colchicum autumnale)의 씨앗이나 구근에 포함되어 있는 알칼로이드(= 식물 독성) 성분이다. 식물에서는 염색체 분리를 저해하므로 씨 없는 수박을 만드는 데에도 사용된다.
> ◦ 씨 없는 수박 : 수박은 원래 2배체(2n)인데, 이것을 '콜히친' 처리를 통하여 4배체(4n)로 만든다. 그리고 4배체의 암술이 정상적인 2배체의 꽃가루를 수분하여 3배체(3n)의 씨가 나오는데, 이것을 심으면 종자가 제대로 발전하지 않아 씨 없는 수박이 자란다.

㉢ 토마토의 경우 착과제인 토마토톤(Tomatotone 식물생장 촉진제)의 처리로 씨 없는 과실을 생산할 수 있다.

④ 낙과

㉠ 낙과의 종류

ⓐ 기계적 낙과(機械的 落果) : 낙과의 원인이 태풍, 강풍, 병충해 등에 의해 발생하는 낙과이다.

ⓑ 생리적 낙과(生理的 落果) : 생리적 원인에 의해 이층(離層)이 발달하여 발생하는 낙과이다.

> ◦ 이층(離層 absciss layer) : 잎, 과실, 꽃잎 등이 식물의 몸에서 떨어져 나갈 때, 연결되었던 부분에 생기는 특별한 세포층이며 '탈리층' 또는 '떨켜'라고도 한다.

ⓒ 시기에 따라 조기낙과(6월 낙과), 후기낙과(수확 전 낙과)로 구분한다.

㉡ 생리적 낙과의 원인

ⓐ 수정이 이루어지지 않아 발생한다.

ⓑ 수정이 된 것이라도 발육 중 불량환경, 수분 및 비료분의 부족, 수광태세 불량으로 인한 영양 부족은 낙과를 조장한다.

ⓒ 유과기(幼果期)에 −1 ~ −2℃ 정도의 저온으로 인한 동해(凍害 freezing injury)로 낙과가 발생한다.

ⓒ 낙과의 방지

ⓐ 수분매조(受粉媒助) : 매개곤충을 유입하거나 인공수분 실시를 통해 수분이 잘 되도록 돕는다.

ⓑ 동해예방

ⓒ 합리적 시비

ⓓ 건조 및 과습의 방지

ⓔ 수광태세 향상

ⓕ 방풍시설

ⓖ 병해충 방제

ⓗ 생장조절제 살포 : 옥신 등 생장조절제의 살포는 이층형성을 억제하여 낙과 예방의 효과가 크다.

⑤ 복대(覆袋 봉지씌우기 bagging)

㉠ 사과, 배, 복숭아 등의 과수재배에 있어 적과 후 과실에 봉지를 씌우는 것을 복대라 한다.

㉡ 복대의 장점

ⓐ 검은무늬병, 심식나방, 흡즙성나방, 탄저병 등의 병충해가 방제된다.

ⓑ 외관이 좋아진다.

ⓒ 사과 등에서는 열과(裂果 성숙기에 과피가 터지면서 과실이 갈라지는 현상)가 방지된다.

ⓓ 농약이 직접 과실에 부착되지 않아 상품성이 좋아진다.

ⓔ 바람, 서리, 강우나 냉해 등으로 인한 동록(동녹)을 방지하기 위해 복대를 한다.

> ∘ 동록(銅綠) : 사과나 배 따위의 과피가 매끈하지 않고 쇠에 녹이 낀 것처럼 거칠어지는 현상을 말한다. 사과는 골든딜리셔스, 홍옥, 쓰가루 등의 품종에, 배는 황금배와 이십세기 등의 품종에 많이 생긴다.

ⓕ 봉지를 씌우면 숙기가 지연될 수 있으므로 출하기를 어느 정도 조절할 수 있다.

㉢ 복대의 단점

ⓐ 수확기까지 복대를 하는 경우 과실의 착색이 불량해질 수 있어 수확 전 적당한 시기에 제대(除袋 bag removing, bag removal 과실에 씌운 봉지를 제거해 주는 것, 봉지벗기기)해야 한다.

ⓑ 복대에 노력이 많이 들어 근래 복대 대신 농약의 살포를 합리적으로 하여 병충해에 적극적 방제하는 무대재배(無袋栽培)를 하는 경우가 많다.

ⓒ 가공용 과실의 경우 비타민C 함량이 낮아지므로 무대재배를 하는 것이 좋다.

ⓓ 당도가 감소하는 경향이 있다.

> ◦ 무대재배(無袋栽培 nonbagging culture) : 과실의 착색, 숙기조절, 병충해 방제 등의 목적으로 실시하던 '봉지 씌우기'를 '생략'하여 재배하는 방법이다. 노력과 비용은 크게 절감되지만 품질이 떨어질 우려가 크므로 품종의 선택, 재배기술 등으로 무대재배의 결점을 보완해야 된다.

⑥ 성숙의 촉진
  ㉠ 산물의 조기출하는 상품가치를 높이므로 작물의 성숙을 촉진하는 재배법이 실시된다.
  ㉡ 과수, 채소 등의 촉성재배나 에스렐, 지베렐린 등의 생장조절제를 이용하는 방법을 사용하고 있다.
⑦ 성숙의 지연
  ㉠ 작물의 숙기를 지연시켜 출하시기를 조절할 수 있다.
  ㉡ 포도 델라웨어 품종의 경우 아미토신 처리로, 캠벨얼리의 경우는 에세폰 처리로 숙기를 지연시킬 수 있다.

7 재해의 방제

(1) 작물재해의 종류

① 수분장해
  ㉠ 한해(旱害 drought injury) : 수분부족의 발생하는 작물의 피해
  ㉡ 습해(濕害 excess moisture injury) : 토양의 과습상태가 지속되어 뿌리의 산소부족으로 발생하는 장해
  ㉢ 수해
    ⓐ 수해(水害) : 작물이 장시간 물에 잠기면서 발생하는 피해
    ⓑ 침수(浸水) : 작물이 완전히 물속에 잠기지는 않았으나 정상수보다 많을 때
    ⓒ 관수(冠水) : 작물이 완전히 물속에 잠기는 침수
② 온도장해
  ㉠ 냉해(冷害 cool weather damage) : 생육적온보다 낮은 온도에서 작물에 발생하는 피해
    ⓐ 상해(霜害 frost injury) : 서리로 인해 작물에 발생하는 피해
    ⓑ 한해(寒海 winter injury) : 월동 중 추위로 인해 작물에 발생하는 피해
    ⓒ 동해(凍害 freezing injury) : 작물 조직 내 결빙으로 발생하는 피해
  ㉡ 열해(熱害 heat injury) : 온도가 생육적온보다 높아서 작물에 발생하는 피해
③ 광스트레스
  ㉠ 솔라리제이션(solarization)
    ⓐ 의의 : 그늘에서 자란 작물이 강광에 노출되어 잎이 타 죽는 현상이다.
    ⓑ 원인 : 엽록소의 광산화 때문이다.
    ⓒ 강광에 적응하게 되면 식물은 카로티노이드가 산화하면서 산화된 엽록체를 환원시켜 기능을 회복할 수 있다.

ⓛ 백화묘

　　ⓐ 봄에 벼의 육묘 시 발아 후 약광에서 녹화시키지 않고 바로 직사광선에 노출시키면 엽록소가 파괴되어 발생하는 장해이다.

　　ⓑ 약광에서 서서히 녹화시키거나 강광에서도 온도가 높으면 카로티노이드가 엽록소를 보호하여 피해를 받지 않는다.

　　ⓒ 엽록소가 일단 형성되면 높은 온도보다 낮은 온도에 더 안정된다.

④ 대기오염

　㉠ CO_2, SO_2, NO_2, Cl_2, F_2, O_3 등이 대기오염의 주원인이다.

　㉡ 온실효과 : CO_2, SO_2, NO_2, Cl_2, F_2, O_3 등이 지구에서 대기로 방출되는 에너지를 차단하여 발생하며 기온의 상승 등 생태계의 변화를 초래한다.

⑤ 풍해 : 주로 바람에 의한 도복피해가 발생한다.

(2) 도복(倒伏)

① 의의

　㉠ 화곡류, 두류 등이 등숙기(登熟期 출수로부터 성숙까지의 기간, 곡실이 여무는 시기)에 들어 비바람에 의해서 쓰러지는 것이다.

　㉡ 도복은 질소의 다비(비료를 많이 줌) 증수(수확량을 늘림)재배의 경우에 심하다.

　㉢ 도복에 가장 약한 시기는 키가 크고 대가 약하며 상부가 무겁게 된 때이다.

② 도복의 유발조건

　㉠ 유전(품종)적 조건 : 키가 크고 대가 약한 품종, 이삭이 무겁고 근계의 발달 정도가 약할수록 도복이 심하다.

　㉡ 재배조건

　　ⓐ 대를 약하게 하는 재배조건은 도복을 조장한다.

　　ⓑ 밀식, 질소다용, 칼리부족, 규산부족 등은 도복을 유발한다.

　　ⓒ 질소 내비성 품종은 내도복성이 강하다.

　　　◦ 내비성(耐肥性 tolerance to heavy manuring) : 작물에서 비료 특히 질소비료를 많이 주어도 안전하게 생육하는 특성을 말한다.

　㉢ 병충해 : 잎집무늬마름병의 발생, 가을멸구의 발생이 많으면 대가 약해져서 도복이 심해진다.

　㉣ 환경조건

　　ⓐ 도복의 위험기에 태풍으로 인한 강우 및 강한 바람은 도복을 유발한다.

　　ⓑ 맥류의 등숙기 한발은 뿌리가 고사하여 그 뒤의 풍우에 의한 도복을 조장한다.

③ 도복의 피해

　㉠ 수량감소

　㉡ 품질저하

    © 수확작업의 불편

    ② 간작물에 대한 피해

    ◎ 도복으로 인한 수량감소 크기

     수량감소는 이삭이 나온 후 쓰러지는 시기가 빠르면 빠를수록 피해는 커진다. 유숙기에 수량이 가장 많이 감소된다. 수량감소 크기는 아래와 같다.

> 유숙기 > 호숙기 > 황숙기

④ **도복대책**

    ③ 품종의 선택 : 키가 작고 대가 튼튼한 품종의 선택은 도복방지에 가장 효과적이다.

    © 시비 : 질소의 편중시비를 피하고 칼리, 인산, 규산, 석회 등을 충분히 시용한다.

    © 파종, 이식 및 재식밀도

      ⓐ 재식밀도가 과도하면 도복이 유발될 우려가 크기 때문에 재식밀도를 적절하게 조절해야 한다.

      ⓑ 맥류는 복토를 다소 깊게 하면 도복이 경감된다.

    ② 관리 : 벼의 마지막 김매기 때 배토와 맥류의 답압, 토입, 진압 및 결속 등은 도복을 경감시키는 데 효과적이다.

    ◎ 병충해 방제

    ⑭ 생장조절제의 이용 : 생장억제제 처리로 지베렐린 생합성을 억제하는 경우 키 자람을 억제시켜 도복을 효과적으로 막을 수 있다.

     ◦ **도복경감제**(倒伏輕減劑 lodging inhibitor) : 작물 특히 수도(水稻 논에 물을 대어 심는 벼) 등의 도복을 경감하고자 처리하는 약제로서 지베렐린 생합성을 억제하는 이나벤화이드(inabenfide) 등이 있다.

    ⊗ 도복 후의 대책 : 도복 후 지주를 세우거나 결속은 지면, 수면에 접촉을 줄여 변질, 부패가 경감된다.

⑤ **도복의 유형**

    ③ 좌절도복(挫 꺾을 좌 折 꺾을 절 倒伏 꺾여 쓰러짐)

     벼의 3～4절간이 부러지는 양상의 도복으로서 우리나라에서 빈번하게 발생하고 가장 극심한 도복양상이다.

    © 만곡도복(彎 굽을 만 曲 굽을 곡 : 활 모양으로 굽음)

     줄기가 연약해 부러지지 않고 휘어지는 형태의 도복이다.

    © 뿌리도복

     작물을 얕게 심거나 직파재배의 경우 포기전체가 쓰러지는 도복이다.

    ② 분얼도복

     벼 품종에 따라서 차이를 가져오나 분얼이 심하게 벌어져 등숙기(登熟期 grain filling stage, ripening stage 곡실이 여무는 시기)에 벼이삭이 지면에 닿아서 수발아(穗發芽 viviparous germination 종자가 이삭에 붙은 채로 싹이 나는 현상) 등의 피해를 가져오는 형태의 도복이다.

◦ 분얼(tiller) : 분얼은 벼, 밀, 보리, 수수와 같은 '외떡잎식물의 줄기'를 뜻한다. 종자로부터 최초로 형성된 가지 및 그 이후 형성된 모든 지상부 가지를 분얼이라고 부른다.

⑥ 벼재배와 도복

　㉠ 직파재배

　　ⓐ 담수직파

　　　가. 담수표면산파 : 논에 물을 얇게 댄 상태에서 동력살분기를 이용하여 파종하는 형태이다.

　　　나. 무논(물이 있는 논)골뿌림 : 물이 있는 논에 골을 만들어 손이나 동력살분기로 파종하는 형태이다.

　　ⓑ 건답직파(평면줄뿌림, 휴립줄뿌림) : 트랙터에 파종기를 부착시켜 경운과 파종, 복토를 동시에 작업하는 방법이다.

　㉡ 이앙재배

　　육묘 및 모내기 작업에 시간과 노력이 많이 필요하다.

　㉢ 재배양식기 따른 도복정도

도복 심화	←―――――――――――――→	도복 약화
담수표면산파 > 무논골뿌림 > 건답줄뿌림 > 기계이앙 > 손이앙		

(3) 수발아(穗이삭수 發芽)

① 의의

　㉠ 성숙기에 가까운 맥류가 장기간 비를 맞아서 젖은 상태로 있거나, 우기에 도복으로 이삭이 젖은 땅에 오래 접촉해 있게 되었을 때 수확 전의 이삭에서 싹이 트는 것이다.

　㉡ 수발아는 성숙기에 비가 오는 날이 계속되면 종자가 수분을 흡수한 상태로 낮은 온도에 오래 처하게 되면서 휴면이 일찍 타파되어 발아하는 것으로 생각된다.

② 휴면과 발아

　휴면이 끝나지 않은 종자가 수분을 흡수하고 15℃ 이하의 낮은 온도에 보관되면 휴면이 타파되고 발아하지만, 휴면을 끝낸 종자는 25 ~ 30℃의 높은 온도에서 발아가 잘 된다.

③ 수발아 대책

　㉠ 품종의 선택

　　ⓐ 맥류는 만숙종보다 조숙종이 수확기가 빨라 수발아 위험이 낮다.

　　ⓑ 숙기가 같더라도 휴면기간이 긴 품종은 수발아가 낮다.

　　ⓒ 밀은 초자질립, 백립, 다부모종(多稃毛種) 등이 수발아성이 높다.

　　　◦ 초자질(硝子質 vitreousness) : 밀의 배유에서 세포가 치밀하고 광선이 잘 투입되며 단백질 함량이 높은 부분이 있는데 이를 초자질부라 하며 그 성분을 총칭하여 초자질이라 한다.
　　　◦ 초자질립 : 밀알 단면의 70% 이상이 초자질부로 되어 있는 것을 초자질립이라고 한다.

ⓓ 벼는 한국, 일본 만주의 품종(Japonica)이 인도, 필리핀, 남아메리카 품종(Indica)에 비해 저온발아속도가 빠르다.

ⓛ 벼, 보리는 수확 7일 전 건조제를 저녁 때 경엽에 살포한다.

ⓒ 도복의 방지 : 도복은 수발아를 조장하므로 방지한다.

ⓔ 출수 후 발아억제제의 살포는 수발아를 억제한다.

ⓜ 작물의 선택 : 맥류의 경우 보리가 밀보다 성숙기가 빠르므로, 성숙기에 비를 맞는 경우가 적어 수발아 위험이 낮다.

(4) 병충해 방제

① 경종적방제법(耕種的防除法 agricultural control)

재배적 방법으로 병충해를 방제하는 방법으로 다음과 같은 방법이 있다.

㉠ 토지의 선정 : 씨감자의 고랭지 재배는 바이러스 발생이 적어 채종지로 알맞으며, 통풍이 좋지 않고 오수가 침입하는 못자리는 충해가 많다.

㉡ 저항성 품종의 선택 : 남부지방 조식재배는 벼의 줄무늬잎마름병 피해가 심하므로 저항성 품종을 선택한다.

㉢ 무병종묘의 선택 : 밤의 혹벌은 저항성 품종의 선택으로 방지하고, 포도의 필록세라는 저항성 대목의 접목으로 방지한다.

㉣ 윤작 : 기지 원인이 되는 토양전염성 병해충은 윤작으로 경감시킨다.

㉤ 재배양식의 변경 : 벼는 보온육묘로 묘 부패병이 방제되고, 직파재배를 하면 줄무늬잎마름병 발생이 경감된다.

㉥ 혼식
ⓐ 팥의 심식충은 논두렁에 콩과 혼식으로 피해가 감소한다.
ⓑ 밭벼 사이에 심은 무에는 충해가 감소한다.

㉦ 생육시기의 조절
ⓐ 감자를 일찍 파종하여 일찍 수확하면 역병, 됫박벌레의 피해가 감소한다.
ⓑ 밀의 수확기를 빠르게 하면 녹병의 피해가 감소한다.
ⓒ 벼의 조식재배는 도열병이 경감되고, 만식재배는 이화명나방이 경감된다.

㉧ 시비법 개선 : 질소비료의 과용과 칼륨, 규소 등의 부족은 병충해의 발생이 증가한다.

㉨ 포장의 정결한 관리 : 잡초, 낙엽 등을 제거하면 병해충의 전염경로가 사라지고, 통풍과 투광이 좋아져 작물생육이 건실해지므로 병충해가 경감된다.

㉩ 종자의 선택
ⓐ 감자, 콩, 토마토 등의 바이러스병은 무병종자의 선택으로 방제한다.
ⓑ 벼의 선충심고병, 밀의 곡실선충병은 종자전염을 하므로 종자소독으로 방제한다.

㉪ 중간기주식물의 제거 : 배의 적성병(붉은별무늬병)은 중간기주식물인 향나무를 제거함으로써 방제할 수 있다.

　　　ⓣ 수확물의 건조

　　　　ⓐ 수확물을 잘 건조하면 병충해 발생이 감소한다.

　　　　ⓑ 보리를 잘 건조하면 보리나방의 피해가 방지된다.

　　　　ⓒ 곡물의 수분함량을 12% 이하로 하면 바구미 등 병해충 피해가 방지된다.

② **생물학적방제법**(生物學的防除法 biological control)

　　해충을 포식하거나 기생하는 곤충, 미생물 등 천적을 이용하여 방제하는 방법

③ **물리적방제법**(物理的防除法 physical control, mechanical control)

　　㉠ 포살 및 채란

　　　　ⓐ 나방을 포충망을 이용해 잡거나 유충을 잡는다.

　　　　ⓑ 채란 : 잎에 산란한 알을 채취해서 없애는 방법이다.

　　㉡ 소각 : 낙엽 등에 있는 병원균, 해충은 소각으로 피해를 경감시킬 수 있다.

　　㉢ 담수 : 밭토양에 장기간 담수로 토양전염성 병해충을 구제할 수 있다.

　　㉣ 차단 : 어린 식물을 PE필름 등을 이용하여 피복하거나, 과실에 봉지를 씌우는 방법, 도랑을 파서 멸강충 등의 이동을 차단하는 방법이 이용된다.

　　㉤ 유살

　　　　ⓐ 유아등을 이용하여 이화명나방 등 기타 나방을 유인하여 유살한다.

　　　　ⓑ 포장에 짚단을 깔아서 해충을 유인한 후 소각하거나, 해충이 좋아하는 먹이를 이용해 유살, 나무 밑동에 짚을 둘러 여기에 잠복하는 해충을 구제한다.

　　　　ⓒ 밭에 길이 1m의 좁고 긴 구덩이를 파서 떨어지는 해충을 구제한다.

　　㉥ 온도처리

　　　　ⓐ 맥류의 깜부기병, 고구마의 검은무늬병, 벼의 선충심고병 등은 종자의 온탕처리로 방제한다.

　　　　ⓑ 보리나방의 알은 60℃에 5분, 유충과 번데기는 60℃에서 1~1.5시간의 건열처리로 구제한다.

　　㉦ 소토 : 상토 등을 태워 토양전염성 병해충을 구제한다.

④ **화학적방제법**(化學的防除法 chemical control)

　　농약을 이용하여 병충해를 방제하는 방법으로 특성별 농약 종류는 다음과 같다.

　　㉠ 살균제(殺菌劑)

　　　　ⓐ 구리제 : 석회보르도액, 분말보르도, 구리수화제 등

　　　　ⓑ 유기수은제 : 현재는 사용하지 않음

　　　　ⓒ 무기황제 : 황분말, 석회황합제 등

　　　　ⓓ dithiocarbamate계 살균제 : ferbam, ziram, mancozeb, thiram, sankel 등

　　　　ⓔ 유기비소살균제 : methylarsonic acid 등

　　　　ⓕ 항생물질 : streptomycin blasticidin−S, kasugamycin, validamycin, polyoxin 등

　　　　ⓖ 유기인제 : tolclofos−methyl, fosetyl−Al, pyrazophos, kitazin 등

　　　　ⓗ 그 외 살균제 : diethofencarb, anilazine, etridiazole, procymidone, tricylazole 등

    ⓛ 살충제(殺蟲劑)

      ⓐ 천연살충제 : pyrethrin, rotenone, nicotine 등

      ⓑ 유기인제 : parathion, sumithion, EPN, malathion, diazinon 등

      ⓒ carbamate계 살충제 : sevin, carbaryl, fenobucarb, carbofuran 등

      ⓓ 염소계 살충제 : endosulfan 등

      ⓔ 살비제 : milbemectin, pyridaben, clofentezine 등

      ⓕ 살선충제 : fosthiazate 등

    ⓒ 유인제(誘引劑) : pheromone 등

    ⓔ 기피제(忌避劑)

      ⓐ thiram, methiocarb, trimethacarb, polybuten, napthalene 등

      ⓑ 모기, 벼룩, 이, 진드기 등에 대한 견제 수단으로 기피제를 사용한다.

      ⓒ 최근 벼 직파재배에서는 파종 후 조수에 의한 종자의 소모를 방지하기 위하여 기피제를 사용한다.

    ⓜ 화학불임제(化學不姙劑) : 호르몬계 등

⑤ **법적방제법**(法的防除法 legal control)

식물방역법을 통해 식물검역으로 위험 병균, 해충의 국내 침입과 전파를 방지하여 병충해를 방제하는 방법이다.

⑥ **종합적방제법**(綜合的防除法 IPC Integrated Pesticide Control)

    ㉠ 여러 가지 방제법을 유기적으로 조화를 유지하며 사용하는 방법이다.

    ㉡ 병해충의 밀도를 경제적 피해 밀도 이하로만 두며 전멸시킬 필요가 없다고 보며 천적과 유용생물의 보존, 환경보호라는 목적의 달성을 위한 개념이다.

CHAPTER 05 특수원예

CHAPTER
05

제1절 시설원예

1 시설원예의 의의

(1) 의의

① 시설원예는 채소, 화훼, 과수 등의 원예작물을 유리 혹은 플라스틱 필름이나 온실, 식물공장 내에서 재배하는 원예의 한 분야이다.

② 농업적 관점에서의 실제적 의의
- ㉠ 농가소득 증대
- ㉡ 기업적 경영감각을 갖는 영농
- ㉢ 국민보건 향상과 정서 함양
- ㉣ 원예작물 생산과 소비의 다양화
- ㉤ 미래지향적 생산시스템 개발
- ㉥ 새로운 원예 관련 산업의 발달
- ㉦ 신재생에너지 활용과 환경보전

(2) 시설재배의 필요성

① 원예작물은 계절에 관계없이 일 년 내내 요구되므로 주년적 공급체계는 시설재배와 밀접한 관련이 있다.

② 시설원예는 노지원예와 달리 제철이 아닌 때의 생산이므로 비싼 값으로 출하되어 노지원예에 비하여 수익성이 높다.

(3) 입지

① 기상조건
난방부하가 적은 온난 지역이 좋다.

② 토양과 수리
토양은 작목에 알맞은 토성에 비옥하고 지하수위와 배수가 양호한 곳으로 환경조건에 맞는 곳이어야 한다.

③ 위치
산물의 출하가 원활하고 수송비가 적은 곳이 유리하다.

(4) 시설의 구비조건

① 시설의 '골격'이 차지하는 비율이 낮고 '광 투과율'이 높아야 한다.
② 하우스 '보온비'가 높고 '방열비'는 낮아야 한다.

> ◦ 보온비(保溫比 floor surface area ratio)온실의 표면적에 대한 보온면적의 비율이다. 방열비의 역수에 해당한다.

③ 보온이 우수한 피복자재를 사용하여야 한다.
④ 온도, 차광, 관수 등 환경조절이 가능해야 한다.
⑤ 바람의 피해와 적설피해에 대한 안전성을 고려해야 한다.

2 시설자재

(1) 피복자재

고정시설을 피복하여 계속 사용하는 유리 또는 플라스틱 필름 등의 기초 피복재와 보온, 차광 등을 목적으로 사용하는 부직포, 거적 등의 추가 피복재가 있다.

① 피복자재의 조건
  ㉠ 투광률은 높고 열선투과율은 낮아야 한다.
  ㉡ 보온성이 커야 한다.
  ㉢ 열전도율이 낮아야 한다.
  ㉣ 내구성이 커야 한다.
  ㉤ 수축과 팽창이 작아야 한다.
  ㉥ 충격에 강해야 한다.
  ㉦ 가격이 저렴해야 한다.
② 피복재의 종류
  ㉠ 기초피복재
    기본골격구조 위에 피복하는 유리나 플라스틱 자재 등을 말한다.
    ⓐ 유리온실 : 판유리, 형판유리, 복층유리, 혈선흡수유리(熱線吸收 – heat absorbing glass)
    ⓑ 플라스틱하우스
      가. 연질필름 : 0.05 ~ 0.1mm의 필름이다. 폴리에틸렌필름(PE), 에틸렌아세트산비닐필름(EVA 초산비닐필름), 염화비닐(PVC) 등이 있다.
      나. 경질필름 : 0.1 ~ 0.2mm의 필름이다. 폴리에스테르필름, 불소필름 등이 있다.
      다. 경질판 : 두께 0.2mm 이상의 플라스틱판이다. 유리섬유 강화 폴리에스테르판(FRP판), 유리섬유 강화 아크릴판(FRA판), 아크릴 수지판(MMA판), 폴리 카보네이트 수지판(PC판) 등

ⓛ 추가피복재
　　　　ⓐ 시설외면 : 거적(짚과 새끼를 이용하여 만든 자리처럼 생긴 물건), 이엉(짚·풀잎·새 등으로 엮어 만든 지붕재료), 보온매트
　　　　ⓑ 차광피복 : 한랭사(비닐론, 폴리에스테르, 아크릴 등 실모양의 섬유로 짠 것), 부직포(폴리에스테르의 긴 섬유로 짠 천모양의 시트), 네트(폴리에틸렌, 폴리프로필렌을 원료로 노끈 모양의 섬유로 짠 것)
　　　　ⓒ 커튼피복 : 연질필름, 반사필름, 부직포
　　　　ⓓ 지면피복 : 연질필름, 반사필름
　　　　ⓔ 소형터널 : 연질필름, 한랭사, 부직포, 거적, 보온매트
　③ 연질필름의 분광투광률(0.1mm)

> ◦ **분광투광률**(分光透過率 spectral transmittance) : 광의 파장별 투과율로서 단색광에 대한 투과율이다. 스펙트럼 투과율이라고도 한다.

　　ⓞ 자외선, 가시광선, 적외선

> ◦ **분광투광률 크기** : **폴리에틸렌필름**(PE) > **에틸렌아세트산비닐필름**(EVA 초산비닐필름) > **염화비닐**(PVC)

　　ⓛ 적외선 방출
　　　ⓐ 낮 동안 저장된 열은 일몰 후 적외선 형태로 방출되는데 폴리에틸렌필름(PE) 80%, 에틸렌아세트산비닐필름(EVA 초산비닐필름) 48%, 염화비닐(PVC) 20%를 방출한다.
　　　ⓑ 적외선은 열선으로 야간에 장파방사이므로 투과가 잘된다는 것은 보온력이 떨어진다는 것이다.
　　　ⓒ 따라서 폴리에틸렌필름(PE)은 보온성이 떨어지고 염화비닐(PVC)은 보온성이 크다.
　　ⓒ 염화비닐(PVC)의 보온성이 큰 이유는 밀도가 높고 열전도율이 작기 때문이다.
　　ⓔ 시설 후 시간의 경과에 따라 PE, EVA, PVC 순으로 투과율이 떨어진다.
　　ⓜ PE는 상당기간 투과율이 유지되지만 PVC는 투명도가 높아 초기에는 투과율이 가장 높지만 먼지 부착이 잘 되어 설치 후 2개월부터 투과율이 떨어져 다른 필름보다 낮아진다.
　④ **기능성 필름**
　　ⓞ 의의
　　　ⓐ 기존 연질필름에 특별한 기능을 부여한 것이다.
　　　ⓑ 무적필름, 방무필름, 광파장변환필름, 자외선차단필름, 내후성강화필름, 광차단필름, 적외선흡수필름, 해충기피필름, 반사필름, 산광필름 등이 있다.
　　ⓛ 종류
　　　ⓐ 무적필름

> ◦ **무적**(無滴) : 물방울이 맺히지 않는다는 뜻이다.

가. 유리는 친수성(親水性 hydrophilic 물 분자와 쉽게 결합하는 성질)으로 표면에 물방울이 맺히지 않고 깨끗한 유리 표면에 수증기가 응결되면 수막을 형성하거나 흘러내리지만 플라스틱 필름은 소수성(疏水性 hydrophobic property 물 분자에서 배제되어 응집되는 성질)으로 수증기가 응결되면 그대로 붙어 있게 되고 커지면서 물방울이 되어 바닥에 떨어지게 된다.

나. 결로가 형성되면 광투과율이 낮아지고 바닥이나 작물체에 떨어지면 병해발생의 원인이 되기도 하여 무적필름의 사용이 권장되고 있다.

다. 무적필름은 계면활성제를 무적제로 사용하여 소수성 필름을 친수성 필름으로 변환시킨 것이다.

라. 계면활성제를 폴리에틸렌 수지에 일정량 배합하여 만들면 필름 표면의 미세한 구멍 사이로 서서히 스며나와 피막을 형성하여 무적성을 띠게 되므로 시간이 지나면 계면활성제가 씻겨 내려가 무적성이 없어진다.

ⓑ 광파장변환필름 : 피복자재에 형광물질을 혼입시켜 식물생육이 낮은 파장을 광합성효율이 높은 파장으로 변환시킨 필름이다.

ⓒ 내후성강화필름

가. 일반 연질필름은 1년 정도 내구성을 가지나 방진처리를 한 필름은 2 ~ 3년 사용할 수 있고, 최근 장기사용 필름으로 이용되는 폴리올레핀(PO)계 플름은 3 ~ 5년 정도 내후성(耐候性 proof against climate 각종 기후에 견디는 성질)을 가진다.

나. 불소계 수지를 사용한 불소필름은 내후성이 뛰어나 10 ~ 15년 사용할 수 있고, 투광성과 방진성이 우수하다.

ⓓ 해충기피필름

가. 광파장을 변환시킨 자재와 해충기피제를 첨가한 필름 등이 있다.

나. 근자외선을 흡수하거나 반사하는 자재는 광변환필름으로 응애, 진드기, 바퀴벌레 등을 억제하는 효과가 있다.

다. 해충기피제로 살충제를 첨가하거나 코팅하여 해충을 기피하는 필름으로 주로 피레드로이드계 약제가 이용되고 있다.

(2) 골격자재

① 죽재(대나무)

㉠ 시설재배 초기에는 중요한 자재로 터널형 하우스에 많이 이용되었다.

㉡ 1980년대부터는 철재파이프로 대체되어 현재는 거의 이용되지 않는다.

② 목재

㉠ 구입이 용이하고 가공 이용의 편리성으로 초기 많이 이용되었으며 지금도 특수 목적으로 일부 이용되고 있다.

㉡ 철재, 경합금재로 대체되어 현재는 거의 이용되지 않고 있다.

③ 철재

㉠ 시설 안정성과 내구성을 높이고 투광률 향상을 위하여 다양한 철재 골격자재가 이용되고 있다.

㉡ 형강(形鋼)과 파이프(pipe)가 있다.

ⓐ 형강(形鋼)

가. 유리온실, 지붕형하우스의 골격재로 이용된다.

나. 빔(H, I형강), 앵글(L형강), 채널(홈형강, C형강, ㄷ형강), 스퀘어튜브(사각형강, ㅁ형강) 등으로 구분된다.

ⓑ 파이프(pipe)

가. 플라스틱하우스 골격재로 많이 이용된다.

나. 초기 구조 강관을 이용했으나 그 후 PVC코팅파이프를 거쳐 현재 대부분 아연도금 파이프를 사용하고 있다.

④ 경합금재

㉠ 경합금이란 알루미늄을 주성분으로 하는 여러 합금을 말하며, 가볍고 녹이 잘 슬지 않는 특징을 가지고 있다.

㉡ 부식에 강하고 가벼워 다루기 쉽고, 시설 내 여러 악조건에서도 잘 견딜 수 있다.

㉢ 가벼워 용적이 작아질 수 있어 골격률을 크게 낮춰 광투과율을 증가시킬 수 있다는 장점이 있다.

㉣ 단점은 강도가 다소 떨어지며, 가격이 비싸다.

3 시설의 종류

시설의 종류는 시설자재에 따라 유리온실, 플라스틱하우스 등이 있고 시설의 모양에 따라 여러 가지로 구분된다.

(1) 유리온실

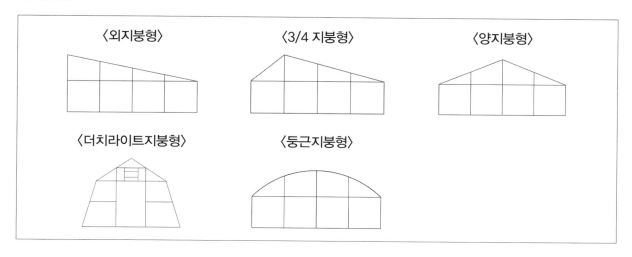

〈외지붕형〉   〈3/4 지붕형〉   〈양지붕형〉

〈더치라이트지붕형〉   〈둥근지붕형〉

✏️ **더 알아보기** **유리온실의 규격용어**

1 너비 : 폭

2 간고 : 측고, 처마높이

3 동고 : 지붕높이, 지면에서 용마루까지의 길이

① 외지붕형 온실(편지붕형 온실)

㉠ 한쪽 지붕만 있는 시설로 동서방향의 수광각도가 거의 수직이다.

㉡ 동서방향(남쪽은 낮게 북쪽은 높게)으로 짓는 것이 일반적이며, 북쪽 담벼락의 반사열로 온도상승에 유리하고 겨울에 채광과 보온이 잘 된다.

㉢ 가정에서 소규모의 취미원예에 이용하는 경우이다.

② 3/4 지붕형 온실(쓰리쿼터형 온실)

㉠ 동서방향으로 설치하며 남쪽 지붕의 길이가 지붕 전체 길이의 3/4정도로 설치된다.

㉡ 남쪽 지붕의 면적이 전체의 60 ~ 64%를 차지하며 채광과 보온성이 뛰어나다.

㉢ 교육용, 고온성 원예작물인 멜론 재배에 적합하다.

③ 양지붕형 온실(한국형 온실)

㉠ 길이가 같은 좌우 양쪽 지붕형태의 온실이다.

㉡ 남북 방향의 광선이 균일하게 입사되고 통풍이 좋고 가장 보편적인 형태이다.

㉢ 재배관리가 편리하기 때문에 토마토, 오이 등의 열매채소와 카네이션, 국화 등의 화훼류 재배에 이용되고 있다.

④ 더치라이트 지붕형 온실(Dutch light)

㉠ 양지붕형 온실의 일종이며 그 측벽이 바깥쪽으로 경사진 형태로 되어 있다.

㉡ 온실 전체의 구조강도를 높여서 측면으로부터 풍압을 줄이는 효과가 있다.

⑤ 둥근지붕형 온실

㉠ 곡선유리를 사용하여 지붕의 곡면이 크고 밝다.

㉡ 내부에 그늘이 적고 밝아서 식물원의 전시용으로 많이 이용된다.

㉢ 대형 식물, 식물전시용, 열대성 관상식물의 재배에 알맞다.

⑥ 연동형 온실

㉠ 양지붕형 온실이나 둥근지붕형 온실을 2 ~ 3동 연결하여 칸막이를 없앤 온실이다.

㉡ 단위면적당 건설비가 싸고, 토지이용률이 높고 난방비가 절약되며, 면적이 넓고 재배관리를 능률적으로 할 수 있어서 대규모 시설재배용으로 적당하다.

㉢ 광분포가 균일하지 못하고, 환기가 잘 안 되며, 적설피해를 입기 쉽다.

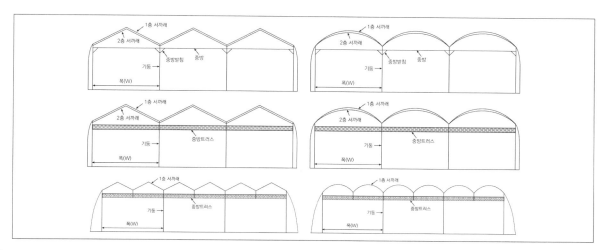

⑦ **벤로형 온실**(Venlo형, 유럽형 온실)

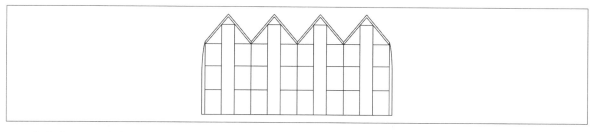

    ㉠ 처마가 높고 너비가 좁은 양지붕형 온실을 여러 개를 연결한 것으로서 종래의 연동형 온실의 결점
      을 보완한 것이다.

    ㉡ 토마토, 오이, 피망 등 키가 큰 호온성 열매채소류를 재배하는 데에 적합하다.

(2) 플라스틱하우스(비닐하우스)

① **터널형 하우스**

    ㉠ 주로 사람의 키보다 낮은 반원형으로서 우리나라에서 많이 이용되는 시설이다. 초기에는 골격으로
      대나무를 많이 사용하였으나 지금은 파이프를 주로 사용한다.

    ㉡ 보온성이 크고, 내풍성이 강하며, 광 입사량이 고르다.

    ㉢ 단점으로 환기능률이 떨어지고 많은 눈에 잘 견디지 못한다.

② **지붕형 하우스**

    ㉠ 양지붕형 유리온실과 같은 모양의 하우스이다.

    ㉡ 바람이 세거나 적설량이 많은 지대에 적합한 형태이다.

    ㉢ 천창(天窓 채광 또는 환기를 목적으로 지붕에 설치한 창)이나 측창(側窓 측면에 설치한 환기창)을 설치하기 쉽고
      천창의 개폐장치도 간편하게 설치할 수 있으며 천창을 좌우로 동시에 개폐할 수 있다.

③ 아치형 하우스

  ㉠ 지붕이 곡면형태로서 자재비가 적게 들고, 간단하게 지을 수 있으며, 조립 및 해체가 쉬워 이동이 용이하다.

  ㉡ 구조상 천창을 설치하기 곤란하여 환기를 하는 경우 출입문을 열거나 측면의 필름을 걷어 올려야 하므로 환기능률이 대단히 나빠서 기온이 높은 계절에는 고온장해가 일어나기 쉽다.

④ 지붕형 하우스과 아치형 하우스의 비교

구분	지붕형 하우스	아치형 하우스
내성	내적설 우수, 내풍성 부족	내적설 부족, 내풍성 우수
광선	광투사 균일성이 아치형보다 낮음	광투사 균일성이 높아 실내가 밝음
환기	천창, 측창을 통해 환기에 유리	주로 측창을 적용하여 환기에 불리
골재	주로 각관이나 C형강 골조사용	주로 아연도금 파이프 골조
재료비	비용부담이 많음	비용부담이 적음
규모	대규모 하우스에 적합	주로 소규모 하우스에 적용
습도	이슬맺힘이 적음	상부에 이슬맺힘이 많고 다습해짐
보온성	환기에 유리하나 보온성은 약함	환기에 불리하나 보온에 유리함

(3) 특수시설

① 에어하우스(air-inflated greenhouse)

  ㉠ 간단한 구조물에 이중의 플라스틱필름을 씌우고, 그 사이에 공기를 송풍시켜 가압하여 하우스 형태를 유지시키는 시설이다.

  ㉡ 구조재에 의한 광차단이 없고, 이중피복과 동일한 보온효과가 나타난다.

② 펠릿하우스(pellet house)

  ㉠ 야간 보온효과의 극대화를 목적으로 설계된 시설로 온실표면에 공간을 띄워 플라스틱필름을 씌우고 그 사이에 발포폴리스틸렌 조각 등을 충진시켜 야간의 시설 내 온도를 높게 유지시킨다.

  ㉡ 일몰과 일출에 충진물을 넣고 빼기 위한 노력과 경비가 필요하다.

③ 지붕개방식온실

  ㉠ 여름철 고온대책을 위해 개발된 온실로 실내기온이 설정치 이상 상승하면 지붕이 완전히 개방되도록 설계되었다.

  ㉡ 측면에서 부는 바람에 버티고 구동부 하중을 지탱하기 위해 골격률이 높아지는 단점이 있다.

④ 이동식온실

  ㉠ 고정식유리온실의 경우 고온기 시설 이용에 어려움이 있으므로 유리온실 전체를 레일 위에 놓고 고온기에 시설 내 작물을 완전히 노지상태로 만들어 줄 수 있다.

  ㉡ 회전판 위에 놓으면 태양 고도에 따라 회전시켜 투광량을 높일 수 있다.

⑤ 비가림시설

　　㉠ 자연강우를 차단하기 위해 단순한 골격구조에 피복재를 씌운 시설이다.

　　㉡ 포도 등에 적용되는 우산성 비가림시설과 노지채소에 주로 이용되는 전면비가림시설이 있다.

4 시설의 구조

(1) 기본구조

고정하중, 적재하중, 적설하중, 풍하중에 견딜 수 있는 구조를 갖추어야 한다.

(2) 지붕 기울기

① 투광률 및 바람과 적설에 알맞은 기울기를 적용해야 한다.

　　㉠ 기울기가 클 때 : 바람 저항은 많으나 적설에 강하다.

　　㉡ 기울기가 작을 때 : 바람 저항은 적으나 적설 또는 빗물에 약하다.

② 투광률 : 햇빛은 30° 정도가 지장이 없다.

③ 기울기 : 물방울이 흐르는 각도는 최소 26° 이상이다.

④ 적설 방지

　　㉠ 적설이 많은 지역 : 32° 이상이다.

　　㉡ 채소, 절화 재배용 온실 : 26.5~29° 정도이다.

(3) 설치 방향

① 단동(외지붕형, 3/4지붕형) : 동서 방향이 유리하고 투광률이 10% 정도 높다.

② 양지붕형 연동 : 남북 방향이 유리하며 벤로형은 동서 방향이 원칙이다.

③ 플라스틱 하우스

　　㉠ 촉성 재배는 동서 방향이 유리하다.

　　㉡ 반촉성 재배는 남북 방향이 유리하다.

5 시설 내 설비

(1) 난방장치

① 온풍난방

　　㉠ 연료를 연소시켜 발생된 열을 이용하여 난방하는 방식으로, 플라스틱하우스 난방에 많이 이용된다.

　　㉡ 장점 : 열효율이 다른 난방방식에 비하여 높고, 짧은 시간에 필요한 온도까지 가온하기 쉬우며, 시설비가 저렴하다.

　　㉢ 단점 : 건조하기 쉽고, 가온하지 않는 경우 급격히 온도가 떨어지며, 연소에 의한 가스 장해의 위험이 있다.

② 온수난방

ㄱ 보일러를 이용한 온수를 시설 내에 설치한 파이프 또는 방열기에 순환시켜 표면에서 발생한 열을 이용하는 방식이다.

ㄴ 열이 방열되는 데 시간이 많이 소요되나, 가온되면 오래 지속되며 균일한 난방을 할 수 있다.

ㄷ 온수보일러, 방열기, 펌프 및 팽창 수조 등으로 구성되어 있다.

③ 증기난방

ㄱ 보일러에서 만들어진 증기를 시설 내에 설치한 파이프나 방열기(라디에이터)에 보내 발생한 열을 이용하는 방식이다.

ㄴ 규모가 큰 시설에서는 고압식을, 소규모에서는 저압식을 사용한다.

④ 난로난방

ㄱ 시설 내에 난로를 설치하는 방법이며 소규모시설이나 보조난방으로 이용된다.

ㄴ 가장 단순하고 설치비가 저렴하지만 난로의 고열로 건조장해를 받기 쉽고 난로에서 멀어진 부분은 온도가 낮아 전체적으로 온도 분포가 불균일하다.

(2) 냉방장치

① 기화 냉방법(간이 냉방법)

물이 증발할 때 기화열이 필요하다. 이때 열을 빼앗긴 주변의 냉각된 공기를 시설 내에 투입하여 냉방하는 방법이다.

ㄱ 팬 앤드 패드(fan and pad)

한 쪽 벽에 물이 흐르는 패드를 설치한 후 외부공기를 그 사이로 통과시켜 시설 내로 유입시키면서 반대편 벽에 환기팬을 설치하여 시설 밖으로 공기를 빼내는 방법이다. 이때 패드를 통과한 냉각된 공기가 시설에 유입되면서 냉방이 이루어진다.

ㄴ 팬 앤드 포그(fan and fog)

시설내에 포그노즐을 사용하여 포그(fog 안개)상태의 물입자를 뿌리면서 시설 상부에 설치된 환기팬으로 공기를 뽑아내어 시설 내의 온도를 낮추는 방법이다.

ㄷ 팬 앤드 미스트(fan and mist)

포그 대신에 미스트(mist 미세한 크기의 수분 입자. 기체 속에 부유하는 액체 입자의 총칭) '분무실'을 설치하고 반대쪽에서 환기팬을 가동하여 외부 공기가 미스트 분무실을 통과하는 동안 냉각되어 유입하게 하는 냉방 방식이다.

② 보조 냉방법

ㄱ 차광 : 한랭사 등 차광재를 지붕 위에 설치하여 태양광을 차단함으로써 시설 내 온도 상승을 억제하는 방법이다.

ㄴ 지붕 유수 : 지붕 위에 물을 흘러 내리게 하여 태양열을 흡수시키고 지붕면을 냉각시키는 방법이다.

ㄷ 지붕 또는 작물체 분무 : 지붕 또는 작물체에 직접 물을 뿌려 냉각시키는 방법이다.

ⓔ 열선흡수유리 : 열선을 흡수하는 유리를 피복하여 시설의 온도 상승을 억제하는 방법이다.

(3) 관수장치

① 살수장치
ㄱ 스프링클러(sprinkler)
ⓐ 짧은 시간에 많은 양의 물을 넓은 면적에 살수할 수 있다.
ⓑ 노즐, 송수호스, 펌프로 구성되어 있다.
ㄴ 소형 스프링클러(sprinkler)
ⓐ 육묘상 또는 엽채류 재배용에 이용할 수 있도록 개발된 것으로 대부분 플라스틱 제품으로, 부속도 용도에 따라 쉽게 교환이 가능하도록 설계되었다.
ⓑ 관수방향과 범위에 따라 미립자 하향 살수, 하향 회전 살수, 상향 180° 살수, 상향 광폭 살수 등으로 구분한다.
ㄷ 유공튜브
ⓐ 경질 또는 연질 플라스틱 필름에 구멍을 뚫어 살수하는 것으로 수압이 낮아도 균일한 살수가 가능하다.
ⓑ 오래 사용할 수 없으나 시공이 간편하고 비용이 저렴하다.
ⓒ 지면에 직접 설치하는 저설용, 하우스 서까래에 매달아 사용하는 고설용, 멀칭필름 아래 설치하는 멀칭용 등이 있다.

② 점적관수장치
ㄱ 플라스틱 파이프 또는 튜브에 분출공을 만들어 물이 방울방울 떨어지게 하거나, 천천히 흘러나오게 하는 방법이다.
ㄴ 저압으로 물의 양을 절약할 수 있다.
ㄷ 잎, 줄기, 꽃에 살수하지 않으므로 열매 채소의 관수에 특히 유리하다.

③ 분무장치
온실 천정에 길이방향으로 파이프라인을 설치한 후 분무용 노즐을 설치하여 고압으로 압송된 물을 파종상 관수, 엽면관수, 농약 살포, 시설 내 가습과 냉방 등에 이용한다.

④ 저면관수장치
ㄱ 배수공을 통해 물이 스며 올라가게 하는 방법이다.
ㄴ 채소의 육묘와 분화재배 등에 이용된다.

⑤ 지중관수
ㄱ 땅 속에 급수 파이프를 매설하여 토양 중에 물이 스며 나와 작물의 근계에 수분을 공급하는 방법이다.
ㄴ 습수 파이프로부터 모세관 현상으로 작물의 뿌리까지 물이 스며 올라오는 데 시간이 걸리고, 물의 손실이 많다.

(4) 환기설비

시설 내의 습도, 온도, 이산화탄소, 유해가스 등을 동시에 조절한다. 시설 내 이산화탄소의 양이 부족하면 광합성 효율 및 생산량은 급격히 떨어진다. 이때 환기를 통해 이산화탄소 농도가 올라가면 광합성률은 증가한다.

① 자연환기장치
  ㉠ 천창 또는 측창 등 환기창을 이용하여 이루어지는 환기를 자연환기라고 한다. 측창은 30㎝내외로 설치하고 천창은 하우스에서 제일 높은 곳에 설치하는 것이 바람직하다.
  ㉡ 외부 바람의 풍압력과 내외 온도차에 따른 부력 등에 의해 이루어진다.
  ㉢ 연동형 시설에서는 천창과 측창 환기의 중간에서 하는 곡간 환기를 이용한다.
  ㉣ 천창이나 측창을 여닫는데는 전동 모터를 이용하며, 모터의 작동은 온도조절기로 제어하는 시스템이 개발되어 이용되고 있다.

② 강제환기장치
  ㉠ 프로펠러형 환풍기
    ⓐ 압력차가 적으나 많은 환기량이 요구되는 넓은 면적의 환기에 이용된다.
    ⓑ 일반적으로 지름 60cm 이하의 팬은 모터와 팬이 직접 연결되는 직결식이, 60cm 이상 대형 팬은 벨트로 모터의 동력을 축에 전달하는 벨트식이 이용된다.
  ㉡ 튜브형환풍기
    덕트(duct 공기나 기타 유체가 흐르는 통로 및 구조물) 환기 등에서 이용되며, 프로펠러형 환풍기보다 환기 용량은 적으나 압력차가 큰 경우에도 압력의 손실이 적다.

(5) 이산화탄소 발생기

① 연소식 이산화탄소 발생기
  백등유, 프로판 가스, 천연가스 등을 연소시켜 이산화탄소를 발생시키는 장치이다.
  ㉠ 백등유 : 유해가스의 발생 위험이 높고, 농도 제어가 어렵다는 단점이 있다.
  ㉡ 프로판 가스 : 연료 구입이 쉽고, 유해가스 발생이 거의 없어 많은 농가에서 이용하고 있다.
  ㉢ 천연가스 : 공급지역이 한정되어 있어 이용에 한계가 있다.

② 액화 이산화탄소 발생기
  ㉠ 순수 압축 정제된 이산화탄소를 균일하게 공급하는 기기로 이산화탄소 농도 조절이 자유롭고, 유해 가스가 없다.
  ㉡ 하나의 시스템으로 여러 동의 하우스에 공급이 가능하다.
  ㉢ 설비 비용이 비싸고, 용기 교체가 번거로우며, 시판장소가 한정되어 있다.

6 시설 내의 환경

(1) 온도

① 특이성

  ㉠ 온도교차

   ⓐ 피복재에 의한 방열(放熱 열을 내보내는 것)이 차단되어 외기(外氣 바깥공기)에 비해 높다.
   ⓑ 야간에 가온하지 않으면 외기와 거의 같은 수준으로 낮아진다.
   ⓒ 온도교차가 매우 커진다.

  ㉡ 수광의 불균일 : 구조재의 광차단, 피복재의 반사에 따라 광의 균일도가 달라진다.
  ㉢ 대류 : 대류현상에 의해 시설 내 기온의 위치에 따른 차이가 있다.

   ◦ 대류(對流) : 더운 액체나 기체가 상층으로 이동하고 차가운 부분이 아래로 이동하는 순환 운동

  ㉣ 바람의 영향 : 시설 공기밀도에 따라 환류현상이 일어나 시설 내 온도의 변화가 온다.

② 시설 내 기온

  ㉠ 피복재에 의한 주간 온도 상승이 뚜렷하다.
  ㉡ 야간에 가온하지 않으면 급속한 기온저하에 따라 온도교차가 커진다.
  ㉢ 온도분포가 고르지 못하다.

③ 변온관리

  시설 내 온도를 낮에는 높게, 밤에는 가급적 낮게 유지하는 것은 유류비 절감, 작물의 생육과 수량 증가, 품질향상 효과가 있다.

④ 수막처리(water curtain 워터커튼)

  야간에 지하수를 올려 살수하여 저온작물의 무가온 재배가 가능하다.

(2) 시설의 광 환경

① 광량의 감소

  ㉠ 구조재에 의한 차광
  ㉡ 피복재에 의한 반사와 흡수 : 피복재에 의한 반사, 먼지 또는 색소 등에 의한 광흡수로 투광량이 감소되며 입사각에 따라 반사율도 달라진다.
  ㉢ 피복제의 광선 투과율
  ㉣ 시설의 방향과 투광량

② 광 분포의 불균일

  ㉠ 설치 방향이 동서방향은 남북방향에 비해 입사광량이 많으며 시설의 추녀 높이에 따라 광분포가 달라진다.
  ㉡ 구조재에 의한 광차단으로 그늘이 생겨 광분포가 균일하지 않다.

③ 광질의 변화

  시설 내 자외선과 적외선의 투과율이 피복재 종류에 따라 달라진다.

(3) 수분환경

① 자연강우에 의한 수분의 공급이 없다.
② 증발량이 많아 토양이 건조하기 쉽다.
③ 인공관수를 한다.
④ 공중습도가 높다.

(4) 토양

① 염류농도가 높다.
② 토양 물리성이 나쁘다.
③ 연작장해가 있다.

(5) 공기

① 탄산가스가 부족하다.
② 유해가스의 집적이 크다.
③ 바람이 없다.

제2절 무토양재배와 식물공장

1 무토양재배

(1) 정의

① 토양 대신에 생육에 요구되는 무기양분을 용해시킨 영양액으로 작물을 재배하는 것을 말한다.
② 복잡한 토양환경을 조성이 단순한 고형 및 액상 배지 또는 어떠한 배지 없이 공기 중에 위치시켜 식물을 재배하는 기술로, 지하부 근권환경을 단순화시켰다는 것이 가장 큰 특징이다.
③ 작물의 생육환경을 보다 완벽하게 조절할 수 있는 것은 물론이고 작업의 생력화와 자동화가 훨씬 쉬워졌다.

(2) 무토재배의 종류

구분	재배방식
기상배지경	분무경(공기경), 분무수경(수기경)
액상배지경	• 담액수경 : 연속통기식, 액면저하식, 등량교환식, 저면담배수식 • 박막수경 : 환류식
고형배지경	• 천연배지경 : 자갈, 모래, 왕겨, 톱밥, 코코넛 섬유, 수피, 피트모스 • 가공배지경 : 훈탄, 암면, 펄라이트, 버미큘라이트, 발포점토, 폴리우레탄

(3) 장단점

① 장점

㉠ 품질과 수량성이 좋다.

㉡ 농약 사용량이 적다.

㉢ 청정 재배가 가능하다.

㉣ 자동화가 쉬워 노력을 크게 줄일 수 있다.

㉤ 장소에 관계없이 오염지, 바위섬, 사막 등에서도 재배가 가능하다.

㉥ 토양을 사용하지 않기 때문에 연작이 가능하다.

② 단점

㉠ 토양이 가지는 완충능(緩衝能 buffer capacity)이 양액에는 없다.

㉡ 초기 자본이 많이 필요하다.

㉢ 전문적인 지식과 기술이 필요하다.

㉣ 환경의 변화에 작물이 쉽게 대처하지 못하며 병해를 입으면 치명적인 손실을 초래할 수 있다.

㉤ 재배가능한 작물의 종류가 많지 않다.

㉥ 폐자재의 활용이 어렵다.

(4) 담액수경재배(DFT)와 박막양액재배(NFT)

① **담액수경재배**(DFT Deep Flow Technique)

㉠ 고형 배지 없이 뿌리를 순수양액에 담가 재배하는 방식이다.

㉡ 뿌리에 산소공급을 위하여 양액을 환류시키거나 주기적으로 수위를 조절해주거나 통기 장치를 가동하거나 낙차를 이용해 산소공급을 돕기도 한다.

② **박막양액재배**(NFT Nutrient Film Technique)

㉠ 1/100 정도의 경사를 둔 깊이가 얕은 베드 위에 식물을 심은 정식판을 놓고 그 안에 배양액을 계속 흘려보내어 재배하는 방법이다.

㉡ 뿌리에 산소가 충분히 공급되도록 뿌리 사이를 흐르는 배양액이 필름처럼 얇기 때문에 Nutrient Film이라고 불린다.

㉢ 시설비가 저렴하고 설치가 간단하다. 중량이 가벼워 널리 보급되어 있는 양액재배용 방식이며 산소 부족이 없다.

(5) 양액의 조제와 관리

① 양액의 조제

㉠ 식물의 정상적 생육에 반드시 필요한 필수원소는 산소, 수소, 탄소는 물과 이산화탄소로부터 공급을 받고 나머지는 토양으로부터 흡수되나, 무토양재배에서는 양액을 통해 공급하므로 양액에는 필수원소들이 적당한 농도로 균형 있게 함유되어야 하며 흡수가 가능한 형태로 존재하여야 한다.

ⓛ 양액의 조성은 해당 작물의 평균 무기양분 흡수량을 조사한 후 그에 근거한 개략적 농도비를 이용해 결정한다.

ⓒ 생육 단계에 따라 흡수특성이 변하고, 흡수 이온 사이 상호작용으로 식물의 양분요구도를 완벽하게 만족시키는 완전한 양액을 제조하는 것은 쉬운 일이 아니다.

ⓔ 일반인들의 양액 조제는 이미 작물별로 만들어 놓은 배양액을 이용하며, 배양액을 선정하면 처방에 따라 무기염류의 종류와 양을 결정하여 만들거나, 미리 조제되어 상품화된 비료를 이용하는 경우도 있다.

② **양액의 관리**

ⓐ 양액의 농도

ⓐ 배양액 농도의 단위는 전기전도도(EC)를 이용한다. 이는 배양액 속에 녹아 있는 양이온과 음이온의 비료성분에 대해 전기가 통하는 정도를 기준으로 나타낸다.

ⓑ 비료 성분이 많으면 전기가 잘 통해 전기전도도(EC)도 높아지고, 적으면 전기전도도(EC)의 값이 낮아진다.

ⓒ 전기전도도(EC)는 적당한데 작물의 생육에 이상이 있는 경우 각 성분별 균형이 맞지 않을 가능성이 많으므로 배양액을 분석할 필요성이 있다.

ⓓ 배양액의 농도는 작물의 종류, 생육단계, 환경, 재배방식에 따라 달라지나 일반적으로 대다수 작물은 전기전도도(EC) $1 \sim 3 mScm^{-1}$에서 정상적 생육을 한다.

ⓛ 양액의 산도

ⓐ 일반적으로 $5.5 \sim 6.5$ 범위가 작물 생육에 적당하다.

ⓑ 작물의 종류, 생육시기, 작형, 용수의 수질에 따라 변화하고, 작물이 배양액 중 질산태질소와 암모늄태질소의 어느 쪽을 흡수하느냐에 따라서도 영향을 받는다.

ⓒ 질산태질소가 우선적으로 흡수되면 pH는 높아지는 경향이 있고, 암모늄태질소를 먼저 흡수하면 낮아진다.

ⓓ pH 상승의 원인으로는 배양액 내 칼슘, 마그네슘 성분의 농도가 높아지기 때문이다.

ⓔ pH 하강의 원인으로는 암모늄태질소의 과다한 사용, 배양액 내 이산화탄소 농도의 상승, 부패근으로부터 유기산의 분비 등이 있다.

ⓕ 배양액의 pH를 낮출 때는 황산(H_2SO_4), 인산(H_2PO_4), 질산(HNO_3)을 이용하여 조절한다.

ⓖ 배양액의 pH를 높일 때는 수산화나트륨(NaOH), 수산화칼륨(KOH) 등을 이용하여 조절한다.

ⓒ 양액의 온도

ⓐ 양액의 온도는 작물 뿌리의 생육과 호흡, 양분흡수에 큰 영향을 미친다.

ⓑ 온도가 낮으면 뿌리의 활력이 떨어지고, 질소, 인산, 칼륨 등의 흡수가 억제된다.

ⓒ 온도가 높으면 칼슘의 흡수가 잘 되지 않아 뿌리의 호흡이 증가하여 생육이 억제된다.

ⓔ 용존산소

ⓐ 배양액의 포화용존산소량은 수온에 따라 달라지며, 온도가 높아질수록 포화량이 적어진다.

ⓑ 배양액 온도가 높을 때는 산소가 부족하기 쉽다.

ⓒ 작물의 뿌리는 계속하여 산소를 흡수하므로 양액 중 용존산소량은 감소하게 되므로 부족하지 않게 공급해야 한다.

2 식물공장

(1) 정의

① 외부와 차단된 시설 내에서 외부환경의 영향을 전혀 받지 않으면서 식물 재배에 필요한 빛, 공기(CO_2), 온도, 습도, 배양액 등을 재배환경조건을 인공으로 제어하여 계절에 관계없이 농산물을 계획적, 연속적으로 생산하는 시설이다.

② 일종의 인공생태계 식물생산시스템으로서 밀폐된 공간에서 식물의 생육환경 제어, 생산자동화를 통해 공산품과 같이 농산물을 생산하는 새로운 농업생산체계를 말한다.

(2) 장점

① 장소와 계절의 제한을 전혀 받지 않는다.

② 생육과 생산량을 예측할 수 있어 철저한 계획생산과 출하가 가능하다.

③ 작물의 생장속도가 빠르고 균일하다.

④ 공간활용률을 증진시킨다.

⑤ 안전농산물을 생산할 수 있다.

⑥ 최상의 품질과 최고의 수량을 낼 수 있다.

⑦ 병충해의 완전방제가 가능하다.

⑧ 생산의 전 과정을 완전자동화할 수 있다.

(3) 식물공장의 종류

① 구분 방법

태양광의 이용형태에 따라 완전제어형, 태양광병용형, 태양광이용형의 3가지 형태로 크게 구분한다.

② 완전제어형

㉠ 외부와 단절된 공간에서 전적으로 인공조명을 이용해 작물을 재배한다.

㉡ 인공조명으로는 고압나트륨램프(high-pressure sodium lamp), 형광등, 발광다이오드(light emitting diode, LED) 등을 주로 이용한다.

ⓐ 고압나트륨램프

가. 식물의 광합성에 필요한 적색과 청색의 비율이 낮으며 대량 열선을 방사하기 때문에 식물과의 거리를 충분히 유지할 필요가 있다.

나. 따라서 근접 조명을 통한 다단재배가 어렵다는 단점이 있다. 그러나 발광효율이 높고 수명이 길며 단위 광출력당 비용이 저렴하다.

ⓑ 형광등

발광에 열을 그다지 동반하지 않아 근접 조명이 가능하고, 조명 효율을 상당히 높일 수 있어 다단재배가 가능해진다.

ⓒ LED

LED(light emitting diode 발광다이오드)는 형광등과 비슷하지만 몇 가지 특징이 있다.

가. 적색광(660 nm)과 청색광(470 nm 근처)의 LED 발광 스펙트럼은 엽록소의 흡수 정점에 거의 일치한다.

나. 따라서 식물에 의한 빛의 흡수효율이 높아지고 비교적 약한 빛에서도 건전하게 생육시킬 수 있다.

다. 또한 열방사가 적으며 수명이 길고 광합성에 유리한 펄스(pulse 파동) 조사(照射)가 가능하다는 이점이 있다.

ⓒ 공간활용률을 최대화하기 위해 입체식 공간배치를 하며, 작업생산성을 최대화하기 위해 이동식 재배방법을 채택하는 경우도 있다.

ⓔ 신선채소의 생산, 가공식품 원료 생산, 고부가 산업용원료 생산, 의약품원료용 형질전환식물 생산, 도시형 식물공장, 극지방 식물 생산, 우주 인명지원시스템 등 다양한 활용 분야를 갖고 있다.

〈식물공장의 백색광에서 수경 재배되고 있는 채소 사진〉

― 출처 : 한국식물학회, 윤서아

③ 태양광 병용형

유리 또는 플라스틱필름으로 피복한 시설 내에서 태양광을 이용해 작물을 재배하되, 태양광이 부족한 때는 인공조명을 병용해 이용한다.

④ 태양광 이용형

㉠ 시설을 광투과성 자재로 건설하고 태양광만을 이용하여 재배한다.

㉡ 엄밀히 구분하면 온실에서 무토양재배와 구별하기 어렵다.

CHAPTER 06 수확과 저장

제1절 수확

1 성숙도

(1) 성숙

① 식물체상에서 미숙한 과실이 수확 가능한 상태로 변해가는 과정을 성숙과정이라 하며 먹기에 가장 적합한 상태로 익어가는 과정을 숙성이라 한다.

② 생리적 성숙 : 식물이 외관을 갖추어지고 충실해지며 꽃이 피고 열매를 맺을 수 있는 상태가 되며 수확의 적기가 되는 것을 성숙이라 한다.

③ 원예적 성숙 : 생리적 성숙에는 미치지 못하였더라도 애호박이나 오이 등은 원예적 이용 목적에 따라 수확하는 시기를 원예적 성숙이라 한다.

④ 상업적 성숙 : 상업적 가치에 따라 수확시기가 결정된다.

(2) 과실의 생장곡선에 의한 분류

과실의 생장곡선은 과실의 무게를 시기별 증가량으로 표시하는데, 대부분의 과실은 단일 또는 2중 S자형의 생장곡선을 나타내지만 참다래는 3중 S자형 생장곡선을 나타낸다.

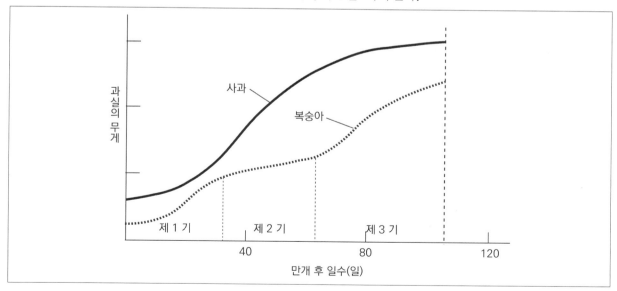

① 단일 S자형 생장곡선(single sigmoid growth curve)

급속한 생장기가 1회만 존재하는 과수이다.

   예 사과, 배, 밤, 호두, 비파, 감귤류, 파인애플, 바나나, 아보카도 등

② 2중 S자형 생장곡선(double sigmoid growth curve)

중간에 생장 중지기가 1회 존재해서 급속한 생장기가 2회 존재하는 과수이다.

   예 핵과류(복숭아, 자두, 살구 등), 포도, 감, 무화과, 블루베리, 올리브, 나무딸기 등

③ 3중 S자형 생장곡선(triple sigmoid growth curve)

중간에 생장 중지기가 2회 존재해서 급속한 생장기가 3회 존재하는 과수이다.

   예 참다래

(3) 생리적 성숙도 판정기준

① 원예산물의 품종 고유의 색깔 및 특색이 발현된다.

② 익어가는 과실은 신맛과 떫은맛이 적어지고 단맛이 많아지며 과육이 연하여 물러진다.

③ 품종고유의 색이 오르고 향기가 나며 씨가 굳는다.

④ 개화시기에서 성숙기까지는 거의 일정한 시간이 걸린다.

⑤ 잘 익은 과실은 본주에서 꼭지가 잘 떨어진다.

(4) 과실별 판정지표

① 전분함량 : 사과

> **🖊 더 알아보기   요오드 검사**
>
> 전분은 요오드와 반응하여 청색을 나타낸다. 사과는 성숙이 진행될수록 반응이 약해져 완전히 숙성된 과일은 반응이 나타나지 않는다. 요오드 반응의 정도에 따라 장기저장용, 단기저장용, 직출하용으로 나누어 수확기를 결정할 수 있다.

② 경도 : 복숭아

③ 쥬스함량 : 감귤

④ 결구 : 배추

⑤ 떫은 맛 : 단감

⑥ 산함량 : 키위, 멜론

2 수확

(1) 수확기

① 원예산물의 이용 목적에 따라 수확기를 결정한다.

② 발육정도, 재배조건, 시장조건, 기상조건에 따라 수확시기를 결정한다.

③ 외관상 판정할 수 있는 품종도 있으나 외관상 판단이 어려운 것도 많다. 따라서 개화일자를 기록하여 날수로 판단함이 정확하다.

(2) 수확적기의 판정

① 수확을 위한 적당한 성숙에 이르렀는지 아닌지를 결정한다.

② 수확 당시의 품질이 최상의 상태가 아닌 소비자 구매 시 생산물의 품질이 가장 우수할 때가 되는 시점이다.

③ 생리대사의 변화

　㉠ 클라이맥터릭의 단계

　　ⓐ 클라이맥터릭(climacteric)

　　　과채가 성숙이나 노화 과정에서 일시적으로 호흡이 증가하는 현상을 클라이맥터릭이라고 한다.

　　ⓑ 클라이맥터릭의 미니멈·라이즈·맥시멈

　　　수확기가 가까워지면 최소치인 '클라이맥터릭 미니멈'(최소치)에 달했다가 완숙 직전에 다시 증가되는데 이때를 '클라이맥터릭 라이즈'(증가)라고 한다. 그리고 호흡량이 계속 증가하여 최고치인 '클라이맥터릭 맥시멈'(최대치)에 이르게 된다.

　　ⓒ 과채의 수확 적기

　　　과채의 수확 적기는 호흡량이 최저에 달했을 때부터 약간 증가되는 초기 단계인 '클라이맥터릭 라이즈'에 이르는 시기이고, 이때 수확하는 과채는 저장력이 강하고 품질도 우수하다. 그러나 '클라이맥터릭 라이즈'가 지나면 과채는 급속히 물러지므로 적어도 이 기간에 수확해야 한다.

　㉡ 호흡급등형과실과 호흡비급등형과실

　　ⓐ 호흡급등형과실(climacteric type 호흡상승과)

　　　가. 성숙과 숙성과정에서는 호흡이 급격하게 증가하는 과실이다.

　　　나. 성숙단계에서 수확하면 수확 후 숙성이 진행되어 풍미가 더욱 좋아진다.

　　　　🔢 사과, 배, 감, 복숭아, 살구, 참다래, 무화과, 수박, 토마토, 바나나, 아보카도, 멜론, 키위, 망고, 파파야 등

　　ⓑ 호흡비급등형과실(non-climacteric type 비호흡상승과)

　　　가. 성숙과 숙성과정에서는 호흡의 변화가 없는 과실이다.

　　　나. 수확 후 숙성이 진행되지 않으므로 풍미가 제대로 발현될 때 수확하여 저장하여야 과실 특유의 풍미를 즐길 수 있다.

　　　　🔢 포도, 감귤, 오렌지, 레몬, 고추, 딸기, 가지, 오이, 호박, 양앵두, 올리브, 파인애플 등

　㉢ 에틸렌 대사

　　ⓐ 호흡급등형 과실은 성숙과정과 에틸렌 발생량과 매우 밀접한 관계를 가지고 있다. 따라서 에틸렌 발생량이나 과일 내부의 에틸렌 농도를 측정하여 성숙 정도를 알 수 있어 수확 시기를 결정할 수 있다.

ⓑ 클라이맥터릭 과정에서 분비되는 에틸렌은 과실의 색과 성숙을 촉진하지만 노화도 촉진시켜
저장수명을 단축시킨다.

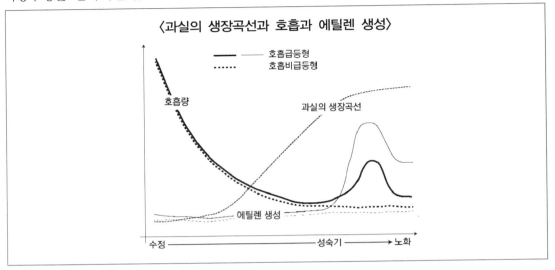

〈과실의 생장곡선과 호흡과 에틸렌 생성〉

ⓔ 성숙 및 숙성과정의 대사산물의 변화
 ⓐ 단맛의 증가 : 사과, 키위, 바나나 등은 전분이 당으로 가수분해되며 단맛이 증가한다.
 ⓑ 신맛의 감소 : 사과, 키위, 살구 등은 유기산의 변화로 신맛이 감소하게 된다.
 ⓒ 색의 변화 : 엽록소 분해 및 색소의 합성 및 발현으로 색의 변화가 일어난다.
 ⓓ 과육의 연화 : 세포벽이 붕괴되며 과육의 연화현상이 일어난다.
 ⓔ 떫은 맛의 소실 : 감은 타닌의 중화반응으로 떫은 맛이 없어진다.

 ○ 타닌(tannin) : 타닌은 아주 떫은 맛과 쓴맛을 주는 페놀 화합물을 말한다. 현재까지 150개 이상의 타닌이 존재한다고 알려져 있고, 대표적인 타닌은 갈산(gallic acid), 플로로글루시놀(phloroglucinol), 플라반-3-올(flavan-3-ol)과 같은 화합물들이 복잡하게 결합한 폴리페놀 타닌이다.

 ⓕ 풍미발생 : 사과, 유자 등은 휘발성 에스테르의 합성으로 고유의 풍미가 나타난다.

 ○ 에스테르(ester) : 유기산 또는 무기산과 알코올에서 탈수에 의해 생기는 화합물로 생체에서는 인산, 황산, 카르본산의 에스테르가 알려져 있다. 이들 에스테르를 가수분해하는 효소는 모두 넓은 의미의 에스테라제에 속하나 좁은 의미로는 각각 포스포타제, 슬파타제, 에스테라제(狹義)라고 불린다.

 ⓖ 과피 외관, 상품성 : 표면에 왁스물질 합성 및 분비로 외관이 좋아지며 상품성이 향상된다.
④ 만개 후 일수 : 꽃이 80% 이상 개화된 만개일시를 기준으로 한다.
⑤ 색깔, 맛, 경도 및 품질과 내·외적 품질구성요소를 만족시켜야 한다.

(3) 수확 시기의 중요성

① 수확 시기는 산물의 색, 크기 등 외관은 물론 맛과 품질을 결정하지만 적정 수확 시기는 수확기의 품질과 생산량에 따라 결정되는 것이 아니고 수확 후 저장기간 또는 유통기간을 고려하여 결정되어야 한다.

② 수확 시기는 산물의 품질을 결정한다.

③ 수확 시기에 따라 저장력이 결정된다.

   ㉠ 배 신고의 경우 수확 시기가 늦을 경우 저장 장해의 발생이 크게 증가하므로 적기에 수확하는 것이 장기저장을 위해서 바람직하다.

   ㉡ 사과 후지의 경우도 저온저장, CA저장(controlled atmosphere storage 공기조절저장)을 할 경우 수확기가 늦으면 저장 중 내부갈변 등 생리장해가 크게 증가한다.

   ㉢ 양파의 경우 수확 시기가 늦으면 전체 수확량은 증가하나 저장 중 손실이 급격히 증가한다.

   ㉣ 봄배추의 경우 수확 시기가 늦으면 결구상태는 좋아지나 저장 중 부패 또는 깨씨무늬 증상이 심하게 발생할 수 있다.

④ 경제성과의 관계를 고려하여야 한다.

   ㉠ 생산량
   수확기를 늦출 경우 수확량은 증가할지 모르나 품질이 떨어져 제 가격을 받지 못할 수 있으므로 품질과 생산량 두 가지 요인이 모두 충족되는 시점을 잡아야 한다.

   ㉡ 가격
   산물의 가격 변동이 클수록 수확기의 결정은 어렵다. 품질, 생산량, 가격의 각 요인에 따라 수확기를 결정하여야 한다.

   ㉢ 기타요인
   수확 전 낙과 현상이 심한 경우 낙과되기 전에 수확을 끝낼 수 있는 수확 계획 역시 수확기 결정의 고려 사항이다.

⑤ 용도와 출하시기를 고려하여야 한다.

   ㉠ 생리적 성숙과 원예적 성숙이 일치하지 않을 수 있으므로 산물의 용도에 따라 수확 시기를 결정하여야 한다.

   ㉡ 수확 후 바로 출하할 것인지 저장할 것인지에 따라 수확기에 간격을 두기도 한다. 사과나 배와 같은 저장용 과일은 수확 시기에 따라 저장력의 차이를 보이기도 한다.

(4) 수확방법

① 물리적 손상을 받기 쉬운 작물은 손으로 수확하는 방법이 아직은 절대적 수확방법이다.

② 수확 시간은 기온이 낮은 이른 아침부터 오전 중에 수확한다.

③ 성숙한 과일부터 몇 차례 나누어 수확한다.

④ 압력을 주면 상처를 받기 쉬우므로 치켜올려 따거나 가위나 칼로 딴다.

⑤ 수확된 산물은 던지거나 충격을 주어서는 안 된다.

⑥ 소비지가 멀거나 장기저장용 산물은 약간 덜 숙성된 것을 수확하고 즉석으로 팔거나 먹을 것은 완숙된 것을 수확하는 것이 좋다.

⑦ 충해나 병해를 입은 산물은 별도로 따서 처리한다.

3 수확 후의 생리작용

(1) 호흡

① 호흡작용

㉠ 살아있는 생명체로 수확된 과실도 호흡작용은 계속 진행된다.

㉡ 호흡은 살아있는 식물체에서 발생하는 주된 물질대사 과정으로 전분, 당, 탄수화물 및 유기산 등의 저장양분(기질)이 산화(분해)되는 과정으로 같은 세포 내에 존재하는 복합물질들을 이산화탄소나 물과 같은 단순물질로 변환시키고 이와 동시에 세포가 사용할 수 있는 여러 가지 분자와 에너지를 방출하는 일종의 산화적 분해과정이다. 생성된 에너지는 일부 생명유지에 필요한 대사작용에 소모되기도 하나 수확한 과실의 경우는 대부분 호흡열로 체외로 방출된다.

㉢ 호흡하는 동안 발생하는 열을 호흡열이라 하고 이것은 저장과 저장고 건축 시 냉각용적 설계에 중요한 자료가 된다.

㉣ 수확 후 관리기술은 호흡열을 줄이기 위하여 외부환경요인을 조절한다.

② 호흡과정

호흡의 과정은 다음과 같다.

> 포도당 + 산소 ⇨ 이산화탄소 + 수분 + 에너지(대사에너지 + 열)
>
> $C_6H_{12}O_6 + 6O_2 \Rightarrow 6CO_2 + 6H_2O + 에너지$

③ 호흡에 미치는 환경 요인

㉠ 온도

ⓐ 수확 후 저장 수명에 가장 크게 영향을 주는 요인은 온도이다. 온도는 대사과정에서 호흡 등 생물학적 반응에 크게 영향을 주기 때문이다. 대부분 작물의 생리적인 반응을 근거로 온도상승은 호흡반응의 기하급수적인 상승을 유도한다.

ⓑ 생물학적 반응속도는 온도 10℃ 상승에 2 ~ 3배 상승한다. 온도 10℃ 간격에 대한 온도상수를 Q_{10}이라 부르는데 Q_{10}은 높은 온도에서의 호흡률(R_2)을 10℃ 낮은 온도에서의 호흡률(R_1)로 나눈 값이다($Q_{10} = R_2 / R_1$)

ⓒ Q_{10}은 다른 온도에서 알고 있는 값에서 어떤 온도에서의 호흡률을 계산하는 데 이용되는 것이다. 보통 Q_{10}은 온도에 따라 다르게 변화하며 높은 온도일수록 낮은 온도에서보다 Q_{10} 값이 적게 나타난다.

ⓛ 대기조성

ⓐ 식물은 충분한 산소조건에서 호기성 호흡을 한다. 대부분의 작물에서 산소농도가 21%에서 2
~ 3%까지 떨어질 때 호흡률과 대사과정은 감소한다. 1% 이하의 산소농도는 저장온도가 최
적일 때 저장수명을 연장하지만 저장온도가 높을 때는 ATP(아데노신3인산)에 의한 산소소모
가 있기 때문에 혐기성 호흡으로 변하게 된다.

ⓑ 왁스처리, 표면코팅처리, 필름피막처리포장 등 수확 후 여러 취급과정을 선택하는 데는 충분
한 산소농도가 필요하다. 예를 들어 포장처리하는 동안 대기조성이 잘못될 경우 저장산물은
혐기성 호흡이 진행되어 이취가 발생하게 된다.

> ◦ 이취(異臭 off-flavor) : 본래의 취기와는 다른 취기를 말한다. 또 사람에 불쾌감을 주는 취기를 악취
> 라고 말한다.

ⓒ 저장산물 주변의 이산화탄소 농도가 증가하게 되면 호흡을 감소시키고 노화를 지연시키며 균
의 생장을 지연시키지만 낮은 산소 조건에서 높은 이산화탄소 농도는 발효과정을 촉진시킬
수 있다.

ⓒ 저온스트레스와 고온스트레스

ⓐ 수확 후 식물이 받는 스트레스에 따라 호흡률이 크게 영향을 받는다. 일반적으로 식물은 수확
후 0℃ 이상의 온도 범위에서는 저장온도가 낮을수록 호흡률은 떨어진다. 그러나 열대나 아열
대산 원산지인 식물은 수확 후 빙점온도(0℃) 이상에서 10~12℃ 이하의 온도에서는 저온에
의하여 저온 스트레스를 받게 되는데 이때 호흡률은 Q_{10}의 공식에 따르지 않는다.

ⓑ 온도가 생리적인 범위를 넘으면 호흡상승률은 떨어진다. 이 상승률은 조직이 열괴사 상태에
이르면서 마이너스가 되고 대사과정은 불규칙하게 되면서 효소 단백질은 파괴된다. 많은 조직
들은 단지 몇 분 동안 고온에서 견딜 수 있는데 이러한 특성을 기초로 몇몇 과일에서는 과피의
포자를 죽이는 데 이러한 특성을 이용하기도 한다.

ⓒ 물리적 스트레스

ⓐ 약간의 물리적 스트레스에도 호흡반응은 흐트러지고 심할 경우에는 에틸렌 발생 증가와 더불
어 급격한 호흡 증가를 유발한다. 물리적 스트레스에 의해 발생된 피해 표시는 장해 조직으로
부터 발생하기 시작하여 나중에는 인접한 피해받지 않은 조직에까지 생리적 변화를 유발한다.

ⓑ 중요한 생리적 변화로는 호흡증가, 에틸렌 발생, 페놀물질의 대사과정 그리고 상처 치유 등이
있다. 상처에 의해 유기된 호흡은 일시적이고 단지 몇 시간이나 며칠 동안 지속된다. 하지만
몇몇 조직에서의 상처는 숙성을 촉진하는 등의 발달과정의 변화를 촉진하여 지속적인 호흡증
가를 유지하게 된다. 에틸렌은 호흡을 자극하는 반응 외 저장산물에 많은 생리적인 효과를
가져온다.

④ 호흡상승과(호흡급등형)와 비호흡상승과(호흡비급등형)

㉠ 호흡은 산소의 이용 유무에 따라 호기적 호흡과 혐기적 호흡으로 구분할 수 있다. 작물의 호흡률은

조직의 대사활성을 나타내는 좋은 지표가 되며 따라서 작물의 잠재적인 저장 수명을 예상할 수 있게 한다.

ⓛ 작물의 무게 단위당 호흡률은 미숙상태일 때 가장 높게 나타나며 이후 지속적으로 감소한다. 토마토, 사과와 같은 작물은 숙성과 일치하여 호흡이 현저히 증가하는 현상을 보인다. 이러한 호흡현상을 나타내는 작물을 호흡상승과(호흡급등형)라고 분류한다.

ⓒ 호흡상승과의 호흡상승의 시작은 대략 작물의 크기가 최대에 도달했을 때와 일치하며 숙성동안 발생하는 모든 특징적인 변화가 이 시기에 일어난다. 호흡상승은 숙성과정의 완성뿐만 아니라 작물이 모체에 달려 있을 때나 수확했을 때 모두 진행한다.

ⓔ 감귤류, 딸기, 파인애플과 같은 작물들은 호흡상승을 나타내지 않으며 이러한 작물들은 비호흡상승과로 분류한다. 비호흡상승과들은 호흡상승과에 비하여 느린 숙성과정을 보이는데 대부분의 채소류는 비호흡상승과(호흡비급등형)로 분류된다.

ⓐ 호흡상승과(호흡급등형) : 사과, 바나나, 토마토, 복숭아, 감, 키위, 망고
ⓑ 비호흡상승과(호흡비급등형) : 고추, 가지, 오이, 딸기, 호박, 감귤, 포도, 오렌지, 파인애플

ⓜ 식물조직이 성숙하게 되면 그들의 호흡률은 전형적으로 감소하지만, 많은 채소류와 미성숙과일 같은 생장 중 수확된 산물의 호흡률은 매우 높고 성숙한 과일과 휴면 중인 눈 그리고 저장기관은 상대적으로 낮다.

ⓗ 수확 후의 호흡률은 일반적으로 낮아지는데, 비호흡상승과(호흡비급등형)와 저장기관에서는 천천히 낮아지고 영양조직과 미성숙 과일에서는 빠르게 낮아진다. 호흡반응에서의 중요한 예외는 수확 후 언젠가 호흡이 급격히 증가한다는 것인데 이러한 현상은 호흡상승과(호흡급등형)의 숙성 중 일어난다.

ⓢ 수확한 원예산물에서의 호흡은 숙성진행과 생명유지를 위해서는 필요하지만 신선도 유지 및 저장이라는 측면에서는 수확 후 품질변화에 나쁜 영향을 끼칠 수 있다. 따라서 농산물의 대사작용에 장해가 되지 않는 선에서 호흡작용을 억제하는 것이 신선도 유지에 효과적이다.

⑤ 호흡속도
ⓛ 호흡속도는 원예산물의 저장력과 밀접한 관련이 있어 저장력의 지표로 사용된다. 호흡은 저장양분을 소모시키는 대사작용이므로 호흡속도를 알면 호흡으로 소모되는 기질의 양을 계산할 수 있다. 호흡속도는 일정 무게의 식물체가 단위시간당 발생하는 이산화탄소의 무게나 부피의 변화로 표시한다.

ⓒ 수확 후 호흡속도는 원예생산물의 형태적 구조나 숙도에 따라 결정되며 생리적으로 미숙한 식물이나 표면적이 큰 엽채류는 호흡속도가 빠르고 감자, 양파 등 저장기관이나 성숙한 식물은 호흡속도는 느리다. 호흡속도가 빠른 식물은 저장력이 약하다.

ⓔ 호흡속도가 낮은 작물은 증산에 의한 중량감소가 잘 조절될 수 있으므로 장기간 저장이 가능하다. 체내의 호흡속도가 높은 산물은 저장력이 매우 약하며 주위온도가 높아져 호흡속도가 상승하면 역시 저장기간이 단축된다.

ⓔ 원예산물이 물리적, 생리적 장해를 받았을 경우 호흡속도가 상승한다. 따라서 호흡은 작물의 온전

성을 타진하는 수단으로도 이용할 수 있다. 이처럼 호흡의 측정은 원예생산물의 생리적 변화를 합리적으로 예측할 수 있게 해 준다.

ⓜ 일반적으로 호흡속도가 빠른 작물은 수확 후 품질변화도 급속히 진행되는 특성을 보인다.

ⓗ 호흡속도의 특징

ⓐ 주변 온도가 높아지면 빨라진다.

ⓑ 물리적 또는 생리적 장해의 발생 시 증가한다.

ⓒ 저장가능기간에 영향을 주며 상승하면 저장기간이 단축된다.

ⓓ 내부성분 변화에 영향을 준다.

ⓔ 원예작물의 온전성 타진의 수단이 되기도 한다.

ⓢ 호흡속도에 따른 원예산물의 분류

ⓐ 매우 높음 : 버섯, 강낭콩, 아스파라거스, 브로콜리 등

ⓑ 높음 : 딸기, 아욱, 콩 등

ⓒ 중간 : 서양배, 살구, 바나나, 체리, 복숭아, 자두 등

ⓓ 낮음 : 사과, 감귤, 포도, 키위, 망고, 감자 등

ⓔ 매우 낮음 : 견과류, 대추야자 열매류 등

⑥ 호흡조절

㉠ 호흡상승과(호흡급등형)의 공통점은 익으면서 에틸렌의 생성이 증가하며 외부처리로부터 에틸렌 또는 유사한 물질(프로필렌, 아세틸렌 등)을 처리하면 과실의 호흡이 증가한다.

㉡ 미성숙과실은 에틸렌에 대한 감응능력이 발달되어 있지 않기 때문에 미성숙과 및 비호흡상승과(호흡비급등형)는 에틸렌에 의해 호흡만 증가하고 에틸렌 생성은 촉진되지 않는다.

(2) 숙성과 노화

① 숙성과정은 과일의 조직감과 풍미가 발달하는 단계로 식물체상에서 숙성이 완료되는 과실은 성숙과 숙성단계의 구별이 모호한 경우가 많다.

② 숙성 다음에 오는 노화는 발육의 마지막 단계에서 일어나는 일련의 비가역적 변화로서 궁극적으로 세포의 붕괴와 죽음을 유발한다.

③ 과일이나 채소는 노화를 거치는 동안 연화 및 증산에 의해 상품성을 잃게 되고 병균의 침입으로 쉽게 부패한다.

(3) 증산작용

① 식물체에서 수분이 빠져 나가는 현상으로 식물생장에는 필수적인 대사작용이지만 수확한 산물에 있어서는 여러 가지 나쁜 영향을 미친다.

② 수분은 신선한 과일, 채소의 경우 중량의 80 ~ 95%를 차지하는 가장 많은 성분이고 신선한 산물의 저장 생리에서 매우 중요한 분야이다.

③ 일반적으로 증산으로 인한 중량감소는 호흡으로 발생하는 중량감소의 10배 정도 크다.

④ 증산에 따른 상품성의 변화

  ㉠ 중량이 감소한다.

  ㉡ 조직에 변화를 일으켜 신선도가 저하된다.

  ㉢ 시듦현상으로 외양에 지대한 영향을 미친다. 일반적으로 수분이 5% 정도 소실되면 상품가치를 잃게 된다.

  ㉣ 대부분 채소는 수분함량이 90% 이상 되는데, 온도가 높아지고 상대습도가 낮은 환경에서는 증산이 많아져 산물의 생체중이 5 ～ 10%까지 줄어들며 상품성이 크게 떨어지게 된다.

  ㉤ 과실은 수분함량이 85 ～ 95%로 이루어져 있는데 수분이 5 ～ 8% 정도 증산되면 상품가치를 잃게 된다.

  ㉥ 사과의 경우 9% 정도 중량감소가 일어나면 표피가 쭈그러지는 위조현상이 일어난다.

⑤ 증산작용의 증가

  ㉠ 온도가 높을수록 증산량은 증가한다.

  ㉡ 상대습도가 낮을수록 증산량은 증가한다.

  ㉢ 공기유동량이 많을수록 증산량은 증가한다.

  ㉣ 부피에 비해 표면적이 넓을수록 증산량은 증가한다.

  ㉤ 큐티클층이 얇을수록 증가한다.

  ㉥ 표피조직에 상처나 절단된 경우 그 부위를 통하여 증산량이 증가한다.

(4) 에틸렌

① 의의

  ㉠ 에틸렌은 기체상태의 식물 호르몬으로 클라이맥터릭(climacteric) 과실의 과숙에 관여한다. 에틸렌의 영향 중 경제적으로 중요한 작용 중의 하나는 사과, 자두, 복숭아, 살구, 토마토, 바나나, 오이류 등의 클라이맥터릭(climacteric) 과실류에서 과숙을 조절하는 작용이다.

  ㉡ 대부분의 원예산물은 수확 후 노화가 진행되거나 과실이 익는 동안 에틸렌이 생성되는데 에틸렌가스는 과실의 숙성 및 잎이나 꽃의 노화를 촉진시키므로 노화호르몬이라고 부르기도 한다.

  ㉢ 에틸렌은 과실의 연화현상, 숙성과 관련된 여러 가지 생리적 변화를 유발한다.

  ㉣ 원예산물을 취급하는 과정에서 상처나 불리한 조건에 처하면 조직으로부터 에틸렌이 발생하는데 이는 산물의 품질을 나쁘게 변화시키는 요인으로 작용한다.

  ㉤ 일반적으로 조생품종은 만생품종에 비해 에틸렌 발생량이 비교적 많고 저장성도 낮다.

  ㉥ 에틸렌 발생 등을 고려하여 장기간 저장 시는 단일품종, 단일과종만을 저장하는 것이 유리하다.

② 에틸렌의 특성

  ㉠ 불포화탄화수소로 상온, 대기압에서 가스로 존재한다.

  ㉡ 가연성이며 색깔은 없고 약간 단 냄새가 난다.

  ㉢ 0.1ppm의 낮은 농도에서도 생물학적 영향을 미친다.

  ㉣ 수확 후 관리에 있어 노화, 연화 및 부패를 촉진하여 상품 보존성을 저하시킨다.

    ⓜ 긍정적 영향으로는 성숙을 촉진시켜 식미를 높이거나 착색 등 외관을 좋게 하기도 한다.

    ⓗ 화학구조가 비슷한 프로필렌, 아세틸렌가스 등의 유사물질도 에틸렌과 같은 영향을 보이는 경우가 있다.

③ 에틸렌 발생

    ㉠ 생물체의 대사반응 또는 화학반응에 의해 만들어진다.

    ㉡ 동물에서는 정상적인 대사산물은 아니나 인간이 숨을 쉴 때도 미량 발생한다.

    ㉢ 고등식물은 종에 따라 발생량의 편차가 크다. 특히 발육단계에 따라 발생량의 편차를 보이는 경우가 흔하다.

        ⓐ 엽근채류는 에틸렌 발생이 매우 적지만 에틸렌에 의해서 쉽게 피해를 받아 품질이 나빠지게 된다. 상추나 배추는 조직이 갈변하고 당근은 쓴맛이 나며 오이는 과피의 황화를 촉진한다.

        ⓑ 에틸렌이 다량 발생하는 품목으로는 토마토, 바나나, 복숭아, 참다래, 조생종 사과, 배 등이 있고 에틸렌 발생이 미미한 과실에는 포도, 딸기, 귤, 신고배 등이 있다.

    ㉣ 유기물질이 산화될 때 또는 태울 때도 발생하며 화석연료를 연소시킬 때, 특히 불완전 연소될 때 더 많은 양이 발생한다.

    ㉤ 원예산물의 스트레스에 의한 발생

        ⓐ 생물학적 요인 : 병, 해충에 의한 스트레스로 발생

        ⓑ 저온에 의한 발생 : 주로 열대, 아열대 작물 등 저온에 약한 작물은 $12 \sim 13℃$ 이하의 온도에서 피해를 일으키는데 이런 피해에 작물은 에틸렌 발생량이 많아지고 쉽게 부패하며, 오이, 가지, 호박, 파파야, 미숙토마토, 고추 등이 이에 속한다.

        ⓒ 고온에 의한 발생 : 지나치게 높은 고온에 노출되어도 피해를 받으며 직사광선은 작물의 온도를 높여 생리작용을 촉진하여 에틸렌 발생과 함께 노화를 촉진시킨다.

④ 에틸렌 제거

    ㉠ 과실에 따른 에틸렌 발생을 잘 숙지하여 에틸렌을 다량 발생하는 품목은 다른 품목과 같은 장소에 저장하거나 운송되지 않도록 주의하여야 한다.

    ㉡ 에틸렌의 제거방법에는 흡착식, 자외선 파괴식, 촉매분해식 등이 있으며 흡착제로는 과망간산칼륨($KMnO_4$), 목탄, 활성탄, 오존, 자외선 등이 이용되고 있다.

    ㉢ 1-MCP(1-Methylcyclopropene) : 새로운 식물생장조절제로서 식물체의 에틸렌 결합부위를 차단하여 에틸렌의 작용을 무력화하는 특성을 지닌 물질이다. 따라서 과실의 연화, 식물의 노화 등을 감소시켜 수확 후 저장성을 향상시키는 데 유용하게 쓰일 수 있다. 1,000ppb의 농도로 $12 \sim 24$시간 사용하여 호흡, 에틸렌 생성, 휘발성 물질 생성, 엽록소 소실, 색깔, 단백질, 세포막 붕괴, 연화, 산도, 당도 등에 영향을 미쳐 과일, 채소류 등의 수확 후 저장성 및 품질을 향상시킨다.

⑤ 에틸렌의 영향

    ㉠ 저장이나 수송하는 과일의 후숙과 연화를 촉진시킨다.

    ㉡ 저장이나 수송 중의 과일을 탈색시키거나 연화를 촉진시킨다.

ⓒ 신선한 채소의 푸른색을 잃게 하거나 노화를 촉진시킨다.

ⓡ 수확한 채소의 연화를 촉진시킨다.

ⓜ 상추에서 갈색반점이 나타난다.

ⓗ 낙엽이 발생한다.

ⓢ 과일이나 구근에서 생리적인 장해가 발생한다.

ⓞ 절화의 노화를 촉진한다.

ⓩ 분재식물의 잎이나 꽃잎의 조기낙엽이 발생한다.

ⓒ 당근과 고구마의 쓴 맛을 형성한다.

ⓚ 엽록소 함유 엽채류에서 황화현상과 잎의 탈리현상으로 인한 상품성 저하를 가져온다.

ⓣ 대부분의 식물 조직은 조기에 경도가 낮아져 품질 저하를 가져온다.

ⓟ 아스파라거스와 같은 줄기채소의 경우 조직의 경화현상을 보인다.

⑥ 에틸렌의 농업적 이용

ㄱ 과일의 성숙 및 착색촉진제로 이용된다.

ㄴ 녹숙기의 바나나, 토마토, 떫은감, 감귤, 오렌지 등의 수확 후 미숙성 시 후숙 처리(엽록소 분해, 착색 촉진, 떫은 감의 연화 등의 상품가치 향상)를 위해 에틸렌 처리를 한다.

ㄷ 오이, 호박 등의 암꽃 발생을 유도한다.

ㄹ 파인애플의 개화를 유도한다.

ㅁ 발아촉진제로 사용된다.

⑦ 에틸렌 피해의 방지

ㄱ 피해의 방지를 위해서는 지속적으로 발생하는 에틸렌의 발생원을 제거하거나 축적된 에틸렌을 제거해줘야 한다.

ㄴ 에틸렌의 제거는 에틸렌 감응도가 높은 작물의 저장성을 향상시키며 절화류에서는 에틸렌 발생을 억제함으로써 선도를 유지할 수 있다.

ㄷ 에틸렌의 민감도에 따라 혼합관리를 피해야 한다.

제2절 수확 후 처리

1 세척

(1) 세척방법

① 건식세척

ㄱ 비용은 저렴하게 드나 재오염의 가능성이 높은 단점이 있다.

ㄴ 체눈의 크기를 이용한 이물질의 제거

      ⓒ 바람에 의한 이물질의 제거

      ⓔ 자석에 의한 이물질의 제거

      ⓜ 원심력에 의한 이물질의 제거

      ⓗ 솔을 이용한 이물질의 제거

      ⓢ 정전기를 이용한 미세먼지 제거

      ⓞ X선에 의한 이물질의 제거

  ② 습식세척

      ㉠ 원예산물에 부착되어 있는 오염물질을 세척제를 사용하여 침적, 용해, 흡착, 분산 등 화학적인 방법과 확산과 이동의 물리적 방법을 사용하여 제거하는 방법이다.

      ㉡ 세척 후 습기제거가 수반되어야 한다.

      ㉢ 재오염이 되지 않도록 하고 손상이나 변질이 없어야 한다.

      ㉣ 세척수를 이용한 담금에 의한 세척, 분무에 의한 세척, 부유(浮遊/浮游 물에 띄움)에 의한 세척, 초음파를 이용한 세척이 있다.

  ③ 자외선 살균

    자외선을 이용하여 세균, 곰팡이 등을 죽여 살균효과를 높이며 주로 이용되는 자외선의 파장은 10 ~ 400nm인 것이 화학작용에 강하다.

  ④ 탈수

    세척 후 원예산물에 남아있는 수분을 제거하여야 한다. 부착수가 남은 경우 곰팡이, 미생물 등의 증식으로 인한 부패, 골판지 상자의 강도저하 요인 등이 될 수 있다.

(2) 원예산물별 세척

  ① 근채류

    당근, 감자, 셀러리, 무 등은 세척시점과 소비시점이 길지 않아야 한다.

  ② 엽채류

      ㉠ 미생물의 확산이나 취급과정에서 생긴 상처부위에 따라 곰팡이의 증식요인이 되기도 한다.

      ㉡ 곰팡이의 억제제로 클로린(염소) 100ppm 정도를 사용한다.

  ③ 과채류

    이물질을 제거해 주기 위하여 과일을 닦는 일은 이물질을 제거하거나 광택을 낼 수 있으나 한편 상처를 낼 수 있고 손상된 세포를 통하여 숙성을 촉진시켜 에틸렌 발생이 증가한다.

2 큐어링

(1) 의의

  ① 수확 시 원예산물이 받은 상처에 상처 치료를 목적으로 유상조직을 발달시키는 처리과정을 말한다.

  ② 땅속에서 자라는 감자, 고구마는 수확 시 많은 물리적인 상처를 입게 되고 마늘, 양파 등 인경채류는

잘라낸 줄기부위가 제대로 아물고 바깥의 보호엽이 제대로 건조되어야 장기저장할 수 있다.

③ 수확 시 입은 상처는 병균의 침입구가 되므로 빠른 시일 내에 치유가 되어야 수확 후 손실을 줄일 수 있다.

(2) 품목별 처리방법

① 감자

수확 후 온도 15 ~ 20℃, 습도 85 ~ 90%에서 2주일 정도 큐어링하여 코르크층이 형성되어 수분 손실과 부패균의 침입을 막을 수 있다. 큐어링 중에는 온도와 습도를 유지하여야 하기 때문에 가급적 환기를 피하고 22℃ 이상인 경우는 호흡량과 세균의 감염이 급속도로 증가하기 때문에 주의가 필요하다.

② 고구마

수확 후 1주일 이내에 온도 30 ~ 33℃, 습도 85 ~ 90%에서 4 ~ 5일간 큐어링한 후 열을 방출시키고 저장하면 상처가 잘 치유되고 당분 함량이 증가한다.

③ 양파와 마늘

㉠ 양파와 마늘은 보호엽이 형성되고 건조가 되어야 저장 중 손실이 적다.

㉡ 일반적으로 밭에서 1차 건조시키고 저장 전에 선별장에서 완전히 건조시켜 입고하고 온도를 낮추기 시작한다.

3 예냉

(1) 의의

① 수확 후 원예산물에서 발생할 수 있는 품질 악화의 기회를 감소시켜 소비할 때까지 신선한 상태로 유지할 수 있도록 하는 매우 중요한 수확 후 처리과정이다.

② 수확한 원예산물은 본주로부터 더 이상 양분과 수분을 공급받지 못하지만 생리현상은 계속 진행되므로 축적된 양분과 수분을 이용하여 생명현상을 유지하여야 하는데 이러한 대사작용의 속도는 온도에 영향을 크게 받으므로 수확 후 온도관리는 가장 중요한 수확 후 관리기술이다.

③ 수확한 작물에 축적된 열을 포장열[圃場熱 field heat 포장(작물을 키우는 땅)에서 태양열을 받아서 복사되는 열]이라 하는데 수확기 온도가 높은 작물이 저장고에 입고되는 경우 저장고 온도가 잘 떨어지지 않는다. 예냉은 이러한 포장열을 작물에 나쁜 영향을 주지 않는 적합한 수준으로 온도를 낮추어 주는 과정이다.

④ 수확 직후의 청과물의 품질을 유지하기 위하여 수송 또는 저장하기 전의 전처리로 급속히 품온(品溫 temperature of fermenting material 물질의 내부발열로 외기온도보다 높아진 물질의 온도)을 낮추는 것을 예냉이라 한다.

⑤ 청과물을 저장하기 전에 동결점 근처까지 급속히 냉각시켜 호흡을 억제함으로서 저장양분의 소모를 감소시켜 품질 열화(劣化 성질이 나빠지는 현상)를 방지하고 저장성과 수송성을 높이며 증산과 부패를 억제하여 신선도를 유지하기 위해 사용한다.

⑥ 청과물 자체의 호흡량을 억제하는 냉각작업으로 저온유통체계를 활성화시킨다.

(2) 예냉의 효과

① 작물의 온도를 낮추어 호흡 등 대사작용 속도를 지연
② 에틸렌 생성 억제
③ 병원성 미생물 및 부패성 미생물의 증식 억제
④ 노화에 따른 생리적 변화를 지연시켜 신선도 유지
⑤ 증산량 감소로 인한 수분손실 억제
⑥ 유통과정의 농산물을 예냉함으로 유통과정 중 수분손실 감소

(3) 예냉의 효과를 높이기 위한 방법

① 수확 후 바로 저온시설에 수송하기 어려운 경우 차광막 등 그늘에 둔다.
② 작물에 적합한 냉각방식을 택하여 적용한다.
③ 예냉의 시기를 놓치지 않고 제때 예냉한다.
④ 속도와 목표온도가 정확하여야 한다.
⑤ 예냉 후 처리가 적절하여야 한다.

(4) 예냉적용 품목

① 호흡작용이 격심한 품목
② 기온이 높은 여름철에 주로 수확되는 품목
③ 인공적으로 높은 온도(하우스 재배 등)에서 수확된 시설 채소류
④ 선도 저하가 빠르면서 부피에 비하여 가격이 비싼 품목
⑤ 에틸렌 발생량이 많은 품목
⑥ 증산량이 많은 품목
⑦ 세균, 미생물 및 곰팡이 발생률이 높은 품목과 부패율이 높은 품목

(5) 예냉방식

① 냉풍냉각식(Room Cooling)
  ㉠ 일반 저온저장고에 냉장기를 가동시켜 냉각하는 방식으로 냉각속도가 매우 느리며 냉각시간은 냉각공기와 접하는 상자 표면적과 산물 중량에 따라 좌우된다.
  ㉡ 냉각속도가 느리므로 급속 냉각이 요구되는 산물에는 적용할 수 없지만 온도에 따른 품질저하가 적은 작물이나 장기저장하는 작물(사과, 감자, 고구마, 양파 등) 등에 주로 이용된다.
  ㉢ 저장고 면적에 비하여 적은 양의 산물을 넣고 냉각시킬 경우 지나치게 건조하게 되어 품질이 떨어지기도 한다.
② 강제통풍식 예냉(Forced Air Cooling)
  ㉠ 공기를 냉각시키는 냉동장치와 찬공기를 적재물 사이로 통과시키는 공기순환장치로 구성하여 예냉고 내의 공기를 강제적으로 교반시키거나 산물에 직접 냉기를 불어 넣는 방법으로 냉풍냉각식보다는 냉각속도가 빠르다.

ⓛ 냉각 소요시간은 품목, 포장용기, 적재방법, 용기의 통기공, 냉각용량 등에 영향을 받는다.

ⓒ 포장상자의 통기공이나 적재방법에 따라 냉각속도에 큰 차이가 있다. 적재상자와 상자 사이로 찬공기가 흐르지 않고 상자의 통기공을 거쳐 산물과 직접 접촉하게 공기가 흐르도록 하여야 한다.

ⓔ 산물이 비를 맞았을 경우 냉각효과가 떨어지므로 입고량을 줄이고 풍량과 풍속을 증가시켜 냉각속도를 빠르게 하여야 한다.

ⓜ 냉풍온도는 동결온도보다 낮으면 동해를 입을 수 있으므로 산물의 빙결점보다 1℃ 정도 높은 온도로 하는 것이 안전하다. 또한 과채류 등 저온장해를 입기 쉬운 품목은 저온장해를 일으키지 않는 온도범위를 결정하여야 한다.

③ **차압통풍식 예냉**
ⓐ 강제통풍식에 비하여 냉각속도가 빠르고 약간의 경비로 기존 저온저장고의 개조가 가능하다.
ⓑ 포장용기 및 적재방법에 따라 냉각편차가 발생하기 쉽다.
ⓒ 냉각속도는 강제통풍에 비해 빠르고 냉각불균일도 비교적 적다.
ⓓ 골판지 상자에 통기구멍을 내야 하고 차압팬에 의해 흡기 및 배기된다.

④ **진공예냉식 예냉**
ⓐ 원예산물의 주변에 압력을 낮추어 산물로부터 수분증발을 촉진시켜 증발잠열을 빼앗는 원리를 이용하여 냉각한다. 물은 1기압(760mmHg)에서는 100℃에서 증발하나 압력이 저하되면 비등점도 낮아져 4.6mmHg에서는 0℃에서 끓기 시작하며 0℃의 물 1Kg이 증발할 때 597Kcal의 열을 빼앗긴다.
ⓑ 장치는 진공조, 진공장치(진공펌프 또는 이젝터), 콜드트랩[cold trap 배기 속의 응축성 성분(물, 증기압이 높은 성분 등)을 냉각하여 제거하는 장치], 냉동기 및 제어장치 등으로 구성되어 있다.
ⓒ 엽채류의 냉각속도는 빠르지만 토마토, 피망 등은 속도가 느려 부적당하다. 또한 동일 품목에서도 크기에 따라 냉각속도가 달라진다.
ⓓ 냉각속도가 서로 다른 품목을 혼합하는 경우 위조현상이나 동해의 발생도 가능하므로 냉각시간이 같은 종류의 품목을 조합하여야 한다.

⑤ **냉수냉각식**
ⓐ 냉각기 또는 얼음으로 물을 0~2℃로 냉각하여 이를 매체로 사용하여 냉수와 산물의 열전달에 의하여 냉각하는 예냉방식이다.
ⓑ 접촉방식에 따른 유형
  ⓐ 스프레이식 : 압력으로 가압한 냉각수를 분무하여 냉각하는 방식
  ⓑ 침전식 : 냉각수가 들어 있는 수조에 침전시켜 냉각하는 방식
  ⓒ 벌크식 : 대량의 벌크(bulk) 상태의 산물을 냉각 전반은 침전식으로, 후반은 컨베이어벨트로 끌어 올려 살수하여 냉각하는 방식
ⓒ 냉각효율은 매우 좋으나 실용화를 위해서는 미생물 오염과 같은 여러 문제점을 해결하여야 한다.
ⓓ 과채류, 근채류, 과실류의 예냉에 효율적이며 시금치, 브로콜리, 무, 당근 등에 이용된다.

ⓜ 청과물이 물에 젖게 되므로 작물에 따라 문제가 생기기도 한다.

ⓗ 빠른 냉각속도와 함께 세척효과도 있으며 근채류에 적합하다.

⑥ 빙냉식

　㉠ 잘게 부순 얼음을 원예산물과 함께 포장하여 수송하므로 수송 중 냉각이 이루어진다.

　㉡ 얼음과 산물이 직접 접촉하므로 신속한 예냉이 이루어진다.

　㉢ 일반적으로 고온에 품질변화가 빠르고 물에 젖어도 변화가 적은 작물에 이용된다.

　㉣ 포장재가 젖게 되므로 내수성이 강한 재료를 사용하여야 한다.

4 예건

(1) 의의

① 수확 시 외피에 수분함량이 많고 상처나 병충해 피해를 받기 쉬운 작물은 호흡 및 증산작용이 왕성하여 그대로 저장하는 경우 미생물의 번식이 촉진되고 부패율도 급속히 증가하기 때문에 충분히 건조시킨 후 저장하여야 한다.

② 식물의 외층을 미리 건조시켜 내부조직의 수분 증산을 억제시키는 방법으로 수확 직후에 수분을 어느 정도 증산시켜 과습으로 인한 부패를 방지한다.

③ 마늘의 경우 수확 직후 수분함량은 85% 정도로 부패하기 쉽다. 장기저장을 위해서는 인편의 수분 함량을 약 65%까지 감소시켜 부패를 막고 응애와 선충의 밀도를 낮추어야 한다.

④ 현재 국내 농가에서는 예냉시설부족으로 주로 예건을 실시하여 수확 후 과실의 호흡작용을 안정시키고 과피가 탄력이 생겨 상처를 받기 어렵고 과피의 수분을 제거함으로 곰팡이의 발생을 억제할 수 있다.

⑤ 수확 직후 건물의 북쪽이나 나무그늘 등 통풍이 잘 되고 직사광선이 닿지 않는 곳을 택하여 야적하였다가 습기를 제거한 후 기온이 낮은 아침에 저장고에 입고시킨다.

5 맹아(움돋이)억제

(1) 의의

① 양파, 마늘, 감자 등의 품목은 기간이 지나면 휴면기가 끝나고 보통저장고에서는 싹이 자라면서 상품가치가 급속히 저하되므로 맹아의 발생을 억제하여야 한다.

② MH 처리

양파의 생장점은 인엽으로 쌓여 있어 수확 후에 약제를 처리하는 것으로 효과가 없다. 수확 약 2주 전에 0.2 ~ 0.25%의 MH를 엽면 살포하면 생장점의 세포분열이 억제되면서 맹아의 생장을 억제한다. 살포시기가 너무 빠르면 저장 중 구 내에 틈이 생기기 쉽고 늦으면 효과가 적다.

③ 방사선처리

양파와 마늘, 감자 등에 이용되며 r선을 조사함으로써 맹아를 억제할 수 있는데, 맹아방지에 필요한 최저 선량은 양파는 2,000r, 감자는 7,000~12,000r로 맹아를 방지할 수 있다. 선량이 과다하면 부패량이 많아진다. 생장점 부근의 조직은 방사선에 대해 감수성이 가장 예민하므로 이 부분의 장해를 맡고 다른 조직에 대해서는 영향이 가장 적은 선량이 바람직하다. 상온에서도 상당히 장기간 저장할 수 있다.

제3절 저장

1 저장의 의의와 개념

(1) 저장의 의의

① 저장이란 식품의 품질이 변하지 않도록 하는 일이다.

② 여기서 품질은 영양학적인 가치와 기호적인 가치 및 위생학적인 가치를 들 수 있는데 소비자들은 기호적인 가치를 더 중요시하는 경향이 있다.

③ 식품의 기호적인 가치에 영향을 미치는 것은 화학성분, 물리적 성분 및 조직적 상태이며 이들의 성상이 변치 않도록 하는 수단이 저장의 궁극적인 목적이라 할 수 있다.

④ 저장의 가장 바람직한 환경은 온도, 공기순환, 상대습도, 대기조성이 조절될 수 있는 시설을 갖춤으로써 가능하다.

(2) 저장의 기능

① 수확 후 신선도 유지기능
생산된 원예산물이 생산 이후 소비될 때까지 신선도를 유지하도록 한다.

② 수급조절의 기능
수확 시기에 따른 홍수출하로 인한 가격폭락, 또는 흉작과 계절별 편재성에 따른 가격의 급등을 방지하며 유통량의 수급을 조절하는 기능을 가지고 있다.

③ 계절적 편재성이 높은 원예산물을 장기저장함으로 소비자에게 연중 공급이 가능하도록 한다.

④ 저장력이 높아지면서 장거리 수송이 가능해져 소비와 수요가 확대되는 기능을 가지고 있다.

⑤ 가공산업에 원료 농산물을 연중 지속적으로 공급이 가능해져 농산물 가공산업을 발전시킨다.

(3) 저장력에 영향을 미치는 요인

① 저장 중 온도

㉠ 저장 중 온도가 높으며 호흡량의 증가로 내부성분의 변화가 촉진된다.

㉡ 온도가 높으면 세균, 미생물, 곰팡이 등의 증식이 활발해지므로 부패율이 증가한다.

㉢ 온도에 따른 증산량의 증가로 중량의 감모율이 증가한다.

㉣ 저온에 저장하는 것이 적당하지만 작물에 따라서는 저온장해를 받는 작물이 있으므로 작물의 저장 적온을 알고 저장하는 것이 중요하다.

② 저장 중 습도

저장고의 습도가 너무 낮으면 증산량이 증가하여 중량의 감모현상이 나타나며 습도가 너무 높으면 부패 발생률이 증가한다.

③ 재배 중 온도와 강우

과일의 경우는 건조한 조건과 온도가 높은 조건에서 재배된 것이 저장력이 강하다.

④ 재배 중 토양

사질토보다는 점질토에서, 경사지로 배수가 잘 되는 토양에서 재배된 과실이 저장력이 강하다.

⑤ 재배 중 비료

㉠ 질소의 과다한 시비는 과실을 크게 하지만 저장력을 저하시킨다.

㉡ 충분한 칼슘은 과실을 단단하게 하여 저장력이 강해진다.

⑥ 수확시기

㉠ 일반적으로 조생종에 비하여 만생종의 저장력이 강하다.

㉡ 장기저장용 과일은 일반적으로 적정수확시기보다 일찍 수확하는 것이 저장력이 강하다.

2 상온저장

(1) 상온저장

상온저장은 보통저장이라고도 하는데 외기의 온도변화에 따라 외기의 도입, 차단, 강제송풍처리, 보온, 단열, 밀폐처리 등으로 가온이나 저온처리장치 없이 저장하는 방법이다.

① **도랑저장** : 가장 간단한 저장법으로서 주로 호냉성채소인 무, 당근, 감자, 배추, 양배추 등의 저장에 많이 쓰인다. 그러나 기온이 급격히 떨어지면 어는 경우가 있고, 미리 두껍게 덮어서 과온이 되기 쉬우므로 흙덮기에 주의해야 한다. 자재가 거의 들지 않고 무제한으로 대량저장이 가능하지만, 꺼내기가 불편하다.

② **움저장** : 땅에 1~2m 깊이로 구덩이를 판 뒤 그 안에 수확한 원예산물을 넣고 그 위에 왕겨나 짚을 덮고 다시 흙으로 덮어준다. 채소류는 싹이 트지 않도록 거꾸로 세워 저장한다. 현재처럼 저장시설이 발달하지 못했던 때 많이 이용하던 방법으로 움의 온도는 10℃ 내외, 습도는 85%로 유지하는 것이 저장에 유리하다.

③ **지하저장고** : 여름에는 시원하고 겨울에는 따뜻하여 연중 채소저장에 편리하다. 특히, 겨울동안 고구마, 토란, 생강 등 호온성채소의 저장에 좋으나 환기가 불량하면 과습하게 되기 쉽다.

④ **환기저장** : 환기는 원예산물의 장기저장 시에는 필요하다. 청과물의 상온저장은 온도변화를 작게 하고 통풍설비가 완비된 시설에서 저장하는 것이 좋다.

(2) 피막제에 의한 저장

① 각종 왁스, 증산억제제 처리방법 등에 의한 저장방법이다.

② 식품위생상의 문제점이 있지만, 감귤, 사과 등에 이용되고 있다.

(3) 방사선을 이용한 저장

① 방사선 중에서도 감마선과 베타선이 이용되고 있다.

② 주로 발아억제를 목적으로 많이 이용하고 있으며, 밤의 저장 중의 발아억제를 위한 감마선조사가 현저한 효과가 있다.

③ 방사선의 조사는 일시적으로 호흡이 촉진되므로 바나나의 숙도조절이나, 감의 탈삽 등에도 이용되고 있다.

3 저온저장

(1) 저온저장

① 냉각에 의해 일정한 온도까지 원예산물의 온도를 내린 후 동결점 이상 일정한 저온에서 저장하는 것을 말하며 일반적으로 냉장이라고 한다.

② 원예산물에서 일어나는 생리적 반응들은 온도의 변화에 큰 영향을 받으며 온도가 낮을수록 반응속도는 느려진다. 또한 온도의 저하는 미생물 활성도 낮춤으로 부패 발생률이 낮아진다.

③ 최근 저온저장고의 온도 및 습도를 인터넷으로 모니터링하고 필요 시 원격제어하는 기술이 개발되어 농산물 저온저장고 건축 시 이러한 시스템의 정착이 가능해졌다.

④ 실내온도를 균일하게 하기 위해 팬으로 공기를 순환시키며, 채소류는 많은 수분을 발산하여 과습하기 쉬우므로 유의해야 한다.

(2) 저온저장고

저장고는 기능과 구조가 일반 건축물과는 다르므로 위치 및 건축자재 등의 선택에 달리 신경을 써야 한다. 단열자재의 선택, 건물 내부 및 외부의 청결상태 유지를 위한 구조 설계 등이 요구된다.

① **냉장원리**

㉠ 냉매가 기화되면서 주변 열을 흡수하므로 주변의 온도를 낮추는 원리를 이용한다.

㉡ 냉매를 압축기에서 압축하고 응축기에서 액체상태로, 이 액화된 냉매는 팽창밸브를 거치며 저압으로 변하여 증발기 내를 흐르며 기체로 변한다.

② **냉장기기**

㉠ 압축기

㉡ 응축기

㉢ 팽창밸브

㉣ 냉각기(증발기)

㉤ 제상장치

③ **냉장용량**

냉장용량은 저장고에서 발생하는 모든 열량을 합산하여 구하며 이를 냉장부하라고 한다. 온도상승요인은 포장열, 호흡열, 전도열, 대류침투열, 장비열 등이 있고 포장열과 호흡열이 냉장부하의 대부분을 차지한다.

④ 저장고의 소독

　㉠ 저장고 안에 원예산물로부터 전염된 세균, 곰팡이 및 미생물이 남아있을 수 있다.

　㉡ 오염된 저장고를 계속 사용하는 경우 저장 산물에 오염되고 저장 중 문제가 생기지 않더라도 출하 후 부패 증상이 나타날 수 있다.

　㉢ 저온에서도 활성이 있는 세균들도 있어 부패를 발생할 수 있으므로 저장 전 저장고를 소독하는 것이 바람직하다.

　㉣ 세균과 곰팡이 중에는 에틸렌을 발생하는 종류도 있어 산물의 숙성을 촉진시키거나 과피 얼룩 등의 장해를 일으키기도 한다.

⑤ 원예산물별 최적 저장온도

　㉠ 0℃ 혹은 그 이하 : 콩, 브로콜리, 당근, 셀러리, 마늘, 상추, 버섯, 양파, 파슬리, 시금치

　㉡ 0～2℃ : 아스파라거스, 사과, 배, 복숭아, 매실, 포도, 단감, 자두

　㉢ 2～7℃ : 서양호박(주키니)

　㉣ 4～5℃ : 감귤

　㉤ 7～13℃ : 애호박, 오이, 가지, 수박, 단고추, 토마토(완숙과), 바나나

　㉥ 13℃ 이상 : 생강, 고구마, 토마토(미숙과)

4　CA저장[Controlled Atmosphere Storage]

(1) 의의

① 공기 중의 이산화탄소·산소의 농도를 과실의 종류·품종에 알맞게 조절하여 과실을 장기저장할 수 있는 과실저장법이다. 온도·습도·기체조성(氣體組成) 등을 조절함으로써 장기 저장(貯藏)하는 가장 이상적인 방법이다.

② CA저장은 대기조성(대략 N_2 : 78%, O_2 : 21%, CO_2 : 0.03%)과는 다른 공기조성을 갖는 조건에서 저장하는 것을 말한다.

③ 산소농도는 대기보다 약 4～20배(O_2 : 8%) 낮추고 이산화탄소는 약 30～500배(CO_2 : 1～5%) 증가시키는 조건으로 조절하여 저장하는 방식이다.

④ 또한 신선한 과실, 채소, 관상식물 등 전 수확 후 관리과정에서 각 작물마다 적절한 온도와 상대습도 조건을 충족하여야 한다.

⑤ 이러한 조건에서는 호흡이 억제되고, 에틸렌의 생성 및 작용의 억제되는 등의 효과에 의해 유기산의 감소, 과육의 연화 지연, 당과 유기산 성분 및 엽록소의 분해 등과 같은 과실의 후숙과 노화현상이 지연되며 미생물의 생장과 번식이 억제되어 원예산물의 품질을 유지하면서 장기간의 저장이 가능해진다.

(2) 원리 및 특징

① CA는 호흡이론에 근거를 두고 원예산물 주변의 가스조성을 변화시켜 저장기간을 연장하는 방식이다.

② 호흡은 원예산물 내 저장양분이 소모되면서 이산화탄소와 열을 발산하는 대사작용으로 산소가 필수적이므로 저장물질의 소모를 줄이려면 호흡작용을 억제하여야 하며 이를 위해서는 산소를 줄이고 이산화탄소를 증가시킴으로써 가능하다.

③ CA효과는 높은 농도의 이산화탄소와 낮은 농도의 산소조건에서 생리대사율을 저하시킴으로서 품질변화를 지연시킨다.

(3) 이산화탄소 농도 및 에틸렌 농도 제어

① CA저장고 내 이산화탄소의 농도는 일정수준까지 증가시키다가 장해가 발생하는 상한선에서는 제거해 주어야 한다.

② 한편 CA저장고의 효과를 높이려면 숙성호르몬으로 일컫는 에틸렌가스의 제거가 수반되어야 한다.

③ 에틸렌가스의 제거방식으로는 흡착인자를 이용하는 흡착식, 자외선 파괴식, 촉매분해식 등이 있는데 최근까지 개발방식으로는 촉매분해식이 경제적 타당성이 높다. 자외선 파괴식은 경제성이 뛰어나지만 현재로서는 실용화되지 못하고 있는 실정이다.

(4) CA저장의 효과

① 호흡, 에틸렌 발생, 연화, 성분변화와 같은 생화학적, 생리적 변화와 연관된 작물의 노화를 방지한다.

② 에틸렌 작용에 대한 작물의 민감도를 감소시킨다.

③ 작물에 따라서 저온 장해와 같은 생리적 장해를 개선한다.

④ 조절된 대기가 병원균에 직접 혹은 간접으로 영향을 미침으로써 곰팡이의 발생률을 감소시킨다.

(5) CA저장의 위험요소

① 토마토와 같은 일부작물에서 고르지 못한 숙성을 야기할 수 있다.

② 감자의 흑색심부, 상추의 갈색반점과 같은 생리적 장해를 유발할 수 있다.

③ 낮은 산소 농도에서 혐기적 호흡의 결과로 이취(異臭)를 유발할 수 있다.

(6) CA저장의 문제점

① 시설비와 유지비가 많이 든다.

② 공기조성이 부적절할 경우 장해를 일으킨다.

③ 저장고를 자주 열 수 없으므로 저장물의 상태를 파악하기 힘들다.

5 MA저장(Modified Atmosphere Storage)

(1) 원리 및 효과

① 필름이나 피막제를 이용하여 산물을 하나씩 또는 소량을 외부와 차단하는 저장법이다. 차단된 내부에서는 호흡에 의한 산소농도의 저하와 이산화탄소농도의 증가가 일어나며 이에 의해 호흡을 줄임으로 품질변화를 억제하는 방법이다. MA처리는 압축된 CA 저장이라 할 수 있다.

② 각종 플라스틱 필름 등으로 원예산물을 포장하는 경우 필름의 기체투과성, 산물로부터 발생한 기체의 양과 종류에 의하여 포장내부의 기체조성은 대기와 현저하게 달라지는 저장법이다.

③ 포장재의 개발과 함께 발달하였으며 유통기간의 연장 수단으로 많이 사용되고 있다.

④ MA저장은 적정한 가스의 농도가 산물의 종류에 따라 다르다. 사과는 품종에 따라 다르나 산소가 2 ~ 3%, 이산화탄소 2 ~ 3%, 감은 산소 1 ~ 2%, 이산화탄소 5 ~ 8%, 배에는 산소 4%, 이산화탄소 5%의 적정농도가 유지되어야 한다.

⑤ MA저장에 사용되는 필름은 수분투과성, 이산화탄소나 산소 및 다른 공기의 투과성이 무엇보다도 중요하다.

⑥ 수증기의 이동을 억제하여 증산량이 감소한다.

⑦ 온도에 민감해 장해를 일으키는 작물의 장해 발생감소에 효과적이다.

⑧ 낱개 포장하는 경우 물리적 손상을 방지할 수 있다.

⑨ 필름과 피막처리는 CA효과를 볼 수 있으므로 과육연화현상과 노화현상을 지연시킬 수 있다.

⑩ 단감을 제외한 일반적인 원예산물의 경우 포장, 저장 및 유통기술이므로 MAP(Modified Atmosphere Packaging 가스치환포장방식)로 표현하는 것이 더욱 적절하다.

(2) 전제조건

포장 내 과습으로 인해 부패와 내부의 부적합한 가스 조성에 따른 생리장해를 초래할 수 있으므로 다음 사항을 고려하여야 한다.

① 고려사항
  ㉠ 작물의 종류
  ㉡ 성숙도에 따른 호흡속도
  ㉢ 에틸렌 발생량 및 감응도
  ㉣ 필름의 두께
  ㉤ 종류에 따른 가스투과성
  ㉥ 피막제 특성

② 필름 종류별 가스투과성

> 저밀도폴리에틸렌(LDPE) > 폴리스틸렌(PS) > 폴리프로필렌(PP)
> > 폴리비닐클로라이드(PVC) > 폴리에스터(PET)

(3) MA저장의 이용

① 필름포장
  ㉠ 엽채류와 비급등형 작물은 주로 수분 손실억제와 생리적 장해 및 노화 지연에 목적을 두고 있다.
  ㉡ 호흡급등형에 속하는 작물은 포장 내 가스조성의 변화를 통한 저장효과에 목적을 둔다.
  ㉢ 흡착물질을 첨가하여 품질유지효과를 보기도 한다.

ⓔ 단감의 PE필름 저장 : 저밀도 PE필름 MA저장으로 4 ~ 5개월 장기 저장이 가능하다.

ⓜ 유의사항

    ⓐ 지나친 차단성은 이산화탄소 축적에 따른 생리적 장해와 결로현상에 의한 미생물 증식의 위험성이 있다.

    ⓑ 속포장에 플라스틱 필름을 사용하는 경우는 저산소 장해, 이산화탄소장해, 과습에 따른 부패 등에 따른 포장재를 선택하거나 가스 투과성을 고려하여야 한다.

② 피막제

    ㉠ 왁스 및 동식물성 유지류 등이 산물의 저장, 수송, 유통 중 품질유지를 위하여 사용되고 있다.

    ㉡ 피막제의 도포는 경도와 색택을 유지하고 산함량 감소를 방지하는 효과를 볼 수 있다.

    ㉢ 과일의 색감 증가나 표면의 광택증진 등 외관을 향상시키는 왁스처리가 실용화되어 있다.

    ㉣ 부분적 위축과 상처 및 장해 현상을 유기하기도 하므로 작물의 종류에 따라 적합한 피막제를 선택하여야 한다.

(4) 수동적 MA저장

① 폴리에틸렌, 폴리프로필렌 필름 등을 이용하여 밀봉할 경우 밀봉된 포장 내에서 원예산물의 호흡에 의한 산소소비와 이산화탄소의 방출로 포장 내에 적절한 대기가 조성되도록 하는 방법이다.

② 포장에 사용된 필름은 가스확산을 막을 수 있는 제한적인 투과성을 지니고 있다.

(5) 능동적 MA저장

① 포장 내부의 대기조성을 원하는 농도의 가스로 바꾸는 방법이다.

② 대부분의 능동적 MA저장은 포장재 표면에 계면활성제를 처리하여 결로현상을 방지하는 방담필름과 항균물을 첨가한 항균필름 등이 있다.

> ◦ 방담처리(放曇處理) : 제품의 표면에 물기가 맺히지 않도록 하는 처리이다. 주로 물기가 많은 식품을 포장할 때 사용하는데, 필름 표면에 친수성 수지나 계면활성제의 층을 만든다.

③ 최근 고분자필름 소재에 기능성 충전제를 충전시켜 포장하면 농산물들을 일반포장재로 포장하여 유통시킬 경우보다 신선도 유지기간을 획기적으로 연장시킬 수 있는 환경친화성 신선도 유지형 포장재가 완성되었다.

6 콜드체인시스템[cold chain system 저온유통체계]

(1) 의의

① 수확 즉시 산물의 품온을 낮춰 수확에서부터 판매까지 적정 저온이 유지되도록 관리하는 체계를 콜드체인시스템 또는 저온유통체계라 한다.

② 원예산물의 신선도 및 품질을 유지하기 위하여 산물에 알맞은 적정 저온으로 냉각시켜 저장·수송·판매에 걸쳐 적정온도를 일관성 있게 관리하는 것이다.

(2) 관리방법

① 산지 : 출하되기 전까지 적정 저온에 저장할 수 있는 저온저장고가 필요하다.

② 운송 : 냉장차량의 보급으로 저온을 유지하며 산지에서 소비지까지 운송되어야 한다.

③ 판매 : 적정 저온을 유지할 수 있는 냉장시설을 판매대에도 설치되어야 한다.

(3) 저온유통체계의 장점

① 호흡 억제

② 숙성, 노화 억제

③ 연화 억제

④ 증산량 감소

⑤ 미생물 증식 억제

⑥ 부패 억제

제4절 수확 후 장해

1 생리장해

(1) 온도에 의한 장해

① 동해

㉠ 저장 중 빙점(0℃) 이하의 온도에서 일어나는 장해이다.

㉡ 식물의 세포는 많은 영양물질을 가지고 있어 물의 빙점(0℃)보다는 약간 낮은 온도에서 결빙된다.

㉢ 작물의 결빙 온도는 작물의 종류 등에 따라 다르나 약 −2℃ 이하에서 조직의 결빙으로 동해가 나타난다.

㉣ 동해를 입은 작물은 호흡이 증가하고 병원균에 쉽게 감염되어 부패하기 쉽다.

㉤ 동해의 증상은 결빙 중보다는 해동 후에 나타난다.

② 저온장해

㉠ 작물의 종류에 따라 빙점 이상의 온도에서 저온에 의한 생리적 장해를 입는 경우가 있다.

㉡ 특이한 한계온도 이하의 저온에 노출될 때 영구적인 생리장해가 나타나는데 이를 저온장해라 한다.

㉢ 빙점 이하에서 조직의 결빙으로 나타나는 동해와는 구별된다.

㉣ 저온장해를 입는 한계온도는 작물에 따라 다르게 나타나며 저장기간과는 관계없이 장해가 나타나기 시작하는 온도이다.

㉤ 온대 작물에 비해 열대, 아열대 원산의 작물이 저온에 민감하며 작물로는 고추, 오이, 호박, 토마토, 바나나, 멜론, 파인애플, 고구마, 가지, 옥수수 등이 있다.

③ 고온장해

    ㉠ 대부분의 효소는 40 ~ 60℃의 고온에서 불활성화되며 이는 대사작용의 불균형이 나타난다.

    ㉡ 조직이 치밀한 작물의 경우 고온에 의한 왕성한 호흡작용으로 조직의 산소 소모가 지나쳐 조직 내의 산소 결핍 현상이 일어난다.

    ㉢ 바나나의 경우 30℃ 이상의 고온에서는 정상적인 성숙이 불가능하다.

    ㉣ 토마토의 경우 32 ~ 38℃에서 리코펜의 합성이 억제되어 착색이 불량해지며 펙틴 분해효소의 불활성화로 과육연화 지연 등이 나타난다.

    ㉤ 사과나 배에서는 껍질덴병이 나타난다.

    ㉥ 고온의 경우 증산량의 증가로 품질의 악화를 초래한다.

(2) 가스에 의한 장해

① 이산화탄소 장해

    ㉠ 일반적으로 이산화탄소 장해의 증상은 표피에 갈색 함몰 부분이 생기며 저산소, 미성숙 등의 영향을 받으며 이는 주로 저장 초기에 나타난다.

    ㉡ 외관으로 나타나지 않고 내부 중심 조직에 나타나는 경우도 있다.

    ㉢ 후지 사과의 경우 이산화탄소 3% 이상의 조건에서 과육갈변을 일으킬 수 있다.

    ㉣ 배의 이산화탄소 장해는 숙도와 노화정도에 비례하며 저장 기간 등의 영향을 받는다.

    ㉤ 토마토의 경우 5% 이산화탄소 조건에 1주일 저장하면 이산화탄소에 의해 성숙이 비정상적으로 지연되며 착색이 부분적으로 이루어지며 악취와 부패과의 발생이 증가한다.

    ㉥ 감귤류는 과피 함몰이 나타난다.

    ㉦ 양배추, 결구상추 등은 조직의 갈변현상이 나타난다.

② 저산소 장해

    ㉠ 정상적인 호흡이 곤란한 낮은 농도의 산소 조건에서 작물은 생리적 장해를 받는다.

    ㉡ 세포막이 파괴되며 무기호흡의 결과로 알콜 발효가 진행되어 독특한 냄새와 맛이 나타난다.

    ㉢ 표피에 진한 갈색의 수침형 부분이 생기며 표피 조직도 영향을 받는다. 심한 경우 과심 부분에도 갈색의 수침 부분이 생긴다.

    ㉣ 왁스 처리를 한 경우 온도가 높거나 왁스층이 두꺼울 경우 발생하기 쉽다.

③ 에틸렌 장해

    ㉠ 저장 중 에틸렌 농도가 높으면 노화 촉진 등 장해가 발생한다.

    ㉡ 감귤류 경우 에틸렌 농도나 온도가 높으면 껍질에 회갈색에서 자주빛이 나는 함몰형의 불규칙적인 반점이 생기며 심하면 이취가 발생한다.

(3) 영양장해(칼슘 결핍에 의한 장해)

① 특정 성분의 결핍 또는 과다는 영양 성분의 불균형으로 인한 장해를 일으키기도 한다.

② 영양성분의 결핍은 다양한 갈변 증상을 보이며 이는 재배 중 또는 수확 후 결핍된 성분을 처리함으로

어느 정도 억제가 가능하다.

③ **칼슘 부족으로 인한 장해 유형** : 토마토 배꼽썩음병, 사과 고두병, 양배추 흑심병, 배의 콜크스폿, 상추 잎끝마름병

2 기계적 장해

(1) 발생요인

① 원예산물의 표피에 상처, 멍 등 물리적인 힘에 의해 받는 모든 장해를 포함한다.

② **마찰에 의한 장해** : 과일과 과일 또는 상자의 표면과 마찰에 의한 손실이다.

③ **압축에 의한 장해** : 적재 용기 내에 물리적 힘에 의해 발생하는 손실이다.

④ **진동에 의한 장해** : 수송 중 진동에 의한 손실이다.

⑤ 산물의 포장 시 상자에 과하게 넣으면 멍이 들기 쉽고 상자 내에 공간이 여유가 너무 있으면 진동에 의한 물리적 장해를 받기 쉽다.

(2) 장해증상

① 과육 및 과피의 변생이 발생한다.

② 상처부위를 통한 수분증발이 증가하여 수분손실이 많아진다.

③ 부패균의 침입이 용이하여 부패율이 높아진다.

④ 기계적 장해를 받은 작물은 호흡속도가 증가하고 에틸렌 발생량이 증가되고, 노화가 촉진되어 저장력을 잃고 쉽게 부패하게 된다.

3 병리적 장해

(1) 의의

① 원예산물이 생산 후 소비자에게 이르는 과정상에서 발생하는 병해에 의한 피해를 말한다.

② 원예산물은 수분과 양분의 함량이 높아 미생물 등의 생장, 번식에 유리한 조건을 갖고 있다.

(2) 병해에 영향을 미치는 요인

① 성숙도

노화, 성숙이 진행될수록 균에 대한 감수성이 증가하여 발병이 쉬워지며 노화, 성숙을 억제하면 병해 또한 억제된다.

② 온도

저온은 성숙과 노화를 억제시켜 작물의 균에 대한 저항성을 증가시키고 균의 생장을 억제시킬 수 있다.

③ 습도

높은 습도는 작물의 상처부위가 다습해져 균의 증식이 쉬워지므로 수확 후 건조시켜 상처 부위를 아물게 하면 감염에 대한 저항성이 증가한다.

박문각
손해평가사

한용호
손해평가사

1차 | 기본서

제2판 인쇄 2025. 1. 10. | 제2판 발행 2025. 1. 15. | 편저자 한용호
발행인 박 용 | 발행처 (주)박문각출판 | 등록 2015년 4월 29일 제2019-0000137호
주소 06654 서울시 서초구 효령로 283 서경 B/D 4층 | 팩스 (02)584-2927
전화 교재 문의 (02)6466-7202

저자와의
협의하에
인지생략

정가 35,000원
ISBN 979-11-7262-239-8